Direito Civil

DIREITO DAS COISAS

3ª Edição

Conselho Editorial

Antônio Celso Alves Pereira
Antônio Pereira Gaio Júnior
Cleyson de Moraes Mello
Germana Parente Neiva Belchior (FA7) – Ceará
Guilherme Sandoval Góes
Gustavo Silveira Siqueira
João Eduardo de Alves Pereira
José Maria Pinheiro Madeira
Martha Asunción Enriquez Prado (UEL) – Paraná
Maurício Jorge Pereira da Mota
Nuria Belloso Martín – UBU – Burgos – Espanha
Rafael Mário Iorio Filho
Ricardo Lodi Ribeiro
Sidney Guerra
Valfredo de Andrade Aguiar Filho (UFPB) – Paraíba
Vanderlei Martins
Vânia Siciliano Aieta

Conselho Científico

Adriano Moura da Fonseca Pinto
Alexandre de Castro Catharina
Bruno Amaro Lacerda
Carlos Eduardo Japiassú
Claudia Ribeiro Pereira Nunes
Célia Barbosa Abreu
Daniel Nunes Pereira
Elena de Carvalho Gomes
Jorge Bercholc
Leonardo Rabelo
Marcelo Pereira Almeida
Nuno Manuel Morgadinho dos Santos Coelho
Sebastião Trogo
Theresa Calvet de Magalhães
Thiago Jordace

Cleyson de Moraes Mello

Vice-Diretor da Faculdade de Direito da UERJ
Professor do PPGD da UERJ e UVA
Professor Titular da Unesa e UNIFAA
Membro do Instituto dos Advogados do Brasil – IAB

Direito Civil

DIREITO DAS COISAS

3ª Edição

Freitas Bastos Editora

Copyright © 2021 by Cleyson de Moraes Mello

Todos os direitos reservados e protegidos pela Lei 9.610, de 19.2.1998. É proibida a reprodução total ou parcial, por quaisquer meios, bem como a produção de apostilas, sem autorização prévia, por escrito, da Editora.

Direitos exclusivos da edição e distribuição em língua portuguesa:

Maria Augusta Delgado Livraria, Distribuidora e Editora

Editor: *Isaac D. Abulafia*

Capa e Diagramação: *Jair Domingos de Sousa*

DADOS INTERNACIONAIS PARA CATALOGAÇÃO
NA PUBLICAÇÃO (CIP)

M477c

Mello, Cleyson de Moraes.
Direito civil : direito das coisas – 3ª ed. – Cleyson de Moraes Mello. – Rio de Janeiro : MariaAugusta Delgado, 2021.

626 p. ; 23 cm.

Inclui bibliografia.

ISBN 978-65-5675-033-0

1. Direitos reais - Brasil. 2. Propriedade – Brasil. 3. Posse (Direito) - Brasil. I Título. II. Título: Direito das coisas.

CDD- 346.8104

Freitas Bastos Editora

Tel./Fax: (21) 2276-4500
freitasbastos@freitasbastos.com
vendas@freitasbastos.com
www.freitasbastos.com

Portanto, é pela fé, para que sejasegundo a graça, a fim de que a promessa seja firme a toda a posteridade, não somente à que é da lei, mas também à que é da fé que teve Abraão, o qual é pai de todos nós,

(Romanos 4:16)

Sei que os teus olhos
Sempre atentos permanecem em mim
E os Teus ouvidos
estão sensíveis para ouvir meu clamor
Posso até chorar...
Mas a alegria vem de manhã
És Deus de perto e não de longe
Nunca mudaste, Tu és fiel

Deus de aliança, Deus de Promessas,
Deus que não é homem pra mentir
Tudo pode passar, tudo pode mudar
Mas Tua palavra vai se cumprir

Posso enfrentar o que for
Eu sei quem luta por mim
Seus planos não podem ser frustrados
Minha esperança está
Nas mãos do grande Eu sou
Meus olhos vão ver o impossível
Acontecer...

(Toque no Altar – Deus de Promessas)

Para Márcia, pela cumplicidade, incentivo e apoio em cada momento. Minha querida companheira de todas as horas.

Para *Matheus* ("oferta de Deus"), promessa e bênção em nossas vidas.

SUMÁRIO

Capítulo 1 – Relação Jurídica 1
1.1. Conceito 1
1.2. Elementos da Relação Jurídica 2
1.3. Sujeitos da Relação Jurídica 2
1.4. Vínculo de Atributividade 2
1.5. Objeto da Relação Jurídica 3
1.6. Relação Jurídica Simples e Plurilateral 3
1.7. Relação Jurídica Relativa e Absoluta 3
1.8. Relação Jurídica de Direito Público e de Direito Privado 3

Capítulo 2 – Os Direitos Subjetivos 4
2.1. Conceito 4
2.2. Classificação 5
    2.2.1. Direitos absolutos e direitos relativos 5
    2.2.2. Direitos patrimoniais e direitos não patrimoniais 6
    2.2.3. Direitos reais e direitos obrigacionais (direitos pessoais, direitos de crédito) 6
2.3. Direito Potestativo 6
    2.3.1. Conceito 6
    2.3.2. Classificação 7
2.4. Faculdade Jurídica 7
2.5. Dever Jurídico 7

Capítulo 3 – Direito Civil Constitucional 8
3.1. Conceito e Importância 8
3.2. Direitos Fundamentais 13
3.3. A Concepção dos Direitos Fundamentais na Constituição de 1988 15
3.4. A Diferença entre Direitos Fundamentais e Direitos Humanos 16
3.5. As Dimensões dos Direitos Fundamentais 17
3.6. Direitos Fundamentais no Âmbito das Relações entre Particulares 20
3.7. A Eficácia dos Direitos Fundamentais 25
3.8. Um Novo Locus Hermenêutico e a Nova Metódica do Direito Civil 27
    3.8.1. O círculo hermenêutico e a questão dos preconceitos 30
    3.8.2. A questão da pertença 30

3.8.3. O tempo em sua produtividade hermenêutica 31
3.8.4. A questão da história efeitual e a situação hermenêutica 31
3.8.5. A importância de ter horizontes: a fusão de horizontes 32
3.8.6. A hermenêutica como aplicação 34

Capítulo 4 – Direito das Coisas ou Direitos Reais? 35
4.1. Conceito e Função Social 35
4.2. Distinção entre Direito Real e Direito Obrigacional (Direitos de Crédito) 41
4.3. Obrigações Propter Rem (Obrigações Ambulatórias) 44
4.4. Ônus Reais 46
4.5. Obrigações com Eficácia Real 46

Capítulo 5 – Posse 47
5.1. Conceito 47
5.2. Concepção Subjetiva da Posse de SAVIGNY 47
5.3. Concepção Objetiva da Posse de JHERING 49
5.4. Concepção da Posse de SALEILLES 52
5.5. Concepção da Ordem de Paz da Posse de KOHLER 54
5.6. A Concepção da Posse no Código Civil Brasileiro 54
5.7. Natureza Jurídica da Posse 56
5.8. A Função Social da Posse 60
5.9. Objeto da Posse 62
5.10. Detenção 64
5.11. Ius Possessionis e Ius Possidendi 67

Capítulo 6 – Classificação da Posse 68
6.1. Introdução 68
6.2. Posse Direta e Posse Indireta 68
6.3. Composse 70
    6.3.1. Posse pro diviso e posse pro indiviso 72
6.4. Posse Justa e Posse Injusta 72
6.5. Posse de Boa-Fé e Posse de Má-Fé 73
    6.5.1. Inversão do título de posse 76
    6.5.2. Manutenção do caráter da posse e a interversão do caráter da posse 76
6.6. Posse com Justo Título e Posse sem Justo Título 81
6.7. Posse Nova e Posse Velha 82
6.8. Posse ad Interdicta e Posse ad Usucapionem 82

Capítulo 7 – Aquisição e Perda da Posse 84
7.1. Aquisição da Posse 84
7.2. Espécies de Aquisição: Posse Originária e Derivada 84

7.3. Modos de Aquisição da Posse 85
    7.3.1. Apreensão 85
    7.3.2. Exercício do Direito 85
    7.3.3. Constituto possessório 85
7.4. Quem Pode Adquirir a Posse 87
7.5. Sucessão na Posse 88
7.6. Permissionário da Posse e Posse Injusta 89
    7.6.1. Permissão e concessão. Bens públicos 91
    7.6.2. Posse violenta ou clandestina. Cessação do vício 97
7.7. Presunção da Posse. Bens Imóveis 99
7.8. Perda da Posse 99
7.9. Perda da Posse para o Possuidor que não Presenciou o Esbulho 100

Capítulo 8 – Efeitos da Posse 101
8.1. Introdução 101
8.2. Proteção Possessória 101
8.3. Jus Possessionis e Jus Possidendi 102
8.4. Esbulho e Turbação 103
8.5. A Autotutela na Defesa da Posse 103
8.6. Interditos Possessórios 105
8.7. Diferença entre as Ações Possessórias e as Ações Petitórias 106
    8.7.1. Natureza das ações possessórias 107
8.8. Exceção de Domínio 107
8.9. Princípio da Fungibilidade 107
8.10. Cumulação de Pedidos nas Ações Possessórias 110
8.11. Caráter Dúplice das Ações Possessórias 111
8.12. Competência para o Aforamento da Ação Possessória 112
8.13. Legitimidade (ativa e passiva) para o ajuizamento da ação possessória 113
    8.13.1. Legitimidade Ativa 113
        8.13.1.1. Do Possuidor Direto ou Indireto 113
        8.13.1.2. Do compossuidor 113
        8.13.1.3. Do Esbulhador 113
        8.13.1.4. Da União 113
        8.13.1.5. Dos Herdeiros 116
        8.13.1.6. Do invasor de terra pública contra particulares 116
        8.13.1.7. Caixa Econômica Federal no âmbito do Programa de Arrendamento Residencial (PAR). Lei Nº 10.188/2001. 119
        8.13.1.8. Do arrendador nos contratos de arrendamento mercantil 120
    8.13.2. Legitimidade Passiva 120

8.14. Rito da Demanda e Liminar Possessória 121
    8.14.1. Posse nova (posse de força nova) e posse velha
    (posse de força velha) 121
8.15. Espécies de Ações Possessórias 122
    8.15.1. Ação de reintegração de posse 125
        8.15.1.1. Audiência de Justificação e Possibilidade de
        concessão de liminar inaudita altera par 127
        8.15.1.2 Sentença nas Ações Possessórias 129
        8.15.1.3 Ações Possessórias nos Juizados Especiais Cíveis .129
        8.15.1.4. Liminar initio litis contra as pessoas jurídicas
        de direito público 129
        8.15.1.5. Pedido contraposto nas ações possessórias 129
    8.15.2. Ação de manutenção de posse 129
    8.15.3. Ação de interdito proibitório 130
    8.15.4. Litígio coletivo pela posse do imóvel 131
    8.15.5. Invasão do imóvel por famílias de baixa renda.
    Conversão da ação de reintegração em ação indenizatória ..132
8.16. Manutenção de Quem Tiver a Coisa 134
8.17. Tutela da Posse em Face de Terceiro 135
8.18. Servidões 136
8.19. Efeitos da Posse em Relação aos Frutos 136
    8.19.1. Frutos, produtos e rendimentos 136
    8.19.2. Possuidor de boa-fé e frutos 138
    8.19.3. Frutos naturais, industriais e civis. Percepção 139
    8.19.4. Possuidor de má-fé. Frutos 139
8.20. Perecimento da Coisa 140
8.21. Efeitos da Posse em Relação às Benfeitorias e ao Direito de
    Retenção 141
    8.21.1. Benfeitorias 141
    8.21.2. Possuidor de boa-fé, indenização das benfeitorias e
    direito de retenção 141
    8.21.3. Possuidor de má-fé. Indenização das benfeitorias
    necessárias 144
    8.21.4. Compensação dos danos com benfeitorias 145
    8.21.5. Possuidor de má-fé. Indenização das benfeitorias 145
8.22. Posse e Acessões Feitas pelo Possuidor 145
8.23. Direito à Usucapião 146
8.24. Direito Comparado 146

Capítulo 9 – Proteção da Posse por Meio de Outras Ações 148
9.1. Introdução 148
9.2. Ação de Imissão de Posse 148

9.2.1. Natureza jurídica 148
9.2.2. Imissão na posse 149
9.3. Embargos de Terceiro 150

Capítulo 10 – Direitos Reais 154
10.1. Conceito 154
10.2. Enfiteuse 159
10.3. Aquisição dos Direitos Reais 159

Capítulo 11 – Propriedade 161
11.1. Conceito 161
11.2. Novos Paradigmas Conceituais 166
    11.2.1. A proteção ao meio ambiente 168
11.3. Conteúdo do Direito de Propriedade 169
11.4. Propriedade Plena e Propriedade Limitada 169
11.5. Características da Propriedade 171
    11.5.1. Caráter absoluto (eficácia erga omnes) 171
    11.5.2. Aderência 171
    11.5.3. Ambulatoriedade e sequela 171
    11.5.4. Extensividade 172
    11.5.5. Elasticidade 172
    11.5.6. Perpetuidade 173
    11.5.7. Exclusividade 173
    11.5.8. Publicidade 173
    11.5.9. Taxatividade 174
11.6. A Função Social da Propriedade 174
11.7. A Função Social da Propriedade e o Plano Diretor 182
11.8. O Direito de Propriedade e a Teoria do Abuso do Direito 186
11.9. Desapropriação e Requisição da Coisa 190
11.10. Aquisição Social da Propriedade Imóvel. "Desapropriação Judicial Privada por Posse-Trabalho" (Art. 1.228, §§ 4° e 5° do CCB) 193
11.11. Fundamentos que Justificam a Propriedade 199
11.12. Delimitação da Extensão Vertical do Solo 199
11.13. Presunção de Propriedade Plena e Exclusiva 200
11.14. Frutos e Produtos da Coisa 200
11.15. Ação Reivindicatória 201
11.16. Descoberta 203
    11.16.1. Conceito 203
    11.16.2. Direito de recompensa 204
    11.16.3. Responsabilidade civil do descobridor 205

11.17. Propriedade Definitiva das Comunidades dos Quilombos............205
    11.17.1. Conceito e caracteres 205
    11.17.2. Jurisprudência 207

Capítulo 12 – Aquisição da Propriedade Imóvel............................209
12.1. Introdução..209
    12.1.1. Aquisição originária e derivada 209
    12.1.2. Aquisição a título singular e universal 209
12.2. Da usucapião 210
    12.2.1. Conceito e natureza jurídica 210
    12.2.2. Fundamento da usucapião (prescrição aquisitiva)..............211
    12.2.3. Pressupostos genéricos..212
        12.2.3.1. Posse contínua ou ininterrupta.....................212
        12.2.3.2. Posse mansa e pacífica (posse sem oposição)........213
        12.2.3.3. Lapso temporal..213
        12.2.3.4. Animus domini (posse com intenção de dono).....213
        12.2.3.5. Res habilis (coisa hábil) 213
    12.2.4. Espécies de usucapião 217
        12.2.4.1. Usucapião extraordinária...............................217
        12.2.4.2. Usucapião ordinária 220
        12.2.4.3. Usucapião ordinária com posse social e a usucapião tabular..221
        12.2.4.4. Usucapião especial... 222
        12.2.4.4.1. Usucapião especial rural (pro labore) 222
        12.2.4.4.2. Usucapião especial urbana (pro moradia)............. 225
        12.2.4.4.2.1. A usucapião especial urbana e o Estatuto da Cidade (Lei nº 10.257/01) 227
        12.2.4.3.2.1.1. Usucapião especial urbana individual inerente ao Estatuto da Cidade (Lei nº 10.257/01) 227
        12.2.4.3.2.1.2. Usucapião especial urbana coletiva inerente ao Estatuto da Cidade (Lei nº 10.257/01)........ 228
        12.2.4.5. Usucapião especial urbana por abandono do lar conjugal...229
        12.2.4.6. Usucapião urbana administrativa (regularização fundiária de assentamentos localizados em áreas urbanas) 232
        12.2.4.7. Usucapião extrajudicial................................234
        12.2.4.8. Usucapião indígena 237
        12.2.4.4.1. Da defesa dos direitos em juízo...........................240
        12.2.4.4.2. A disputa em torno da reserva Raposa Serra do Sol 240

12.2.5. Sentença declaratória de usucapião 246
12.2.6. Acessão de posses para contagem de tempo para usucapião (acessio possessionis) 246
12.2.7. Causas impeditivas, suspensivas e interruptivas da usucapião 248
12.2.8. Direito intertemporal na usucapião 249
    12.2.8.1. A regra do artigo 2.028 do CCB de 2002 249
    12.2.8.2. A regra do artigo 2.029 do CCB de 2002 250
12.2.9. Ação de usucapião 251
12.2.10. Direito comparado 252
12.3. Da aquisição da propriedade imóvel pelo registro do título 253
    12.3.1. Registro e averbação 253
    12.3.2. Prenotação 257
    12.3.3. Retificação e anulação 257
    12.3.4. Princípios inerentes ao direito imobiliário 259
12.4. Da aquisição por acessão 261
    12.4.1. Conceito e fundamento 261
    12.4.2. Classificação das acessões 262
    12.4.3. Acessões naturais 263
        12.4.3.1. Acessão pela formação de ilhas 263
        12.4.3.2. A aluvião 266
        12.4.3.2.1. Aluvião própria e imprópria 266
        12.4.3.3. Avulsão 267
        12.4.3.4. Álveo abandonado 268
    12.4.4. Acessões artificiais ou industriais (construções e plantações) 274
        12.4.4.1. Semeadura, plantação ou construção com material de outrem. Boa-fé 277
        12.4.4.2. Semeadura, plantação ou construção com material próprio em terreno de outrem. Boa-fé 277
        12.4.4.3. Má-fé de ambas as partes 279
        12.4.4.4. Emprego de material alheio. Incorporação de boa-fé em solo alheio 279
        12.4.4.5. Construção em solo próprio que invada pequena parte de solo alheio 279
        12.4.4.6. Construção em solo próprio que invada parte considerável de solo alheio (excedendo a vigésima parte do solo invadido) 280
    12.4.5. Quadro sinóptico 281
    12.4.6. Direito comparado 281

Capítulo 13 – Aquisição da Propriedade Móvel 284
13.1. A usucapião ordinária e extraordinária de coisa móvel 284
13.2. Da ocupação 286
13.3. Do achado do tesouro 287
13.4. Da tradição 288
    13.4.1. Tradição real ou física 289
    13.4.2. Tradição simbólica 289
    13.4.3. Tradição ficta 289
    13.4.4. Hipóteses em que se subentende a tradição (incluindo o constituto possessório) 289
13.5. Da especificação 291
13.6. Da confusão, da comistão e da adjunção 292
    13.6.1. Confusão 292
    13.6.1.1. Confusão no direito obrigacional 292
    13.6.1.2. Confusão nos direitos reais 294
    13.6.2. Comistão 294
    13.6.3. Adjunção 294
    13.6.4. Regras aplicáveis 294

Capítulo 14 – Perda da Propriedade 297
14.1. Introdução 297
14.2. Modalidades de perda da propriedade 298
    14.2.1. Alienação 298
    14.2.2. Renúncia 298
    14.2.3. Abandono 298
    14.2.4. Perecimento da coisa 299
    14.2.5. Desapropriação 300

Capítulo 15 – Dos Direitos de Vizinhança 301
15.1. Introdução 301
15.2. Natureza jurídica 301
15.3. Do uso anormal da propriedade 302
    15.3.1. Tutela da segurança, sossego e saúde 302
    15.3.2. Interferências justificadas por interesse público 306
    15.3.3. Ação de dano infecto 307
15.4. Das árvores limítrofes 310
    15.4.1. Árvore na linha divisória 310
    15.4.2. Corte de raízes e ramos de árvores 311
    15.4.3. Os frutos caídos de árvore do terreno vizinho 312
15.5. Da passagem forçada 314
15.6. Da passagem de cabos e tubulações 317
15.7. Das Águas 319

15.7.1. Águas que correm naturalmente do prédio superior............319
15.7.2. Águas artificiais..323
15.7.3. Águas remanescentes...323
15.7.4. Proibição de poluição das águas 325
15.7.5. Direito de represamento..325
15.7.6. Direito de aqueduto 326
15.7.7. Canalização de águas supérfluas....................................328
15.8. Direito de tapagem e dos limites entre prédios.......................329
15.9. Do direito de construir..333
    15.9.1. Limitações ao direito de construir..................................333
    15.9.2. Direito de privacidade do vizinho 335
    15.9.2.1. Janela, eirado, terraço, varanda, seteiras, frestas.............335
    15.9.2.2. Jurisprudências..339
    15.9.3. Direito de privacidade do vizinho em prédio em zona rural...341
    15.9.4. Direito ao travejamento (madeiramento)......................341
    15.9.5. Direito do confinante que primeiro construir 342
    15.9.6. Condomínio necessário de parede-meia 342
    15.9.7. Direito de alterar parede divisória.................................343
    15.9.8. Uso anormal da propriedade 343
    15.9.9. Dano a vizinho...344
    15.9.10. Direito de tolerar a entrada do vizinho no prédio.............344

Capítulo 16 – Do Condomínio Geral..345
16.1. Introdução...345
16.2. Modalidades de condomínio 346
16.3. Natureza jurídica 346
16.4. Condomínio voluntário..347
    16.4.1. Dos direitos e dos deveres dos condôminos...................347
    16.4.2. Divisão da coisa comum..349
    16.4.3. Extinção do condomínio pro indiviso.............................352
    16.4.4. Da administração do condomínio..................................353
    16.4.5. Partilha dos frutos...354
16.5. Condomínio Necessário...355

Capítulo 17 – Do Condomínio Edilício..356
17.1. Introdução...356
17.2. Partes Comuns..357
17.3. Instituição e Constituição do Condomínio............................360
17.4. Direitos dos Condôminos..362
17.5. Deveres dos Condôminos..363
17.6. Deveres Condominiais...369
17.7. Locação de Vaga na Garagem. Direito de Preferência..........373

17.8. Indivisibilidade do Domínio sobre as Partes Comuns 373
17.9. Despesas Específicas 373
17.10. Benfeitorias no Condomínio 373
17.11. Acessões no Prédio 374
17.12. Construção de outro Pavimento ou de outro Edifício 374
17.13. Conservação da Cobertura 374
17.14. Cota Condominial. Obrigação Propter Rem 374
17.15. Seguro contra os Riscos de Incêndio ou Destruição 375
17.16. Administração do Condomínio 375
17.17. Assembleia Geral Ordinária e Extraordinária 376
17.18. Quórum para as Deliberações 377
17.19. Conselho Fiscal 377
17.20. Extinção do Condomínio Edilício 378
17.21. Desapropriação 379
17.22. Condomínio de Fato (Condomínios Formais) 379
17.23. Condomínio de Lotes 382
17.24. Multipropriedade ou Time Sharing 382
    17.24.1. Considerações Iniciais 382
    17.24.2. Instituição da Multipropriedade 383
    17.24.3. Dos Direitos e das Obrigações do Multiproprietário 384
    17.24.3.1. Direitos do Multiproprietário 384
    17.24.3.2. Obrigações do Multiproprietário 385
    17.24.4. Transferência da Multipropriedade 386
    17.24.5. Administração da Multipropriedade 386
    17.24.6. Disposições Específicas Relativas às Unidades Autônomas de Condomínios Edilícios 387
17.25. Ação de execução de título executivo extrajudicial. Débitos condominiais 390

Capítulo 18 – Propriedade Resolúvel 392
18.1. Conceito 392
18.2. Natureza Jurídica 392
18.3. Aplicações na Práxis Jurídica 393
    18.3.1. Retrovenda 393
    18.3.2. Venda com reserva de domínio 395
    18.3.3. Alienação fiduciária 395
    18.3.4. Doação com cláusula de reversão 395
    18.3.5. Fideicomisso 397
18.4. Propriedade Revogável 398

Capítulo 19 – Propriedade Fiduciária 401
19.1. Conceito 401
19.2. Equiparação do Devedor Fiduciante ao Depositário 407

19.3. Inadimplemento da Obrigação..407
    19.3.1. Venda da coisa 407
    19.3.2. Ação de busca e apreensão com pedido liminar....................408
    19.3.3. Prisão civil do depositário infiel 412
    19.3.4. Inadimplemento mínimo ou adimplemento substancial......414
19.4. Vedação do Pacto Comissório..417
19.5. Aplicação das Regras Pertinentes aos Direitos Reais de Garantia....417
19.6. Sub-Rogação do Terceiro que Paga a Dívida 417
19.7. Legislação Especial...417
19.8. Direito real de aquisição ao fiduciante, cessionário ou sucessor......417
19.9 Resumo..418
19.10 Jurisprudências 418

Capítulo 20 – Fundo de Investimento 419
20.1 Disposições preliminares...419
20.2 Conceito 419
20.3 Regulamento do Fundo de Investimento 419
20.4 Responsabilidades 419
20.5 Obrigações legais e contratuais dos fundos de investimentos..........420

Capítulo 21 – Da Superfície 421
21.1. Conceito 421
21.2. O Direito de Superfície e o Estatuto da Cidade
       (Lei nº 10.257/2001)..423
21.3. Obrigações do Superficiário 425
21.4. Transferência da Propriedade 425
21.5. Direito de Preferência..425
21.6. Rescisão e Resolução da Superfície 426
21.7. Constituição da Superfície por Pessoa Jurídica de Direito
       Público Interno...426
21.8. Direito Comparado 426

Capítulo 22 – Das Servidões 430
22.1. Conceito 430
22.2. Conteúdo das Servidões 431
22.3. Diferença entre a Passagem Forçada e a Servidão de Passagem.......433
22.4. Classificação das Servidões 433
    22.4.1. Servidões urbanas e servidões rústicas 433
    22.4.2. Servidões contínuas e servidões descontínuas 434
    22.4.3. Servidões aparentes e servidões não aparentes.................434
22.5. Modos de Constituição das Servidões 434
    22.5.1. Constituição por ato de vontade......................................434

22.5.2. Constituição por destinação do proprietário 435
22.5.3. Constituição por decisão judicial 435
22.5.4. Constituição por usucapião 435
22.6. Servidão Administrativa...437
22.7. Obras Necessárias à Conservação e ao Uso da Servidão..................439
22.8. Abandono do Prédio Serviente 439
22.9. Obrigação do Dono do Prédio Serviente 440
22.10. Remoção da Servidão 440
22.11. Limites ao Exercício da Servidão 441
22.12. Indivisibilidade 441
22.13. Extinção da servidão 442
22.14. Ações que Protegem as Servidões 444
22.14.1. Ação negatória 444
22.14.2. Ação confessória 444
22.14.3. Ações possessórias...444
22.15. Direito Comparado 444
22.16. Jurisprudências 445

Capítulo 23 – Do Usufruto..447
23.1. Conceito e Características 447
23.2. Espécies de Usufruto 449
23.3. Modos de Constituição..450
    23.3.1. Negócio jurídico...450
    23.3.2 Usucapião 452
    23.3.3 Lei...453
        23.3.3.1. Usufruto vidual..453
23.4. Direito de Acrescer...455
23.5. Direitos do Usufrutuário 456
23.6. Deveres do Usufrutuário 457
23.7. Perecimento da Coisa e Sub-Rogação Real 459
23.8. Extinção do Usufruto 459

Capítulo 24 – Do Uso 462
24.1. Conceito 462
24.2. Características...463
24.3. Modos de Constituição e Extinção..463
24.4. Jurisprudência 464

Capítulo 25 – Da Habitação 466
25.1. Conceito 466
25.2. Características...467
25.3. Direito Real de Habitação Simultâneo..467

25.4. Regime Legal 467
25.5. Jurisprudência 471

Capítulo 26 – Do Direito do Promitente-Comprador 473
26.1. Conceito e Características 473
26.2. Evolução Histórica do Direito do Promitente-Comprador 474
26.3. Direito à Escritura Definitiva 480
26.4. Necessidade de Outorga Uxória 480
26.5. Mora do Compromissário-Comprador 481
26.6. Cláusula de Perdimento 482
26.7. Tutela Processual 485

Capítulo 27 – Direitos Reais de Garantia 486
27.1. Conceito 486
    27.1.1. Garantias pessoais ou fidejussórias 487
    27.1.2. Garantias reais 490
27.2. Características 491
    27.2.1. Acessoriedade 491
    27.2.2. Sequela 491
    27.2.3. Direito de preferência 492
    27.2.4. Oponibilidade erga omnes 492
    27.2.5. Publicidade 492
    27.2.6. Indivisibilidade 492
    27.2.7. Discriminação 493
    27.2.8. Especialização 493
    27.2.9. Exequibilidade da dívida com garantia real 493
    27.2.10. Vedação ao pacto comissório 494
27.3. Requisitos 494
27.4. Direito de Retenção do Credor Anticrético 495
27.5. Vencimento Antecipado da Dívida 495
27.6. Garantia Real Outorgada por Terceiro 498
27.7. Responsabilidade do Devedor pelo Remanescente da Dívida 498

Capítulo 28 – Do Penhor 499
28.1. Penhor Comum ou Convencional. Conceito e Características 499
28.2. Dos Direitos do Credor Pignoratício 501
28.3. Deveres do Credor Pignoratício 503
28.4. Extinção do Penhor 503
28.5. Espécies de Penhor 505
28.6. Penhor Rural 505
    28.6.1. Conceito 505
    28.6.2. Classificação 506

28.6.3. Cédula rural pignoratícia 506
28.6.4. Prazos... 508
28.6.5. Penhor rural em imóvel hipotecado 508
28.6.6. Inspeção dos bens 508
28.6.7. Do penhor agrícola... 508
28.6.8 Do penhor pecuário... 509
28.7. Penhor Industrial e Mercantil... 513
28.8. Penhor de Direitos e Títulos de Crédito 515
28.8.1. Constituição do penhor de títulos de crédito 518
28.9. Penhor de Veículos.. 519
28.10. Penhor Legal 520

Capítulo 29 – Da Hipoteca.. 523
29.1. Conceito e Características 523
29.2. Sub-hipoteca 527
29.3. Abandono Liberatório do Imóvel Hipotecado................................... 529
29.4. Remição da Hipoteca pelo Terceiro Adquirente 529
29.5. Prorrogação da Hipoteca 530
29.6. Cédula Hipotecária 530
29.7. Imóvel Hipotecado. Posterior Loteação ou Constituição
       de Condomínio 531
29.8. Hipoteca Legal 532
29.9. Hipoteca Judicial 534
29.10. Sub-rogação do Bem Hipotecado 535
29.11. Registro da Hipoteca 535
29.12. Extinção da Hipoteca... 537
29.13. Hipoteca de Vias Férreas 538

Capítulo 30 – Da Anticrese... 539
30.1. Conceito e características... 539
30.2 Direitos e Deveres do Credor Anticrético 540
30.3. Responsabilidade do Credor Anticrético 540
30.4. Direito de Sequela do Credor Anticrético 541
30.5. Remição da Anticrese pelo Terceiro Adquirente 541
30.6. Extinção da Anticrese 541

Capítulo 31 – Da Enfiteuse 542
31.1. Conceito e Características 542

Capítulo 32 – Da Laje.. 546
32.1. Considerações Iniciais 546
32.2. Conceito 547

32.3. Caracteres 551
32.4. Aquisição do direito de laje..554
32.5. Usucapião da laje 554
32.6. Direitos e deveres do lajeado (proprietário da construção-base).....557
32.7. Direitos e deveres do lajeário (titular do direito de laje) 558
32.8. Direito de preferência..558
    32.8.1. Cláusula Especial de Preferência no Contrato de Compra e Venda 558
    32.8.2. Direito de Preferência do Condômino...................560
    32.8.3. Direito de Preferência no Direito de Laje.............561
32.9 Extinção do direito de laje..561
    32.9.1. Ruína da construção-base 561
    32.9.2. Outras formas de extinção do direito de laje........561

Anexo I 564
Primeiro caso prático de pedido de
usucapião da cidade de Atibaia, em São Paulo............................564
Anexo II 570

Referências Bibliográficas 584

Índice Remissivo 597

Capítulo 1
RELAÇÃO JURÍDICA

1.1. Conceito

A relação jurídica é uma relação social qualificada pelo Direito. No entanto, nem toda relação social interessa ou é protegida pelo Direito. Os laços de amizade, as relações de cortesia podem servir de exemplo de relações sociais que não fazem parte do fenômeno jurídico.

Manuel A. Domingues De Andrade define relação jurídica como toda a situação ou relação da vida real (social) juridicamente relevante (produtiva de consequências jurídicas), isto é, disciplinada pelo Direito.[1] Paulo Dourado De Gusmão ensina que a relação jurídica "é o vínculo que une duas ou mais pessoas, decorrente de um fato ou de um ato previsto em norma jurídica, que produz efeitos jurídicos ou, mais singelamente, vínculo jurídico estabelecido entre pessoas, em que uma delas pode exigir de outra determinada obrigação".[2] Francisco Amaral a define como "o vínculo que o direito reconhece entre pessoas ou grupos, atribuindo-lhes poderes e deveres. Representa uma situação em que duas ou mais pessoas se encontram, a respeito de bens ou interesses jurídicos".[3]

Das definições apresentadas acima, verifica-se que dois são os requisitos necessários para a existência de uma relação jurídica, a saber: a) a ocorrência de uma relação intersubjetiva que traduza um vínculo entre duas ou mais pessoas; e b) que este vínculo corresponda a uma hipótese normativa que venha a produzir efeitos jurídicos.

A relação jurídica brota a partir de acontecimentos ou fatos da vida social que o Estado considerou relevante regular por meio do Direito.

---
1 ANDRADE, Manuel A. de. *Teoria geral da relação jurídica*. Vol. I. Coimbra: Livraria Almedina, 1997, p. 2.
2 GUSMÃO, Paulo Dourado de. *Introdução ao Estudo do Direito*. 33. ed. Rio de Janeiro: Forense, 2003, p. 254.
3 AMARAL, Francisco. *Direito Civil:* introdução. 6. ed. Rio de Janeiro: Renovar, 2006, p. 159.

1.2. Elementos da Relação Jurídica

A doutrina é divergente quanto aos elementos da relação jurídica. Manuel A. Domingues de Andrade[4] enumera os sujeitos, o objeto, o fato jurídico e a garantia. Já Paulo Nader entende que integram a relação jurídica os seguintes elementos: sujeitos, objeto e vínculo de atributividade.[5] MIGUEL REALE anota que são quatro os elementos fundamentais de uma relação jurídica: um sujeito ativo, um sujeito passivo, um vínculo de atributividade e um objeto.[6]

1.3. Sujeitos da Relação Jurídica

O titular de poderes é chamado sujeito ativo, enquanto o sujeito passivo é aquele responsável pelos deveres. As relações jurídicas podem apresentar ou não uma pluralidade subjetiva, ou seja, é possível que em um dos polos (ou nos dois polos) de uma relação jurídica exista mais de um sujeito. É o caso de uma relação jurídica em que num dos polos existe um credor e nos outros, vários devedores.

Assim, os sujeitos da relação jurídica são aquelas pessoas em sentido jurídico que estão vinculadas, dentro da relação, uma como titular de poderes, proteções, faculdades que o ordenamento jurídico lhe confere, outra como titular de deveres, uma vez que se situam numa posição ativa ou passiva da relação jurídica.

1.4. Vínculo de Atributividade

É o "*link* jurídico" estabelecido entre os sujeitos de uma relação jurídica, isto é, através desse vínculo, por exemplo, que o sujeito ativo tem o direito de exigir o cumprimento do dever por parte do sujeito passivo. E este tem o dever jurídico de cumprir a obrigação.[7]

Karl Larenz designa relação jurídica como um "nexo jurídico" entre pessoas. O termo nexo indica que "toda relación significa una "vinculación" – de uno o varios participantes, o de todos los demás en relación con el único titular. La "vinculación" es primariamente de tipo *normativo;* fácticamente se traduce, por lo general, en que el "vinculado" (esto es, el obligado) há de contar con inconvenientes si actúa en contra su vinculación".[8]

---

4 ANDRADE, Manuel A de. Op. Cit, p. 19.
5 NADER, Paulo. *Introdução ao Estudo do Direito*. 21. ed. Rio de Janeiro: Forense, 2001, p. 292.
6 REALE, Miguel. *Lições Preliminares de Direito*. 27. ed. São Paulo: Saraiva, 2003, p. 217-218.
7 MELLO, Cleyson de Moraes. *Introdução ao Estudo do Direito*. Rio de Janeiro: Freitas Bastos, 2006, p. 323.
8 LARENZ, Karl. *Derecho civil*: parte general. Traducción y notas de Miguel Izquierdo y Macías-Picavea. Madrid: Editoriales de Derecho Reunidas, 1978, p. 248.

1.5. Objeto da Relação Jurídica

É o fim específico almejado pelos sujeitos da relação jurídica. Em linhas gerais, o objeto de uma relação jurídica são as coisas que possuem existência material. Ocorre que o objeto de uma relação jurídica pode ser ainda constituído de uma ação (comportamento positivo – fazer ou uma abstenção – não fazer), de um direito (cessão de um crédito) ou da *própria pessoa* (nos direitos pessoais de família – a disputa da guarda de um filho, a adoção de uma criança).[9]

1.6. Relação Jurídica Simples e Plurilateral

A relação jurídica *simples* é aquela que envolve apenas duas pessoas, uma no polo ativo e outra no polo passivo. Já as relações jurídicas plurilaterais contêm mais de uma pessoa em um dos polos da relação jurídica.

1.7. Relação Jurídica Relativa e Absoluta

A *relação jurídica relativa* (relação jurídica *erga singuli*) é aquela relacionada aos direitos pessoais (credor e devedor). Neste caso, o sujeito passivo é uma pessoa ou um grupo de pessoas. A *relação jurídica absoluta* (relação jurídica *erga omnes*) é aquela que trata dos direitos reais, direitos autorais e direitos personalíssimos. O sujeito passivo é a coletividade, já que toda a sociedade possui o dever jurídico de não ferir o direito subjetivo do agente (direito de propriedade, direito ao nome, a vida etc.).

1.8. Relação Jurídica de Direito Público e de Direito Privado

Na relação jurídica de direito público, o Estado encontra-se como sujeito ativo desta relação jurídica, já que este atua impondo o seu poder de *imperium*. Daí a relação jurídica ser denominada de subordinação. A relação jurídica de direito privado é aquela integrada apenas por particulares, em plano de igualdade. Nesse caso, a relação jurídica é de coordenação. Em raras situações, o Estado poderá figurar como sujeito em um dos polos da relação jurídica em igualdade de condições com o particular, ou seja, integra a relação jurídica sem o seu poder de império. Francisco Amaral ensina que qualquer relação jurídica, principalmente de direito privado, representa uma situação em que duas ou mais pessoas (elemento subjetivo) se encontram a respeito de uns bens ou interesses jurídicos (elemento objetivo).[10]

---

9 Ibid., p. 324.
10 AMARAL, Francisco. *Direito Civil:* introdução. 3. ed. Rio de Janeiro: Renovar, 2000, p. 167.

Capítulo 2
OS DIREITOS SUBJETIVOS

2.1. Conceito

Os *direitos subjetivos* correspondem a um dos conceitos principais da construção jurídica e traduz um conceito relativamente moderno, já que sua formação foi lastreada na própria concepção do *pensamento individualista*. As regras do *direito objetivo* que regem a vida em sociedade são estabelecidas em função do próprio homem.

Todavia, a noção de direito concebido como atributo de um sujeito já era encontrado na baixa Idade Média (século XIII), a partir das obras de Duns Scoto e Guilherme de Occam. Esta concepção também é desenvolvida na Escola espanhola de Direito Natural (séculos XVI e XVII) em que o Direito em sentido subjetivo é visto como *potestas* e *facultas*. A sua visão moderna é comandada por Grocio e Pufendorf, por meio das correntes do jusnaturalismo racionalista dos séculos XVII e XVIII.

Para os defensores do direito natural, os direitos subjetivos estão relacionados com a própria essência do homem. Vários estudos e teorias foram criados para explicar os problemas dos direitos subjetivos nas esferas técnica e filosófica.

As principais teorias clássicas que procuram fundamentar os direitos subjetivos são: a *teoria da vontade*, a *teoria do interesse* e a *teoria eclética*.

A *teoria da vontade*, comandada por autores como Savigny, Puchta, Windscheid, Del Vecchio, a partir de um pressuposto filosófico kantiano, procura relacionar os direitos subjetivos com a questão da autonomia da vontade. É famosa a definição dos direitos subjetivos realizada pelo alemão Windscheid como "uma potência ou poder de vontade concedido pela ordem jurídica", ou seja, uma vontade juridicamente protegida.

A *teoria do interesse* é orquestrada por Rudolf Von Jhering e trata a questão dos direitos subjetivos como um "interesse juridicamente protegido". Esta teoria está fundamentada em dois elementos, a saber: um substantivo, o interesse; e outro formal, o procedimento jurídico de defesa de tais interesses.

Estas teorias, em última análise, procuravam centrar seus esforços no desenvolvimento da seguinte questão: os direitos subjetivos são definidos

Capítulo 2 – Os Direitos Subjetivos

pelo poder da vontade ou pela proteção dos interesses dos indivíduos. Estas teorias sofreram severas críticas, já que seria possível a existência de direitos subjetivos *sem vontade* e *sem interesse*.

Já a *teoria eclética*, protagonizada por Jellinek, procura mesclar as duas teses anteriores: a tese da vontade e a tese do interesse ao afirmar que o conceito de direito subjetivo é "um interesse tutelado pela lei mediante o reconhecimento da vontade individual".

Vale destacar que existem *posições críticas* em relação às noções de direito subjetivo conforme mencionadas. São elas: a) as teorias sociológicas de Comte, Durkheim e Duguit; e b) as teorias de caráter nacional socialista fundadas na visão totalitária do Estado, defendidas por Carl Schmitt e Karl Larenz.

Em suma, os direitos subjetivos podem ser concebidos como o poder que a ordem jurídica confere às pessoas de agir de determinada forma e exigir de outrem algum comportamento positivo ou negativo. O direito é chamado de subjetivo, já que pertence ao sujeito titular do direito, constituindo-se um poder de atuação do sujeito reconhecido e limitado pelo ordenamento jurídico.[1]

Francisco Amaral define direito subjetivo como "um poder de agir conferido a uma pessoa individual ou coletiva, para realizar seus interesses nos limites da lei, constituindo-se juntamente com o respectivo titular, o sujeito de direito, em elemento fundamental do ordenamento jurídico".[2]

Nesse sentido, melhor será considerar o direito subjetivo como um *poder de agir para a realização de um interesse*, pressupondo a existência de uma relação jurídica. (Poder legítimo de atuação individual).[3]

2.2. Classificação

2.2.1. Direitos absolutos e direitos relativos

Os direitos subjetivos, do ponto de vista dogmático, podem ser classificados como *direitos absolutos* e *direitos relativos*. Os primeiros são exercidos contra qualquer pessoa, já que são oponíveis *erga omnes*, tais como os *direitos da personalidade* (direito à vida, direito a integridade física e moral, direito à honra, direito ao nome etc.) e os *direitos reais*.

Os *direitos relativos*, pelo contrário, são chamados de *erga singuli*, e são exercitados contra aquele sujeito que deve cumprir a obrigação. Os direitos de crédito são relativos, já que dirigem precisamente a determinada pessoa.

---

1 MELLO, Cleyson de Moraes. *Introdução ao Estudo do Direito*. Rio de Janeiro: Freitas Bastos, 2006, p. 325.
2 AMARAL, Francisco. *Direito Civil*: introdução. 3. ed. Rio de Janeiro: Renovar, 2000, p. 185.
3 Ibid., p. 191.

2.2.2. Direitos patrimoniais e direitos não patrimoniais

Os direitos subjetivos podem ser classificados em direitos patrimoniais e não patrimoniais. Aqueles apresentam objeto jurídico economicamente apreciável; estes não são suscetíveis de avaliação econômica, tais como os direitos da personalidade (vida, honra etc.). Estes são considerados inalienáveis e oponíveis *erga omnes*.

2.2.3. Direitos reais e direitos obrigacionais (direitos pessoais, direitos de crédito)

Os direitos obrigacionais têm por objeto uma prestação, ou seja, o sujeito passivo (devedor) deve cumprir uma obrigação (ação ou emissão) em favor do sujeito ativo (credor). Já os direitos reais estão relacionados a um objeto que é uma coisa. Os direitos reais são oponíveis *erga omnes*, enquanto os direitos obrigacionais são oponíveis *erga singuli*.

2.3. Direito Potestativo

2.3.1. Conceito

O adjetivo potestativo, do latim *potestativu*, é aquilo que é revestido de poder, ou seja, algo que fica subordinado à vontade ou ao arbítrio de uma ou outra das partes.

Os *direitos potestativos* são aqueles em que a faculdade de agir do titular não corresponde a uma obrigação de outrem. Este se mantém em estado de sujeição em relação àquele. O direito potestativo é, pois, o *poder jurídico* atribuído ao titular do Direito no qual outra pessoa deve suportar os efeitos do ato (estado de sujeição).

Leoni Lopes de Oliveira afirma que os *direitos potestativos* são "aqueles em que se atribui ao seu titular o poder de produzir, mediante sua exclusiva declaração de vontade, a modificação, ou extinção de uma relação jurídica, com efeitos jurídicos em relação ao outro ou outros sujeitos da referida relação jurídica. Nos direitos potestativos os sujeitos que assumem a situação jurídica subjetiva passiva não têm como nos direitos subjetivos, uma situação de obrigação, mas estão submetidos a admitir os efeitos produzidos em decorrência da exclusiva manifestação de vontade do titular do direito potestativo".[4]

---

4 LOPES DE OLIVEIRA, J. M. Leoni. *Introdução ao Direito*. Rio de Janeiro: Lumen Juris, 2004, p. 427.

2.3.2. Classificação

O direito potestativo pode ser classificado como:[5] a) Constitutivo – é o caso do direito-preferência[6] que possui o locatário para a aquisição do imóvel locado, no momento em que o proprietário decidir aliená-lo etc.; b) Modificativo – por exemplo, no caso das obrigações alternativas, artigo 252 do Código Civil, onde a escolha da prestação cabe ao devedor etc. c) Extintivo – característico na renúncia ou revogação do mandato (art. 682, I – CCB), na anulação do contrato, na despedida do empregado etc.

2.4. Faculdade Jurídica

São os poderes de agir decorrentes do direito subjetivo. O artigo 1.228 do Código Civil brasileiro dispõe que o proprietário tem a *faculdade de usar, gozar e dispor* da coisa como bem lhe aprouver, ou seja, são as faculdades jurídicas que o proprietário possui originadas do direito de propriedade (direito subjetivo). Assim, a *faculdade* está compreendida no *direito*.

2.5. Dever Jurídico

É o comportamento (positivo ou negativo) que o sujeito passivo deve observar face ao direito subjetivo do titular da relação jurídica, consoante as regras estabelecidas pelo ordenamento jurídico. No direito de propriedade (direitos absolutos), toda a sociedade encontra-se com o dever jurídico de abstenção, ou seja, todos os indivíduos devem respeitar o direito subjetivo do proprietário para que este possa usar, gozar e dispor de seu bens, sem a interferência das demais pessoas. Neste caso, estaremos diante de um caso de relação jurídica *erga omnes*.[7]

---

5 Ibid., p. 197-198.
6 Artigo 27 da Lei nº 8.245/91.
7 Oponível a todos.

Capítulo 3

DIREITO CIVIL CONSTITUCIONAL

3.1. Conceito e Importância

Não é possível pensar o direito sem pensar em sua essência. Da mesma forma que hoje não é possível pensar em *direito civil* sem pensar em *direito civil-constitucional*. Pensar em direito civil-constitucional é, pois, pensar a essência da "personalidade", ou seja, a tutela da pessoa humana como centro irradiador existencial das relações jurídicas interprivadas. A personalidade é a vivência que está no núcleo da dogmática jurídica civilística. É o novo elemento que iremos encontrar a partir de uma (re)leitura do Código Civil com as lentes voltadas para a tábua axiológica constitucional. Os princípios e valores constitucionais ganham proeminência no processo de interpretação e aplicação do Direito.

Todavia, Renan Lotufo lembra, fazendo justiça à genialidade de Clóvis Beviláqua, que "Clóvis foi o precursor do Direito Civil-Constitucional, ao tratar do tema sob a denominação 'A Constituição e o Código Civil', onde inovadoramente refere à Constituição de 1934, e suas repercussões sobre dispositivos do Código Civil", publicada na RT 97, de setembro de 1935, às páginas 31 a 38.[1]

Com o advento do Código Civil brasileiro de 2002 ganham destaque às *cláusulas gerais* e os *direitos da personalidade*. As cláusulas gerais devem ser interpretadas em harmonia com os princípios fundantes da Constituição da República, já que o intérprete jurídico deve colorir a exegese civilística com os matizes axiológicos da principiologia constitucional. Nesse momento, os valores civilísticos de índole liberal devem ser mitigados pelos valores coletivos de solidariedade e justiça social.

É, pois, uma nova essência contida na exegese das relações jurídicas interprivadas. Referimo-nos à chamada *alteridade* ou *alteritas*. É um agir pensando no *outro*, isto é, o *"eu"* reclama um agir pressupondo o *"outro"*; o *ego*, o *alter*. Não podemos pensar o "eu", sem nesse pensar ir já envolto o "outro".

---

[1] LOTUFO, Renan. Da oportunidade da codificação civil e a Constituição. In: SARLET, Ingo Wolfgang (Org.). *O novo Código Civil e a Constituição*. 2. ed. Porto Alegre: Livraria do Advogado, 2006, p. 21.

Esta alteridade é, pois, da essência do direito civil-constitucional. Desde Tomás de Aquino (1225 – 1274) até os recentes estudos do Existencialismo, a alteridade esteve e está presente. O *eu* e o *outro* são como os dois polos da relação jurídica, sempre *plural*, nunca *singular*. Ora é aqui que justamente se nos impõe a ideia de superação do individualismo de índole liberal, já que as relações jurídicas se aproximam mais da ideia de *colaboração, convivência, mundo vivido, solidariedade* e *justiça social*. É, pois, a essência da alteridade que se desvela ao mundo jurídico.

Estes elementos não podem ser pensados como grandezas estáticas, abstratas, formais. É uma ideia de relação jurídica interprivada que equivale a uma coexistência, ou um existir lado a lado que se impõe em sua dinamicidade do mundo vivido. São grandezas dinâmicas de um movimento próprio a que podemos chamar de "ontológico".

Na esteira da filosofia de Heidegger, Sartre, Jaspers, a personalidade humana deve ganhar *status* de valor jurídico de cunho existencialista, já que esta não pode ficar aprisionada ao rol de direitos subjetivos típicos adotado pelo Código Civil. Daí a importância do entrelaçamento principiológico entre o *Direito Civil* e os *direitos humanos*.

É não menos que (re)visitar os institutos jurídicos do Direito Civil a partir de uma hermenêutica plural individualizadora cunhada por uma essencial unidade socializadora, a partir da qual a relação jurídica de direito privado é vista como uns e muitos, como *eu* e *outro*, como uma relação jurídica irremediavelmente lastreada pelos princípios fundamentais de proteção da dignidade da pessoa humana (art. 1°, III, CRFB/88), solidariedade social (art. 3°, I, CRFB/88), valor social da livre iniciativa (art. 1°, IV, CRFB/88) e igualdade substancial (art. 3°, III, CRFB/88). É, pois, uma essência relacional de cariz civil constitucional.

Assim, qualquer pessoa que tenha na cabeça todos os artigos do Código Civil não será um cientista jurídico nem sequer um bom operador do Direito. Conhecer o Código Civil somente não basta, já que lhe faltariam os conhecimentos essenciais de hermenêutica jurídica e filosófica, bem como os alicerces do Direito Civil Constitucional.

Antes mesmo do advento do novo Código Civil de 2002, Francisco Amaral já alertava sobre as tendências do Direito Civil contemporâneo, a saber:[2]

> I) *Interpenetração crescente do Direito Civil com o Constitucional* e a consequente superação da clássica dicotomia direito público – direito privado.
>
> II) *Personalização do Direito Civil*, no sentido da crescente importância da vida e da dignidade da pessoa humana, elevadas à categoria

---
2   AMARAL, Francisco. *Direito Civil*: introdução. 3. ed. Rio de Janeiro: Renovar, 2000, p. 151-153.

de direitos e de princípio fundamental da Constituição. É o personalismo ético da época contemporânea.

III) *Desagregação do Direito Civil* face ao surgimento de ramos jurídicos autônomos que se formam devido à complexidade das relações jurídicas. Por exemplo, direito imobiliário, direito bancário, direito previdenciário etc.

IV) *Reservas à Codificação*. O Código Civil deixa de ser o "estatuto orgânico da vida privada" em virtude da necessidade da releitura do Código Civil à luz dos princípios constitucionais.

V) *Surgimento dos microssistemas jurídicos*. É a chamada "Era dos Estatutos" que surgem para disciplinar temas específicos.

A personalidade jurídica não pode ser considerada *somente* como a aptidão de ser titular de direitos e deveres, conforme prescreve o artigo 1º do Código Civil, ou seja, considerada como sinônimo de capacidade jurídica. Ao contrário, a compreensão da personalidade jurídica deve se dar em duas vertentes: a primeira, como a possibilidade de ser sujeito de direitos e deveres e a segunda, e mais relevante, como o sentido existencial do próprio ser humano, visto como valor fundamental de nosso ordenamento jurídico. Neste caso, é o princípio da dignidade da pessoa humana ressoando em sua mais nobre originalidade.

Nesse caso, frise-se, mais uma vez, a importância dos estudos avançados de hermenêutica jurídica e Direito Civil Constitucional, uma vez que aquela deixa de ser considerada como hermenêutica de orientação metodológico-científica (modo de conhecer) para ser estudada como hermenêutica ontológica (modo de ser).

A clássica dicotomia *direito público – direito privado* não representa nos dias atuais esferas distintas de atuação do intérprete jurídico, pelo contrário, constitui um conteúdo nuclear comum que representa a incidência de vetores axiológicos constitucionais no direito privado. Este fenômeno é chamado de "constitucionalização do Direito Civil" ou "civilização do Direito Constitucional".

Este núcleo comum constituído pelo entrelaçamento das normas do *direito público* e do *direito privado* refere-se à incidência da principiologia constitucional no âmbito do Direito Civil, especialmente no que versa sobre direitos da personalidade, direito de família, direito de propriedade[3] e relações

---

3 Vale destacar que a Constituição de 1934, em seu artigo 113, já determinava que o direito de propriedade não poderá ser exercido contra o interesse social e coletivo. Todavia, a Constituição de 1937 não proibia que o direito de propriedade fosse exercido contrariamente aos interesses sociais e coletivos. A Constituição de 1967 e a Emenda Constitucional de 1969 foram as primeiras Cartas que utilizaram o termo "função social da propriedade", conforme art. 157 da Constituição de 1967 e art. 160 da EC de 1969.

negociais, razão pela qual o Direito Civil deve ser estudado à luz dos paradigmas constitucionais com o firme propósito de construir-se uma sociedade justa e solidária.

Na sua peculiar lucidez, Gustavo Tepedino aponta que o *direito público* e o *direito privado* constituíram, para a cultura jurídica dominante na Escola da Exegese, "dois ramos estanques e rigidamente compartimentados. Para o Direito Civil, os princípios constitucionais equivaleriam a normas políticas, destinadas ao legislador e, apenas excepcionalmente, ao intérprete, que delas poderia timidamente se utilizar, nos termos do art. 4° da Lei de Introdução ao Código Civil, como meio de confirmação ou de legitimação de um princípio geral de direito".[4] Daí que, ainda hoje, muitos operadores do Direito aplicam a legislação ordinária civilista no âmbito das relações de direito privado, desatentos às normas e princípios constitucionais.

A cultura jurídica operada em salas de aula e nos tribunais de justiça deve ser desconstruída (visão de um sistema fechado codicista) em busca de uma postura metodológica mais aberta, prospectiva, que dê suporte a uma sociedade complexa e pluralista. Isso não quer dizer que o julgador desconsidere a segurança jurídica e passe a decidir de forma arbitrária (neste caso, estaríamos diante de um Estado Judiciário). Pelo contrário, a jurisprudência deve reconhecer a eficácia normativa dos princípios constitucionais no âmbito das relações jurídicas de direito privado, bem como recorrer à hermenêutica jurídica não como um conjunto de métodos (hermenêutica metodológica), mas sim como condição de possibilidade (hermenêutica filosófica). É a reconstrução do Direito Civil a partir do *como hermenêutico,* ou seja, um *locus* hermenêutico constitucional com fincas no princípio fundante da proteção da dignidade da pessoa humana.[5]

A propósito, Gustavo Tepedino ensina que "a inclusão dos institutos de Direito Civil, como contrato, propriedade e família, na agenda atinente à ordem pública associa-se à irradiação dos princípios constitucionais nos espaços de liberdade individual. Com efeito, a partir da interferência da Constituição no âmbito antes reservado à autonomia privada, uma nova ordem pública há de ser construída, coerente com os fundamentos e objetivos fundamentais da República".[6]

---

4 TEPEDINO, Gustavo. O Código Civil, os chamados microssistemas e a Constituição: premissas para uma reforma legislativa. In: TEPEDINO, Gustavo (Org.). *Problemas de Direito Civil.* Rio de Janeiro: Renovar, 2000, p. 3.

5 MELLO, Cleyson de Moraes. *Código Civil interpretado.* Rio de Janeiro: Freitas Bastos, 2007, p. XXIII.

6 TEPEDINO, Gustavo. Normas constitucionais e Direito Civil na construção unitária do ordenamento. In: SOUZA NETO; Cláudio Pereira de; SARMENTO, Daniel (Orgs.). *A constitucionalização do Direito:* fundamentos teóricos e aplicações específicas. Rio de Janeiro. Lumen Juris, Renovar. 2007, p. 309.

Da mesma forma, Daniel Sarmento trata da *eficácia irradiante dos direitos fundamentais* ao afirmar que "esta significa que os valores que dão lastro aos direitos fundamentais penetram por todo o ordenamento jurídico, condicionando a interpretação das normas legais e atuando como impulsos e diretrizes para o legislador, a administração e o Judiciário. A eficácia irradiante, neste sentido, enseja a "humanização" da ordem jurídica, ao exigir que todas as suas normas sejam, no momento de aplicação, reexaminadas pelo operador do Direito com novas lentes, que terão as cores da dignidade humana, da igualdade substantiva e da justiça social, impressas no tecido constitucional".[7]

Ora, perguntar-se-á agora: a irradiação dos princípios constitucionais nas relações jurídicas interprivadas é apenas um movimento de construção científica que fomenta os estudos avançados de Direito Civil?

Bastar-nos-á talvez trazer exemplos sobre a realidade mais concreta dos fatos e dos dados da experiência jurídica. A respeito dessas realidades, Tepedino anota que "exemplos não faltam dessa mudança qualitativa da autonomia privada e da insuficiência das categorias tradicionalmente consagradas na dogmática do Direito Civil para solucionar os novos conflitos de interesse. O Professor Stefano Rodotà, em uma das três conferências que ministrou no Rio de Janeiro, a convite da Universidade do Estado do Rio de Janeiro e da Procuradoria do Município do Rio de Janeiro, invocou a notícia publicada por um tabloide sensacionalista inglês, que pôs em dúvida a paternidade do príncipe William. Insinuou-se então que o herdeiro real poderia ser filho não de Charles, mas de um ex-professor de educação física da princesa Diana. O repórter, aproveitando-se de um descuido do jovem príncipe, acometido de uma gripe, apropriou-se de um lenço de papel por ele utilizado e jogado em uma lata do lixo. Valendo-se também de uma amostra do sangue (ou tecido) do pretenso pai, realizou o confronto das cadeias de DNA, cujo resultado negativo estancou a explosão nas vendas dos jornais populares e a apreensão geral relacionada à sucessão do trono. O Professor Rodotà, analisando a questão, esclareceu apropriadamente que não se tratava apenas de um lenço descartado (res *derelectae*), mas de informações que diziam respeito à própria essência da personalidade daqueles de quem foram apropriadas. Por isso mesmo, a circulação e a utilização dos chamados dados sensíveis devem depender de manifestação expressa daqueles que terão aspectos de sua intimidade revelados".[8]

---

7 SARMENTO, Daniel. *Direitos fundamentais e relações privadas*. 2. ed. Rio de Janeiro: Lumen Juris, 2006, p. 124.
8 TEPEDINO, Gustavo. Normas constitucionais e Direito Civil na construção unitária do ordenamento. In: SOUZA NETO; Cláudio Pereira de; SARMENTO, Daniel (Orgs.). *A cons-*

É, pois, preciso (re)conduzir o Direito, em especial, o Direito Civil, a sua existência e essência, já este não pode ficar atento apenas ao fato jurídico *(factum)*, mas no "fazendo-se" constante *(faciendum)*, inobjetificáveis e anticonceituais. O Direito Civil é produto da vida privada como existência. A ontologia existencial (re)direciona o homem como existência concreta ao realizar-se temporalizando-se, já que *Ser* é *Tempo*. Aqui o tempo se identifica com a existência.

Na obra *Hermenêutica e Direito*,[9] antes de tudo, procuro fundamentar o Direito na Ontologia fundamental de Heidegger e, em seguida, na hermenêutica filosófica de Hans-Georg Gadamer. O estudo é guiado pela fenomenologia hermenêutica e procura investigar o sentido do ser por meio das estruturas do ser-aí pautado nos teoremas da diferença ontológica (analítica existencial) e do círculo hermenêutico. Ao final, apresento considerações e sugestões, tendo em vista que a hermenêutica alimentada pela ontologia fundamental torna possível compreender-nos como ser-no-mundo a partir de e na estrutura prévia de sentido. É assim que se entende que a compreensão do Direito é a forma originária de realização da presença *(Dasein,* ser-aí), que é ser-no-mundo; o conceito de *ser-no-mundo* como *locus* de justificação para as proposições científicas e filosóficas.

3.2. Direitos Fundamentais

O termo "direitos fundamentais" é encontrado na dogmática jurídica em várias expressões, tais como: "direitos humanos", "direitos do homem", "direitos subjetivos públicos", "liberdades públicas", "direitos individuais", "liberdades fundamentais" e "direitos humanos fundamentais".[10]

No próprio texto constitucional, a expressão *direitos fundamentais* se apresenta de forma diversificada, tais como: a) direitos humanos (art. 4°, II, da CRFB/88); b) direitos e garantias fundamentais (Título II e art. 5°, § 1°, da CRFB/88); c) direitos e liberdades constitucionais (art. 5°, LXXI, da CRFB/88); e d) direitos e garantias constitucionais (art. 60, § 4°, IV, da CRFB/88).

A compreensão dos direitos fundamentais é vital para a superação do direito positivo, já que pretende aproximá-lo da filosofia do Direito. É uma espécie de aproximação do Direito com a moral. Daí a importância do estudo do Direito Civil em harmonia com os direitos fundamentais na busca de uma fundamentação constitucional para as decisões dos casos concretos na esfera interprivada.

---

 titucionalização do Direito: fundamentos teóricos e aplicações específicas. Rio de Janeiro. Lumen Juris, Renovar. 2007, p. 318.
9 MELLO, Cleyson de Moraes. *Hermenêutica e Direito.* Rio de Janeiro: Freitas Bastos, 2006.
10 SARLET, Ingo Wolfgang. *A eficácia dos direitos fundamentais.* 3. ed. Porto Alegre: Livraria do Advogado, 2003, p. 31.

Gregorio Peces-Barba Martínez ensina que "en los derechos fundamentales el espíritu y la fueza, la moral y el Derecho están entrelazados y la separación los mutila, los hace incomprensibles. Los derechos fundamentales son una forma de integrar justicia y fuerza desde la perspectiva del individuo propio de la cultura antropocéntrica del mundo moderno".[11]

Não obstante o insucesso de consenso conceitual e terminológico relativo aos direitos fundamentais[12], alguns pontos de encontro entre tantos conceitos elaborados podem nos fazer chegar a uma conceituação aceitável, em que os direitos fundamentais são prerrogativas/instituições (regras e princípios) que se fizeram e se fazem necessárias ao longo do tempo para formação de um véu protetor das conquistas dos direitos do homem (que compreendem um aspecto positivo, a *prestação*, e um negativo, a *abstenção*) positivados em um determinado ordenamento jurídico, embasados, em especial, na dignidade da pessoa humana, tanto em face das ingerências estatais quanto, segundo melhor doutrina, nas relações entre particulares (seja esta proteção positivada ou não, é inegável a constitucionalização do direito privado, e, por consequência, a força normativa da constituição nestas relações), em que, em ambos os casos, podem possuir eficácia imediata (chamada eficácia direta dos direitos fundamentais nas relações privadas), ou imediata no primeiro caso e mediata no segundo (chamada eficácia indireta dos direitos fundamentais nas relações privadas), ou ainda só possuindo eficácia no primeiro caso (não aplicabilidade dos direitos fundamentais nas relações privadas), conforme o ordenamento no qual se encontram os referidos direitos.

Na precisa lição de José Afonso da Silva[13], qualificar tais direitos como fundamentais é apontá-los como situações jurídicas essenciais sem as quais o homem "não se realiza, não convive e, às vezes, nem sobrevive; fundamentais do *homem* no sentido de que a todos, por igual, devem ser não apenas formalmente reconhecidos, mas concreta e materialmente efetivados", o que nos leva à intrínseca ligação de tais direitos ao princípio da dignidade humana e da igualdade.

Marçal Justen Filho afirma que direito fundamental "consiste em um conjunto de normas jurídicas, previstas primariamente na Constituição e destinadas a assegurar a dignidade humana em suas diversas manifestações, de que derivam posições jurídicas para os sujeitos privados e estatais".[14]

---

11 MARTÍNEZ, Gregorio Peces-Barba. *Lecciones de derechos fundamentales*. Madrid: Dykinson, 2004, p. 31.
12 José Afonso da Silva entende que são "aqueles que reconhecem autonomia aos particulares, garantindo a iniciativa e a independência aos indivíduos diante dos demais membros da sociedade política e do próprio Estado". SILVA, José Afonso da. *Curso de Direito Constitucional Positivo*. 24. ed. São Paulo: Malheiros, 2004, p. 191.
13 SILVA, José Afonso da, *Op. cit.*, p. 178.
14 JUSTEM FILHO, Marçal. *Curso de Direito Administrativo*. 8. ed. Belo Horizonte: Fórum, 2012, p. 140.

Jorge Miranda define os direitos fundamentais como "direitos ou as posições jurídicas ativas das pessoas enquanto tais, individual ou institucionalmente consideradas, assentes na Constituição, seja na Constituição formal, seja na Constituição material. [...] os direitos fundamentais podem ser entendidos *prima facie* como direitos inerentes à própria noção de pessoa, como direitos básicos de pessoa, como os direitos que constituem a base jurídica da vida humana no seu nível atual de dignidade".[15]

Marcelo Galuppo ensina que "os direitos humanos transformaram-se em direitos fundamentais somente no momento em que o princípio do discurso se transformou no princípio democrático, ou seja, quando a argumentação prática dos discursos morais se converte em argumentação jurídica limitada pela faticidade do Direito, que implica sua positividade e coercibilidade sem, no entanto, abrir mão de sua pretensão de legitimidade. Os direitos fundamentais representam a constitucionalização daqueles direitos humanos que gozaram de alto grau de justificação ao longo da história dos discursos morais, que são, por isso, reconhecidos como condições para a construção e o exercício dos demais direitos".[16]

Já Bacelar Gouveia entende direitos fundamentais como "posições jurídicas ativas das pessoas integradas no Estado-Sociedade, exercidas por contraposição ao Estado-Poder, positivadas no texto constitucional".[17] Desta definição, é possível perceber os três elementos dos direitos fundamentais, a saber: (a) subjetivo (contraponto entre o particular e o Estado-Poder); (b) objetivo (conjunto de vantagens que decorre na proteção conferida pelos direitos fundamentais); e (c) formal (consagração dos direitos fundamentais na Constituição).

Neste ponto, vale destacar as lições de Cristina Queiroz quanto à dupla dimensionalidade dos direitos fundamentais: "a dupla natureza (doppel Gestalt) dos direitos e liberdades fundamentais [...] na medida em que não garantem apenas direitos subjetivos, mas também princípios objetivos básicos para a ordem constitucional democrática do Estado de Direito".[18]

3.3. A Concepção dos *Direitos Fundamentais* na Constituição de 1988

O Título II (Dos Direitos e Garantias Fundamentais) da Constituição da República Federativa do Brasil de 1988 apresenta um rol extenso de direitos

---
15 MIRANDA, Jorge. *Manual de Direito Constitucional*, Tomo IV, 3. ed. Coimbra: Coimbra Editora, 2000, p. 7-10.
16 GALUPPO, Marcelo Campos. O que são direitos fundamentais? In: SAMPAIO, José Adércio Leite. (Coord.) *Jurisdição constitucional e direitos fundamentais*. Belo Horizonte: Del Rey, 2003, p. 213-250.
17 GOUVEA, Jorge Bacelar. *Manual de Direito Constitucional*, V.II. 3. ed. Coimbra: Almedina, 2010, p. 1031.
18 QUEIROZ, Cristina. *Direito Constitucional*: as instituições do Estado Democrático e Constitucional. Coimbra: Coimbra Editora, 2009, p. 365.

fundamentais. Somente o artigo 5° constitucional contempla 77 incisos.[19] Já o artigo 7°, com seus 34 incisos, apresenta um vasto rol de direitos sociais dos trabalhadores.

O catálogo dos direitos fundamentais consagrados na Constituição abarca vários direitos em suas variadas dimensões: direito à vida, à liberdade, à propriedade, direitos sociais básicos, direito ao meio ambiente ecologicamente equilibrado (art. 225, da CRFB/88) e proteção ao consumidor, dentre outros.

Os direitos fundamentais podem ser classificados, de acordo com sua multifuncionalidade, em dois grandes grupos, a saber:[20]

a) *direitos de defesa*, aí incluídos os direitos de liberdade, igualdade, as garantias, bem como parte dos direitos sociais (liberdades sociais) e políticos. São direitos que impõem abstenção por parte do Estado e, em regra, representam os direitos subjetivos;

b) *direitos a prestações* integrados pelos direitos a prestações em sentido amplo, tais como os direitos à proteção e à participação na organização e procedimento, assim como pelos direitos a prestações em sentido estrito, representados pelos direitos sociais de natureza prestacional.

É necessário lembrar a cláusula de abertura prevista pelo art. 5°, § 2°, da Constituição. Nesse sentido, cumpre referir que o "conceito materialmente aberto dos direitos fundamentais consagrado pelo art. 5°, § 2°, da CF aponta para a existência de direitos fundamentais positivados em outras partes do texto constitucional e até mesmo em tratados internacionais, bem assim para a previsão expressa da possibilidade de se reconhecerem direitos fundamentais não escritos, implícitos nas normas do catálogo, bem como decorrentes do regime e dos princípios da Constituição".[21]

Vale destacar que o catálogo dos direitos fundamentais constitui em si uma concretização do princípio fundamental da dignidade da pessoa humana (art. 1°, inciso III, da CRFB/88). Daí que o princípio da dignidade humana constitui um *locus* hermenêutico aberto que deve ser harmonizado com a diversidade de valores que se manifestam nas sociedades complexas e plurais. É a questão da intersubtividade e da alteridade da norma jurídica, já que a dimensão intersubjetiva da dignidade humana deve ser compreendida a partir da relação do ser humano com os demais membros da sociedade em que vive.

3.4. A Diferença entre *Direitos Fundamentais* e *Direitos Humanos*

Segundo Ingo Wolfgang Sarlet, a distinção é de que a expressão *direitos fundamentais* "se aplica para aqueles direitos do ser humano reconhecidos e

---

19 O artigo 5°, apesar de exaustivo, não apresenta cunho taxativo.
20 SARLET. Op. cit., p. 246.
21 SARLET. Op. cit., p. 79.

positivados na esfera do Direito Constitucional positivo de determinado Estado, ao passo que a expressão "direitos humanos" guardaria relação com os documentos de Direito Internacional por referir-se àquelas posições jurídicas que se reconhecem ao ser humano como tal, independentemente de sua vinculação com determinada ordem constitucional e que, portanto, aspiram à validade universal, para todos os povos e tempos, de tal sorte que revelam um inequívoco caráter supranacional (internacional)".[22]

Dessa maneira, os *direitos fundamentais* representam os direitos reconhecidos pelo ordenamento constitucional interno de cada Estado e os *direitos humanos* são aqueles reconhecidos pelo Direito Internacional com validade universal e de contornos mais amplos e imprecisos.

Da mesma forma, as lições de Antonio-Enrique Pérez Luno, "Los derechos humanos suelen venir entendidos como un conjunto de facultades e instituciones que, en cada momento histórico, concretan las exigencias de la dignidad, la libertad y la igualdad humanas, las cuales deben ser reconocidas positivamente por los ordenamientos jurídicos a nivel nacional e internacional. En tanto que con la noción de los derechos fundamentales se tiende a aludir a aquellos derechos humanos garantizados por el ordenamiento jurídico positivo, en la mayor parte de los casos en su normativa constitucional, y que suelen gozar de una tutela reforzada".[23]

3.5. As Dimensões dos *Direitos Fundamentais*

O processo de reconhecimento dos direitos fundamentais no âmbito do direito positivo dá margem a sua compreensão a partir das características de seu conteúdo. Tais características podem ser agrupadas em dimensões (gerações):

a) *Direitos fundamentais da primeira geração*: são aqueles de índole liberal-individualista, fruto do pensamento liberal burguês do século XVIII, que representam os direitos individuais frente ao Estado. Os direitos fundamentais de primeira geração estão relacionados aos direitos de cunho jusnaturalista, tais como: os direitos à vida, à liberdade, à propriedade, à igualdade (igualdade formal) perante a lei. Nesta dimensão, estão incluídos também os direitos de participação política e as liberdades de expressão coletiva (liberdades de expressão, imprensa, manifestação, reunião, associação etc.).

b) *Direitos fundamentais da segunda geração*: estão relacionados aos direitos econômicos, sociais e culturais. Como observa Ingo Sarlet, estes direitos "não englobam apenas direitos de cunho positivo,

---

22 Ibid., p. 33-34.
23 PEREZ LUNO, Antonio-Enrique. *Los derechos fundamentales*. 8. ed. Madrid: Tecnos, 2004, p. 46.

mas também as assim denominadas 'liberdades sociais', do que dão conta os exemplos da liberdade de sindicalização, do direito de greve, bem como do reconhecimento de direitos fundamentais aos trabalhadores, tais como o direito a férias e ao repouso semanal remunerado, a garantia de um salário mínimo, a limitação da jornada de trabalho".[24]

c) *Direitos fundamentais da terceira geração*: são aqueles denominados de direitos de solidariedade. São caracterizados pelos direitos transindividuais, também chamados direitos coletivos e difusos e que, no geral, compreendem os direitos do consumidor e dos direitos relacionados à proteção do meio ambiente, respectivamente.

d) *Direitos fundamentais da quarta geração:* são os direitos de manipulação genética relacionados à biotecnologia e à bioengenharia, e que tratam de questões sobre a vida e a morte, sobre cópias de seres humanos e que requerem uma discussão ética prévia; e

e) *Direitos fundamentais da quinta geração:* estão relacionados aos direitos da realidade virtual, que surgem do grande desenvolvimento da cibernética.

f) *Direitos fundamentais da sexta geração?* Os direitos de *sexta dimensão* para Agra são aqueles relacionados com a questão dos direitos dos animais.[25] Aqui a discussão é acirrada já que os animais, de acordo com o Código Civil brasileiro, são considerados bens semoventes e não sujeitos de direito. Interessante notar que várias pesquisas em sede de mestrado e doutorado em direito caminham no sentido desta discussão, ou seja, o direito dos animais não humanos.[26]

Vale lembrar que a UNESCO proclamou, em 27 de janeiro de 1978, a Declaração dos Direitos dos Animais. A partir desta declaração, os animais passam a ser protegidos ao se tornarem seres de direito.[27]

---

24 SARLET. Op. cit., p. 53.
25 Ibid.
26 Neste sentido, ver: FRISKE, Gabriela. *O direito dos animais não humanos*. Juiz de Fora: UNIPAC, Dissertação de Mestrado, 2013. Ver também: (1) EBERLE, Simone. *Deixando a sombra dos homens*: uma nova luz sobre o Estatuto Jurídico dos Animais. 2006. 431 f. Tese de Doutorado (Direito Civil) – Faculdade de Direito da Universidade Federal de Minas Gerais. Belo Horizonte, 417 p.; (2) LOURENÇO, Daniel Braga. *Direito dos animais*: fundamentação e novas perspectivas. Porto Alegre: Sergio Antônio Fabris Editor, 2008, 566 p.; (3) OST, François. *A natureza à margem da lei* – a ecologia à prova do Direito. Trad. Joana Chaves. Lisboa: Instituto Piaget, 1995, 172 p.; (4) SINGER, Peter. *Ética prática*. Trad. Jefferson Luiz Camargo. São Paulo: Martins Fontes, 2002, 399 p.; (5) SINGER, Peter. *Libertação animal*. Trad. Marly Winckler. Porto Alegre: Lugano, 2004 e (6) SUNSTEIN, Cass R. *The rights of animals*. In: The University of Chicago Law Review, vol. 70, 2003.
27 DECLARAÇÃO UNIVERSAL DOS DIREITOS DOS ANIMAIS

Capítulo 3 – Direito Civil Constitucional

A nossa CRFB/88 garante a proteção aos animais em seu art. 225, § 1º, VII. Vejamos: "Todos têm direito ao meio ambiente ecologicamente equilibrado, bem de uso comum do povo e essencial à sadia qualidade de vida, impondo-se ao Poder Público e à coletividade o dever de defendê-lo e preservá-lo para as presentes e as futuras gerações.

§ 1º – Para assegurar a efetividade desse direito, incumbe ao Poder Público: VII – proteger a fauna e a flora, vedadas, na forma da lei, as práticas que coloquem em risco sua função ecológica, provoquem a extinção de espécies ou submetam os animais a crueldade". (BRASIL, Constituição 1988).

Peter Singer, filósofo e professor na Universidade de Princeton, nos Estados Unidos, na obra Libertação Animal[28], apresenta argumentos filosóficos buscando comprovar a existência de uma igualdade irrefutável entre seres humanos e não humanos.

Art. 1º) Todos os animais nascem iguais perante a vida e têm os mesmos direitos à existência. Art. 2º) O homem, como a espécie animal, não pode exterminar outros animais ou explorá-los violando este direito; tem obrigação de colocar os seus conhecimentos a serviço dos animais. Art. 3º) 1) Todo animal tem direito a atenção, aos cuidados e à proteção dos homens. 2) Se a morte de um animal for necessária, deve ser instantânea, indolor e não geradora de angústia. Art. 4º) 1) Todo animal pertencente a uma espécie selvagem tem direito a viver livre em seu próprio ambiente natural, terrestre, aéreo ou aquático, e tem direito a reproduzir-se. 2) Toda privação de liberdade, mesmo se tiver fins educativos, é contrária a este direito. Art. 5º) 1) Todo animal pertencente a uma espécie ambientada tradicionalmente na vizinhança do homem tem direito a viver e crescer no ritmo e nas condições de vida e liberdade que forem próprias da sua espécie; 2) Toda modificação desse ritmo ou dessas condições, que forem impostas pelo homem com fins mercantis, é contrária a este direito. Art. 6º) 1) Todo animal escolhido pelo homem para companheiro tem direito a uma duração de vida correspondente à sua longevidade natural; 2) Abandonar um animal é ação cruel e degradante. Art. 7ª) Todo animal utilizado em trabalho tem direito à limitação razoável da duração e da intensidade desse trabalho, alimentação reparadora e repouso. Art. 8º) 1) A experimentação animal que envolver sofrimento físico ou psicológico é incompatível com os direitos do animal, quer se trate de experimentação médica, científica, comercial ou de qualquer outra modalidade; 2) As técnicas de substituição devem ser utilizadas e desenvolvidas. Art. 9º) Se um animal for criado para alimentação, deve ser nutrido, abrigado, transportado e abatido sem que sofra ansiedade ou dor. Art. 10º) 1) Nenhum animal deve ser explorado para divertimento do homem; 2) As exibições de animais e os espetáculos que os utilizam são incompatíveis com a dignidade do animal. Art. 11º) Todo ato que implique a morte desnecessária de um animal constitui biocídio, isto é, crime contra a vida. Art. 12º) 1) Todo ato que implique a morte de um grande número de animais selvagens constitui genocídio, isto é, crime contra a espécie; 2) A poluição e a destruição do ambiente natural conduzem ao genocídio. Art. 13º) 1) O animal morto deve ser tratado com respeito; 2) As cenas de violência contra os animais devem ser proibidas no cinema e na televisão, salvo se tiverem por finalidade evidenciar ofensa aos direitos do animal. Art. 14º) 1) Os organismo de proteção e de salvaguarda dos animais devem ter representação em nível governamental; 2) Os direitos do animal devem ser defendidos por lei como os direitos humanos.

28 SINGER, Peter. *Libertação animal*. Tradução Marly Winckler. Porto Alegre: Lugano, 2004.

3.6. Direitos Fundamentais no Âmbito das Relações entre Particulares

Nos últimos anos, o Direito Civil Constitucional está em voga, ou seja, discute-se a influência do Direito Constitucional na esfera jurídica civilística, na qual se indaga o papel dos princípios e das regras constitucionais aplicados às normas infraconstitucionais. É o fenômeno denominado de "constitucionalização do Direito Civil".

A dogmática e a codificação civilista não podem ser interpretadas dissociadas dos valores e dos princípios constitucionais. Daí a importância, cada vez maior, do estudo do Direito Civil em harmonia e consonância com a normativa constitucional.

Nesses termos, um pensamento originário começa a fluir no campo jurídico civilístico. Esse caminhar foi guiado não só pela filosofia constitucional, bem como por estudiosos do vigor de Luiz Edson Fachin, Francisco Amaral, Gustavo Tepedino, Maria Celina Bodin de Moraes, Teresa Negreiros, Judith Martins-Costa, Daniel Sarmento, dentre outros, que já trilharam caminhos inesperados sempre adornados com novas cores. São estes autores que estão dispostos a conhecer e a buscar a essência do Direito Civil em seu sentido originário.

Daí a necessidade de apresentar, de forma preliminar, no curso de Direito Civil, a problemática da eficácia das normas de direitos fundamentais no âmbito das relações interprivadas. É um tema que se discute desde a década de 50 do século passado, em especial, na Alemanha, sob a denominação de "efeito frente a terceiros dos direitos fundamentais" *(Drittwirkung der Grundrechte)*. De igual forma, nos Estados Unidos, o assunto é chamado de *state action doctrine*.

As teses ou orientações doutrinárias quanto à eficácia dos direitos fundamentais relativamente a terceiros podem ser agrupadas em: a) a tese de recusa de eficácia; b) a tese da eficácia mediata ou indireta; c) as teses dos deveres de proteção; d) a tese da eficácia direta ou imediata.[29]

Em Portugal e na Espanha, vários autores já enfrentaram o referido tema. José Joaquim Gomes Canotilho, em seu artigo em homenagem a Paulo Bonavides, denominado de *Civilização do Direito Constitucional ou constitucionalização do Direito Civil? A eficácia dos direitos fundamentais na ordem jurídico-civil no contexto do Direito pós-moderno*, apresenta alguns exemplos que merecem atenção de todos os juristas.[30] Vejamos:

---

29 NOVAIS, Jorge Reis. *Direitos fundamentais*: trunfos contra a maioria. Coimbra: Coimbra Editora, 2006, p. 71-72.
30 CANOTILHO, José Joaquim Gomes. Civilização do Direito Constitucional ou constitucionalização do Direito Civil? A eficácia dos direitos fundamentais na ordem jurídico-civil no contexto do direito pós-moderno. In: GRAU, Eros Roberto; GUERRA FILHO, Willis Santiago. *Direito constitucional*: estudos em homenagem a Paulo Bonavides. São Paulo:

Capítulo 3 – Direito Civil Constitucional

"Caso 1 – A urbanização quimicamente branca ou a *"action under color of State* law" O caso conta-se em poucas palavras. Os compradores de moradias dentro de uma urbanização localizada numa cidade norte-americana teriam de aceitar a cláusula contratual de proibição de venda a indivíduos de raça negra. Um dos adquirentes violou a cláusula contratual, alienando a sua propriedade a um "cidadão preto". O problema aí está: será de imputar a violação do princípio da igualdade ao próprio Estado na medida em que este, através de seus tribunais, dá razão aos titulares da urbanização, reconhecendo a nulidade da venda em violação de uma cláusula contratual? Mas o que é que é "nulo": é a própria cláusula contratual por amor à Constituição (princípio da igualdade) ou a venda em violação da cláusula por amor à liberdade contratual?

Caso 2 – A *"terceira mulher"*: da *"mulher diabolizada"* e da *"mulher exaltada"* à *"mulher criadora do seu papel"*. Este caso é hoje sobejamente conhecido como o caso do "diferencialismo das executivas". A história tem mulheres de carne e osso e conta-se também em curtas palavras. Uma multinacional propõe a uma sua executiva de *top* a colocação imediata num importante posto de chefia com a cláusula de proibição de gravidez ou de "barriga de aluguer" durante 10 anos. A opção para a mulher de 26 anos é clara: ser mãe ou ser mulher de sucesso. A "proibição de gravidez" é uma cláusula constitucionalmente proibida. Mas, como proibir, no mundo da autonomia contratual-global, a inserção de uma condição que mais não é, segundo alguns, que a invenção da "terceira mulher": a "mulher criadora do seu próprio papel"?

Caso 3 – *As antenas parabólicas dos emigrantes portugueses.* O caso vem relatado em revistas alemãs. Vale a pena conhecer a história. Um emigrante português solicitou ao senhorio do prédio que tomara de arrendamento a autorização necessária para colocar no telhado uma antena parabólica de televisão para melhor captar os programas de língua portuguesa. O senhorio denegou tal autorização, e, perante esta recusa, o emigrante português intentou a ação competente junto dos tribunais para o reconhecimento do seu direito fundamental à informação. O êxito junto aos tribunais ordinários foi nulo, mas o mesmo já não aconteceu quando, através de ação constitucional de defesa, o Tribunal Constitucional alemão teve de pronunciar sobre o assunto. A ordem jurídica dos direitos fundamentais está presente na "ordem dos contratos". Os contratos de arrendamento não são espaços livres de direitos fundamentais como o direito de informar-se e ser informado".

Outros casos e hipóteses no Direito português do problema metódico da aplicação dos direitos fundamentais nas relações jurídicas privadas são apontados por Canotilho em sua obra:[31]

Malheiros, 2001, p. 111-115.
31 CANOTILHO, José Joaquim Gomes. *Direito Constitucional e teoria da Constituição.* 7. ed. Coimbra: Almedina, 2003, p. 1285-1286.

(1) Uma empresa industrial celebrou contratos de trabalho em que os trabalhadores renunciaram a qualquer atividade partidária e à filiação a sindicatos. Se as normas consagradoras dos direitos, liberdades e garantias (CRP, arts. 46°, 51° e 55°), vinculam entidades privadas, como reagir contra o "desvalor constitucional" de tais contratos de trabalho?

(2) Num congresso de um partido político destinado a escolher os candidatos desse partido às eleições parlamentares, foi excluída a participação de indivíduos de raça negra (hipótese próxima da discutida nos célebres casos da jurisprudência americana, *Smith v. Allright* (1944) e *Terry v. Adams* (1946). O princípio da igualdade (CRP, art. 13°/2) vinculará ou não, diretamente, uma associação partidária?

(3) A senhora X havia sido contratada como professora por um colégio particular, vinculando-se à "cláusula do celibato". Posteriormente, ela celebrou casamento e a empresa proprietária do colégio desencadeou o procedimento do despedimento, invocando a violação de uma cláusula do contrato. A senhora X contestou a ação de despedimento, apelando diretamente para o art. 36°/1 da CRP, que vincularia entidade privada como a empresa proprietária do colégio (caso já discutido em Portugal, mas com contornos um pouco diferentes, num Parecer da Comissão Constitucional).

(4) A empresa Z contratou dois indivíduos de sexo feminino para o seu serviço de informática, mas condicionou a manutenção do contrato de trabalho a três cláusulas: (i) sujeitarem-se a testes de gravidez no momento da admissão; (ii) aceitarem como justa causa de despedimento o fato de ocorrer uma gravidez durante o contrato; e (iii) considerarem também como justa causa de despedimento o fato eventual de virem a ser de "mães hospedeiras" (inseminação artificial) durante a vigência do contrato. Como conciliar estas cláusulas com direitos, liberdades e garantias com os direitos à intimidade pessoal (CRP, art. 26°) e o direito de constituir família (CRP, art. 36°/1)?

(5) As entidades patronais e as organizações sindicais celebraram um contrato coletivo de trabalho, no qual incluíram a cláusula de *closed-shop*, ou seja, a proibição de contratação de operários não sindicalizados. Como conciliar esta cláusula contratual com os arts 47° e 55°/6 da CRP?

(6) Uma escola particular para alunos deficientes, subsidiada pelo Estado, recusa-se a receber crianças deficientes não batizadas ou cujos pais professem uma religião diferente da ensinada nessa escola. Poderão os pais dessas crianças recorrer diretamente aos arts 13°/2 e 41°/2.3?

Capítulo 3 – Direito Civil Constitucional

Este é um dos dilemas atuais da dogmática jurídica contratual. Até que ponto os direitos fundamentais devem interferir na autonomia e na liberdade contratual? Qual o limite que representa a perda da irredutível autonomia do direito privado, já que o conteúdo contratual, por vezes, é alterado pelos tribunais de justiça em prol da eficácia direta dos direitos fundamentais na ordem jurídica privada. O Direito Civil está em crise.[32]

Se por um lado devemos refletir sobre a eficácia dos direitos fundamentais na ordem jurídica civilística, por outro, devemos ficar atentos a essa influência, para não transformar o Direito Civil em um direito de "não liberdade", já que a gênese do direito privado é a liberdade e a autonomia das partes.

Em nome da autonomia da vontade e da liberdade contratual, seria possível admitir a violação da dignidade da pessoa humana quando ameaçada por outros particulares? Jorge Reis Novais admite que "fazer prevalecerem os direitos patrimoniais e o direito de propriedade sobre os direitos de liberdade pessoais seria sacrificar os direitos fundamentais no altar de uma sacralização da livre iniciativa privada numa hierarquização de prioridades que, objetivamente, oculta o domínio dos economicamente mais poderosos".[33]

Aqui a divergência doutrinária resplandece. Vejamos as lições de Novais: "Por isso, diz-se, quem é mais pelos direitos fundamentais favorece a tese da aplicabilidade direta, quem é mais pela autonomia privada sustentará as outras teses. Quem é pela intervenção estatal de correção das assimetrias sociais e de limitação dos poderes privados, quem tem preocupações igualitárias, sustentará a aplicabilidade geral dos direitos fundamentais, incluindo às relações econômicas e sociais privadas; quem tem uma maior preocupação com a conservação de um *status* inigualitário favorecerá o acantonamento dos direitos fundamentais nas relações com o Estado, preservando a esfera privada das perturbações implicadas numa generalização indiscriminada dos destinatários dos direitos fundamentais".[34]

---

32 Exemplo interessante é apontado por Stefano Rodotà, destacado por Tepedino da seguinte forma: "a notícia publicada por um tabloide sensacionalista inglês, que pôs em dúvida a paternidade do príncipe William. Insinuou-se então que o herdeiro real poderia ser filho não de Charles, mas de um ex-professor de educação física da Princesa Diana. O repórter, aproveitando-se de um descuido do jovem príncipe, acometido de uma gripe, apropriou-se de um lenço de papel por ele utilizado e jogado em uma lata de lixo. Valendo-se também de
33 uma amostra do sangue (ou tecido) do pretenso pai, realizou o confronto das cadeias de DNA, cujo resultado negativo estancou a explosão nas vendas dos jornais populares e a apreensão geral relacionada à sucessão do trono. O Professor Rodotà, analisando a questão, esclareceu apropriadamente que não se tratava apenas de um lenço descartado *(res derelictae)*, mas de informações que diziam respeito à própria essência da personalidade daqueles de quem foram apropriados". TEPEDINO, Gustavo. Normas constitucionais e Direito Civil na construção unitária do ordenamento. In: SOUZA NETO, Cláudio Pereira de; SARMENTO, Daniel. *A constitucionalização do Direito*: fundamentos teóricos e aplicações específicas. Rio de Janeiro: Lumen Juris, 2007, p. 318..
34 Ibid., p. 78.

Na atualidade, não se pode afirmar que os direitos fundamentais devam ser exercidos somente contra o Estado, deixando a liberdade contratual e a autonomia da vontade livres da interferência do Estado serem conduzidas somente pelos particulares.

Na aplicação dos direitos fundamentais nas relações entre particulares, ocorrerá colidência ou conflito de um direito fundamental com o princípio da autonomia privada, que também representa uma garantia jurídico-constitucional.

Contudo, o tema não é apresentado e discutido nos manuais de Direito Civil, razão pela qual a problemática somente é enfrentada em sede de pós-graduação em Direito. Como tantos outros temas, tornou-se necessário enfrentar a questão da incidência dos direitos fundamentais e sua eficácia no âmbito das relações jusprivatísticas. Não obstante a controvérsia que permeia a dogmática jurídica constitucional, entende-se que os direitos fundamentais se projetam sobre as relações interprivadas de forma a conformá-las sob o manto constitucional. Daí a importância da interpretação do Código Civil à luz dos cânones e dos princípios constitucionais. Nesse contexto, Tepedino ensina que "propriedade, empresa, família, relações contratuais tornam-se institutos funcionalizados à realização dos valores constitucionais, em especial da dignidade da pessoa humana, não mais havendo setores imunes a tal incidência axiológica, espécies de zonas francas para atuação da autonomia privada. A autonomia privada deixa de configurar um valor em si mesma, e será merecedora de tutela somente se representar, em concreto, a realização de um valor constitucional".[35]

Dessa maneira, as relações jurídicas privadas devem ser conformadas pelos princípios jurídicos constitucionais, tais como o princípio da dignidade da pessoa humana (CRFB/88, art. 1°, III) e os princípios do trabalho e da livre iniciativa como valores sociais (CRFB/88, art. 1°, IV), com vistas a construir uma sociedade livre, justa e solidária (CRFB/88, art. 3°, I), garantir o desenvolvimento nacional (CRFB/88, art. 3°, II), erradicar a pobreza e a marginalização, e reduzir as desigualdades sociais e regionais (CRFB/88, art. 3°, III), bem como promover o bem de todos, sem preconceitos de origem, raça, sexo, cor, idade e quaisquer outras formas de discriminação (CRFB/88, art. 3°, IV).

Não obstante a nossa Constituição da República Federativa do Brasil de 1988 não apresentar explicitamente o mandamento da eficácia dos direitos fundamentais acerca da ordem jurídica privada, estes devem possuir eficácia tanto no plano das relações verticais (relações entre indivíduo e Estado) como nas relações horizontais (relações entre particular e particular), com o firme propósito de perseguir uma sociedade livre, justa e solidária.

---

35 TEPEDINO, Gustavo. Normas constitucionais e Direito Civil na construção unitária do ordenamento. In: SOUZA NETO, Cláudio Pereira de; SARMENTO, Daniel. *A constitucionalização do Direito*: fundamentos teóricos e aplicações específicas. Rio de Janeiro: Lumen Juris, 2007, p. 310-311.

3.7. A Eficácia dos Direitos Fundamentais

A eficácia dos direitos fundamentais está relacionada com a força normativa dos preceitos constitucionais. O artigo 5º, § 1º, da Constituição da República Federativa do Brasil de 1988, determina que "as normas definidoras dos direitos e das garantias fundamentais têm aplicação imediata". Além da clássica distinção entre as normas autoaplicáveis (*self-executing, self-acting,* ou *self-enforcing*) e as normas não autoaplicáveis (*not self-executing, not selfacting,* ou *not self-enforcing*), e das diversas concepções doutrinárias existentes, José Afonso da Silva apresenta uma teoria tricotômica das normas constitucionais, discriminando-as em três categorias:[36]

I   *normas constitucionais de eficácia plena* – são as normas que, dotadas de aplicabilidade direta, imediata e integral, não dependem da atuação do legislador ordinário para que alcancem sua plena operatividade;

II *normas constitucionais de eficácia contida* – são normas constitucionais de aplicabilidade direta e imediata, mas possivelmente não integral. Algumas normas desse tipo indicam "elementos de sua restrição que não a lei, mas certos conceitos de larga difusão no direito público, tais como ordem pública, segurança nacional ou pública, integridade nacional, bons costumes, necessidade ou utilidade pública, perigo público iminente etc.";[37]

III *normas constitucionais de eficácia limitada ou reduzida:* são normas de aplicabilidade indireta e reduzida, já que necessária se faz a intervenção legislativa ordinária para a produção de seus efeitos jurídicos. Estas normas podem ser subdivididas em normas declaratórias de princípios institutivos ou organizativos e normas declaratórias de princípio programático.

Já Maria Helena Diniz classifica as normas constitucionais quanto ao seu efeito, em quatro grupos, a saber:[38]

a) *normas com eficácia absoluta* – são normas intangíveis e insuscetíveis de alteração, até mesmo por emenda constitucional. São normas que independem da atuação do legislador ordinária para geração de efeitos;

b) *normas com eficácia plena* – são normas que independem da atuação do legislador ordinária para geração de efeitos, criando desde

---

36 SILVA, José Afonso da. *Aplicabilidade das normas constitucionais.* 3. ed. São Paulo: Malheiros, 1998.
37 Ibid., p. 103-104.
38 DINIZ, Maria Helena. *Norma constitucional e seus efeitos.* 6. ed. São Paulo: Saraiva, 2003.

logo direitos subjetivos. Todavia, são suscetíveis de alteração por meio de emenda constitucional;

c) *normas com eficácia relativa restringível* – apresentam aplicabilidade direta e imediata, gerando os efeitos jurídicos nela previstos. Estas normas estão sujeitas a restrições previstas na legislação ordinária ou podem depender de regulamentação posterior, reduzindo a sua aplicabilidade; e

d) *normas com eficácia relativa complementável ou dependente de complementação legislativa, de aplicação apenas mediata (indireta)* – são aquelas que não geram efeitos jurídicos desde logo, abrangendo as normas de princípios institutivos e as normas programáticas.

Além das classificações anteriores, Luís Roberto Barroso apresenta a seguinte tipologia das normas constitucionais:[39]

a) *normas constitucionais de organização* – são normas que têm por objeto organizar o exercício do poder político;
b) *normas constitucionais definidoras de direitos* – são as normas que devem fixar os direitos fundamentais dos indivíduos; e
c) *normas constitucionais programáticas* – são as normas constitucionais que procuram traçar os fins públicos a serem alcançados pelo Estado.

As diversas concepções e distinções das normas jurídicas constitucionais, sob o aspecto da aptidão de geração de efeitos (eficácia jurídica), são fruto do entendimento doutrinário de que inexiste norma constitucional completamente destituída de eficácia. Daí a importância de análise e estudo da graduação da carga eficacial das normas jurídicas.

Para Ingo Wolfgang Sarlet, em todas as classificações se destacam dois grupos de normas:[40]

a) as normas que dependem, para a geração de seus efeitos principais, da intervenção do legislador infraconstitucional (normas constitucionais de baixa densidade normativa); e
b) as normas que, desde logo, por apresentarem suficiente normatividade, estão aptas a gerar seus efeitos e, portanto, dispensam uma *interpositio legislatoris* (normas constitucionais de alta densidade normativa).

---

39 BARROSO, Luís Roberto. *O Direito Constitucional e a efetividade de suas normas*. 5. ed. Rio de Janeiro: Renovar, 2001, p. 94.
40 SARLET. Op. cit., p. 237-238.

Sarlet prefere acompanhar a sistematização binária da norma jurídica, distinguindo entre as normas de *eficácia plena* e as normas de *eficácia limitada ou reduzida*. Vale lembrar que até mesmo as normas constitucionais de baixa densidade normativa apresentam uma normatividade mínima, já que sempre apresentam certo grau de eficácia jurídica.[41]

Dessa forma, levando em consideração a distinção sistemática das normas constitucionais, bem como o teor da norma contida no artigo 5°, § 1°, da Constituição da República Federativa do Brasil de 1988, a melhor exegese deste dispositivo constitucional é no sentido de que ele apresenta um viés principiológico. Melhor dizendo: O artigo 5°, § 1°, de nossa Constituição, representa uma espécie de "mandado de otimização (ou maximização), isto é, estabelecendo aos órgãos estatais a tarefa de reconhecerem a maior eficácia possível aos direitos fundamentais".[42]

A partir da exegese do artigo 5°, § 1°, da CRFB/88, podemos entender que os direitos fundamentais possuem aplicabilidade imediata e plenitude eficacial, bem como incumbe aos poderes públicos atribuir a estas a melhor eficácia possível (postulado otimizador).

3.8. Um Novo *Locus* Hermenêutico e a Nova Metódica do Direito Civil

A norma jurídica civilística não pode ser compreendida como um juízo hipotético ancorada nos princípios da lógica formal a partir de um rigorismo da separação dos mundos do "ser" e do "dever ser". O Direito Civil e o Direito Constitucional devem estar em perfeita harmonia a fim de que possam espelhar a realização e a concretização do Direito.

Diante disso, as lições de Friedrich Müller são esclarecedoras: "Assim se evidenciou que o positivismo legalista ainda não superado pela teoria e práxis refletidas, com a sua compreensão do Direito como sistema sem lacunas, da decisão como uma subsunção estritamente lógica, e com a sua eliminação de todos os elementos da ordem social não reproduzidos no texto da norma é tributário de uma ficção que não pode ser mantida na prática".[43]

A tarefa da práxis do Direito Civil é a concretização de suas normas a partir de uma leitura constitucional de forma que "Direito Civil" e "realidade" sejam os lados de uma mesma moeda.

O operador do Direito deve levar em conta a multiplicidade de situações da vida interprivada em que numa sociedade moderna (ou pós-moderna!) e complexa se impõe a necessidade de realizar uma (re)leitura da dogmática civilística à luz de uma axiologia constitucional.

---

41 Ibid., p. 238.
42 Ibid., p. 258.
43 MULLER, Friedrich. *Métodos de trabalho do Direito Constitucional*. 3. ed. Rio de Janeiro: Renovar, 2005, p. 32-33.

Pode-se dizer, portanto, que a fundamentação da decisão jurídica deve ser conformada no espaço (*locus*) hermenêutico da juridicidade vinculada a uma permanente reflexão crítica do homem enquanto ser-no-mundo. Isto significa dizer que as questões jurídicas concretas emergem num quadro cunhado por um horizonte hermenêutico, superando a relação sujeito-objeto.

Nas lições de Castanheira Neves, é possível compreender que o problema da interpretação jurídica relaciona-se com o Direito e não com a lei. Vejamos:[44]

> O problema da interpretação jurídica está, com efeito, a sofrer uma radical mudança de perspectiva no actual contexto metodológico. Deixou de conceber-se tão só e estritamente como *interpretação da lei*, para se pensar como *actus* da *realização do direito*. E isto significa, por um lado, que a realização do direito não se identifica já com a interpretação da lei, nem nela se esgota; por outro lado, que não será em função da interpretação da lei, tomada abstractamente ou em si, que havemos de compreender a realização do direito – em termos de se dizer que esta será o que for aquela –, antes é pela própria problemática autônoma e específica realização do direito, e como seu momento metodológico-normativo, que se haverá de entender o que persista dizer-se interpretação da lei. Com o que o próprio conceito de interpretação jurídica se altera: de interpretação da lei converte-se em *interpretação do direito*, de novo a *interpretatio legis* se confronta com a *interpretatio iuris*. É que, se intencional e normativamente o direito deixou de identificar-se com a lei, também metodologicamente a realização do direito deixou de ser mera aplicação das normas legais e manifesta-se como o acto judicativamente decisório através do qual, pela mediação embora do critério jurídico possivelmente oferecido por essas normas, mas com ampla actividade normativamente constitutiva, se cumprem em concreto as intenções axiológicas e normativas do direito, enquanto tal. Dir-se-á que, nestes termos, o pensamento jurídico recuperou o concreto, que vai na essencial vocação do direito, depois que o positivismo legalista, com o seu normativismo analítico-dedutivo, o levara a refugiar-se no alienante abstracto.

Uma metódica do Direito Civil destinada a ir além de um núcleo normativo monolítico deve assumir uma postura de que o problema hermenêutico não está fincado no problema de método, produzindo um conhecimento de

---

44 NEVES, Castanheira. *O actual problema metodológico da interpretação jurídica* – I. Coimbra: Coimbra Editores, 2003, p. 11-12.

Capítulo 3 – Direito Civil Constitucional

segurança inabalável, mas sim está relacionado ao problema da hermenêutica filosófica. O fenômeno da compreensão perpassa a experiência da filosofia, a experiência da arte e a experiência da própria história. Todos esses modos de experiência nos apresentam (manifesta) uma verdade que não pode ser verificada com os meios metódicos da ciência.

O filósofo alemão Hans-Georg Gadamer (1900 – 2002), autor de *Verdade e método – traços fundamentais de uma hermenêutica filosófica*, é um dos autores mais importantes acerca da hermenêutica contemporânea. Gadamer, lastreado em estudos fenomenológicos, entendia que a tradição não podia mais se apoiar nas interpretações metafísicas da razão. Daí que os estudos gadamerianos estão voltados para a consciência histórica, em que a historicidade do sentido tem papel relevante na autocompreensão que o ser humano alcança como participante e intérprete da tradição histórica.

Gadamer procura superar o problema hermenêutico relacionado ao conceito metodológico da moderna ciência. Na introdução de *Verdade e método,* Gadamer afirma que "o fenômeno da compreensão e da maneira correta de se interpretar o que se entendeu não é apenas, e em especial, um problema da doutrina dos métodos aplicados nas ciências do espírito. Sempre houve também, desde os tempos mais antigos, uma hermenêutica teológica e outra jurídica, cujo caráter não era tão acentuadamente científico e teórico, mas, muito mais, assinalado pelo comportamento prático correspondente e a serviço do juiz ou do clérigo instruído".[45]

A hermenêutica desenvolvida por Gadamer se afasta de uma doutrina de métodos das ciências do espírito e procura caminhar para um olhar além de sua autocompreensão metódica por meio da experiência do homem no mundo. É um (re)pensar o universo da compreensão, já que o filósofo procura refletir sobre a questão da verdade nas ciências do espírito. É um afastamento dos modelos clássicos hermenêuticos, nos quais a exegese era considerada um conjunto de métodos.

Os estudos de Hans-Georg Gadamer estão entrelaçados na sua forma mais original com os estudos antecedentes de Husserl, Dilthey e Heidegger. Nas palavras de Gadamer: "A conscienciosidade da descrição fenomenológica, que Husserl nos tornou um dever, a abrangência do horizonte histórico, onde Dilthey situou todo o filosofar, e, não por último, a compenetração de ambos os impulsos, cuja iniciativa recebemos de Heidegger há décadas, assinalam o paradigma sob o qual se colocou o autor".[46]

---

45 GADAMER, Hans-Georg. *Verdade e método:* traços fundamentais de uma hermenêutica filosófica. Tradução Flávio Paulo Meurer. Petrópolis: Vozes, 1997, p. 31.
46 Ibid., p. 36.

3.8.1. O círculo hermenêutico e a questão dos preconceitos

O círculo hermenêutico deve ser compreendido a partir dos estudos heideggerianos, ou seja, a estrutura circular da compreensão é dada a partir da temporalidade do ser-aí *(Dasein)*. É o círculo hermenêutico em um sentido ontológico originário, pelo qual a verdade se manifesta por meio do desvelamento do ser.

A compreensão é sempre um projetar-se. Gadamer afirma que "quem quiser compreender um texto realiza sempre um projetar. Tão logo apareça um primeiro sentido no texto, o intérprete prelineia o sentido do todo".[47] Melhor dizendo: a compreensão é um constante reprojetar-se a partir de determinadas perspectivas do intérprete. As perspectivas do intéprete (opiniões prévias), ou seja, antecipações de sentido do texto não devem ser confundidas com arbitrariedade do julgador.

É nesse sentido que Gadamer ensina que "a compreensão somente alcança sua verdadeira possibilidade quando as opiniões prévias, com as quais ela se inicia, não são arbitrárias. Por isso, faz sentido que o intérprete não se dirija aos textos diretamente, a partir da opinião prévia que lhe subjaz, mas que examine tais opiniões quanto à sua legitimação, isto é, quanto à sua origem e validez".[48] Com isso, o intérprete deve deixar que o texto diga alguma coisa por si, para que se evite a possibilidade do mal-entendido (opiniões prévias que levam à arbitrariedade). Daí que o que importa é "dar-se conta das próprias antecipações, para que o próprio texto possa apresentar-se em sua alteridade e obtenha assim a possibilidade de confrontar sua verdade com as próprias opiniões prévias".[49]

Na verdade, porém, Gadamer fala dos preconceitos. Estes podem ser classificados em positivos e negativos. O caráter negativo está relacionado com a época da Ilustração/Iluminismo *(Aufklarung)* representando um "juízo não fundamentado" e decidido "diante do tribunal da razão"[50] (preconceitos limitadores).[51] Os preconceitos positivos são aqueles reconhecidos como legítimos e enlaçados com a questão central de uma hermenêutica verdadeiramente histórica.

3.8.2. A questão da pertença

Esse comportamento histórico-hermenêutico realizado através da comunidade de preconceitos fundamentais e sustentadores é o sentido da pertença.[52] Logo, *pertença* é o momento da tradição no comportamento histó-

---

47 Ibid., p. 402.
48 Ibid., p. 403.
49 Ibid., p. 405.
50 Ibid., p. 410.
51 Ibid., p. 416.
52 Ibid., p. 442.

rico-hermenêutico[53], é a consciência hermenêutica incluída na consciência histórica. Os preconceitos fundamentais e sustentadores são aqueles que tornam possível a compreensão (preconceitos produtivos), daí que a compreensão é um comportamento produtivo e não (re)produtivo. É o texto "levado a sério na sua pretensão de verdade".[54]

3.8.3. O tempo em sua produtividade hermenêutica

A compreensão como comportamento produtivo dá-se como um existencial a partir da interpretação temporal aplicada ao modo de ser da presença *(Dasein)*, conforme ensinamentos heideggerianos. O tempo é o fundamento que sustenta o acontecer.[55] *O ser é tempo*.[56] Dessa maneira, a questão do tempo está relacionada com a questão central da hermenêutica, ou seja, nesse contexto devemos "distinguir os verdadeiros preconceitos, sob os quais compreendemos, dos falsos preconceitos que produzem os mal-entendidos. Nesse sentido, uma consciência formada hermeneuticamente terá de incluir também a consciência histórica".[57]

Portanto, Gadamer afirma: "Entender é, essencialmente, um processo de história efeitual".[58]

3.8.4. A questão da história efeitual e a situação hermenêutica

A consciência da história efeitual está relacionada com a consciência da *situação hermenêutica*. Nas palavras de Gadamer, "quando procuramos compreender um fenômeno histórico a partir da distância histórica que determina nossa situação hermenêutica como um todo, encontramo-nos sempre sob os efeitos dessa história efeitual".[59]

Nas lições de Jean Grondin, por história efeitual *(Wirkungsgeschichte)* entende-se, desde o século XIX, nas ciências literárias, "o estudo das interpretações produzidas por uma época, ou a história de suas recepções. Nela se torna claro que as obras, em determinadas épocas específicas, despertam e devem mesmo despertar diferentes interpretações. A consciência da história efeitual, a ser desenvolvida, está inicialmente em consonância com a máxima de se visualizar a própria situação hermenêutica e a produtividade da distância temporal".[60]

---

53 Ibid., p. 442.
54 Ibid., p. 444.
55 Ibid., p. 445.
56 Para um estudo mais detalhado da temporalidade em Heidegger, ver obra *Ser e tempo*.
57 Ibid., p. 447.
58 Ibid., p. 448.
59 Ibid., p. 449.
60 GRONDIN, Jean. *Introdução à hermenêutica filosófica*. Tradução: Benno Dischinger. São Leopoldo: Unisinos, 1999, p. 190.

Gadamer entende que a consciência da história efetual funciona como um princípio no processo de compreensão. A compreensão, a partir de uma compreensão objetivista guindada no viés metodológico, obnubila o entrelaçamento efeitual-histórico que deve permear o processo hermenêutico. Melhor dizendo: a fé no processo metodológico acaba por obscurecer a própria historicidade.

É dessa maneira que o magistrado, no processo de decisão judicial, deve considerar os efeitos da história efeitual no processo exegético, ou seja, é preciso tornar consciente a própria situação hermenêutica, para melhor "dizer o Direito". Isso ocorre na medida em que o julgador analisa o caso concreto decidendo, a partir da interpretação da própria pré-compreensão, consoante ensinamentos heideggerianos. A história efeitual seria o "pano de fundo" do processo decisório, já que o julgador deve inserir-se na situação hermenêutica.

Segundo *Verdade e método,* Gadamer ensina que o conceito de situação "se caracteriza pelo fato de não nos encontrarmos diante dela e, portanto, não podemos ter um saber objetivo dela. Nós estamos nela, já nos encontramos sempre numa situação, cuja iluminação é a nossa tarefa, e esta nunca pode se cumprir por completo. E isso vale também para a situação hermenêutica, isto é, para a situação em que nos encontramos face à tradição que queremos compreender. Também a iluminação dessa situação, isto é, a reflexão da história efeitual, não pode ser plenamente realizada, mas essa impossibilidade não é defeito da reflexão, mas encontra-se na essência mesma do ser histórico que somos. Ser histórico quer dizer não se esgotar nunca no saber-se".[61]

3.8.5. A importância de ter horizontes: a fusão de horizontes

O conceito de situação hermenêutica encontra-se entrelaçado com o conceito de horizontes. Isso porque o julgador, no momento da prestação jurisdicional, deve ampliar e abrir seus horizontes. Segundo Gadamer, horizonte é "o âmbito de visão que abarca e encerra tudo o que é visível a partir de determinado ponto".[62] Aplicando-se ao meio jurídico, falamos então que o magistrado não tem visão, seus horizontes são limitados ao Codex, da possibilidade de ampliar a exegese civilística aos princípios constitucionais, da abertura de novos horizontes jurídicos em razão do multiculturalismo, dos direitos humanos etc. Aquele juiz que não possui horizontes é um magistrado que não vê suficientemente longe e que, dessa forma, supervaloriza as regras do Código Civil (é um esforço intelectual reduzido preocupado apenas com o que lhe está mais próximo) sem o entrelaçamento devido com as normas e os preceitos constitucionais. Pelo contrário, a leitura das regras jurídicas interprivadas à luz da axiologia constitucional significa não estar limitado ao mais próximo, mas poder ver para além disso. Aquele que tem horizontes sabe valorizar corretamente

---

61 GADAMER. Op. cit., 1997, p. 451.
62 Ibid., p. 452.

Capítulo 3 – Direito Civil Constitucional

o significado de ser magistrado. Assim, a elaboração da *situação hermenêutica* pelo juiz significa a obtenção do horizonte de questionamento correto para as questões que se colocam frente ao magistrado.

Neste contexto, Gadamer afirma que "quem omitir esse deslocar-se ao horizonte histórico a partir do qual fala a tradição estará sujeito a mal-entendidos com respeito ao significado dos conteúdos daquela. Nesse sentido, parece ser uma exigência hermenêutica justificada o fato de termos de nos colocar no lugar do outro para poder entendê-lo".[63]

Surge então a necessidade de o julgador deslocar-se à situação histórica e procurar reconstruir seu horizonte. Por essa razão, Gadamer afirma que "o horizonte é, antes, algo no qual trilhamos nosso caminho e que conosco faz o caminho. Os horizontes se deslocam ao passo de quem se move".[64] O operador do Direito ou magistrado que permanece alheio às mudanças sociais não realiza o "deslocar-se" para a situação hermenêutica.

Há, portanto, uma necessidade de compreender o outro homem a partir da intersubjetividade, considerando a alteridade da norma jurídica. Esse deslocar-se não é um ato de subjetividade ou arbitrariedade, nem a submissão do outro sob os padrões do julgador, mas significa uma ascensão a uma universalidade hermenêutica. Daí a importância de termos horizontes. Aplicando ao problema hermenêutica a questão de se ter horizontes, Hans-Georg Gadamer afirma que "ganhar um horizonte quer dizer sempre aprender a ver mais além do próximo e do muito próximo, não para apartá-lo da vista, senão que precisamente para vê-lo melhor, integrando-o em um todo maior e em padrões mais corretos".

É evidente que ganhar para si um horizonte histórico requer um esforço pessoal do magistrado. Ele não pode ficar limitado ao modelo de decisão judicial pautado na lógica formal, de padrão matematizante. Ele deve ir além na busca de novos horizontes e paradigmas de decidibilidade judicial, como ser-no-mundo e mundo vivido.

A questão da decidibilidade judicial é muito importante, em especial, em uma sociedade plural e complexa, em constantes mutações. Daí que essa questão é muito mais complexa do que se pensa, já que cabe ao magistrado proferir sentenças judiciais que não sejam aparentes e superficiais fincadas em uma hermenêutica de superfície, ao contrário, deve partir do fato de que uma situação hermenêutica está delimitada pelos preconceitos que trazemos conosco. É um ir além do que já não se consegue ver com a hermenêutica metodológica. Na verdade, o horizonte do presente está num processo de constante formação e mutação que condiciona os nossos preconceitos. A cada momento devemos pôr à prova tais preconceitos, a partir da fusão de horizontes. É o encontro do passado com a tradição da qual nós mesmos procedemos.[65] Segundo Gadamer,

---
63 Ibid., p. 453.
64 Ibid., p. 455.
65 Ibid., p. 457.

a fusão de horizontes ocorre constantemente na tradição, pois "nela o velho e o novo crescem sempre juntos para uma validez vital sem que um e outro cheguem a se destacar explicitamente por si mesmos".[66]

Toda essa tarefa hermenêutica deve ser desenvolvida conscientemente pelo magistrado, já que experimenta por si mesma a relação de tensão do texto legal com o presente. O julgador não pode decidir a demanda judicial com um comportamento hermenêutico ingênuo, desconsiderando a situação hermenêutica da qual faz parte.

Se formos em direção às lições gadamerianas, encontraremos: "A consciência histórica é consciente de sua própria alteridade, por isso destaca o horizonte da tradição com respeito ao seu próprio. [...] O projeto de um horizonte histórico é, portanto, só uma fase ou momento na realização da compreensão, e não se prende na autoalienação de uma consciência passada, mas se recupera no próprio horizonte compreensivo do presente. Na realização da compreensão tem lugar uma verdadeira fusão horizôntica que, com o projeto do horizonte histórico, leva a cabo simultaneamente sua suspensão. Nós caracterizamos a realização controlada dessa fusão como a tarefa da consciência histórico-efeitual. Enquanto na herança da hermenêutica romântica, o positivismo estático-histórico ocultou essa tarefa, temos de dizer que o problema central da hermenêutica se estriba precisamente nela. É o problema da aplicação que está contido em toda compreensão".[67]

3.8.6. A hermenêutica como aplicação

O problema da hermenêutica jurídica de cariz metodológico sofre uma ruptura com Gadamer, isso porque "compreender é sempre também aplicar".[68] Uma regra jurídica não pode ser compreendida desalinhada com sua aplicação no instante concreto da decidibilidade judicial. Uma lei somente será compreendida adequadamente se "compreendida em cada instante, isto é, em cada situação concreta de uma maneira nova e distinta".[69] É o afastamento da tarefa hermenêutica ao modelo metodológico. Gadamer ensina que "a compreensão é menos um método através do qual a consciência histórica se aproxima do objeto eleito para alcançar seu conhecimento objetivo do que um processo que tem como pressuposição o estar dentro de um acontecer tradicional. A própria compreensão se mostrou como um acontecer".[70]

Dessa forma, o sentido de um texto jurídico e sua aplicação a um caso jurídico concreto não são atos separados, ao contrário, representam uma unidade exegética.

---

66 Ibid.
67 Ibid., p. 458.
68 Ibid., p. 461.
69 Ibid.
70 Ibid., p. 462.

Capítulo 4
DIREITO DAS COISAS OU DIREITOS REAIS?

4.1. Conceito e Função Social

Inúmeras são as definições de direitos reais que se desvelam nos manuais e nos tratados de Direito Civil. O *direito real* é uma relação social qualificada pelo Direito composta de um sujeito ativo (proprietário, usufrutuário etc.), um sujeito passivo (toda a sociedade, com exclusão do sujeito ativo) e um objeto. Todas as pessoas possuem o dever jurídico de abstenção, ou seja, de não violar, perturbar ou invadir o direito daquele.

EDUARDO ESPÍNOLA ensina que *direitos reais* "são os que têm por objeto as coisas, conferindo ao titular um poder direto e imediato sobre elas, com exclusão de qualquer outra pessoa".[1] Já CLÓVIS BEVILÁQUA conceitua *direito das coisas* como "um complexo de normas reguladoras das relações jurídicas referentes às coisas suscetíveis de apropriação pelo homem".[2]

O Livro III, da Parte Especial, do nosso Código Civil é nominado de *"Do Direito das Coisas"*. Este livro é composto pelos seguintes títulos, capítulos, seções e subseções:

TÍTULO I: Da posse
  CAPÍTULO I: Da Posse e sua Classificação
  CAPÍTULO II: Da Aquisição da Posse
  CAPÍTULO III: Dos Efeitos da Posse
  CAPÍTULO IV: Da Perda da Posse
TÍTULO II: Dos Direitos Reais
  CAPÍTULO ÚNICO: Disposições Gerais
TÍTULO III: Da Propriedade
  CAPÍTULO I: Da Propriedade em Geral
    Seção I: Disposições Preliminares
    Seção II: Da Descoberta

---
1 ESPÍNOLA, Eduardo. *Posse – propriedade*. Rio de Janeiro: Conquista, 1956, p. 8.
2 BEVILÁQUA, Clóvis. *Direito das coisas*. 1º Vol. 3. ed. Rio de Janeiro: Freitas Bastos, 1951, p. 9.

CAPÍTULO II: Da Aquisição da Propriedade Imóvel
    Seção I: Da Usucapião
    Seção II: Da Aquisição pelo Registro do Título
    Seção III: Da Aquisição por Acessão
    Subseção I: Das Ilhas
    Subseção II: Da Aluvião
    Subseção III: Da Avulsão
    Subseção IV: Do Álveo Abandonado
    Subseção V: Das Construções e Plantações
CAPÍTULO III: Da Aquisição da Propriedade Móvel
    Seção I: Da Usucapião
    Seção II: Da Ocupação
    Seção III: Do Achado do Tesouro
    Seção IV: Da Tradição
    Seção V: Da Especificação
    Seção VI: Da Confusão, da Comissão e da Adjunção
CAPÍTULO IV: Da Perda da Propriedade
CAPÍTULO V: Dos Direitos de Vizinhança
    Seção I: Do Uso Anormal da Propriedade
    Seção II: Das Árvores Limítrofes
    Seção III: Da Passagem Forçada
    Seção IV: Da Passagem de Cabos e Tubulações
    Seção V: Das Águas
    Seção VI: Dos Limites entre Prédios e do Direito de Tapagem
    Seção VII: Do Direito de Construir
CAPÍTULO VI: Do Condomínio Geral
    Seção I: Do Condomínio Voluntário
    Subseção I: Dos Direitos e Deveres dos Condôminos
    Subseção II: Da Administração do Condomínio
    Seção II: Do Condomínio Necessário
CAPÍTULO VII: Do Condomínio Edilício
    Seção I: Disposições Gerais
    Seção II: Da Administração do Condomínio
    Seção III: Da Extinção do Condomínio
    Seção IV: Do Condomínio de Lotes
CAPÍTULO VIII: Da Propriedade Resolúvel
CAPÍTULO IX: Da Propriedade Fiduciária
TÍTULO IV: Da Superfície
TÍTULO V: Das Servidões
    CAPÍTULO I: Da Constituição das Servidões
    CAPÍTULO II: Do Exercício das Servidões
    CAPÍTULO III: Da Extinção das Servidões

TÍTULO VI: Do Usufruto
    CAPÍTULO I: Disposições Gerais
    CAPÍTULO II: Dos Direitos do Usufrutuário
    CAPÍTULO III: Dos Deveres do Usufrutuário
    CAPÍTULO IV: Da Extinção do Usufruto
TÍTULO VII: Do Uso
TÍTULO VIII: Da Habitação
TÍTULO IX: Do Direito do Promitente Comprador
TÍTULO X: Do Penhor, da Hipoteca e da Anticrese
    CAPÍTULO I: Disposições Gerais
    CAPÍTULO II:Do Penhor
        Seção I: Da Constituição do Penhor
        Seção II: Dos Direitos do Credor Pignoratício
        Seção III: Das Obrigações do Credor Pignoratício
        Seção IV: Da Extinção do Penhor
        Seção V: Do Penhor Rural
        Subseção I: Disposições Gerais
        Subseção II: Do Penhor Agrícola
        Subseção III: Do Penhor Pecuário
        Seção VI: Do Penhor Industrial e Mercantil
        Seção VII: Do Penhor de Direitos e Títulos de Crédito
        Seção VIII: Do Penhor de Veículos
        Seção IX: Do Penhor Legal
    CAPÍTULO III: Da Hipoteca
        Seção I: Disposições Gerais
        Seção II: Da Hipoteca Legal
        Seção III: Do Registro da Hipoteca
        Seção IV: Da Extinção da Hipoteca
        Seção V: Da Hipoteca de Vias Férreas
    CAPÍTULO IV:Da Anticrese
TÍTULO XI: DA LAJE

De acordo com o artigo 1.225 do CCB são *direitos reais:* I - a propriedade; II - a superfície; III - as servidões; IV - o usufruto; V - o uso; VI - a habitação; VII - o direito do promitente comprador do imóvel; VIII - o penhor; IX - a hipoteca; X - a anticrese; XI - a concessão de uso especial para fins de moradia (Incluído pela Lei n° 11.481, de 2007); e XII - a concessão de direito real de uso (Redação dada pela Lei 13.465, de 2017) e XIII - a laje. (Incluído pela Lei n° 13.465, de 2017).

Daí que pela estrutura do nosso Código Civil a *posse* (Título I) está inserida no Livro do *Direito das Coisas,* mas não pertence ao rol dos *direitos reais* estabelecido pelo artigo 1.225.

JOSÉ DE OLIVEIRA ASCENSÃO afirma que os *direitos reais* "são direitos absolutos, inerentes a uma coisa e funcionalmente dirigidos a afectar vantagens intrínsecas desta ao titular".[3]

A partir de um viés constitucionalizante, conceitua-se o *direito das coisas* como normas jurídicas que regulam o poder sobre os bens, desde que os titulares dos direitos subjetivos respeitem os valores de índole social, tais como a função socioambiental da propriedade e boa-fé.

O caráter absoluto da propriedade deve ser mitigado pelos princípios da função social/ambiental da propriedade, bem como pelo princípio da boa-fé que deve permear toda e qualquer relação jurídica.

A Constituição da República Federativa do Brasil de 1988 considera a propriedade um direito fundamental do indivíduo, já que o *caput* do artigo 5° garante o direito da propriedade como inviolável. Os incisos XXII e XXIII do referido artigo afirmam respectivamente que "é garantido o direito de propriedade" e "a propriedade atenderá a sua função social".

No mesmo diapasão, o artigo 1.228 do CCB enuncia que "o proprietário tem a faculdade de usar, gozar e dispor da coisa, e o direito de reavê-la do poder de quem quer que injustamente a possua ou detenha". E o seu § 1° declara que "o direito de propriedade deve ser exercido em consonância com as suas finalidades econômicas e sociais e de modo que sejam preservados, de conformidade com o estabelecido em lei especial, a flora, a fauna, as belezas naturais, o equilíbrio ecológico e o patrimônio histórico e artístico, bem como evitada a poluição do ar e das águas".

O artigo 170, incisos II e III, da CRFB/88, preceituam, respectivamente, que "a ordem econômica, fundada na valorização do trabalho humano e na livre iniciativa, tem por fim assegurar a todos existência digna, conforme os ditames da justiça social, observados os seguintes princípios: [...] II – propriedade privada; III – função social da propriedade.

Dessa maneira, diante de um conflito entre o interesse individual (índole liberal) e o interesse público (vinculação coletiva), tais dispositivos devem ser ponderados e analisados em consonância com as especificidades do caso concreto decidendo.

LODOVICO BARASSI, professor da Universidade Católica de Milão, já afirmava, em 1955, que "el senorío dominical sea amplio pero no absoluto, significa que su contenido normal está limitado (lo declara la misma constitución) por la ley para coordinar la propiedad de cada uno de los individuos con los intereses colectivos o con la propiedad dos demás. La propia ley ex-

---

[3] ASCENSÃO, José de Oliveira. *Direito Civil:* reais. 5. ed. Coimbra: Coimbra Editores, 2000, p. 54.

cluye del derecho de propiedad – en nombre de la función social que la asigna la Constitución, ya que no, al menos literalmente, el Código civil – ciertas facultades que desde un punto de vista puramente teórico podrían formar parte de su contenido.

Es preciso, pues, *senalar los límites que determinan aquel contenido normal de la propiedad* que se considere el más oportuno socialmente y suficiente para estimular la iniciativa privada, lo cual es un *grave problema social*. Evidentemente tal determinación debe conciliarse con la necesidad de dar a la propiedad la mayor amplitud de contenido, necesaria para estimular el racional disfrute económico de la misma: es el punto de vista del propietario"[4]

Assim, o *direito de propriedade* não pode ser compreendido como um direito absoluto, exclusivo, ilimitado, inviolável de matriz individualista-liberal, senão deve estar em harmonia com o seu aproveitamento em benefício da coletividade, sob o manto do princípio da *função social da propriedade*. É, pois, a necessidade de compatibilização do referido princípio com o direito subjetivo de ser proprietário (binômio: direito subjetivo x função social).

No mesmo sentido, LUIS PIETRO SANCHIS, ao analisar a questão do *neoconstitucionalismo,* afirma que "la mayor parte de los artículos del Código civil protegen bien la autonomia de la voluntad, bien el sacrosanto derecho de propiedad, y ambos encuentran sin Duda respaldo constitucional. Pero frente a ellos militan siempre otras consideraciones también constitucionales, como lo que la Constitución espanola llama "función social" de la propiedad, la exigencia de protección del medio ambiente, de promoción del bienestar general, el derecho a la vivenda o a la educación, y otros muchos principios o derechos que eventualmente pueden requerir una limitación de la propiedad o de la autonomía de la voluntad. Es lo que se ha llamado a veces el efecto "impregnación" o "irradiación" del texto constitucional; de alguna manera, todo deviene Derecho constitucional y en esa misma medida la ley deja de ser el referente supremo para la solución de los casos".[5]

A esse respeito, EROS ROBERTO GRAU afirma que o princípio da função social da propriedade "impõe ao proprietário – ou a quem detém o poder de controle, na empresa – o dever de *exercê-lo* em benefício de outrem e não, apenas, de *não o exercer* em prejuízo de outrem. Isso significa que a *função social da propriedade* atua como fonte da imposição de comportamentos positivos – prestação de *fazer*, portanto, e não, meramente, de *não fazer* – ao detentor do poder que deflui da propriedade".[6]

---

4   BARASSI, Lodovico. *Instituciones de Derecho Civil*. Vol. II. Traducción y notas de Ramón Garcia de Haro y Mario Falcón° Barcelona: José Maria Bosch, 1955, p. 11.
5   SANCHÍS, Luis Pietro. Neoconstitucionalismo y Ponderación Judicial. In: CARBONELL, Miguel (Org.). *Neoconstitucionalismo(s)*. 2. ed. Madrid: Trotta, 2003, p. 132.
6   GRAU, Eros Roberto. *A ordem econômica na Constituição de 1988*. 5. ed. São Paulo: Malheiros, 2000, p. 259.

De sorte que o conceito jurídico de propriedade passa a ser compreendido a partir de sua função social. É o ultrapassamento do conceito jurídico-positivo de propriedade tradicional, clássica (índole liberal, individualista, patrimonialista) em direção a uma propriedade conformada pelo *princípio da função social*.

Vale lembrar que a *estrutura* e o *espírito* do anteprojeto do nosso Código Civil leva em consideração a socialização do Direito. MIGUEL REALE afirma na *Exposição de Motivos* do nosso Código (1975) que "não procede a alegação de que uma Parte Geral, como a do Código Civil alemão, ou do nosso, de 1916, não representa mais que uma experiência acadêmica de distínguos conceituais, como fruto tardio da pandectística do século passado. Quando a Parte Geral, além de fixar as linhas ordenadoras do sistema, firma os princípios ético-jurídicos essenciais, ela se torna instrumento indispensável e sobremaneira fecundo na tela da hermenêutica e da aplicação do Direito. Essa função positiva ainda mais se confirma quando a orientação legislativa obedece a imperativos de *socialidade* e *concreção*, tal como se dá no presente anteprojeto.

Não é sem motivos que reitero esses dois princípios, essencialmente complementares, pois o grande risco da tão reclamada *socialização do Direito* consiste na perda dos valores particulares dos indivíduos e dos grupos; e o risco não menor da *concretude jurídica* reside na abstração e olvido de características transpessoais ou comuns aos atos humanos, sendo indispensável, ao contrário, que o individual ou o concreto no balance e se dinamize com o *serial ou o coletivo,* numa unidade superior de sentido ético.

Tal compreensão dinâmica do que deva ser um código implica uma atitude de natureza operacional, sem quebra do rigor conceitual, no sentido de se preferir sempre configurar os modelos jurídicos com amplitude de repertório, de modo a possibilitar a sua adaptação às esperadas mudanças sociais, graças ao trabalho criador da hermenêutica, que nenhum jurista bem informado há de considerar tarefa passiva e subordinada. Daí o cuidado em salvaguardar, nas distintas partes do Código, o sentido plástico e operacional das normas, conforme inicialmente assente como pressuposto metodológico comum, fazendo-se para tal fim as modificações e os acréscimos que o confronto dos textos revela.

O que se tem em vista é, em suma, uma estrutura normativa concreta, isto é, destituída de qualquer apego a meros valores formais abstratos. Esse objetivo de concretude impõe soluções que deixam margem ao juiz e à doutrina, com frequente apelo a conceitos integradores da compreensão ética, tal como os de boa-fé, equidade, probidade, finalidade social do Direito, equivalência de prestações etc., o que talvez não seja do agrado dos partidários de uma concepção mecânica ou naturalística do Direito, mas este é incompatível com leis rígidas de tipo físico-matemático. A "exigência de concreção" surge exatamente da contingência insuperável de permanente adequação dos modelos jurídicos aos fatos sociais *in fieri*.

A estrutura do Código – e já se percebeu que quando emprego o termo estrutura não me refiro ao arcabouço extrínseco de suas normas, mas às normas mesmas na sua íntima e complementar unidade ou à sua forma substancial e global –, é, por conseguinte, baseada no propósito que anima a ciência do Direito, tal como se configura em nossos dias, isto é, como ciência da experiência social concreta".

PAOLO GROSSI, em relação à *propriedade,* afirma que "talvez mais do que em qualquer outro instituto do direito, exalta-se e se exaspera o que se está dizendo agora do jurídico, porque ela, rompendo a trama superficial das formas, liga-se necessariamente, por um lado, a uma antropologia, a uma visão do homem no mundo e, por outro, em graça de seu vínculo estreitíssimo com interesses vitais de indivíduos e de classes, a uma ideologia".[7]

Eis a necessidade da realização de uma (re)leitura das disciplinas do direito privado a partir do *epicentro da pessoa humana.* Em outras palavras, JUDITH MARTINS-COSTA afirma que "sem afastar o conceito, sempre necessário, de sujeito de direito, tentamos buscar, detrás do véu da técnica, a esfera existencial, aquela em que se move o "homem situado", percorrendo a via de um "direito antropocêntrico", na raiz do qual está a "transição do sujeito à pessoa", considerada como valor fonte do ordenamento, procurando, assim, correlacionar os valores acolhidos na Constituição Federal com as normas que têm por fim disciplinar, no plano das relações interprivadas, as concretas condutas dos particulares".[8]

Da mesma forma, JOSÉ MARIA PINHEIRO MADEIRA ensina que o direito de propriedade, hoje fazendo parte do direito público, abrange uma concepção de interesse social, em que o ordenamento jurídico instituído pela Constituição Federal estabelece as funções básicas correlacionadas com o direito de propriedade.[9]

4.2. Distinção entre *Direito Real* e *Direito Obrigacional (Direitos de Crédito)*

A distinção entre os *direitos reais* e *direitos obrigacionais* é originariamente lastreada na distinção entre os direitos absolutos e direitos relativos. A *relação jurídica relativa* (relação jurídica *erga singuli*) é aquela relacionada

---

[7] GROSSI, Paolo. História da propriedade e outros ensaios. Tradução: Luiz Ernani Fritoli e Ricardo Marcelo Fonseca. Rio de Janeiro: Renovar, 2006, p. 31.
[8] MARTINS-COSTA, Judith (Org.). *A reconstrução do direito privado.* São Paulo: Revista dos Tribunais, 2002, p. 16-17.
[9] MADEIRA, José Maria Pinheiro. *A questão jurídico-social da propriedade e de sua perda pela desapropriação.* Rio de Janeiro: Lumen Juris, Rio de Janeiro, 1998.

aos direitos pessoais (credor e devedor). Neste caso, o sujeito passivo é uma pessoa ou um grupo de pessoas. A *relação jurídica absoluta* (relação jurídica *erga omnes*) é aquela que trata dos direitos reais, direitos autorais e direitos personalíssimos. O sujeito passivo é a coletividade, já que toda a sociedade possui o dever jurídico de não ferir o direito subjetivo do agente (direito de propriedade, direito ao nome, a vida etc.).

Vejamos as principais diferenças no quadro a seguir:

	Direitos Obrigacionais	*Direitos Reais*
Quanto ao sujeito	sujeito ativo e passivo determinados	sujeito ativo determinado e sujeito passivo universal
Quanto à ação	ação pessoal contra determinado indivíduo, vinculado a prestação	ação real contra quem detiver a coisa, sendo oponível *erga omnes*
Quanto ao objeto	Prestação. O credor possui direito subjetivo a uma coisa (jus ad rem) e esta somente será obtida pelo adimplemento do devedor	coisa corpórea ou incorpórea. O titular do direito age diretamente sobre o bem. Existe, pois, um direito sobre a coisa (*jus in re*)
Quanto à previsão legal	ilimitado	limitado
Quanto à extinção	extingue-se pela inércia	conserva-se até que exista uma situação contrária em proveito de outro titular

MIGUEL MARIA DE SERPA LOPES, na esteira de GANGI, aponta as seguintes diferenças:[10]

1) O dever que corresponde aos direitos de crédito é sempre o de exigir uma prestação, enquanto o correspondente aos direitos reais é sempre negativo – a obrigação de não turbar o exercício do direito do titular.

2) A obrigação jurídica decorrente dos direitos de crédito é sempre determinada, subjetiva e objetivamente, ao passo que, nos direitos reais, a obrigação recai sobre pessoa indeterminada, em consequência do que os direitos e as obrigações só têm eficácia, em relação unicamente a pessoa determinada, ao passo que os direitos reais se estendem contra todos.

---

10 C. GANGI. Op. cit., p. 76-80. In: SERPA LOPES, Miguel Maria de. *Curso de Direito Civil: Obrigações em geral.* Vol. II. 7. ed. Rio de Janeiro: Freitas Bastos, 2000, p. 23.

3) Nos direitos das obrigações, em regra, a ação nasce contemporaneamente ao direito, excetuado o caso de obrigação a termo, ao passo que, nos direitos reais, a ação nasce contemporaneamente do direito, porém unicamente no momento de sua violação.
4) Alguns direitos reais são suscetíveis de aquisição mediante usucapião, ao passo que nenhum direito creditório pode ser adquirido por esse meio.
5) Os direitos de crédito se extinguem com o seu exercício (salvo aqueles de execução continuada), por força do adimplemento da obrigação, ao passo que o titular do direito real, ao contrário, não perde o direito se não o exercitar.

Outra diferença importante é que o direito real está submetido ao princípio da tipicidade *(numerus clausus)*, já que somente a lei poderá criar um direito real. O princípio da tipicidade se aplica aos direitos reais, enquanto as obrigações ficam subordinadas à regra da atipicidade *(numerus apertus)*, uma vez que inexiste restrição, em princípio, à constituição de qualquer obrigação, condicionada apenas à criatividade e à conveniência das partes.

Como dito acima, o titular do direito real não perderá o seu direito no caso de não exercê-lo. Melhor dizendo: a inércia do proprietário por si só não acarretará a perda da propriedade, salvo se durante o período de sua inércia desvelar-se uma situação jurídica antagônica ao seu direito de propriedade, como a posse de um terceiro.

Já a relação obrigacional, no caso de inércia do credor, acarretará a prescrição, que é a perda da pretensão ao crédito.

O Código Civil brasileiro de 2002 resolveu conceituar o instituto jurídico da prescrição como *perda ou extinção da pretensão* (art. 189, CCB). É uma opção que se coaduna com o direito alemão e suíço. Já o direito italiano considera a prescrição como a perda do próprio direito.[11]

A pretensão, quando não exercida no prazo legal, impossibilita uma pessoa exigir de outra determinada prestação, ou seja, o cumprimento do direito subjetivo (ação ou omissão). O direito subjetivo é o poder que a ordem jurídica confere às pessoas de agir de determinada forma e exigir de outrem algum comportamento. O direito é chamado de subjetivo, já que pertence ao sujeito titular do direito, constituindo-se um poder de atuação do sujeito reconhecido e limitado pelo ordenamento jurídico.

FRANCISCO AMARAL define direito subjetivo como "um poder de agir conferido a uma pessoa individual ou coletiva, para realizar seus interesses

---

11 Codigo Civile. Art. 2934 *Estinzione dei diritti*. Ogni diritto si estingue per prescrizione, quando il titolare non lo esercita per il tempo determinato dalla legge. Non sono soggetti alla prescrizione i diritti indisponibili e gli altri diritti indicati dalla legge (248 e seguente, 263, 272, 533, 715, 948,1422).

nos limites da lei, constituindo-se juntamente com o respectivo titular, o sujeito de direito, em elemento fundamental do ordenamento jurídico".[12] Frise-se que a prescrição não extingue o direito subjetivo, mas sim a pretensão de seu exercício. Daí que a relação jurídica obrigacional (credor e devedor) continua existindo e o pagamento do débito prescrito é considerado válido, não sendo considerado pagamento indevido (art. 882, CCB – Não se pode repetir o que se pagou para solver dívida prescrita, ou cumprir obrigação judicialmente inexigível). Dessa forma, *a prescrição atinge somente a pretensão de obtenção da prestação devida, restando íntegro o direito subjetivo material da parte e seu respectivo direito processual de ação.*

4.3. Obrigações *Propter Rem* (Obrigações Ambulatórias)

É um direito pessoal cuja obrigação está umbilicalmente ligada a um direito real (propriedade ou posse). É uma espécie jurídica que fica entre o *direito real* e o *pessoal* (categoria híbrida).[13] CAIO MÁRIO DA SILVA PEREIRA situa a obrigação *propter rem* no plano de uma obrigação acessória mista. Assim ensina o mestre: "Quando a um direito real acede uma faculdade de reclamar prestações certas de uma pessoa determinada, surge para esta a chamada obrigação *propter rem*. É fácil em tese, mas às vezes difícil naquelas espécies que compõem a zona fronteiriça, precisar o seu tipo. Se se trata, puramente, de exigir prestação em espécie, com caráter autônomo, o direito é creditório, e a obrigação correlata o é *stricto sensu*; se a relação traduz um dever geral negativo, é um *ius in re*, e a obrigação de cada um, no puro sentido de abster-se de molestar o sujeito, pode apelidar-se de obrigação real. Mas, se há uma relação jurídico-real, em que se insere, adjeto à faculdade de não ser molestado, o direito a uma prestação específica, este direito pode dizer-se *ad rem*, e a obrigação correspondente é *propter rem*".[14]

A obrigação *propter rem* é, pois, uma obrigação subjacente a um direito real, isto é, é um direito pessoal que nasce de um direito real. Um exemplo clássico é a cota condominal, já que a garantia do seu pagamento é a própria coisa. A expressão *propter rem* significa *por causa da coisa*. Daí que as obrigações *propter rem* recaem sobre uma pessoa por força de um direito real, com o qual se encontra vinculada. São, portanto, inseparáveis. A pessoa somente será devedora do condomínio se for proprietária da coisa ou o locatário, no caso, de avença com o locador.

Os *direitos de vizinhança* e toda a *obrigação tributária* que tem como fonte geradora a propriedade de uma coisa (IPTU, IPVA etc.) também são considerados obrigações *propter rem*. Assim, o titular de um *direito sobre a coisa*

---

12 AMARAL, Francisco. *Direito Civil*: introdução. 3. ed. Rio de Janeiro: Renovar, 2000. p. 167.
13 Ibid.
14 PEREIRA. Op. cit., 2003, p. 41.

fica vinculado a um dever de prestar, por exemplo, o pagamento do IPTU, exatamente por causa da titularidade da coisa.

É o que ocorre da mesma forma com a obrigação dos proprietários e dos locatários de não usarem de forma anormal a propriedade. O artigo 1.277 determina que "o proprietário ou o possuidor de um prédio tem o direito de fazer cessar as interferências prejudiciais à segurança, ao sossego e à saúde dos que o habitam, provocadas pela utilização de propriedade vizinha".

Os *direitos de vizinhança* possuem natureza jurídica de obrigação *propter rem*, já que vinculam proprietários ou possuidores de imóveis lindeiros, v.g., a obrigação de não abrir janela a menos de metro e meio. Neste sentido, a 34ª Câmara de Direito Privado do TJSP decidiu que "Ação de obrigação de não fazer. Direito de vizinhança. Alegação de ameaça de concretar ou fechar as janelas do imóvel em fase de construção do autor. Antecipação de tutela concedida monocraticamente, com determinação para abstenção de alterar obra e para cessar ameaça de fechamento de janelas. Briga que extrapola questões de vizinhança, tratando-se de briga de irmãos. Poder geral de cautela que impõe a manutenção da r. decisão monocrática. Impossibilidade de alteração de obra alheia pelas próprias mãos. Existência de meios e procedimentos processuais adequados para tanto. Agravo improvido. Relator: Soares Levada. 08/04/2013. Processo: AI 00476777520138260000 SP 0047677-75.2013.8.26.0000".

Assim, os *limites entre prédios* e o *direito de tapagem* são considerados obrigações *propter rem*.[15]

Nesta concepção, o Superior Tribunal de Justiça – STJ decidiu que "Direito Civil. Direito de Tapagem. Arts. 588, § 1º e 571, ambos do CC. Obrigação *propter rem*. Cerca divisória entre imóveis rurais. Meação de Tapumes Divisórios Comuns. Cobrança de despesas efetuadas pelo proprietário lindeiro. Diversidade de atividades rurais dos vizinhos confinantes. Reflorestamento

---

15 CC 2002 – Dos Limites entre Prédios e do Direito de Tapagem. Art. 1.297. O proprietário tem direito a cercar, murar, valar ou tapar de qualquer modo o seu prédio, urbano ou rural, e pode constranger o seu confinante a proceder com ele à demarcação entre os dois prédios, a aviventar rumos apagados e a renovar marcos destruídos ou arruinados, repartindo-se proporcionalmente entre os interessados as respectivas despesas. § 1º Os intervalos, muros, cercas e os tapumes divisórios, tais como sebes vivas, cercas de arame ou de madeira, valas ou banquetas, presumem-se, até prova em contrário, pertencer a ambos os proprietários confinantes, sendo estes obrigados, de conformidade com os costumes da localidade, a concorrer, em partes iguais, para as despesas de sua construção e conservação. § 2º As sebes vivas, as árvores, ou plantas quaisquer, que servem de marco divisório, só podem ser cortadas, ou arrancadas, de comum acordo entre proprietários. § 3º A construção de tapumes especiais para impedir a passagem de animais de pequeno porte, ou para outro fim, pode ser exigida de quem provocou a necessidade deles, pelo proprietário, que não está obrigado a concorrer para as despesas.Art. 1.298. Sendo confusos, os limites, em falta de outro meio, determinar-se-ão de conformidade com a posse justa; e, não se achando ela provada, o terreno contestado dividir-se-á por partes iguais entre os prédios, ou, não sendo possível a divisão cômoda, adjudicar-se-á a um deles, mediante indenização ao outro.

e criação de gado. Substituição de cerca antiga, que imprescindia de recuperação, para impedir passagem do gado. Legalidade. [...] (REsp 238.559/MS, Rel. Ministra NANCY ANDRIGHI, TERCEIRA TURMA, julgado em 20.4.2001, DJ 11.6.2001 p. 202)".

Outros exemplos de obrigações *propter rem* são apontados por CARLOS ROBERTO GONÇALVES. Vejamos: "na obrigação imposta ao condômino de concorrer para as despesas de conservação da coisa comum (art. 1.315); na do condômino, no condômino, no condomínio em edificações, de não alterar a fachada do prédio (art. 1.336, III); na obrigação que tem o dono da coisa perdida de recompensar e indenizar o descobridor (art. 1.234); na dos donos de imóveis confinantes, de concorrerem para as despesas de construção e conservação de tapumes divisórios (art. 1.297, § 1°) ou de demarcação entre os prédios (art. 1.297); na obrigação de dar caução pelo dano iminente (dano infecto) quando o prédio vizinho estiver ameaçado de ruína (art. 1.280); na obrigação de indenizar benfeitorias (art. 1.219) etc".[16]

4.4. Ônus Reais

Ônus real é o gravame que recai diretamente sobre a propriedade alheia móvel ou imóvel; a hipoteca, o penhor, o uso, a habitação, o usufruto e a anticrese.[17]

4.5. Obrigações com Eficácia Real

A obrigação terá eficácia real quando, sem perder seu caráter de direito a uma prestação, se transmita e seja oponível a terceiros que adquiram direito a determinado bem.[18] Um exemplo clássico é a cláusula de vigência dos contratos de locação, impondo que em caso de venda do imóvel locado, o adquirente fique obrigado a respeitar o contrato até o seu término. Desta forma, aquele que venha a adquirir o imóvel terá que respeitar o contrato e não existe rompimento do princípio da relatividade dos contratos. O contrato traduz um direito real, ou seja, apresenta natureza obrigacional, com característica do direito real. Assim, caso as partes contratantes pactuem no sentido de inserir uma cláusula deste tipo em um contrato de locação e, desde que registrada no Registro de Imóveis (uma vez que é a publicidade dessa cláusula que lhe dá essa característica de oponibilidade *erga omnes*) essa obrigação passa a ter uma eficácia real.

---

16 GONÇALVES, Carlos Roberto. *Direito Civil brasileiro*. Vol. II. São Paulo: Saraiva, 2004, p. 12.
17 NUNES, Pedro. *Dicionário de tecnologia jurídica*. 12. ed., Rio de Janeiro: Freitas Bastos, 1994, p. 619.
18 Direito de preferência (Lei de Locações n° 8.245/90).

Capítulo 5
POSSE

5.1. Conceito

A *posse* é um dos temas mais controvertidos do direito privado. A própria etimologia de *posse* gera discussões. Segundo CUNHA GONÇALVES, "uma tradição romana, que remonta a LABEO, '*possessio appelata est a pedibus, quase pedum positio*, isto é, a posse significa *estar de pé sobre uma coisa*, o que dá a ideia do poder material exercido na coisa, sem se atender à intenção de quem o exerce. Outros entendem que a palavra *possessio* deriva de *posse* e *sedere*, o que de igual modo significa o poder material, a detenção física e atual da coisa".[1]

Também a própria *natureza jurídica* da posse envolve grande discussão entre os juristas de escol. A posse pertence ao mundo *jurídico* ou ao mundo fenomênico dos *fatos*?

Vejamos inicialmente a dicotomia clássica da concepção subjetiva e concepção objetiva da posse, defendida respectivamente por SAVIGNY e JHERING.

5.2. Concepção Subjetiva da Posse de SAVIGNY

FREDERICH KARL VON SAVIGNY, em sua obra *Tratado da posse em direito romano* (1803), com apenas 24 anos de idade, esboçou a sua *teoria subjetiva* sobre a posse, impondo dois elementos, a saber: o corpo *(corpus)* e o ânimo *(animus domini)*. Aquele é o elemento material da posse, exteriorizando-se pelo controle físico sobre a coisa (poder físico sobre a coisa); e este, a vontade de exercer o direito de propriedade como se fora o seu titular *(animus rem sibi habendi)*.

De acordo com as lições de ANTONIO JOAQUIM RIBAS, o ânimo de possuir consiste "na vontade de ter a coisa sob seu poder para dispor dela, como senhor, isto é, – para exercer nela a sua ação com a mesma amplitude com que o proprietário a exerce sobre as coisas que lhe pertencem. É o que os

---

[1] CUNHA GONÇALVES, Luiz da. *Tratado de Direito Civil*. Vol. III. Tomo I. São Paulo: Max Limonad, 1958, p. 526.

jurisconsultos denominam *animus domini*, ou *animus sib habendi*".[2]

Daí que para SAVIGNY necessária é a existência dos dois elementos – *corpus* e *animus domini* – para que exista a posse.

Diversos pensadores alemães seguiram o pensamento de Savigny, a saber: MÜHLEMBRUCH, PUCHTA, VANGEROW, ARNDTZ, ZIENOLACKI, THIBAUT, WINDSCHEID; na França, POTHIER, AUBRY et RAU, DEMOLONBE, TROPOLONG; na Itália, FILLIPPO SERAFINI, MILONE, PACIFICI MANZONI, LONOMACO, MATTIROLO, dentre outros.

Na Bélgica, CHARLES MAYNZ define posse da seguintes forma: "A posse é o poder físico que o homem exerce sobre uma coisa com o propósito de exercê-lo para si, abstraindo-se da questão de saber se ele tem ou não direito de exercê-lo".[3]

Dessa maneira para a teoria subjetiva (teoria da vontade) de SAVIGNY é a *vontade de possuir para si* que origina a posse jurídica, e quem possui por outrem é detentor.

Se forem necessários dois elementos *(corpus* e *animus domini)*, por que a teoria de SAVIGNY possui uma *concepção subjetiva*? Porque nesta teoria o elemento subjetivo possui uma prevalência, ou seja, era o *animus domini* (intenção de ter a coisa para si) que transformava a *detenção* em *posse*. Melhor dizendo: Se houvesse apenas o *corpus* (poder físico sobre a coisa) estar-se-ia apenas diante do fenômeno jurídico denominado de *detenção* (poder físico sem o elemento intencional). Portanto, para SAVIGNY, a posse é o poder físico sobre a coisa *(corpus)* acrescido pela intenção de ter a coisa para si *(animus domini)*, transformando, assim, a detenção em posse.

Vale lembrar que o elemento objetivo *corpus* não significa literalmente ter a coisa "em suas mãos" (contato físico com a coisa), senão uma disponibilidade sobre a coisa.

Dessa maneira, fundamental para a teoria subjetiva de SAVIGNY o elemento *animus domini,* ou seja, a intenção de ter a coisa para si. Vejamos um exemplo: um pescador em alto-mar vai se transformando em possuidor dos *peixes* oriundos da pescaria, mas não será possuidor do *mar,* já que não pode tê-lo como dono.

Dessa forma, pela teoria de SAVIGNY, o locatário, o comodatário, o depositário, o credor pignoratício, não seriam possuidores, pela inexistência do elemento subjetivo *animus domini*. O domínio alheio afastaria a possibilidade de posse.

---

2 RIBAS, Antonio Joaquim. *Da Posse e das Ações Possessórias segundo o Direito Pátrio comparado com o Direito Romano e Canônico*. Rio de Janeiro: H.Laemmert & C., Livreiros-Editores, 1883, p. 11.

3 MAYNZ, Elememts de droit roman, v. 1, § 167 apud ITAGIBA Nogueira. *A Posse*. Rio de Janeiro: Jacintho Ribeiro dos Santos, 1902, p. 33-34.

ASTOLPHO REZENDE explica que na teoria de SAVIGNY "possuidor era somente aquele que detinha a coisa com o ânimo ou intenção de tê-la para si; a posse compunha-se de dois elementos: *animus* e *corpus*; quem tinha só o *animus* ou só o *corpus* não era possuidor, juridicamente falando; era preciso o *animus domini*. O que tinha uma coisa em seu poder, com a simples vontade de tê-la à sua disposição, de tirar dela certas vantagens, não era senão um simples detentor; possuidor era aquele que, tendo a coisa em seu poder, tinha a vontade de se conduzir, em relação a essa coisa, comum um proprietário; não bastava o *affectus tenendi*, mas era necessário o *animus domini*.[4]

Ora, neste caso, a teoria de SAVIGNY mostrar-se-ia fragilizada, já que não há como negar a posse ao locatário, ao usufrutuário, ao comodatário mesmo sem o elemento anímico (subjetivo – *animus domini*). SAVIGNY buscou uma saída por meio da chamada "posse derivada", pela qual a posse era exercida sem a intenção de dono (*animus domini*), o que por si só acaba contrariando a própria tese.

5.3. Concepção Objetiva da Posse de JHERING

As principais críticas contra a teoria de SAVIGNY foram apresentadas por RUDOLPH VON JHERING em sua obra denominada DOS FUNDAMENTOS DA POSSE. Para JHERING, a posse é concebida como o exercício de um poder sobre a coisa correspondente ao da propriedade ou de direito real. A posse constitui um interesse juridicamente protegido.

Vale destacar que JHERING não afasta por completo o elemento *animus*. O que é afastado por JHERING é o *animus domini* (elemento principal da teoria de SAVIGNY) para a ocorrência da posse. Para que ocorra a posse, na teoria objetivista de JHERING, é necessário apenas o *corpus* e o elemento *animus tenendi* (intenção de conservar e de manter). Vejamos um exemplo: Juliana encontra em seu condomínio um cachorro da raça *labrador*, de coleira, sem a devida identificação. Leva-o para a sua residência e lhe fornece alimentação até que o proprietário se apresente. Neste caso, Juliana não quer ser um novo dono para o animal, mas apenas mantê-lo sob seu poder físico. Aqui se desvela o *animus tenendi* (intenção de conservar e de manter a coisa não necessariamente como dono), sendo certo que Juliana já é possuidora do animal.

Neste caso, a noção de *animus* já se encontra na de *corpus*, sendo a maneira como o proprietário age em face da coisa que é possuidor. JHERING considerava indispensável o *animus domini*, mas como requisito para a aquisição da propriedade (*posse ad usucapionem*).

Daí que o locatário, o comodatário, o depositário, o usufrutuário, o credor pignoratício, para a concepção da posse de JHERING, seriam todos

---

4   REZENDE, Astolpho. Direito das Cousas. In: LACERDA. Paulo de. *Manual do Código Civil Brasileiro*. Volume VII. Rio de Janeiro: Jacintho Ribeiro dos Santos Editor, 1929, p. 44.

considerados possuidores. Ora, o locatário mantém a coisa sobre o seu poder físico, sem a intenção de ter a coisa para si (*animus domini*).

A teoria de JHERING restou fortalecida, já que fortalece o instituto jurídico da posse, a partir da possibilidade de o locatário (possuidor e não apenas detentor como defendia SAVIGNY) utilizar-se dos *interditos possessórios* para defender a sua posse (sem participação do locador), bem como a oportunidade da divisão da posse em *direta* e *indireta*. Neste caso, a *posse direta* fica com aquele que recebe a coisa temporariamente em razão de *direito pessoal* (e.g., nos casos de locação) e *direito real* (no caso de usufruto). Já a *posse indireta* fica com aquele que transferiu a posse de forma temporária. Assim, o locador, o comodante, o devedor, o nu-proprietário conservariam a posse indireta. Daí que tanto os possuidores diretos como os possuidores indiretos poderiam defender a posse, fortalecendo-a de forma ímpar.[5]

Na teoria de JHERING, como ficaria o instituto jurídico da *detenção*, uma vez que todo o poder físico sobre a coisa (elemento objetivo – *corpus*) conduziria a posse?

JHERING diz que "o detentor deriva sua relação possessória de um outro para com o qual se obriga a entregar ou restituir mais tarde a coisa, e que reconhece estar acima dele. A detenção se caracteriza, pois, como uma *relação de dependência jurídica*, reconhecida pelo próprio detentor. [...] A posse compreende em si uma pretensão de *autonomia*, de *independência*; a detenção contém uma confissão de *inferioridade*, de *dependência* da relação possessória.[6]

Vale lembrar que, para SAVIGNY, a detenção era o poder físico sobre a coisa (*corpus*) que acrescida do *animus domini* se converteria em posse.

A resposta de JHERING é no sentido de informar que a detenção é uma "posse degradada (diminuída) pela lei", ou seja, o detentor é aquele que possui o poder físico sobre a coisa, mas a lei retira (exclui) a referida condição de possuidor. Melhor dizendo: a regra jurídica informa que a pessoa não é possuidora, não obstante possuir o elemento *corpus*. É o caso, por exemplo, do caseiro.[7]

Assim, é um dispositivo legal negativo da possibilidade da posse, em determinado caso, que informará que o poder material sobre a coisa é deten-

---

5 CCB – Art. 1.197. A posse direta, de pessoa que tem a coisa em seu poder, temporariamente, em virtude de direito pessoal ou real, não anula a indireta, de quem aquela foi havida, podendo o possuidor direto defender a sua posse contra o indireto.

6 REZENDE, Astolpho. Direito das Cousas. In: LACERDA. Paulo de. *Manual do Código Civil Brasileiro*. Volume VII. Rio de Janeiro: Jacintho Ribeiro dos Santos Editor, 1929, p. 51-52.

7 CCB – Art. 1.198. Considera-se detentor aquele que, achando-se em relação de dependência para com outro, conserva a posse em nome deste e em cumprimento de ordens ou instruções suas.Parágrafo único. Aquele que começou a comportar-se do modo como prescreve este artigo, em relação ao bem e à outra pessoa, presume-se detentor, até que prove o contrário.

ção ou posse. Melhor dizendo: todo do detentor tem a posse, de modo que para negar a qualquer destes a posse jurídica, há necessidade de proibição expressa do legislador.[8] Graficamente teríamos:

> *corpus* + *animus tenendi* = posse *(corpus* + *animus tenendi)* – preceito legal negativo = detenção

Para JHERING, pois, a posse é a *exteriorização do domínio* (visualização do domínio), já que se caracteriza pelo exercício dos poderes inerentes à propriedade. Melhor dizendo: o ponto nodal é a verificação do comportamento do sujeito em relação à coisa, ou seja, a verificação se o sujeito se comporta como proprietário em relação à coisa.

Daí que, para se averiguar se um indivíduo é possuidor de uma coisa, a melhor forma é a *visualização de seu domínio,* isto é, a verificação se o sujeito está se comportando em relação àquela coisa, como se comportaria se fosse o seu proprietário. Por exemplo, se uma pessoa utiliza um automóvel, ela é *possuidora,* já que o *uso* é um dos poderes inerentes à propriedade (poder de usar a coisa). Ora, de que a pessoa é possuidora não há dúvida, mas para ser proprietária deverá provar o título aquisitivo da propriedade.

Pela teoria de SAVIGNY, a verificação restaria mais difícil, já que além do elemento *corpus* (objetivo), seria preciso investigar o elemento subjetivo *animus domini* (a intenção de ser proprietário) do agente, o que por si só é muito difícil de se provar. Frise-se: pela teoria de JHERING, basta apenas a visualização do comportamento do agente sobre a coisa.

Indispensável para a *visualização da propriedade* é conhecer a relação de normalidade que o homem tem com a coisa, levando-se em consideração as regras da experiência comum. Daí a importância da *destinação econômica da coisa.* Vejamos alguns exemplos: "Um homem que deixa um livro num terreno baldio não tem a sua posse, porque ali o livro não preenche a sua finalidade econômica. Mas aquele que manda despejar adubo em um campo destinado à cultura tem-lhe a posse, porque ali cumprirá o seu destino. Se o caçador encontra em poder de outrem a armadilha que deixou no bosque, pode acusá-lo de furto, porque mesmo de longe, sem o poder físico, conserva a sua posse; mas se encontra em mãos alheias a sua cigarreira deixada no mesmo bosque, não poderá manter a acusação, porque não é ali o seu lugar adequado, por não ser onde cumpre a sua destinação econômica".[9]

---

8   REZENDE, Astolpho. Direito das Cousas. In: LACERDA. Paulo de. *Manual do Código Civil Brasileiro*. Volume VII. Rio de Janeiro: Jacintho Ribeiro dos Santos Editor, 1929, p. 15.
9   PEREIRA, Caio Mário da Silva. *Instituições de Direito Civil*. Vol. IV. Direitos Reais. 19. ed. Rio de Janeiro: Forense, 2007, p. 21.

5.4. Concepção da Posse de SALEILLES

A teoria de SALEILLES da posse apresenta uma pequena divergência em relação à de JHERING, em especial, no que concerne ao *corpus possessionis*.

A distinção é apresentada por ASTOLPHO REZENDE, da seguinte forma: "Para Jhering, o *corpus possessionis* é a manifestação exterior do direito de propriedade, a relação externa normalmente existente entre o proprietário e a coisa. Para Saleilles, o *corpus possessório* é a manifestação externa (não do direito de propriedade), mas da exploração econômica da coisa, isto é, um *estado de fato* tal que revele o *senhor de fato* da coisa, aquele que a tem sob a sua dependência, [...]. O que constitui o *corpus* possessório, acrescenta, é um conjunto de fatos que sejam de natureza a revelar, entre aquele a quem eles se referem, e a coisa que eles têm por objeto, uma relação duradoura de *apropriação econômica*, uma relação de exploração da coisa a serviço do indivíduo. Há posse onde existe uma *relação de fato*, suficiente para estabelecer a independência econômica do possuidor".[10]

Dessa maneira, para SALEILLES, a posse representa a realização consciente e voluntária da apropriação econômica das coisas.[11]

Ao analisar o sistema possessório do Código Civil alemão, SALEILLES afirma que "Toda utilização individual das coisas materiais corresponde ao fim do organismo social, e deve ser protegida como tal. A posse é a apropriação econômica das coisas, sem outra relação com a existência eventual de um direito sobre a coisa. Esta fórmula resume toda a tese da nova teoria alemã. A inovação mais importante da nova teoria possessória consiste em ter completamente afastado todo o elemento subjetivo para a aquisição da posse".[12]

MAURÍCIO MOTA e MARCOS ALCINO DE AZEVEDO TORRES, ambos professores do Programa de Pós-Graduação em Direito da Universidade do Estado do Rio de Janeiro – UERJ, da linha do Direito da Cidade, ensinam que "consoante os postulados da teoria social e o entendimento de Saleilles, sendo a posse uma relação de apropriação econômica, para estabelecer essa relação não é suficiente, como imaginava Jhering, ater-se às aparências de fato, tais como a exploração da coisa. É preciso remontar à tomada da posse e ver em que circunstâncias e em que condições jurídicas ela teve lugar: é preciso que em um momento dado aquele que se pretende possuidor tenha afirmado sua senhoria sobre a coisa. Assim, é a *causa possessionis* que decide a questão de se saber se há posse ou detenção.

A *causa possessionis* determina que se deva averiguar primeiramente os fatos que constituem uma relação durável e interessada com a coisa, qual

---

10 REZENDE, Astolpho. *A posse e a sua proteção*. 1. Vol. São Paulo: Saraiva, 1937, p. 166.
11 Ibid., p. 167.
12 SALEILLES *apud* REZENDE, Astolpho. *A posse e a sua proteção*. 1. Volume. São Paulo: Saraiva, 1937, p. 167.

Capítulo 5 - Posse

seja, a circunstância de o possuidor se servir e explorar a coisa em seu interesse, para si, de se colocar em senhorio dela".[13] [14]

---

13 MOTA, Maurício; TORRES, Marcos Alcino de Azevedo. In: *Revista de Direito da Cidade*, vol. 05, nº 01, UERJ. ISSN 2317-7721 p. 249-324. Disponível em: <http://www.e-publicacoes.uerj.br/index.php/rdc/article/view/9731/7630>. Acesso em: 26 set. 2016.

14 "Assim, na usucapião, o *animus* de apropriação econômica é frisado para, desde logo, afastar a possibilidade de usucapião dos fâmulos da posse. Em seguida, devem ser excluídos os que exercem temporariamente a posse direta, por força de obrigação ou direito, como, dentre outros, o usufrutuário, o credor pignoratício e o locatário. Nenhum deles pode adquirir, por usucapião, a propriedade da coisa que possui em razão do usufruto, penhor ou locação. É que, devido à causa da posse, impossível se torna possuírem como proprietários. Necessário, por conseguinte, que o possuidor exerça posse com animus de apropriação econômica. Se há obstáculo objetivo a que possua com esse animus, não pode adquirir a propriedade por usucapião. A existência de obstáculo subjetivo impede apenas a aquisição que requer boa-fé. Por fim, é preciso que a intenção de possuir como dono exista desde o momento em que o prescribente se apossa do bem. Inexistindo obstáculo objetivo, presume-se o *animus* de apropriação. A posse como apropriação econômica da coisa evidenciada objetivamente pela *causa possessionis* é particularmente visível na promessa de compra e venda. No contrato particular de promessa de compra e venda, não há desdobramento da posse e, portanto, afasta-se a configuração de obstáculo objetivo para a posse qualificada, uma vez que, quando, por força de obrigação ou direito, em casos como do usufrutuário, do credor pignoratício, do locatário, se exerce temporariamente a posse direta, não anula esta às pessoas, de quem eles a houveram, a posse indireta. Consoante o Código Civil, em seu artigo 1.197, o desdobramento da posse funda-se em um título jurídico, em que a posse direta tem, por natureza, duração limitada. Em outras palavras, havendo, de parte do possuidor pleno, demissão temporária da sua posse, há o desdobramento desta em direta (ou imediata) e indireta (ou mediata). Ocorre que, no contrato de promessa de compra e venda, o promitente vendedor, quando se demite da posse da res, não o faz de forma temporária. E isso porque, ao final da aludida avença, em regra, a posse da coisa não lhe é restituída, mas sim consolidada nas mãos do promitente comprador (com a outorga da escritura pública). Se a posse do promitente comprador é plena, tem este, por consectário, *animus* de apropriação. Se, por algum fato relevante e duradouro, se opera o fenômeno da interversão na posse (art. 1203 CC, "salvo prova em contrário"), com a apropriação econômica da coisa, ocorre e possibilita-se a posse qualificada, *ad usucapionem*. [...] A posse é um instituto que decorre da consciência social, como demonstrado. Via de regra, não é possível a usucapião porque um dos requisitos desta é a existência de posse própria (art. 1238 CC, "possuir como seu") que é incompatível com a posse direta do promitente-comprador. Sendo o promitente-comprador possuidor direto, sua posse se subordina à posse indireta do promitente-vendedor, não possuindo o imóvel como se fosse proprietário dele (posse própria), mas, tão somente, em decorrência de um contrato celebrado com o proprietário, que tem sobre a coisa a posse indireta, esta sim posse própria (continua a possuir a coisa como sua). Todavia, sendo a posse, no caso *ad usucapionem*, eminentemente um exercício social de apropriação econômica da coisa, há sempre a possibilidade de inicialmente existir a posse não própria, como a do promitente-comprador e, em ocasião posterior, modificar-se essa situação, passando a existir a posse com *animus* de apropriação, pela chamada *interversio possessionis*. Para que isto se verifique, deve o possuidor praticar atos que demonstrem o querer agir na condição de proprietário, como a realização de benfeitorias, a interrupção no pagamento das prestações, a desobediência às ordens do proprietário etc. Na hipótese, suspensos os pagamentos e restando omissos os promitentes-vendedores pelo prazo de prescrição aquisitiva da usucapião especial, previsto no art. 183 da CF, além dos demais requisitos desse mesmo dispositivo constitucional,

5.5. Concepção da Ordem de Paz da Posse de KOHLER

De forma contrária a SAVIGNY e JHERING, a concepção da posse para JOSEF KOHLER está relacionada à ordem de paz. Segundo KOHLER, "ao lado da ordem jurídica, existe a ordem de paz que, por muitos anos, têm-se confundido, não obstante o direito ser movimento e a paz, tranquilidade. A esta ordem da paz pertence a posse, "instituto social, que não se regula pelos princípios do direito individualista". "A posse não é instituto individual, é social; não é instituto da ordem jurídica e sim da ordem de paz". Mas a ordem jurídica protege a ordem de paz, dando ação contra a turbação e a privação da posse.

Possuidor, define KOHLER, *é quem se acha em tal relação com uma coisa, que a ordem da paz se sente chamada a assegurar-lhe proteção*".[15]

5.6. A Concepção da Posse no Código Civil Brasileiro

A maioria dos ordenamentos jurídicos civilísticos em vigor permanece fiel à teoria objetivista de JHERING.

O nosso Código Civil atual é fiel à teoria objetivista de JHERING, eliminando as reminiscências da teoria de SAVIGNY encontradas no Código Civil brasileiro de 1916 ao afirmar no artigo 1.196: "considera-se possuidor todo aquele que tem de fato o exercício, pleno ou não, de algum dos poderes inerentes à propriedade".[16]

De acordo com as lições de MAURÍCIO MOTA e MARCOS ALCINO DE AZEVEDO TORRES, o instituto da posse, tal como disciplinado no vigente Código Civil, consiste em "uma relação de apropriação econômica da coisa, tal como ela se apresenta à consciência da coletividade. Essa relação remonta à tomada da posse, devendo ser analisadas as circunstâncias e em que condições jurídicas essa tomada teve lugar. Ou seja, a posse se define pela *causa possessionis*, como se pode depreender do fenômeno da interversão da posse. É relação fática de apropriação econômica porque exige o discernimento intelectivo de apreensão de seu significado, conforme se pode depreender da questão do cometimento de atos infracionais equivalentes ao furto e ao roubo, por parte de menores entre doze e dezesseis anos, situação em que estes podem adquirir a posse dos objetos furtados ou roubados. E ainda por-

---

evidente que ocorreu a interversão na posse e o possuidor passou a atuar com *animus* de apropriação sobre a coisa. Há posse em nome próprio, sem subordinação ao antigo dono, e, por isso mesmo, posse com força *ad usucapionem*" MOTA, Maurício; TORRES, Marcos Alcino de Azevedo. In: *Revista de Direito da Cidade*, vol. 05, nº 01, UERJ. ISSN 2317-7721 p. 249-324. Disponível em: <http://www.e-publicacoes.uerj.br/index.php/rdc/article/view/9731/7630>. Acesso em: 26 set. 2016.

15 BEVILÁQUA, Clovis. *Direito das coisas*. Vol. I. 3. ed. Rio de Janeiro: Freitas Bastos, 1951, p. 27.
16 Correspondente ao art. 485 do CC/1916.

que as limitações porventura estabelecidas pelas normas de direito não têm o condão de alterar a sua estrutura substancial, quando presentes os seus pressupostos, como se vê na relação possessória instituída em virtude da titularidade de jazigos perpétuos".[17]

Neste sentido, o Enunciado 492 da V Jornada de Direito Civil determina que "A posse constitui direito autônomo em relação à propriedade e deve expressar o aproveitamento dos bens para o alcance de interesses existenciais, econômicos e sociais merecedores de tutela".

Vale destacar que o nosso Código Civil não definiu a posse, senão prefere informar que é que pode ser considerado possuidor. Vejamos: o artigo 1.204 declara: "adquire-se a posse desde o momento em que se torna possível o exercício, em nome próprio, de qualquer dos poderes inerentes à propriedade".[18]

O Conselho da Justiça Federal, na III Jornada de Direito Civil, editou o Enunciado 236 referente aos arts 1.196, 1.205 e 1.212, nos seguintes termos: "Considera-se possuidor, para todos os efeitos legais, também a coletividade desprovida de personalidade jurídica".

Ainda sobre o artigo 1.196, o Enunciado 593 aprovado VII Jornada de Direito Civil afirma que "é indispensável o procedimento de demarcação urbanística para regularização fundiária social de áreas ainda não matriculadas no Cartório de Registro de Imóveis como requisito à emissão dos títulos de legitimação da posse e de domínio".[19]

---

17 MOTA, Maurício; TORRES, Marcos Alcino de Azevedo. In: *Revista de Direito da Cidade*, vol. 05, nº 01, UERJ. ISSN 2317-7721 p. 249-324. Disponível em: <http://www.e-publicacoes.uerj.br/index.php/rdc/article/view/9731/7630>. Acesso em: 26 set. 2016.
18 Correspondente ao art. 493 do CC/1916.
19 Parte da legislação: art. 1.196 do Código Civil – Da Posse e Da Propriedade – e arts 56 e 57 da Lei nº 11.977/2009 Justificativa: A Lei nº 11.977/2009 estabelece, como instrumento da regularização fundiária de interesse social, o auto de demarcação urbanística, que é ato administrativo destinado ao levantamento da situação da área e caracterização da ocupação. O auto de demarcação deverá ser instruído com planta e memorial descritivo da área a ser regularizada, nos quais constem suas medidas perimetrais, área total, confrontantes, coordenadas preferencialmente georreferenciadas dos vértices definidores de seus limites, planta de sobreposição do imóvel demarcado com a situação da área constante do registro de imóveis e certidão da matrícula ou transcrição da área a ser regularizada. A redação do art. 56 da Lei nº 11.977/2009 confere a possibilidade de lavratura do auto de demarcação pelo Poder Público, uma vez que se a área já estiver suficientemente delimitada e descrita na matrícula do imóvel a ser regularizado, inexiste fundamento que justifique tal procedimento. Por outro lado, na hipótese em que a área objeto da futura regularização ainda não esteja devidamente matriculada, será indispensável a lavratura do auto de demarcação urbanístico para que sejam apuradas as medidas perimetrais, área total, limites e coordenadas do imóvel. Tal necessidade se impõe diante do postulado axiológico da especialidade objetiva, que exige a perfeita identificação dos imóveis em suas respectivas matrículas. Ademais, se faz importante para determinar os eventuais interessados na impugnação da área que será regularizada, consoante o disposto no § 1º do art. 57 da Lei nº 11.977/2009.

5.7. Natureza Jurídica da Posse

Em tese, pode-se classificar a doutrina referente à natureza jurídica da posse em três grandes correntes, a saber: a) Para SAVIGNY, a posse é um *fato* e um *direito* (neste caso, o que a lei protege não é a posse, mas sim os seus efeitos jurídicos); b) para JHERING, a posse é sempre um *direito* (interesse juridicamente protegido); e c) para WINDSCHEID, a posse é um *fato*.

Na nossa doutrina, a divergência doutrinária também impera. Vejamos a posição de alguns de nossos ilustres juristas.

Na mesma linha de JHERING, TEIXEIRA DE FREITAS e EDMUNDO LINS, CAIO MÁRIO DA SILVA PEREIRA afirma que a posse é um *direito* real, com todas as suas características.[20] Também CUNHA GONÇALVES considera a posse como "direito real, embora de caráter especial, já por subsistir sem título, já porque tem de cessar quando entre em conflito com o direito mais forte do proprietário, sendo havida, por isso, como *direito real provisório*".[21]

No mesmo sentido, SERPA LOPES sustenta que a posse é um direito e não simplesmente uma pura relação de fato. A mesma opinião sustentam LAURENT, MOLITOR, FERRARA, TARTUFARI, LAFAILLE, SALVAT, dentre outros.[22]

ORLANDO GOMES, seguindo a mesma orientação, diz que "se a *posse* é um direito, como o reconhece, hoje, a maioria dos juristas, é preciso saber se tem a natureza de um direito *real* ou *pessoal*. A circunstância de ceder a um direito superior, como o de propriedade, não significa que seja um direito pessoal. Trata-se de uma limitação que não é incompatível com o direito real".[23]

LAFAYETTE RODRIGUES PEREIRA afirma que "o elemento material da posse, a *detenção*, é em si um mero fato que não acarreta consequências legais. Mas o concurso do elemento moral, a *intenção*, transformando-o em posse, comunica-lhe caráter jurídico. Este caráter jurídico, resultante da natureza elementar da posse, e a maneira pela qual ela tem sido tratada pela legislação civil, elevam-na à categoria de um direito".[24]

SAN TIAGO DANTAS ensina que posse é "um verdadeiro vínculo jurídico, que se cria, que se extingue, que se transmite, embora este vínculo resulte não de um título, mas de um fato.

De que natureza é este direito? Basta que se indague sobre qual o dever jurídico que a ele corresponde, e que é o dever jurídico que têm todos os membros da sociedade de não perturbar a posse, de não romper a continuidade possessória a não ser pelos meios legais. Ora, já que o dever jurídico que

---

20 PEREIRA. Op. cit., p. 27.
21 CUNHA GONÇALVES. Op. cit., p. 533-534.
22 SERPA LOPES, Miguel Maria de. *Curso de Direito Civil:* direito das coisas. Vol. VI. 5. ed. Rio de Janeiro: Freitas Bastos, 2001, p. 103.
23 GOMES, Orlando. *Direitos reais*. 18. ed. Rio de Janeiro: Forense, 2002, p. 27-28.
24 PEREIRA, Lafayette Rodrigues. *Direito das coisas*. Edição histórica. Vol. I. Rio de Janeiro: Rio, 1977, p. 39.

corresponde à posse é um dever que recai sobre todos, não se pode ter dúvidas de que se trata de um direito absoluto. Já que o objeto da posse é a coisa, totalmente entregue ao possuidor, também se vê que não pode ser direito da personalidade e sim direito real".[25]

MARCO AURÉLIO DA SILVA VIANA também afirma que a posse é "um direito subjetivo de natureza real".[26]

De igual forma, MARCO AURÉLIO BEZERRA DE MELO, utilizando-se de uma interpretação sistemática, afirma que: "encontram-se na posse todas as características de um direito real, quais sejam: tem por objeto uma coisa determinada; é dotada de eficácia *erga omnes;* e seu exercício independe de intermediários. Como se não bastasse, ainda é o instituto que inaugura o estudo dos direitos reais. Estes argumentos parecem convencer que, a despeito da omissão legislativa, a posse é um direito real".[27]

ROBERTO DE RUGGIERO, professor da Universidade Real de Roma, considera a posse um *direito*. Vejamos as suas lições: "A verdade é que a posse tanto se pode chamar um fato como um direito, conforme se atenda aos elementos de fato ou de direito de que é formada, mas quando se considera no seu complexo, na disciplina a que a lei a submete, na proteção de que esta o envolve, adquire o grau de um verdadeiro e próprio direito".[28]

FRANCESCO MESSINEO, professor da Universidade de Milão, na antiga disputa da posse como fato ou direito subjetivo, diz que a questão se resolve "observando que la misma *nace como relación de hecho* (aprehensión, o entrega, o uso); pero, apenas nacida, se *convierte* en relación de *derecho* (aunque sea tendencialmente temporal), en cuanto es inmediatamente productora de efectos jurídicos; y ta es así, que al poseedor, como tal, se lo admite a continuar *poseyendo*.

En definitiva, la posesión es un derecho subjetivo, o sea una potestad, como cualquier otro derecho subjetivo. Para hacer que se la tenga como mera relación de hecho, no serviría la consideración de que la misma se origina en un hecho, puesto que, desde luego, *todo* derecho subjetivo tiene siempre un substrato de hecho y no por eso deja de ser derecho subjetivo; y, por otra parte, lo que es mero hecho jurídico no sería idóneo para atribuir un poder jurídico a quien realiza el hecho mismo; por el contrario, la posesión – una vez nacida – atribuye poderes al poseedor.[29]

---

25 DANTAS, San Tiago. *Programa de Direito Civil* III. 3. ed. Rio de Janeiro: Rio, 1984, p. 22-23.
26 VIANA, Marco Aurélio da Silva. *Curso de Direito Civil:* direito das coisas. Rio de Janeiro: Forense, 2006, p. 21.
27 MELO, Marco Aurélio Bezerra de. *Direito das coisas.* Rio de Janeiro: Lumen Juris, 2007, p. 30.
28 RUGGIERO, Roberto de. *Instituições de Direito Civil.* Vol. II. São Paulo: Saraiva, 1958, p. 621.
29 MESSINEO, Francesco. *Manual de Derecho Civil y comercial.* Tomo III. Tradução: Santiago Sentis Melendo. Buenos Aires: Ediciones Juridicas Europa-America, 1954, p. 206-207.

No direito alemão, MARTIN WOLFF afirma que "la posesión (en sentido de derecho de posesión) es un derecho provisional sobre una cosa, puesto que es más débil, y no puede arrostrar un conflicto con la propiedad y otros derechos reales: el poseedor no es protegido contra las intervenciones ajenas sino sólo provisionalmente".[30]

Para EMIDIO PACIFICI-MAZZONI, na clássica *Istituzioni di Diritto civile italiano*, a posse é "il potere físico che una persona ha sopra una cosa, con lintenzione di esercitarvi un diritto reale.

Nel possesso debbonsi distinguere due elementi, luno materiale laltro intenzionale; da una parte si richiede lassoggettamento fisico totale o parziale di una cosa alla volontàdi una persona, ossia il *corpus possessionis* che può definirsi l esercizio materiale di un diritto reale; dall altra occorre che questo esercizio sia fatto a titolo di diritto, cioè con lintenzione di esercitare un diritto reale, ossia Yanimus possidendi, o semplicemente *animus*".[31]

No *Traité élémentaire de droit civil* de PLANIOL,[32] a posse é 'Texercice sur une chose dun pouvoir de fait qui, dans sa manifestation extérieure et, en même temps, dans lintention du possesseur, correspond à lexercice dun droit. [...] La possessiòn est un pur fait. Elle consiste à se comporter, relativement à une chose, comme si lon était titulaire du droit. Elle existe et produit ses effets sans que lon ait à rechercher si le possesseur a ou na pas le droit dagir comme il le fait".

O artigo 2.228 do Código Civil francês (Código Napoleão, de 1804) define a posse da seguinte forma: "A posse é a detenção ou o gozo de uma coisa ou de um direito que temos ou que exercemos por nós mesmos, ou por um outro que a tem ou que a exerce em nosso nome".[33]

O ordenamento jurídico civilístico português determina em seu artigo 1.251° a noção de posse da seguinte forma: "Posse é o poder que se manifesta quando alguém actua por forma correspondente ao exercício do direito de propriedade ou de outro direito real". Seria este um poder de fato ou jurídico? JOSÉ DE OLIVEIRA ASCENSÃO ensina que é mais provável que este poder seja jurídico, "pois a lei o distingue da mera atuação por forma correspondente ao exercício, essa decerto fática. Mas o legislador não quis tomar demasiados compromissos e deixou o campo aberto à doutrina.

Em todo caso, resulta já daqui um elemento essencial: a posse é a exteriorização de um direito".[34]

---

30 WOLFF, Martin. *Derecho de cosas*. Vol. I. Traducción espanola con anotaciones de Blas Pérez Gonçalez y José Alguer. 3. ed. Barcelona: Bosch, 1971, p. 32.
31 PACIFICI-MAZZONI, Emidio. *Istituzioni di diritto civile italiano*. 3. ed. Vol. III. Firenze: Editori Librai – Piazza della Signoria, 1884, p. 5-6.
32 PLANIOL; RIPERT, Georges. *Traité élementaire de droit civil*. T. 1. Paris: Librairie Générale de Droit et de Jurisprudence, 1950, p. 934
33 Código Napoleão. Tradução: Souza Diniz. Rio de Janeiro: Record, 1962, p. 296.
34 ASCENSÃO, José de Oliveira. *Direito Civil*: reais. 5. ed. Coimbra: Coimbra, 2000, p. 59.

De outra forma, a posse como pertencente ao mundo dos *fatos* tem como principal argumento a sua independência em relação ao título aquisitivo. Para PONTES DE MIRANDA, a posse é estado de *fato*.³⁵ Afirma ainda que "posse nada tem com o existir, ou não, o direito real, ou pessoal, a que pudesse corresponder. [...] A posse, essa, é poder fático sobre a coisa, sem que se possa pensar em posse de direito, ou de situação jurídica correspondente a direito. O credor pignoratício, que tem posse, não tem posse só por ser credor pignoratício, tem-na porque a adquiriu e a conserva e não porque seja credor pignoratício. O direito à posse é outro conceito, que aqui não vem ao caso. O locatário, que tem posse, não tem por ser locatário, tem-na porque a adquiriu e a conserva, e não porque seja locatário. Ter direito à posse não é ter posse, e a posse nada tem a ver com esse direito, tanto que pode existir e ser protegível contra ele".³⁶

MOREIRA ALVES tratando do Código Civil de 1916 ensina que "como poderemos classificar a posse como direito, se a definimos como o exercício de fato de algum dos poderes inerentes ao domínio? Exercício de fato de um poder é o exercício que não se funda em um direito. A posse, considerada em si mesma, funda-se em um mero fato e se apresenta como estado de fato; mas uma vez firmada nela a ordem jurídica, em atenção à paz social e à personalidade humana, respeita o que ela aparenta ser, reconhece o *ius possessionis*, o direito de posse, que os interditos defendem. Eis a explicação desta forma especial do direito. É um interesse, que a lei protege; portanto é um direito. Não direito que seja um direito real, porque, na sistemática do direito civil pátrio, não há outros direitos reais, além dos declarados no art. 674 do Código Civil; mas, segundo acima disse, um direito especial – a manifestação de um direito real, seja a propriedade ou um de seus desmembramentos. A posse é estado de fato. Se a lei a protege, é visando a propriedade de que ela é manifestação. Assume, assim, o fato a posição de direito, não, propriamente, a categoria; situação anômala, imposta pela necessidade de manter a paz na vida econômico-jurídica, e que se reflete na particularidade das ações possessórias".³⁷

Já CLÓVIS BEVILÁQUA entende que a posse é realmente um *fato cujos efeitos se convertem em direito*. Vejamos as suas lições: "A posse é estado de fato. Se a lei protege, é visando à propriedade de que ela é manifestação. Assume, assim, o fato a posição de direito, não, propriamente, a categoria:

---

35 PONTES DE MIRANDA. *Tratado de direito privado*. Parte Especial. Tomo X. 2. ed. Rio de Janeiro: Borsoi, 1958, p. 7.
36 Ibid., p. 55.
37 ALVES, Jose Carlos Moreira. *Posse*: estudo dogmático. 2. ed. Rio de Janeiro: Forense, 1999, v. 2, tomo II, p. 98-99.

situação anômala, imposta pela necessidade de manter a paz na vida econômico-jurídica, e que se reflete na particularidade das ações possessórias".[38]

No mesmo diapasão, SÍLVIO RODRIGUES diz que "BEVILÁQUA, entre muitos, e a meu ver com razão, entende que a posse é mero estado de fato, que a lei protege em atenção à propriedade, de que ela é a manifestação exterior".[39]

SILVIO DE SALVO VENOSA afirma que "como a posse é considerada um poder de fato juridicamente protegido sobre a coisa, distingue-se do caráter de propriedade, que é direito, somente se adquirindo por justo título e de acordo com as formas instituídas no ordenamento. Podemos afirmar que a posse constitui aspecto de propriedade do qual foram suprimidas alguma ou algumas de suas características. Da propriedade decorrem todos os demais direitos reais (usufruto, uso, habitação, superfície, servidão, hipoteca, penhor etc.). Ou, em outras palavras, não existe direito real mais amplo do que a propriedade. Em última análise, a propriedade é o epicentro das relações obrigacionais, sucessórias e familiares".[40]

Salvo as diversas opiniões em contrário, entendemos que a posse é um *fato* que independe do título aquisitivo. Melhor dizendo: é um exercício de *fato* de um dos poderes inerentes à propriedade. Ora, a posse pode ser adquirida até mesmo por atos contrários ao direito, *e.g*, nos casos de violência praticados pelo esbulhador. Neste caso, como a posse poderia ser considerada um *direito*, já que originada de um fato antijurídico?

Ademais, em nosso Código Civil, a *posse* está tipificada no Título I do Livro III denominado *"Do Direito das Coisas"*. Logo, a posse não está inserida nos direitos reais (Título II – "Dos Direitos Reais" do referido livro). Assim, o artigo 1.225 preceitua: "São direitos reais: I – a propriedade; II – a superfície; III – as servidões; IV – o usufruto; V – o uso; VI – a habitação; VII – o direito do promitente comprador do imóvel; VIII – o penhor; IX – a hipoteca; X – a anticrese". Verifica-se, pois, que a posse não está inserida no rol dos direitos reais. Logo, a posse pertence ao *mundo fenomênico dos fatos* que produzem efeitos jurídicos, sociais e econômicos.

5.8 A Função Social da Posse

De acordo com MARCOS ALCINO DE AZEVEDO TORRES, a tessitura da função social, tanto na propriedade quanto na posse, está na atividade

---

38 BEVILÁQUA. Op. cit., p. 40.
39 RODRIGUES, Silvio. *Direito Civil:* direito das coisas. Vol. 5. 23. ed. São Paulo: Saraiva, 1996, p. 21.
40 VENOSA, Silvio de Salvo. Direito civil. São Paulo: Atlas, 2016. v. 4, p. 38

exercida pelo titular da relação sobre a coisa à sua disposição. A função social não transige, não compactua com a inércia do titular. Há que desenvolver uma conduta que atenda ao mesmo tempo à destinação econômica e à destinação social do bem.[41]

TORRES ainda afirma que "o proprietário de bem imóvel, urbano ou rural, que não cumpre sua função social, perde a proteção do sistema. Afasta-se assim a tutela possessória do desforço imediato e da via interdital e a tutela reivindicatória, ambas por força do encobrimento da eficácia do direito de propriedade causado pela posse funcionalizada exercida por outrem sobre o objeto de sua titularidade. [...]. A manutenção, pelo possuidor, de posse autônoma com função social sobre imóvel alheio encobre a eficácia do direito de reivindicar/reintegrar do titular, por força da natureza de exceção de direito material originária da posse funcionalizada, conferindo assim segurança ao possuidor de natureza diversa daquela conferida atualmente".[42]

Em outra oportunidade MAURICIO MOTA e MARCOS ALCINO DE AZEVEDO TORRES, no artigo científico denominado "A Função Social da Posse no Código Civil", publicado na Revista da Cidade, vol. 5, nº 1, da UERJ, ensinam que "a função social do instituto da posse é estabelecida pela necessidade social, pela necessidade da terra para o trabalho, para a moradia, ou seja, para as necessidades básicas que pressupõem a dignidade do ser humano.

Neste sentido, a função social da posse não significa uma limitação ao direito de posse, mas a exteriorização do conteúdo imanente da posse. Isso nos permite uma visão mais ampla do instituto, de sua utilidade social e de sua autonomia, em alguns aspectos, diante de outros institutos jurídicos, por exemplo, o direito de propriedade. [...]

No Código Civil, a função social da posse está estabelecida na denominada posse qualificada ou, como refere Miguel Reale, *posse-trabalho*, que fundamenta a usucapião de imóvel rural, art. 1.239 (qualificada pelo trabalho e habitação), e de imóvel urbano, art. 1.240 (qualificada pela habitação), e pela exceção material do art. 1.228, parágrafos 4º e 5º (qualificada pela realização de obras e serviços por considerável número de pessoas, em conjunto ou separadamente, considerados pelo juiz como de interesse social e econômico relevante)".[43]

---

41 TORRES, Marcos Alcino de Azevedo. *A propriedade e a posse: um confronto em torno da função social*. Rio de Janeiro: Lumen Juris, 2007, p. 308.
42 TORRES, Marcos Alcino de Azevedo. *A propriedade e a posse: um confronto em torno da função social*. Rio de Janeiro: Lumen Juris, 2007, p. 436-437.
43 MOTA, Maurício; TORRES, Marcos Alcino de Azevedo. In: Revista de Direito da Cidade, vol. 05, nº 01. ISSN 2317-7721, p. 249-324. Disponível em: <http://www.e-publicacoes.uerj.br/index.php/rdc/article/view/9731/7630>. Acesso em: 26 set. 2016.

Vale destacar, ainda, as lições de GUSTAVO TEPEDINO, CARLOS EDISON DO RÊGO MONTEIRO FILHO e PABLO RENTERIA: "se o direito subjetivo do proprietário é garantido constitucionalmente, a função desempenhada pelo domínio também o é, a instrumentalizar, assim, a propriedade aos valores existenciais reconhecidos pela sociedade.

Já com relação à posse, a técnica empregada pelo constituinte se mostra diversa, em razão da peculiaridade da tutela possessória. Cuidando-se de situação eminentemente fática, o interesse nela contido só se legitima e se torna digno de proteção jurídica na medida em que se vincula aos valores merecedores de tutela constitucional. A justificativa da posse se encontra, portanto, diretamente na função social que desempenha o possuidor, direcionando o exercício de direitos patrimoniais a valores existenciais. Sendo assim, eventual controvérsia entre a posse e a propriedade não pode ser dirimida a priori. Diante de tal confronto, assistirá razão ao titular que demonstrar atender à função imposta ao exercício de sua respectiva titularidade, nos termos constitucionais: a função social da propriedade, segundo o conteúdo definido pelo art. 5º, XXIII, da Constituição da República, e a função social da posse, verificada a partir da correspondência do exercício possessório aos interesses jurídicos constitucionalmente tutelados, no âmbito das garantias fundamentais, como trabalho, moradia e saúde, todos expressões da dignidade da pessoa humana".[44]

FREDIE DIDIER JR ensina que "[...] a posse é o principal instrumento de exercício do direito de propriedade, que, como visto, deve observar os deveres fundamentais decorrentes daquela cláusula geral constitucional. A posse é, pois, o instrumento da concretização do dever constitucional de observância da função social da propriedade".[45]

5.9 Objeto da Posse

O objeto da posse, em regra, é uma coisa corpórea. Seria, pois, possível estender à posse as coisas incorpóreas? No *direito romano*, inicialmente, a posse limitava-se aos elementos corpóreos (*corporis possessio*), enquanto no *direito canônico* o objeto da posse era ampliado, abrigando não só os elementos corpóreos (material, real, sensível), como também os elementos imateriais (incorpóreos), tais como a posse de estado de casado, de estado de filho legítimo etc.

---

[44] MONTEIRO Filho, Carlos Edison do Rêgo, RENTERIA, Pablo; TEPEDINO, Gustavo (Org.). *Direitos reais*. Rio de Janeiro: Forense, 2020. (Fundamentos do direito civil). (Minha Biblioteca, livro on line).

[45] Didier Jr., Fredie. *A Função Social da Propriedade e a Tutela Processual da Posse*. Disponível em: <http://www.mp.ma.gov.br/arquivos/CAOPDH/a-funcao-social-e-a-tutela-da-posse-frediedidier.pdf> Acesso em: 15 out. 2020.

Capítulo 5 – Posse

Daí o surgimento de mais uma polêmica: o objeto da posse estaria limitado à posse de *direitos reais* ou poderia acolher, também, os *direitos pessoais* (direitos de crédito)? A extensibilidade da posse aos direitos pessoais foi defendida por RUI BARBOSA), enquanto CLÓVIS BEVILÁQUA optou por uma visão mais restrita.

RUI BARBOSA, na famosa demanda envolvendo a defesa dos professores da Escola Politécnica demitidos sumariamente pelo serviço público, já que foram acusados à época de subversivos, era favorável à tese da adequação dos interditos possessórios à tutela dos direitos pessoais. O jurista, com o firme propósito de reconduzir imediatamente os professores demitidos às suas cátedras, optou por um pedido liminar, por meio da via possessória, já que naquela época inexistiam o mandado de segurança e a antecipação da tutela de mérito (CPC/73).

À época, a nossa Corte indeferiu o pedido firmando a jurisprudência acerca da impossibilidade da posse de direitos pessoais. Portanto, tais direitos pessoais não podem ser defendidos pela via interdital.

Nesse sentido, a jurisprudência do Supremo Tribunal Federal afirma que não há posse de direitos pessoais. Vejamos a ementa do Recurso Extraordinário 85271-MG, de relatoria do Ministro Leitão de Abreu, em 6.4.1984: "Transferência de quotas de sociedade. Nulidade por incapacidade absoluta do cedente. Impossibilidade de aquisição de frutos pelo cessionário como possuidor de boa-fé (art. 510 do Código Civil). No direito privado brasileiro, não há posse de direitos pessoais. Quota é mera participação do sócio no capital social, não se consubstanciando, nem sequer em cártula – para que se possa pretender que sobre esta haveria propriedade ou posse de coisa. Portanto, se não há direito de propriedade sobre quota social, nem o sócio tem domínio e posse sobre a parcela de bens sociais correspondentes proporcionalmente a sua quota –, que lhe propicia apenas a posição jurídica de sócio –, inexiste posse de coisa ou posse de direito real limitado (as únicas espécies de posse, quanto ao conteúdo, admissíveis em nosso sistema jurídico) sobre quota de sociedade de responsabilidade limitada. Recurso extraordinário conhecido e provido para restabelecer a sentença de primeiro grau no tocante a dividendos, bonificações, lucros e perdas e danos, se cabíveis estas".

Assim, o entendimento de BEVILÁQUA e de nossos tribunais é no sentido de que os direitos pessoais são estranhos ao conceito de posse. No mesmo sentido, as regras estabelecidas em nosso Código Civil: a) o artigo 1.199 determina que "Se duas ou mais pessoas possuírem coisa indivisa, poderá cada uma exercer sobre ela atos possessórios, contanto que não excluam os dos outros compossuidores";[46] b) o artigo 1.201 preceitua que "é de boa-fé a posse, se o possuidor ignora o vício, ou o obstáculo que impede a aquisição da

---

46 Correspondente ao art. 488 do CC/1916.

coisa";[47] e c) o artigo 1.204 anuncia: "adquire-se a posse desde o momento em que se torna possível o exercício, em nome próprio, de qualquer dos poderes inerentes à propriedade".[48]

Da mesma forma, é incabível a tutela possessória em relação aos direitos autorais. A Súmula 228 do STJ afirma que "é inadmissível o interdito proibitório para a proteção do direito autoral".

5.10 Detenção

O *detentor* é aquele que apenas mantém contato físico com a coisa. Também chamado de *fâmulo* ou *servidor da posse*. O detentor não possui autonomia, como é o caso concreto do caseiro. Se este for demandado em uma ação judicial, ele deverá alegar sua ilegitimidade.[49]

O artigo 1.198 do CCB de 2002 preceitua: "considera-se detentor aquele que, achando-se em relação de dependência do outro, conserva a posse em nome deste e em cumprimento de ordens ou instruções suas".[50] O parágrafo único do referido dispositivo legal afirma que "aquele que começou a comportar-se do modo como prescreve este artigo, em relação ao bem e à outra pessoa, presume-se detentor, até que prove o contrário".[51]

Daí o que existe entre o *possuidor* e o *detentor* (servidor da posse) é uma relação de dependência que traduz obediência e subordinação. O detentor mantém a posse em nome de outrem ou em cumprimento de instruções recebidas do possuidor. CLÓVIS BEVILÁQUA afirma que "tal é o caso do empregado, que conserva os objetos do patrão sob sua guarda, *sub custodia*; do

---

47 Correspondente ao art. 490 do CC/1916.
48 Correspondente ao art. 493 do CC/1916.
49 CPC – Art. 339. Quando alegar sua ilegitimidade, incumbe ao réu indicar o sujeito passivo da relação jurídica discutida sempre que tiver conhecimento, sob pena de arcar com as despesas processuais e de indenizar o autor pelos prejuízos decorrentes da falta de indicação. § 1º O autor, ao aceitar a indicação, procederá, no prazo de 15 (quinze) dias, à alteração da petição inicial para a substituição do réu, observando-se, ainda, o parágrafo único do art. 338. § 2º No prazo de 15 (quinze) dias, o autor pode optar por alterar a petição inicial para incluir, como litisconsorte passivo, o sujeito indicado pelo réu.
50 Correspondente ao art. 487 do CC/1916.
51 AGRAVO DE INSTRUMENTO. AÇÃO DE REINTEGRAÇÃO DE POSSE *VERSUS* PEDIDO DE MANUTENÇÃO DE POSSE FORMULADO PELO RÉU. LIMINAR. REQUISITOS. ART. 927 DO CPC. Exsurgindo dos autos que o autor doou a área em questão, reservando-se para si o usufruto vitalício, bem como confirmada por prova oral, embora não prestando compromisso, o exercício de posse a ocorrência de esbulho pelo réu há menos de ano e dia pelo agravante, impõe-se a ordem de reintegração em favor dos autores em detrimento da manutenção pretendida pelo réu. Agrega-se que os elementos dos autos estão a indicar que o recorrente seria mero detentor, na forma do art. 1.198 do Código Civil, trabalhando como empregado do avô, ora agravado, colocando em dúvidas a afirmação de ser possuidor. AGRAVO IMPROVIDO. (Agravo de Instrumento nº 70011130598, Décima Sétima Câmara Cível, Tribunal de Justiça do RS, Relator: Elaine Harzheim Macedo, julgado em 23.8.2005).

Capítulo 5 – Posse

operário, a quem o dono da obra ou da oficina entregou instrumentos para realizar certo serviço; do que, na qualidade de mandatário, recebeu alguma coisa do mandante para entregá-la a outrem".[52]

Da mesma forma, PONTES DE MIRANDA ensina que "os motoristas ou condutores de ônibus ou de bondes, os cocheiros, são servidores da posse. Também os diretores e gerentes de fábricas, os bibliotecários [...]"[53]

O Conselho da Justiça Federal, na IV Jornada de Direito Civil, editou o Enunciado 301 ao dizer que "Art. 1.198. c/c art. 1.204. É possível a conversão da detenção em posse, desde que rompida a subordinação, na hipótese de exercício em nome próprio dos atos possessórios".

A *detenção* não se confunde, pois, com a *posse* ou *propriedade*. Neste sentido, a decisão do Ministro JOSÉ DELGADO, no Recurso Especial 1003708/PR, da Primeira Turma, julgado em 26.2.2008, ao dizer que "[...] O art. 13 do Decreto nº 2.278/97 é inequívoco em sua redação ao consignar que a entidade inscrita, que executa serviço aeroespacial, é a detentora da posse dos originais de aerolevantamento e, em consequência, a responsável pela sua preservação e controle. Pode-se firmar conclusão, em princípio, que a propriedade dos originais de aerolevantamento deve ser creditada à União, tendo em vista a previsão legal expressa sobre a detenção da posse da empresa executante. Detenção não se confunde com propriedade e posse. O interesse público no serviço possui tanta relevância que são impostas diversas regras a serem cumpridas pelo detentor dos documentos, como observar as normas técnicas para seu armazenamento e manuseio, não cedê-los sem prévia autorização e efetuar o controle de cópia cedida a terceiro".

Uma questão polêmica é a natureza jurídica da ocupação de área pública. Melhor dizendo: o invasor, ao ocupar a área pública sem autorização expressa e legítima do titular do domínio, possui a *mera detenção* ou *posse*?

No Recurso Especial – 3ª Turma. REsp 998.409-DF (DJe 3/11/2009), a Ministra Nancy Andrigui já decidiu que "a ação ajuizada entre dois particulares, tendo por objeto imóvel público, não autoriza a adoção do rito das possessórias, pois há mera detenção e não posse".

Ocorre que a redação do artigo 1.198 do CC determina que "considera-se detentor aquele que, achando-se em relação de dependência para com outro, conserva a posse em nome deste e em cumprimento de ordens ou instruções suas". Não existe, pois, relação de dependência entre o invasor de terra pública e o Poder Público.

Não obstante as terras públicas não serem passíveis de usucapião, o invasor age como se fosse o proprietário, como *animus domini*. Recentemente, a 3ª Turma do STJ, em sentido contrário, decidiu que: "é cabível o ajuizamen-

---

52 BEVILÁQUA, Clóvis. *Código Civil dos Estados Unidos do Brasil comentado por Clóvis Beviláqua*. V 1. Edição histórica. Rio de Janeiro: Rio, 1976, p. 971.
53 PONTES DE MIRANDA. Op. cit., p. 87.

to de ações possessórias por parte de invasor de terra pública contra outros particulares. A ocupação de área pública, sem autorização expressa e legítima do titular do domínio, não pode ser confundida com a mera detenção. Aquele que invade terras e nela constrói sua moradia jamais exercerá a posse em nome alheio. Não há entre ele e o proprietário uma relação de dependência ou subordinação. Ainda que a posse não possa ser oposta ao ente público, senhor da propriedade do bem, ela pode ser oposta contra outros particulares, tornando admissíveis as ações possessórias entre invasores". STJ. 3ª Turma. REsp 1.484.304-DF, Rel. Min. Moura Ribeiro, julgado em 10/3/2016.

Vale destacar, ainda, a decisão no REsp 1296964/DF, Rel. Ministro LUIS FELIPE SALOMÃO, QUARTA TURMA, julgado em 18/10/2016, DJe 07/12/2016. Vejamos:

1. Na ocupação de bem público, duas situações devem ter tratamentos distintos: i) aquela em que o particular invade imóvel público e almeja proteção possessória ou indenização/retenção em face do ente estatal e ii) as contendas possessórias entre particulares no tocante a imóvel situado em terras públicas.
2. A posse deve ser protegida como um fim em si mesma, exercendo o particular o poder fático sobre a res e garantindo sua função social, sendo que o critério para aferir se há posse ou detenção não é o estrutural e sim o funcional. É a afetação do bem a uma finalidade pública que dirá se pode ou não ser objeto de atos possessórios por um particular.
3. A jurisprudência do STJ é sedimentada no sentido de que o particular tem apenas detenção em relação ao Poder Público, não se cogitando de proteção possessória.
4. É possível o manejo de interditos possessórios em litígio entre particulares sobre bem público dominical, pois entre ambos a disputa será relativa à posse.
5. À luz do texto constitucional e da inteligência do novo Código Civil, a função social é base normativa para a solução dos conflitos atinentes à posse, dando-se efetividade ao bem comum, com escopo nos princípios da igualdade e da dignidade da pessoa humana.
6. Nos bens do patrimônio disponível do Estado (dominicais), despojados de destinação pública, permite-se a proteção possessória pelos ocupantes da terra pública que venham a lhe dar função social.
7. A ocupação por particular de um bem público abandonado/desafetado – isto é, sem destinação ao uso público em geral ou a uma atividade administrativa –, confere justamente a função social da qual o bem está carente em sua essência.

8. A exegese que reconhece a posse nos bens dominicais deve ser conciliada com a regra que veda o reconhecimento da usucapião nos bens públicos (STF, Súm. 340; CF, arts. 183, § 3°; e 192; CC, art. 102); um dos efeitos jurídicos da posse – a usucapião – será limitado, devendo ser mantido, no entanto, a possibilidade de invocação dos interditos possessórios pelo particular.
9. Recurso especial não provido.

Na V Jornada de Direito Civil, foi aprovado o Enunciado 493, que diz: "O detentor (art. 1.198 do Código Civil) pode, no interesse do possuidor, exercer a autodefesa do bem sob seu poder".

5.11 *Ius Possessionis* e *Ius Possidendi*

Não há que se confundir *ius possessionis* com *ius possidendi*. O *ius possessionis* é o direito oriundo da posse, enquanto o *ius possidendi* é o direito à posse.

Os direitos da posse (oriundos da posse – *ius possessionis*) são aqueles conferidos por lei a todo aquele que é possuidor. Por exemplo, o fato de eu ter a posse de uma coisa, a lei confere a mim o direito de defendê-la das ingerências de terceiros. Da mesma forma, o possuidor de boa-fé possui o direito de conservar os frutos percebidos durante o período da posse. No mesmo sentido, o possuidor tem o direito de ser indenizado em relação às benfeitorias necessárias realizadas na coisa possuída. São, pois, exemplos que decorrem da posse, chamados de *ius possessionis*.

Já o *ius possidendi* é o direito à posse. Não há senão um direito à posse. Tem direito à posse, de acordo com PONTES DE MIRANDA, "o proprietário, o usufrutuário, o usuário, o titular do direito de habitação, o administrador e representantes das pessoas físicas e jurídicas para haverem dos seus antecessores a posse dos bens pertencentes à pessoa jurídica e os mandatários quanto à posse dos bens do mandante entregues aos antecessores no mandato".[54]

O direito à posse é o *resultado econômico da aquisição da propriedade*. Daí que se o alienante não transfere a posse ao adquirente, este poderá invocar o *ius possidendi* (e não o *ius possessionis*, já que ainda não possui a posse) para reivindicá-la daquele, ingressando, pois, com uma ação de imissão de posse.

---

54 PONTES DE MIRANDA. Op. cit., p. 77.

Capítulo 6
CLASSIFICAÇÃO DA POSSE

6.1. Introdução

O nosso Código Civil trata a classificação da posse no Capítulo I do Livro III da Parte Especial. Vejamos as principais espécies da posse:

6.2. Posse Direta e Posse Indireta

O artigo 1.197 determina que "a posse direta, de pessoa que tem a coisa em seu poder, temporariamente, em virtude de direito pessoal, ou real, não anula a indireta, de quem aquela foi havida, podendo o possuidor direto defender a sua posse contra o indireto".[1]

Ora, este artigo refere-se à *bipartição da posse*. Esta bipartição da posse (em direta ou imediata e indireta ou mediata) é indispensável à teoria objetiva de JHERING.[2]

Vale lembrar que a posse direta ocorre quando um sujeito recebe a posse *temporariamente* transferida em razão de um direito pessoal ou real. Daí não há que se confundir *posse direta* com *posse em nome próprio*.[3]

Na bipartição da posse, o transmitente fica com a *posse indireta ou posse*

---

[1] Correspondente ao art. 486 do CC/1916.

[2] Agravo de instrumento. Reintegração de posse. Liminar. Comodato. Legitimidade da comodante contra terceiros. Tem legitimidade para propor interdito de reintegração de posse, a comodante, contra esbulho praticado por terceiro. As hipóteses do art. 486 do Código Civil são exemplificadas e não taxativas. O nosso Direito Civil adotou a classificação bipartida da posse em direta e indireta, consequência da filiação a doutrina de Jhering. O comodante, como possuidor indireto, tem uma porção residual da mesma posse do comodatário. Por não ter perdido a proteção da posse, pode defendê-la contra turbação ou esbulho de terceiros. Demonstrado, posteriormente, que o comodato estava extinto, contudo, o fato era irrelevante para a concessão da liminar de reintegração de posse, eis que a posse da ré era menos de ano e dia e estavam presentes os requisitos do art. 927 do CPC. Reconhecida a legitimidade da autora, sendo devolvida a matéria a este 2º grau, atendendo ao princípio de economia processual, a concessão de liminar de reintegração de posse se impõe. Agravo provido. (Agravo de instrumento nº 194203899, Quinta Câmara Cível, Tribunal de Alçada do RS, relator: Silvestre Jasson Ayres Torres, julgado em 1.12.1994).

[3] É o caso, por exemplo, do proprietário de um imóvel que tem a posse da coisa da qual é o proprietário.

Capítulo 6 – Classificação da Posse

mediata e aquelas pessoas que ficam com a coisa em seu poder, temporariamente, em virtude de direito pessoal ou real ficam com a *posse direta ou posse imediata* (e.g., o locatário, o comodatário, o credor pignoratício, o depositário, o usufrutuário, o usuário).

A *bipartição da posse* em *posse indireta* (posse mediata) e *posse direta* (posse imediata) já era tratada no Código Civil alemão da seguinte forma: "§ 868 (Posse mediata): Se alguém possuir uma coisa como usufrutuário, credor pignoratício, arrendatário, locatário, depositário, ou em [em virtude] uma relação semelhante, por efeito da qual está ele, ante um outro, autorizado ou obrigado, por certo tempo, à posse, será o outro também possuidor (posse mediata)".[4]

O Conselho da Justiça Federal, na I Jornada de Direito Civil, editou o Enunciado 76 ao dizer: "Art. 1.197: O possuidor direto tem direito de defender a sua posse contra o indireto, e este contra aquele (art. 1.197, *in fine*, do novo Código Civil)".

Neste sentido, verifica-se, pois, que um dos grandes objetivos da *bipartição da posse* é o fortalecimento de sua *defesa*. Isto quer dizer que tanto o possuidor direto (e.g., o locatário) como o possuidor indireto (e.g., o locador) pode defender a sua posse, invocando a proteção possessória contra terceiro, ou até mesmo um contra o outro.

PONTES DE MIRANDA ensina que "a ação do locatário contra o locador é relação pessoal, mas, se ele tem posse e há ofensa à sua posse por parte do locador, a ação que ele tem – como possuidor imediato – é a mesma que teria contra qualquer terceiro que lhe turbasse ou esbulhasse a posse".[5]

Qual seria, pois, o interesse prático suscitado pela posse direta e indireta? LAERSON MAURO, desembargador do Tribunal de Justiça do Estado do Rio de Janeiro e professor titular de Direito Civil da Universidade Estácio de Sá – RJ, ensina que tal desdobramento "tem interesse voltado para as relações internas entre os respectivos possuidores, porquanto, em relação a terceiros, a posse se manifesta do mesmo modo, apenas como um poder de fato sobre a coisa.

Ambos os possuidores, direto e indireto, podem, legítima e eficazmente, defender a posse perante terceiros sem que precisem agir em conjunto; individualmente, qualquer dos dois pode agir em defesa da posse integral. Na relação doméstica, qualquer deles pode defender sua posse contra o outro. Ex.: o locatário pode utilizar os interditos contra o locador que o está expulsando da coisa alugada; o locador também pode invocar as ações possessórias contra o arrendatário que está se apoderando de área maior que a compreendida

---

4 *Código Civil alemão*. Tradução: Souza Diniz. Rio de Janeiro: Record, 1960, p. 146.
5 PONTES DE MIRANDA. *Tratado de direito privado*. Parte especial. Tomo X. 2. ed. Rio de Janeiro: Borsoi, 1958, p. 108.

na finalidade do arrendamento. O que é certo, destarte, é que tanto pode o possuidor indireto lesar a posse do direto como este lesar a posse daquele".⁶

Em relação à *bipartição da posse,* o Ministro SÁLVIO DE FIGUEIREDO TEIXEIRA, em 20.6.2001, no Agravo de Instrumento n° 346691MG (2000/0122517-0), proferiu a seguinte decisão: "Vistos etc. 1. Nos autos de ação de reintegração na posse, proferiu o Tribunal de Alçada de Minas Gerais acórdão com a seguinte ementa: "Reintegratória – Posto de gasolina – Restaurante existente no terreno – Posse indireta – Caracterização – Transmissão da posse direta – Notificação para desocupação – Desatendimento – Esbulho configurado. – Emerge configurada a posse indireta da pessoa jurídica – posto de gasolina – sobre o imóvel no qual, por permissão e tolerância desta, passou a ser explorado um restaurante através de sociedade de fato criada com este intuito. – A transmissão da posse direta não exclui a posse indireta, de forma que, cessando o motivo que deu origem àquela, afigura-se lícito ao possuidor indireto valer-se dos interditos possessórios para restabelecer, na plenitude, o seu direito sobre o imóvel.

– No instante em que o possuidor direto deixa de atender à notificação para desocupação do imóvel enviada pelo possuidor indireto, a sua posse passa a ser injusta, caracterizando esbulho possessório". Inconformado, interpôs o apelante recurso especial, com fundamento nas alíneas "a" e "c" do permissor constitucional, sustentando ofensa aos arts. 535, II, CPC e 485 e 487 do Código Civil, além de divergência jurisprudencial. 2. Primeiramente, quanto à alegada contradição existente no aresto impugnado, o Tribunal de origem baseou-se no art. 486 do Código Civil ao consignar a ocorrência do desdobramento da posse: posse indireta da área ocupada pelo ora recorrente exercida pelo posto de gasolina e, de outro turno, posse direta exercida pelo restaurante. A menção às expressões "tolerância" e "permissão" não objetivou a incidência do disposto no art. 497 do mesmo diploma legal. Inexiste, portanto, qualquer contradição ou mesmo omissão a ensejar a abertura da via especial com fundamento no art. 535, II, do Código de Processo Civil. [...] Brasília, 31 de maio de 2001. MINISTRO SÁLVIO DE FIGUEIREDO TEIXEIRA, relator (Ministro SÁLVIO DE FIGUEIREDO TEIXEIRA, 20.6.2001)".

6.3. Composse

A *composse* (*compossessio* ou compossessão) está tipificada no artigo 1.199 do nosso Código Civil. Vejamos: "Se duas ou mais pessoas possuírem coisa indivisa, poderá cada uma exercer sobre ela atos possessórios, contanto que não excluam os dos outros compossuidores".

---

6 MAURO, Laerson. *1.000 perguntas de direito das coisas.* 5. ed. Rio de Janeiro: Thex, 2001, p. 47.

LAFAYETTE ensina que "entretanto nada obsta que diversas pessoas possuam em comum uma mesma coisa indivisa (*pro indiviso*)', — é o que se chama posse comum, ou segundo a tecnologia moderna — compossessão — (*compossessio*).

Neste caso nenhum dos compossuidores possui a coisa por inteiro, mas cada um possui uma parte abstrata, e não pode dispor senão dessa parte.

A relação de direito entre os compossuidores é a seguinte: cada compossuidor só pode exercer sobre a coisa atos possessórios que não excluem a posse dos outros compossuidores. É de notar que, realizada a divisão da coisa, cada um se reputa possuir a parte que lhe toca, desde o momento em que se estabeleceu a compossessão".[7]

No direito alemão, a composse é tratada em seu § 866 ao afirmar que "se vários possuírem, em comum, uma coisa, não lhes caberá, nas suas relações recíprocas, uma proteção possessória, a não ser que se trate dos limites do uso que cabe a cada um deles".[8]

Dessa maneira, na composse, qualquer um dos compossuidores poderá exercer sobre a coisa, todos os atos decorrentes da posse, desde que não impeça os demais compossuidores de fazer o mesmo.

Neste sentido, o Ministro RUY ROSADO DE AGUIAR decidiu o Recurso Especial 136.922/TO, em 18.12.1997, da seguinte forma: "composse. Área comum *pro indiviso*. Turbação. É cabível ação possessória intentada por compossuidores para combater turbação ou esbulho praticado por um deles, cercando fração da gleba comum. Advogado. Regularidade da representação julgada à vista da legislação estadual. Recurso não conhecido".

O co-possuidor tem legitimidade para figurar no polo passivo da demanda reintegratória, especialmente porque se trata de litisconsórcio necessário, na medida em que todos os efeitos advindos da sentença lhe atingirão'. (TJMG, 2.0000.00.496091-0/000, Rel. ROBERTO BORGES DE OLIVEIRA; DJ 26/09/2006).

A Ministra Nancy Andrighi, no Recurso Especial 1582176/MG, de 30/09/2016, enfrentou a questão da *composse exercida sobre bem público de uso comum*. Nesta decisão, uma das controvérsias enfrentadas pela Ministra era se os particulares podem requerer a proteção possessória de bens públicos de uso comum. A questão "prende-se ao exame da possibilidade jurídica de um particular, no caso, duas associações de moradores, invocar proteção possessória contra outro particular, no caso, o ora agravante, tendo como

---

7 PEREIRA, Lafayette Rodrigues. *Direito das Coisas*. 5. ed. v. 1. Rio de Janeiro: Freitas Bastos, 1943, p. 42-43.
8 *Código Civil alemão*. Tradução: Souza Diniz. Rio de Janeiro: Record, 1960, p. 145.

objeto a utilização de um bem público de uso comum, uma estrada municipal rural, em seu estado físico original, ou seja, suas dimensões métricas".[9]

6.3.1. Posse *pro diviso* e posse *pro indiviso*

Vale lembrar que a *posse* pode ser classificada como *pro diviso* e *pro indiviso*. Naquela os compossuidores estabelecem uma divisão de fato para a utilização pacífica do direito de cada um deles. Já na composse*pro indiviso*, os compossuidores exercem, ao mesmo tempo e sobre a totalidade da coisa os poderes de utilização ou exploração comum do bem.

6.4. Posse Justa e Posse Injusta

A posse será injusta quando originada de violência (vis), clandestinidade *(ciam)* ou precariedade *(precario)*. O artigo 1.200 do nosso Código Civil preceitua que "é justa a posse que não for violenta, clandestina ou precária".[10]

A *posse violenta* é aquela que se adquire pelo ato violento, pela força física ou moral (e.g., uma posse adquirida sob coação ou ameaça). A força física está relacionada aos atos que envolvam a força, a agressão ou o uso de armas.

---

[9] RECURSO ESPECIAL. DIREITO DAS COISAS. PROCESSUAL CIVIL. AÇÃO POSSESSÓRIA. ESBULHO. EMBARGOS DE DECLARAÇÃO. OMISSÃO, CONTRADIÇÃO OU OBSCURIDADE. NÃO OCORRÊNCIA. REGULARIDADE DA REPRESENTAÇÃO PROCESSUAL. HARMONIA ENTRE O ACÓRDÃO RECORRIDO E A JURISPRUDÊNCIA DO STJ. PRESENÇA DOS REQUISITOS PARA A CONCESSÃO DA LIMINAR. REEXAME DE FATOS E PROVAS. INADMISSIBILIDADE. POSSIBILIDADE DO PEDIDO E LEGITIMIDADE *AD CAUSAM*. CONDIÇÕES DA AÇÃO. TEORIA DA ASSERÇÃO. POSSE DE BEM PÚBLICO DE USO COMUM. DESPROVIMENTO.1. Ação ajuizada em 20/10/2010. Recurso especial interposto em 09/05/2011. Conclusão ao gabinete em 25/08/2016.2. Trata-se de afirmar se i) teria ocorrido negativa de prestação jurisdicional; ii) a representação processual das recorridas estaria regular e se competiria ao recorrente a prova da irregularidade;iii) particulares podem requerer a proteção possessória de bens públicos de uso comum; e iv) estariam presentes os requisitos necessários ao deferimento da liminar de reintegração de posse.3. Ausentes os vícios do art. 535 do CPC, rejeitam-se os embargos de declaração.4. O reexame de fatos e provas em recurso especial é inadmissível.5. As condições da ação devem ser averiguadas segundo a teoria da asserção, sendo definidas da narrativa formulada inicial e não da análise do mérito da demanda.6. O Código Civil de 2002 adotou o conceito de posse de Jhering, segundo o qual a posse e a detenção distinguem-se em razão da proteção jurídica conferida à primeira e expressamente excluída para a segunda.7. Diferentemente do que ocorre com a situação de fato existente sobre bens públicos dominicais – sobre os quais o exercício de determinados poderes ocorre a pretexto de mera detenção –, é possível a posse de particulares sobre bens públicos de uso comum, a qual, inclusive, é exercida coletivamente, como composse.8. Estando presentes a possibilidade de configuração de posse sobre bens públicos de uso comum e a possibilidade de as autoras serem titulares desse direito, deve ser reconhecido o preenchimento das condições da ação.9. Recurso especial parcialmente conhecido e, nesta parte, desprovido.(REsp 1582176/MG, Rel. Ministra NANCY ANDRIGHI, TERCEIRA TURMA, julgado em 20/09/2016, DJe 30/09/2016).

[10] Correspondente ao art. 489 do CC/1916.

Já a força moral ou psicológica é aquela é a violência que envolve ameaças ou intimidações. Daí que tanto a violência física (*vis absoluta*), como a moral (*vis compulsiva*), confere à posse o caráter vicioso.

A posse com o vício da *clandestinidade* é a posse que se adquire de forma disfarçada, de maneira escondida (oculta, às escuras), com o firme propósito de que o proprietário não a perceba. É o que ocorre, por exemplo, nas invasões de imóveis sem a presença do proprietário ou nas alterações de divisas entre terrenos.

A posse com o vício da *precariedade* é aquela que se adquire e se mantém por abuso de confiança. Por exemplo: a) a posse do comodatário, em que terminado o prazo do contrato de comodato, este se recusa a devolver a coisa ao comodante; b) a posse do depositário que traindo a confiança do depositante mantém a coisa depositada em seu poder físico. A precariedade está relacionada ao abuso de confiança. É, pois, uma posse justa que se converte em injusta pelo abuso de confiança.

A *posse injusta* não produz nenhum dos seus efeitos em relação ao legítimo possuidor até o momento em que cessar a *violência* e a *clandestinidade*. É o que diz a regra do artigo 1.208 do nosso Código Civil: "Não induzem posse os atos de mera permissão ou tolerância assim como não autorizam a sua aquisição os atos violentos, ou clandestinos, senão depois de cessar a violência ou a clandestinidade".[11]

Daí que a posse apta a gerar efeito jurídico é aquela que se inicia depois de cessada a violência ou clandestinidade.

A posse isenta de vícios denomina-se de *posse mansa, pacífica ou tranquila*.

6.5. Posse de Boa-Fé e Posse de Má-Fé

O artigo 1.201 do nosso Código Civil determina que "é de boa-fé a posse, se o possuidor ignora o vício, ou o obstáculo que impede a aquisição da coisa".[12]

Não se deve confundir a *posse injusta* com a *posse de má-fé*, nem a *posse justa* com a *posse de boa-fé*. PONTES DE MIRANDA ensina que "a posse justa é *ex iusta causa*, o que se passa no mundo fático, objetivamente; a posse de boa-fé é a de quem se crê possuidor *ex iusta causa*, ainda que não no seja o que ocorre no mundo fático, mas subjetivamente. A posse injusta é *ex iniusta causa*; a má-fé é a de quem se crê possuidor *ex iniusta causa*. [...] A subjetividade da boa ou má-fé tem consequências que a objetividade da posse justa ou injusta não tem. Portanto, não há pensar-se em qualquer assimilação".[13]

---

11 Correspondente ao art. 497 do CC/1916.
12 Correspondente ao art. 490 do CC/1916.
13 PONTES DE MIRANDA. Op. cit., p. 120.

Assim, o critério para aferição da posse de boa-fé e da posse de má-fé é eminentemente *subjetivo*, enquanto a posse justa ou posse injusta se verifica por critérios *objetivos*.

A posse será injusta quando originada de violência *(vis)*, clandestinidade *(ciam)* ou precariedade *(precario)*. No entanto, para o aferimento da posse de boa-fé ou posse de má-fé, o critério é rigorosamente subjetivo, ou seja, deve-se verificar se o possuidor ignora os vícios que contaminam a posse. Isto não quer dizer que a posse não contenha vícios, senão que o possuidor ignora os vícios que a contaminam. É a denominada *boa-fé subjetiva*, que deverá ser verificada a partir das circunstâncias do caso concreto decidendo. O julgador deverá se valer da experiência comum dos fatos da vida, ou seja, deverá verificar se em tais circunstâncias o homem comum (homem médio, de prudência normal) teria condições de perceber tais vícios. Outra tarefa árdua para o julgador é saber a partir de que momento a posse de boa-fé se transforma em posse de má-fé.

Para MIGUEL MARIA DE SERPA LOPES, a perspectiva da boa-fé deve ser analisada não só pelos vieses *ético* e *psicológico*, como também pelo critério *técnico*. Vejamos as suas lições: "a posse de boa-fé, quer no Direito Romano quer no Direito Canônico, funda-se em dados psicológicos. Incontestável é a poderosa influência de tais elementos no sentido da caracterização da boa-fé. Esse estado de alma, porém, essa crença em não estar ofendendo ao Direito de quem quer que seja não podem nascer ao acaso. Se alguém crê na sua situação jurídica, reputando-a isenta de qualquer vício, o faz por algum motivo, e este é e não poderá deixar de ser a causa jurídica que lhe deu origem.

[...] A crença deve ser firmada em dados objetivos, calcada na investigação de todos os meios idôneos a indicar a lisura do ato aquisitivo. Em relação aos bens imóveis, é o registro imobiliário o elemento básico da boa-fé; em relação aos móveis, ou melhor, em relação a certos bens móveis, é a transcrição no Registro de Títulos e Documentos, a qual é obrigatória no caso de compra e venda com reserva de domínio, venda de automóveis etc.; em relação aos demais bens móveis, é a pessoa do transmitente, a coisa, o seu valor, tal qual se exige, no Direito Penal, no caso de delito de receptação.

O critério do reconhecimento da boa-fé não pode deixar de ser, no direito moderno, ao mesmo tempo que ético e psicológico, igualmente, técnico".[14]

Tratando da posse de boa-fé, decidiu o Des. ROBERTO DE ABREU E SILVA, em 18.12.2007, na Nona Câmara Cível do Tribunal de Justiça do Estado do Rio de Janeiro, na Apelação 2007.001.14043: "INTERDITO PROIBITÓRIO. RECONVENÇÃO. BOA-FÉ. AUSÊNCIA DE JUSTO TÍTULO. RESPONSABILIDADE CIVIL. INOCORRÊNCIA. O art. 1.201 do CC/02 define o que é posse de boa-fé. A prova carreada aos autos, bem como as alegações

---

14 SERPA LOPES, Miguel Maria de. *Curso de Direito Civil*: direito das coisas. Vol. VI. 5. ed. Rio de Janeiro: Freitas Bastos, 2001, p. 169.

Capítulo 6 – Classificação da Posse

da própria autora evidenciam que esta recebeu o imóvel para ocupação de locatário do imóvel, sendo certo que tal anuência com a ocupação é totalmente estranha ao direito. Não há que se falar em possuidor de boa-fé uma vez que a autora não possui justo título a embasar sua posse. Ao revés, o caráter precário da posse encontra-se presente, tornando-a viciada. Não são indenizáveis as alegadas benfeitorias, sendo certo que sequer encontram-se comprovadas nos autos por documento hábil (notas fiscais). Não há que se falar em ato atentatório à moral praticado pelo patrono da ré uma vez que emitiu opinião no exercício de seu ofício, não ultrapassando os limites do razoável, nos termos do art. 2°, § 3°, da Lei 8.906/94. DESPROVIMENTO DOS RECURSOS".

Da mesma forma, na Apelação Cível 70019613785, da Vigésima Câmara Cível da Comarca de Rio Grande (TJRS), em 27.6.2007, o Des. JOSÉ AQUINO FLORES DE CAMARGO assim votou: "Antes de adentrar na análise do mérito do recurso, impõe-se contextualizar os fatos em discussão.

Os autores adquiriram o imóvel em questão através do corretor de imóveis, G.L.A., o qual lhes transferiu todos os poderes inerentes ao domínio do bem, em 23.4.1998, fls. 11 e 13. É de gizar que o imóvel era objeto de financiamento junto à Caixa Econômica Federal. Ou seja, firmado "contrato de gaveta". Contudo, evidenciada, fls. 14-15, a quitação da hipoteca e negociação para o adimplemento de cotas condominiais pelos autores, fls. 19-20.

Ocorre que, durante o lapso temporal que os apelados transferiram sua residência para outro Estado, a apelante, não obstante tivesse procedido à venda do imóvel, considerando-a 'perfeita e acabada' e tendo recebido o preço – circunstância expressamente admitida no seu depoimento pessoal, fl. 39 –, ingressou furtivamente no imóvel, passando a residir no local.

Razão de os autores terem ingressado com a presente ação.

Ora, a discussão da posse está travada com base no domínio. Impondo-se que se decida a favor de quem é o seu o titular, *in casu*, os apelados. Aliás, nesse sentido o norte adotado na sentença. O que sequer constitui objeto do recurso. Que se cinge à pretensão de ressarcimento das despesas suportadas pela requerida durante o tempo que exerceu a posse do imóvel.

É de boa-fé a posse, se o possuidor ignora o vício, ou obstáculo que lhe impede a aquisição da coisa, ou do direito possuído (art. 490, do Código Civil de 1916 e art. 1.201, *caput*, do Código Civil de 2002). As circunstâncias temporais deixam claro, como concluiu a sentença, que a apelante pretendeu a venda. Eventuais desentendimentos com seu procurador ou inadimplência dos encargos decorrentes da coisa, pelos autores, não legitimam a posse exercida. Tampouco autorizam o ressarcimento ora buscado.

Inequívoco que a posse era de má-fé, porque ocorrida após a venda do bem. E o ato de ingressar, *manu militari*, no imóvel, sem o consentimento dos autores, privando-os injustamente da coisa, elide a pretendida indenização.

Não se nega o adimplemento de despesas pela apelante. Contudo, em sua maioria, destinadas à comodidade na fruição do imóvel. Nesse sentido, o recibo de fl. 44, atestando pintura, colocação de forração e instalações elétricas. Também se verifica que teria adimplido cotas condominiais e IPTU, fls. 40-46. Contudo, não se pode ignorar o uso gratuito da coisa por, aproximadamente, três anos.

Dentro desse contexto, em sede de ação possessória, não se mostra razoável deferir o ressarcimento pretendido. Porque resulta, em última análise, do adimplemento voluntário de obrigações sobre coisa que não mais lhe pertencia, mas sobre a qual exercia, indevidamente, a posse. Irretocável, pois, a sentença hostilizada. Do exposto, nego provimento ao apelo. É o voto".

6.5.1. Inversão do título de posse

Outrossim, a posse de boa-fé pode se transformar em posse de má-fé. É o que informa o preceito da regra estabelecida no artigo 1.202 do Código de 2002, ao determinar que "a posse de boa-fé só perde este caráter no caso e desde o momento em que as circunstâncias façam presumir que o possuidor não ignora que possui indevidamente".[15] É o caso, por exemplo, de o comodatário não devolver a coisa emprestada vencido o prazo contratual.

Diferentemente dos modelos italiano e português, a cessação da boa-fé, no sistema brasileiro, ocorre "desde o momento em que as circunstâncias façam presumir que o possuidor não ignora que possui indevidamente". Daí que o nosso sistema, como lembra ERNANE FIDÉLIS DOS SANTOS, desembargador do Tribunal de Justiça de Minas Gerais e professor titular na Faculdade de Direito da Universidade Federal de Uberlândia – MG, "tem certa dose de discricionariedade de quem deve apreciar, mas discricionariedade não quer dizer arbitrariedade, quando se entende que o uso tem limitação de raciocínio, e não de absolutismo da decisão. A lei fala em circunstâncias que façam presumir a alteração de ciência do possuidor, e, não definindo como é curial, o que sejam tais circunstâncias, deixa ao arbítrio de quem vai decidir a própria definição".[16]

6.5.2. Manutenção do caráter da posse e a interversão do caráter da posse

Já o artigo 1.203 do nosso Código Civil dispõe sobre a manutenção do caráter da posse. Vejamos o teor do dispositivo legal: "salvo prova em contrário, entende-se manter a posse o mesmo caráter com que foi adquirida".

De acordo com CLÓVIS BEVILÁQUA, o caráter da posse é "a modalida-

---

15 Correspondente ao art. 491 do CC/1916.
16 SANTOS, Ernane Fidélis dos. *Comentários ao novo Código Civil*. Vol. XV. Rio de Janeiro: Forense, 2007, p. 100.

de pela qual essa relação se apresenta na vida jurídica: é legítima ou ilegítima; viciosa ou isenta de vícios; de boa ou má-fé; direta ou indireta; a título de proprietário ou no exercício de fato de um uso econômico da coisa (como a servidão, o usufruto, o arrendamento, o penhor)".[17]

A *alteração* ou *interversão* do caráter da posse pode ocorrer pelo *consenso* ou pelo *ato unilateral*. O exemplo no primeiro caso é aquele em que o possuidor direto (locatário) adquire o bem do possuidor indireto (locador), caracterizado pela *traditio brevi manu*. Outro exemplo é o constituto possessório ou cláusula constituti, situação em que o proprietário aliena a coisa e a mantém na condição de locatário. Aqui a pessoa possuía a coisa em nome próprio e passa a possuir em nome alheio. Verifica-se, pois, a inversão do título da posse.

A *interversão unilateral do caráter da posse* é considerada uma questão polêmica. Isto porque a doutrina mais conservadora, ancorada nas lições do direito romano, sustenta a impossibilidade de alteração unilateral do caráter da posse. (*nemo sibi ipse causam possessionis mutare potest* – "ninguém pode mudar por si mesmo a causa da posse").

Todavia, a *mudança unilateral* poderá ocorrer nas situações em que, por ato próprio, seja alterada o caráter da posse, tais como a posse do locatário ou comodatário (posse justa) que não restituem a coisa no momento devido, transformando a posse, portanto, em injusta.

Vejamos a seguinte situação hipotética: o locatário, exercendo o poder de fato sobre a coisa (posse direta), em consequência de uma relação jurídica

---

17 não pode usucapir, porque a sua posse é insuscetível de gerar a prescrição aquisitiva imobiliária, não se pode reconhecer tal direito ao cessionário do usufrutuário. Desprovimento dos apelos" (fls. 458/459) Aduz a recorrente violação ao art. 535, II, do Código de Processo Civil e aos arts 717 do Código Civil de 1916 e 1.393 do Código Civil de 2002. A irresignação não merece acolhida. Com efeito, não se vislumbra violação ao art. 535 do Estatuto Processual, porquanto as questões submetidas ao Tribunal de origem foram suficiente e adequadamente delineadas, com abordagem integral do tema e fundamentação suficiente. Nesse contexto, impende ressaltar, em companhia da tradicional doutrina e do maciço entendimento pretoriano, que o julgado apenas se apresenta como omisso quando, sem analisar as questões colocadas sob apreciação judicial, ou mesmo promovendo o necessário debate, deixa, entretanto, num caso ou no outro, de ministrar a solução reclamada, o que não ocorre na espécie. Diz, a propósito, o insigne BARBOSA MOREIRA: "Há omissão quando o tribunal deixa de apreciar questões relevantes para o julgamento, suscitadas pelas partes ou examináveis de ofício ..., ou quando deixa de pronunciar-se acerca de algum tópico de matéria submetida à sua deliberação ..."... Outrossim, se o Tribunal *a quo* entende não ter havido a cessão do usufruto, mas tão somente de seu exercício, fa-lo com base nos instrumentos contratuais firmados entre o recorrido e os usufrutuários e nos demais elementos de convicção dos autos. Destarte, a revisão do julgado demanda interpretação de cláusulas contratuais e incursão na seara fático-probatória, providência vedada em sede especial, ut Súmulas n° 05 e 07/STJ. Nego provimento ao agravo. Publique-se. Brasília, 24 de novembro de 2005. MINISTRO FERNANDO GONÇALVES, Relator (Ministro FERNANDO GONÇALVES, 7.12.2005)..

locatática, passa a não realizar o pagamento dos aluguéis (durante cerca de 40 anos), utilizando a coisa como se sua fora, com *animus domini*. Isto significa dizer que a partir de determinado momento a posse mudou de natureza, assumindo a feição de posse em nome próprio com a intenção de dono e com força *ad usucapinem*. Ora, *in casu*, resta clara a mudança do título da posse, pois o locatário deixou de pagar os aluguéis sem nenhuma oposição do locador ou de seus sucessores, alegando, inclusive, que se tornou dono da coisa alugada (mesma situação ocorreria nos casos de comodato e depósito).

Aqui a interversão do título da posse ocorria não só pela manifestação de vontade do locatário, mas sobretudo em razão da exteriorização de seus atos.

Data máxima vênia, parece ser esta a melhor posição doutrinária, até mesmo em respeito aos *princípios da função social da propriedade*, plasmados no artigo 5º, inciso XXIII, da Constituição da República, e da *função social da posse*.

Vale destacar, entretanto, que o *vício da precariedade* não convalesce nunca, não dando azo à aquisição por usucapião.[18] Aqui o STJ já enfrentou a questão. Vejamos: "[...] Tem-se posse precária, incapaz de embasar pedido de usucapião. A usucapião não é facultada àquele que conhece ser outrem o detentor do domínio, porquanto, não se cogita de usucapião sem que o requerente ostente ânimo de dono. Independentemente da origem da ocupação, a que título deu-se, inicialmente, à parte não é dado postular pela usucapião porque, desde o começo da relação entretida com o adverso, extrajudicialmente, quer dizer, desde o primeiro momento em que o terreno foi ocupado, faltava-lhe o imprescindível elemento subjetivo, íntimo, no fito de usucapir. O usucapião não é meramente a aquisição da propriedade pelo decurso do tempo – o que é apenas uma das dimensões do instituto (de cunho objetivo); o elemento subjetivo é tão importante quanto a questão atinente ao lapso temporal".[19]

---

18 Apelação. Compromisso de compra e venda de imóvel. Inadimplemento das prestações por parte dos réus. Fato incontroverso. Cabimento da rescisão contratual com a reintegração possessória. Impossibilidade de aquisição do bem por usucapião. Posse precária que não gera direito à prescrição aquisitiva. Inexistência de alteração do caráter da posse. Sentença mantida. Recurso improvido". Apelação SP 0002253-55.2011.8.26.0040. Relator Hamid Bdine, da 4ª Câmara de Direito Privado do TJSP, em 21/03/2016.

19 AGRAVO DE INSTRUMENTO Nº 1.390.904 – RS (2011/0031668-4). RELATOR: MINISTRO RAUL ARAÚJO.DECISÃO
Cuida-se de agravo de instrumento contra a inadmissão de recurso especial, fundado no art. 105, III, "a", da Constituição Federal, interposto contra o acórdão proferido pelo egrégio Tribunal de Justiça do Estado do Rio Grande do Sul assim ementado: "Apelação cível. Pretensão à outorga de escritura pública. Sentença de indeferimento da petição inicial. Hipótese em que a questão do domínio do imóvel, por força de contrato de promessa de compra e venda, foi amplamente discutida no âmbito de ação reivindicatória e das ações de usucapião anteriormente ajuizadas entre as partes. Ausência de interesse processual caracterizada. Manutenção da sentença. Apelação a que se nega provimento".
Nas razões do apelo nobre, o recorrente aponta ofensa aos artigos 301, § 2º, e 474 do CPC,

insurgindo-se contra o entendimento das instâncias ordinárias, que extinguiram o feito sem resolução de mérito por falta de interesse processual, por entender que a matéria deduzida na demanda em tela já estaria sendo discutida nos autos de ação reivindicatória anteriormente ajuizada. Argumenta inexistir identidade entre as demandas, tecendo as seguintes considerações:"
(...) No caso em apreço os pedidos são diversos, pois o objeto da demanda reivindicatória é o reconhecimento do direito de propriedade dos ora recorridos, com a restituição da coisa pelo seu possuidor. Ademais, nas ações de usucapião os recorrentes buscam a declaração do domínio mediante o reconhecimento do direito de usucapir.
Por outro lado, na presente demanda ordinária de obrigação de fazer, pleiteia-se a outorga da escritura pública definitiva de compra e venda do imóvel, com base no contrato de promessa de compra e venda entabulado entre as partes.
Dessa forma, resta claro que os pedidos são diversos, pois apesar de as demandas citadas possuírem o mesmo pedido mediato (bem da vida), não possuem o mesmo pedido imediato, portanto caracterizam-se como ações independentes" (e-STJ, fls. 45/46).
É o relatório. Passo a decidir.
O eg. Tribunal de Justiça do Estado do Rio Grande do Sul negou provimento à apelação interposta pelo ora agravante e manteve a r. sentença que extinguiu o feito sem resolução de mérito em face da carência de ação por ausência de interesse processual do autor, amparando-se nos seguintes fundamentos: "A respeitável sentença apelada examinou com correção a matéria, de modo que estou aderindo aos seus fundamentos, os quais adoto como razões de decidir, integrando-os ao meu voto e transcrevendo-a no que mais importa, assim (fls. 74-75):
'(...)
Depois de analisada a inicial, bem como os autos em apenso, verifica-se que o que pretendem os autores é a rediscussão de matéria já julgada em Primeira Instância, e pendente de decisão final em Instância Superior, mas, enfim, já remetida à apreciação judicial, considerando, principalmente, a impugnação ao cumprimento de sentença nº 123/1.09.0001143-4.
Assim, tenho que totalmente descabida a pretensão dos autores diante da ausência de interesse processual. Sinale-se que o objeto da ação reivindicatória, e ações de usucapião, é o mesmo objeto destes autos, assim como partes. A sentença proferida nesta ação foi no sentido de julgar improcedente o pedido da reivindicatória e procedentes as ações de usucapião, decisão esta, que, posteriormente, foi desconstituída em sede de apelação, estando aguardando julgamento do agravo de instrumento interposto. Em continuidade, houve pedido de cumprimento de sentença, bem como impugnação a este pedido, sendo que, diante da impugnação, foi deferida a suspensão do trâmite do cumprimento da sentença.
Já o pedido neste feito é no sentido da suspensão do curso da execução, em sede de liminar, e a procedência da demanda para determinar aos réus o cumprimento da obrigação de fazer, consistente na entrega da escritura do imóvel ou, alternativamente, determinação de caução.
Assim, verifica-se a totalmente ausência de interesse processual, pelo simples fato de que tal requerimento é matéria cujo objeto está sendo apreciado nos autos da reivindicatória, somado ao fato de que a suspensão da execução já foi elaborada e deferida nos autos da impugnação.
Ressalta-se que o interesse de agir é a necessidade do ajuizamento da demanda, o que, *in casu*, não se verifica, sendo imperiosa, desta forma, declarar a carência da presente ação.
Em se tratando de matéria de ordem pública, que diz com as condições da ação e pressupostos processuais, cabível e necessário o conhecimento de ofício, em qualquer tempo e grau de jurisdição, impondo-se o indeferimento da inicial e a extinção do feito sem julgamento do mérito.
Diante do exposto, indefiro a inicial e julgo extinto o processo, sem julgamento do mérito, diante da carência da ação (...)'.
Os argumentos expendidos no recurso de apelação não superam os fundamentos da respeitável sentença apelada. Em apoio à sentença, e em justificação de meu voto, observo

ainda o seguinte: a ação reivindicatória, diferentemente do alegado pelos apelantes (fl. 83), não discute posse; em verdade, a ação reivindicatória é a demanda do proprietário, aquele que possui o domínio, contra quem detém a posse, de modo que envolve discussão preponderantemente dominial.

De outra parte, a ação de usucapião, como também é notório, é ajuizada por quem tem posse e pretende obter a declaração de domínio.

Nesta perspectiva, a questão da propriedade do imóvel integrou e integra o objeto do anterior processo, especialmente por força da ação reivindicatória, em situação que inviabiliza nova discussão da matéria na presente demanda.

Ainda quanto ao ponto, convém destacar que a sentença que julgou, simultaneamente, a ação reivindicatória e as ações de usucapião, examinou profundamente a questão da aquisição do domínio das áreas de terras, em razão do alegado pagamento do preço, tema amplamente discutido nas referidas demandas.

Da mesma forma o acórdão que lhe seguiu, em sede de apelação, e que determinou a procedência da ação reivindicatória e a improcedência das ações de usucapião.

Tais decisões, que deveriam ter acompanhado, em cópia, a petição inicial, não foram acostadas pelos demandantes ao presente feito, mas podem ser consultadas pelo sistema de informações processuais deste Tribunal.

Transcrevo, desde logo, no que mais importa, o acórdão referido, para pronta compreensão do caso (Apelação Cível nº 70021089826, da Egrégia 19ª Câmara Cível, relator o Desembargador Mário José Gomes Pereira, julgada em 04.03.2008), assim: '(...)Inicialmente, do apelo dos demandantes.

Com razão os recorrentes.

A posse decorrente de promessa de compra e venda não pode ser considerada apta a autorizar o reconhecimento da usucapião vez que se percebe, desde o início, que os compromissários não possuem o elemento subjetivo necessário a tal. Na condição de possuidores com ciência de que a terra pertence a terceiros (os promitentes vendedores), falta-lhes o imprescindível *animus domini*.

De outra banda, os autores ofereceram e exerceram clara oposição à posse dos adversos, como se nota da leitura dos autos, fls. 141 e ss. (notificações aos possuidores): da fl. 145 v. consta, p. ex., a firma do réu Domício.

Essa notificação ocorreu em 1991.

Não se pode falar em posse sem oposição, como não se pode cogitar que os requeridos detivessem o imóvel na condição de dono, como se o fossem, imaginando sê-lo, dado que desde o início da ocupação estavam cientes de não o ser.

Não se pode imaginar convalide-se a posse dos réus, a partir do descumprimento do contrato preliminar de venda e compra do imóvel. Tem-se posse precária, incapaz de embasar pedido de usucapião. A usucapião não é facultada àquele que conhece ser outrem o detentor do domínio, porquanto não se cogita de usucapião sem que o requerente ostente ânimo de dono.Independentemente da origem da ocupação, a que título deu-se, inicialmente, à parte não é dado postular pela usucapião porque, desde o começo da relação entretida com o adverso, extrajudicialmente, quer dizer, desde o primeiro momento em que o terreno foi ocupado, faltava-lhe o imprescindível elemento subjetivo, íntimo, no fito de usucapir. O usucapião não é meramente a aquisição da propriedade pelo decurso do tempo "o que é apenas uma das dimensões do instituto (de cunho objetivo); o elemento subjetivo é tão importante quanto a questão atinente ao lapso temporal.

E nem se alerte para a hipótese de interversão preconizada pelo enunciado 237 do CEJ (ref. Artigo 1203, CCB), já que o quadro fático não a indica, não a comprova. Por suposto que situação ímpar com a da interversio possessionis não pode ser presumida ou deduzida a priori, necessitando-se, para tal, de prova robusta o que não é o caso.

Por isso, o pedido nesses termos é de ser rejeitado, devendo prosperar a reivindicatória aviada pelos autores, proprietários da gleba.

Provido o apelo dos demandantes, inverte-se a sucumbência, prejudicado o apelo dos réus que pugnava pela elevação da honorária em caso de manutenção da sentença ora modificada.

Neste sentido, o Conselho da Justiça Federal, na III Jornada de Direito Civil, editou o Enunciado 237, dizendo: "Art. 1.203: É cabível a modificação do título da posse – *interversio possessionis* – na hipótese em que o até então possuidor direto demonstrar ato exterior e inequívoco de oposição ao antigo possuidor indireto, tendo por efeito a caracterização do *animus domini*".

6.6. Posse com Justo Título e Posse sem Justo Título

O parágrafo único do artigo 1.201 do Código Civil brasileiro informa que "o possuidor com justo título tem por si a presunção de boa-fé, salvo prova em contrário, ou quando a lei expressamente não admite esta presunção".[20]

O *justo título* segundo CLÓVIS BEVILÁQUA é o "título hábil para conferir ou transmitir o direito à posse, como a convenção, a sucessão, a ocupação"[21] e a presunção a que se refere o parágrafo único do referido dispositivo é uma presunção relativa (*juris tantum*).

É como voto.(...)'.
Como se vê, a questão relativa ao domínio do imóvel foi devidamente examinada, tendo o acórdão concluído que os ora autores não cumpriram o contrato preliminar de promessa de compra e venda, não reunindo condições para usucapir.
Afastada, expressamente, a eficácia do contrato de promessa de compra e venda no contexto da ação de usucapião, resulta inviável a postulação dos autores no sentido da obtenção de escritura pública de transmissão do domínio, com base no mesmo contrato.
Seja como for, a matéria integra o objeto do processo anterior, como bem destacado na sentença recorrida, não se verificando, no caso, interesse processual.
Reunindo as considerações, não se verifica qualquer ofensa aos arts. 267, *caput*, e incisos I e VI, 295, inc. I, 301, § 2º, e 474, todos do Código de Processo Civil, 550 do Código Civil de 1916 e 5º, incisos XXXV e LIV, da Constituição da República". (e-STJ, fls. 26/30)
Da transcrição acima, depreende-se que os juízos ordinários concluíram, corretamente, pela ausência de interesse do oraagravante em ajuizar a ação de obrigação de fazer em tela, com base em contrato particular de promessa de compra e venda, ao fundamento de que o pedido relativo ao reconhecimento da propriedade do imóvel objeto do litígio está sendo discutido em ação reivindicatória anteriormente ajuizada, julgada simultaneamente às demandas de usucapião, em que há decisão no sentido de que o autor/agravante não cumpriu o aludido contrato preliminar, de sorte que não restaram comprovados os requisitos da usucapião. Ademais, o Tribunal a quo registrou, ainda, que a suspensão da execução da ação reivindicatória, também pleiteada na ação em exame, já foi deferida nos autos da impugnação ao cumprimento da sentença proferida naqueles autos, o que revela a completa ausência de interesse de agir.
Sob tal prisma, observo que o recorrente, nas razões recursais, insiste na afirmação de que inexiste identidade de demandas, as quais não teriam o mesmo pedido e causa de pedir. Contudo, não logrou demonstrar o desacerto do entendimento lançado pelas instâncias ordinárias quanto à ausência de interesse processual, na medida em que o pedido formulado na demanda sub judice integra o objeto de processo em trâmite e no qual restou amplamente discutido o tema atinente à aquisição do domínio das áreas de terra em razão do alegado pagamento do preço. Diante disso, não se vislumbra qualquer ofensa às normas invocadas. Ante o exposto, nego provimento ao agravo. Publique-se. Brasília, 16 de setembro de 2015. MINISTRO RAUL ARAÚJO Relator (Ministro RAUL ARAÚJO, 24/09/2015).

20 Correspondente ao parágrafo único do art. 490 do CC/1916.
21 BEVILÁQUA, Clóvis. *Código civil dos Estados Unidos do Brasil comentado por Clóvis Beviláqua*. V. 1. Edição histórica. Rio de Janeiro: Rio, 1976, p. 973.

Logo, a posse se denominará de *justo título* se estiver relacionada a um título considerado hábil para tanto. Por exemplo, o contrato de locação é considerado um título hábil para a transferência da posse a justo título.

Vale lembrar que a posse a justo título nem sempre estará em harmonia com uma posse justa, já que o locador que transfere a posse ao locatário pode estar na condição de esbulhador, não sendo, portanto, proprietário da coisa.

O Conselho da Justiça Federal, na IV Jornada de Direito Civil, editou o Enunciado 303, que informa: "Art. 1.201. Considera-se justo título para presunção relativa da boa-fé do possuidor o justo motivo que lhe autoriza a aquisição derivada da posse, esteja ou não materializado em instrumento público ou particular. Compreensão na perspectiva da função social da posse".

6.7. Posse Nova e Posse Velha

Outra classificação da posse é aquela que a divide em *posse nova* e em *posse velha*. Posse nova é a que data de menos de um ano e um dia, e posse velha é a que data de mais de um ano e um dia.

Os conceitos de *posse nova* e *posse velha* não foram mantidos no Código Civil brasileiro de 2002. No codificação anterior, tais institutos jurídicos eram encontrados nos artigos 507 e 508 do Código Civil de 1916. Vejamos: O artigo 507 dizia que "na posse de menos de ano e dia, nenhum possuidor será manutenido, ou reintegrado judicialmente, senão contra os que não tiverem melhor posse". E o artigo 508 afirmava que "se a posse for de mais de ano e dia, o possuidor será mantido sumariamente, até ser convencido pelos meios ordinários".

O Código de Processo Civil diz que a ação possessória ajuizada dentro de ano e dia da moléstia à posse, é denominada de ação possessória de força nova, seguindo o procedimento especial (CPC, art. 558). Já a ação possessória intentada após o termo de ano e dia, é chamada de ação de força velha, sendo guiada pelo procedimento comum.

Ademais, vale lembrar que conforme MARCO AURÉLIO BEZERRA DE MELO, na ótica da dogmática civil constitucional, "a concepção da melhor posse (arts. 5°, XXIII, e 170, III, CRFB) não é mais a que se funda em justo título e sim a da posse que esteja cumprindo a função social".[22]

6.8. Posse *ad Interdicta* e Posse *ad Usucapionem*

A posse *ad interdicta* é aquela que confere ao possuidor o direito de manejar os *interditos possessórios* para defendê-la. A defesa da posse pela via interdital é um dos efeitos da posse. Assim, seja a posse de boa-fé ou má-fé,

---

22 MELO, Marco Aurélio Bezerra de. *Direito das coisas*. Rio de Janeiro: Lumen Juris, 2007, p. 46.

justa ou injusta, todo possuidor (direto ou indireto), com exceção do detentor, possui o direito de defender a sua posse contra a ingerência de terceiros.

Vale dizer que o esbulhador não é possuidor, já que os atos de violência não induzem a posse, salvo depois de cessada a resistência do proprietário. Daí que enquanto o proprietário estiver buscando a recuperação de sua posse, o esbulhador não será considerado possuidor, não podendo manejar os interditos possessórios. Somente quando este esbulhador se converter em possuidor (possuidor de má-fé, já que cessou a resistência do proprietário) é que ele poderá manejar os interditos possessórios contra terceiros. Frise-se que o esbulhador somente poderá defender a sua posse contra terceiros e não contra a pessoa que foi esbulhada.

Já a posse *ad usucapionem* deve preencher os requisitos que conduzem à aquisição da propriedade. Logo, a posse deve ser contínua, mansa e pacífica, além de prolongar-se pelo espaço de tempo previsto na lei. A posse *ad usucapionem* deve ser exercida *aminus domini*. Vale lembrar que, de acordo com a teoria objetiva de JHERING, o *animus domini* é dispensado para a caracterização da posse.

JHERING não afasta por completo o elemento *animus*. O que é afastado por JHERING é o *animus domini* (elemento principal da teoria de SAVIGNY) para a ocorrência da posse. Para que ocorra a posse, na teoria objetivista de JHERING, é necessário apenas o *corpus* e o elemento *animus tenendi* (intenção de conservar e de manter). Todavia, mesmo para JHERING o *animus domini* continua sendo indispensável para a aquisição da propriedade por usucapião.

Capítulo 7
AQUISIÇÃO E PERDA DA POSSE

7.1. Aquisição da Posse

De acordo com o artigo 1.204 do nosso Código Civil, com fulcro na teoria objetivista de JHERING, "adquire-se a posse desde o momento em que se torna possível o exercício, em nome próprio, de qualquer dos poderes inerentes à propriedade".[1] Ora, a posse é um fato e se caracteriza pelo exercício pleno ou não de um dos poderes inerentes à propriedade.

De igual forma, o Código Civil alemão, em seu § 854, determina que "a posse de uma coisa é adquirida pela obtenção do poder de fato sobre a coisa [...]".[2]

7.2. Espécies de Aquisição: Posse Originária e Derivada

A posse pode ser adquirida de forma *originária* ou *derivada*. A posse será originária caso não exista possuidor ou proprietário anterior, como exemplo, na aquisição de coisas abandonadas (posse natural). Caso contrário, a posse será derivada, pressupondo, pois, a translatividade (posse civil).

É, pois, uma distinção de fundamental importância, já que na *posse originária* não há falar-se em vícios que anteriormente a poderiam contaminar. Diferentemente, na posse derivada, o adquirente recebe a posse com todos os vícios anteriormente existentes. Daí que se o alienante desfrutava de uma posse violenta, clandestina ou precária, o novo adquirente a receberá com os vícios existentes.

O artigo 1.203 do nosso Código Civil dispõe que "salvo prova em contrário, entende-se manter a posse o mesmo caráter com que foi adquirida".[3]

---

1 Conselho da Justiça Federal – IV Jornada de Direito Civil: CJF – Enunciado – 301 – Art. 1.198. c/c art. 1.204. É possível a conversão da detenção em posse, desde que rompida a subordinação, na hipótese de exercício em nome próprio dos atos possessórios.
2 *Código civil alemão*. Tradução Souza Diniz. Rio de Janeiro: Record, 1960, p. 144.
3 Correspondente ao art. 492 do CC/1916.

7.3. Modos de Aquisição da Posse

A aquisição originária da posse pode ocorrer de várias formas, a saber: pela apreensão da coisa, pelo exercício de um direito e pelo fato de se dispor da coisa ou do direito. Vejamos cada uma das hipóteses indicadas.

7.3.1. Apreensão

A *apreensão*, na aquisição originária, é um ato unilateral do possuidor, envolvendo uma coisa que não é transmitida por ninguém, como nos casos de coisa abandonada (res *derelicta*) ou quando a coisa não pertence a ninguém *(res nullius)*.

Da mesma forma, ocorrerá apreensão quando os posseiros clandestinos, violentos ou precários tomarem a posse da coisa sem nenhum consentimento de outrem.

De acordo com SERPA LOPES, a apreensão poderá ocorrer em três situações distintas: "1°) apreensão de uma coisa que não se encontra em poder de quem quer que seja; 2°) apossamento de uma coisa que já se encontra sob o poder de outrem e que nisto consente; 3°) tomada da posse da coisa sem qualquer consentimento. A segunda hipótese não oferece qualquer dificuldade, pois a posse surge com a tradição".[4]

7.3.2. Exercício do Direito

A posse também pode ser adquirida pelo *exercício do Direito*. É o caso, por exemplo, de um direito decorrente de uma relação jurídica contratual, tais como os direitos do locatário, do comodatário, do depositário.

Outro exemplo é o caso da *servidão*. O artigo 1.379 do nosso Código Civil determina que "o exercício incontestado e contínuo de uma servidão aparente, por dez anos, nos termos do art. 1.242, autoriza o interessado a registrá-la em seu nome no Registro de Imóveis, valendo-lhe como título a sentença que julgar consumada a usucapião".

7.3.3. *Constituto possessório*

O *constituto possessório (cláusula constituti)* é o ato pelo qual o sujeito que possuía a coisa em seu nome passa a possuir em nome de outrem. É o caso, por exemplo, do sujeito que aliena a coisa, transferindo o domínio para outra pessoa e continua com a posse da coisa na condição de locatário.

CLÓVIS BEVILÁQUA afirma que o *constituto possessório* é "a operação jurídica, em virtude da qual aquele que possuía em seu próprio nome, passa, em seguida, a possuir em nome de outrem. [...] É um caso de conversão de

---

4 SERPA LOPES, Miguel Maria de. *Curso de Direito Civil:* direito das coisas. Vol. VI. 5. ed. Rio de Janeiro: Freitas Bastos, 2001, p. 186.

posse una e plena, em posse dupla, direta para o antigo possuidor pleno e indireta para o novo proprietário, tendo por fundamento uma convenção entre as duas partes interessadas".[5]

LAFAYETTE RODRIGUES PEREIRA ensina que neste modo de adquirir a posse, "a apreensão preexiste, visto como o alienante tem a coisa sob seu poder; não há, pois, necessidade de nova apreensão; basta somente que ele, por um ato de sua vontade, passe a deter a coisa em nome e como representante do adquirente, para quem é a posse transferida".[6]

Tanto LAFAYETTE, como RIBAS, entendem que o constituto possessório nunca se presume; "deve ser expressamente convencionado, ou resultar *logicamente* das cláusulas estipuladas. É expresso quando o devedor ou o doador declara que fica possuindo a coisa pela *cláusula constituti*, ou em nome do comprador ou donatário. Resulta das cláusulas estipuladas, quando, por exemplo, o vendedor conserva o prédio alienado em seu poder como locatário, ou quando o doador se reserva o usufruto da coisa doada".[7]

"A *cláusula constituti* não se presume, há de ser expressa ou resultar, necessariamente, de cláusula que a pressuponha, como quando o vendedor da coisa a retém a título de aluguel".[8]

Não obstante o nosso Código Civil não inserir o *constituto possessório* como modo de aquisição da posse, o Conselho da Justiça Federal, na I Jornada de Direito Civil, editou o Enunciado 77 ao dizer: "Art. 1.205: A posse das coisas móveis e imóveis também pode ser transmitida pelo constituto possessório".

O Ministro SÁLVIO DE FIGUEIREDO TEIXEIRA, no Recurso Especial – REsp 143.707/RJ, na Quarta Turma do Superior Tribunal de Justiça – STJ, em 25.11.1997, decidiu que "Civil. Posse. Constituto possessório. Aquisição fictícia (CC, art. 494-IV). Reintegração de posse. Cabimento. Comodato verbal. Notificação. Escoamento do prazo. Esbulho. Aluguel, taxas e impostos sobre o imóvel devidos. Recurso provido. A aquisição da posse se dá também pela cláusula *constituti* inserida em escritura pública de compra e venda de imóvel, o que autoriza o manejo dos interditos possessórios pelo adquirente, mesmo que nunca tenha exercido atos de posse direta sobre o bem. O esbulho se caracteriza a partir do momento em que o ocupante do imóvel se nega a atender ao chamado da denúncia do contrato de comodato, permanecendo no imóvel após notificado. Ao ocupante do imóvel, que se nega a desocupá-lo

---

5 BEVILÁQUA, Clóvis. *Direito das coisas*. 1° Vol. 3. ed. Rio de Janeiro: Freitas Bastos, 1951, p. 50.
6 PEREIRA, Lafayette Rodrigues. *Direito das coisas*. Edição histórica. Vol. I. Rio de Janeiro: Rio, 1977, p. 64.
7 REZENDE, Astolpho. Direito das Cousas. In: LACERDA. Paulo de. *Manual do Código Civil Brasileiro*. Volume VII. Rio de Janeiro: Jacintho Ribeiro dos Santos Editor, 1929, p. 121-122.
8 BEVILÁQUA, Clóvis. *Direito das coisas*. 1° Vol. 3. ed. Rio de Janeiro: Freitas Bastos, 1951, p. 50.

após a denúncia do comodato, pode ser exigido, a título de indenização, o pagamento de aluguéis relativos ao período, bem como de encargos que recaiam sobre o imóvel, sem prejuízo de outras verbas a que fizer jus".[9]

O *constituto possessório* (cláusula constituti) não se confunde com a *traditio brevi manu*. Naquele ocorre a alteração da titularidade da posse uma vez que o sujeito que possuía a coisa em seu nome passa a possuí-la em nome de outra pessoa (o proprietário aliena a sua propriedade e continua em sua posse na condição de locatário). De forma contrária, na *traditio brevi manu* a pessoa possui a coisa em nome alheio e passa a possuí-la no próprio nome (por exemplo, o locatário que adquire propriedade da coisa alugada).

7.4. Quem Pode Adquirir a Posse

De acordo com o artigo 1.205 do Código Civil brasileiro, a posse pode ser adquirida:[10] I – pela própria pessoa que a pretende ou por seu representante;[168 169] II – por terceiro sem mandato,[11] dependendo de ratificação.[12]

Vale destacar que a aquisição da posse não poderá ser revestida de violência, clandestinidade ou do abuso de confiança. Ademais, a posse deve ser adquirida pela própria pessoa que a pretende desde que possua capacidade legal ou por seu representante legal.

A aquisição da posse pela coletividade sem personalidade jurídica foi tratada pelo Conselho da Justiça Federal, na III Jornada de Direito Civil, ao publicar o Enunciado 236, que informa: "Arts 1.196, 1.205 e 1.212: Considera-se possuidor, para todos os efeitos legais, também a coletividade desprovida de personalidade jurídica". É o caso, por exemplo, das ocupações lícitas ou ilícitas de áreas públicas ou privadas.

---

9   Da mesma forma: "CONSTITUTO POSSESSÓRIO. AÇÃO POSSESSÓRIA. A Turma, entre outras questões, entendeu ser cabível o manejo de ação possessória pelo adquirente do imóvel cuja escritura pública de compra e venda continha cláusula *constituti*, já que o constituto possessório consiste em forma de aquisição da posse nos termos do art. 494, IV, do CC/1916. Na espécie, a recorrente (alienante do bem) alegou que o recorrido não poderia ter proposto a ação de reintegração na origem porque nunca teria exercido a posse do imóvel. Entretanto, segundo a Min. Relatora, o elemento *corpus* necessário para a caracterização da posse – não exige a apreensão física do bem pelo possuidor; significa, isso sim, sua faculdade de dispor fisicamente da coisa. Salientou ainda que a posse consubstancia-se na visibilidade do domínio, demonstrada a partir da prática de atos equivalentes aos de proprietário, dando destinação econômica ao bem. Assim, concluiu que a aquisição de um imóvel e sua não ocupação por curto espaço de tempo após ser lavrada a escritura com a declaração de imediata tradição – *in casu*, um mês – não desnatura a figura de possuidor do adquirente". Precedente citado: REsp 143.707-RJ, DJ 2/3/1998. REsp 1.158.992-MG, Rel. Min. Nancy Andrighi, julgado em 7/4/2011.
10 Correspondente ao art. 494, *caput*, do CC/1916.
11 CC 2002 – Do Mandato. Art. 653. Opera-se o mandato quando alguém recebe de outrem poderes para, em seu nome, praticar atos ou administrar interesses. A procuração é o instrumento do mandato.
12 Correspondente ao art. 494, III, do CC/1916.

7.5. Sucessão na Posse

O artigo 1.206 trata da transmissão da posse *mortis causa*. O dispositivo legal determina que "a posse transmite-se aos herdeiros ou legatários do possuidor com os mesmos caracteres".

O artigo 1.784 determina que "aberta a sucessão, a herança transmite-se, desde logo, aos herdeiros legítimos e testamentários".

De acordo com TITO FULGÊNCIO a *continuação na posse* consiste na "passagem da posse, que, de direito, e sem necessidade de apreensão, se opera do defunto ao seu herdeiro por título universal, ao qual equipara a lei o legatário".[13]

Daí os seguintes corolários:[14]

a) a continuação é necessária: opera-se, *ministerio legis,* em virtude do só título de sucessão.

b) A posse do defunto incorpora-se à do herdeiro ou legatário com todos os seus caracteres, vícios e qualidades. A do defunto era de má-fé, de má-fé continua ela no herdeiro.

Já o artigo 1.207 preceitua que "o sucessor universal continua de direito a posse do seu antecessor; e ao sucessor singular é facultado unir sua posse à do antecessor, para os efeitos legais".

Os herdeiros não podem começar uma posse nova com o firme propósito de excluir os vícios da posse anterior, já que a sucessão em relação ao herdeiro é a título universal. Assim, o herdeiro deve prosseguir na posse do autor da herança não podendo iniciar uma nova posse. O herdeiro recebe a posse rigorosamente com os mesmos caracteres do autor da herança.

Já o adquirente a título singular tem uma opção: ele pode somar a posse do transmitente (antecessor) à sua (neste caso ele receberá a posse com os mesmos vícios anteriores) ou poderá começar uma posse nova, afastando os vícios da posse anterior.

Qual a vantagem prática? O que será mais conveniente para o adquirente a título singular: começar uma posse nova ou considerar o tempo anterior do transmitente (antecessor), mesmo que viciada? Deve-se verificar o tempo já decorrido com vistas ao exercício da usucapião por má-fé ou boa-fé. Daí que do conceito de *sucessão* resultam os seguintes corolários:[15]

a) A sucessão por título singular é facultativa (ao avesso da continuação), por ser pessoal a posse do sucesso singular, a qual nasce desligada da do alienante.

---

13 FULGÊNCIO, Tito. *Da posse e das ações possessórias*. Vol. I. 5. ed. Rio de Janeiro: Forense, 1978, p. 75.
14 Ibid.
15 FULGÊNCIO. Op. cit., p. 76.

b) O vício da posse do antecessor não se comunica à do sucessor singular.

Acrescentamos que, na última hipótese, ele pode somar a posse do antecessor à sua. Neste caso, ele receberá a posse com os mesmos vícios anteriores. Neste diapasão, conforme PONTES DE MIRANDA, esclarece-se que: "Na *successio possessionis*, o sucessor continua a posse do sucedido. Na *accessio possessionis*, o sucessor pode unir à do sucedido. Ali, há uma só posse, que passa de uma pessoa a outra. Aqui duas ou mais posses que podem unir-se ou não se unir (facultatividade da acessão da posse)".[16]

No mesmo sentido ASTOLPHO REZENDE ensina que "o sucessor universal recebe a posse de seu antecessor com todos os seus vícios e qualidades, o sucessor particular pode unir, ou não, a própria posse a do seu antecessor, conforme melhor lhe convier. Não as unirá, certamente, se a posse do antecessor for viciosa. A união das posses, não é para ele uma necessidade; se a invocar, deve sofrer as consequências; a sua posse participará então dos vícios que tinha a do antecessor. Pode, porém, invocar posse própria, a sua posse, abandonando a do antecessor.[17]

O Enunciado 494, aprovado na V Jornada de Direito Civil, estabelece que "a faculdade conferida ao sucessor singular de somar ou não o tempo da posse de seu antecessor não significa que, ao optar por nova contagem, estará livre do vício objetivo que maculava a posse anterior".

7.6. Permissionário da Posse e Posse Injusta

O artigo 1.208 do nosso Código Civil informa que "não induzem posse os atos de mera permissão ou tolerância assim como não autorizam a sua aquisição os atos violentos, ou clandestinos, senão depois de cessar a violência ou a clandestinidade".[18]

Inicialmente, vale destacar a distinção existente entre *permissão* e *tolerância*. ERNANE FIDÉLIS DOS SANTOS, tratando do tema, ensina que "enquanto a permissão pressupõe ato positivo que autoriza outrem, a tolerância é a simples passividade frente à prática de ato de outrem. Além do mais, quando a lei fala em *mera permissão*, é preciso cuidado para distinguir o que é simplesmente *mera* da permissão que, às vezes, se concede em sentido de verdadeira cessão de posse. A mera permissão será assim o consentimento, o ato positivo que permitiria a prática de atos detentivos sobre a coisa, enquanto a tolerância seria ato negativo, de não oposição ao que se está praticando".[19]

---

16 PONTES DE MIRANDA. *Tratado de direito privado*. Parte especial. Tomo X. 2. ed. Rio de Janeiro: Borsoi, 1958, p. 223.
17 REZENDE, Astolpho. Direito das Cousas. In: LACERDA. Paulo de. *Manual do Código Civil Brasileiro*. Volume VII. Rio de Janeiro: Jacintho Ribeiro dos Santos Editor, 1929, p. 131.
18 Correspondente ao art. 497 do CC/1916.
19 SANTOS, Ernane Fidélis dos. *Comentários ao Novo Código Civil*. Vol. XV. Rio de Janeiro:

Ora, o nosso Código Civil adotou a teoria objetiva de JHERING, logo, os elementos que irão informar tais institutos jurídicos deverão ser demonstrados pela própria situação de fato que se desvela, em tese, o ato possessório.

Os atos de *mera permissão* ou *tolerância* são denominados por CLÓVIS BEVILÁQUA como aqueles que "alguém pratica sem pretender o direito de os praticar, e o titular do direito os suporta sem dele abrir mão. O agente colhe a sua vantagem, a título precário, sabendo que a poderá perder, a qualquer momento. Consinto que os meus vizinhos tirem água da minha fonte, que se sirvam, periodicamente, do meu campo, para reunir o seu gado, mas não lhes cedo a posse da fonte nem a do campo, fazendo-lhes sentir sempre o meu direito, ou porque para entrar no lugar, onde se acha a fonte, há uma cerca ou outro indício da minha posse, ou porque, em qualquer hipótese, e por qualquer modo, torno clara a precariedade dos seus atos".[20]

Na mesma linha ASTOLPHO REZENDE ensina que "[...] os atos que o vizinho tolera por cortesia, por familiaridade, ou relações de boa vizinhança, supõe sempre uma permissão revogável a arbítrio do que a conferiu; assim, aquele que permite a um outro passar pelo seu terreno, tirar água na sua fonte, ou gozar da sombra de suas árvores, entende-se que concede estas vantagens por mero favor, e, portanto, que se reservou o direito de retirar sua permissão quando não julgue mais oportuno mantê-la; e o que usufrui esta permissão, se entende que pratica tais atos só e enquanto tem a permissão daquele que lhos pode vedar.

É evidente que esses atos de tolerância não podem conferir a posse; é o exercício precário de um direito, mas não é *posse*, nem de coisa nem de direito, porque falta o *animus tenendi*".[21]

Mais exemplos são apresentados pelo desembargador do Tribunal de Justiça de Minas Gerais, ERNANE FIDÉLIS DOS SANTOS. Vejamos: "Se o vizinho permite ou tolera que o outro leve seu gado, cotidianamente, para beber em fonte própria, sem prova objetiva de vinculação contratual, não se induz ato de posse. Assim, a questão se deslocaria para a caracterização das servidões aparentes, já que na sua própria descontinuidade não permite a dedução de posse de servidão. Da mesma forma ocorre quando, em obra ou construção, o vizinho tolera ou permite que o outro, temporariamente, por tempo razoável, utilize parte de seu terreno para o depósito de materiais". [22]

Neste sentido, o desembargador LINDOLPHO MORAIS MARINHO, do Tribunal de Justiça do Estado do Rio de Janeiro – TJRJ, da Décima Sexta

---

Forense, 2007, p. 136.
20 BEVILÁQUA, Clóvis. *Código civil dos Estados Unidos do Brasil comentado por Clóvis Beviláqua*. V. 1. Edição histórica. Rio de Janeiro: Rio, 1976, p. 979.
21 REZENDE, Astolpho. Direito das Cousas. In: LACERDA. Paulo de. *Manual do Código Civil Brasileiro*. Volume VII. Rio de Janeiro: Jacintho Ribeiro dos Santos Editor, 1929, p. 135.
22 SANTOS. Op. cit., p. 137-138.

Câmara Cível, na Apelação 2007.001.44280, julgada em 30/10/2007, decidiu que "Direito Civil. DEMANDA DE REINTEGRAÇÃO. PRECARIEDADE DA POSSE DEVIDAMENTE COMPROVADA. IMPROCEDÊNCIA DO PEDIDO. MEDIDA QUE SE IMPUNHA. Posse é a exteriorização da conduta de quem procede como normalmente age o dono (Caio Mário). Se possuidor é aquele que age como se dono da coisa fosse, não se subsume ao conceito aquele que, por mera liberalidade de outrem, obtém autorização (comodato verbal) para utilizar determinado caminho, a fim de terminar obras de construção de sua casa, pois, como se sabe, não induzem posse os atos de mera permissão ou tolerância (art. 1.208, do Código Civil). Recurso manifestamente improcedente, ao qual se nega seguimento, com fulcro no art. 557, do Código de Processo Civil".

Na mesma linha, o desembargador NASCIMENTO PÓVOAS VAZ, do TJRJ, decidiu que "Ação de interdito proibitório. Autora que utiliza o terreno dos réus para passagem de carros e de pedestres. Notificação enviada por estes à autora informando que não mais desejam tolerar ou permitir a passagem pelo terreno de sua propriedade. Provas demonstrativas de que os réus não abandonaram o terreno, mantendo-o sempre limpo e conservado, ratificando sua disposição à vontade deles. Não induzem posse os atos de mera permissão ou tolerância. Artigo 1.208 do Código Civil. Provimento do recurso. (2007.001.04205 – APELAÇÃO – Julgamento: 18/04/2007 – DÉCIMA QUARTA CÂMARA CÍVEL)"

7.6.1. Permissão e concessão. Bens públicos

Em relação aos bens públicos, é possível a sua permissão de utilização por meio de concessão. A ocupação de área pública não dá azo à proteção possessória contra o órgão público.

A este respeito, a Ministra ELIANA CALMON, da Segunda Turma do Superior Tribunal de Justiça – STJ, no REsp 556.721/DF, julgado em 15/09/2005, decidiu que "EMBARGOS DE TERCEIRO – MANDADO DE REINTEGRAÇÃO DE POSSE – OCUPAÇÃO IRREGULAR DE ÁREA PÚBLICA – INEXISTÊNCIA DE POSSE – DIREITO DE RETENÇÃO NÃO CONFIGURADO. Posse é o direito reconhecido a quem se comporta como proprietário. Posse e propriedade, portanto, são institutos que caminham juntos, não havendo de se reconhecer a posse a quem, por proibição legal, não possa ser proprietário ou não possa gozar de qualquer dos poderes inerentes à propriedade. A ocupação de área pública, quando irregular, não pode ser reconhecida como posse, mas como mera detenção. Se o direito de retenção depende da configuração da posse, não se pode, ante a consideração da inexistência desta, admitir o surgimento daquele direito advindo da necessidade de se indenizar as benfeitorias úteis e necessárias, e assim impedir o cumprimento da medida imposta no interdito proibitório. Recurso provido".

Da mesma forma, o desembargador MÁRIO ASSIS GONÇALVES, no julgamento de 11.3.2008, na Décima Segunda Câmara Cível do Tribunal de Justiça do Estado do Rio de Janeiro – TJRJ, na Apelação 2007.001.47710, decidiu que "Administrativo. Licitação. Permissão. Exploração de serviço de cantina. Unidades do Sistema Prisional. DESIPE. Contrato. Ausência de obrigatoriedade. Natureza da permissão. Precariedade. Indenização por danos morais e materiais. Lucros cessantes. Descabimento. Ausência de prova. Licitação. Concorrência Tipo Melhor Preço-001/CEL/FUESP Permissão de uso de espaços em dependências das Unidades Prisionais e Patronato do Departamento do Sistema Penitenciário – DESIPE. Licitação verificada em 1998, com prazo de 2 (dois) anos, renováveis, a critério do Estado. Homologação e adjudicação em favor da autora em 17.12.1998. Pretensão do autor de que seja firmado contrato relativamente à permissão de uso, com sua imissão na posse das cantinas do Sistema Penitenciário. Descabimento. Pretensão de sustação de qualquer novo edital prevendo o mesmo tipo de exploração comercial enquanto dure a demanda. Impossibilidade. A permissão possui três características básicas: unilateralidade, precariedade e *intuitupersonae*. Ao contrário da concessão, toda permissão de uso de bem público, onerosa ou não, tem a natureza de ato administrativo unilateral e precário, o que significa dizer que o permissionário é mero detentor do bem, por consentimento expresso do titular (o Poder Público), que o pode revogar a qualquer tempo, segundo o interesse público. Mera expectativa de direito. Se o bem integra o sistema prisional do Estado, está afetado ao uso especial que for compatível com as atividades que ali devem se verificar. Pretensão de ressarcimento. Ausência de provas. Lucros cessantes inexistentes, ante a precariedade inerente ao instituto da permissão. Danos morais que não vislumbram no caso em comento. Recurso a que se nega provimento".

A jurisprudência do STJ diz não ser possível a posse de bem público, pois sua ocupação irregular (ausente de aquiescência do titular do domínio) representa mera detenção de natureza precária. Dessa forma, "quando irregularmente ocupado o bem público, não há que se falar em direito de retenção pelas benfeitorias realizadas, tampouco em direito à indenização pelas acessões, ainda que as benfeitorias tenham sido realizadas de boa-fé. Isso porque nesta hipótese não há posse, mas mera detenção, de natureza precária. Dessa forma, configurada a ocupação indevida do bem público, resta afastado o direito de retenção por benfeitorias e o pleito indenizatório à luz da alegada boa-fé". (AgRg no REsp 1.470.182-RN, Rel. Min. Mauro Campbell Marques, julgado em 4/11/2014).

Da mesma forma, importante destacar a seguinte decisão do STJ, no REsp 1755340/RJ, de relatoria do Ministro HERMAN BENJAMIN. Vejamos:

"1. Na origem, trata-se de ação movida pela União com pedidos de reintegração e imissão na posse, demolição de construções existentes e pagamento pela ocupação e aproveitamento irregulares de terreno de propriedade da Marinha do Brasil (antigo Sanatório Naval de Nova Friburgo). Atribui-se a invasão inicial a ex-funcionário civil do Comando da Marinha, o qual, posteriormente, transferiu a área a diversas pessoas, entre elas o réu na presente demanda.

DOMÍNIO PÚBLICO: PROPRIEDADE, POSSE E DETENÇÃO PRECARÍSSIMA

2. Ao contrário do que poderia sugerir a história fundiária do Brasil, o domínio público não se encontra em posição jurídica de inferioridade perante o domínio privado, como se equivalesse a algo de segunda classe ou, pior, de nenhuma classe. Longe disso, o legislador, com o objetivo primordial de salvaguardar interesses maiores da coletividade do hoje e do amanhã, encarregou-se de instituir um superdireito de propriedade do Estado, conferindo-lhe qualidades e prerrogativas peculiares, como indisponibilidade (inalienabilidade e imprescritibilidade) e autotutela administrativa, inclusive desforço imediato. Por isso, as garantias estabelecidas nos arts. 1.210 do Código Civil e 560 do Código de Processo Civil/2015 ganham densidade, realce e urgência extremos no campo do patrimônio público, embora normas especiais possam afastar, sempre e exclusivamente para ampliar, o grau de proteção, o regime civilístico e processual ordinário (*lex specialis derogat legi generali*).

3. Em boa técnica jurídica, ocupação, uso ou aproveitamento irregulares de bem público repelem atributos de posse nova, velha ou de boa-fé, dado ecoarem apenas detenção precaríssima, decorrência da afronta nua e crua a numerosas normas constitucionais e legais.

Rechaçada a natureza jurídica de posse, inútil requerer ou produzir prova de ser a ocupação de longa data, visto que o tempo em nada influencia ou altera o regime dessa categoria de coisas, disciplinadas nos arts. 98 e seguintes do Código Civil.

4. Representa despropósito pretender, sob o pálio do art. 43 do Código Civil, transmudar o particular que esbulha imóvel público em vítima de dano causado pelo Estado que, sem liberdade alguma, precisa atuar no exercício legítimo do direito

de reavê-lo, administrativa ou judicialmente, de quem o ocupa, usa, aproveita ou explora ilegalmente. Se a apropriação do bem público opera *contra legem*, intuitivo que gere multiplicidade de obrigações contra o esbulhador, mas não direitos exercitáveis contra a vítima, mormente efeitos possessórios. Postulado nuclear do Estado de Direito é que ninguém adquira direitos passando por cima do Direito e que o ato ilícito, para o infrator, não gere vantagens, só obrigações, ressalvadas hipóteses excepcionais, ética e socialmente justificadas, de enfraquecimento da antijuridicidade, como a prescrição e a boa-fé de terceiro inocente. À luz do art. 8º do Código de Processo Civil/2015, afronta os "fins sociais" do ordenamento, as "exigências do bem comum", a "legalidade" e a "razoabilidade" o juiz assegurar ao usurpador de bem público consectários típicos da posse, habilitando-o a reclamar seja retenção e indenização por construções, acessões, benfeitorias e obras normalmente de nenhuma ou mínima utilidade para o proprietário, seja prerrogativas, sem respaldo legal, derivadas de "cessão de direitos" feita por quem patavina poderia ceder, por carecer de título (*si non habuit, ad eum qui accipit nihil transfert*).

ESBULHO DE BEM PÚBLICO
5. O legislador atribui ao Administrador inafastável obrigação de agir, dever-poder não discricionário de zelar pelo patrimônio público, cujo descumprimento provoca reações de várias ordens para o funcionário relapso, desidioso, medroso, ímprobo ou corrupto. Entre as medidas de tutela de imóveis públicos, incluem-se: a) despejo sumário e imissão imediata na posse (art. 10, *caput*, da Lei 9.636/1998 e art. 71, *caput*, do Decreto-Lei 9.760/1946); b) "demolição e/ou remoção do aterro, construção, obra, cercas ou demais benfeitorias, bem como dos equipamentos instalados, à conta de quem os houver efetuado" (art. 6º, § 4º, IV, do Decreto-Lei 22.398/1987); c) perda, "sem direito a qualquer indenização", de eventuais acessões e benfeitorias realizadas (art. 71, *caput*, do Decreto-Lei 9.760/1946), exceto as necessárias, desde que com notificação prévia e inequívoca ao Estado; d) ressarcimento-piso tarifado pela mera privação da posse da União (art. 10, parágrafo único, da Lei 9.636/1998); e) pagamento complementar por benefícios econômicos auferidos, apurados em perícia, sobretudo se houver exploração comercial do bem (vedação de enriquecimento sem causa, art. 884, *caput*, do Código Civil); f) restauração integral do imóvel ao

seu estado original, g) indenização por danos morais coletivos, nomeadamente quando o imóvel estiver afetado a uso comum do povo ou a uso especial; h) cancelamento imediato de anotações imobiliárias existentes (art. 10, *caput*, da Lei 9.636/1998), inclusive "registro de posse", inoponível à União; i) impossibilidade de alegar direito de retenção.

ENRIQUECIMENTO SEM CAUSA: RESSARCIMENTO PELA OCUPAÇÃO, USO OU APROVEITAMENTO IRREGULAR DE BEM PÚBLICO

6. O legislador se encarregou de arbitrar, em percentual prefixado mínimo, remuneração a ser paga pelo ocupante ilegal, tomando por base o valor de mercado da coisa (art. 10, parágrafo único, da Lei 9.636/1998). Na perspectiva jurídica, não se cuida nem de pena, nem propriamente de indenização por danos causados ao bem ou ao proprietário, mas de ressarcimento ao Estado – reservado a evitar enriquecimento sem causa – pela mera "privação" do imóvel. Na essência, está-se diante de dever de "restituir o indevidamente auferido" com a ocupação "sem justa causa" do bem. Conforme o art. 884, *caput*, do Código Civil, caracteriza enriquecimento sem causa ocupar, usar ou aproveitar ilicitamente a totalidade ou parte do patrimônio alheio, comportamento agravado quando envolve privatização e exploração comercial de bens constitucional ou legalmente afetados ao serviço da sociedade e das gerações futuras.

7. O percentual de 10% vem amparado em duas únicas causas objetivas: o domínio público e a ocupação irregular, nada mais. Configuração que se equipara a dano presumido, *in re ipsa*, alheia quer à má-fé do esbulhador, quer à demonstração matemática, pela União, de lesão concreta e de sua extensão, já que o legislador trouxe a si o arbitramento de percentual razoável, calculado a partir do valor de mercado, real e atualizado, do bem. Em síntese, paga-se exclusivamente pela ilicitude da ocupação e pelo desfalque direto e indireto do patrimônio federal. A tarifação em 10% não obsta que a União busque, em acréscimo, mediante prova pericial, restituição do "indevidamente auferido" (art. 884, *caput*, do Código Civil), de modo a retirar do infrator tudo – centavo a centavo – o que lucrou com uso e aproveitamento irregulares do imóvel, mormente se para finalidade comercial. Potente mecanismo talhado outrossim para evitar que a ilicitude compense financeiramente, desidratação monetária

que constrange incentivos à massificação, banalização e perpetuação de esbulho do patrimônio público.

IRRELEVÂNCIA POSSESSÓRIA DO PAGAMENTO DE TRIBUTOS, DE REGISTROS EM ÓRGÃOS ESTATAIS E DE INCÚRIA DE AGENTES ESTATAIS NA VIGILÂNCIA DE BENS PÚBLICOS

8. Eventual negligência ou corrupção de servidores de plantão na guarda do patrimônio público tipifica ilícito disciplinar, civil, penal e de improbidade, não servindo para descaracterizar ou abalar o predicado de indisponibilidade *ope legis* da coisa. A ser diferente, inverter-se-ia a polaridade do princípio da legalidade, em sinalização de insensatez jurídica e postura arbitrária de destinatários da norma, correspondente a aceitar que volição pessoal *contra legem*, comissiva ou omissiva, do administrador exiba o dom de afastar comandos de império da Constituição e das leis.

9. Se mesmo no relacionamento entre particulares, consoante o art. 1.208 do Código Civil, "não induzem posse os atos de mera permissão ou tolerância", com maior razão na esfera do domínio coletivo. Óbvio, então, não se aceitar que leniência – inocente ou criminosa – de agentes do Estado converta o bem público em bem privado, ou sirva para outorgar ao ocupante ilídimo o direito de perpetuar esbulho ou procrastinar sua pronta correção.

10. Igualmente destituídos de efeitos possessórios inscrição em Junta Comercial ou cadastros estatais similares e pagamento – pouco importando o rótulo ou qualificação, inclusive o de natureza tributária – a quem não ostenta o título de proprietário. Além disso, eventual desembolso com laudêmio, taxa de ocupação e tributos não impede a Administração de buscar reaver aquilo que integra o patrimônio da sociedade.

11. Repita-se, no universo do domínio público é incabível, como regra geral, discussão de elemento subjetivo. Quando a lei, contudo, dispuser em sentido diverso, incorre a máxima segundo a qual, se o sujeito figurar em posição de incontestável ilicitude, boa-fé e probidade – como proposições de defesa – não se presumem, exigem prova cabal por aquele que delas se aproveita, nos termos do art. 373, II, do Código de Processo Civil.

12. Recurso Especial provido.
(REsp 1755340/RJ, Rel. Ministro HERMAN BENJAMIN, SEGUNDA TURMA, julgado em 10/03/2020, DJe 05/10/2020).

7.6.2. Posse violenta ou clandestina. Cessação do vício

A segunda parte do artigo 1.208 do nosso Código Civil informa que "não induzem posse os atos de mera permissão ou tolerância *assim como não autorizam a sua aquisição os atos violentos, ou clandestinos, senão depois de cessar a violência ou a clandestinidade*".[23]

Ora, resta claro que os atos violentos ou clandestinos, depois que cessam, autorizam a aquisição da posse.

Daí que tais vícios representam um obstáculo à aquisição da posse quando no seu processo de aquisição. Isto quer dizer que a partir do momento da cessação de tais vícios (violência ou clandestinidade),[24] a posse torna-se pacífica e "considera-se instalada, e, como tal, gera, todas as suas peculiaridades, embora mantenha sempre o caráter com que foi adquirida".[25]

Da mesma forma, BEVILÁQUA ensina que "pelo Código Civil, desde que a violência e a clandestinidade cessam, a posse começa a firmar-se utilmente, de modo que, passados anos, não seja o possuidor despojado dela simplesmente por esse vício originário".[26]

Aqui CARVALHO SANTOS apresenta o seguinte exemplo: "tiro pela força do poder de outrem um objeto móvel, ou expulso de um terreno, com violência, o antigo possuidor, ficando com o objeto na primeira hipótese ou, na segunda, no terreno, instalando-me como se fora dono. Depois disso, numa ou noutra hipótese, desarmo-me, não mais oferecendo perigo a minha ação, e não obstante o cidadão, de quem tirei o objeto, ou expulsei do terreno, não move a ação de esbulho que contra mim podia exercitar, procurando retomar, pelos meios legais, aquilo de que se vira privado pela violência ou clandestinidade. O Código não permite essa atitude, deixando de ter caráter violento a posse, desde que houve aí defesa dela em face da superveniência de uma violência. Cessou esta. E adquiro a posse para todos os efeitos, inclusive para o cômputo do prazo necessário à usucapião".[27]

TROPLONG exemplifica da seguinte forma: "Suponham que eu expulso de sua casa um proprietário e que aí me instale como dono. Logo após a

---
23 Correspondente ao art. 497 do CC/1916.
24 A lei não cita o vício da precariedade, já que este somente se desvela após a existência de posse legítima.
25 SANTOS. Op. cit., p. 142.
26 BEVILÁQUA. Op. cit., p. 979.
27 CARVALHO SANTOS, J. M. de. *Código civil brasileiro interpretado*. 6. ed. Volume VII. Rio de Janeiro: Freitas Bastos, 1956, p. 77.

minha conquista, deponho as armas e gozo da casa sem nenhum aparato de força. O indivíduo expulso podia proceder contra mim por meio da ação de esbulho; a violência tinha cessado; nada se opunha a que ele procurasse retomar a casa pelos meios legais; mas, ao em vez disto, guarda silencio, e deixa-me adquirir a posse anual. Minha posse, ilegal no começo, converteu-se em uma posse verdadeira a contar do momento em que cessou a violência; tendo durado um ano, pacífica, pública, não precária, ela se poderá defender pelos interdictos, mesmo contra aqueles a quem eu esbulhei, sem que ele possa excepcionar com alegação de domínio [...]".[28]

Neste sentido, vejamos a decisão do STJ: "A apreensão física da coisa por meio de clandestinidade (furto) ou violência (roubo) somente induz a posse após cessado o vício (art. 1.208 do CC/2002), de maneira que o exercício ostensivo do bem é suficiente para caracterizar a posse mesmo que o objeto tenha sido proveniente de crime. (RECURSO ESPECIAL Nº 1.637.370 – RJ (2015/0265063-0)".[29]

---

28 REZENDE, Astolpho. Direito das Cousas. In: LACERDA. Paulo de. *Manual do Código Civil Brasileiro*. Volume VII. Rio de Janeiro: Jacintho Ribeiro dos Santos Editor, 1929, p. 136-137.

29 Reconhecida usucapião extraordinária de veículo furtado após 20 anos de uso por terceiro
A Terceira Turma do Superior Tribunal de Justiça (STJ) negou provimento ao recurso especial do proprietário de um caminhão furtado ao reconhecer a aquisição por usucapião extraordinária em favor de um terceiro, que comprou o veículo de boa-fé e exerceu a posse sobre ele por mais de 20 anos.
O recurso teve origem em ação de reintegração de posse do terceiro adquirente contra o proprietário original, cujo caminhão foi furtado em 1988 e recuperado em 2008. Até ser apreendido, o veículo estava em posse do terceiro, que o comprou de uma pessoa que aparentava ser o dono, por meio de financiamento bancário, e obteve registro no departamento de trânsito, além do licenciamento regular.
O pedido de reintegração foi julgado improcedente em primeiro grau, mas o Tribunal de Justiça de Minas Gerais deu provimento à apelação, ao entendimento de que houve usucapião extraordinária pelo terceiro. No recurso especial, o proprietário original do caminhão sustentou que a proteção possessória deveria ser deferida àquele que provasse a propriedade do veículo e que não seria possível a usucapião em razão da detenção de bem furtado.
Usucapião extraordinária
O relator no STJ, ministro Marco Aurélio Bellizze, lembrou que a Terceira Turma, em acórdão anterior à vigência do Código Civil de 2002, concluiu não ser admissível a usucapião ordinária de veículo furtado, pois a posse a título precário jamais poderia ser transformada em justa, mesmo que o possuidor usucapiente fosse terceiro que desconhecesse a origem dessa posse.
No entanto, para o ministro, o caso em análise amplia o debate, pois trata da possibilidade de aquisição da propriedade de bem móvel por usucapião extraordinária e sua incidência sobre bem objeto de furto.
O relator afirmou que a posse é protegida pelo direito por traduzir a manifestação exterior do direito de propriedade. "Esta proteção prevalecerá, sobrepondo-se ao direito de propriedade, caso se estenda por tempo suficiente previsto em lei, consolidando-se a situação fática que é reconhecida pela comunidade, sem se perquirir sobre as causas do comportamento real do proprietário", disse.Além do transcurso do prazo de prescrição aquisitiva, observou Bellizze, a legislação estabelece tão somente que a posse deve ser exercida de forma contínua e sem oposição, conforme os artigos 1.260 e 1.261 do Código Civil de 2002.

7.7. Presunção da Posse. Bens Imóveis

O artigo 1.209 do nosso Código Civil preceitua que "a posse do imóvel faz presumir, até prova contrária, a das coisas móveis que nele estiverem".[30]

Isto quer dizer que se os móveis e os objetos estão relacionados com a destinação econômica do imóvel, estarão, pois, possuídos pelo mesmo possuidor do imóvel.

7.8. Perda da Posse

A perda da posse era regulada pelo Código Civil de 1916, no artigo 520, que elencava os modos pelos quais se perdia a posse. O referido dispositivo era criticado, já que adentrava no elemento volitivo do possuidor.

O Código Civil de 2002, fiel à teoria de JHERING, afirma que a perda da posse ocorre a partir do momento em que não se possa exercer os poderes inerentes à propriedade. O artigo 1.223 preceitua: "perde-se a posse quando cessa, embora contra a vontade do possuidor, o poder sobre o bem, ao qual se refere o art. 1.196".

Pode-se perder a posse: a) da coisa; b) dos direitos; e c) a posse para o possuidor que não presenciou o esbulho (CC 2002 – Art. 1.224).

"Nos termos do artigo 1.261, aquele que exercer a posse de bem móvel, ininterrupta e incontestadamente, por cinco anos, adquire a propriedade originária, fazendo sanar todo e qualquer vício anterior", lembrou o relator.

"Nota-se que não se exige que a posse exercida seja justa, devendo-se atender o critério de boa-fé apenas nas hipóteses da usucapião ordinária, cujo prazo para usucapir é reduzido", afirmou.

Início da posse

O relator destacou que o artigo 1.208 do Código Civil estabelece que a posse não é induzida por atos violentos ou clandestinos, passando a contar após a cessação de tais vícios. De acordo com ele, o furto é equiparado ao vício da clandestinidade, enquanto o roubo, ao da violência.

"Nesse sentido, é indiscutível que o agente do furto, enquanto não cessada a clandestinidade ou escondido o bem subtraído, não estará no exercício da posse, caracterizando-se assim a mera apreensão física do objeto furtado. Daí porque, inexistindo a posse, também não se dará início ao transcurso do prazo de usucapião", disse ao destacar que, uma vez cessada a violência ou a clandestinidade, a apreensão física do bem induzirá a posse.

O ministro concluiu que não é suficiente que o bem *sub judice* seja objeto de crime contra o patrimônio para se generalizar o afastamento da usucapião. Para ele, é imprescindível que se verifique, nos casos concretos, se a situação de clandestinidade cessou, especialmente quando o bem furtado é transferido a terceiros de boa-fé.

"As peculiaridades do caso concreto, em que houve exercício da posse ostensiva de bem adquirido por meio de financiamento bancário com emissão de registro perante o órgão público competente, ao longo de mais de 20 anos, são suficientes para assegurar a aquisição do direito originário de propriedade, sendo irrelevante se perquirir se houve a inércia do anterior proprietário ou se o usucapiente conhecia a ação criminosa anterior à sua posse", afirmou Bellizze. Disponível em: < http://www.stj.jus.br/sites/portalp/Paginas/Comunicacao/Noticias/Reconhecida-usucapiao-extraordinaria-de-veiculo-furtado-apos--20-anos-de-uso-por-terceiro.aspx> Acesso em: 13 out. 2020.

30 Correspondente ao art 498 do CC/1916.

São hipóteses da perda da posse da coisa: a) pelo abandono; b) pela tradição; c) pela perda da própria coisa; d) pela destruição da coisa; e) pela sua inalienabilidade; f) pela posse de outrem; e g) pelo constituto possessório (CC 2002 – Art. 1.267, parágrafo único).

São hipóteses da perda da posse dos direitos: a) impossibilidade de seu exercício (CC 2002 – Art. 1.196); e b) o desuso (CC 2002 – Art.389, III).

Já a perda da posse para o possuidor que não presenciou o esbulho encontra-se disciplinada no artigo 1.224 do nosso Código Civil.

7.9. Perda da Posse para o Possuidor que não Presenciou o Esbulho

O artigo 1.224 preceitua que "só se considera perdida a posse para quem não presenciou o esbulho quando, tendo notícia dele, se abstém de retornar a coisa, ou, tentando recuperá-la, é violentamente repelido".[31]

Isto quer dizer que somente será considerada perdida a posse quando a vítima de um apossamento clandestino, ao tomar conhecimento da agressão, mantém-se inerte, ou seja, abstém-se de retomar a coisa ou, agindo, é violentamente repelida. Caberá, *in casu*, o ajuizamento da ação de reintegração de posse.

Qual a posição jurídica do ocupante em face do terceiro? TITO FULGÊNCIO esclarece que "é um possuidor gozando de proteção possessória pela regra: *adversus extraneos vitiosa possessio prodesse solet*".[32]

---

31 Correspondente ao art. 522 do CC/1916
32 FULGÊNCIO. Op. cit., p. 201.

Capítulo 8
EFEITOS DA POSSE

8.1. Introdução

O nosso Código Civil disciplinou os principais efeitos da posse, ou seja, os efeitos com maior relevância social e econômica, sem contudo limitá-los.

Quanto aos seus efeitos, a posse pode ser classificada em posse *ad interdicta* ou posse *ad usucapionem*. Aquela está amparada nos interditos ou ações possessórias; esta, a origem da usucapião da coisa.

Considerando, pois, o nosso ordenamento jurídico, é possível reconhecer os seguintes efeitos da posse (CCB, arts. 1.220 a 1.222 e 1.238): a) direito aos frutos; b) direito às benfeitorias; c) direito de retenção; d) direito de invocar a proteção possessória; e e) a usucapião.

8.2. Proteção Possessória

O principal efeito é a defesa da posse *(jus possessionis)*, isto é, o direito de defender a posse. Assim, o possuidor, independentemente da natureza da posse, poderá defendê-la contra terceiros que a molestem.

Isto quer dizer que o possuidor tem o direito de defender a sua posse, mesmo tendo-a adquirido de maneira viciada. Assim, a *proteção possessória* é o principal efeito da posse. Diz o artigo 1.210, *caput*, que "o possuidor tem direito a ser mantido na posse em caso de turbação, restituído no de esbulho, e segurado de violência iminente, se tiver justo receio de ser molestado".[1]

Os *interditos possessórios* (ações de manutenção, reintegração e interdito proibitório) são instrumentos utilizados pelos possuidores violados em sua posse, com o firme propósito de defendê-la. Segundo SAVIGNY, um dos objetivos dos interditos possessórios é assegurar a paz social. Para JHERING, as razões da defesa possessória estariam relacionadas à defesa da propriedade.

A importância da tutela da posse, segundo PONTES DE MIRANDA, "é, no Direito, o que mais importa, porque a posse é acontecimento no mundo fático, cuja significação econômica e social se opera nos fatos, fora do mundo jurídico. Somente a tutela jurídica a traz a esse. Somente se cogita de direitos,

---
1 Correspondente aos artigos 499 e 501 do CC/1916.

pretensões e ações porque se protege a posse e, pois, a partir do momento em que se tem de proteger".²

Para ASTOLPHO REZENDE a posse "é protegida, e deve ser protegida *por si mesma*, independentemente de qualquer outra consideração. O possuidor deve ser protegido pelo simples fato de possuir, por isso só que possui, qualquer que seja a origem da posse. A posse não é protegida por ser proibida a violência, mas a violência é que é proibida, porque a posse é protegida. É na posse mesma, na posse em si, e não no caráter ilícito ou delituoso da turbação possessória que se deve buscar a razão de ser da proteção possessória".³

MARTIN WOLFF afirma que o fundamento da proteção possessória "reside en el interés de la sociedad en que los estados de hecho existentes no puedan destruirse por acto de propia autoridad sino en que se impugnen por vías de derecho, si con él se contradicen° La protección posesoria es protección de la paz general, reacción contra la realización del derecho por la propia mano del lesionado y que una sociedad medianamente organizada no puede tolerar".⁴

8.3. *Jus Possessionis* e *Jus Possidendi*

Como dito acima, o principal efeito da posse é a sua defesa (*jus possessionis*), isto é, o direito de defender a posse. O *jus possessionis* não pode ser confundido com o *jus possidendi* que significa o direito de possuir. Neste sentido, em especial, as lições de LAERSON MAURO: "São dois direitos possessórios que se designam por *jus possessionis* e *jus possidendi*. Um é o direito que nasce unicamente do fato; outro, o direito que surge do título. O direito que brota exclusivamente do fato da posse é o *jus possessionis*. O que vem do título da causa jurídica da posse é o *jus possidendi*.

Se a posse é um fato e se o *jus possessionis* é o direito que se manifesta do fato, todo possuidor tem o *jus possessionis*. Não há possuidor que não o tenha. Assim, pode-se dizer que o *jus possessionis* é o direito do possuidor.

Enquanto isso, nem toda posse advém de uma causa jurídica, de um título, portanto, nem todo possuidor tem o *jus possidendi*. Este tem a função de conferir legitimidade ao fato da posse, criando para o possuidor o direito de possuir. Pois bem: *jus possidendi* é o direito de possuir".⁵

---

2   PONTES DE MIRANDA. *Tratado de direito privado*. Parte especial. Tomo X. 2. ed. Rio de Janeiro: Borsoi, 1958, p. 282.
3   REZENDE, Astolpho. *A posse e a sua proteção*. 1. Volume. São Paulo: Saraiva, 1937, p. 433-434.
4   WOLFF, Martin. *Derecho de cosas*. Vol. I. Traducción espanola con anotaciones de Blas Pérez Gonçalez y José Alguer. 3. ed. Barcelona: Bosch, 1971, p. 101-102.
5   MAURO, Laerson. *1000 perguntas de direito das coisas*. 5. ed. Rio de Janeiro: Thex, 2001, p. 66.

8.4. Esbulho e Turbação

O *esbulho* é a perda da posse por ato originado de violência, clandestinidade e precariedade. Aqui o possuidor é demitido da posse contra a sua vontade, perdendo inteiramente a sua posse, não mais podendo exercer sobre a coisa nenhum dos poderes inerentes à propriedade.

A *turbação* é qualquer ato que moleste a posse ensejando um obstáculo em seu exercício.

Vale destacar que no *esbulho* o possuidor é demitido da posse, perdendo-a, enquanto na *turbação* o possuidor mantém a posse, não podendo exercê-la em sua plenitude. Há, pois, um obstáculo (uma dificuldade) ao exercício pleno da posse. Portanto, no *esbulho*, ocorre a perda completa da posse; na *turbação*, o possuidor é molestado, mas não perde a sua posse.

No mesmo sentido, acertada é a lição de LAERSON MAURO quando nos diz que o *esbulho* "é um ato de espoliação, que pode ser apenas parcial. Praticam esbulho o invasor e o ladrão que expulsam o fazendeiro e o motorista, apossando-se, respectivamente, da fazenda e do carro. Praticam igualmente esbulho o depositário que não restitui a coisa depositada, o compromissário comprador inadimplente notificado que não purga a mora e deixa de devolver a coisa comprometida, o comodatário que se recusa a restituir a coisa emprestada, o credor pignoratício e o anticresista que não entregam o objeto da garantia".[6]

ERNANE FIDÉLIS DOS SANTOS afirma que "quando o molestador da posse se apropria de parte certa do imóvel, comete esbulho e não turbação, esbulho parcial, pode-se dizer, relacionado com o imóvel todo".[7]

Já a *turbação*, para LAERSON MAURO, é "a lesão que consiste em atrapalhar, perturbar, embaraçar o possuidor no exercício de sua posse, injustamente. A turbação pode decorrer de ato praticado exteriormente, mas que repercute na coisa, como a abertura de buracos e valas, o empilhamento de madeira e pedras, tudo a dificultar o acesso normal a um imóvel. Mas pode também consistir em atos praticados dentro da própria coisa, como extrair madeira, frutos e lenha, tirar água, pôr gado a pastar em terreno alheio".[8]

8.5. A Autotutela na Defesa da Posse

Em casos de turbação ou esbulho, o possuidor poderá utilizar os meios necessários e suficientes para reprimir a agressão sofrida. Os atos de defesa devem ser proporcionais à ofensa, sob pena de o possuidor responder pelo excesso (teoria do abuso de direito).

---

6 Ibid., p. 66.
7 SANTOS, Ernane Fidélis dos. *Comentários ao novo código civil*. Vol. XV. Rio de Janeiro: Forense, 2007, p. 152.
8 MAURO. Op. cit., p. 67.

No direito comparado, FRANCESCO MESSINEO, professor da Universidade de Milão, entende que a posse encontra como sua primeira linha de defesa a *"tutela en la legítima defensa* contra el peligro *actual (flagrancia)* de ofensa injusta (art. 52 del Cód. Pen°). Por tanto quien es despojado de la posesión (ya se titular o aun no-titular del derecho), puede – mientras lo haga *inmediatamente* (no *ex intervallo*), esto es, mientras *dura* (está *in continente)* la ofensa (y lo haga con *mediosproporcionados* a la ofensa: artículo que se acaba de citar) – quitar legítimamente, él mismo, al usurpador la cosa *(vim vi repellere licet)*, sin que con ello incurra en el delito de 'tomarse la justicia por su mano' (ejercicio arbitrario de los propios derechos: arts. 392 y 393 del Cód. Pen°).[9]

Diz o § 1° do artigo 1.210 do nosso Código Civil que "o possuidor turbado, ou esbulhado, poderá manter-se ou restituir-se por sua própria força, contanto que o faça logo; os atos de defesa, ou de desforço, não podem ir além do indispensável à manutenção ou restituição da posse".[10]

Daí que o *desforço físico* é a possibilidade de o possuidor usar a força física, dentro de limites, para defender a sua posse. É, pois, a autorização da autotutela em nosso direito. É a primeira linha de defesa da posse.

Quais são os limites impostos pelo legislador? O primeiro limite é o *temporal*, qualquer que seja, "contanto que o faça logo". Melhor dizendo: a reação física somente é admitida se realizada imediatamente. O magistrado deverá analisar o caso concreto decidendo, verificando, pois, se o ofendido reagiu imediatamente ou não. O segundo limite é quanto à extensão da reação, já que a regra informa que "contanto que o faça logo", e "os atos de defesa, ou de desforço, não podem ir além do indispensável à manutenção ou restituição da posse", com o propósito de coibir o excesso.

Neste sentido, CLÓVIS BEVILÁQUA, ao analisar o artigo 502 do Código Civil brasileiro de 1916, afirma que o desforço imediato "é um ato de legítima defesa da posse. Tem a sua medida na regra estabelecida no art. 160; será justo, enquanto não exceder o indispensável à manutenção ou restituição da posse. Adquire, porém, aqui a defesa uma latitude maior, porque a lei permite que o esbulhado, depois de expulso da posse, recupere-a pela própria força e autoridade".[11]

PONTES DE MIRANDA, ao estudar o conteúdo do artigo 502 do Código Civil brasileiro de 1916, ensina que "o art. 502 tem raízes em dois sistemas jurídicos diferentes: a força empregada, *em justiça de mão-própria,* pelo esbulhado (art. 502, verbo esbulhar), é de origem germânica; o *desforçamento* (le-

---

9 MESSINEO, Francesco. *Manual de derecho civil y comercial.* Tomo III. Tradução: Santiago Sentis Melendo. Buenos Aires: Ediciones Juridicas Europa-America, 1954, p. 232.
10 Correspondente ao art. 502 do CC/1916.
11 BEVILÁQUA, Clóvis. *Código civil dos Estados Unidos do Brasil comentado por Clóvis Beviláqua.* V. 1. Edição histórica. Rio de Janeiro: Rio, 1976, p. 984.

gítima defesa da posse) é comum ao direito romano e ao germânico; as *ações possessórias* provêm do direito romano. (a) No art. 502, há a legítima defesa, tratando-se de turbação: o possuidor, que se sente ameaçado de esbulho ou de turbação, ao início do ataque contrário à sua posse, reage, em legítima defesa, desforça-se. (b) Se já lhe tiraram a posse, não poderia o possuidor desforçar-se, simplesmente, porque seria mais: pôr-se na atitude de quem julga o seu próprio direito e desforça-se, vinga-se, restitui-se. Não há, certo, aí, só o elemento fático do desforço, há mais, há exercício de direito, que o esbulhado se atribui, de se restituir pelas próprias mãos, substituindo-se à justiça estadual. O possuidor, que repele pela força, só se defende, só se desforça; o que se restitui julga do próprio direito e executa como se fora o juiz".[12]

O Enunciado 495 da V Jornada de Direito Civil (Conselho da Justiça Federal) determina que "no desforço possessório, a expressão "contanto que o faça logo" deve ser entendida restritivamente, apenas como a reação imediata ao fato do esbulho ou da turbação, cabendo ao possuidor recorrer à via jurisdicional nas demais hipóteses".

Uma outra questão se desvela interessante: *o detentor pode se valer da força física?* Vamos imaginar que um terceiro invada o meu sítio. Seria possível o caseiro utilizar força física para repelir o agressor? A questão é controvertida. Não obstante o detentor não ser possuidor, entendemos que o detentor poderá utilizar a força física dentro dos limites estabelecidos pela lei. Neste caso, o objetivo é a defesa da posse.

O Enunciado 493 da V Jornada de Direito Civil diz que "O detentor (art. 1.198 do Código Civil) pode, no interesse do possuidor, exercer a autodefesa do bem sob seu poder".

Por fim, *como ficaria o desforço com o apoio de terceiros?*

GUSTAVO TEPEDINO, CARLOS EDISON DO RÊGO MONTEIRO FILHO e PABLO RENTERIA explicam que "cogita-se, ademais, sem prejuízo da expressão força própria adotada pelo dispositivo legal, da permissibilidade da utilização de apoio de empregados ou prepostos, na retomada do bem, desde que, igualmente, não ultrapassem o imprescindível para a recuperação da posse. Em havendo excesso por parte dos funcionários, haverá responsabilização civil também do empregador ou comitente, objetivamente, ou seja, independentemente da existência de culpa (v. art. 932, III, do Código Civil)".[13]

8.6. Interditos Possessórios

Os *interditos possessórios* são um dos mais importantes efeitos da posse. Os interditos são ações que objetivam a defender a posse. No direito romano

---

12 PONTES DE MIRANDA. Op. cit., p. 284.
13 MONTEIRO Filho, Carlos Edison do Rêgo, RENTERIA, Pablo; TEPEDINO, Gustavo (Org). *Direitos reais*. Rio de Janeiro: Forense, 2020. (Fundamentos do direito civil). (Minha Biblioteca, livro on line).

clássico, os interditos para a proteção da posse eram de duas espécies: a) os *interdicta retinendaepossessionis causa* (interditos destinados à conservação da posse); e b) os *interdicta reciperandae possessionis causa* (interditos que visam à recuperação da posse). Aqueles eram subdivididos em interdito *uti possidetis* (destinado a proteção de coisas imóveis) e interdito *utrubi* (destinado à proteção de coisas móveis). Já os interditos *reciperandae possessionis causa* eram os seguintes: 1°) o interdito *unde ui* (destinado a reintegrar na posse aquele que dela fora despojado violentamente. Ele era utilizado apenas para coisas imóveis); 2°) o interdito de *precário* (utilizado no momento em que o precarista se negava a devolver a coisa ao proprietário); e 3°) o interdito de *clandestina possessione* (utilizado para a recuperação da posse de imóvel ocupado clandestinamente por terceiro).[14]

8.7. Diferença entre as Ações Possessórias e as Ações Petitórias

As *ações possessórias* visam à proteção da posse, enquanto as *ações petitórias* objetivam proteger o direito de propriedade. É, pois, uma das consequências entre os institutos da *posse* e da *propriedade*. Assim, no juízo possessório, discute-se a posse sem a necessidade de apresentação do título de propriedade; de forma contrária, no juízo petitório, é necessária a apresentação e o exame do título de propriedade, já que se procura apurar a existência ou não do direito de domínio ou de outro direito real.

SERPA LOPES, ancorado nas lições de CONSOLO, destaca que "quem promove a ação de reivindicação implicitamente revela não ter a posse da coisa reivindicada, não pode invocar a questão da posse ante o juiz, pois se utilizasse do remédio possessório prescindiria da *rei vindicatio*. Ante o juiz do petitório não se pode fazer contraste sobre a pertinência da posse, por isso que o proprietário escolheu a posição de reivindicante. Nada mais lógico, como igualmente nada mais lógico é impedir a possibilidade de se litigar sobre a propriedade, ainda pendente o juízo possessório".[15]

Ora, a propositura de uma ação possessória, na hipótese de o autor não ser possuidor, senão proprietário do bem, acarretará a extinção do processo sem a resolução do mérito, por manifesta ausência do interesse processual. O magistrado deverá indeferir a petição inicial, com fundamento no inciso III do artigo 330 do Código de Processo Civil ou após a apresentação da contestação pelo réu, com base no inciso VI do artigo 485 do diploma processual (o juiz não resolverá o mérito quando verificar ausência de legitimidade ou de interesse processual).

---

14 ALVES, José Carlos Moreira. *Direito romano*. 9. ed. V. I. Rio de Janeiro: Forense, 1995, p. 273-276.
15 CONSOLO, Trattato del processo, Torino, 1906. In SERPA LOPES, Miguel Maria de. *Curso de Direito Civil:* direito das coisas. Vol. VI. 5. ed. Rio de Janeiro: Freitas Bastos, 2001, p. 226.

8.7.1. Natureza das ações possessórias

A natureza das ações possessórias é controvertida. Para uns, tais ações possuem caráter *pessoal*; para outros, a natureza é *real*. Entende-se que a razão está com MESSINEO ao ensinar que *"la razón de ser de tales acciones es de carácter social, en el sentido de que, salvaguardado el principio de la prohibición de hacerse justicia por sí mismo, es, sin embargo, de interés general que el poseedor no sea privado por otro de la posesión y que no sea molestado en ella por nadie"*.[16]

8.8. Exceção de Domínio

O artigo 1.210, § 2° preceitua que "não obsta à manutenção ou reintegração na posse a alegação de propriedade ou de outro direito sobre a coisa".[17]

Em relação a *exceptio proprietatis*, o Conselho da Justiça Federal – I Jornada de Direito Civil editou os seguintes enunciados:

a) CJF – Enunciado 78 – Art. 1.210: Tendo em vista a não recepção pelo novo Código Civil da *exceptio proprietatis* (art. 1.210, § 2°) em caso de ausência de prova suficiente para embasar decisão liminar ou sentença final ancorada exclusivamente no *iuspossessionis*, deverá o pedido ser indeferido e julgado improcedente, não obstante eventual alegação e demonstração de direito real sobre o bem litigioso.

b) CJF – Enunciado 79 – Art. 1.210: A *exceptio proprietatis*, como defesa oponível às ações possessórias típicas, foi abolida pelo Código Civil de 2002, que estabeleceu a absoluta separação entre os juízos possessório e petitório.

Da mesma forma, o artigo 557 do Código de Processo Civil afirma que "na pendência de ação possessória é vedado, tanto ao autor quanto ao réu, propor ação de reconhecimento do domínio, exceto se a pretensão for deduzida em face de terceira pessoa. Parágrafo único. Não obsta à manutenção ou à reintegração de posse a alegação de propriedade ou de outro direito sobre a coisa. Ora, não cabe a alegação de domínio no curso da ação possessória, daí não há mais que se aplicar a Súmula 487 do STF, que diz: "Será deferida a posse a quem, evidentemente, tiver o domínio, se com base neste for ela disputada".

8.9. Princípio da Fungibilidade

As ações possessórias típicas de reintegração de posse, manutenção de posse e interdito proibitório são utilizadas, respectivamente, nos casos de esbulho, turbação ou ameaça ao exercício da posse.

O artigo 554 do Código de Processo Civil brasileiro informa que "a propositura de uma ação possessória em vez de outra não obstará a que o juiz

---

16 MESSINEO. Op. cit., p. 233.
17 Correspondente ao art. 505 do CC/1916.

conheça do pedido e outorgue a proteção legal correspondente àquela cujos pressupostos estejam provados".

No caso de ação possessória em que figure no polo passivo grande número de pessoas, serão feitas a citação pessoal dos ocupantes que forem encontrados no local e a citação por edital dos demais, determinando-se ainda a intimação do Ministério Público e, se envolver pessoas em situação de hipossuficiência econômica, da Defensoria Pública (artigo 554, § 1º, do CPC).

Para fim da citação pessoal prevista no § 1º do artigo 554, o oficial de justiça procurará os ocupantes no local por uma vez, citando-se por edital os que não forem encontrados (artigo 554, § 2º, do CPC).

O juiz deverá determinar que se dê ampla publicidade da existência da ação prevista no § 1º do artigo 554 e dos respectivos prazos processuais, podendo, para tanto, valer-se de anúncios em jornal ou rádio locais, da publicação de cartazes na região do conflito e de outros meios (artigo 554, § 3º, do CPC).

Ora, isto quer dizer que se o autor ingressar com uma ação de interdito proibitório, visando coibir uma ameaça a sua posse e o esbulho se desvelar posteriormente, o magistrado deverá julgar o mérito de uma ação de reintegração de posse.

O Tribunal de Justiça do Estado do Rio de Janeiro – TJRJ, por diversas vezes, enfrentou tal questão. Vejamos:

a) Na Apelação 2008.001.52054, na Sétima Câmara Cível, o Desembargador ANDRÉ ANDRADE, em 12.11.2008, decidiu que "Ação de manutenção de posse. Agravo retido desprovido. Princípio do livre convencimento motivado. [...]. Aplicação do princípio da fungibilidade das ações possessórias para determinar a reintegração de posse. Desprovimento do recurso".

b) Na Apelação 2008.001.55307, na Segunda Câmara Cível, o Desembargador JESSÉ TORRES, em 8.10.2008, decidiu que "Reintegração de posse. Presentes os requisitos legais, o julgador concederá a tutela de proteção, independentemente da espécie possessória aforada, diante do princípio da fungibilidade (CPC, art. 920), que excepciona o da correlação (CPC, art. 128 e 460). Esbulho que resultou caracterizado não só pela prova pericial, como também das declarações da própria apelante. Desprovimento do recurso".

c) Na Apelação 2008.001.41219, na Décima Sétima Câmara Cível, o Desembargador HENRIQUE DE ANDRADE FIGUEIRA, em 10.9.2008, decidiu que "CIVIL. POSSE. INTERDITO PROIBITÓRIO. TURBAÇÃO. FUNGIBILIDADE. REINTEGRAÇÃO DE POSSE. INDENIZAÇÃO POR BENFEITORIAS. Ação de interdito proibitório a ser julgada como reintegração de posse porque configurado o esbulho ao invés de ameaça à posse no terreno objeto da lide. O autor comprovou a condição de possuidor com lastro em contrato ajustado com quem detém o domínio útil do imóvel, como faz prova a certidão do registro imobiliário, enquanto a posse do réu se baseia apenas em documento particular ineficiente a impedir o exercício da posse daquele titulado pelo dono. Se o autor exerce a posse direta do imóvel onde o réu construiu uma casa, ficou caracterizado o esbulho a ensejar a reintegração de posse. Impossível enfrentar pedido de indenização por benfeitorias feito somente em apelação, pena de suprimir um grau de jurisdição. Recurso desprovido".

d) Na Apelação 2006.001.01226, na Décima Câmara Cível, o Desembargador SYLVIO CAPANEMA, em 7.2.2006, decidiu que "Ação de manutenção de posse. Preliminar de nulidade. Prova da posse e do esbulho. O fato de serem conexas as ações não impõe que ambas sejam decididas por uma única peça de sentença. O que determinou a Câmara – e foi cumprido – é que ambas as ações fossem julgadas em conjunto para evitar decisões contraditórias. Não se decreta a nulidade onde não tenha havido prejuízo, tudo em homenagem ao princípio da efetividade do processo. Provada a posse anterior e o esbulho, não só por meio de testemunhas, quanto de minuciosa prova pericial, cabe a defesa possessória, independentemente do nome dado à ação, em razão do princípio da fungibilidade dos interditos. Rejeição da preliminar e provimento do recurso".

De acordo com as lições de ERICK NAVARRO VOLKART, "a fungibilidade, que foi repetida na literalidade no NCPC, considera a volatilidade fática das violações ao direito possessório. O que hoje é ameaça, amanhã vira turbação ou esbulho. Assim, pouco importa que o autor narre uma ameaça mas, ao longo do processo, demonstre-se o esbulho. O juiz proferirá a tutela adequada, nesse caso a reintegração de posse.

Pensamos que a fungibilidade autoriza ainda que o magistrado supere a carência da ação *in statu assertionis* causada pela incompatibilidade entre a tutela pleiteada e a causa de pedir narrada na petição inicial. Nessa linha, ainda que inadequado o pedido de reintegração de posse, quando descrita uma ameaça à posse na petição inicial – o correto seria pleitear interdito proibitório –, o juiz não deve indeferi-la de plano face à inadequação da tutela.

A fungibilidade autoriza o julgador a instruir o feito para a verificação do tipo de violação e calibragem da tutela adequada.

Ademais, "a decisão interlocutória que converte a demanda de reintegração de posse em manutenção, com base na fungibilidade das ações possessórias não comporta impugnação por agravo de instrumento, por não estar elencada no rol taxativo do art. 1.015/CPC, sequer apresenta risco de inutilidade da impugnação em momento oportuno, na forma prevista no § 1º, do art. 1.009/CPC ou caráter de urgência para mitigação do rol, nos termos do entendimento firmado pelo Superior Tribunal de Justiça (REsp 1.704.520-MT). [...] (TJPR – 17ª C. Cível – 0038479-46.2020.8.16.0000 – Cambé – Rel.: Juiz Francisco Carlos Jorge – J. 03.08.2020).

A fungibilidade autorizada pelo *caput* do art. 554 permite ao juiz que releve a propositura de ação possessória *errada*. A norma não especifica qual o erro, realçando apenas o equívoco da tutela pleiteada face à *situação provada*, pouco importando as refrações em relação à *situação narrada*".[18]

8.10. Cumulação de Pedidos nas Ações Possessórias

O artigo 555 do Código de Processo Civil preceitua que é lícito ao autor cumular ao pedido possessório o de: I – condenação em perdas e danos; II – indenização dos frutos. Parágrafo único. Pode o autor requerer ainda imposição de medida necessária e adequada para: I – evitar nova turbação ou esbulho; II – cumprir-se a tutela provisória ou final.

É lícito ao réu, na contestação, alegando que foi o ofendido em sua posse, demandar a proteção possessória e a indenização pelos prejuízos resultantes da turbação ou do esbulho cometido pelo autor (artigo 556 do CPC). Vale lembrar que as ações possessórias possuem natureza dúplice, ou seja, cabe a realização de pedido contraposto em favor do réu, visando à proteção de sua posse. Caso o réu queira contra-atacar com pedido que não seja a proteção de sua posse, ele deverá ingressar com uma ação declaratória incidental.

Na pendência de ação possessória é vedado, tanto ao autor quanto ao réu, propor ação de reconhecimento do domínio, exceto se a pretensão for deduzida em face de terceira pessoa.[19] Não obsta à manutenção ou à reintegração de posse a alegação de propriedade ou de outro direito sobre a coisa.[20]

Vale destacar ainda o artigo 558 do CPC, que informa: "Regem o procedimento de manutenção e de reintegração de posse as normas da Seção II deste Capítulo quando a ação for proposta dentro de ano e dia da turbação ou do esbulho afirmado na petição inicial. Parágrafo único. Passado o prazo referido no *caput*, será comum o procedimento, não perdendo, contudo, o caráter possessório".

---

18 VOLKART, Erick Navarro. Comentário ao artigo 554 do Código de Processo Civil. In: Passo, CABRAL, Antonio d., CRAMER, (orgs.). *Comentários ao Novo Código de Processo Civil*, 2. ed. Rio de Janeiro: Método, 2016. VitalBook file.
19 CPC, art. 557.
20 CPC, art. 557, parágrafo único.

Como visto alhures, o Código de Processo Civil diz que a ação possessória ajuizada dentro de ano e dia da moléstia à posse, é denominada de ação possessória de força nova, seguindo o procedimento especial (CPC, art. 558). Já a ação possessória intentada após o termo de ano e dia, é chamada de ação de força velha, sendo guiada pelo procedimento comum.

Por fim, se o réu provar, em qualquer tempo, que o autor provisoriamente mantido ou reintegrado na posse carece de idoneidade financeira para, no caso de sucumbência, responder por perdas e danos, o juiz designar-lhe-á o prazo de 5 (cinco) dias para requerer caução, real ou fidejussória, sob pena de ser depositada a coisa litigiosa, ressalvada a impossibilidade da parte economicamente hipossuficiente.[21]

8.11. Caráter Dúplice das Ações Possessórias

A *natureza dúplice* das ações possessórias se desvela a partir do comando da regra estabelecida no artigo 556 do Código de Processo Civil, *verbis*: "É lícito ao réu, na contestação, alegando que foi o ofendido em sua posse, demandar a proteção possessória e a indenização pelos prejuízos resultantes da turbação ou do esbulho cometido pelo autor".

Ora, isto quer dizer que o réu, na ação possessória, poderá contra-atacar o autor no seio da própria peça de *contestação*, razão pela qual não se admitir, nestas ações, a apresentação da *reconvenção*, por ser desnecessária.

A jurisprudência do STJ já decidiu no sentido de que, nas ações possessórias, pode o réu deduzir, na contestação, pedido indenizatório, desde que correlato à matéria, dado o caráter dúplice dessas demandas (AgInt no AREsp 1314158/SC, Rel. Ministro MARCO AURÉLIO BELLIZZE, TERCEIRA TURMA, julgado em 20/04/2020, DJe 24/04/2020).[22]

---

21 CPC, art. 559.
22 CIVIL E PROCESSUAL CIVIL. AÇÃO POSSESSÓRIA. NATUREZA MANDAMENTAL E CARÁTER DÚPLICE DA SENTENÇA. LIMINAR. RETIRADA DOS POSSEIROS DAS TERRAS POR ELES OCUPADAS. NECESSIDADE DE RESTABELECIMENTO DA SITUAÇÃO FÁTICA ANTERIOR.
1. Se a parte autora sucumbiu na pretensão de obter a tutela possessória sobre a área de terra descrita na ação de manutenção de posse, ou seja, se o pedido foi julgado improcedente e tornada ineficaz a liminar que lhe assegurara a posse de terras, a consequência lógica e jurídica é o retorno ao status quo ante.
2. A expedição de mandado de reintegração de posse, nesse caso, decorre da natureza da sentença e do caráter dúplice da ação possessória. Não é razoável admitir que a parte cuja pretensão possessória foi julgada improcedente possa perpetuar sua posse sobre área de terra antes ocupada por outras pessoas que dali foram retiradas por força de liminar que não mais subsiste.
3. Recurso especial conhecido e provido. (REsp 1483155/BA, Rel. Ministro JOÃO OTÁVIO DE NORONHA, TERCEIRA TURMA, julgado em 24/02/2015, DJe 16/03/2015).

Vale lembrar que a *ação de imissão de posse* não tem natureza possessória, mas petitória, não sustentando caráter dúplice.

8.12. Competência para o Aforamento da Ação Possessória

A competência, se a ação versar sobre coisas móveis, será o foro do domicílio do réu, seguindo-se a regra geral do art. 46 do Código de Processo Civil.

O artigo 47, § 2º do CPC, assim dispõe: "A ação possessória imobiliária será proposta no foro de situação da coisa, cujo juízo tem competência absoluta". É, pois, em sede do NCPC, como era o entendimento em sede do CPC/73, uma hipótese de competência absoluta, inderrogável pela vontade das partes.[23]

"Inexiste teratologia no entendimento de que o foro da situação da coisa possui competência absoluta para apreciar a ação possessória imobiliária, haja vista o disposto no art. 47, § 2º, do CPC/2015 e a jurisprudência desta Corte a respeito da matéria. [...]"(AgInt no TP 1.803/RS, Rel. Ministro RICARDO VILLAS BÔAS CUEVA, TERCEIRA TURMA, julgado em 24/08/2020, DJe 31/08/2020).

Importante destacar, ainda, que o cônjuge necessitará do consentimento do outro para propor ação que verse sobre **direito real imobiliário**, salvo quando casados sob o regime de separação absoluta de bens (artigo 73, CPC).

Ambos os cônjuges serão necessariamente citados para a ação:

I - que verse sobre direito real imobiliário, salvo quando casados sob o regime de separação absoluta de bens;

II - resultante de fato que diga respeito a ambos os cônjuges ou de ato praticado por eles;

III - fundada em dívida contraída por um dos cônjuges a bem da família;

IV - que tenha por objeto o reconhecimento, a constituição ou a extinção de ônus sobre imóvel de um ou de ambos os cônjuges.

Nas **ações possessórias**, a participação do cônjuge do autor ou do réu somente é indispensável nas hipóteses de composse ou de ato por ambos praticado (artigo 73, § 2º, CPC).

Vale lembrar que se o imóvel ocupar mais de uma comarca ou subseção judiciária, a definição do juízo competente se dará pelo critério da prevenção (aquele em que primeiro tiver havido a distribuição ou o registro da petição inicial), consoante o artigo 60 do CPC.

---

23 CPC – Art. 111. A competência em razão da matéria e da hierarquia é inderrogável por convenção das partes; mas estas podem modificar a competência em razão do valor e do território, elegendo foro onde serão propostas as ações oriundas de direitos e obrigações.§ 1º O acordo, porém, só produz efeito, quando constar de contrato escrito e aludir expressamente a determinado negócio jurídico.§ 2ª O foro contratual obriga os herdeiros e sucessores das partes.

No caso de bens públicos de uso comum, a posse pode ser tanto defendida em juízo pelo Poder Público como pelos particulares que se valem dos bens, sendo cabível, inclusive, o litisconsórcio.[24]

8.13 Legitimidade (ativa e passiva) para o ajuizamento da ação possessória

8.13.1 Legitimidade Ativa

8.13.1.1 Do Possuidor Direto ou Indireto

O possuidor (direto ou indireto) possui legitimidade ativa para o ajuizamento da ação possessória. O possuidor direto e o indireto podem ingressar com uma ação (litisconsórcio facultativo e simples) em face do ofensor da posse.

8.13.1.2 Do compossuidor

No caso de composse é possível até mesmo que um possuidor ajuíze ação possessória em face de outro possuidor. O STJ inclusive já firmou o entendimento de que é possível a caracterização do esbulho na composse *pro indiviso* do acervo hereditário quando um compossuidor exclui o outro do exercício de sua posse sobre determinada área, admitindo-se o manejo de ação possessória. (AgInt no AREsp 998.055/SP, Rel. Ministro RICARDO VILLAS BÔAS CUEVA, TERCEIRA TURMA, julgado em 18/05/2017, DJe 01/06/2017).

8.13.1.3 Do Esbulhador

O esbulhador poderá, também, ajuizar ação possessória para defender a sua posse em face de novo esbulhador.

8.13.1.4 Da União

Da mesma forma, a União poderá ajuizar ação possessória no caso de esbulho de bem público. Neste sentido: "Esbulho do Bem Público: O legislador atribui ao Administrador inafastável obrigação de agir, dever-poder não discricionário de zelar pelo patrimônio público, cujo descumprimento provoca reações de várias ordens para o funcionário relapso, desidioso, medroso, ímprobo ou corrupto. Entre as medidas de tutela de imóveis públicos, incluem-se: a) despejo sumário e imissão imediata na posse (art. 10, *caput*, da Lei 9.636/1998 e art. 71, *caput*, do Decreto-Lei 9.760/1946); b) "demolição e/ou remoção do aterro, construção, obra, cercas ou demais ben-

---

24 PINHO, Humberto Dalla Bernardina de. *Direito Processual Civil Contemporâneo*. 5. ed. São Paulo: Saraiva, 2018, p. 430.

feitorias, bem como dos equipamentos instalados, à conta de quem os houver efetuado" (art. 6º, § 4º, IV, do Decreto-Lei 22.398/1987); c) perda, "sem direito a qualquer indenização", de eventuais acessões e benfeitorias realizadas (art. 71, *caput*, do Decreto-Lei 9.760/1946), exceto as necessárias, desde que com notificação prévia e inequívoca ao Estado; d) ressarcimento-piso tarifado pela mera privação da posse da União (art. 10, parágrafo único, da Lei 9.636/1998); e) pagamento complementar por benefícios econômicos auferidos, apurados em perícia, sobretudo se houver exploração comercial do bem (vedação de enriquecimento sem causa, art. 884, *caput*, do Código Civil); f) restauração integral do imóvel ao seu estado original, g) indenização por danos morais coletivos, nomeadamente quando o imóvel estiver afetado a uso comum do povo ou a uso especial; h) cancelamento imediato de anotações imobiliárias existentes (art. 10, *caput*, da Lei 9.636/1998), inclusive "registro de posse", inoponível à União; i) impossibilidade de alegar direito de retenção.[25]

---

25 ADMINISTRATIVO. RECURSO ESPECIAL. ESBULHO DE TERRENO DA UNIÃO. ARTS. 43, 98 A 103 E 1.210 DO CÓDIGO CIVIL. REINTEGRAÇÃO E IMISSÃO NA POSSE. ARTS. 8º E 560 DO CÓDIGO DE PROCESSO CIVIL/2015. IMPRESCRITIBILIDADE DOS BENS PÚBLICOS. ART. 102 DO CÓDIGO CIVIL. REGIME NORMATIVO ESPECIAL DO DOMÍNIO DA UNIÃO. ARTS. 20 E 71, *CAPUT*, DO DECRETO-LEI 9.760/1946. PAGAMENTO PELA MERA PRIVAÇÃO DA POSSE DE IMÓVEL PÚBLICO. ART. 10, *CAPUT* E PARÁGRAFO ÚNICO, DA LEI 9.636/1998. DANO PRESUMIDO. ART. 6º DO DECRETO-LEI 22.398/1987. ENRIQUECIMENTO SEM CAUSA. ART. 884, *CAPUT*, DO CÓDIGO CIVIL. AUTOTUTELA ADMINISTRATIVA. DESFORÇO IMEDIATO. IRRELEVÂNCIA POSSESSÓRIA DA INCÚRIA DE AGENTES PÚBLICOS. ART. 1.208 DO CÓDIGO CIVIL. ÔNUS DA PROVA. ART. 373, II, DO CÓDIGO DE PROCESSO CIVIL/2015.
1. Na origem, trata-se de ação movida pela União com pedidos de reintegração e imissão na posse, demolição de construções existentes e pagamento pela ocupação e aproveitamento irregulares de terreno de propriedade da Marinha do Brasil (antigo Sanatório Naval de Nova Friburgo). Atribui-se a invasão inicial a ex-funcionário civil do Comando da Marinha, o qual, posteriormente, transferiu a área a diversas pessoas, entre elas o réu na presente demanda.DOMÍNIO PÚBLICO: PROPRIEDADE, POSSE E DETENÇÃO PRECARÍSSIMA
2. Ao contrário do que poderia sugerir a história fundiária do Brasil, o domínio público não se encontra em posição jurídica de inferioridade perante o domínio privado, como se equivalesse a algo de segunda classe ou, pior, de nenhuma classe. Longe disso, o legislador, com o objetivo primordial de salvaguardar interesses maiores da coletividade do hoje e do amanhã, encarregou-se de instituir um superdireito de propriedade do Estado, conferindo-lhe qualidades e prerrogativas peculiares, como indisponibilidade (inalienabilidade e imprescritibilidade) e autotutela administrativa, inclusive desforço imediato. Por isso, as garantias estabelecidas nos arts. 1.210 do Código Civil e 560 do Código de Processo Civil/2015 ganham densidade, realce e urgência extremos no campo do patrimônio público, embora normas especiais possam afastar, sempre e exclusivamente para ampliar, o grau de proteção, o regime civilístico e processual ordinário (lex specialis derogat legi generali).
3. Em boa técnica jurídica, ocupação, uso ou aproveitamento irregulares de bem público repelem atributos de posse nova, velha ou de boa-fé, dado ecoarem apenas detenção precaríssima, decorrência da afronta nua e crua a numerosas normas constitucionais e legais. Rechaçada a natureza jurídica de posse, inútil requerer ou produzir prova de ser a ocupação de longa data, visto que o tempo em nada influencia ou altera o regime dessa categoria de coisas, disciplinadas nos arts. 98 e seguintes do Código Civil.

4. Representa despropósito pretender, sob o pálio do art. 43 do Código Civil, transmudar o particular que esbulha imóvel público em vítima de dano causado pelo Estado que, sem liberdade alguma, precisa atuar no exercício legítimo do direito de reavê-lo, administrativa ou judicialmente, de quem o ocupa, usa, aproveita ou explora ilegalmente. Se a apropriação do bem público opera contra legem, intuitivo que gere multiplicidade de obrigações contra o esbulhador, mas não direitos exercitáveis contra a vítima, mormente efeitos possessórios. Postulado nuclear do Estado de Direito é que ninguém adquira direitos passando por cima do Direito e que o ato ilícito, para o infrator, não gere vantagens, só obrigações, ressalvadas hipóteses excepcionais, ética e socialmente justificadas, de enfraquecimento da antijuridicidade, como a prescrição e a boa-fé de terceiro inocente. À luz do art. 8º do Código de Processo Civil/2015, afronta os "fins sociais" do ordenamento, as "exigências do bem comum", a "legalidade" e a "razoabilidade" o juiz assegurar ao usurpador de bem público consectários típicos da posse, habilitando-o a reclamar seja retenção e indenização por construções, acessões, benfeitorias e obras normalmente de nenhuma ou mínima utilidade para o proprietário, seja prerrogativas, sem respaldo legal, derivadas de "cessão de direitos" feita por quem patavina poderia ceder, por carecer de título (si non habuit, ad eum qui accipit nihil transfert).ESBULHO DE BEM PÚBLICO
5. [...]
ENRIQUECIMENTO SEM CAUSA: RESSARCIMENTO PELA OCUPAÇÃO, USO OU APROVEITAMENTO IRREGULAR DE BEM PÚBLICO
6. O legislador se encarregou de arbitrar, em percentual prefixado mínimo, remuneração a ser paga pelo ocupante ilegal, tomando por base o valor de mercado da coisa (art. 10, parágrafo único, da Lei 9.636/1998). Na perspectiva jurídica, não se cuida nem de pena, nem propriamente de indenização por danos causados ao bem ou ao proprietário, mas de ressarcimento ao Estado – reservado a evitar enriquecimento sem causa – pela mera "privação" do imóvel. Na essência, está-se diante de dever de "restituir o indevidamente auferido" com a ocupação "sem justa causa" do bem. Conforme o art.884, *caput*, do Código Civil, caracteriza enriquecimento sem causa ocupar, usar ou aproveitar ilicitamente a totalidade ou parte do patrimônio alheio, comportamento agravado quando envolve privatização e exploração comercial de bens constitucional ou legalmente afetados ao serviço da sociedade e das gerações futuras.
7. O percentual de 10% vem amparado em duas únicas causas objetivas: o domínio público e a ocupação irregular, nada mais. Configuração que se equipara a dano presumido, *in re ipsa*, alheia quer à má-fé do esbulhador, quer à demonstração matemática, pela União, de lesão concreta e de sua extensão, já que o legislador trouxe a si o arbitramento de percentual razoável, calculado a partir do valor de mercado, real e atualizado, do bem. Em síntese, paga-se exclusivamente pela ilicitude da ocupação e pelo desfalque direto e indireto do patrimônio federal. A tarifação em 10% não obsta que a União busque, em acréscimo, mediante prova pericial, restituição do "indevidamente auferido" (art. 884, *caput*, do Código Civil), de modo a retirar do infrator tudo – centavo a centavo – o que lucrou com uso e aproveitamento irregulares do imóvel, mormente se para finalidade comercial. Potente mecanismo talhado outrossim para evitar que a ilicitude compense financeiramente, desidratação monetária que constrange incentivos à massificação, banalização e perpetuação de esbulho do patrimônio público.
IRRELEVÂNCIA POSSESSÓRIA DO PAGAMENTO DE TRIBUTOS, DE REGISTROS EM ÓRGÃOS ESTATAIS E DE INCÚRIA DE AGENTES ESTATAIS NA VIGILÂNCIA DE BENS PÚBLICOS 8. Eventual negligência ou corrupção de servidores de plantão na guarda do patrimônio público tipifica ilícito disciplinar, civil, penal e de improbidade, não servindo para descaracterizar ou abalar o predicado de indisponibilidade ope legis da coisa. A ser diferente, inverter-se-ia a polaridade do princípio da legalidade, em sinalização de insensatez jurídica e postura arbitrária de destinatários da norma, correspondente a aceitar que volição pessoal contra legem, comissiva ou omissiva, do administrador exiba o dom de afastar comandos de império da Constituição e das leis.

8.13.1.5 Dos Herdeiros

Outrossim, os herdeiros possuem legitimidade ativa para as ações possessórias sobre os bens que componham o acervo hereditário. "A transmissão da posse ao herdeiro se dá *ex lege*. O exercício fático da posse não é requisito essencial, para que este tenha direito à proteção possessória contra eventuais atos de turbação ou esbulho, tendo em vista que a transmissão da posse (seja ela direta ou indireta) dos bens da herança se dá *ope legis*, independentemente da prática de qualquer outro ato. (REsp 537.363/RS, Rel. Ministro VASCO DELLA GIUSTINA (DESEMBARGADOR CONVOCADO DO TJ/RS), TERCEIRA TURMA, julgado em 20/04/2010, DJe 07/05/2010).

Ainda em relação a legitimidade ativa, qual a consequência se o autor da demanda falecer no curso do processo? Seria o caso de extinção terminativa do processo (artigo 485, IX, CPC) ou caberia a abertura de vista para a habilitação dos herdeiros? MARCO AURÉLIO BEZZERA DE MELO e JOSÉ ROBERTO MELLO PORTO respondem a questão: "A reposta passa pela compreensão do direito pleiteado como personalíssimo ou não.

Como regra, a posse, circunstância eminentemente fática, é exercida destacadamente por determinado sujeito, que possui contato com o bem. Desse modo, só faz sentido garantir tutela possessória a quem exerceu a posse e tem direito a retomá-la ou mantê-la. Excepcionalmente, porém, pode ser que a demanda tenha sido movida pelos pais, que, falecidos, poderão ser sucedidos pelos filhos no polo ativo, quando também eles tiverem estado na posse do bem, anteriormente à agressão combatida".[26]

8.13.1.6 Do invasor de terra pública contra particulares

Cabe analisar: *é cabível o ajuizamento de ações possessórias por parte de invasor de terra pública contra outros particulares?*

---

9. Se mesmo no relacionamento entre particulares, consoante o art. 1.208 do Código Civil, "não induzem posse os atos de mera permissão ou tolerância", com maior razão na esfera do domínio coletivo.Óbvio, então, não se aceitar que leniência – inocente ou criminosa – de agentes do Estado converta o bem público em bem privado, ou sirva para outorgar ao ocupante ilídimo o direito de perpetuar esbulho ou procrastinar sua pronta correção.
10. Igualmente destituídos de efeitos possessórios inscrição em Junta Comercial ou cadastros estatais similares e pagamento – pouco importando o rótulo ou qualificação, inclusive o de natureza tributária – a quem não ostenta o título de proprietário. Além disso, eventual desembolso com laudêmio, taxa de ocupação e tributos não impede a Administração de buscar reaver aquilo que integra o patrimônio da sociedade.
11. Repita-se, no universo do domínio público é incabível, como regra geral, discussão de elemento subjetivo. Quando a lei, contudo, dispuser em sentido diverso, incorre a máxima segundo a qual, se o sujeito figurar em posição de incontestável ilicitude, boa-fé e probidade – como proposições de defesa – não se presumam, exigem prova cabal por aquele que delas se aproveita, nos termos do art. 373, II, do Código de Processo Civil.
12. Recurso Especial provido. (REsp 1755340/RJ, Rel. Ministro HERMAN BENJAMIN, SEGUNDA TURMA, julgado em 10/03/2020, DJe 05/10/2020).

26 MELO, Marco Aurélio Bezerra de; MELLO PORTO, José Roberto. *Posse e Usucapião*. Salvador: JusPodivm, 2020, p. 182-183.

Inicialmente, salienta-se que não se desconhece a jurisprudência do STJ no sentido de que a ocupação de área pública sem autorização expressa e legítima do titular do domínio constitui mera detenção (REsp 998.409-DF, Terceira Turma, DJe 3/11/2009). Contudo, vislumbra-se que, na verdade, isso revela questão relacionada à posse. Nessa ordem de ideias, ressalta-se o previsto no art. 1.198 do CC, *in verbis*: "Considera-se detentor aquele que, achando-se em relação de dependência para com outro, conserva a posse em nome deste e em cumprimento de ordens ou instruções suas". Como se vê, para que se possa admitir a relação de dependência, a posse deve ser exercida em nome de outrem que ostente o *jus possidendi* ou o *jus possessionis*. Ora, aquele que invade terras públicas e nela constrói sua moradia jamais exercerá a posse em nome alheio, de modo que não há entre ele e o ente público uma relação de dependência ou de subordinação e, por isso, não há que se falar em mera detenção. De fato, o *animus domini* é evidente, a despeito de ele ser juridicamente infrutífero. Inclusive, o fato de as terras serem públicas e, dessa maneira, não serem passíveis de aquisição por usucapião, não altera esse quadro. Com frequência, o invasor sequer conhece essa característica do imóvel. Portanto, os interditos possessórios são adequados à discussão da melhor posse entre particulares, ainda que ela esteja relacionada a terras públicas. (REsp 1.484.304-DF, Rel. Min. Moura Ribeiro, julgado em 10/3/2016, DJe 15/3/2016).[27] [28]

Neste caso, importante destacar duas situações distintas, a saber:

a) particular invade imóvel público e deseja proteção possessória em face do Poder Público: Aqui não terá direito à proteção possessória, ou seja, não poderá exercer interditos possessórios porque, perante o Poder Público, ele exerce mera detenção.

b) particular invade imóvel público e deseja proteção possessória em face de outro particular: é possível, em tese, à proteção possessória, isto é, cabe o manejo de interditos possessórios em litígio entre particulares sobre bem público dominical, pois entre ambos a disputa será relativa à posse.

No mesmo sentido:

> RECURSO ESPECIAL. POSSE. DIREITO CIVIL E PROCESSUAL CIVIL. BEM PÚBLICO DOMINICAL. LITÍGIO ENTRE

---

27 A ocupação de área pública, sem autorização expressa e legítima do titular do domínio, é mera detenção, que não gera os direitos, entre eles o de retenção, garantidos ao possuidor de boa-fé pelo Código Civil. STJ. 2ª Turma. REsp 900.159/RJ, Rel. Min. Herman Benjamin, julgado em 01/09/2009.

28 Conforme precedentes do STJ, a ocupação irregular de terra pública não pode ser reconhecida como posse, mas como mera detenção, caso em que se afigura inadmissível o pleito da proteção possessória contra o órgão público. STJ. 2ª Turma. AgRg no REsp 1200736/DF, Rel. Min. Cesar Asfor Rocha, julgado em 24/05/2011.

PARTICULARES. INTERDITO POSSESSÓRIO. POSSIBILIDADE. FUNÇÃO SOCIAL. OCORRÊNCIA.

1. Na ocupação de bem público, duas situações devem ter tratamentos distintos: i) aquela em que o particular invade imóvel público e almeja proteção possessória ou indenização/retenção em face do ente estatal e ii) as contendas possessórias entre particulares no tocante a imóvel situado em terras públicas.

2. A posse deve ser protegida como um fim em si mesma, exercendo o particular o poder fático sobre a res e garantindo sua função social, sendo que o critério para aferir se há posse ou detenção não é o estrutural e sim o funcional. É a afetação do bem a uma finalidade pública que dirá se pode ou não ser objeto de atos possessórios por um particular.

3. A jurisprudência do STJ é sedimentada no sentido de que o particular tem apenas detenção em relação ao Poder Público, não se cogitando de proteção possessória.

4. É possível o manejo de interditos possessórios em litígio entre particulares sobre bem público dominical, pois entre ambos a disputa será relativa à posse.

5. À luz do texto constitucional e da inteligência do novo Código Civil, a função social é base normativa para a solução dos conflitos atinentes à posse, dando-se efetividade ao bem comum, com escopo nos princípios da igualdade e da dignidade da pessoa humana.

6. Nos bens do patrimônio disponível do Estado (dominicais), despojados de destinação pública, permite-se a proteção possessória pelos ocupantes da terra pública que venham a lhe dar função social.

7. A ocupação por particular de um bem público abandonado/desafetado – isto é, sem destinação ao uso público em geral ou a uma atividade administrativa –, confere justamente a função social da qual o bem está carente em sua essência.

8. A exegese que reconhece a posse nos bens dominicais deve ser conciliada com a regra que veda o reconhecimento da usucapião nos bens públicos (STF, Súm. 340; CF, arts. 183, § 3°; e 192; CC, art. 102); um dos efeitos jurídicos da posse – a usucapião – será limitado, devendo ser mantido, no entanto, a possibilidade de invocação dos interditos possessórios pelo particular.

9. Recurso especial não provido. (REsp 1296964/DF, Rel. Ministro LUIS FELIPE SALOMÃO, QUARTA TURMA, julgado em 18/10/2016, DJe 07/12/2016)[29]

---

29 RECURSO ESPECIAL. DIREITO DAS COISAS. PROCESSUAL CIVIL. AÇÃO POSSESSÓRIA. ESBULHO. EMBARGOS DE DECLARAÇÃO. OMISSÃO, CONTRADIÇÃO OU OBSCURIDADE. NÃO OCORRÊNCIA. REGULARIDADE DA REPRESENTAÇÃO PROCES-

Capítulo 8 - Efeitos da Posse

8.13.1.7 Caixa Econômica Federal no âmbito do Programa de Arrendamento Residencial (PAR). Lei Nº 10.188/2001.

Nos termos da jurisprudência do STJ, no âmbito do Programa de Arrendamento Residencial – PAR, não há falar em ausência de legitimidade da CEF para propor ação de reintegração de posse, pois o inadimplemento configura o esbulho possessório, de acordo com a Lei nº 10.188/2001. Vejamos:

"É cabível o ajuizamento de ação de reintegração de posse pela instituição financeira quando houver o inadimplemento de parcelas previstas em contrato de arrendamento residencial, nos termos da Lei nº 10.188/2001. Precedentes. O inadimplemento de parcelas em contrato de arrendamento residencial previsto na Lei nº 10.188/2001 autoriza a instituição financeira arrendante a ingressar com ação de reintegração de posse. [...] (AgInt no AREsp 1325132/RJ, Rel. Ministro RICARDO VILLAS BÔAS CUEVA, TERCEIRA TURMA, julgado em 24/08/2020, DJe 31/08/2020).[30]

SUAL. HARMONIA ENTRE O ACÓRDÃO RECORRIDO E A JURISPRUDÊNCIA DO STJ. PRESENÇA DOS REQUISITOS PARA A CONCESSÃO DA LIMINAR. REEXAME DE FATOS E PROVAS. INADMISSIBILIDADE. POSSIBILIDADE DO PEDIDO E LEGITIMIDADE *AD CAUSAM*. CONDIÇÕES DA AÇÃO. TEORIA DA ASSERÇÃO. POSSE DE BEM PÚBLICO DE USO COMUM. DESPROVIMENTO.
1. Ação ajuizada em 20/10/2010. Recurso especial interposto em 09/05/2011. Conclusão ao gabinete em 25/08/2016.
2. Trata-se de afirmar se i) teria ocorrido negativa de prestação jurisdicional; ii) a representação processual das recorridas estaria regular e se competiria ao recorrente a prova da irregularidade; iii) particulares podem requerer a proteção possessória de bens públicos de uso comum; e iv) estariam presentes os requisitos necessários ao deferimento da liminar de reintegração de posse.
3. Ausentes os vícios do art. 535 do CPC, rejeitam-se os embargos de declaração.
4. O reexame de fatos e provas em recurso especial é inadmissível.
5. As condições da ação devem ser averiguadas segundo a teoria da asserção, sendo definidas da narrativa formulada inicial e não da análise do mérito da demanda.
6. O Código Civil de 2002 adotou o conceito de posse de Ihering, segundo o qual a posse e a detenção distinguem-se em razão da proteção jurídica conferida à primeira e expressamente excluída para a segunda.
7. Diferentemente do que ocorre com a situação de fato existente sobre bens públicos dominicais – sobre os quais o exercício de determinados poderes ocorre a pretexto de mera detenção –, é possível a posse de particulares sobre bens públicos de uso comum, a qual, inclusive, é exercida coletivamente, como composse.
8. Estando presentes a possibilidade de configuração de posse sobre bens públicos de uso comum e a possibilidade de as autoras serem titulares desse direito, deve ser reconhecido o preenchimento das condições da ação.
9. Recurso especial parcialmente conhecido e, nesta parte, desprovido. (REsp 1582176/MG, Rel. Ministra NANCY ANDRIGHI, TERCEIRA TURMA, julgado em 20/09/2016, DJe 30/09/2016)

30 Este Tribunal Superior possui entendimento no sentido de que o inadimplemento das parcelas, nos contratos de arrendamento residencial, nos termos do art. 9º da Lei nº 10.188/2001, autoriza o agente financeiro a ingressar com ação de reintegração de posse. Precedentes. 4. Em virtude do não provimento do presente recurso, e da anterior advertência em relação a aplicabilidade do NCPC, incide ao caso a multa prevista no art. 1.021, § 4º, do NCPC, no percentual de 3% sobre o valor atualizado da causa, ficando a

8.13.1.8 Do arrendador nos contratos de arrendamento mercantil

"Constitui a ação de reintegração de posse a via processual adequada para o arrendador, como possuidor indireto, reaver o bem dado em arrendamento mercantil, desde que caracterizado o esbulho decorrente da inadimplência do arrendatário. [...]

Com a celebração do contrato, o arrendador, ao transferir ao arrendatário a posse direta, permanece com a posse indireta do bem dado em arrendamento mercantil.[31]

Em caso de inadimplemento, a retenção do bem pelo arrendatário configura esbulho, o que autoriza o arrendador a utilizar-se de ação possessória para reaver o bem dado em arrendamento mercantil. Dessa forma, constitui a ação de reintegração de posse a via processual adequada para o arrendador, como possuidor indireto, reaver o bem dado em arrendamento mercantil, desde que caracterizado o esbulho decorrente da inadimplência do arrendatário. A esse respeito, são esclarecedoras as lições de Humberto Theodoro Júnior:

> no caso de inadimplemento por parte do arrendatário, o credor pode, em primeiro lugar, mover ação de reintegração de posse, porque a retenção do bem em desacordo com as obrigações contratuais configura esbulho, remediável por ação possessória (Curso de direito processual civil. 37. ed. Rio de Janeiro: Forense, v. 3, p. 592)".[32]

8.13.2 Legitimidade Passiva

Na ação possessória (ação de reintegração de posse, manutenção de posse ou interdito proibitório) o réu será aquele que esbulhou, turbou ou ameaçou a posse.

O artigo 1.212 do CCB permite que o possuidor intente a ação de esbulho, ou a de indenização, contra o terceiro, que recebeu a coisa esbulhada sabendo que o era.[33]

Ora, aqui é possível que o possuidor ingresse com uma *ação de esbulho* ou uma *ação de indenização* contra o terceiro, que não praticou o esbulho, mas é cúmplice do esbulhador.

---

interposição de qualquer outro recurso condicionada ao depósito da respectiva quantia, nos termos do § 5º daquele artigo de lei" (AgInt no REsp 1.616.353/RJ, Rel. Ministro MOURA RIBEIRO, TERCEIRA TURMA, julgado em 1º/10/2018, DJe 3/10/2018).

31 Outrossim, vale destacar que as despesas relativas à remoção, guarda e conservação de veículo apreendido no caso de arrendamento mercantil, independentemente da natureza da infração que deu origem à apreensão do veículo e ainda que haja posterior retomada da posse do bem pelo arrendante, são da responsabilidade do arrendatário, que se equipara ao proprietário enquanto em vigor o contrato de arrendamento. (Tese julgada sob o rito do art. 543-C do CPC/1973 – TEMA 453)

32 APELAÇÃO CÍVEL Nº 1.0024.10.292454-5/001 – Comarca de Belo Horizonte – Apelante: Santander Banespa Cia. de Arrendamento Mercantil – Apelada: Simone Santos Vaz – Relator: DES. MAURÍLIO GABRIEL.

33 Correspondente ao art. 504 do CC/1916.

Capítulo 8 – Efeitos da Posse

Na ação possessória intentada contra o espólio, na pessoa da viúva-meeira, o fato de não ter sido instaurado o inventário não é motivo para extinguir o processo por ilegitimidade passiva, uma vez que a viúva exerce a função de administradora provisória, e mesmo porque depois, no transcurso do feito, foi efetivada a citação dos herdeiros, que contestaram a ação. (REsp 474.982/PR, Rel. Ministro RUY ROSADO DE AGUIAR, QUARTA TURMA, julgado em 20/02/2003, DJ 31/03/2003, p. 234).

No caso de grande número de pessoas no polo passivo da relação jurídica processual nas ações possessórias, o Código de Processo Civil regulou a matéria nos artigos 554, §§ 1º a 3º.

Nas ações possessórias, o art. 554, § 1º do CPC diz que:

> § 1º No caso de ação possessória em que figure no polo passivo grande número de pessoas, serão feitas a citação pessoal dos ocupantes que forem encontrados no local e a citação por edital dos demais, determinando-se, ainda, a intimação do Ministério Público e, se envolver pessoas em situação de hipossuficiência econômica, da Defensoria Pública.

A parte final deste dispositivo trata de uma hipótese de intervenção da Defensoria Pública como *custos vulnerabilis* (guardiã dos vulneráveis), ou seja, em todo e qualquer processo onde se discuta interesses dos vulneráveis seria possível a intervenção da Defensoria Pública, independentemente de haver ou não advogado particular constituído. Isto significa dizer que a sua participação processual ocorre não como representante da parte em juízo, mas sim como protetor dos interesses dos necessitados em geral.

8.14. Rito da Demanda e Liminar Possessória

O rito da demanda possessória está relacionado com a regra do artigo 558 do Código de Processo Civil: "Regem o procedimento de manutenção e de reintegração de posse as normas da Seção II deste Capítulo quando a ação for proposta dentro de ano e dia da turbação ou do esbulho afirmado na petição inicial. Parágrafo único. Passado o prazo referido no *caput*, será comum o procedimento, não perdendo, contudo, o caráter possessório.

8.14.1. Posse nova (posse de força nova) e posse velha (posse de força velha)

Esta é uma classificação da posse quanto a sua idade. A posse nova é aquela que tiver menos de ano e dia (é possível o pedido de liminar) e a posse velha é a posse de mais de ano e dia.

Daí que se estivermos diante de uma *posse nova*, será possível a outorga da tutela liminar, com vistas a empregar maior efetividade à proteção possessória. De forma contrária, se a posse for de mais de ano e dia (ação de força velha) o procedimento será ordinário, de cunho possessório.

O artigo 558 do CPC diz que "Regem o procedimento de manutenção e de reintegração de posse as normas da Seção II deste Capítulo quando a ação for proposta dentro de ano e dia da turbação ou do esbulho afirmado na petição inicial. Parágrafo único. Passado o prazo referido no *caput*, será comum o procedimento, não perdendo, contudo, o caráter possessório".

8.15. Espécies de Ações Possessórias

A *ação possessória* é aquela que encontra fundamento na posse e tem como propósito a sua defesa. As principais ações para a defesa da posse são: a) a *ação de reintegração de posse (interdito recuperatório* ou *ação de esbulho)*, visando combater a lesão de esbulho; b) a *ação de manutenção de posse* com o fim de repelir a turbação; e c) o *interdito proibitório* para a ameaça.

Além desses, deve-se considerar: 1°) os embargos de terceiro; 2°) a nunciação de obra nova; 3°) a ação de imissão de posse.[34] Quanto a estas ações, a doutrina discute sobre a sua natureza, já que não obstante se falar em posse e possuidor, elas não apresentam caráter possessório em razão da exigência de apresentação de título. Daí falar-se em *ações petitórias*.

No mesmo sentido, LUIZ GUILHERME MARINONI, professor titular de Direito Processual Civil da Universidade Federal do Paraná, com base nos ensinamentos de PONTES DE MIRANDA, afirma que "a ação de reintegração de posse, ao contrário das ações de imissão de posse e reivindicatória, não é petitória, mas sim possessória. A ação de reintegração de posse é fundada na posse, a ação reivindicatória no domínio e a ação de imissão no direito em documento que outorga o direito à posse".[35]

Ademais, o nosso Código de Processo Civil regula as ações possessórias, no Título III (Dos Procedimentos Especiais), Capítulo III – Das Ações Possessórias, nos artigos 554 a 567. Este capítulo é composto por três seções denominadas, respectivamente: I) *Disposições gerais*; II) *Da manutenção e da reintegração de posse*; e III) *Do interdito proibitório*. Para a tutela jurisdicional da propriedade não há nenhum procedimento especial no código processual brasileiro. Como dito alhures, o artigo 557 do CPC (da mesma forma o § 2° do artigo 1210 do CCB) veda, no curso das ações possessórias, que as partes questionem a propriedade.

Frise-se, mais uma vez, que o procedimento especial das ações possessórias é destinado à "posse nova", ou seja, o pedido é formulado até ano e dia da turbação ou esbulho. Ultrapassado este prazo, o procedimento a ser adotado é o comum, de acordo com a regra processual estabelecida no artigo 558 do CPC. Vale lembrar que se for o caso, o autor poderá formular pedido de tutela provisória, conforme os artigos 294 a 311 do CPC.[36]

---

34 SERPA LOPES. Op. cit., p. 224.

35 MARINONI, Luiz Guilherme. *Técnica processual e tutela de direitos*. São Paulo: Revista dos Tribunais, 2004, p. 570.

36 CPC – LIVRO V – DA TUTELA PROVISÓRIA – TÍTULO I – DISPOSIÇÕES GERAIS

Art. 294. A tutela provisória pode fundamentar-se em urgência ou evidência.Parágrafo único. A tutela provisória de urgência, cautelar ou antecipada, pode ser concedida em caráter antecedente ou incidental.

Art. 295. A tutela provisória requerida em caráter incidental independe do pagamento de custas.

Art. 296. A tutela provisória conserva sua eficácia na pendência do processo, mas pode, a qualquer tempo, ser revogada ou modificada.

Parágrafo único. Salvo decisão judicial em contrário, a tutela provisória conservará a eficácia durante o período de suspensão do processo.

Art. 297. O juiz poderá determinar as medidas que considerar adequadas para efetivação da tutela provisória.

Parágrafo único. A efetivação da tutela provisória observará as normas referentes ao cumprimento provisório da sentença, no que couber.

Art. 298. Na decisão que conceder, negar, modificar ou revogar a tutela provisória, o juiz motivará seu convencimento de modo claro e preciso.

Art. 299. A tutela provisória será requerida ao juízo da causa e, quando antecedente, ao juízo competente para conhecer do pedido principal.

Parágrafo único. Ressalvada disposição especial, na ação de competência originária de tribunal e nos recursos a tutela provisória será requerida ao órgão jurisdicional competente para apreciar o mérito.

TÍTULO II – DA TUTELA DE URGÊNCIA – CAPÍTULO I – DISPOSIÇÕES GERAIS

Art. 300. A tutela de urgência será concedida quando houver elementos que evidenciem a probabilidade do direito e o perigo de dano ou o risco ao resultado útil do processo.

§ 1º Para a concessão da tutela de urgência, o juiz pode, conforme o caso, exigir caução real ou fidejussória idônea para ressarcir os danos que a outra parte possa vir a sofrer, podendo a caução ser dispensada se a parte economicamente hipossuficiente não puder oferecê-la.

§ 2º A tutela de urgência pode ser concedida liminarmente ou após justificação prévia.

§ 3º A tutela de urgência de natureza antecipada não será concedida quando houver perigo de irreversibilidade dos efeitos da decisão.

Art. 301. A tutela de urgência de natureza cautelar pode ser efetivada mediante arresto, sequestro, arrolamento de bens, registro de protesto contra alienação de bem e qualquer outra medida idônea para asseguração do direito.

Art. 302. Independentemente da reparação por dano processual, a parte responde pelo prejuízo que a efetivação da tutela de urgência causar à parte adversa, se: I – a sentença lhe for desfavorável; II – obtida liminarmente a tutela em caráter antecedente, não fornecer os meios necessários para a citação do requerido no prazo de 5 (cinco) dias; III – ocorrer a cessação da eficácia da medida em qualquer hipótese legal; IV – o juiz acolher a alegação de decadência ou prescrição da pretensão do autor. Parágrafo único. A indenização será liquidada nos autos em que a medida tiver sido concedida, sempre que possível.

CAPÍTULO II – DO PROCEDIMENTO DA TUTELA ANTECIPADA REQUERIDA EM CARÁTER ANTECEDENTE

Art. 303. Nos casos em que a urgência for contemporânea à propositura da ação, a petição inicial pode limitar-se ao requerimento da tutela antecipada e à indicação do pedido de tutela final, com a exposição da lide, do direito que se busca realizar e do perigo de dano ou do risco ao resultado útil do processo.

§ 1º Concedida a tutela antecipada a que se refere o *caput* deste artigo: I – o autor deverá aditar a petição inicial, com a complementação de sua argumentação, a juntada de novos documentos e a confirmação do pedido de tutela final, em 15 (quinze) dias ou em outro prazo maior que o juiz fixar; II – o réu será citado e intimado para a audiência de conciliação ou de mediação na forma do art. 334; III – não havendo autocomposição, o prazo para contestação será contado na forma do art. 335.

§ 2º Não realizado o aditamento a que se refere o inciso I do § 1º deste artigo, o processo será extinto sem resolução do mérito.

§ 3º O aditamento a que se refere o inciso I do § 1º deste artigo dar-se-á nos mesmos autos, sem incidência de novas custas processuais.

§ 4º Na petição inicial a que se refere o *caput* deste artigo, o autor terá de indicar o valor da causa, que deve levar em consideração o pedido de tutela final.

§ 5º O autor indicará na petição inicial, ainda, que pretende valer-se do benefício previsto no *caput* deste artigo.

§ 6º Caso entenda que não há elementos para a concessão de tutela antecipada, o órgão jurisdicional determinará a emenda da petição inicial em até 5 (cinco) dias, sob pena de ser indeferida e de o processo ser extinto sem resolução de mérito.

Art. 304. A tutela antecipada, concedida nos termos do art. 303, torna-se estável se da decisão que a conceder não for interposto o respectivo recurso.

§ 1º No caso previsto no *caput*, o processo será extinto.

§ 2º Qualquer das partes poderá demandar a outra com o intuito de rever, reformar ou invalidar a tutela antecipada estabilizada nos termos do *caput*.

§ 3º A tutela antecipada conservará seus efeitos enquanto não revista, reformada ou invalidada por decisão de mérito proferida na ação de que trata o § 2º.

§ 4º Qualquer das partes poderá requerer o desarquivamento dos autos em que foi concedida a medida, para instruir a petição inicial da ação a que se refere o § 2º, prevento o juízo em que a tutela antecipada foi concedida.

§ 5º O direito de rever, reformar ou invalidar a tutela antecipada, previsto no § 2º deste artigo, extingue-se após 2 (dois) anos, contados da ciência da decisão que extinguiu o processo, nos termos do § 1º.

§ 6º A decisão que concede a tutela não fará coisa julgada, mas a estabilidade dos respectivos efeitos só será afastada por decisão que a revir, reformar ou invalidar, proferida em ação ajuizada por uma das partes, nos termos do § 2º deste artigo.

CAPÍTULO III – DO PROCEDIMENTO DA TUTELA CAUTELAR REQUERIDA EM CARÁTER ANTECEDENTE

Art. 305. A petição inicial da ação que visa à prestação de tutela cautelar em caráter antecedente indicará a lide e seu fundamento, a exposição sumária do direito que se objetiva assegurar e o perigo de dano ou o risco ao resultado útil do processo.

Parágrafo único. Caso entenda que o pedido a que se refere o *caput* tem natureza antecipada, o juiz observará o disposto no art. 303.

Art. 306. O réu será citado para, no prazo de 5 (cinco) dias, contestar o pedido e indicar as provas que pretende produzir.

Art. 307. Não sendo contestado o pedido, os fatos alegados pelo autor presumir-se-ão aceitos pelo réu como ocorridos, caso em que o juiz decidirá dentro de 5 (cinco) dias.

Parágrafo único. Contestado o pedido no prazo legal, observar-se-á o procedimento comum.

Art. 308. Efetivada a tutela cautelar, o pedido principal terá de ser formulado pelo autor no prazo de 30 (trinta) dias, caso em que será apresentado nos mesmos autos em que deduzido o pedido de tutela cautelar, não dependendo do adiantamento de novas custas processuais.

§ 1º O pedido principal pode ser formulado conjuntamente com o pedido de tutela cautelar.

§ 2º A causa de pedir poderá ser aditada no momento de formulação do pedido principal.

§ 3º Apresentado o pedido principal, as partes serão intimadas para a audiência de conciliação ou de mediação, na forma do art. 334, por seus advogados ou pessoalmente, sem necessidade de nova citação do réu.

§ 4º Não havendo autocomposição, o prazo para contestação será contado na forma do art. 335.Art. 309. Cessa a eficácia da tutela concedida em caráter antecedente, se: I – o autor não deduzir o pedido principal no prazo legal; II – não for efetivada dentro de 30 (trinta) dias; III – o juiz julgar improcedente o pedido principal formulado pelo autor ou extinguir o processo sem resolução de mérito.

Parágrafo único. Se por qualquer motivo cessar a eficácia da tutela cautelar, é vedado à parte renovar o pedido, salvo sob novo fundamento.

Art. 310. O indeferimento da tutela cautelar não obsta a que a parte formule o pedido principal, nem influi no julgamento desse, salvo se o motivo do indeferimento for o reconhecimento de decadência ou de prescrição.

Vale destacar que apenas no caso de posse nova (menos de ano e dia) haverá a concessão da liminar possessória. Isso não significa dizer que não caiba liminar no caso de posse velha – mas, nesse caso, deverão estar presentes, para sua concessão, os requisitos inerentes à tutela provisória de urgência (presentes no art. 300 do CPC) – que são mais difíceis de configurar do que o mero lapso temporal exigido para a liminar possessória.[37]

De acordo com as lições de HUMBERTO DALLA, o prazo de ano e dia conta-se da seguinte forma: o primeiro dia, da violação ou da turbação, não se conta; no caso de lesão continuada, conta-se do início da lesão; se a lesão é repetida, conta-se do último ato. Caso o possuidor tenha retomado a posse, só se conta o prazo de nova turbação ou esbulho.[38]

8.15.1. Ação de reintegração de posse

A *ação de reintegração de posse* é o remédio contra a maior ofensa que se pode fazer à posse, qual seja: o *esbulho*. Como informado alhures, o esbulho é a perda da posse por ato originado de violência, clandestinidade e precariedade. Aqui o possuidor é demitido da posse contra a sua vontade, perdendo inteiramente a sua posse, não mais podendo exercer sobre a coisa qualquer dos poderes inerentes à propriedade.

A ação de reintegração de posse está regulamentada no Código de Processo Civil brasileiro, nos artigos 560 a 566. O possuidor tem direito a ser mantido na posse em caso de turbação e reintegrado em caso de esbulho (artigo 560, do CPC).

A petição inicial deverá observar todos os requisitos essenciais apresentados nos artigos 319 e 320 do Código de Processo Civil com especial destaque a causa de pedir e o pedido.[39]

TÍTULO III – DA TUTELA DA EVIDÊNCIA
Art. 311. A tutela da evidência será concedida, independentemente da demonstração de perigo de dano ou de risco ao resultado útil do processo, quando: I – ficar caracterizado o abuso do direito de defesa ou o manifesto propósito protelatório da parte; II – as alegações de fato puderem ser comprovadas apenas documentalmente e houver tese firmada em julgamento de casos repetitivos ou em súmula vinculante; III – se tratar de pedido reipersecutório fundado em prova documental adequada do contrato de depósito, caso em que será decretada a ordem de entrega do objeto custodiado, sob cominação de multa; IV – a petição inicial for instruída com prova documental suficiente dos fatos constitutivos do direito do autor, a que o réu não oponha prova capaz de gerar dúvida razoável.
Parágrafo único. Nas hipóteses dos incisos II e III, o juiz poderá decidir liminarmente.
37 TARTUCE, Fernanda; DELLORE, Luiz. *Manual de Prática Cível*. 14. ed. São Paulo: Método, 2018 (Minha Biblioteca, livro on line).
38 PINHO, Humberto Dalla Bernardina de. *Direito Processual Civil Contemporâneo*. 5. ed. São Paulo: Saraiva, 2018, p. 431.
39 REINTEGRAÇÃO. POSSE. REQUISITOS. INSPEÇÃO. Na espécie, cuida-se de ação de reintegração de posse devido à invasão de terreno por terceiros. O acórdão recorrido manteve integralmente a sentença de primeiro grau, considerando ausentes os requisitos necessários à procedência integral da ação de reintegração de posse. No REsp, o recorrente alega, entre outros temas, violação do art. 1.196 do CC e art. 927 do CPC, aduzindo, também, que a tardia inspeção judicial levou à procedência parcial da ação (a posse do recorren-

O autor deve fazer prova da sua posse, da turbação ou esbulho praticado pelo réu na petição exordial. É o que diz o artigo 561 do CPC ao informar que "Incumbe ao autor provar:

I – a sua posse, considerando a situação fática apresentada no caso concreto. Ora se não houver posse, não haverá interesse processual. Aqui não há que se discutir a alegação de domínio (propriedade), haja vista que a ação é possessória. Dessa forma não cabe apresentar cópia da escritura registrada, senão outros documentos que comprovem a posse, tais como: contas de luz, correspondências, fotografias, entre outros. A prova oral também pode ser utilizada;[40]

II – a turbação ou o esbulho praticado pelo réu. Aqui o autor deve narrar a ofensa perpetrada pelo réu;

III – a data da turbação ou do esbulho. Importante a data considerando que vai influenciar a determinação do procedimento (comum ou especial). A prova da data é normalmente realizada por declarações de vizinhos ou boletins de ocorrência;

IV – a continuação da posse, embora turbada, na ação de manutenção, ou a perda da posse, na ação de reintegração".[41]

---

te somente se operava sobre parcela do imóvel). Nesse contexto, a Turma reiterou que constituem requisitos para a procedência da ação possessória de reintegração a prova da posse da área e do esbulho com a sua perda. No caso dos autos, conforme as instâncias ordinárias, o recorrente detinha apenas parte do bem cuja reintegração desejava, pois a área indicada nos documentos apresentados não correspondia àquela pretendida na ação. Além disso, o tribunal a quo ressaltou que houve a ausência de mais um requisito da ação possessória, qual seja, a exata individualização da área. Outrossim, com relação à inspeção judicial, frisou-se que tal matéria encontrava-se preclusa, pois as partes, além de terem assistido à inspeção por meio de seus advogados, tiveram a oportunidade de se manifestar nos autos logo em seguida à sua realização, momento em que poderiam ter aduzido eventual vício ou irregularidade da sua produção, o que não ocorreu na espécie. Ademais, salientou-se que a inspeção judicial foi apenas uma das provas que influenciaram a convicção do juízo, que se valeu também da prova documental (requerimentos administrativos, contratos, fotos, desenhos etc.) para concluir pela impossibilidade de acolhida integral das pretensões do recorrente. Dessarte, concluiu-se que, in casu, por estarem ausentes os requisitos necessários à procedência integral da ação de reintegração de posse, não se sustenta a alegada ofensa aos arts. 1.196 do CC e 927 do CPC, que, ao contrário, tiveram seu fiel cumprimento. Com essas, entre outras considerações, a Turma conheceu em parte o recurso e, nessa parte, negou-lhe provimento. REsp 1.213.518-AM, Rel. Min. Villas Bôas Cueva, julgado em 6/12/2011. (grifo nosso).

40 "Cinge-se a controvérsia a definir se a identificação dos limites da área rural objeto de demanda possessória deve ser feita mediante a apresentação de memorial descritivo georreferenciado. A identificação da área rural do imóvel por meio de georreferenciamento será exigida nas hipóteses de desmembramento, parcelamento, remembramento e transferência da titularidade do bem. É dispensável o georreferenciamento do imóvel rural em ações possessórias nas quais a procedência dos pedidos formulados na inicial não enseja a modificação no registro do imóvel". (STJ, REsp 1646179/MT, Rel. Min. Ricardo Villas Bôas Cueva, 3ª Turma, jul. 04.12.2018, DJe 07.12.2018).

41 Misael Montenegro Filho alerta que "a afirmação concernente à necessidade de comprovar que a apreensão não é autorizada é proposital, porque, se a posse do bem foi transferida ao réu por meio da celebração de contrato (promessa de compra e venda, locação, por

O pedido de mérito é o de condenação do réu ao adimplemento da obrigação de dar coisa (no caso das ações de reintegração e de manutenção de posse) ou de não fazer (no caso do interdito proibitório), como consequências do reconhecimento do preenchimento dos requisitos constantes do art. 561 do CPC, além da condenação do vencido ao pagamento de indenização por perdas e danos, custas, despesas processuais e honorários advocatícios.[42]

O valor da causa, como requisito da petição inicial é o benefício patrimonial pretendido pelo autor.

8.15.1.1 Audiência de Justificação e Possibilidade de concessão de liminar *inaudita altera par*

Estando a petição inicial devidamente instruída, o juiz deferirá, sem ouvir o réu, a expedição do mandado liminar de manutenção ou de reintegração, caso contrário, determinará que o autor justifique previamente o alegado (neste caso, o autor deve produzir provas tendentes a demonstrar a posse anterior e o ato ofensivo perpetrado há menos de ano e dia), citando-se o réu para comparecer à audiência que for designada (artigo 562 do CPC).[43] Verifica-se, destarte, que esta audiência tem como finalidade precípua dar

---

exemplo), a sua recuperação não pode ser solicitada pela propositura da ação possessória, sendo exigido o ajuizamento da ação de rescisão ou de resolução contratual (ou da ação declaratória), permitindo a lei (art. 327) que o pedido principal – de rescisão do contrato – seja cumulado com o de condenação do réu a adimplir obrigação de dar, consistente na entrega do bem". MONTENEGRO FILHO, Misael. *Ações Possessórias no novo CPC*. 4. ed. São Paulo: Atlas, 2017 (Minha Biblioteca, on line).

42 Ibid.
43 DIREITO PROCESSUAL CIVIL. RECURSO ESPECIAL. AÇÃO DE REINTEGRAÇÃO DE POSSE. FUNDAMENTAÇÃO. AUSENTE. DEFICIENTE. SÚMULA 284/STF. PREQUESTIONAMENTO. AUSÊNCIA. SÚMULA 282/STF. AUSÊNCIA DE CITAÇÃO DO RÉU PARA COMPARECER À AUDIÊNCIA DE JUSTIFICAÇÃO PRÉVIA EM QUE FOI CONCEDIDA LIMINAR. AUSÊNCIA DE NULIDADE ABSOLUTA. DISSÍDIO JURISPRUDENCIAL. COTEJO ANALÍTICO E SIMILITUDE FÁTICA. AUSÊNCIA.
1. Ação de reintegração de posse, em que a liminar foi deferida em audiência de justificação prévia, realizada sem a anterior citação do réu.
2. A ausência de fundamentação ou a sua deficiência implica o não conhecimento do recurso quanto ao tema.
3. A ausência de decisão acerca dos dispositivos legais indicados como violados impede o conhecimento do recurso especial.
4. O termo citação é utilizado de maneira imprópria no art. 928 do CPC, na medida em que o réu não deve apresentar contestação na audiência de justificação prévia, nem é obrigado a comparecer.
5. A liminar possui caráter provisório e seria temerário permitir a sua revogação, em sede de recurso especial, apenas em razão da ausência de comparecimento do réu na audiência de justificação, mormente quando o réu nem ao menos se insurge contra a existência de posse do autor.
6. Necessidade de manutenção do status quo ante.
7. O dissídio jurisprudencial deve ser comprovado mediante o cotejo analítico entre acórdãos que versem sobre situações fáticas idênticas.
8. Negado provimento ao recurso especial. (REsp 1232904/SP, Rel. Ministra NANCY ANDRIGHI, TERCEIRA TURMA, julgado em 14/05/2013, DJe 23/05/2013)

oportunidade ao autor de demonstrar os requisitos para a concessão da liminar (resta claro que esta audiência não tem como objetivo a conciliação das partes). O que se busca é unicamente substrato para a concessão da tutela antecipatória, o que se faz mediante juízo de cognição perfunctório e não exauriente.[44]

O parágrafo único do artigo 562 diz que "contra as pessoas jurídicas de direito público não será deferida a manutenção ou a reintegração liminar sem prévia audiência dos respectivos representantes judiciais". CASSIO SCARPINELLA BUENO afirma que "a regra é flagrantemente inconstitucional porque viola a isonomia que deve presidir as relações dos particulares e das pessoas de direito público e que é princípio vetor da administração pública (art. 37, *caput*). Nada há que autorize a distinção preservada pelo CPC de 2015 porque inexiste nenhuma presunção de que pessoas de direito público não turbem ou não esbulhem a posse dos particulares. Fosse assim, aliás, e a doutrina e a jurisprudência não teriam desenvolvido o que é chamado de "desapropriação indireta".[45]

Considerada suficiente a justificação, o juiz fará logo expedir mandado de manutenção ou de reintegração (artigo 563 do CPC).

Concedido ou não o mandado liminar de manutenção ou de reintegração, o autor promoverá, nos 5 (cinco) dias subsequentes, a citação do réu para, querendo, contestar a ação no prazo de 15 (quinze) dias (artigo 564 do CPC).

De acordo com Erick Navarro Volkart, "o novo Código regula o momento da citação do réu, separando-o claramente da decisão que aprecia o pedido de liminar.

Três são as possibilidades:

(i) concessão/denegação da liminar sem audiência de justificação. Após a intimação de tal decisão, o autor terá cinco dias para fornecer os elementos necessários que permitam a citação do réu;

(ii) concessão/denegação da liminar na audiência de justificação. Sendo certo que o réu deve ser citado para comparecer à audiência, considerar-se-á intimado de qualquer decisão nela proferida, mesmo que não esteja presente. Assim, deferida ou indeferida a liminar, o réu já estará automaticamente intimado, fluindo desta data o prazo para contestação;

(iii) concessão ou denegação da liminar em data posterior à da audiência de justificação. Nesse caso, o juiz deverá expedir nova intimação às partes – comunicando o decidido sobre a liminar. Dessa data passa a fluir o prazo para resposta".[46]

---

44 DONIZETTI, Elpídio. *Novo Código de Processo Civil Comentado*. 3. ed. São Paulo: Atlas, 2018 (Minha Biblioteca, livro on line).

45 BUENO, Cassio Scarpinella. *Manual de Direito Processual Civil*. 6. ed. São Paulo: Saraiva Jur, 2020, p. 592-593.

46 VOLKART, Erick Navarro. Comentário ao artigo 564 do Código de Processo Civil. In: Pas-

Quando for ordenada a justificação prévia, o prazo para contestar será contado da intimação da decisão que deferir ou não a medida liminar (parágrafo único do artigo 564 do CPC).

8.15.1.2 Sentença nas Ações Possessórias

A sentença na ação possessória possui eficácia executiva lato sensu, isto é, o julgado impõe por si mesmo os seus efeitos, sem necessidade de um posterior processo de execução.

8.15.1.3 Ações Possessórias nos Juizados Especiais Cíveis

Os Juizados Especiais Cíveis Estaduais possuem competência para o julgamento das ações possessórias (arts. 3º, IV, e 4º da Lei nº 9.099/95). Nesse caso, o art. 3º, IV, da Lei nº 9.099 afirma que às ações possessórias sobre bens imóveis com valor não superior a 40 salários mínimos pode ser aplicado o procedimento simplificado do juizado especial.

E quanto aos bens móveis? A Lei nº 9.099/95 não faz menção ao caso de ação possessória versando sobre bens móveis. Todavia, o artigo 3º, inciso I, da Lei dos Juizados Especiais estabelece a competência para o julgamento das causas cujo valor não exceda a quarenta vezes o salário mínimo.

8.15.1.4. Liminar *initio litis* contra as pessoas jurídicas de direito público

O artigo 562, parágrafo único, do CPC afirma que "contra as pessoas jurídicas de direito público não será deferida a manutenção ou a reintegração liminar sem prévia audiência dos respectivos representantes judiciais", redação idêntica à do antigo parágrafo único do art. 928 do CPC/73.

8.15.1.5. Pedido contraposto nas ações possessórias

De acordo com o artigo 556 do CPC, é lícito ao réu, na contestação, alegando que foi o ofendido em sua posse, demandar a proteção possessória e a indenização pelos prejuízos resultantes da turbação ou do esbulho cometido pelo autor. É, pois, um indicador do "caráter dúplice" das ações possessórias, uma vez que o réu recebe tutela jurisdicional equivalente à do autor no mesmo processo.

8.15.2. Ação de manutenção de posse

A ação de *manutenção de posse* é o remédio processual contra uma ofensa à posse denominada de *turbação*. Vale relembrar que a turbação é qualquer ato que moleste a posse ensejando um obstáculo em seu exercício.

---

so, CABRAL, Antonio d., CRAMER, (orgs.). *Comentários ao Novo Código de Processo Civil*, 2. ed. Rio de Janeiro: Método, 2016. VitalBook file.

No esbulho, o possuidor é demitido da posse, perdendo-a, enquanto na turbação o possuidor mantém a sua posse, não podendo exercê-la em sua plenitude. Há, pois, um obstáculo (uma dificuldade) ao exercício pleno da posse.

Portanto, no esbulho, ocorre a perda completa da posse; na turbação, o possuidor é molestado, mas não perde a sua posse.

A lei processual prevê a ação de manutenção de posse (*retinendae possessionis*) nos artigos 560 a 566 do CPC.

8.15.3. Ação de interdito proibitório

A ação de *interdito proibitório* se destina a enfrentar a menos grave das ofensas à posse, qual seja: a *ameaça*. Aqui a posse ainda não foi esbulhada nem turbada, mas está na iminência. Neste caso, o autor da demanda (possuidor direto ou indireto) recorre ao Poder Judiciário com o firme propósito de impedir que a ameaça se converta em realidade, ou seja, concretize-se. Logo, o *interdito proibitório* é uma medida preventiva, de índole inibitória.

O possuidor direto ou indireto que tenha justo receio de ser molestado na posse poderá requerer ao juiz que o segure da turbação ou esbulho iminente, mediante mandado proibitório em que se comine ao réu determinada pena pecuniária caso transgrida o preceito, de acordo com a regra processual estabelecida no artigo 567 do Código de Processo Civil.

Portanto, para invocar os interditos, é necessário invocação do *jus possessionis,* isto é, o direito de defender a posse.

ANTÔNIO CAMPOS RIBEIRO ensina que o *"interdito proibitório* envolve a mera ameaça, possibilidade eventual, de certos atos/palavras de alguém converter-se em turbação ou esbulho possessório; sua caracterização será uma ordem judicial de natureza cominatória/mandamental direcionada ao que tem a conduta ameaçadora, para que não pratique nenhum dos atos turbativos/ esbulhatórios, sob pena pecuniária prefixada no mandato proibitório".[47]

HUMBERTO THEODORO JÚNIOR explica que a estrutura do interdito proibitório é de uma ação cominatória, "para exigir do demandado uma prestação de fazer negativa, isto é, abster-se da moléstia à posse do autor, sob pena de incorrer em multa pecuniária".[48]

Assim, "reconhecidos os pressupostos para a propositura da ação possessória – interdito proibitório – deve ser deferida, com o escopo de evitar-se atos de agressão à posse. Isso ocorre porque, para o exercício do interdito proibitório, a parte necessita demonstrar a posse, além da ameaça de turbação e esbulho (AgInt nos EDcl no REsp 1243841/MS, Rel. Ministro LUIS FELIPE SALOMÃO, QUARTA TURMA, julgado em 26/09/2017, DJe 02/10/2017)".

---

47 Ibid.
48 THEODORO JÚNIOR, Humberto. *Curso de direito processual civil*: procedimentos especiais. Vol. III. 38. ed. Rio de Janeiro: Forense, 2007, p. 148.

8.15.4 Litígio coletivo pela posse do imóvel

O artigo 565 e parágrafos apresentam as regras acerca do litígio coletivo pela posse do imóvel. Vejamos: "No litígio coletivo pela posse de imóvel, quando o esbulho ou a turbação afirmada na petição inicial houver ocorrido há mais de ano e dia, o juiz, antes de apreciar o pedido de concessão da medida liminar, deverá designar audiência de mediação, a realizar-se em até 30 (trinta) dias, que observará o disposto nos §§ 2º e 4º.

Concedida a liminar, se essa não for executada no prazo de 1 (um) ano, a contar da data de distribuição, caberá ao juiz designar audiência de mediação, nos termos dos §§ 2º a 4º deste artigo.[49] O instituto da mediação vem nos arts 165 e seguintes do CPC. O novo Código estimula a solução alternativa de conflitos.

VOLKART ensina que "a escolha da mediação, em detrimento da conciliação, deve-se à prévia existência de conflito entre as partes – conflito já cristalizado no tempo. Lembramos que o mediador atua preferencialmente nos casos em que já há vínculo anterior entre as partes – art. 165, § 3º – atuando de modo mais sutil que o conciliador, o que significa limitar-se ao esclarecimento das partes, estimulando o diálogo para que elas mesmas cheguem a soluções consensuais. Já o conciliador, mais ativo, sugere ele mesmo soluções para o litígio (CPC/2015, art. 167, §§ 3º e 4º)".[50]

O Ministério Público será intimado para comparecer à audiência, e a Defensoria Pública será intimada sempre que houver parte beneficiária de gratuidade da justiça.[51]

Como dito alhures, quanto a Defensoria Pública trata-se de mais uma hipótese de intervenção como *custos vulnerabilis* (guardiã dos vulneráveis), ou seja, em todo e qualquer processo onde se discuta interesses dos vulneráveis seria possível a intervenção da Defensoria Pública, independentemente de haver ou não advogado particular constituído. Isto significa dizer que a sua participação processual ocorre não como representante da parte em juízo, mas sim como protetor dos interesses dos necessitados em geral.

O juiz poderá comparecer à área objeto do litígio quando sua presença se fizer necessária à efetivação da tutela jurisdicional.[52]

Os órgãos responsáveis pela política agrária e pela política urbana da União, de Estado ou do Distrito Federal e de município onde se situe a área objeto do litígio poderão ser intimados para a audiência, a fim de se manifes-

---

49 CPC, art. 565, § 1º.
50 VOLKART, Erick Navarro. Comentários ao artigo 565 do Código de Processo Civil. In: Passo, CABRAL, Antonio d., CRAMER, (orgs.). *Comentários ao Novo Código de Processo Civil*, 2. ed. Rio de Janeiro: Método, 2016. VitalBook file.
51 CPC, art. 565, § 2º.
52 CPC, art. 565, § 3º.

tar sobre seu interesse no processo e sobre a existência de possibilidade de solução para o conflito possessório.[53]

Por fim, vale lembrar que o referido dispositivo processual aplica-se ao litígio sobre propriedade de imóvel.[54]

8.15.5 Invasão do imóvel por famílias de baixa renda. Conversão da ação de reintegração em ação indenizatória

Vejamos, abaixo, o seguinte caso concreto:

> "Hipótese em que a parte autora, a despeito de ter conseguido ordem judicial de reintegração de posse desde 1991, encontra-se privada de suas terras até hoje, ou seja, há mais de 2 (duas) décadas, sem que tenha sido adotada qualquer medida concreta para obstar a constante invasão do seu imóvel, seja por ausência de força policial para o cumprimento do mandado reintegratório, seja em decorrência dos inúmeros incidentes processuais ocorridos nos autos ou em face da constante ocupação coletiva ocorrida na área, por milhares de famílias de baixa renda.
> 3. Constatada, no caso concreto, a impossibilidade de devolução da posse à proprietária, o Juiz de primeiro grau **converteu, de ofício, a ação reintegratória em indenizatória (desapropriação indireta)**, determinando a emenda da inicial, a fim de promover a citação do Estado e do Município para apresentar contestação e, em consequência, incluí-los no polo passivo da demanda. (grifo nosso).
> 4. O Superior Tribunal de Justiça já se manifestou no sentido da possibilidade de conversão da ação possessória em indenizatória, em respeito aos princípios da celeridade e economia processuais, a fim de assegurar ao particular a obtenção de resultado prático correspondente à restituição do bem, quando situação fática consolidada no curso da ação exigir a devida proteção jurisdicional, com fulcro nos arts. 461, § 1º, do CPC/1973.
> 5. A conversão operada na espécie não configura julgamento *ultra petita* ou *extra petita*, ainda que não haja pedido explícito nesse sentido, diante da impossibilidade de devolução da posse à autora, sendo descabido o ajuizamento de outra ação quando uma parte do imóvel já foi afetada ao domínio público, mediante apossamento administrativo, sendo a outra restante ocupada de forma precária por inúmeras famílias de baixa renda com a intervenção do Município e do Estado, que implantaram toda a infraestrutura básica no local, tornando-se a área bairros urbanos.
> [...]

---

53 CPC, art. 565, § 4º.
54 CPC, art. 565, § 5º.

7. Caso em que, ao tempo do julgamento do primeiro grau, a lide foi analisada à luz do disposto no art. 1.228, §§ 4° e 5°, do CC/2002, que trata da desapropriação judicial, chamada também por alguns doutrinadores de desapropriação por posse-trabalho ou de desapropriação judicial indireta, cujo instituto autoriza o magistrado, sem intervenção prévia de outros Poderes, a declarar a perda do imóvel reivindicado pelo particular em favor de considerável número de pessoas que, na posse ininterrupta de extensa área, por mais de cinco anos, houverem realizado obras e serviços de interesse social e econômico relevante.
8. Os conceitos abertos existentes no art. 1.228 do CC/2002 propiciam ao magistrado uma margem considerável de discricionariedade ao analisar os requisitos para a aplicação do referido instituto, de modo que a inversão do julgado, no ponto, demandaria o reexame do conjunto fático-probatório, providência vedada no âmbito do recurso especial, em face do óbice da Súmula 7 do STJ.
9. Não se olvida a existência de julgados desta Corte de Justiça no sentido de que "inexiste desapossamento por parte do ente público ao realizar obras de infraestrutura em imóvel cuja invasão já se consolidara, pois a simples invasão de propriedade urbana por terceiros, mesmo sem ser repelida pelo Poder Público, não constitui desapropriação indireta" (AgRg no REsp 1.367.002/MG, Rel. Ministro Mauro Campbell Marques, Segunda Turma, julgado em 20/06/2013, DJe 28/06/2013).
10. Situação em que tal orientação não se aplica ao caso estudado, pois, diante dos fatos delineados no acórdão recorrido, não há dúvida de que os danos causados à proprietária do imóvel decorreram de atos omissivos e comissivos da administração pública, tendo em conta que deixou de fornecer a força policial necessária para o cumprimento do mandado reintegratório, ainda na fase inicial da invasão, permanecendo omissa quanto ao surgimento de novas habitações irregulares, além de ter realizado obras de infraestrutura no local, com o objetivo de garantir a função social da propriedade, circunstâncias que ocasionaram o desenvolvimento urbano da área e a desapropriação direta de parte do bem.
11. O Município de Rio Branco, juntamente com o Estado do Acre, constituem sujeitos passivos legítimos da indenização prevista no art. 1.228, § 5°, do CC/2002, visto que os possuidores, por serem hipossuficientes, não podem arcar com o ressarcimento dos prejuízos sofridos pelo proprietário do imóvel (*ex vi* do Enunciado 308 Conselho da Justiça Federal).
[...] 13. A solução da controvérsia exige que sejam levados em consideração os princípios da proporcionalidade, da razoabilidade e da segurança jurídica, em face das situações jurídicas já consolidadas no tempo, de modo a não piorar uma situação em relação à qual se busca a pacificação social, visto que "é fato público e no-

tório que a área sob julgamento, atualmente, corresponde a pelo menos quatro bairros dessa cidade (Rio Branco), onde vivem milhares de famílias, as quais concedem função social às terras em litígio, exercendo seu direito fundamental social à moradia". [...] (REsp 1442440/AC, Rel. Ministro GURGEL DE FARIA, PRIMEIRA TURMA, julgado em 07/12/2017, DJe 15/02/2018).

8.16. Manutenção de Quem Tiver a Coisa

O artigo 1.211 do nosso Código Civil determina que "quando mais de uma pessoa se disser possuidora, manter-se-á provisoriamente a que tiver a coisa, se não estiver manifesto que a obteve de alguma das outras por modo vicioso".[55] Este dispositivo guarda sintonia com o artigo 500 do Código Civil de 1916. Existe apenas uma alteração quanto ao verbo empregado, já que o antigo Código falava em *deter a coisa* e o Código Civil de 2002 alterou o verbo para *tiver a coisa*.

Ao comentar o artigo 500 do Código anterior, CLÓVIS BEVILÁQUA ensina que "a hipótese prevista pelo artigo é a de diversas pessoas, dizendo-se cada qual possuidora com exclusão das outras. Uma delas detém a coisa, mas há dúvidas sobre o seu direito. Se essa detenção não resulta de um esbulho ou abuso de confiança, o juiz mantém a posse aparente enquanto não se apura a quem realmente ela cabe. Esta disposição aplica-se à posse nova, de menos de ano e dia. [...]".[56]

Segundo CARVALHO SANTOS, a *manutenção provisória* neste artigo espelha o instituto do *possessorium summarium* de Direito antigo. Ele afirma que "não se trata de uma ação ou processo distinto e independente, mas, sim, de um processo preliminar, que visa, tão somente, regular a posse durante o curso do processo".[57]

O Desembargador ISMÊNIO PEREIRA DE CASTRO, do Tribunal de Justiça do Estado do Rio de Janeiro – TJRJ, enfrentou tal questão ao decidir o Agravo de Instrumento n° 2008.002.18964, na Décima Quarta Câmara Cível, em 24.6.2008 ao proferir o seguinte acórdão: "AÇÃO REINTEGRATÓRIA DE POSSE. AUTOMÓVEL. FALECIMENTO DO PROPRIETÁRIO QUE VIVIA EM UNIÃO ESTÁVEL COM TERCEIRO. COISA INDIVISA. ESTADO DE COMPOSSE ESTABELECIDO ENTRE OS CONVIVENTES. REIVINDICAÇÃO DA COISA POR INICIATIVA DO INVENTARIANTE DO ESPÓLIO DO PROPRIETÁRIO. INDEFERIMENTO DA MEDIDA PREFACIAL. CORREÇÃO DO JULGADO. INTELIGÊNCIA DO ARTIGO 1.211 DO CÓDIGO CIVIL. Resta incontroverso que a autora da herança vivia em união estável com terceiro, tendo deixado, entre outros bens, o automóvel Volkswagen, ano 1973, cuja posse vem sendo exercida pelo convivente desde o seu passamento, nada jus-

---

55 Correspondente ao art. 500 do CC/1916.
56 BEVILÁQUA, Clóvis. *Direito das coisas*. 1° Vol. 3. ed. Rio de Janeiro: Freitas Bastos, 1951, p. 982.
57 CARVALHO SANTOS, J. M. de. *Código civil brasileiro interpretado*. 6. ed. Volume VII. Rio de Janeiro: Freitas Bastos, 1956, p. 130.

tificando que se veja dela desfalcado por se tratar de posse justa. O prazo de conservação da posse, seja ele inferior ou superior ao período de ano e dia, não influencia a medida judicial que se destina à recuperação ou preservação da coisa possuída, eis que a regra do artigo 507 do Código proscrito, que assim dispunha, não recebeu dispositivo correspondente no Digesto atual. AGRAVO AO QUAL SE NEGA SEGUIMENTO DIANTE DE SUA MANIFESTA IMPROCEDÊNCIA. ARTIGO 557, *CAPUT*, DO CPC".[58]

8.17. Tutela da Posse em Face de Terceiro

O artigo 1.212 do CCB permite que o possuidor intente a ação de esbulho, ou a de indenização, contra o terceiro, que recebeu a coisa esbulhada sabendo que o era.[59] Ora, aqui é possível que o possuidor ingresse com uma *ação de esbulho* ou uma *ação de indenização* contra o terceiro, que não praticou o esbulho, mas é cúmplice do esbulhador.

A nossa lei processual permite a cumulação do pedido de reintegração ou manutenção possessória com perdas e danos (CPC, art. 555, I). Estas decorrem do próprio ato de molestamento da posse. Vejamos as lições de ERNANE FIDÉLIS DOS SANTOS: "Na invasão que se fez da gleba de terras, por exemplo, destruíram-se cercas e plantações. A reintegração de posse deverá ser pedida cumulativamente com os prejuízos que advierem do esbulho. Neste caso, o terceiro de má-fé também se responsabiliza pela indenização".[60]

O Conselho da Justiça Federal, na I Jornada de Direito Civil, editou o *Enunciado 80* nos seguintes termos: "Art. 1.212: É inadmissível o direcionamento de demanda possessória ou ressarcitória contra terceiro possuidor de boa-fé, por ser parte passiva ilegítima diante do disposto no art. 1.212 do novo Código Civil. Contra o terceiro de boa-fé, cabe tão somente a propositura de demanda de natureza real".

Já na III Jornada de Direito Civil, o Conselho da Justiça Federal publicou o *Enunciado 236, verbis*: "Arts. 1.196, 1.205 e 1.212: Considera-se possui-

---

58 Da mesma forma: TJRJ – 2006.001.40708 – APELAÇÃO. DES. CRISTINA TEREZA GAULIA – Julgamento: 5.9.2006 – QUINTA CÂMARA CÍVEL. Ação de Manutenção de Posse ajuizada pelo possuidor que construiu no lote alheio. Pedido contraposto de reintegração de posse formulado pelo réu, proprietário do lote. Vícios objetivos e subjetivos da posse. Posse injusta e de má-fé. Clandestinidade. Vício manifesto. Aplicação do art. 1.211 NCC. Construção de casa sem fundações, e sem corte da vegetação que encobre a mesma. Experiência comum que indica que o autor desejava construir da maneira mais célere possível, sem que a realização de tal empreitada fosse rapidamente percebida pelos vizinhos. Inteligência do art. 335 CPC. Reintegração da posse deferida ao réu. Condenado o autor ao ressarcimento de valor correspondente ao material orgânico por ele indevidamente retirado, que alterou a situação física do terreno, e à indenização das despesas referentes à demolição da construção. Caráter dúplice e princípio da fungibilidade das ações possessórias concretizados. Sentença Mantida.
59 Correspondente ao art. 504 do CC/1916.
60 SANTOS, Ernane Fidélis dos. *Comentários ao novo código civil*. Vol. XV. Rio de Janeiro: Forense, 2007, p. 166-167.

dor, para todos os efeitos legais, também a coletividade desprovida de personalidade jurídica".

8.18. Servidões

As servidões, *a priori*, podem ser defendidas por todos os meios hábeis à defesa da posse quando ocorrer esbulho, turbação ou ameaça.[61]

O artigo 1.378 do nosso Código Civil diz que "a servidão proporciona utilidade para o prédio dominante, e grava o prédio serviente, que pertence a diverso dono, e constitui-se mediante declaração expressa dos proprietários, ou por testamento, e subsequente registro no Cartório de Registro de Imóveis".

Neste sentido: "Em ação de manutenção ou reintegração de posse, é indispensável prova dos requisitos previstos no art. 561 do CPC. A servidão proporciona utilidade para o prédio dominante, e grava o prédio serviente, que pertence a diverso dono, e constitui-se mediante declaração expressa dos proprietários, ou por testamento, e subsequente registro no Cartório de Registro de Imóveis (CC, art. 1.378). Servidão de trânsito não titulada, mas tornada permanente, sobretudo pela natureza das obras realizadas, considera-se aparente, conferindo direito à proteção possessória (STJ, Súmula nº 415)". (TJMG, Apelação Cível 1.0432.12.001367-2/001, Rel. Des. Ramom Tácio, 16ª Câmara Cível, jul. 25.07.2018, DJE 03.08.2018).

O artigo 1.213 do CCB afirma que "o disposto nos artigos antecedentes não se aplica às servidões não aparentes, salvo quando os respectivos títulos provierem do possuidor do prédio serviente, ou daqueles de quem este o houve".

8.19. Efeitos da Posse em Relação aos Frutos

8.19.1. Frutos, produtos e rendimentos

Os frutos, produtos e rendimentos são bens acessórios. O artigo 60 do Código Civil brasileiro de 1916 afirmava que "entram na classe das coisas acessórias os frutos, os produtos e os rendimentos".

O artigo 95 do Código Civil atual dispõe que "apesar de ainda não separados do bem principal, os frutos e os produtos podem ser objeto de negócio jurídico".[62] Não obstante, a omissão quanto aos rendimentos, estes continuam sendo bens acessórios.

Os *frutos* são as utilidades que a coisa principal gera, de forma normal e periódica, sem desfalcar a sua substância. São, pois, características dos frutos: a) a periodicidade de sua produção; b) preservação da substância da coisa frutífera.

---

61 STF – Súmula 415: Servidão de trânsito não titulada, mas tornada permanente, sobretudo pela natureza das obras realizadas, considera-se aparente, conferindo direito à proteção possessória.
62 Sem Correspondente ao do CC de 1916.

Os *frutos* quanto à origem podem ser classificados como: *frutos naturais*, *frutos industriais* e *frutos civis*. Os *frutos naturais* são aqueles provenientes da natureza (vegetais e animais, *e.g.*, a cria de um animal); os *frutos industriais* são aqueles gerados pela participação humana, por meio do trabalho das pessoas, tais como a fabricação de calçados. Estes são considerados bens acessórios (frutos industriais) em relação à fábrica de calçados; e os *frutos civis* são aqueles que decorrem da lei, por exemplo, os juros (frutos civis que o capital é capaz de gerar, sem perder a sua substância),[63] aluguéis (contraprestação pela utilização da coisa principal, sem perder a sua substância), dividendos (parcela do lucro de uma sociedade anônima atribuída a cada ação, sem perder a sua substância) etc.

Os *rendimentos* são os frutos civis. Estas são expressões sinônimas. Daí que quando se afirma que uma pessoa vive de "rendimentos", significa dizer que esta pessoa sobrevive com os rendimentos de aluguéis, juros, dividendos, que representam os frutos civis. Logo, os rendimentos são bens acessórios.

Os *frutos* quanto ao estado podem ser classificados como: frutos pendentes, frutos percebidos ou colhidos, frutos percipiendos e frutos consumidos.

Os *frutos pendentes* são aqueles já gerados e ainda não colhidos, por exemplo, os cajus que estão no cajuzeiro. O parágrafo único do artigo 1.214 do nosso Código Civil determina que "os frutos pendentes ao tempo em que cessar a boa-fé devem ser restituídos, depois de deduzidas as despesas de produção e custeio; devem ser também restituídos os frutos colhidos com antecipação".

Os *frutos percebidos ou colhidos* são aqueles que já foram gerados e já estão colhidos, por exemplo, os cajus já colhidos de determinada plantação. O artigo 1.214, *caput*, informa que "o possuidor de boa-fé tem direito, enquanto ela durar, aos frutos percebidos". Da mesma forma, os frutos percebidos aparecem na redação do artigo 1.216 ao dizer que "o possuidor de má-fé responde por todos os frutos colhidos e percebidos, bem como pelos que, por culpa sua, deixou de perceber, desde o momento em que se constituiu de má-fé; tem direito às despesas da produção e custeio". Estes frutos podem ser subdividos em *estantes* e *consumidos*. Aquele é o fruto já colhido e armazenado ou acondicionado para a venda, e este já foi colhido e consumido (destruído ou alienado).

E os *frutos percipiendos* são aqueles que se encontram ligados à coisa e já deveriam ter sido colhidos. O próprio artigo 1.216 faz menção a tais frutos

---

63 CC 2002 – Art. 406. Quando os juros moratórios não forem convencionados, ou o forem sem taxa estipulada, ou quando provierem de determinação da lei, serão fixados segundo a taxa que estiver em vigor para a mora do pagamento de impostos devidos à Fazenda Nacional.CC 2002 – Art. 407. Ainda que se não alegue prejuízo, é obrigado o devedor aos juros da mora que se contarão assim às dívidas em dinheiro, como às prestações de outra natureza, uma vez que lhes esteja fixado o valor pecuniário por sentença judicial, arbitramento, ou acordo entre as partes.

ao afirmar que "[...], bem como pelos que, por sua culpa, deixou de perceber".

Por sua vez, os *produtos* são tudo aquilo que pode ser retirado do bem principal, diminuindo-se sua substância, tais como petróleo, pedras, sal etc. Os *produtos* se distinguem dos *frutos*, já que estes são gerados pela coisa sem que ocorra desfalque em sua substância, enquanto aqueles são retirados da coisa principal, de forma a causar uma redução na substância da coisa.

Nesta linha, o artigo 212, n° 1, do Código Civil português define fruto de uma coisa como "tudo o que ela produz periodicamente, sem prejuízo da sua substância". O artigo 212, n° 2, afirma que "os frutos são naturais ou civis; dizem-se naturais os que provêm directamente da coisa, e civis as rendas ou interesses que a coisa produz em consequência de uma relação jurídica". E o n° 3 do referido artigo preceitua: "consideram-se frutos das universalidades de animais as crias não destinadas à substituição das cabeças que por qualquer causa vierem a faltar, os despojos, e todos os proventos auferidos, ainda que a título eventual".

8.19.2. Possuidor de boa-fé e frutos

Diz o artigo 1.214 do CCB que "o possuidor de boa-fé tem direito, enquanto ela durar, aos frutos percebidos".[64]

O parágrafo único do referido dispositivo preceitua que "os frutos pendentes ao tempo em que cessar a boa-fé devem ser restituídos, depois de deduzidas as despesas da produção e custeio; devem ser também restituídos os frutos colhidos com antecipação".[65]

O Conselho da Justiça Federal, na IV Jornada de Direito Civil, publicou o Enunciado 302: "Art. 1.200 e 1.214. Pode ser considerado justo título para a posse de boa-fé o ato jurídico capaz de transmitir a posse *ad usucapionem*, observado o disposto no art. 113 do Código Civil".

O possuidor de boa-fé é aquele que ignora os vícios da posse. Este deverá devolver a coisa ao proprietário, com os frutos pendentes, não podendo antecipar a percepção dos frutos. Os frutos pendentes, portanto, terão que ser devolvidos ao proprietário, junto com a coisa possuída.

Todavia, o possuidor de boa-fé conserva os frutos percebidos e consumidos. Não há necessidade de indenização ao proprietário. Melhor dizendo: todos os frutos (naturais, civis, industriais) que o possuidor de boa-fé colher (perceber), durante a posse de boa-fé, a ele pertencerão, não sendo devida nenhuma indenização ao proprietário. É, pois, uma proteção ao possuidor de boa-fé.

Diferentemente, o possuidor de má-fé terá que devolver a coisa com os frutos pendentes e indenizar o proprietário, por todos os frutos percebidos, durante todo o período da posse de má-fé.

---

64 Correspondente ao art. 510 do CC/1916.
65 Correspondente ao art. 511 do CC/1916.

8.19.3. Frutos naturais, industriais e civis. Percepção

Os frutos naturais e industriais reputam-se colhidos e percebidos, logo que são separados; os civis reputam-se percebidos dia por dia (CCB, art. 1.215).[66]

8.19.4. Possuidor de má-fé. Frutos

O possuidor de má-fé responde por todos os frutos colhidos e percebidos, bem como pelos que, por culpa sua, deixou de perceber, desde o momento em que se constituiu de má-fé; tem direito às despesas da produção e custeio (CCB, art. 1.216).

Na obra de TITO FUNGÊNCIO atualizada por MARCO AURÉLIO S. VIANA, vale destacar quatro princípios sobre a responsabilidade e direito desse possuidor, a saber:

> "I. Responde por todos os frutos colhidos e percebidos, conforme se trate de frutos naturais ou industriais e civis. A regra mais não é que um corolário de anteriores firmadas nos dispositivos:
>
> a) Do art. 1.214, *caput*: só o possuidor de boa-fé tem direito, enquanto ela durar, aos frutos percebidos, e, portanto, evidente que ao de má-fé, que é a situação oposta, não assiste direito a tais frutos.
>
> b) Do art. 1.214, parágrafo único: devem ser restituídos pelo possuidor de boa-fé todos os frutos pendentes ou que o deviam estar ao tempo em que cessar a boa-fé, e isso já é dizer que o possuidor de má-fé responde por todos os frutos colhidos e percebidos.
>
> c) Do art. 186: aquele que, por ação ou omissão voluntária, negligência ou imprudência, violar direito ou causar prejuízo a outrem fica obrigado a reparar o dano (art. 927). E o possuidor que percebe frutos da coisa, conhecendo o vício ou obstáculo que lhe impede a aquisição dela, é um culpado, que causou dano a outrem, e, portanto, deve ressarci-lo.
>
> II. Responde pelos frutos que, por culpa sua, deixou de perceber. A lei a si mesma se justifica: exige como condição a culpa, e cada qual, segundo os princípios, responde pelas consequências da sua, prejudiciais a outrem.
>
> III. A responsabilidade, ou se trate de frutos colhidos ou percebidos ou dos que eram de ser percebidos e por culpa não o foram, data do momento em que o possuidor se constitui de má-fé. Intuitivo: enquanto durou a boa-fé o possuidor ganhou os frutos; do momento, porém, em que o possuidor se constitui em má-fé, o

---

66 Correspondente ao art. 512 do CC/1916.

que podia dar-se de começo ou no curso da posse, o proprietário conservou o direito de fazer seus os frutos e foi prejudicado por aquela colheita ou percepção ou pela deixa culposa de percepção.

IV. Tem direito o possuidor de má-fé às despesas de produção e custeio em todo o caso. É que milita em favor deste possuidor razão idêntica à que socorre o possuidor de boa-fé para obter esta medida na restituição: o proprietário as teria de fazer, porque necessária, e não pode se enriquecer sem causa (art. 884) à custa do possuidor, pouco importando a boa ou má-fé".[67]

8.20. Perecimento da Coisa

O possuidor de boa-fé não responde pela perda ou deterioração da coisa a que não der causa (CCB, art. 1.217). Daí que o possuidor de boa-fé não responde pela perda ou deterioração da coisa nos casos fortuitos ou por fatos exclusivos de terceiros. Neste caso, o proprietário suportará os prejuízos.

Ora, neste caso, o possuidor de boa-fé só responderá se agiu com negligência, imperícia ou imprudência. É o caso, pois, de hipótese de responsabilidade subjetiva por ato ilícito, em harmonia com a cláusula geral prevista no *caput* do art. 927 do Código Civil.

O possuidor de má-fé responde pela perda ou deterioração da coisa, ainda que acidentais, salvo se provar que de igual modo se teriam dado, estando ela na posse do reivindicante (CCB, art. 1.218).[68]

Dessa maneira, o possuidor de má-fé responde pela perda ou deteriorização da coisa ainda que proveniente de caso fortuito (o que em regra excluiria a sua responsabilidade). Na realidade é, portanto, a aplicação da regra do artigo 399 do diploma civilístico: "O devedor em mora responde pela impossibilidade da prestação, embora essa impossibilidade resulte de caso fortuito ou de força maior, se estes ocorrerem durante o atraso; salvo se provar isenção de culpa, ou que o dano sobreviria ainda quando a obrigação fosse oportunamente desempenhada".

Vale destacar que a parte final do artigo 1.218 diz que "[...] salvo se provar que de igual modo se teriam dado, estando ela na posse do reivindicante". Ora, neste caso, o possuidor de má-fé não responderá pela destruição da coisa se provar que o evento danoso teria acontecido independentemente da sua posse. Melhor dizendo: o evento da nosso ocorreria mesmo que a coisa estivesse na posse do proprietário. O ônus da prova cabe ao possuidor de má-fé e o fundamento do dispositivo legal é a vedação do enriquecimento sem causa do proprietário da coisa, pois esta pereceria mesmo estando em seu poder.

---

67 FULGÊNCIO, Tito. *Da posse e das ações possessórias*: teoria legal – prática. 12. ed. rev., atual. e ampl. por Marco Aurélio S. Viana. – Rio de Janeiro: Forense, 2015. § 238. (Minha Biblioteca, livro on line).

68 Correspondente ao art. 515 do CC/1916.

8.21. Efeitos da Posse em Relação às Benfeitorias e ao Direito de Retenção

8.21.1. Benfeitorias

Benfeitoria é toda obra ou despesa feita na coisa principal para conservá-la, melhorá-la ou embelezá-la. As benfeitorias são bens acessórios que podem ser classificados em *necessárias, úteis e voluptuárias*. As *benfeitorias necessárias* são aquelas que evitam a deteriorização da coisa (é o caso da troca de um telhado no imóvel), as *benfeitorias úteis* têm por finalidade aumentar o valor da coisa (p. ex., a construção de mais um banheiro no imóvel) e as *benfeitorias voluptuárias* são aquelas destinadas ao simples deleite de quem as realiza (p. ex., a construção de uma piscina).

O artigo 96 do nosso Código Civil trata a questão das benfeitorias da seguinte forma:

"Art. 96. As benfeitorias podem ser voluptuárias, úteis ou necessárias.[69]

§ 1° São voluptuárias as de mero deleite ou recreio, que não aumentam o uso habitual do bem, ainda que o tornem mais agradável ou sejam de elevado valor.[70]

§ 2° São úteis as que aumentam ou facilitam o uso do bem.[71] § 3° São necessárias as que têm por fim conservar o bem ou evitar que se deteriore".[72]

A referida classificação das benfeitorias em três espécies – voluptuárias, úteis e necessárias – tem fundamental importância em outras áreas do direito, em especial quando se trata dos efeitos da posse, do direito de retenção, do contrato de locação, dentre outros.

8.21.2. Possuidor de boa-fé, indenização das benfeitorias e direito de retenção

O possuidor de boa-fé tem direito à indenização das benfeitorias necessárias e úteis, bem como, quanto às voluptuárias, se não lhe forem pagas, a levantá-las, quando o puder sem detrimento da coisa, e poderá exercer o direito de retenção pelo valor das benfeitorias necessárias e úteis (CC – Art. 1.219). [73]

Ora, é natural que o proprietário indenize as benfeitorias necessárias e úteis ao possuidor de boa-fé, já que tais benfeitorias revertem em benefício daquele, conservando o seu patrimônio ou tornando-o mais valorizado. Caso contrário, haveria um enriquecimento sem causa do proprietário.

O nosso ordenamento jurídico também concede ao possuidor de boa-fé, o exercício do direito de retenção pelo valor das benfeitorias necessárias e úteis.

---

69 Correspondente ao art. 63, *caput*, do CC de 1916.
70 Correspondente ao art. 63, § 1° do CC de 1916.
71 Correspondente ao art. 63, § 2° do CC de 1916.
72 Correspondente ao art. 63, § 3° do CC de 1916.
73 Correspondente ao art. 516 do CC/1916.

Ora, o que vem a ser o *direito de retenção*? É, pois, um vestígio da autotutela. O direito de retenção é um meio de coerção indireta utilizado pelo possuidor de boa-fé, objetivando compelir o proprietário a indenizá-lo. É uma espécie de defesa direta do possuidor de boa-fé contra o proprietário, já que aquele retém a coisa.

Em tese, enquanto o proprietário não indenizar o possuidor de boa-fé, este poderá se utilizar do direito de retenção, não havendo, pois, nenhum limite temporal para a utilização desta coerção indireta. O exercício da retenção somente seria extinto após o pagamento da indenização devida.

Um bom argumento em prol do proprietário é no sentido de que o direito de retenção seria extinto a partir do momento da equivalência ao valor das benfeitorias.

Ora, a posse possui um valor econômico, ou seja, a posse contra a vontade do proprietário deve ser valorada, já que o possuidor está usando e gozando a coisa, sem a anuência do proprietário. O uso gratuito da coisa seria extinto quando o seu valor econômico se equivalesse ao valor das benfeitorias. A partir deste momento, o enriquecimento sem causa seria do possuidor.

As benfeitorias voluptuárias não são indenizáveis. O possuidor de boa-fé terá o direito de levantar as benfeitorias voluptuárias. O que significa o direito de levantar as benfeitorias voluptuárias? É o direito de retirá-las, salvo se a sua retirada ofender a substância da coisa.

"[...] Nas ações possessórias e considerando a natureza dúplice dessas, não é possível afastar a ocorrência de julgamento extra petita (fora do pedido) da indenização por benfeitorias, em benefício do réu revel, ante a não apresentação de contestação ou da ausência de formulação de pedido indenizatório em momento posterior.

O deferimento do pleito de indenização por benfeitorias pressupõe a necessidade de comprovação da existência delas e da discriminação de forma correta. A fase de liquidação de sentença não é momento processual adequado para o reconhecimento da existência de benfeitorias a serem indenizadas, tendo o objetivo – apenas – de especificar o *quantum debeatur* (apuração do valor da indenização). [...]" (REsp 1836846/PR, Rel. Ministra NANCY ANDRIGHI, TERCEIRA TURMA, julgado em 22/09/2020, DJe 28/09/2020).

ANA CAROLINA DE AZEVEDO versa sobre a necessidade de comprovação da existência das benfeitorias, devendo o réu, em sede de contestação, discriminá-las de forma correta:

> "observa-se que é na contestação que o réu tem o momento próprio para alegar tudo aquilo que pretende que a sentença reconheça, como dispõe o art. 336 do CPC/15. Se o sujeito não alega e não faz prova cabal durante a instrução do processo, não é possível que pela sentença, sob pena de nulidade – por apreciar matéria *extra petita* – sejam apreciadas e julgadas benfeitorias que

não ficaram devidamente provadas, inclusive quanto a seu custo e valor atual. No entanto, não basta a simples alegação do réu na contestação de que tem direito às benfeitorias, pois a ele compete descrevê-las e discriminá-las, vez que a simples menção genérica e sem conteúdo probatório é insuficiente para a indenização da retenção. (Embargos de retenção em razão de benfeitorias úteis e necessárias realizadas pelo demandado de boa-fé. Revista Fórum de Direito Civil: RFDC, Belo Horizonte, v. 5, nº 13, p. 175-199, set./dez. 2016. Disponível em: https://bdjur.stj.jus.br/jspui/handle/2011/117927)

Em relação ao direito de retenção, o Desembargador CLÁUDIO DE MELLO TAVARES, da Décima Primeira Câmara Cível do Tribunal de Justiça do Estado do Rio de Janeiro – TJRJ, em 11.6.2008, enfrentou a questão com o seguinte acórdão: "APELAÇÃO CÍVEL. AÇÃO REIVINDICATÓRIA. SENTENÇA DE PROCEDÊNCIA PARCIAL, DETERMINANDO A DESOCUPAÇÃO DA ÁREA, ASSEGURANDO AO RÉU O DIREITO DE RETENÇÃO ATÉ QUE HAJA INDENIZAÇÃO POR BENFEITORIAS. O AUTOR/APELANTE INSURGE-SE CONTRA A PARTE DA SENTENÇA REFERENTE AO DIREITO CONCEDIDO AO RÉU DE RETENÇÃO E INDENIZAÇÃO. PROVIMENTO PARCIAL DO APELO. O réu/apelado admitiu a propriedade do autor/apelante referente às terras objeto da presente ação, uma vez que não recorreu da sentença que reconheceu a este o *status* de proprietário, bem como o direito de reavê-las, condicionando-o apenas à indenização das benfeitorias feitas pelo réu, espancando a alegada prescrição aquisitiva. Mesmo considerando tratar-se de posse de boa-fé, de acordo com o art. 1.219 do CC/02, o direito de retenção só é garantido ao possuidor na pendência de indenização do valor das benfeitorias necessárias e úteis. Se o réu/apelado afirmou que se estabeleceu no terreno em tela em face de permissão, que lhe foi dada por terceiro, deixou claro que ele sabia dos limites de tal ocupação, portanto, só poderá ser considerada necessária e útil a benfeitoria referente à construção de uma moradia para si. As demais construções e atos de alienação que possam ter sido praticados pelo réu/apelado naquelas terras evidenciam-se de má-fé e, portanto, não ensejam nenhum direito de indenização, perdendo-as em proveito do proprietário, nos termos do art. 1.255 do CC/02. Também não justifica a retenção de toda a área de terras que compreende o imóvel objeto desta ação, incluindo a não edificada, se não foi contestado pelo réu/apelado que é possível a entrada independente da mesma. Assim, o direito de retenção do réu/apelado se restringe às referidas edificações úteis e necessárias, e até que estas sejam indenizadas pelo autor/apelante, em valor a ser apurado (2008.001.10493 – APELAÇÃO).

Da mesma forma, consoante a jurisprudência do STJ, "embora em sede de ação possessória, cujo comando judicial tem intensa força executiva, o pedido de retenção de benfeitorias deva ser formulado em sede de contestação, sob pena de preclusão consumativa e vedação à propositura de ação autônoma, nos feitos de natureza meramente declaratória o referido pedido pode ser manejado em ação própria. [...]". (AgInt no REsp 1595685/DF, Rel. Ministro MARCO BUZZI, Quarta Turma, julgado em 01/06/2020, DJe 10/06/2020).

Por fim, vale mencionar que "o direito de retenção decorrente da realização de benfeitoria no bem, hipótese excepcional de autotutela prevista no ordenamento jurídico pátrio, só pode ser invocado pelo possuidor de boa-fé, por expressa disposição do art. 1.219 do Código Civil de 2002.

Nos termos do art. 1.196 do Código Civil de 2002, possuidor é aquele que pode exercer algum dos poderes inerentes à propriedade, circunstância não configurada na espécie.

Na hipótese, o veículo foi deixado na concessionária pela proprietária somente para a realização de reparos, sem que isso conferisse à recorrente sua posse. A concessionária teve somente a detenção do bem, que ficou sob sua custódia por determinação e liberalidade da proprietária, em uma espécie de vínculo de subordinação.

O direito de retenção, sob a justificativa de realização de benfeitoria no bem, não pode ser invocado por aquele que possui tão somente a detenção do bem. [...]". (REsp 1628385/ES, Rel. Ministro RICARDO VILLAS BÔAS CUEVA, TERCEIRA TURMA, julgado em 22/08/2017, DJe 29/08/2017).

8.21.3. Possuidor de má-fé. Indenização das benfeitorias necessárias

Ao possuidor de má-fé serão ressarcidas somente as benfeitorias necessárias, não lhe assiste o direito de retenção pela importância destas nem o de levantar as voluptuárias (CC – Art. 1.220). [74]

O possuidor de má-fé só tem direito de ser indenizado das benfeitorias necessárias, mas sem valer-se do direito de retenção.

Considerando que o possuidor de má-fé não poderá reter a coisa, mesmo em relação às benfeitorias necessárias, este terá que devolver a coisa ao proprietário e, demitido da posse, postular, em ação autônoma, o pedido de indenização das referidas benfeitorias necessárias.

Por que o possuidor de má-fé deve ser indenizado das benfeitorias necessárias? Ora, mesmo o possuidor de má-fé deve ser indenizado das benfeitorias necessárias, uma vez que estas visam à conservação do patrimônio do proprietário.

Vejamos os julgados relacionados ao artigo 1.220 do CCB:

a) "Polêmica em torno da boa-fé de adquirente de imóvel, que, por ter sido objeto de contrato de financiamento pelo Sistema Financeiro

---

[74] Correspondente ao art. 517 do CC/1916.

da Habitação, estava hipotecado, com regular averbação no Ofício do Registro de Imóveis. Imóvel adquirido em 1995 quando já estava em andamento, desde o ano anterior, execução hipotecária movida pelo credor. Impossibilidade de reconhecimento como de boa-fé a posse de imóvel hipotecado, com execução hipotecária em curso. Caracterização da posse de boa-fé a depender da observância de um mínimo de cautela, como a verificação da sua situação no registro de imóveis. "O critério do reconhecimento da boa-fé não pode deixar de ser, no direito moderno, ao mesmo tempo que ético e psicológico, igualmente técnico". Benfeitorias úteis e voluptuárias que não devem ser indenizadas, com fulcro no art. 1.220 do CC. (REsp 1434491/MG, Rel. Ministro PAULO DE TARSO SANSEVERINO, TERCEIRA TURMA, julgado em 03/03/2015, DJe 13/03/2015).

b) APELAÇÃO CÍVEL. AÇÃO DE REINTEGRAÇÃO DE POSSE. INDENIZAÇÃO BENFEITORIAS. MÁ-FÉ DOS POSSUIDORES. Não há direito subjetivo à indenização por benfeitorias, quando a posse dos réus foi de má-fé. Conforme artigo 1.220 do Novo Código Civil, o possuidor de má-fé tem direito apenas ao ressarcimento das benfeitorias necessárias, mas não possui direito de retenção. Inexistindo prova das benfeitorias ou mesmo do valor gasto nas mesmas, a sentença de primeiro grau deve ser mantida. Negaram provimento ao apelo. Unânime (Apelação Cível N° 70013308382, Décima Oitava Câmara Cível, Tribunal de Justiça do RS, Relator: Mário Rocha Lopes Filho, julgado em 1.12.2005).

8.21.4. Compensação dos danos com benfeitorias

As benfeitorias compensam-se com os danos, e só obrigam ao ressarcimento se ao tempo da evicção ainda existirem (CC – Art. 1.221).[75]

8.21.5. Possuidor de má-fé. Indenização das benfeitorias

O reivindicante, obrigado a indenizar as benfeitorias ao possuidor de má-fé, tem o direito de optar entre o seu valor atual e o seu custo; ao possuidor de boa-fé indenizará pelo valor atual (CC – Art. 1.222).[76]

8.22. Posse e Acessões Feitas pelo Possuidor

As acessões diferem das benfeitorias. Aquelas constituem coisas novas que agregam à outra, tais como as construções sobre o solo e as plantações. O instituto jurídico das acessões é tratado como propriedade e não posse. A acessão é um dos modos de aquisição da propriedade imóvel.

---

75 Correspondente ao art. 518 do CC/1916.
76 Correspondente ao art. 519 do CC/1916.

MARINONI diz que *"benfeitorias* são obras e despesas realizadas no bem, as quais podem ter o fim de conservá-lo, aumentar ou facilitar o seu uso, ou ainda de somente torná-lo mais agradável. Ao contrário, as *acessões industriais* – construções e plantações – são obras que constituem coisas novas, as quais aderem ao bem já existente".[77]

O possuidor de boa-fé perderá a propriedade das acessões para o proprietário do solo (aquela é acessória deste), devendo ser indenizado pelo proprietário do solo, podendo, inclusive, utilizar o direito de retenção. O possuidor de má-fé perderá as acessões para o proprietário do solo, não possuindo direito a nenhuma indenização pelas acessões realizadas.

E se ambos (possuidor e proprietário do solo) estiverem de má-fé (má-fé recíproca)? É possível que o proprietário do solo queira se apoderar das acessões (construções ou plantações) sem nada indenizar ao possuidor de má-fé. Neste caso, o proprietário do solo estaria agindo também de má-fé, já que poderia interromper ou evitar as acessões. Aqui o possuidor de má-fé perderá a propriedade das acessões feitas no solo alheio, mas terá direito à indenização, mas sem direito de retenção.

O Conselho da Justiça Federal, na I Jornada de Direito Civil, editou o Enunciado 81, que diz: "Art. 1.219: O direito de retenção previsto no art. 1.219 do CC, decorrente da realização de benfeitorias necessárias e úteis, também se aplica às acessões (construções e plantações) nas mesmas circunstâncias".

8.23. Direito à Usucapião

Um dos mais importantes efeitos da posse é a usucapião. A posse *ad usucapionem* é a posse acrescida de *aninus domini*. Por meio da usucapião, a posse é convertida em direito de propriedade. O instituto jurídico da usucapião será abordado em capítulo específico e superveniente.

8.24. Direito Comparado

- CC-PORTUGUÊS – ARTIGO 1251° (Noção). Posse é o poder que se manifesta quando alguém actua por forma correspondente ao exercício do direito de propriedade ou de outro direito real.
- CC-PORTUGUÊS – ARTIGO 1252° (Exercício da posse por intermediário). 1. A posse tanto pode ser exercida pessoalmente como por intermédio de outrem. 2. Em caso de dúvida, presume-se a posse naquele que exerce o poder de facto, sem prejuízo do disposto no n° 2 do artigo 1257°.
- CC-PORTUGUÊS – ARTIGO 1253° (Simples detenção). São havidos como detentores ou possuidores precários: a) os que exercem o po-

---

[77] MARINONI, Luiz Guilherme. *Técnica processual e tutela de direitos.* São Paulo: Revista dos Tribunais, 2004, p. 541.

der de facto sem intenção de agir como beneficiários do direito; b) os que simplesmente se aproveitam da tolerância do titular do direito; c) os representantes ou mandatários do possuidor e, de modo geral, todos os que possuem em nome de outrem.
- CC-PORTUGUÊS – ARTIGO 1254° (Presunções de posse). 1. Se o possuidor actual possuiu em tempo mais remoto, presume-se que possuiu igualmente no tempo intermédio. 2. A posse actual não faz presumir a posse anterior, salvo quando seja titulada; neste caso, presume-se que há posse desde a data do título.
- CC-PORTUGUÊS – ARTIGO 1255° (Sucessão na posse). Por morte do possuidor, a posse continua nos seus sucessores desde o momento da morte, independentemente da apreensão material da coisa.
- CC-PORTUGUÊS – ARTIGO 1256° (Acessão da posse). 1. Aquele que houver sucedido na posse de outrem por título diverso da sucessão por morte pode juntar à sua a posse do antecessor. 2. Se, porém, a posse do antecessor for de natureza diferente da posse do sucessor, a acessão só se dará dentro dos limites daquela que tem menor âmbito.
- CC-PORTUGUÊS – ARTIGO 1257° (Conservação da posse). 1. A posse mantém-se enquanto durar a actuação correspondente ao exercício do direito ou a possibilidade de a continuar. 2. Presume-se que a posse continua em nome de quem a começou.
- CC-PORTUGUÊS – ARTIGO 1258° (Espécies de posse). A posse pode ser titulada ou não titulada, de boa ou de má fé, pacífica ou violenta, pública ou oculta.
- CC-PORTUGUÊS – ARTIGO 1259° (Posse titulada). 1. Diz-se titulada a posse fundada em qualquer modo legítimo de adquirir, independentemente, quer do direito do transmitente, quer da validade substancial do negócio jurídico. 2. O título não se presume, devendo a sua existência ser provada por aquele que o invoca.
- CC-PORTUGUÊS – ARTIGO 1260° (Posse de boa fé). 1. A posse diz-se de boa fé, quando o possuidor ignorava, ao adquiri-la, que lesava o direito de outrem. 2. A posse titulada presume-se de boa fé, e a não titulada, de má fé. 3. A posse adquirida por violência é sempre considerada de má fé, mesmo quando seja titulada.
- CC-PORTUGUÊS – ARTIGO 1261° (Posse pacífica). 1. Posse pacífica é a que foi adquirida sem violência. 2. Considera-se violenta a posse quando, para obtê-la, o possuidor usou de coacção física, ou de coacção moral nos termos do artigo 255°.
- CC-PORTUGUÊS – ARTIGO 1262° (Posse pública). Posse pública é a que se exerce de modo a poder ser conhecida pelos interessados.

Capítulo 9
PROTEÇÃO DA POSSE POR MEIO DE OUTRAS AÇÕES

9.1. Introdução

A ações de índole possessória, muito embora não sejam propriamente interditos possessórios, estas ações versam sobre a posse. Frise-se: não são ações tipicamente possessórias (ações interditais), mas contudo apresentam natureza possessória.

9.2. Ação de Imissão de Posse

9.2.1. Natureza jurídica

A *ação de imissão de posse não é uma ação interdital*, já que o autor da ação jamais teve a posse da coisa.

Vale lembrar que nos interditos possessórios o autor da ação interdital deve provar desde logo que já é possuidor ou era possuidor e veio a perder a sua posse. Aqui se desvela o *jus possessionis*, isto é, o direito de defender a posse. O *jus possessionis* não pode ser confundido com o *jus possidendi* que significa o direito de possuir.

Na ação de imissão de posse, o autor deve provar que tem direito à posse (*jus possidendi*) e que ainda não a obteve.[1]

PONTES DE MIRANDA, ao conceituar a ação de imissão de posse, ensina que "a ação possessória, em contraposição às petitórias, nasce da posse, e de modo nenhum tem por fito assegurar o direito à coisa. Nada tem com esse direito. Apenas se pode dizer que a tutela possessória repele o não direito 'formal' (R. SOHM, *Institutionen*, 16. ed., 431) do réu. Os *interdicta adipiscendae possessionis*, que supõem ainda não se ter a posse e tem por fito obtê-la, são de natureza petitória. – A discussão entre os que lhes veem possessoriedade, ou não, parte de premissas falsas [...] As *missiones inpossessionem*,

---

1 Por exemplo: Uma ação de imissão de posse em que o autor junta uma escritura de compra e venda, desprovida de *cláusula constituti*. Se o adquirente teve a posse do imóvel transferido pela cláusula *constituti*, ele poderá ingressar com uma ação interdital, uma vez que já é possuidor (simbolicamente) pelo constituto possessório.

as missões ou imissões de posse, nunca foram ações possessórias, porque não eram efeito da posse as pretensões, a que serviam – não se baseavam na posse".[2]

MARINONI destaca que a ação de imissão de posse, embora petitória, não se funda no domínio, pois é reservada àquele que tem o direito à posse – como é o caso do promitente-comprador, que obviamente não possui o domínio.[3]

Neste sentido, o acórdão do Ministro CARLOS ALBERTO MENEZES DIREITO, da Terceira Turma do Superior Tribunal de Justiça – STJ, julgado em 24.4.2001, no REsp 258.711/SP: "Ação de imissão de posse. Promessa de compra e venda. Instrumento particular. Registro. Nulidade. Súmulas nos 05 e 07 da Corte.

Não é necessário o registro para o ingresso da ação petitória de imissão de posse, na forma de precedente da Corte. 2. Não incide o art. 134 do Código Civil tratando-se de compromisso de compra e venda. 3. A existência de alvará judicial para o inventariante outorgar a escritura definitiva aos autores é forte o suficiente para afastar a alegada nulidade do instrumento de promessa de compra e venda. 4. Arrimado na prova dos autos e na interpretação do contrato o Acórdão recorrido não pode sofrer o ataque do especial, presentes as súmulas nos 05 e 07 da Corte. 5. Recurso especial não conhecido".

Da mesma forma, no Resp. 93015/PR, o Ministro BARROS MONTEIRO, da Quarta Turma do STJ, em 29.10.1996, decidiu que "Imissão de posse. Ação ajuizada por compromissário-comprador. Direito à posse. Promessa de venda e compra não registrada. Admissibilidade. Obrigando-se o promitente-vendedor no contrato a proceder à entrega do imóvel ao compromissário-comprador, desde logo ou em determinado tempo, a este e facultado o exercício da ação de imissão de posse, ainda que não esteja a promessa registrada no álbum imobiliário. Recurso especial conhecido, mas improvido".

Daí que MARINONI afirma que "a ação de imissão na posse é fundada em direito à posse, e por esse motivo não é deferida somente ao adquirente".[4]

9.2.2. Imissão na posse

O artigo 538 do Código de Processo Civil diz que "não cumprida a obrigação de entregar coisa no prazo estabelecido na sentença, será expedido mandado de busca e apreensão ou de *imissão na posse* em favor do credor, conforme se tratar de coisa móvel ou imóvel". (grifo nosso)

---

2 PONTES DE MIRANDA. *Tratado de direito privado*. Parte especial. Tomo X. 2. ed. Rio de Janeiro: Borsoi, 1958, p. 463-464.
3 MARINONI, Luiz Guilherme. *Técnica processual e tutela de direitos*. São Paulo: Revista dos Tribunais, 2004, p. 562.
4 Ibid., p. 564.

A existência de benfeitorias deve ser alegada na fase de conhecimento, em contestação, de forma discriminada e com atribuição, sempre que possível e justificadamente, do respectivo valor (artigo 538, § 1º, do CPC).

O direito de retenção por benfeitorias deve ser exercido na contestação, na fase de conhecimento (artigo 538, § 2º, do CPC). Aplicam-se ao procedimento previsto no artigo 538, no que couber, as disposições sobre o cumprimento de obrigação de fazer ou de não fazer (artigo 538, § 3º, do CPC).

Da mesma forma, a imissão na posse poderá ser utilizada no caso de remoção do inventariante. Vejamos o artigo 625 do Código de Processo Civil: "o inventariante removido entregará imediatamente ao substituto os bens do espólio e, caso deixe de fazê-lo, será compelido mediante mandado de busca e apreensão ou de *imissão na posse*, conforme se tratar de bem móvel ou imóvel, sem prejuízo da multa a ser fixada pelo juiz em montante não superior a três por cento do valor dos bens inventariados". (grifo nosso)[5]

9.3. Embargos de Terceiro

Os *embargos de terceiro* estão previstos nos artigos 674 a 681 do Código de Processo Civil brasileiro.

De acordo com os ensinamentos de JEFFERSON CARÚS GUEDES, "os embargos de terceiro são ação cível cabível em qualquer espécie de processo ou fase processual, seja de conhecimento ou de execução, mas também cabíveis nos procedimentos especiais de jurisdição contenciosa, do próprio CPC ou da legislação esparsa, desde que o ato de constrição seja agressivo à posse e ilegítimo. Alcança inclusive as jurisdições trabalhista e penal quando dessas justiças partem atos agressivos à posse".[6]

O artigo 674 determina que "quem, não sendo parte no processo, sofrer constrição ou ameaça de constrição sobre bens que possua ou sobre os quais tenha direito incompatível com o ato constritivo, poderá requerer seu desfazimento ou sua inibição por meio de embargos de terceiro. Os embargos podem ser de terceiro proprietário, inclusive fiduciário, ou possuidor (artigo 674, § 1º, do CPC).

Consoante o artigo 674, § 2º, do CPC, considera-se terceiro, para ajuizamento dos embargos: I – o cônjuge ou companheiro, quando defende a posse

---

5 CPC – Art. 806. O devedor de obrigação de entrega de coisa certa, constante de título executivo extrajudicial, será citado para, em 15 (quinze) dias, satisfazer a obrigação.§ 1º Ao despachar a inicial, o juiz poderá fixar multa por dia de atraso no cumprimento da obrigação, ficando o respectivo valor sujeito a alteração, caso se revele insuficiente ou excessivo.§ 2º Do mandado de citação constará ordem para imissão na posse ou busca e apreensão, conforme se tratar de bem imóvel ou móvel, cujo cumprimento se dará de imediato, se o executado não satisfizer a obrigação no prazo que lhe foi designado.

6 GUEDES, Jefferson Carús. Comentários ao artigo 674 do Código de Processo Civil. In: Passo, CABRAL, Antonio d., CRAMER, (orgs.). *Comentários ao Novo Código de Processo Civil*, 2. ed. Rio de Janeiro: Método, 2016. VitalBook file.

de bens próprios ou de sua meação, ressalvado o disposto no art. 843 do CPC; II – o adquirente de bens cuja constrição decorreu de decisão que declara a ineficácia da alienação realizada em fraude à execução; III – quem sofre constrição judicial de seus bens por força de desconsideração da personalidade jurídica, de cujo incidente não fez parte; IV – o credor com garantia real para obstar expropriação judicial do objeto de direito real de garantia, caso não tenha sido intimado, nos termos legais dos atos expropriatórios respectivos.

Qual o prazo para a propositura da ação de embargos de terceiro?

Os embargos podem ser opostos a qualquer tempo no processo de conhecimento enquanto não transitada em julgado a sentença e, no cumprimento de sentença ou no processo de execução, até 5 (cinco) dias depois da adjudicação, da alienação por iniciativa particular ou da arrematação, mas sempre antes da assinatura da respectiva carta.[7]

Caso identifique a existência de terceiro titular de interesse em embargar o ato, o juiz mandará intimá-lo pessoalmente.[8]

Aqui mais uma vez, são fundamentais as lições de JEFFERSON CARÚS GUEDES. Vejamos: "As oportunidades ou o momento para a propositura dos embargos de terceiro, pela nova norma, estendem-se por toda a fase de conhecimento e de execução ou nos processos de execução autônoma, assim como em procedimentos sincréticos que mesclem conhecimento e execução. Pela nova sistemática, que prevê o cabimento dos embargos de terceiro diante de simples ameaça, pode-se cogitar antecipar a medida defensiva dos embargos de terceiro ao próprio ato constritivo. Mas não se pode antecipar a defesa ao próprio processo do qual decorre a constrição; sem ameaça real, que nasce ou nasça do processo, não há de se falar em embargos de terceiro.

No parágrafo único, é introduzida uma inovação importante, que expressamente permite ao juiz, identificando a existência de terceiro titular de interesse em embargar o ato, prevenindo-se de eventual novo processo e da ampliação do litígio, "chame-o" a manifestar-se no processo original. Com isso, faz o terceiro vir a integrar o processo original e aprecia seu interesse, protegendo-o se assim merecer.

Essa medida pode ser discutível, sob o aspecto da inatividade ou na imparcialidade da jurisdição, mas atende à *nova ideologia* do processo civil que prevê um juiz mais ativo e com mais poderes.

A identificação de interesse de terceiro pode se dar voluntariamente, do exame dos documentos que acompanham os autos do processo, de depoimentos que indiquem fatos reveladores do interesse de terceiro ou de alerta feito por petição do terceiro ou das próprias partes. Sabe-se também que certas constrições judiciais decorrem da atividade de ofício do juízo, sem

---

7   CPC, artigo 675.
8   CPC, artigo 675, parágrafo único.

requerimento das partes e podem se dirigir a bens que não possuem vínculo, necessariamente, com o autor ou o réu ou com o exequente e o executado.

Assim como as medidas judiciais constritivas podem se originar de atos do juiz, podem também ter como ponto de partida o autor ou o réu, os auxiliares do juízo, que identificando bens podem apreendê-los, ou mesmo indicações de agentes públicos, quando provocados".[9]

Os embargos serão distribuídos por dependência ao juízo que ordenou a constrição e autuados em apartado.[10] Nos casos de ato de constrição realizado por carta, os embargos serão oferecidos no juízo deprecado, salvo se indicado pelo juízo deprecante o bem constrito ou se já devolvida a carta.[11]

Na petição inicial, o embargante fará a prova sumária de sua posse ou de seu domínio e da qualidade de terceiro, oferecendo documentos e rol de testemunhas.[12]

É facultada a prova da posse em audiência preliminar designada pelo juiz.[13]

O possuidor direto pode alegar, além da sua posse, o domínio alheio.[14]

A citação será pessoal, se o embargado não tiver procurador constituído nos autos da ação principal.[15]

Será legitimado passivo o sujeito a quem o ato de constrição aproveita, assim como o será seu adversário no processo principal quando for sua a indicação do bem para a constrição judicial.[16]

A decisão que reconhecer suficientemente provado o domínio ou a posse determinará a suspensão das medidas constritivas sobre os bens litigiosos objeto dos embargos, bem como a manutenção ou a reintegração provisória da posse, se o embargante a houver requerido.[17]

O juiz poderá condicionar a ordem de manutenção ou de reintegração provisória de posse à prestação de caução pelo requerente, ressalvada a impossibilidade da parte economicamente hipossuficiente.[18]

Os embargos poderão ser contestados no prazo de 15 (quinze) dias, findo o qual se seguirá o procedimento comum.[19]

---

9   GUEDES, Jefferson Carús. Comentários ao artigo 675 do Código de Processo Civil. In: Passo, CABRAL, Antonio d., CRAMER, (orgs.). *Comentários ao Novo Código de Processo Civil*, 2. ed. Rio de Janeiro: Método, 2016. VitalBook file.
10   CPC, artigo 676.
11   CPC, artigo 676, parágrafo único.
12   CPC, artigo 677.
13   CPC, artigo 677, § 1º
14   CPC, artigo 677, § 2º
15   CPC, artigo 677, § 3º
16   CPC, artigo 677, § 4º
17   CPC, artigo 678.
18   CPC, artigo 678, parágrafo único.
19   CPC, artigo 679.

Contra os embargos do credor com garantia real, o embargado somente poderá alegar que:[20] I – o devedor comum é insolvente; II – o título é nulo ou não obriga a terceiro; III – outra é a coisa dada em garantia.

Acolhido o pedido inicial, o ato de constrição judicial indevida será cancelado, com o reconhecimento do domínio, da manutenção da posse ou da reintegração definitiva do bem ou do direito ao embargante.[21] O dispositivo referido não possui correspondência no CPC de 1973. Assim, o julgamento de procedência do pedido do autor nos embargos de terceiro tem "o efeito de cancelar a constrição judicial considerada indevida e que atingira a posse de bem que não pertencia às partes envolvidas na ação principal. Daí dizer que se trata de procedimento constitutivo negativo, pois objetiva livrar a posse de bem de terceiro de injusta apreensão processual".[22]

---

20 CPC, artigo 680.
21 CPC, artigo 681.
22 GUEDES, Jefferson Carús. Comentários ao artigo 681 do Código de Processo Civil. In: Passo, CABRAL, Antonio d., CRAMER, (orgs.). *Comentários ao Novo Código de Processo Civil*, 2. ed. Rio de Janeiro: Método, 2016. VitalBook file.

Capítulo 10
DIREITOS REAIS

TÍTULO II – DOS DIREITOS REAIS

"Acrescente-se um esclarecimento que concerne à propriedade: nela, talvez mais do que em qualquer outro instituto do direito, exalta-se e se exaspera o que se está dizendo agora do jurídico, porque ela, rompendo a trama superficial das formas, liga-se necessariamente, por um lado, a uma antropologia, a uma visão do homem no mundo, por outro, em graça de seu vínculo estreitíssimo com interesses vitais de indivíduos e de classes, a uma ideologia. A propriedade é, por essas insuprimíveis raízes, mais do que qualquer outro instituto, mentalidade, aliás, mentalidade profunda". *(Paolo Grossi)*[1]

CAPÍTULO ÚNICO
DISPOSIÇÕES GERAIS

10.1. Conceito

O nosso Código Civil brasileiro, após disciplinar o instituto jurídico da posse, trata, no Título II, do Livro III, dos *direitos reais*. No artigo 1.225, determina que são direitos reais:[2] I – a *propriedade*;[3] II – a *superfície*; III – as

---

1 GROSSI, Paolo. *História da propriedade e outros ensaios*. Tradução: Luiz Ernani Fritoli e Ricardo Marcelo Fonseca. Rio de Janeiro: Renovar, 2006, p. 31.
2 Correspondente ao art. 674 CCB/1916
3 Correspondente aos arts. 1.228 a 1.276 e art. 1.359 a 1.368 CCB/1916.

servidões; ⁴ ⁵ IV – o *usufruto*;⁶ ⁷ V – o *uso;* ⁸ ⁹ VI – a *habitação;* VII – o *direito do promitente comprador do imóvel;¹⁰ ¹¹*VIII – o *penhor* ¹² IX – a hipoteca;¹³ X – a anticrese;¹⁴ XI – a *concessão de uso especial para fins de moradia*; (Incluído pela Lei n° 11.481, de 2007)¹⁵ XII – a *concessão de direito real de uso.* (Incluído pela

---

4   Correspondente aos arts. 1.378 a 1.389 CCB/1916.
5   CC 2002 – Da Constituição das Servidões. Art. 1.378. A servidão proporciona utilidade para o prédio dominante, e grava o prédio serviente, que pertence a diverso dono, e constitui-se mediante declaração expressa dos proprietários, ou por testamento, e subsequente registro no Cartório de Registro de Imóveis.
6   Correspondente aos art. 1.390 a 1.411 CCB/1916
7   CC 2002 – Do Usufruto. Arts. 1.390. O usufruto pode recair em um ou mais bens, móveis ou imóveis, em um patrimônio inteiro, ou parte deste, abrangendo-lhe, no todo ou em parte, os frutos e utilidades.
8   Correspondente aos arts. 1.412 e 1.413 CCB/1916.
9   ²⁶⁸CC 2002 – Do Uso. Art. 1.412. O usuário usará da coisa e perceberá os seus frutos, quanto o exigirem as necessidades suas e de sua família. § 1° Avaliar-se-ão as necessidades pessoais do usuário conforme a sua condição social e o lugar onde viver. § 2° As necessidades da família do usuário compreendem as de seu cônjuge, dos filhos solteiros e das pessoas de seu serviço doméstico. Art. 1.414. Quando o uso consistir no direito de habitar gratuitamente casa alheia, o titular deste direito não a pode alugar, nem emprestar, mas simplesmente ocupá-la com sua família.Art. 1.415. Se o direito real de habitação for conferido a mais de uma pessoa, qualquer delas que sozinha habite a casa não terá de pagar aluguel à outra, ou às outras, mas não as pode inibir de exercerem, querendo, o direito, que também lhes compete, de habitá-la. Art. 1.416. São aplicáveis à habitação, no que não for contrário à sua natureza, as disposições relativas ao usufruto.
10 Correspondente aos arts. 1.417 e 1.418 CCB/1916.
11 CC 2002 – Do Direito do Promitente Comprador. Art. 1.417. Mediante promessa de compra e venda, em que se não pactuou arrependimento, celebrada por instrumento público ou particular, e registrada no Cartório de Registro de Imóveis, adquire o promitente comprador direito real à aquisição do imóvel.
12 CC 2002 – Da Constituição do Penhor. Art. 1.431. Constitui-se o penhor pela transferência efetiva da posse que, em garantia do débito ao credor ou a quem o represente, faz o devedor, ou alguém por ele, de uma coisa móvel, suscetível de alienação. Parágrafo único. No penhor rural, industrial, mercantil e de veículos, as coisas empenhadas continuam em poder do devedor, que as deve guardar e conservar.
13 CC 2002 – Da Hipoteca. Art. 1.473. Podem ser objeto de hipoteca: I – os imóveis e os acessórios dos imóveis conjuntamente com eles; II – o domínio direto; III – o domínio útil; IV – as estradas de ferro; V – os recursos naturais a que se refere o art. 1.230, independentemente do solo onde se acham; VI – os navios; VII – as aeronaves. Parágrafo único. A hipoteca dos navios e das aeronaves reger-se-á pelo disposto em lei especial.
14 Correspondente aos arts. 1.506 a 1.510 CCB/1916.CC 2002 – Da Anticrese. Art. 1.506. Pode o devedor ou outrem por ele, com a entrega do imóvel ao credor, ceder-lhe o direito de perceber, em compensação da dívida, os frutos e rendimentos. § 1° É permitido estipular que os frutos e rendimentos do imóvel sejam percebidos pelo credor à conta de juros, mas se o seu valor ultrapassar a taxa máxima permitida em lei para as operações financeiras, o remanescente será imputado ao capital. § 2° Quando a anticrese recair sobre bem imóvel, este poderá ser hipotecado pelo devedor ao credor anticrético, ou a terceiros, assim como o imóvel hipotecado poderá ser dado em anticrese.
15 Sem correspondente ao CCB/1916.

Lei n° 11.481, de 2007)[16] (Redação dada pela Lei 13.465, de 2017) e XIII – a laje. (Incluído pela Lei n° 13.465, de 2017).

Os incisos XI e XII, frise-se, foram acrescentados pelo artigo 10 da Lei n° 11.481, de 31 de maio de 2007, com vistas a medidas voltadas à organização fundiária de interesse social em imóveis da União.[17]

O *direito à moradia* é um *direito social* constitucionalmente assegurado pelo artigo 6° da Constituição da República Federativa do Brasil de 1988.[18]

O direito de *concessão de uso especial para fins de moradia* está ancorado no artigo 183, § 1°, da CRFB/8 8[19] e relaciona-se de forma direta ao princípio constitucional da função social da propriedade fulcrado nos artigos 5°, XXIII, 170, III e 182, § 2°, da nossa Carta Magna. De qualquer forma, não há falar-se de um direito real pioneiro, já que desde a edição da Medida Provisória n° 2.220, de 4 de setembro de 2001, a concessão de uso especial para fins de moradia já fazia parte do rol dos direitos reais.[20]

---

16 Sem correspondente ao CCB/1916.
17 A Lei n° 11.481, de 31 de maio de 2007, acrescentou dentre outros, dois incisos no artigo 1.225 e outros dois incisos no artigo 1.473.
18 CRFB/88 – Art. 6° São direitos sociais a educação, a saúde, o trabalho, a moradia, o lazer, a segurança, a previdência social, a proteção à maternidade e à infância, a assistência aos desamparados, na forma desta Constituição. (Redação dada pela Emenda Constitucional n° 26, de 2000)
19 CRFB/88 – Art. 183. Aquele que possuir como sua área urbana de até duzentos e cinquenta metros quadrados, por cinco anos, ininterruptamente e sem oposição, utilizando-a para sua moradia ou de sua família, adquirir-lhe-á o domínio, desde que não seja proprietário de outro imóvel urbano ou rural. § 1° – O título de domínio e a *concessão de uso* serão conferidos ao homem ou à mulher, ou a ambos, independentemente do estado civil. § 2° – Esse direito não será reconhecido ao mesmo possuidor mais de uma vez. § 3° – Os imóveis públicos não serão adquiridos por usucapião.
20 MEDIDA-PROVISÓRIA n° 2.220, de 4 de setembro de 2001. Dispõe sobre a concessão de uso especial de que trata o § 1° do art. 183 da Constituição, cria o Conselho Nacional de Desenvolvimento Urbano – CNDU e dá outras providências. [...] CAPÍTULO I – DA CONCESSÃO DE USO ESPECIAL
Art. 1° Aquele que, até 30 de junho de 2001, possuiu como seu, por cinco anos, ininterruptamente e sem oposição, até duzentos e cinquenta metros quadrados de imóvel público situado em área urbana, utilizando-o para sua moradia ou de sua família, tem o direito à concessão de uso especial para fins de moradia em relação ao bem objeto da posse, desde que não seja proprietário ou concessionário, a qualquer título, de outro imóvel urbano ou rural.
§ 1° A concessão de uso especial para fins de moradia será conferida de forma gratuita ao homem ou à mulher, ou a ambos, independentemente do estado civil.
§ 2° O direito de que trata este artigo não será reconhecido ao mesmo concessionário mais de uma vez.
§ 3° Para os efeitos deste artigo, o herdeiro legítimo continua, de pleno direito, na posse de seu antecessor, desde que já resida no imóvel por ocasião da abertura da sucessão. Art. 2° Nos imóveis de que trata o art. 1°, com mais de duzentos e cinquenta metros quadrados, que, até 30 de junho de 2001, estavam ocupados por população de baixa renda para sua moradia, por cinco anos, ininterruptamente e sem oposição, onde não for possível identificar os terrenos ocupados por possuidor, a concessão de uso especial para fins de moradia será conferida de forma coletiva, desde que os possuidores não sejam proprietários ou

Outrossim, o artigo 10 da Lei n° 11.481/2007 alterou a redação do artigo 1.225 do Código Civil, acrescentando o inciso XII, caracterizando como direito real, "a concessão de direito real de uso".

A *concessão de direito real de uso* ocorre por ato administrativo vinculado ao Poder Público, incidindo sobre imóvel de propriedade da União. Este ato deverá ser levado ao Registro Imobiliário para efetivação do direito real. Neste contexto, o artigo 1.227 do nosso Código Civil determina que "os direitos reais sobre imóveis constituídos, ou transmitidos por atos entre vivos, só se adquirem com o registro no Cartório de Registro de Imóveis dos referidos títulos (arts 1.245 a 1.247), salvo os casos expressos neste Código".[21]

---

concessionários, a qualquer título, de outro imóvel urbano ou rural.

§ 1° O possuidor pode, para o fim de contar o prazo exigido por este artigo, acrescentar sua posse à de seu antecessor, contanto que ambas sejam contínuas.

§ 2° Na concessão de uso especial de que trata este artigo, será atribuída igual fração ideal de terreno a cada possuidor, independentemente da dimensão do terreno que cada um ocupe, salvo hipótese de acordo escrito entre os ocupantes, estabelecendo frações ideais diferenciadas.

§ 3° A fração ideal atribuída a cada possuidor não poderá ser superior a duzentos e cinquenta metros quadrados.

Art. 3° Será garantida a opção de exercer os direitos de que tratam os arts. 1° e 2° também aos ocupantes, regularmente inscritos, de imóveis públicos, com até duzentos e cinquenta metros quadrados, da União, dos Estados, do Distrito Federal e dos Municípios, que estejam situados em área urbana, na forma do regulamento.

Art. 4° No caso de a ocupação acarretar risco à vida ou à saúde dos ocupantes, o Poder Público garantirá ao possuidor o exercício do direito de que tratam os arts. 1° e 2° em outro local.

Art. 5° É facultado ao Poder Público assegurar o exercício do direito de que tratam os arts. 1° e 2° em outro local na hipótese de ocupação de imóvel: I – de uso comum do povo; II – destinado a projeto de urbanização; III – de interesse da defesa nacional, da preservação ambiental e da proteção dos ecossistemas naturais; IV – reservado à construção de represas e obras congêneres; ou V – situado em via de comunicação.

Art. 6° O título de concessão de uso especial para fins de moradia será obtido pela via administrativa perante o órgão competente da Administração Pública ou, em caso de recusa ou omissão deste, pela via judicial.

§ 1° A Administração Pública terá o prazo máximo de doze meses para decidir o pedido, contado da data de seu protocolo.

§ 2° Na hipótese de bem imóvel da União ou dos Estados, o interessado deverá instruir o requerimento de concessão de uso especial para fins de moradia com certidão expedida pelo Poder Público municipal, que ateste a localização do imóvel em área urbana e a sua destinação para moradia do ocupante ou de sua família.

§ 3° Em caso de ação judicial, a concessão de uso especial para fins de moradia será declarada pelo juiz, mediante sentença.

21 § 4° O título conferido por via administrativa ou por sentença judicial servirá para efeito de registro no cartório de registro de imóveis.

Art. 7° O direito de concessão de uso especial para fins de moradia é transferível por ato inter vivos ou causa mortis.

Art. 8° O direito à concessão de uso especial para fins de moradia extingue-se no caso de: I – o concessionário dar ao imóvel destinação diversa da moradia para si ou para sua família; ou II – o concessionário adquirir a propriedade ou a concessão de uso de outro imóvel urbano ou rural.

Parágrafo único. A extinção de que trata este artigo será averbada no cartório de registro

De acordo com HELY LOPES MEIRELLES, a *concessão de direito real de uso* é "o contrato pelo qual a Administração transfere o uso remunerado ou gratuito de terreno público a particular, como direito real resolúvel, para que dele se utilize em fins específicos de urbanização, industrialização, edificação, cultivo ou qualquer outra exploração de interesse social".

A origem deste instituto ocorreu com o advento do Decreto-Lei nº 271, de 28 de fevereiro de 1967, em especial, o seu artigo 7º diz que: "é instituída a concessão de uso de terrenos públicos ou particulares, remunerada ou gratuita, por tempo certo ou indeterminado, como direito real resolúvel, para fins específicos de urbanização, industrialização, edificação, cultivo da terra ou outra utilização de interesse social".[22]

De acordo com BENEDITO SILVÉRIO RIBEIRO, desembargador do Tribunal de Justiça de São Paulo, "a Prefeitura de São Paulo, consoante se infere do Decreto nº 35.232, de 27 de junho de 1995, iniciou o projeto conhecido como Cingapura, outorgando permissão de uso, a título precário e oneroso, de unidades em conjuntos habitacionais verticalizados construídos em lugar de favelas em terrenos públicos desocupados, para o fim específico de moradia familiar".[23]

---

de imóveis, por meio de declaração do Poder Público concedente.
Art. 9º É facultado ao Poder Público competente dar autorização de uso àquele que, até 30 de junho de 2001, possuiu como seu, por cinco anos, ininterruptamente e sem oposição, até duzentos e cinquenta metros quadrados de imóvel público situado em área urbana, utilizando-o para fins comerciais.
§ 1º A autorização de uso de que trata este artigo será conferida de forma gratuita.
§ 2º O possuidor pode, para o fim de contar o prazo exigido por este artigo, acrescentar sua posse à de seu antecessor, contanto que ambas sejam contínuas.

22 Decreto-Lei, nº 271, de 28 de fevereiro de 1967. [...] Art. 7º – É instituída a concessão de uso de terrenos públicos ou particulares, remunerada ou gratuita, por tempo certo ou indeterminado, como direito real resolúvel, para fins específicos de urbanização, industrialização, edificação, cultivo da terra, ou outra utilização de interesse social.
§ 1º – A concessão de uso poderá ser contratada por instrumento público ou particular, ou por simples termo administrativo, e será inscrita e cancelada em livro especial.
§ 2º – Desde a inscrição da concessão de uso, o concessionário fruirá plenamente do terreno para os fins estabelecidos no contrato e responderá por todos, os encargos civis, administrativos e tributários que venham a incidir sobre o imóvel e suas rendas.
§ 3º – Resolve-se a concessão antes de seu termo, desde que o concessionário dê ao imóvel destinação diversa da estabelecida no contrato ou termo, ou descumpra cláusula resolutória do ajuste, perdendo, neste caso as benfeitorias de qualquer natureza.
§ 4º – A concessão de uso, salvo disposição contratual em contrário, transfere-se por ato "inter vivos", ou por sucessão legítima ou testamentária, como os demais direitos reais sobre coisas alheias, registrando-se a transferência.
Art. 8º – É permitida a concessão de uso do espaço aéreo sobre a superfície de terrenos públicos ou particulares, tomada em projeção vertical, nos termos e para os fins do artigo anterior e na forma que for regulamentada. [...]

23 RIBEIRO, Benedito Silvério. *Tratado de usucapião*. Vol. 2. 6. ed. São Paulo: Saraiva, 2008, p. 1.019.

É competente para realizar a referida concessão a Secretaria do Patrimônio da União – SPU, consoante artigo 40 da Lei n° 9.636/98.[24] Assim, o artigo 1.225 do nosso Código Civil brasileiro apresenta, pois, um rol taxativo composto por doze incisos, caracterizadores dos direitos reais.

10.2. Enfiteuse

E quanto ao instituto jurídico da *enfiteuse*, que estava previsto no rol do artigo 674 do Código Civil de 1916? Ora, o artigo 2.038 e parágrafos do Código Civil de 2002 determinam que: "Art. 2.038. Fica proibida a constituição de enfiteuses e subenfiteuses, subordinando-se as existentes, até sua extinção, às disposições do Código Civil anterior, Lei n° 3.071, de 1° de janeiro de 1916, e leis posteriores.

§ 1° Nos aforamentos a que se refere este artigo é defeso: I – cobrar laudêmio ou prestação análoga nas transmissões de bem aforado, sobre o valor das construções ou plantações; II – constituir subenfiteuse.

§ 2° A enfiteuse dos terrenos de marinha e acrescidos regula-se por lei especial.

Daí é possível concluir que:

a) a enfiteuse particular foi extinta;
b) as enfiteuses já constituídas permanecem, em respeito ao direito adquirido;
c) as enfiteuses públicas permanecem, já que não são reguladas pelo Código Civil, mas sim pelo Decreto-Lei n° 9.760/46.
d) a enfiteuse foi substituída pelo instituto jurídico da *superfície*.

10.3. Aquisição dos Direitos Reais

De acordo com LAFAYETTE RODRIGUES PEREIRA, o *domínio* é "o direito real em toda a sua compreensão, ou antes é a síntese de todos os direitos reais; manifesta-se por todos os atos que o homem pode praticar sobre a coisa corpórea: é a plena potestas, o império exclusivo e absoluto da nossa vontade sobre a coisa".[25]

---

24 Lei 9.636/98 – Art. 40 – Será de competência exclusiva da SPU, observado o disposto no art. 38 e sem prejuízo das competências da Procuradoria-Geral da Fazenda Nacional, previstas no Decreto-Lei n° 147, de 3 de fevereiro de 1967, a realização de aforamentos, concessões de direito real de uso, locações, arrendamentos, entregas e cessões a qualquer título, de imóveis de propriedade da União, exceto nos seguintes casos:
I – cessões, locações e arrendamentos especialmente autorizados nos termos de entrega, observadas as condições fixadas em regulamento; II – locações de imóveis residenciais de caráter obrigatório, de que tratam os arts. 80 a 85 do Decreto-Lei n° 9.760, de 1946; III – locações de imóveis residenciais sob o regime da Lei n° 8.025, de 1990; IV – cessões de que trata o art. 20; e V – as locações e arrendamento autorizados nos termos do inciso III do art. 19.
25 PEREIRA, Lafayette Rodrigues. *Direito das coisas*. Edição histórica. Vol. I. Rio de Janeiro:

PONTES DE MIRANDA ensina que o *domínio* "contém em si o poder de usar a coisa, em todas as suas vantagens e utilidades – *dominium, plena in re potestas*; e de praticar, quanto a ela, todos os atos que sejam sem ofensa a outrem".[26]

O domínio da coisa móvel é adquirido pela tradição. O artigo 1.226 do nosso Código Civil preceitua que "os direitos reais sobre coisas móveis, quando constituídos, ou transmitidos por atos entre vivos, só se adquirem com a tradição".[27]

O artigo 1.267 diz que "a propriedade das coisas não se transfere pelos negócios jurídicos antes da tradição. Parágrafo único. Subentende-se a tradição quando o transmitente continua a possuir pelo constituto possessório; quando cede ao adquirente o direito à restituição da coisa, que se encontra em poder de terceiro; ou quando o adquirente já está na posse da coisa, por ocasião do negócio jurídico".

Daí que não basta a assinatura do contrato para a transferência do domínio, criando entre os contraentes apenas direitos e obrigações entre si. O artigo 481 do nosso Código Civil dispõe que "pelo contrato de compra e venda, um dos contratantes se obriga a transferir o domínio de certa coisa, e o outro, a pagar-lhe certo preço em dinheiro".

Quanto aos imóveis, conforme acima referido, o artigo 1.227 do nosso Código Civil determina que: "os direitos reais sobre imóveis constituídos, ou transmitidos por atos entre vivos, só se adquirem com o registro no Cartório de Registro de Imóveis dos referidos títulos (arts. 1.245 a 1.247), salvo os casos expressos neste Código".[28]

Assim, transfere-se entre vivos a propriedade mediante o registro do título translativo no Registro de Imóveis (CC, art. 1.245, *caput*).

Enquanto não se registrar o título translativo, o alienante continua a ser havido como dono do imóvel (CC, art. 1.245, § 1º).

Da mesma forma, enquanto não se promover, por meio de ação própria, a decretação de invalidade do registro, e o respectivo cancelamento, o adquirente continua a ser havido como dono do imóvel (CC, art. 1.245, § 2º).

Por fim, vale lembrar que a aquisição da propriedade imobiliária pode ocorrer de forma originária ou derivada. Aquela ocorre quando não há transmissão de propriedade. Por exemplo: acessão e usucapião. Nesta ocorre o fenômeno da transmissibilidade da propriedade, a título singular ou universal. Neste caso, mantêm-se as mesmas restrições do titular anterior.

Rio, 1977, p. 24.
26 PONTES DE MIRANDA. *Tratado de direito privado*. Parte especial. Tomo XI. 2. ed. Rio de Janeiro: Borsoi, 1958, p. 31.
27 Correspondente aos artigos 675 e 676 do Código Civil de 1916.
28 Correspondente ao artigo 676 do Código Civil de 1916.

Capítulo 11
PROPRIEDADE

TÍTULO III – DA PROPRIEDADE

CAPÍTULO I
DA PROPRIEDADE EM GERAL

Seção I – Disposições Preliminares

11.1. Conceito

O nosso Código Civil, da mesma forma que não definiu o conceito de *posse*, também não definiu o conceito de *propriedade*. A *propriedade* é, sem dúvida, o epicentro dos direitos reais, consistindo, pois, no mais completo dos direitos subjetivos. Toda a estrutura dos direitos reais gravita em torno do instituto jurídico da *propriedade*.

O nosso Código apenas enuncia os poderes do proprietário nos dizeres do artigo 1.228, *verbis:* "O proprietário tem a faculdade de usar, gozar e dispor da coisa, e o direito de reavê-la do poder de quem quer que injustamente a possua ou detenha".[1]

Qual o *conceito de propriedade*? As definições doutrinais da propriedade são numerosas.

Segundo PONTES DE MIRANDA, em sentido amplíssimo, *propriedade* "é o domínio ou qualquer direito patrimonial. Tal conceito desborda o direito das coisas. O crédito é propriedade. Em sentido amplo, propriedade é todo direito irradiado em virtude de ter incidido regra de direito das coisas. Em sentido quase coincidente, é todo direito sobre as coisas corpóreas e a propriedade literária, científica, artística e industrial. Em sentido estrítissimo, é só do domínio".[2]

---
1 Correspondente ao art. 524 CCB/1916.
2 PONTES DE MIRANDA. *Tratado de direito privado.* Parte especial. Tomo XI. 2. ed. Rio de Janeiro: Borsoi, 1958, p. 9.

Para CLÓVIS BEVILÁQUA, a propriedade, considerada como um direito, "é o poder de dispor, arbitrariamente, da substância e das utilidades de uma coisa, com exclusão de qualquer outra pessoa".[3]

Consoante SERPA LOPES, a palavra *propriedade* possui um sentido que nasce do seu próprio termo. "A coisa é própria ao proprietário nesse sentido de só a ele, em princípio, caber a utilização dos seus serviços. E era precisamente a isto que os romanos denominavam de *dominium*, por isso que o seu titular era em princípio senhor da coisa, fazendo dela o que bem quisesse. A palavra *propriedade* vem do latim – *proprietas* – derivada de *proprius*, significando o que pertence a uma pessoa. No domínio do Direito, a palavra *propriedade* possui amplo sentido, pois serve a indicar toda a relação jurídica de apropriação de um bem qualquer, corpóreo ou incorpóreo".[4]

CUNHA GONÇALVES entende que a definição de SCIALOJA é insuficiente, já que este afirma que a propriedade "é uma relação de direito pela qual uma coisa, havida como pertencente a certa pessoa, fica sujeita complementarmente à vontade desta em tudo o que não seja proibido pelo direito público ou pela concorrência de direito alheio".[5]

CUNHA GONÇALVES afirma que é difícil fixar de forma rígida o conceito de propriedade, já que o referido instituto depende dos elementos *temporal* e *espacial*. Daí que prefere a seguinte definição: "direito de propriedade é aquele que uma pessoa singular ou coletiva efetivamente exerce numa coisa certa e determinada, em regra perpetuamente, de modo normalmente absoluto, sempre exclusivo, e que todas as outras pessoas são obrigadas a respeitar".[6]

ROBERTO DE RUGGIERO, professor da Universidade Real de Roma, destaca duas definições de propriedade em razão do seu alto valor científico, quais sejam: a definição de propriedade proposta por FILOMUSI, segundo a qual "a propriedade é o domínio geral e independente de uma pessoa sobre uma coisa, para fins reconhecidos pelo Direito (lei) e dentro dos limites pelo Direito estabelecidos"[7] e a definição apresentada por SCIALOJA acima mencionada. O professor italiano dá preferência a esta definição.[8]

JOSÉ DE OLIVEIRA ASCENSO, professor catedrático da Faculdade de Direito de Lisboa, afirma que "a propriedade é comummente qualificada

---

3 BEVILÁQUA, Clóvis. *Código civil dos Estados Unidos do Brasil comentado por Clóvis Beviláqua*. V. 1. Edição histórica. Rio de Janeiro: Rio, 1976, p. 1004.
4 SERPA LOPES, Miguel Maria de. *Curso de Direito Civil:* direito das coisas. Vol. VI. 5. ed. Rio de Janeiro: Freitas Bastos, 2001, p. 281-282.
5 SCIALOJA, *Lezioni di dir. civ.*, p. 134 apud CUNHA GONÇALVES, Luiz da. *Tratado de Direito Civil*. Volume XI. Tomo I. São Paulo: Max Limonad, 1958, p. 207-208.
6 Ibid., p. 208-209.
7 *Diritti reali*, p. 131 e seguintes apud RUGGIERO, Roberto de. *Instituições de Direito Civil*. Vol. II. São Paulo: Saraiva, 1958, p. 371-372.
8 Ibid.

como o *direito real máximo;* efectivamente, é o modelo de todos os outros direitos reais".[9]

DIDIMO AGAPITO DA VEIGA, amparado em LACERDA DE ALMEIDA e DERNBURG, dispõe que "o poder mais enérgico e absoluto que a lei confere ao homem sobre a coisa é o direito de propriedade, ele representa o assenhoramento geral e completo da coisa corpórea e todas as manifestações e efeitos possíveis dessa situação, segundo a natureza e de conformidade com o direito".[10]

O CONSELHEIRO LAFAYETTE ensina que o *direito de propriedade,* "em sentido genérico, abrange todos os direitos que formam o nosso patrimônio, isto é, todos os direitos que podem ser reduzidos a valor pecuniário. Mas, ordinariamente, o *direito de propriedade* é tomado no sentido mais restrito, como compreendendo tão somente o direito que tem por objeto direto ou imediato as coisas corpóreas. Nesta acepção, se lhe dá mais geralmente o nome do *domínio,* consagrado por monumentos legislativos antiquíssimos e de significação mais espiritual e característica. *Domínio* é o direito real que vincula e legalmente submete ao poder absoluto de nossa vontade a coisa corpórea, na substância, acidentes e acessórios".[11]

LAERSON MAURO acentua que o direito de propriedade é "a senhoria da pessoa sobre a coisa, garantida pelo direito objetivo, com exclusão de toda ingerência alheia. Tal conceito retrata claramente dois aspectos do direito de propriedade. O aspecto interno aparece em primeiro lugar e representa o poder do proprietário sobre a coisa. O aspecto externo, que figura na parte final do conceito, é a exclusão de qualquer ingerência alheia".[12]

No mesmo sentido, SAN TIAGO DANTAS, professor de Direito Civil da Faculdade Nacional de Direito, esclarece que "uma noção de propriedade em que não se considere o lado interno e o lado externo, quase nada exprimiria quanto à natureza mesma desse direito. Não há dúvida de que o lado externo caracteriza melhor o direito subjetivo; é através de seu exame que se pode compreender bem a classificação da propriedade entre os direitos absolutos e, no seio destes, entre os direitos reais, pois ela é um direito subjetivo a que corresponde um dever que recai, por conseguinte, sobre todos os homens; daí ser um direito absoluto e o seu objeto é uma coisa externa à personalidade, um objeto do mundo exterior. Eis por que se trata de um direito real. Esse é o lado que melhor caracteriza a propriedade, juridicamente falando, mas

---

9 ASCENÇÃO, José de Oliveira. *Direito Civil:* reais. 5. ed. Coimbra: Coimbra, 2000, p. 443.
10 LACERDA DE ALMEIDA, Dir. das Coisas (§ 5°); DERNBURG, Dir. Reaes, § 192). In VEIGA, Dídimo Agapito da. LACERDA, Paulo de. *Manual do código civil brasileiro:* direito das coisas. Vol. IX. Rio de Janeiro: Jornal do Commercio, 1925, p. 6.
11 PEREIRA, Lafayette Rodrigues. *Direito das coisas.* Edição histórica. Vol. I. Rio de Janeiro: Rio, 1977, p. 97-98.
12 MAURO, Laerson. *1000 perguntas de direito das coisas.* 5. ed. Rio de Janeiro: Thex, 2001, p. 87.

há, em paralelo a ele, outro aspecto, o aspecto interno, que é o que melhor caracteriza, na propriedade, o interesse protegido pela norma jurídica".[13]

CARVALHO SANTOS diz que o direito de propriedade é "o direito real por excelência, sendo o mais amplo dentre todos eles, o que constitui a sua qualidade fundamental, o traço típico que o caracteriza".[14]

MARCO AURÉLIO S. VIANA afirma que "a propriedade é o mais importante dos direitos reais. Nela temos o posicionamento do proprietário em relação ao bem, que lhe fica submetido em todos os seus serviços. Afirma-se o poder de disposição do titular da propriedade, que exerce senhoria abrangente e excludente. Destaca-se sempre a *atuação* do titular do domínio, que dispõe de um *senhorio geral* sobre o bem que está sob seu poder".[15]

Para ORLANDO GOMES, o *direito real de propriedade* é o mais amplo dos direitos reais – *"plena in re potesta"*. Para o mestre, esta conceituação deve ser realizada à luz de três critérios: o *sintético*, o *analítico* e o *descritivo*. Vejamos: "Sinteticamente, é de se defini-lo, com Windscheid, como a submissão de uma coisa, em todas as suas relações, a uma pessoa. Analiticamente, o direito de usar, fruir e dispor de um bem, e de reavê-lo de quem injustamente o possua. Descritivamente, o direito complexo, absoluto, perpétuo e exclusivo, pelo qual uma coisa fica submetida à vontade de uma pessoa, com as limitações da lei".[16]

O desembargador do Tribunal de Justiça do Estado do Rio de Janeiro, MARCO AURÉLIO BEZERRA DE MELO, sinteticamente, define a propriedade como "o poder de senhoria que uma pessoa exerce sobre uma coisa, dela excluindo qualquer ingerência de terceiros".[17]

Para EMIDIO PACIFICI-MAZZONI, na clássica *Istituzioni di diritto civile italiano,* a propriedade é "un diritto in virtu del quale una cosa corporale si trova sottomessa nella maniera piu assoluta ed esclusiva alla vonlontà e allazione della persona che n è investita. La voce proprietà si prende anche in un significato piu esteso, per indicare tutto ciò, che ad alcuno appartiene, o si trova nel suo patrimonio".[18]

FRANCESCO MESSINEO, professor da Universidade de Milão, afirma que, do ponto de vista econômico-social, a propriedade é "la *estabilidad o consolidación de la posesión exclusiva* de los bienes; es el poder de hecho, transfor-

---

13 DANTAS, San Tiago. *Programa de Direito Civil III*. 3. ed. Rio de Janeiro: Rio, 1984, p. 94.
14 CARVALHO SANTOS, J. M. de. *Código civil brasileiro interpretado*. 6. ed. Volume VII. Rio de Janeiro: Freitas Bastos, 1956, p. 270.
15 VIANA, Marco Aurélio da Silva *Curso de Direito Civil:* direito das coisas. Rio de Janeiro: Forense, 2006, p. 77.
16 GOMES, Orlando. *Direitos reais*. 18. ed. Rio de Janeiro: Forense, 2002, p. 97.
17 MELO, Marco Aurélio Bezerra de. *Direito das coisas*. Rio de Janeiro: Lumen Juris, 2007, p. 85.
18 PACIFICI-MAZZONI, Emidio. *Istituzioni di diritto civile italiano*. 3. ed. Vol. III. Firenze: Editori Librai – Piazza della Signoria, 1884, p. 98-99.

mado en poder jurídico; es lo que, considerado en relación al fenómeno de la producción de la riqueza, los economistas llaman 'capital', en contraposición al elemento 'trabajo'; la propiedad es el equivalente *jurídico* del concepto económico de capital".[19]

Se da elaboração doutrinal formos para a legislação, verificamos a inexistência de uma definição perfeita. O *Código Civil alemão*, no § 903, diz que "o proprietário de uma coisa pode, sempre que a lei ou o direito de um terceiro não se opuser, dispor da coisa à sua vontade e excluir outros de qualquer intromissão".[20] Aqui dois elementos fundamentais são desvelados: o poder positivo e universal do domínio, enquanto a lei ou direito de um terceiro não se opuser; e o poder de exclusão (ou negativo), em decorrência da universalidade do domínio, excluindo qualquer outra pessoa do gozo da coisa.

Já o *Código Civil italiano*, em seu artigo 832, preceitua que "o proprietário tem o direito de gozar e de dispor das coisas de modo pleno e exclusivo, dentro dos limites estabelecidos pela ordem jurídica e com observância das obrigações estabelecidas por ela".[21]

O *Código Civil espanhol,* no artigo 348, define a propriedade da seguinte forma: "Artículo 348: La propiedad es el derecho de gozar y disponer de una cosa, sin más limitaciones que las establecidas en las leyes. El propietario tiene acción contra el tenedor y el poseedor de la cosa para reivindicarla".

O *Código Napoleão* define a propriedade em seu artigo 544 da seguinte forma: "A propriedade é o direito de fazer e de dispor das coisas do modo mais absoluto, contanto que delas não se faça um uso proibido pelas leis ou pelos regulamentos".[22]

Já o *Código Civil suíço* apresenta o conteúdo da propriedade em seu artigo 641, *verbis:* "1 Le propriétaire d'une chose a le droit d'en disposer librement, dans les limites de la loi. 2 Il peut la revendiquer contre quiconque la détient sans droit et repousser toute usurpation".[23]

O *Código Civil português* suprime a noção de propriedade, entretanto, estabelece no artigo 1305° o conteúdo do direito de propriedade, *verbis*: "o proprietário goza de modo pleno e exclusivo dos direitos de uso, fruição e disposição das coisas que lhe pertencem, dentro dos limites da lei e com observância das restrições por ela impostas".

---

19 MESSINEO, Francesco. *Manual de derecho civil y comercial.* Tomo III. Tradução: Santiago Sentis Melendo. Buenos Aires: Ediciones Juridicas Europa-America, 1954, p. 247-248.
20 *Código civil alemão.* Tradução Souza Diniz. Rio de Janeiro: Record, 1960, p. 151.
21 *Código civil italiano.* Tradução Souza Diniz. Rio de Janeiro: Record, 1961, p. 146.
22 *Código Napoleão.* Tradução Souza Diniz. Rio de Janeiro: Record, 1962, p. 115.
23 *Código civil suíço* – Art. 641. Quem for proprietário de uma coisa pode dispor dela de acordo com a sua vontade, nos limites da ordem jurídica. Tem ele o direito de reavê-la de todo aquele que a detenha e de repelir toda a intromissão não justificada. *Código civil suíço*. Tradução Souza Diniz. Rio de Janeiro: Record, 1961, p. 102.

No *direito argentino*, o artigo 2.513 dispõe que "Es inherente a la propiedad el derecho de poseer la cosa, disponer o servirse de ella, usarla y gozarla conforme a un ejercicio regular".

11.2. Novos Paradigmas Conceituais

CAIO MÁRIO DA SILVA PEREIRA, ao tratar da propriedade, afirma que não existe um conceito inflexível do direito de propriedade. O professor ensina que "muito erra o profissional que põe os olhos no direito positivo e supõe que os lineamentos legais do instituto constituem a cristalização dos princípios em termos permanentes, ou que o estágio atual da propriedade é a derradeira, definitiva fase de seu desenvolvimento. Ao revés, evolve sempre, modifica-se ao sabor das injunções econômicas, políticas, sociais e religiosas. Nem se pode falar, a rigor, que a estrutura jurídica da propriedade, tal como se reflete em nosso Código, é a determinação de sua realidade sociológica, pois que aos nossos olhos e sem que alguém possa impedi-lo, ela está passando por transformações tão substanciais quanto aquelas que caracterizaram a criação da propriedade individual, ou que inspiraram a sua concepção feudal".[24]

É neste sentido de mudança e fexibilização que devemos considerar e analisar o § 1° do artigo 1.228 do nosso Código Civil, *verbis:* "O direito de propriedade deve ser exercido em consonância com as suas finalidades econômicas e sociais e de modo que sejam preservados, em conformidade com o estabelecido em lei especial, a flora, a fauna, as belezas naturais, o equilíbrio ecológico e o patrimônio histórico e artístico, bem como evitada a poluição do ar e das águas".[25]

Ora, aqui se desvela o *aspecto funcional* do direito de propriedade que deve ser considerado juntamente com os elementos *econômicos* e *jurídicos* do direito de propriedade.

A razão está com GUSTAVO TEPEDINO, professor titular da UERJ, quando ensina que "a estrutura do direito de propriedade, prevista no Código Civil anterior e repetida no atual, é formada por um aspecto econômico e por um aspecto jurídico. O aspecto econômico identifica-se com a senhoria: faculdade de usar, fruir e dispor, revelando a potencialidade de utilização econômica do bem. Já o aspecto jurídico propriamente dito traduz a possibilidade de utilizar-se das vias judiciais para repelir a ingerência alheia, para reaver a propriedade com a ação reivindicatória e protegê-la por meio das ações postas à disposição do proprietário. Assim dispõe, com efeito, o *caput* do artigo acima transcrito.

---

24 PEREIRA, Caio Mário da Silva. *Instituições de Direito Civil.* Vol. IV. Direitos reais. 19. ed. Rio de Janeiro: Forense, 2007, p. 81.
25 Sem Correspondência ao CCB 1916.

Ao lado deste aspecto estrutural do domínio (que indica a estrutura de poderes do proprietário), é de se considerar o aspecto funcional descrito no § 1º do art. 1.228, de tal modo que a função social se afirma como elemento interno do domínio, e não como mera restrição externa e exógena, decorrente das intervenções legislativas.

Como elemento interno do domínio, a função social é responsável pelo controle de legitimidade funcional do direito de propriedade, impondo ao titular o dever de respeitar situações jurídicas e interesses não proprietários socialmente tutelados, atingidos pelo exercício dominical".[26]

No mesmo diapasão e importância, as palavras de CARLOS EDISON DO RÊGO MONTEIRO FILHO, professor adjunto da UERJ, publicadas na Revista Brasileira de Direito Civil: "O conteúdo estrutural do direito de propriedade abrange os aspectos interno (econômico) e externo (jurídico) do direito subjetivo. O aspecto interno, igualmente conhecido como senhoria, constitui-se de todas as espécies de aproveitamento econômico do objeto por parte de seu titular, que se traduzem nas chamadas faculdades de usar, fruir e dispor – também conhecidas como poderes do titular do domínio. Já o aspecto externo ou jurídico disciplina o momento patológico da situação proprietária, com as ações de defesa da propriedade, bem como o direito de reaver a coisa para si, quando o titular sofre os efeitos da lesão (ou ameaça de lesão) de direito. O ponto de vista funcional põe em jogo o controle de legitimidade da propriedade, a justificativa finalística dos poderes do titular em razão das exigências suscitadas por outros centros de interesse antagônicos, tais como vizinhos, entes públicos, enfim, terceiros proprietários ou não proprietários. Desta compatibilidade entre interesses proprietários e extraproprietários resulta o conceito da função social, que atua sobre a senhoria da propriedade e remodela, em sua essência, os poderes do titular. Assim sendo, diversos interesses dignos de tutela passam a compor o núcleo do direito de propriedade, permeando seu aspecto interno. São exemplos disso os interesses ambientais, trabalhistas, culturais, dentre outros, que se tornam relevantes e oponíveis ao proprietário".[27]

Igualmente assevera PIETRO PERLINGIERI, professor titular de Direito Civil da Universidade de Camerino (Itália), ao relacionar a *autonomia privada* e a *função social*. Vejamos as suas lições: "Também para o proprietário, a função social assume uma valência de princípio geral. A autonomia não é livre arbítrio: os atos e as atividades não somente não podem perseguir fins antissociais ou não sociais mas, para terem reconhecimento jurídico, devem

---

26 TEPEDINO, Gustavo. *Temas de Direito Civil*. Tomo II. Rio de Janeiro: Renovar, 2006, p. 158.
27 MONTEIRO Filho, Carlos Edison do. *Usucapião Imobiliária Urbana Independente de Metragem Mínima: Uma Concretização da Função Social da Propriedade*. In: Revista de Direito Civil. Revista Brasileira de Direito Civil. Volume 2 – Out / Dez 2014, p. 15-16.

ser avaliáveis como conformes à razão pela qual o direito de propriedade foi garantido e reconhecido. A autonomia não se contrapõe ao controle".[28]

LAURA BECK VARELA e MARCOS DE CAMPOS LUDWIG, ao analisarem o dispositivo acima mencionado, declaram que o nosso Código Civil, sem mencionar a expresão "função social", "insere deveres na essência do direito de propriedade, subjetivo que é e continua sendo. Trata-se, enfim, de um *poder-dever*, que consubstancia, nos termos que acima buscamos precisar, um *direito-função*".[29]

Ora, desta forma, a *função social* é, pois, um elemento conformador de uma nova configuração do direito de propriedade privada. Daí é possível afirmar que o *direito de propriedade* não é mais um direito absoluto (já que sofre limitações cada vez maiores), senão deve ser compreendido na sua dimensão existencial, inserido em sua historicidade (conforme *Dasein* heideggeriano). O direito de propriedade deve ser visto a partir da própria funcionalidade.

Neste sentido, a desembargadora MARA LARSEN CHECHI, do Tribunal de Justiça do Estado do Rio Grande do Sul – TJRS, decidiu, em 26.10.2006: "CONSTITUCIONAL, ADMINISTRATIVO E AMBIENTAL. AÇÃO CIVIL PÚBLICA. LIMITAÇÕES CONSTITUCIONAIS AO DIREITO DE PROPRIEDADE. MEIO AMBIENTE. PROTEÇÃO. O direito de propriedade, conquanto consagrado como direito fundamental no art. 5°, *caput*, da Constituição Federal, não é absoluto. Só será legitimado pela ordem jurídica se estiver em harmonia com as limitações constitucionais (função social da propriedade, proteção ao meio ambiente, direito à saúde e política de desenvolvimento urbano). AGRAVO PROVIDO (Agravo de Instrumento N° 70016021024, Vigésima Segunda Câmara Cível, Tribunal de Justiça do RS)".

11.2.1. A proteção ao meio ambiente

Outra questão de relevo apontada no § 1° do artigo 1.228 do nosso Código Civil diz respeito ao exercício do direito de propriedade "de modo que sejam preservados, de conformidade com o estabelecido em lei especial, a flora, a fauna, as belezas naturais, o equilíbrio ecológico e o patrimônio histórico e artístico, bem como evitada a poluição do ar e das águas".[30] [31]

---

28 PERLINGIERI, Pietro. *Perfis do Direito Civil*: Introdução ao Direito Civil constitucional. Tradução Maria Cristina De Cicco. Rio de Janeiro: Renovar, 1999, p. 228.
29 VARELA, Laura Beck; LUDWIG, Marcos de Campos. Da propriedade às propriedades: função social e reconstrução de um direito. In: MARTINS-COSTA, Judith (Org.). *A reconstrução do direito privado*. São Paulo: Revista dos Tribunais, 2002, p. 787.
30 Sem Correspondência ao CCB 1916.
31 MEIO AMBIENTE. LIMITES. PARQUE NACIONAL. A recorrida alega que, afastada a possibilidade de extração das árvores mortas, caídas e secas, seu direito de propriedadeestaria malferido. Contudo, tal entendimento encontra resistência no art. 1.228, § 1°, do CC/2002. A preservação da flora, da fauna, das belezas naturais e do equilíbrio ecológico, na espécie, não depende da criação de parque nacional. A proteção ao ecossistema é es-

Ora, é cediço que a ganância individualista de alguns proprietários alinhada à omissão dos Poderes Públicos em muito contribuiu para a degradação do *meio ambiente*. É neste sentido que o legislador procurou limitar o exercício do *direito de propriedade* com o firme propósito de proteção aos direitos intergeracionais. É preciso, pois, mitigar o direito de propriedade com interesses de índole social, com vistas à proteção do bem comum.

11.3. Conteúdo do Direito de Propriedade

O conteúdo do direito de propriedade está expresso no enunciado do artigo 1.228, *verbis:* "O proprietário tem a faculdade de usar, gozar e dispor da coisa, e o direito de reavê-la do poder de quem quer que injustamente a possua ou detenha".[32]

São as *faculdades (possibilidade de se exercer ou não o direito)* do proprietário: usar, gozar, dispor da coisa, bem como o direito subjetivo de reaver a coisa de quem injustamente a possua. Tais elementos correspondem, respectivamente, ao *jus utendi, jus fruendi, jus abutendi* e a *rei vindicatio* do direito romano.

Assim, o proprietário poderá *usar* ou não a coisa em seu proveito. Da mesma forma, o proprietário poderá *gozar* ou *usufruir* da coisa, isto é, obter da coisa as suas utilidades econômicas, tais como alugando o seu imóvel ou colhendo os frutos naturais que as árvores plantadas em seu terreno possam produzir.

A faculdade de *dispor* da coisa *(jus abutendi)* é o poder que o proprietário possuir de alienar, transferir ou gravar a coisa de ônus. O proprietário poderá, inclusive, destruir a sua coisa desde que tal ato não afronte a Constituição da República Federativa do Brasil que prescreve que o uso da propriedade deve ser condicionado ao bem-estar social.

Já a possibilidade de *reaver* a coisa não representa uma faculdade do proprietário, senão um direito subjetivo, já que a coisa lhe pertence e está indevidamente em poder de outrem. Melhor dizendo: um terceiro que tem a posse ou a detenção da coisa, violando, pois, o meu direito de propriedade.

11.4. Propriedade Plena e Propriedade Limitada

Vale lembrar que o proprietário terá a *propriedade plena* no momento em que tiver todas as faculdades e o direito de reaver a coisa em seu poder

---

sencialmente pautada pela relevância da área pública ou privada a ser protegida. Se assim não fosse, a defesa do meio ambiente somente ocorreria em áreas públicas. A formalização de qualquer das modalidades de unidade de conservação de proteção integral invalida as licenças ambientais anteriormente concedidas. Ademais, no caso, a pretendida extração é danosa ao ecossistema do parque, o que impede a concessão de novas licenças. REsp 1.122.909-SC, Rel. Min. Humberto Martins, julgado em 24/11/2009.

32 Correspondente ao art. 524 CCB/1916.

(jus utendi, jus fruendi, jus abutendi e a rei vindicatio); na falta de um destes elementos, a propriedade é denominada de *limitada*.

Dessa maneira, o proprietário poderá fracionar os poderes dominiais, constituindo assim um novo direito real. É o caso, por exemplo, do usufruto. Daí é possível afirmar que uma das características do direito de propriedade é a sua *elasticidade*, ou seja, o proprietário poderá distender e contrair os seus poderes dominicais.

O *usufruto* é um direito real sobre coisa alheia através do qual o usufrutuário poderá usar e fruir o bem (móvel ou imóvel) pertencente ao nu-proprietário por um período de tempo determinado.

Do próprio nome do instituto jurídico já se deduz o seu significado: *usufruto* (direito de uso e fruição), ou seja, o usufruto concede ao titular do direito retirar de uma coisa as suas utilidades econômicas, podendo então usá-la ou fruí-la. O titular do direito de usufruto está interessado nas utilidades econômicas da coisa.

O usufruto é constituído quando o proprietário da coisa transfere dois poderes da propriedade a outra pessoa. *Quais são os poderes do direito de propriedade que são destacados e transferidos a terceiro?* São os poderes de usar e gozar a coisa. Assim, a propriedade não é transferida a outra pessoa, senão apenas os poderes de usar e gozar a coisa.

Esta pessoa que recebe os poderes de usar e gozar a coisa é chamada de *usufrutuário* e o proprietário que se desfaz de tais poderes, transferindo-os para o usufrutuário, é denominado de *nu-proprietário*. Este se despe dos poderes de usar e gozar a coisa em favor do usufrutuário. Com o gravame do usufruto, a propriedade é chamada de *nua-propriedade*, já que fica gravada com o direito real de usufruto.

Com a constituição do direito real de usufruto, ocorre a divisão da posse, já que o usufrutuário fica como possuidor direto da coisa (para poder usá-la e fruí-la) e o nu-proprietário fica como possuidor indireto da coisa. Daí que ambos, nu-proprietário e usufrutuário, poderão utilizar os interditos possessórios, não só entre ambos (por exemplo, o usufrutuário poderá mover o interdito contra o nu-proprietário, se este estiver violando a posse direta daquele), bem como poderão manejar a via interdital contra terceiros que estejam violando a posse.

Ora, a partir da constituição do usufruto, o proprietário que possuía a propriedade plena passa a ter uma propriedade limitada. É uma propriedade limitada, já que o proprietário se despiu dos poderes de uso e fruição inerentes à propriedade.

O usufruto poderá ser constituído sobre bens imóveis, sejam rurais ou urbanos, ou sobre bens móveis, tais como: automóveis, computadores etc. Também, o usufruto poderá ser constituído sobre bens materiais, como bens imateriais, por exemplo, o usufruto de títulos. Pode ser estabelecido sobre uma universalidade de bens ou uma fração ideal de bens. Nada impede que o usufruto seja constituído em benefício de uma única pessoa (um único usufrutuário), ou em benefício de vários usufrutuários. O usufrutuário pode ser uma pessoa natural ou pessoa jurídica.

Diz o artigo 1.390 do nosso Código Civil que "o usufruto pode recair em um ou mais bens, móveis ou imóveis, em um patrimônio inteiro, ou parte deste, abrangendo-lhe, no todo ou em parte, os frutos e utilidades".[33]

11.5. Características da Propriedade

O direito de propriedade apresenta uma série de características das quais destacamos:

11.5.1. Caráter absoluto (eficácia *erga omnes*)

A propriedade, quanto ao seu exercício, não pode ser considerada um direito absoluto, já que ao longo do tempo vem sofrendo limitações cada vez maiores. Quanto à oponibilidade, a propriedade é um direito absoluto *(erga omnes)*, já que este direito pode ser oposto a qualquer pessoa (são exercidos em face de toda a coletividade) que tenha violado o meu direito de propriedade. Daí que a propriedade gera uma *obrigação negativa genérica*, uma vez que todos os membros da sociedade não podem violar o direito de propriedade de outrem.

A distinção entre os *direitos reais* e *direitos obrigacionais* é originariamente lastreada na distinção entre os direitos absolutos e direitos relativos. A *relação jurídica relativa* (relação jurídica *erga singuli*) é aquela relacionada aos direitos pessoais (credor e devedor). Neste caso, o sujeito passivo é uma pessoa ou um grupo de pessoas. A *relação jurídica absoluta* (relação jurídica *erga omnes*) é aquela que trata dos direitos reais, direitos autorais e direitos personalíssimos. O sujeito passivo é a coletividade, já que toda a sociedade possui o dever jurídico de não ferir o direito subjetivo do agente (direito de propriedade, direito ao nome, a vida etc.).

11.5.2. Aderência

A aderência reflete o poder imediato que o titular exerce sobre a coisa, ou seja, ocorre uma aderência do vínculo à coisa (a propriedade adere à coisa).

11.5.3. Ambulatoriedade e sequela

A característica da ambulatoriedade decorre da aderência do vínculo à coisa, já que "o dever jurídico correspondente ao direito real caminha com a

---
33 Correspondente ao art. 714 do Código Civil de 1916.

relação jurídica e é, por isso mesmo, ambulante ou ambulatório".³⁴ Isto quer dizer que se o bem possui um gravame (por exemplo, o imóvel encontra-se hipotecado), o referido gravame acompanha a coisa, ainda que esteja em maõs de terceiros.

O *direito de sequela* é caracterizado pelo fato de o titular do direito poder perseguir a coisa onde quer que se encontre. TEPEDINO apresenta o seguinte exemplo: "o direito de sequela do credor hipotecário verifica-se no poder que lhe é conferido de excussão do bem, para a satisfação da dívida garantida pela hipoteca, em face do proprietário atual, em nada importando se o imóvel já fora vendido a terceiros".³⁵

11.5.4. Extensividade

O caráter de *extensividade* está relacionado ao fato de que se temos a propriedade do solo, esta é extensiva à superfície, bem como ao subsolo e a coluna de ar (espaço aéreo) até o limite de sua utilidade econômica. Por exemplo, é possível a construção de uma garagem no subsolo de meu imóvel. Neste sentido, os romanos afirmavam: *"qui dominus est soli, dominus est usque ad coleum et usque ad inferos"*.

Vale destacar que a propriedade do subsolo pertence ao proprietário do terreno, ressalvadas as limitações constitucionais (por exemplo, as minas e as riquezas minerais pertencem à União).

MARCO AURÉLIO S. VIANA apresenta um exemplo de violação do direito de propriedade. Vejamos: "um *painel publicitário* na *empena* de um edifício utilizando um sistema de iluminação que exige a colocação de muitas hastes, perpendiculares em relação à parede, e que, tendo mais de um metro livre de comprimento, cada uma, penetram de forma acentuada no espaço aéreo do imóvel vizinho. Tem-se ofensa à plenitude do domínio se elas estão a uma altura tal que impeça a edificação no lote, segundo o índice de aproveitamento que lhe é assegurado pela legislação sobre uso e ocupação do solo. Não importa que o proprietário ofendido não esteja edificando. Basta que a construção seja possível para que se tipifique a ofensa à plenitude do domínio. Efetivamente, a altura utilizada pelo vizinho, como no caso figurado, ou por qualquer pessoa, que utiliza a propriedade vizinha, para o fim indicado, importa obstáculo à utilidade que o dono do solo pode obter da coisa".³⁶

11.5.5. Elasticidade

Uma das características da propriedade é a sua *elasticidade*, ou seja, o proprietário poderá distender e contrair os seus poderes dominicais. Melhor

---

34 TEPEDINO. Op. cit., p. 141.
35 Ibid.
36 VIANA, Marco Aurélio da Silva *Curso de Direito Civil:* direito das coisas. Rio de Janeiro: Forense, 2006, p. 82.

dizendo: a propriedade poderá se tornar plena ou limitada, de acordo com a vontade de seu proprietário. O usufruto por tempo determinado é um exemplo da expansão e contração dos poderes dominicais.

11.5.6. Perpetuidade

A propriedade é *perpétua*, uma vez que não se extingue pelo não uso da coisa, com duração ilimitada. Esta é a regra geral. Existem exceções, tais como: a) a venda com reserva de domínio; b) a propriedade do credor fiduciário; c) o contrato de compra e venda com cláusula especial de retrovenda etc.

11.5.7. Exclusividade

A propriedade é *exclusiva*, já que se a coisa pertence a uma pessoa não poderá pertencer a outrem. Daí que o proprietário poderá afastar qualquer ingerência alheia a bem de sua propriedade.

No mesmo diapasão, CUNHA GONÇALVES afirma que o *exclusivismo* "quer dizer, a uma, que o proprietário pode opor-se a que outra pessoa tire da sua coisa qualquer vantagem não prevista na lei como restrição do seu direito, ainda que essa pessoa não lhe cause prejuízo algum. Este exclusivismo pode ser oposto, não só aos particulares, mas até ao Estado, que não pode privar o proprietário dos seus direitos numa coisa, senão expropriando-a por utilidade pública, mediante indenização. [...] A outra, o direito de propriedade de uma mesma coisa não pode pertencer *por inteiro* a duas pessoas distintas. Era este já o ensinamento exato do direito romano: "CELSUS AIT: *Duorum in solidum dominium esse non potesf.* Pode uma coisa ser compropriedade de várias pessoas, cada uma das quais terá direito a uma parte ideal dela; mas, não pode haver dois proprietários da coisa *por inteiro*. Com razão, dizia POTHIER: "*próprio e comum* são coisas contraditórias". Nisto se distingue o direito de propriedade do direito de obrigação, que pode pertencer solidariamente a vários credores, cada um dos quais tem a faculdade de reclamar o crédito por inteiro.[37]

Assim, vale lembrar que no condomínio, cada condômino é titular de uma quota parte do todo. Logo, não é uma exceção à exclusividade da propriedade.

11.5.8. Publicidade

A publicidade é uma das características do direito das coisas, no que concerne à oponibilidade *erga omnes*. De acordo com TEPEDINO, isto "significa o princípio da ampla divulgação de todos os atos concernentes à cons-

---

37 CUNHA GONÇALVES, Luiz da. *Tratado de Direito Civil.* Volume XI. Tomo I. São Paulo: Max Limonad, 1958, p. 211.

tituição e a transferência dos direitos reais, de molde a que todos possam conhecer a relação jurídica a que estão adstritos a respeitar".[38]

11.5.9. Taxatividade

Ora, o rol dos direitos reais em nosso ordenamento jurídico civilístico é *taxativo (numerus clausus)*. Assim, o rol dos direitos reais encontra-se previsto no artigo 1.228 do nosso Código Civil, não podendo ser atribuído o caráter de direito real a nenhum outro direito que não esteja incluído na listagem do referido artigo.

11.6. A Função Social da Propriedade

O Código Civil de 1916, fruto das doutrinas individualistas e voluntaristas, tinha como seu valor fundamental o indivíduo (Código de Napoleão). Naquela época, as pessoas tinham por finalidade precípua desmantelar os privilégios feudais, ou seja, queriam contratar, adquirir bens, circular as riquezas sem os óbices legais. Melhor dizendo: O Código Civil de 1916 tinha uma visão individualista do direito e era baseado nos dogmas do Estado Liberal clássico. O princípio da autonomia da vontade era o alicerce de sustentação do Estado Liberal.

Hodiernamente, há que se considerar o *princípio da socialidade,* isto é, os institutos jurídicos devem respeitar a sua função social. Daí que a *propriedade* encontra-se subordinada a sua *função social*. Isto significa dizer que a propriedade não pode atender apenas aos interesses individualistas, senão deve ser inserida em uma nova dimensionalidade ética que perpassa e adorna com novas cores as relações interprivadas, com vistas a atender também ao interesse da coletividade.

A função social deita raízes nos direitos sociais, coletivos e contrapõem-se aos direitos individuais. A função social integra, pois, o próprio direito de propriedade, juntamente com os demais poderes de uso, gozo, disposição e persecução do direito de propriedade.

É o aspecto funcional do direito de propriedade que se adiciona aos seus elementos econômicos (faculdade de usar, fruir e dispor – utilização econômica) e jurídicos do direito de propriedade (utilizar as vias judiciais para repelir ingerência alheia por meio da ação reivindicatória).

Aqui vale destacar as lições de GUSTAVO TEPEDINO e ANDERSON SCHREIBER ao afirmar que "não há, no texto constitucional brasileiro, garantia à propriedade, mas tão somente garantia à propriedade que cumpre a sua função social".[39]

---

38 TEPEDINO. Op. cit., p. 141-142.
39 TEPEDINO, Gustavo; SCHREIBER, Anderson. *A garantia da propriedade no direito brasileiro*. Revista da Faculdade de Direito de Campos, nº 7, 2005, p. 104.

Dessa maneira, os direitos do proprietário não são absolutos, já que são condicionados pelos limites traçados pelo ordenamento jurídico, mas também conformados e temperados pelos princípios da boa-fé, probidade, transparência, eticidade etc.[40]

Ao analisar o artigo 524 do Código Civil brasileiro de 1916, CLÓVIS BEVILÁQUA afirma que "A Constituição de 1934, art. 113, nº 17, modificou o conceito de propriedade consignado no Código Civil, aproximando-o mais do exarado no Projeto primitivo. Estatui o citado preceito constitucional: – *É garantido o direito de propriedade, que não poderá ser exercido contra o interesse social ou coletivo, na forma que a lei determinar*".[41]

O *direito de propriedade* relacionado a sua *função social* também está contido em outros textos constitucionais, tais como as Constituições de 1946, 1967, 1969 e 1988.

Na Constituição dos Estados Unidos do Brasil, de 18 de setembro de 1946: "Art. 147 – O uso da propriedade será condicionado ao bem-estar social. A lei poderá, com observância do disposto no art. 141, § 16, promover a justa distribuição da propriedade, com igual oportunidade para todos".

Na Constituição da República Federativa do Brasil de 1967 e Emenda nº 1, de 1969, a função social da propriedade foi incluída entre os princípios da ordem econômica e social.[42]

---

40 CONSTITUCIONAL. ADMINISTRATIVO. CIVIL. DIREITO DE CONSTRUIR. LIMITAÇÃO ADMINISTRATIVA. I. – O direito de edificar é relativo, dado que condicionado à função social da propriedade: CF, art. 5°, XXII e XXIII. Inocorrência de direito adquirido: no caso, quando foi requerido o alvará de construção, já existia a lei que impedia o tipo de imóvel no local. II. – Inocorrência de ofensa aos §§ 1° e 2° do art. 182, CF III. – Inocorrência de ofensa ao princípio isonômico, mesmo porque o seu exame, no caso, demandaria a comprovação de questões, o que não ocorreu. Ademais, o fato de ter sido construído no local um prédio em desacordo com a lei municipal não confere ao recorrente o direito de, também ele, infringir a citada lei. IV. – RE não conhecido. RE 178836 / SP – SÃO PAULO. ECURSO EXTRAORDINÁRIO. Relator(a): Min° CARLOS VELLOSO. Julgamento: 8.6.1999. Orgão Julgador: Segunda Turma.
41 BEVILÁQUA, Clóvis. *Código civil dos Estados Unidos do Brasil comentado por Clóvis Beviláqua*. V. 1. Edição histórica. Rio de Janeiro: Rio, 1976, p. 1005.
42 "Art 157 – A ordem econômica tem por fim realizar a justiça social, com base nos seguintes princípios: I – liberdade de iniciativa; II – valorização do trabalho como condição da dignidade humana; III – função social da propriedade; IV – harmonia e solidariedade entre os fatores de produção; V – desenvolvimento econômico; VI – repressão ao abuso do poder econômico, caracterizado pelo domínio dos mercados, a eliminação da concorrência e o aumento arbitrário dos lucros. § 1° – Para os fins previstos neste artigo, a União poderá promover a desapropriação da propriedade territorial rural, mediante pagamento de prévia e justa indenização em títulos especiais da divida pública, com cláusula de exata correção monetária, resgatáveis no prazo máximo de vinte anos, em parcelas anuais sucessivas, assegurada a sua aceitação, a qualquer tempo, como meio de pagamento de até cinquenta por cento do imposto territorial rural e como pagamento do preço de terras públicas. § 2° – A lei disporá sobre o volume anual ou periódico das emissões, sobre as características dos títulos, a taxa dos juros, o prazo e as condições de resgate. § 3° – A desapropriação de que

Na Constituição da República Federativa do Brasil de 1988, o artigo 5°, inciso XXIII diz que "[...] XXIII – a propriedade atenderá a sua função social".

Também no Título VII – Da Ordem Econômica e Financeira, o artigo 170, inciso III, preceitua que: "A ordem econômica, fundada na valorização do trabalho humano e na livre iniciativa, tem por fim assegurar a todos existência digna, conforme os ditames da justiça social, observados os seguintes princípios: [...] III – função social da propriedade;"

A *propriedade urbana* atende a sua *função social* de acordo com o § 2° do artigo 182 do texto constitucional, *verbis*: "§ 2° – A propriedade urbana cumpre sua função social quando atende às exigências fundamentais de ordenação da cidade expressas no plano diretor".

Quanto ao *imóvel rural*, o artigo 186 da nossa Carta Magna diz que: "Art. 186 – A função social é cumprida quando a propriedade rural atende, simultaneamente, segundo critérios e graus de exigência estabelecidos em lei, aos seguintes requisitos: I – aproveitamento racional e adequado; II – utilização adequada dos recursos naturais disponíveis e preservação do meio ambiente; III – observância das disposições que regulam as relações de trabalho; IV – exploração que favoreça o bem-estar dos proprietários e dos trabalhadores".[43]

---

trata o § 1° é da competência exclusiva da União e limitar-se-á às áreas incluídas nas zonas prioritárias, fixadas em decreto do Poder Executivo, só recaindo sobre propriedades rurais cuja forma de exploração contrarie o disposto neste artigo, conforme for definido em lei. § 4° – A indenização em títulos somente se fará quando se tratar de latifúndio, como tal conceituado em lei, excetuadas as benfeitorias necessárias e úteis, que serão sempre pagas em dinheiro. § 5° – Os planos que envolvem desapropriação para fins de reforma agrária serão aprovados por decreto do Poder Executivo, e sua execução será da competência de órgãos colegiados, constituídos por brasileiros, de notável saber e idoneidade, nomeados pelo Presidente da República, depois de aprovada a escolha pelo Senado Federal. § 6° – Nos casos de desapropriação, na forma do § 1° do presente artigo, os proprietários ficarão isentos dos impostos federais, estaduais e municipais que incidam sobre a transferência da propriedade desapropriada. § 7° – Não será permitida greve nos serviços públicos e atividades essenciais, definidas em lei. § 8° – São facultados a intervenção no domínio econômico e o monopólio de determinada indústria ou atividade, mediante lei da União, quando indispensável por motivos de segurança nacional, ou para organizar setor que não possa ser desenvolvido com eficiência no regime de competição e de liberdade de iniciativa, assegurados os direitos e garantias individuais. § 9° – Para atender à intervenção no domínio econômico, de que trata o parágrafo anterior, poderá a União instituir contribuições destinadas ao custeio dos respectivos serviços e encargos, na forma que a lei estabelecer. § 10 – A União, mediante lei complementar, poderá estabelecer regiões metropolitanas, constituídas por Municípios que, independentemente de sua vinculação administrativa, integrem a mesma comunidade socioeconômica, visando à realização de serviços de interesse comum. § 11 – A produção de bens supérfluos será limitada por empresa, proibida a participação de pessoa física em mais de uma empresa ou de uma em outra, nos termos da lei".

43 ADMINISTRATIVO. AMBIENTAL. ARTS. 16 E 44 DA LEI N° 4.771/65. MATRÍCULA DO IMÓVEL. AVERBAÇÃO DE ÁREA DE RESERVA FLORESTAL. NECESSIDADE. 1. A Constituição Federal consagra em seu art. 186 que a função social da propriedade rural é cumprida quando atende, seguindo critérios e graus de exigência estabelecidos em lei, a

O artigo 184 da CRFB/88 trata da política agrícola e fundiária e da reforma agrária ao dizer que "Art. 184 – Compete à União desapropriar por interesse social, para fins de reforma agrária, o imóvel rural que não esteja cumprindo sua função social, mediante prévia e justa indenização em títulos da dívida agrária, com cláusula de preservação do valor real, resgatáveis no prazo de até vinte anos, a partir do segundo ano de sua emissão, e cuja utilização será definida em lei".

E no artigo 231, em relação às terras indígenas: "CRFB/88 – Art. 231 – São reconhecidos aos índios sua organização social, costumes, línguas, crenças e tradições, e os direitos originários sobre as terras que tradicionalmente ocupam, competindo à União demarcá-las, proteger e fazer respeitar todos os seus bens. [...] § 2° – As terras tradicionalmente ocupadas pelos índios destinam-se a sua posse permanente, cabendo-lhes o usufruto exclusivo das riquezas do solo, dos rios e dos lagos nelas existentes".

É neste sentido que ORLANDO GOMES ensina que "a função social da propriedade é antes uma concepção com eficácia autônoma e incidência direta no próprio direito consente elevá-la à dignidade de um princípio que deve ser observado pelo intérprete, tal como sucede em outros campos do Direito Civil, como o princípio da boa-fé nos contratos. É verdade que assim considerada se torna uma noção vaga, que todavia não é inútil na medida em que inspira a interpretação da atividade do proprietário. Nessa ótica, a ação do juiz substitui a do legislador, do Congresso ou da Administração Pública. O comportamento profissional do magistrado passa a ser, no particular, 'uma ação de invenção e de adaptação', como exprime LANVERSIN definindo a ação pretoriana como um meio de realizar a modernização do direito".[44]

---

requisitos certos, entre os quais o de "utilização adequada dos recursos naturais disponíveis e preservação do meio ambiente" 2. A obrigação de os proprietários rurais instituírem áreas de reservas legais, de no mínimo 20% de cada propriedade, atende ao interesse coletivo. 3. A averbação da reserva legal configura-se, portanto, como dever do proprietário ou adquirente do imóvel rural, independentemente da existência de florestas ou outras formas de vegetação nativa na gleba. 4. Essa legislação, ao determinar a separação de parte das propriedades rurais para constituição da reserva florestal legal, resultou de uma feliz e necessária consciência ecológica que vem tomando corpo na sociedade em razão dos efeitos dos desastres naturais ocorridos ao longo do tempo, resultado da degradação do meio ambiente efetuada sem limites pelo homem. Tais consequências nefastas, paulatinamente, levam à conscientização de que os recursos naturais devem ser utilizados com equilíbrio e preservados em intenção da boa qualidade de vida das gerações vindouras (RMS n° 18.301/MG, DJ de 3.10.2005). 5. A averbação da reserva legal, à margem da inscrição da matrícula da propriedade, é consequência imediata do preceito normativo e está colocada entre as medidas necessárias à proteção do meio ambiente, previstas tanto no Código Florestal como na Legislação extravagante. (REsp 927979/MG, DJ 31.5.2007) 6. Recurso Especial provido. (REsp 821.083/MG, Rel. Ministro LUIZ FUX, PRIMEIRA TURMA, julgado em 25.3.2008, DJe 9.4.2008).

44 GOMES, Orlando. *Direitos reais*. 18. ed. Rio de Janeiro: Forense, 2002, p. 110.

Já TEORI ZAVASCKI explica a função social da propriedade da seguinte forma: "Por função social da propriedade há de se entender o princípio que diz respeito à utilização dos bens, e não à sua titularidade jurídica, a significar que sua força normativa ocorre independentemente da específica consideração de quem detenha o título jurídico de proprietário. Os bens, no seu sentido mais amplo, as propriedades, genericamente consideradas, é que estão submetidas a uma destinação social, e não o direito de propriedade em si mesmo. Bens, propriedades são fenômenos da realidade. Direito – e, portanto, direito da propriedade – é fenômeno do mundo dos pensamentos. Utilizar bens, ou não utilizá-los, dar-lhes ou não uma destinação que atenda aos interesses sociais, representa atuar no plano real, e não no campo puramente jurídico. A função social da propriedade (que seria melhor entendida no plural, 'função social das propriedades'), realiza-se ou não, mediante atos concretos, de parte de quem efetivamente tem a disponibilidade física dos bens, ou seja, do possuidor, assim considerado no mais amplo sentido, seja ele titular do direito de propriedade ou não, seja ele detentor ou não de título jurídico a justificar sua posse".[45]

O direito de propriedade, quer como direitos fundamentais, quer como direito patrimonial deve ser visto a partir de sua *funcionalidade*. Melhor dizendo, a função social da propriedade deve colorir e integrar o conteúdo do direito de propriedade, com vistas a promover a dignidade da pessoa humana, com a finalidade de assegurar a todos uma existência digna.

Qual seria, pois, o sentido e o alcance da função social da propriedade? Neste ponto, vale transcrever o voto do desembargador José Osório de Azevedo Júnior do TJSP, reportado *in totum*, no julgamento do RESP 75659/SP[46]:

> [...] *3 – A alegação da defesa de já haver ocorrido o usucapião social urbano, criado pelo art. 183 da CF/88, não procede, porquanto, quando se instaurou a nova ordem constitucional, a ação estava proposta havia três anos. Ainda assim, o recurso dos réus tem provimento.*

---

45 ZAVASCKI, Teori Albino. A tutela da posse na Constituição e no projeto do novo Código Civil. In: *A reconstrução do Direito Privado*. MARTINS-COSTA, Judith (Org.). São Paulo: Revista dos Tribunais, 2002, p. 844.

46 RESP 75659/SP: CIVIL E PROCESSUAL. AÇÃO REIVINDICATÓRIA. TERRENOS DE LOTEAMENTO SITUADOS EM ÁREA FAVELIZADA. PERECIMENTO DO DIREITO DE PROPRIEDADE. ABANDONO. CC, ARTS. 524, 589, 77 E 78. MATÉRIA DE FATO. REEXAME. IMPOSSIBILIDADE. SÚMULA Nº 7-STJ. I. O direito de propriedade assegurado no art. 524 do Código Civil anterior não é absoluto, ocorrendo a sua perda em face do abandono de terrenos de loteamento que não chegou a ser concretamente implantado, e que foi paulatinamente favelizado ao longo do tempo, com a desfiguração das frações e arruamento originariamente previstos, consolidada, no local, uma nova realidade social e urbanística, consubstanciando a hipótese prevista nos arts. 589 c/c 77 e 78, da mesma lei substantiva. II. "A pretensão de simples reexame de prova não enseja recurso especial" – Súmula nº 7-STJ. III. Recurso especial não conhecido.

4 – Os autores são proprietários de nove lotes de terreno no Loteamento Vila Andrade, subdistrito de Santo Amaro, adquiridos em 1978 e 1979. O loteamento foi inscrito em 1955. A ação reivindicatória foi proposta em 1995.

Segundo se vê do laudo e das fotografias de fls. 310 e s., os nove lotes estão inseridos em uma grande favela, a 'Favela do Pullman', perto do Shopping Sul, Av. Giovanni Gronchi.

Trata-se de favela consolidada, com ocupação iniciada há cerca de 20 anos. Está dotada, pelo Poder Público, de pelo menos três equipamentos urbanos: água, iluminação pública e luz domiciliar. As fotos de fls. 10/13 mostram algumas obras de alvenaria, os postes de iluminação, um pobre ateliê de costureira etc., tudo a revelar uma vida urbana estável, no seu desconforto.

5 – O abjeto da ação reivindicatória é, como se sabe, uma coisa corpórea, existente e bem definida Veja-se por todos, Lacerda de Almeida:

"Coisas corpóreas em sua individualidade, móveis ou imóveis, no todo ou em uma quota-parte, constituem o objeto mais frequente do domínio, e é no caráter que apresentam de concretas que podem ser reivindicadas (...)".

(Direito das Coisas, Rio de Janeiro, 1908, p. 308) No caso dos autos, a coisa reivindicada não é concreta, nem mesmo existente. É uma ficção. Os lotes de terreno reivindicados e o próprio loteamento não passam, há muito tempo, de mera abstração jurídica. A realidade urbana é outra. A favela já tem vida própria, está, repita-se, dotada de equipamentos urbanos. Lá vivem muitas centenas, ou milhares, de pessoas. Só nos locais onde existiam os nove lotes reivindicados residem 30 famílias. Lá existe outra realidade urbana, com vida própria, com os direitos civis sendo exercidos com naturalidade. O comércio está presente, serviços são prestados, barracos são vendidos, comprados, alugados, tudo a mostrar que o primitivo loteamento hoje só tem vida no papel.

A diligente perita, em hercúleo trabalho, levou cerca de quatro anos para conseguir localizar as duas ruas em que estiveram os lotes, ruas Alexandre Archipenko e Canto Bonito. Segundo a perita: "A Planta Oficial do Município confronta com a inexistência da implantação da Rua Canto Bonito, a qual foi indicada em tracejado. (fls. 306)".

Na verdade, o loteamento, no local, não chegou a ser efetivamente implantado e ocupado. Ele data de 1955. Onze anos depois, a planta aerofotogramétrica da EMPLASA mostra que os nove lotes estavam cobertos por "vegetação arbustiva", a qual também obstruía *a rua Alexandre Archipenko (fls. 220). Inexistia qualquer equipamento urbano.*

Mais seis anos e a planta seguinte (1973) indica a existência de muitas árvores, duas das quais no leito da rua. Seis barracos já estão presentes.

Essa prova casa-se com o depoimento sereno do Padre Mauro Baptista: "Foi pároco no local até 1973, quando já havia o início da favela do 'Pullman'. Ausentou-se do local até 1979. Quando para lá retornou, encontrou a favela consolidada".(fls. 418). Por aí se vê que, quando da aquisição, em 1978/9, os lotes já compunham a favela.

6 – Loteamento e lotes urbanos são fatos e realidades urbanísticas. Só existem, efetivamente, dentro do contexto urbanístico. Se são tragados por uma favela consolidada, por força de certa erosão social deixam de existir como loteamento e como lotes. A realidade concreta prepondera sobre a "pseudo realidade jurídico-cartorária". Esta não pode subsistir, em razão da perda do objeto do direito de propriedade. Se um cataclisma, se uma erosão física, provocada pela natureza, pelo homem ou por ambos, faz perecer o imóvel, perde-se o direito de propriedade. É o que se vê do art. 589 do Código Civil, com remissão aos arts 77 e 78.

Segundo o art. 77, perece o direito perecendo o seu objeto. E nos termos do art 78, I e III, entende-se que pereceu o objeto do direito quando perde as qualidades essenciais, ou o valor econômico; e quando fica em lugar de onde não pode ser retirado.

No caso dos autos, os lotes já não apresentam suas qualidades essenciais, pouco ou nada valem no comércio; e não podem ser recuperados, como adiante se verá.

7 – É verdade que a coisa, o terreno, ainda existe fisicamente. Para o direito, contudo, a existência física da coisa não é o fator decisivo, consoante se verifica dos mencionados incisos I e III do art. 78 do CC. O fundamental é que a coisa seja funcionalmente dirigida a uma finalidade viável, jurídica e economicamente. Pense-se no que ocorre com a denominada desapropriação indireta. Se o imóvel, rural ou urbano, foi ocupado ilicitamente pela Administração Pública, pode o particular defender-se logo com ações possessórias ou dominiais. Se tarda e ali é construída uma estrada, uma rua, um edifício público, o esbulhado não conseguirá reaver o terreno, o qual, entretanto, continua a ter existência física. Ao particular, só cabe ação indenizatória.

Isto acontece porque o objeto do direito transmudou-se. Já não existe mais, jurídica, econômica e socialmente, aquele fragmento de terra do fundo rústico ou urbano. Existe outra coisa, ou seja, uma estrada ou uma rua etc. Razões econômicas e sociais impedem a recuperação física do antigo imóvel. Por outras palavras, o jus reivindicandi (art. 524, parte final, do CC) foi suprimido pelas circunstâncias acima apontadas. Essa é a Doutrina e a Jurisprudência consagradas há meio século no direito brasileiro.

8 – No caso dos autos, a retomada física é também inviável. O desalojamento forçado de trinta famílias, cerca de cem pessoas, todas inseridas na comunidade urbana muito maior da extensa favela, já consolidada, implica uma operação cirúrgica de natureza ético-social, sem anestesia, inteiramente incompatível com a vida e a natureza do Direito. É uma operação socialmente impossível.

E o que é socialmente impossível é juridicamente impossível. Ensina L. Recaséns Siches, com apoio explícito em Miguel Reale, que o Direito, como obra humana que é, apresenta sempre três dimensões, a saber:

"A) Dimensión de hecho, la cual comprende los hechos humanos sociales en los que el Derecho se gesta y se produce; así como las conductas humanas reales en lãs quales el Derecho se cumple y lleva a cabo.

B) Dimension normativa (...)

C) Dimension de valor, estimativa, o axiológica, consistente en que sus normas, mediante las cuales se trata de satisfacer una série de necesidades humanas, esto intentan hacerlo con la exigencias de unos valores, de La justicia y de los demás valores que esta implica, entre los que figuran la autonomía de la persona, la seguridad, el bien común y otros. (...) pero debemos precatarnos de que las tres (dimensiones) se hallan reciprocamente unidas de un modo inescindible, vinculadas por triples nexos de esencial. implicación mutua".
('Introducción al Estudio Del Derecho', México, 1970, p. 45).

Por aí se vê que a dimensão simplesmente normativa do Direito é inseparável do conteúdo ético-social do mesmo, deixando a certeza de que a solução que se revela impossível do ponto de vista social é igualmente impossível do ponto de vista jurídico.

9 – O atual direito positivo brasileiro não comporta o pretendido alcance do poder de reivindicar atribuído ao proprietário pelo art. 524 do CC.

A leitura de todos os textos do CC só pode se fazer à luz dos preceitos constitucionais vigentes. Não se concebe um direito de propriedade que tenha vida em confronto com a Constituição Federal, ou que se desenvolva paralelamente a ela. As regras legais, como se sabe, se arrumam de forma piramidal. Ao mesmo tempo em que manteve a propriedade privada, a CF a submeteu ao princípio da função social (arts 5º, XXII e XXIII; 170, II e III; 182, 2º; 184; 186; etc.).

Esse princípio não significa apenas uma limitação a mais ao direito de propriedade, como, por exemplo, as restrições administrativas, que atuam por força externa àquele direito, em decorrência do poder de polícia da Administração. O princípio da função social atua no conteúdo do direito. Entre os poderes inerentes ao domínio, previstos no art. 524 do CC (usar, fruir, dispor e reivindicar), o princípio da função social introduz um outro interesse (social) que pode não coincidir com os interesses do proprietário. Veja-se, a esse propósito, José Afonso da Silva, em "Direito Constitucional Positivo", 5ª ed., p. 249/0, com apoio em autores europeus.

Assim, o referido princípio torna o direito de propriedade, de certa forma, conflitivo consigo próprio, cabendo ao Judiciário dar--lhe a necessária e serena eficácia nos litígios graves que lhe são submetidos.

10 – No caso dos autos, o direito de propriedade foi exercitado, pelos autores e por seus antecessores, de forma antissocial. O loteamento – pelo menos no que diz respeito aos nove lotes reivindicandos e suas imediações – ficou praticamente abandonado por mais de 20 (vinte) anos; não foram implantados equipamentos urbanos; em 1973, havia árvores até nas ruas; quando da aquisição dos lotes, em 1978/9, a favela já estava consolidada. Em cidade de franca expansão populacional, com problemas gravíssimos de habitação, não se pode prestigiar tal comportamento de proprietários. O jus reivindicandi fica neutralizado pelo princípio constitucional da função social da propriedade. Permanece a eventual pretensão indenizatória em favor dos proprietários, contra quem de direito. Diante do exposto, é dado provimento ao recurso dos réus para julgar improcedente a ação, invertidos os ônus da sucumbência, e prejudicado o recurso dos autores.

11.7. A Função Social da Propriedade e o Plano Diretor

A função social da propriedade na área urbana exige a utilização do solo para fins de moradia ou para fins de exploração de atividade econômica. O município deve disciplinar a ocupação do solo e o exercício de atividade empresarial no plano diretor.

A *Constituição da República*, no artigo 182, § 2º, diz que "a propriedade urbana cumpre sua função social quando atende às exigências fundamentais de ordenação da cidade expressas no plano diretor". Já o *Estatuto da Cidade* (Lei nº 10.257/01) trata do plano diretor em seu artigo 39 e seguintes ao mencionar que "a propriedade urbana cumpre sua função social quando atende às exigências fundamentais de ordenação da cidade expressas no plano diretor, assegurando o atendimento das necessidades dos cidadãos quanto à qualidade de vida, à justiça social e ao desenvolvimento das atividades econômicas, respeitadas as diretrizes previstas no art. 2º desta Lei".[47]

---

47 Estatuto da Cidade – DO PLANO DIRETORArt. 39. A propriedade urbana cumpre sua função social quando atende às exigências fundamentais de ordenação da cidade expressas no plano diretor, assegurando o atendimento das necessidades dos cidadãos quanto à qualidade de vida, à justiça social e ao desenvolvimento das atividades econômicas, respeitadas as diretrizes previstas no art. 2º desta Lei.
Art. 40. O plano diretor, aprovado por lei municipal, é o instrumento básico da política de desenvolvimento e expansão urbana.
§ 1º O plano diretor é parte integrante do processo de planejamento municipal, devendo o plano plurianual, as diretrizes orçamentárias e o orçamento anual incorporar as diretrizes e as prioridades nele contidas.
§ 2º O plano diretor deverá englobar o território do Município como um todo.
§ 3º A lei que instituir o plano diretor deverá ser revista, pelo menos, a cada dez anos.
§ 4º No processo de elaboração do plano diretor e na fiscalização de sua implementação, os Poderes Legislativo e Executivo municipais garantirão: I – a promoção de audiências públicas e debates com a participação da população e de associações representativas dos vários segmentos da comunidade; II – a publicidade quanto aos documentos e informações produzidos; III – o acesso de qualquer interessado aos documentos e informações produzidos.
§ 5º (VETADO)
Art. 41. O plano diretor é obrigatório para cidades: I – com mais de vinte mil habitantes; II – integrantes de regiões metropolitanas e aglomerações urbanas; III – onde o Poder Público municipal pretenda utilizar os instrumentos previstos no § 4o do art. 182 da Constituição Federal; IV – integrantes de áreas de especial interesse turístico; V – inseridas na área de influência de empreendimentos ou atividades com significativo impacto ambiental de âmbito regional ou nacional. VI – incluídas no cadastro nacional de Municípios com áreas suscetíveis à ocorrência de deslizamentos de grande impacto, inundações bruscas ou processos geológicos ou hidrológicos correlatos. (Incluído pela Lei nº 12.608, de 2012).
§ 1º No caso da realização de empreendimentos ou atividades enquadrados no inciso V do caput, os recursos técnicos e financeiros para a elaboração do plano diretor estarão inseridos entre as medidas de compensação adotadas.
§ 2º No caso de cidades com mais de quinhentos mil habitantes, deverá ser elaborado um plano de transporte urbano integrado, compatível com o plano diretor ou nele inserido.
§ 3º As cidades de que trata o caput deste artigo devem elaborar plano de rotas acessíveis, compatível com o plano diretor no qual está inserido, que disponha sobre os passeios públicos a serem implantados ou reformados pelo poder público, com vistas a garantir acessibilidade da pessoa com deficiência ou com mobilidade reduzida a todas as rotas e vias existentes, inclusive as que concentrem os focos geradores de maior circulação de pedestres, como os órgãos públicos e os locais de prestação de serviços públicos e privados de saúde, educação, assistência social, esporte, cultura, correios e telégrafos, bancos, entre outros, sempre que possível de maneira integrada com os sistemas de transporte coletivo de passageiros.(Incluído pela Lei nº 13.146, de 2015) (Vigência)
Art. 42. O plano diretor deverá conter no mínimo:
I – a delimitação das áreas urbanas onde poderá ser aplicado o parcelamento, edificação ou utilização compulsórios, considerando a existência de infraestrutura e de demanda para utilização, na forma do art. 5º desta Lei;
II – disposições requeridas pelos arts. 25, 28, 29, 32 e 35 desta Lei;
III – sistema de acompanhamento e controle.
Art. 42-A. Além do conteúdo previsto no art. 42, o plano diretor dos Municípios incluídos no cadastro nacional de municípios com áreas suscetíveis à ocorrência de deslizamentos de grande impacto, inundações bruscas ou processos geológicos ou hidrológicos correlatos deverá conter: (Incluído pela Lei nº 12.608, de 2012).

I – parâmetros de parcelamento, uso e ocupação do solo, de modo a promover a diversidade de usos e a contribuir para a geração de emprego e renda; (Incluído pela Lei nº 12.608, de 2012).

II – mapeamento contendo as áreas suscetíveis à ocorrência de deslizamentos de grande impacto, inundações bruscas ou processos geológicos ou hidrológicos correlatos; (Incluído pela Lei nº 12.608, de 2012).

III – planejamento de ações de intervenção preventiva e realocação de população de áreas de risco de desastre; (Incluído pela Lei nº 12.608, de 2012).

IV – medidas de drenagem urbana necessárias à prevenção e à mitigação de impactos de desastres; e (Incluído pela Lei nº 12.608, de 2012).

V – diretrizes para a regularização fundiária de assentamentos urbanos irregulares, se houver, observadas a Lei nº 11.977, de 7 de julho de 2009, e demais normas federais e estaduais pertinentes, e previsão de áreas para habitação de interesse social por meio da demarcação de zonas especiais de interesse social e de outros instrumentos de política urbana, onde o uso habitacional for permitido. (Incluído pela Lei nº 12.608, de 2012).

VI – identificação e diretrizes para a preservação e ocupação das áreas verdes municipais, quando for o caso, com vistas à redução da impermeabilização das cidades. (Incluído pela Lei nº 12.983, de 2014)

§ 1º A identificação e o mapeamento de áreas de risco levarão em conta as cartas geotécnicas. (Incluído pela Lei nº 12.608, de 2012)

§ 2º O conteúdo do plano diretor deverá ser compatível com as disposições insertas nos planos de recursos hídricos, formulados consoante a Lei no 9.433, de 8 de janeiro de 1997. (Incluído pela Lei nº 12.608, de 2012)

§ 3º Os Municípios adequarão o plano diretor às disposições deste artigo, por ocasião de sua revisão, observados os prazos legais. (Incluído pela Lei nº 12.608, de 2012)

§ 4º Os Municípios enquadrados no inciso VI do art. 41 desta Lei e que não tenham plano diretor aprovado terão o prazo de 5 (cinco) anos para o seu encaminhamento para aprovação pela Câmara Municipal. (Incluído pela Lei nº 12.608, de 2012)

Art. 42-B. Os Municípios que pretendam ampliar o seu perímetro urbano após a data de publicação desta Lei deverão elaborar projeto específico que contenha, no mínimo: (Incluído pela Lei nº 12.608, de 2012)

I – demarcação do novo perímetro urbano; (Incluído pela Lei nº 12.608, de 2012)

II – delimitação dos trechos com restrições à urbanização e dos trechos sujeitos a controle especial em função de ameaça de desastres naturais; (Incluído pela Lei nº 12.608, de 2012)

III – definição de diretrizes específicas e de áreas que serão utilizadas para infraestrutura, sistema viário, equipamentos e instalações públicas, urbanas e sociais; (Incluído pela Lei nº 12.608, de 2012)

IV – definição de parâmetros de parcelamento, uso e ocupação do solo, de modo a promover a diversidade de usos e contribuir para a geração de emprego e renda; (Incluído pela Lei nº 12.608, de 2012)

V – a previsão de áreas para habitação de interesse social por meio da demarcação de zonas especiais de interesse social e de outros instrumentos de política urbana, quando o uso habitacional for permitido; (Incluído pela Lei nº 12.608, de 2012)

VI – definição de diretrizes e instrumentos específicos para proteção ambiental e do patrimônio histórico e cultural; e (Incluído pela Lei nº 12.608, de 2012)

VII – definição de mecanismos para garantir a justa distribuição dos ônus e benefícios decorrentes do processo de urbanização do território de expansão urbana e a recuperação para a coletividade da valorização imobiliária resultante da ação do poder público.

§ 1º O projeto específico de que trata o *caput* deste artigo deverá ser instituído por lei municipal e atender às diretrizes do plano diretor, quando houver. (Incluído pela Lei nº 12.608, de 2012)

§ 2º Quando o plano diretor contemplar as exigências estabelecidas no *caput*, o Município ficará dispensado da elaboração do projeto específico de que trata o *caput* deste artigo. (Incluído pela Lei nº 12.608, de 2012)

De acordo com o artigo 182, § 4º, da Constituição da República, é facultado ao Poder Público municipal, mediante lei específica para área incluída no Plano Diretor, exigir, nos termos da lei federal, do proprietário do solo urbano não edificado, subutilizado ou não utilizado, que promova seu adequado aproveitamento, sob pena, sucessivamente, de:

I – parcelamento ou edificação compulsórios;
II – imposto sobre a propriedade predial e territorial urbana progressivo no tempo;
III – desapropriação com pagamento mediante títulos da dívida pública de emissão previamente aprovada pelo Senado Federal, com prazo de resgate de até dez anos, em parcelas anuais, iguais e sucessivas, assegurados o valor real da indenização e os juros legais.

As penalidades acima mencionadas foram regulamentadas pelo Estatuto da Cidade, nos artigos 5º a 8º.[48]

---

§ 3º A aprovação de projetos de parcelamento do solo no novo perímetro urbano ficará condicionada à existência do projeto específico e deverá obedecer às suas disposições. (Incluído pela Lei nº 12.608, de 2012).
48 ESTATUTO DA CIDADE. Do parcelamento, edificação ou utilização compulsórios.
Art. 5º Lei municipal específica para área incluída no plano diretor poderá determinar o parcelamento, a edificação ou a utilização compulsórios do solo urbano não edificado, subutilizado ou não utilizado, devendo fixar as condições e os prazos para implementação da referida obrigação.
§ 1º Considera-se subutilizado o imóvel:
I – cujo aproveitamento seja inferior ao mínimo definido no plano diretor ou em legislação dele decorrente;
II – (VETADO)
§ 2º O proprietário será notificado pelo Poder Executivo municipal para o cumprimento da obrigação, devendo a notificação ser averbada no cartório de registro de imóveis.
§ 3º A notificação far-se-á:
I – por funcionário do órgão competente do Poder Público municipal, ao proprietário do imóvel ou, no caso de este ser pessoa jurídica, a quem tenha poderes de gerência geral ou administração;
II – por edital quando frustrada, por três vezes, a tentativa de notificação na forma prevista pelo inciso I.
§ 4º Os prazos a que se refere o *caput* não poderão ser inferiores a:
I – um ano, a partir da notificação, para que seja protocolado o projeto no órgão municipal competente;
II – dois anos, a partir da aprovação do projeto, para iniciar as obras do empreendimento.
§ 5º Em empreendimentos de grande porte, em caráter excepcional, a lei municipal específica a que se refere o *caput* poderá prever a conclusão em etapas, assegurando-se que o projeto aprovado compreenda o empreendimento como um todo.
Art. 6º A transmissão do imóvel, por ato inter vivos ou causa mortis, posterior à data da notificação, transfere as obrigações de parcelamento, edificação ou utilização previstas no art. 5º desta Lei, sem interrupção de quaisquer prazos.
Seção III
Do IPTU progressivo no tempo
Art. 7º Em caso de descumprimento das condições e dos prazos previstos na forma do *caput* do art. 5º desta Lei, ou não sendo cumpridas as etapas previstas no § 5º do art. 5º des-

11.8. O Direito de Propriedade e a Teoria do Abuso do Direito

No exame dos dispositivos anteriores, verificou-se que o artigo 1.228, *caput*, trata do conteúdo econômico e jurídico da propriedade. Em seu § 1°, foram traçados os limites do exercício do direito de propriedade, em especial, quanto as suas finalidades econômicas e sociais e de modo que seja protegido o meio ambiente, aí incluídos, a flora, a fauna, as belezas naturais, o equilíbrio ecológico e o patrimônio histórico e artístico, bem como evitada a poluição do ar e das águas.

O Enunciado 507 da V Jornada de Direito Civil esclarece que "na aplicação do princípio da função social da propriedade imobiliária rural, deve ser observada a cláusula aberta do § 1° do art. 1.228 do Código Civil, que, em consonância com o disposto no art. 5°, inc. XXIII, da Constituição de 1988, permite melhor objetivar a funcionalização mediante critérios de valoração centrados na primazia do trabalho.

No § 2° do artigo 1.228, procurou-se relacionar o *direito de propriedade* e a *teoria do abuso do direito*. Esta regra informa que "são defesos os atos que

---

ta Lei, o Município procederá à aplicação do imposto sobre a propriedade predial e territorial urbana (IPTU) progressivo no tempo, mediante a majoração da alíquota pelo prazo de cinco anos consecutivos.

§ 1º O valor da alíquota a ser aplicado a cada ano será fixado na lei específica a que se refere o *caput* do art. 5º desta Lei e não excederá a duas vezes o valor referente ao ano anterior, respeitada a alíquota máxima de quinze por cento.

§ 2º Caso a obrigação de parcelar, edificar ou utilizar não esteja atendida em cinco anos, o Município manterá a cobrança pela alíquota máxima, até que se cumpra a referida obrigação, garantida a prerrogativa prevista no art. 8º.

§ 3º É vedada a concessão de isenções ou de anistia relativas à tributação progressiva de que trata este artigo.

Seção IV
Da desapropriação com pagamento em títulos

Art. 8º Decorridos cinco anos de cobrança do IPTU progressivo sem que o proprietário tenha cumprido a obrigação de parcelamento, edificação ou utilização, o Município poderá proceder à desapropriação do imóvel, com pagamento em títulos da dívida pública.

§ 1º Os títulos da dívida pública terão prévia aprovação pelo Senado Federal e serão resgatados no prazo de até dez anos, em prestações anuais, iguais e sucessivas, assegurados o valor real da indenização e os juros legais de seis por cento ao ano.

§ 2º O valor real da indenização:

I – refletirá o valor da base de cálculo do IPTU, descontado o montante incorporado em função de obras realizadas pelo Poder Público na área onde o mesmo se localiza após a notificação de que trata o § 2º do art. 5º desta Lei;

II – não computará expectativas de ganhos, lucros cessantes e juros compensatórios.

§ 3º Os títulos de que trata este artigo não terão poder liberatório para pagamento de tributos.

§ 4º O Município procederá ao adequado aproveitamento do imóvel no prazo máximo de cinco anos, contado a partir da sua incorporação ao patrimônio público.

§ 5º O aproveitamento do imóvel poderá ser efetivado diretamente pelo Poder Público ou por meio de alienação ou concessão a terceiros, observando-se, nesses casos, o devido procedimento licitatório.

§ 6º Ficam mantidas para o adquirente de imóvel nos termos do § 5º as mesmas obrigações de parcelamento, edificação ou utilização previstas no art. 5º desta Lei.

não trazem ao proprietário qualquer comodidade, ou utilidade, e sejam animados pela intenção de prejudicar outrem".[49]

Os *atos ilícitos* são ações praticadas pelo homem condenadas pelo ordenamento jurídico. O ato ilícito pode ser penal ou civil, de acordo com a infração, a ordem jurídica civilística ou penalista, ou seja, quando houver infração a uma norma de direito público penal ou norma de direito privado, respectivamente.

O *ato ilícito* é, portanto, um ato jurídico praticado com infração de um dever legal ou contratual, resultando dano material ou imaterial para outra pessoa. O artigo 186 do nosso Código Civil afirma que "aquele que, por ação ou omissão voluntária, negligência ou imprudência, violar direito e causar dano a outrem, ainda que exclusivamente moral, comete ato ilícito".[50]

O *abuso de direito*, também, é considerado ato ilícito. Neste sentido, o artigo 187 preceitua que "também comete ato ilícito o titular de um direito que, ao exercê-lo, excede manifestamente os limites impostos pelo seu fim econômico ou social, pela boa-fé ou pelos bons costumes".

Em relação a este dispositivo, o Conselho da Justiça Federal, na I Jornada de Direito Civil, publicou o Enunciado 37, afirmando que "a responsabilidade civil decorrente do abuso do direito independe de culpa e fundamenta-se somente no critério objetivo-finalístico".

O abuso de direito refletido na regra do artigo 187 sofreu forte influência do Código Civil português, em especial, quanto ao seu artigo 334°. A respeito do abuso de direito diz o artigo 334° da legislação portuguesa: "É ilegítimo o exercício de um direito, quando o titular exceda manifestamente os limites impostos pela boa-fé, pelos costumes ou pelo fim social ou econômico desse direito".

O *ato abusivo*, portanto, apresenta cariz antissocial. HELOÍSA CARPENA afirma que "a pedra de toque da teoria consagrada pela lei é a adoção do critério do 'motivo legítimo', para a identificação do abuso, noção que se extrai das condições objetivas nas quais o direito foi exercido, cotejando-os com a sua finalidade e com a missão social que lhe é atribuída, com o padrão de comportamento dado pela boa-fé e com a consciência jurídica dominante, expressa no conceito de bons costumes".[51]

ANDRÉ UCHÔA CAVALCANTI ensina que os conceitos estabelecidos no bojo do artigo 187 deverão ser interpretados à luz dos princípios constitucionais. Vejamos: "Todavia, tais conceitos, embora indeterminados na norma abstrata, devem ser determinados quando postos ao julgamento do magistrado. E ele deverá fazê-lo à luz dos princípios constitucionais: o da

---

49 Sem Correspondência ao CCB de 1916.
50 Correspondente ao art. 159 do CC de 1916.
51 CARPENA, Heloisa. Abuso do direito no código de 2002: relativização de direitos na ótica civil-constitucional. In: TEPEDINO, Gustavo. *A parte geral do novo código civil:* estudos na perspectiva civil-constitucional. Rio de Janeiro: Renovar, 2002, p. 382.

dignidade da pessoa humana, do bem comum, da solidariedade social, da igualdade, dentre outros.

De fato, o titular de um direito não deve obediência, no seu exercício, somente à lei formal, mas, também, aos fins econômicos e sociais, à boa-fé e aos bons costumes. Os dois primeiros são limites específicos a serem preenchidos, tendo em conta o resultado da incidência das normas constitutivas do direito sobre a realidade concreta em que ele é exercido. Os dois últimos, boa-fé e bons costumes, são limites gerais que devem ser respeitados no exercício de todo e qualquer direito subjetivo".[52]

THELMA ARAÚJO ESTEVES FRAGA considera ato ilícito "toda a manifestação de vontade contrária à ordem jurídica, por isso diz-se ser o ilícito a contrariedade entre a conduta e a norma jurídica, seja pelo ato de estar em desacordo com a adequação esperada pelo ordenamento, seja pelo seu exercício, ainda que previsto pelo sistema, importa em uma prática anormal, exacerbada e, portanto, lesiva".[53]

Os elementos caracterizadores do ato ilícito podem ser apontados na seguinte ordem: a) ação ou omissão do agente; b) ilicitude; c) culpa; d) nexo de causalidade; e e) dano.

O comportamento do agente que venha a causar dano a outrem pode ser resultante de uma ação ou omissão. A omissão, por exemplo, ocorrerá no caso de uma pessoa não prestar auxílio à vítima.

A ilicitude se desvela a partir da contrariedade a um dever jurídico, na infração a norma jurídica ou no abuso de direito.

A culpa não foi definida pelo legislador brasileiro e em sentido amplo (*lato sensu*) abrange "toda espécie de comportamento contrário ao Direito, seja intencional, como no caso de dolo, ou não, como na culpa".[54]

Dessa forma, duas são as espécies de culpa: o dolo e a culpa em sentido estrito. Aquele é a ação ou omissão voluntária, esta é a negligência ou imprudência. De acordo com as lições de FRANCISCO AMARAL, *"negligência é a omissão, é a inobservância das normas que nos mandam operar com atenção, capacidade, solicitude e discernimento. Imprudência é a precipitação, procedimento sem cautela".*[55]

Ora, em síntese, o § 2º do artigo 1.228 relaciona o *direito de propriedade* e a *teoria do abuso do Direito*, com o firme propósito de que a utilização da propriedade não cause dano a outrem.

PONTES DE MIRANDA ensina que "cada proprietário pode exercer o seu direito de propriedade *até* onde esse exercício não ofenda a outrem, isto

---

52 CAVALCANTI, André Uchôa. Abuso do direito. In: MELLO, Cleyson de Moraes; FRAGA, Thelma Araújo Esteves. *Novos direitos:* os paradigmas da pós-modernidade. Niterói: Impetus, 2004, p. 212-213.
53 FRAGA, Thelma Araújo Esteves; MELLO, Cleyson de Moraes. *Direito Civil:* introdução e parte geral. Niterói: Impetus, 2005, p. 406.
54 CAVALIERI FILHO, Sérgio. *Programa de responsabilidade civil.* 6. ed. São Paulo: Malheiros, 2005, p. 54.
55 AMARAL, Francisco. *Direito Civil:* introdução. 6. ed. Rio de Janeiro: Renovar, 2006. p. 540.

é, aos direitos de outrem. Não se indaga da malícia, nem da má-fé, nem da *imoralidade* ou *inoportunidade* do ato: basta a irregularidade objetiva. [...] O abuso do direito supõe que o *conteúdo* não tenha sido excedido, porque lhe basta o excesso no *exercício*".[56]

A dimensionalidade ético-social deste dispositivo é uma regra nova introduzida no Código Civil de 2002 em benefício da coletividade. Assim, restam proibidos (vedados) os atos do proprietário que não tragam a ele alguma utilidade (benefício) e animados pela intenção de causar dano a outrem.

O Conselho da Justiça Federal, na III Jornada de Direito Civil, editou o Enunciado 49, que diz: "Art. 1.228, § 2°: a regra do art. 1.228, § 2°, do novo Código Civil, interpreta-se restritivamente, em harmonia com o *princípio da função social da propriedade* e com o disposto no art. 187".

Neste sentido, destaca-se a jurisprudência comparada do *Tribunal da Relação do Porto*: "Jurisprudência do Tribunal da Relação do Porto. 1964 – Direito de propriedade, exercício, direito ao repouso, direito de personalidade, direito absoluto, colisão de direitos, prevalência, responsabilidade extracontratual, estabelecimento, autoridade administrativa, licença, efeitos, danos não patrimoniais, indemnização. Sumário: I – O direito de propriedade confere ao seu titular o gozo pleno e exclusivo de usar e fruir o que lhe pertence dentro dos limites da lei e com observância das restrições por ela impostas. II – O direito de propriedade, como qualquer outro, deve ser exercido dentro dos limites decorrentes dos princípios da boa-fé, dos bons costumes e do seu fim econômico ou social, sob pena de poder ser considerado abusivo. III – Aquele que, com dolo ou mera culpa, violar ilicitamente o direito de outrem ou qualquer disposição legal destinada a proteger interesses alheios fica obrigado a indemnizar o lesado pelos danos resultantes da violação – artigo 483 n° 1 do Código Civil. IV – Provando-se que a instalação de um centro comercial junto da residência do Autor veio a prejudicá-lo com ruídos, emissão de sons, provocados pelas turbinas de ar condicionado dos geradores eléctricos e música constante das 8,30 às 24 horas, bem como por uma maior poluição do ar, provocada pela emissão de gases dos automóveis que utilizam o parque de estacionamento do centro comercial; que o parque de estacionamento, na parte mais alta, permite ver tudo para o pátio da casa do autor; que a qualidade de vida do autor se deteriorou devido ao aumento do movimento diurno e nocturno da zona; e que o autor não consegue repousar ou descansar, como anteriormente, não tendo a tranquilidade e o sono que antes desfrutava, estes factos emergentes da construção efectuada pela ré, puseram e põem em causa o direito à saúde e ao repouso que são essenciais a uma vivência tranquila, violando direitos absolutos, tutelados quer pela lei ordinária – artigo 70 do Código Civil – quer pela lei fundamental – seus artigos 24 e 25. V – Colidindo o direito de personalidade, na vertente direito à saúde, sossego e tranquilidade, e a um ambiente sadio e ecologicamente

---

56 PONTES DE MIRANDA. *Tratado de direito privado*. Parte especial. Tomo XI. 2. ed. Rio de Janeiro: Borsoi, 1958, p. 27.

equilibrado, com o direito de propriedade, deve prevalecer o direito de personalidade. VI – O licenciamento, concedido administrativamente, significa apenas a autorização dada pela autoridade administrativa competente para a laboração de determinado estabelecimento, mas não isenta de responsabilidade civil os seus proprietários por qualquer violação dos direitos de outra pessoa, máxime dos direitos de propriedade. VII – Tem o autor, pois, o direito a ser indemnizado por danos não patrimoniais, que, tendo-se recorrido à equidade e tendo em conta os elementos a que o artigo 494 do Código Civil, manda atender, bem fixados foram em 1800 contos. Apelação n° 1055/00 – 5ª Seção. Data – 23.10.2000. Fonseca Ramos".

Por fim, vale lembrar que na V Jornada de Direito Civil, o Enunciado 508 foi publicado com o seguinte teor: Verificando-se que a sanção pecuniária mostrou-se ineficaz, a garantia fundamental da função social da propriedade (arts. 5°, XXIII, da CRFB e 1.228, § 1°, do CC) e a vedação ao abuso do direito (arts. 187 e 1.228, § 2°, do CC) justificam a exclusão do condômino antissocial, desde que a ulterior assembleia prevista na parte final do parágrafo único do art. 1.337 do Código Civil delibere a propositura de ação judicial com esse fim, asseguradas todas as garantias inerentes ao devido processo legal.

11.9. Desapropriação e Requisição da Coisa

O § 3° do art. 1.228 do Código Civil brasileiro também traduz uma *limitação ao direito de propriedade*. O referido dispositivo dispõe que "§ 3° O proprietário pode ser privado da coisa, nos casos de desapropriação, por necessidade ou utilidade pública ou interesse social, bem como no de requisição, em caso de perigo público iminente".[57]

O *fundamento* para a intervenção do Estado na propriedade é a supremacia do interesse público. Ora, na colidência de um interesse público e um interesse privado é aquele que prevalece, já que o sacrifício do direito individual do proprietário está ancorado no interesse coletivo.

Todavia, PONTES DE MIRANDA alerta que "a *publicização* da propriedade imobiliária não se dá sem obediência aos princípios constitucionais e legais. Não é do arbítrio do Poder Público tornar estrada pública, ou rua, ou caminho público, o que está na esfera jurídica de outrem".

O que é *desapropriação*? Segundo JOSÉ DOS SANTOS CARVALHO FILHO, a desapropriação é "o procedimento de direito público pelo qual o Poder Público transfere para si a propriedade de terceiro, por razões de utilidade pública ou de interesse social, normalmente mediante o pagamento de indenização".[58]

Do ponto de vista teórico, CELSO ANTÔNIO BANDEIRA DE MELLO ensina que desapropriação é "o procedimento através do qual o Poder Público

---

57 Sem Correspondência do CCB de 1916.
58 CARVALHO FILHO, José dos Santos. *Manual de direito administrativo*. 15. ed. Rio de Janeiro: Lúmen Juris, 2006, p. 668.

compulsoriamente despoja alguém de uma propriedade e a adquire para si, mediante indenização, fundado em um interesse público".[59]

JOSÉ MARIA PINHEIRO MADEIRA, doutor em Ciências Jurídicas e Sociais e professor da Universidade Estácio de Sá, prefere dizer que a *desapropriação* consiste "na transferência compulsória da propriedade de alguém para o Poder Público, mediante indenização, dentro dos requisitos legais. Trata-se de forma originária de aquisição da propriedade, que independe de título anterior ou da vontade do anterior dono do bem. Sua regulamentação básica encontra-se no Dec.-Lei nº 3.365/41, Lei Geral de Desapropriação".[60]

Ora, em síntese, a *desapropriação* é um ato estatal contra o qual o particular não pode se insurgir, discutindo-se apenas o *quantum* da indenização que receberá do Estado.[61]

São pressupostos da desapropriação a utilidade pública, nesta se incluindo a necessidade pública, e o interesse social.

Quanto aos conceitos de *utilidade pública, necessidade pública* e *interesse social* CARVALHO FILHO diz que "ocorre a utilidade pública quando a transferência se afigura conveniente para a Administração. Já a necessidade pública é aquela que decorre de situações de emergência, cuja solução exija a desapropriação do bem. Embora o texto constitucional se refira a ambas as expressões, o certo é que a noção de necessidade pública já está inserida na de utilidade pública. Esta é mais abrangente que aquela, de modo que se pode dizer que tudo o que for necessário será fatalmente útil. A recíproca é que não é verdadeira: haverá desapropriações somente úteis, embora não necessárias. Quando nos referimos, pois, à utilidade pública, devemos entender que os casos de necessidade pública estarão incluídos naquele conceito mais abrangente. Exemplo de utilidade pública: a construção de uma escola pública ou de um centro de assistência social do Estado.

O interesse social consiste naquelas hipóteses em que mais se realça a função social da propriedade. O Poder Público, nesses casos, tem preponderantemente o objetivo de neutralizar de alguma forma as desigualdades coletivas. Exemplo mais marcante é a reforma agrária ou o assentamento de colonos".[62]

JOSÉ MARIA PINHEIRO MADEIRA prefere dizer que a *necessidade pública* "se configura nos casos em que a Administração Pública está diante de situações emergenciais que, para serem solucionadas a contento, impõem a transferência de bens de terceiro para o domínio público para que seja considerada válida a desapropriação".[63]

---

59 MELLO, Celso Antônio Bandeira de. *Curso de direito adminbistrativo*. 11. ed. São Paulo: Malheiros, 1999, p. 577.
60 MADEIRA, José Maria Pinheiro. *Administração pública*: centralizada e descentralizada. Tomo II. 10. ed. Rio de Janeiro: HP Comunicação, 2009, p. 990-991.
61 CRFB/88 – Art. 22 – Compete privativamente à União legislar sobre: I – Direito Civil, comercial, penal, processual, eleitoral, agrário, marítimo, aeronáutico, espacial e do trabalho; II – desapropriação;
62 CARVALHO FILHO. Op. cit., p. 669.
63 MADEIRA. Op. cit., p. 723.

Quanto ao termo *utilidade pública*, MADEIRA ensina que "diz respeito àqueles casos de desapropriação em que a transferência de bens de terceiros para a Administração Pública é conveniente e benéfica para a coletividade, embora não seja imprescindível.

A utilidade pública dar-se-á quando a transferência de um bem particular ao Poder Público se mostrar conveniente para a consecução de algum fim que este almeja realizar. A necessidade pública pressupõe uma justificação mais consistente, ou seja, a existência de uma situação de emergência, a qual requer a desapropriação de um determinado bem a fim de garantir-lhe a solução.

Importa salientar que a distinção destes termos não obsta que este último se encontre inserido no primeiro, sendo aquele mais amplo que este. Como exemplos de desapropriação por utilidade pública, pode-se mencionar como pressuposto a construção de uma área de lazer para uma comunidade carente e a desapropriação para a construção de uma via expressa que desafogará o trânsito naquela região e que tem sido motivo de transtorno aos seus moradores e transeuntes".[64]

Por fim, quanto ao *interesse social*, MADEIRA explica que "não se cogita do interesse geral do povo e muito menos do interesse do Poder Público, perquirindo-se tão somente o fim social almejado pelo procedimento expropriatório".[65]

O motivo do interesse social, segundo MADEIRA, "aparece sempre que o Poder Público expropria com o escopo de resolver um problema social, seja colimando a melhoria das condições da vida, seja objetivando a melhor distribuição da riqueza, ou mesmo com a finalidade de assegurar ao maior número de pessoas o progresso socioeconômico, a fim de melhorar a produtividade em benefício da população".[66]

O referido § 3º do art. 1.228 do nosso Código Civil brasileiro trata também da *requisição*. A *desapropriação* e a *requisição* são institutos jurídicos distintos. Todavia, a desapropriação e a requisição são limitações ao direito de propriedade.

O que é a *requisição*? De acordo com JOSÉ DOS SANTOS CARVALHO FILHO, a requisição é "a modalidade de intervenção estatal através da qual o Estado utiliza bens móveis, imóveis e serviços particulares em situação de perigo público iminente".[67]

Ocorre que a requisição somente poderá ser utilziada pelo administrador público, nos casos de *perigo público iminente*. O que vem a ser o termo *perigo público iminente*? Ainda fulcrado nas lições de CARVALHO FILHO, é "aquele perigo que não somente coloque em risco a coletividade como tam-

---

64 Ibid., p. 723-724.
65 Ibid., p. 725.
66 Ibid.
67 CARVALHO FILHO. Op. cit., p. 640.

bém esteja prestes a se consumar ou a expandir-se de forma irremediável se alguma medida não for adotada".[68]

O Conselho da Justiça Federal, na IV Jornada de Direito Civil, editou o Enunciado 305, que preceitua "CJF – Enunciado 305 – Art. 1.228. Tendo em vista as disposições dos §§ 3° e 4° do art. 1.228 do Código Civil, o Ministério Público tem o poder-dever de atuação nas hipóteses de desapropriação, inclusive a indireta, que envolvam relevante interesse público, determinado pela natureza dos bens jurídicos envolvidos".

11.10. Aquisição Social da Propriedade Imóvel. "Desapropriação Judicial Privada por Posse-Trabalho" (Art. 1.228, §§ 4° e 5° do CCB)

Os parágrafos 4° e 5° do artigo 1.228 do nosso Código Civil são inéditos. MIGUEL REALE, na Exposição de Motivos do Anteprojeto do Código Civil de 2002, destaca: "o proprietário também pode ser privado da coisa se o imóvel reivindicando consistir em extensa área, na posse ininterrupta e de boa-fé, por mais de cinco anos, de considerável número de pessoas, e estas nela houverem realizado, em conjunto ou separadamente, obras e serviços considerados pelo juiz de interesse social e econômico relevante. Nesse caso, o juiz fixará a justa indenização devida ao proprietário. Pago o preço, valerá a sentença como título para a transcrição do imóvel em nome dos possuidores. Trata-se, como se vê, de inovação do mais alto alcance, inspirada no sentido social do direito de propriedade, implicando não só novo conceito desta, mas também *novo conceito de posse*, que se poderia qualificar como sendo de *posse-trabalho*, expressão pela primeira vez por mim empregada, em 1943, em parecer sobre projeto de decreto-lei relativo às terras devolutas do Estado de São Paulo, quando membro de seu "Conselho Administrativo".

Na realidade, a lei deve outorgar especial proteção à posse que se traduz em trabalho criador, quer este se corporifique na construção de uma residência, quer se concretize em investimentos de caráter produtivo ou cultural. Não há como situar no mesmo plano a posse, como simples poder manifestado sobre uma coisa, como se fora atividade do proprietário, com a "posse qualificada", enriquecida pelos valores do trabalho. Este conceito fundante de *posse-trabalho* justifica e legítima que, em vez de reaver a coisa, dada a relevância dos interesses sociais em jogo, o titular da propriedade reivindicanda receba, em dinheiro, o seu pleno e justo valor, tal como o determina a Constituição.

Vale notar que, nessa hipótese, abre-se, nos domínios do Direito, uma via nova de desapropriação que se não deve considerar prerrogativa exclusiva do Poder Executivo ou Legislativo. Não há razão plausível para recusar ao Poder Judiciário o exercício do poder expropriatório em casos concretos, como o que contém na espécie analisada".[69]

---

68 Ibid.
69 REALE, Miguel. *Exposição de Motivos do Anteprojeto do Código Civil de 2002*. In: MELLO,

O § 4° do artigo 1.228 do CCB diz que "o proprietário também pode ser privado da coisa se o imóvel reivindicado consistir em extensa área, na posse ininterrupta e de boa-fé, por mais de cinco anos, de considerável número de pessoas, e estas nela houverem realizado, em conjunto ou separadamente, obras e serviços considerados pelo juiz de interesse social e econômico relevante".

Ora, o referido dispositivo refere-se ao imóvel reivindicado pelo proprietário quando afirma que "o proprietário também pode ser privado da coisa se o imóvel reivindicado [...]". Isto significa dizer que a área está ocupada por terceiros e o proprietário, em ação reivindicatória, procura, em juízo, recuperar a área deste imóvel.

O § 5° do artigo 1.228 dispõe que "no caso do parágrafo antecedente, o juiz fixará a justa indenização devida ao proprietário; pago o preço, valerá a sentença como título para o registro do imóvel em nome dos possuidores".[70]

A partir da análise de tais dispositivos, é possível afirmar que são pressupostos da *expropriação social:* a) que a área esteja sendo reivindicada pelo proprietário; b) que esta área seja extensa; c) que esta área esteja sendo ocupada de boa-fé;[71] d) que a posse seja por mais de cinco anos; e) que a posse seja efetuada por um número considerável de pessoas; f) que tais pessoas tenham realizado obras no imóvel de interesse econômico e social; e g) que exista comprovação do depósito do valor da área (avaliado pelo perito judicial).

Se tais pressupostos forem satisfeitos, o magistrado irá transferir a propriedade e a sentença valerá como título para o registro do imóvel em nome dos possuidores. Neste caso, a propriedade restará em benefício dos possuidores produtivos.

Considerando tais pressupostos, como se definem as expressões *"extensa área"*, *"considerável número de pessoas"*, *"realização de obras no imóvel de interesse econômico e social"*? Ora, estas expressões retratam, pois, as chamadas *cláusulas abertas*, uma vez que o legislador não as definiu. Neste caso, caberá ao magistrado dizer e avaliar tais circunstâncias em *cada caso concreto decidendo*.

Outra questão interessante é quanto à natureza jurídica do referido instituto jurídico. Não há que se falar em *desapropriação*, já que esta é de iniciativa do Poder Público, sendo este o responsável pelo pagamento das indenizações. No caso em tela, o responsável pelo pagamento das indenizações são os próprios possuidores da coisa.

Ademais, não obstante a aquisição da propriedade pela posse, não seria o caso de usucapião em razão da necessidade da referida indenização. Daí a

---

Cleyson de Moraes. Código Civil Comentado. 5. ed. Rio de Janeiro: Freitas Bastos, 2016, p. 1691-1692.
70 Sem Correspondência ao CCB de 1916.
71 De certa forma, este instituto jurídico não poderá ser utilizado como fundamento para a posse do MST.

Capítulo 11 – Propriedade

preferência em nominarmos o referido instituto de "aquisição social da propriedade".

Em relação aos citados parágrafos, o Conselho da Justiça Federal, na I Jornada de Direito Civil, editou os seguintes enunciados:

a) CJF – Enunciado 82 – Art. 1.228: É constitucional a modalidade aquisitiva de propriedade imóvel prevista nos §§ 4° e 5° do art. 1.228 do novo Código Civil.

b) CJF – Enunciado 83 – Art. 1.228: Nas ações reivindicatórias propostas pelo Poder Público, não são aplicáveis as disposições constantes dos §§ 4° e 5° do art. 1.228 do novo Código Civil.

c) CJF – Enunciado 84 – Art. 1.228: A defesa fundada no direito de aquisição com base no interesse social (art. 1.228, §§ 4° e 5°, do novo Código Civil) deve ser arguida pelos réus da ação reivindicatória, eles próprios responsáveis pelo pagamento da indenização.

Na III Jornada de Direito Civil, mais dois enunciados foram publicados. Vejamos:

d) CJF – Enunciado 240 – Art. 1.228: A justa indenização a que alude o parágrafo 5° do art. 1.228 não tem como critério valorativo, necessariamente, a avaliação técnica lastreada no mercado imobiliário, sendo indevidos os juros compensatórios.

1.228, CJF – Enunciado 241 – Art. 1.228: O registro da sentença em ação reivindicatória, que opera a transferência da propriedade para o nome dos possuidores, com fundamento no interesse social (art. 1.228, § 5°), é condicionada ao pagamento da respectiva indenização, cujo prazo será fixado pelo juiz.

Por fim, em relação aos citados parágrafos, o Conselho da Justiça Federal, na *IV Jornada de Direito Civil*, editou os seguintes enunciados:

e) CJF – Enunciado 304 – Art. 1.228. São aplicáveis as disposições dos §§ 4° e 5° do art. 1.228 do Código Civil às ações reivindicatórias relativas a bens públicos dominicais, mantido, parcialmente, o Enunciado 83 da I Jornada de Direito Civil, no que concerne às demais classificações dos bens públicos.

f) CJF – Enunciado 306 – Art. 1.228. A situação descrita no § 4° do art. 1.228 do Código Civil enseja a improcedência do pedido reivindicatório.

g) CJF – Enunciado 307 – Art. 1.228. Na desapropriação judicial (art. 1.228, § 4°), poderá o juiz determinar a intervenção dos órgãos públicos competentes para o licenciamento ambiental e urbanístico.

h) CJF – Enunciado 308 – Art. 1.228. A justa indenização devida ao proprietário em caso de desapropriação judicial (art. 1.228, § 5°) somente deverá ser suportada pela Administração Pública no contexto das políticas públicas de reforma urbana ou agrária, em se tratando de possuidores de baixa renda e desde que tenha havido intervenção daquela nos termos da lei processual. Não sendo os possuidores de baixa renda, aplica-se a orientação do Enunciado 84 da I Jornada de Direito Civil.
i) CJF – Enunciado 309 – Art. 1.228. O conceito de posse de boa-fé de que trata o art. 1.201 do Código Civil não se aplica ao instituto previsto no § 4° do art. 1.228.
j) CJF – Enunciado 310 – Interpreta-se extensivamente a expressão "imóvel reivindicado" (art. 1.228, § 4°), abrangendo pretensões tanto no juízo petitório quanto no possessório.
k) CJF – Enunciado 311 – Caso não seja pago o preço fixado para a desapropriação judicial, e ultrapassado o prazo prescricional para se exigir o crédito correspondente, estará autorizada a expedição de mandado para registro da propriedade em favor dos possuidores.

Já na V Jornada de Direito Civil, o Enunciado 496 foi aprovado com o seguinte teor: "O conteúdo do art. 1.228, §§ 4° e 5° pode ser objeto de ação autônoma, não se restringindo à defesa em pretensões reivindicatórias".

O TJMG já enfrentou a questão da "desapropriação judicial". Vejamos: APELAÇÃO CÍVEL – DESAPROPRIAÇÃO JUDICIAL – POSSIBILIDADE – PRIMAZIA DA FUNÇÃO SOCIAL DA PROPRIEDADE – REQUISITOS – PRESENÇA – RECURSO NÃO PROVIDO. 1 – A desapropriação judicial prevista no art. 1.228, §§ 4° e 5° do Código Civil, é nova forma de limitação de ordem social a que toda propriedade deve observar como condição de sua própria existência. 2 – Aludida desapropriação se concretiza, em favor dos posseiros, pela via judicial, mediante prévia e justa indenização ao proprietário. 3 – Presentes os requisitos exigidos para a expropriação judicial, a sentença valerá como título para a transcrição do imóvel em nome dos posseiros. 4 – Recurso não provido. APELAÇÃO CÍVEL N° 1.0284.08.009185-3/005 – COMARCA DE GUARANI – APELANTE(S): ESTADO DE MINAS GERAIS – APELADO(A)(S): BRAZ MOREIRA DA SILVA

[...]

É nesse contexto que emerge a chamada "desapropriação judicial", prevista no art. 1.228, §§ 4° e 5° do Código Civil, como mais uma forma de limitação de ordem social a que toda propriedade deve observar como condição de sua própria existência: Art. 1.228. O proprietário tem a faculdade de usar, gozar e dispor da coisa, e o direito de reavê-la do poder de quem quer que injustamente a possua ou detenha. § 4º O proprietário também pode ser privado da coisa se o imóvel reivindicado consistir em extensa área, na posse ininterrupta e de boa-fé, por mais de cinco anos, de considerável número de pessoas, e estas nela houverem realizado, em conjunto ou separadamente, obras e serviços considerados pelo juiz de interesse social e econômico relevante. § 5º No caso do parágrafo antecedente, o juiz fixará a justa indenização devida ao proprietário; pago o preço, valerá a sentença como título para o registro do imóvel em nome dos possuidores. Permito-me citar, sobre o tema, o escólio de Cristiano Chaves de Farias e Nelson Rosenvald: trata-se de modalidade de desapropriação judicial indireta e de aquisição da propriedade imobiliária, sem qualquer traço de inconstitucionalidade. A desapropriação se explica pelo fato de o proprietário ser privado de seu direito subjetivo mediante indenização, ao contrário da aquisição pela usucapião que não comporta nenhum tipo de compensação ao antigo titular. A modalidade indireta da desapropriação é fruto da ocupação dos bens por considerável número de pessoas sem prévio ato expropriatório, como fato anterior à indenização, a maneira do que se dá no direito administrativo. A desapropriação é judicial, pois pela primeira vez no Direito brasileiro quem determinará a privação do direito de propriedade não será o Poder Executivo ou Legislativo, mas o Poder Judiciário". (Direitos Reais. 4. ed. Lúmen Júris: Rio de Janeiro, 2007, p. 43) Tal dispositivo instituiu nova forma de perda compulsória de propriedade motivada por razões de ordem social, antes desconhecida no Direito brasileiro, já que aludida desapropriação se concretiza, em sua totalidade, pela via judicial. Com efeito, em vez de restituída a coisa, o proprietário reivindicante fará jus à justa indenização. Em contrapartida, a sentença valerá como título para a transcrição do imóvel em nome dos posseiros. Deve-se destacar que, segundo o Conselho da Justiça Federal, a expropriação judicial é compatível com a Constituição da República: Enunciado 82: "É constitucional a modalidade aquisitiva de propriedade imóvel prevista nos §§ 4º e 5º do art. 1228 do novo Código Civil". De início, registro a possibilidade de aplicação do novo instituto em sede de interditos possessórios, no qual se enquadra a ação de imissão na posse. Sobre o tema, enfatiza Teori Albino Zavascki que: "O conflito de interesses poderá surgir não apenas no âmbito de ações reivindicatórias, como suposto no dispositivo, mas também em interditos possessórios, não sendo plausível negar-se, nessas situações, a utilização, pelos possuidores demandados, das prerrogativas asseguradas pelo instrumento agora proposto". ZAVASCKI, Teori Albino. "A Tutela da Posse na Constituição e no Projeto do Código Civil", *apud* MARTINS-COSTA, Judith (organizadora). A Reconstrução do Direito Privado. São Paulo: RT, 2002, p. 853/854. Embora se trate de situação intermediária entre a usucapião e a desapropriação administrativa, rechaço a tese recursal de que a desapropriação prevista no Código Civil, por vias transversas, propiciará a usucapião de bem público expressamente proibida, por disposição constitucional em seu art. 183, § 3º. Inegavelmente, ambas traduzem uma das possibilidades de perda compulsória da propriedade motivada por razões de ordem social, mas as semelhanças se resumem, basicamente, a essa característica. Enquanto a usucapião enseja a aquisição de propriedade gratuita a determinado indivíduo, sem ônus ao seu adquirente ou a qualquer outra pessoa, a expropriação judicial exige a justa e prévia indenização ao proprietário e prescinde do caráter restrito de pessoalidade. Demais disso, na usucapião não há requisitos como obras e serviços, mas, sim, a posse mansa e pacífica por certo lapso temporal como fator jurídico hábil à aquisição da propriedade. Não passam despercebidas as afinidades entre a desapropriação prevista no § 4º do art. 1.228 do Código Civil e as atinentes à usucapião especial rural e urbana e especial urbana, dispostas, respectivamente, nos artigos 1.239 e 1.240 da norma civilista e 10 da Lei nº 10.257/2001 (Estatuto da Cidade). Contudo, isso não é bastante para equiparar os institutos, notadamente diante da exigência do pagamento de justa indenização, a ser fixada pelo juiz nas desapropriações judiciais.

Por outro lado, entendo factível a aplicação das disposições civilistas à Administração Pública se o imóvel reivindicado for dominical. Aos bens dominicais, é franqueada a possibilidade de alienação, com a devida autorização legislativa, sempre que constatada sua não utilização para as atividades afetas à Administração. Na hipótese em comento, tendo em vista que o apelante, durante longos 19 anos, não deu nenhuma destinação ao terreno que ora pretende se imitir na posse, descumprindo, por completo, a exigência que também lhe é oponível de conferir função social à propriedade, entendo plenamente viável a expropriação judicial. Alie-se a isso o novo enunciado do Conselho da Justiça Federal, que mitigando o teor do disposto no entendimento anteriormente consolidado (nº 83), concebeu o seguinte: Enunciado 304 – São aplicáveis as disposições dos §§ 4º e 5º do art. 1.228 do Código Civil às ações reivindicatórias relativas a bens públicos dominicais, mantido parcialmente o Enunciado 83 da I Jornada de Direito Civil no que concerne às demais classificações de bens públicos. A sentença proferida pela magistrada ainda se justifica diante da presença de todos os requisitos necessários ao reconhecimento da desapropriação judicial. [...]".

11.11. Fundamentos que Justificam a Propriedade

De acordo com Desembargador VIRGÍLIO DE SÁ PEREIRA, mais importante que o próprio fundamento da propriedade é a sua existência. Vejamos as suas lições: "A propriedade é um fenômeno histórico, da alçada portanto da Sociologia. A ciência da Economia o estuda sob o aspecto econômico; sob o jurídico, a do Direito.

A propriedade não é uma criação da lei. Ela surge diante do legislador como um fato, como a "expressão de um juízo sintético *apriori* prático", na linguagem incisiva de Kant. Assim, ela será uma categoria lógica, em cuja órbita gravitarão os direitos reais, como o tempo é a categoria dos atos, e dos corpos o espaço.

Coletiva, familiar ou individual, o direito a surpreende em flagrante, no momento atual de sua evolução orgânica, e lhe regula o exercício. Para tanto, não é mister escavar-lhe o fundamento, descobrir-lhe a razão originária de ser, basta verificar-lhe a existência".[72]

11.12. Delimitação da Extensão Vertical do Solo

Diz o artigo 1.229 do nosso Código Civil que "a propriedade do solo abrange a do espaço aéreo e subsolo correspondentes, em altura e profundidade úteis ao seu exercício, não podendo o proprietário opor-se a atividades que sejam realizadas, por terceiros, a uma altura ou profundidade tais, que não tenha ele interesse legítimo em impedi-las".

Ora, a atuação do proprietário abrange a do espaço aéreo e subsolo em função da utilidade, ou do proveito. Isto quer dizer que a utilização da propriedade abrange o subsolo e o espaço aéreo necessário para que o proprietário possa utilizá-los de forma útil.

Em relação ao subsolo, há que se excepcionarem as minas e as riquezas, já que estas pertencem à União. O artigo 176 da Constituição da República

---

72 SÁ PEREIRA, Virgílio de. Direito das coisas. In: LACERDA, Paulo. *Manual do código civil brasileiro*. Volume VIII. Rio de Janeiro: Jacintho Ribeiros dos Santos, 1929, p. 3.

Federativa do Brasil de 1988 determina que "as jazidas, em lavra ou não, e demais recursos minerais e os potenciais de energia hidráulica constituem propriedade distinta da do solo, para efeito de exploração ou aproveitamento, e pertencem à União, garantida ao concessionário a propriedade do produto da lavra".

O artigo 1.230 do Código Civil brasileiro reflete o dispositivo. Vejamos: "Art. 1.230. A propriedade do solo não abrange as jazidas, minas e demais recursos minerais, os potenciais de energia hidráulica, os monumentos arqueológicos e outros bens referidos por leis especiais".

O parágrafo único do referido artigo diz que "o proprietário do solo tem o direito de explorar os recursos minerais de emprego imediato na construção civil, desde que não submetidos a transformação industrial, obedecido o disposto em lei especial".

11.13. Presunção de Propriedade Plena e Exclusiva

O artigo 1.231 do CCB preceitua que "a propriedade presume-se plena e exclusiva, até prova em contrário". A propriedade sendo *exclusiva* dá azo ao proprietário de afastar a ação de estranhos em sua coisa. De outra forma, a propriedade é plena quando as faculdades encontram-se unicamente nas mãos de seu proprietário.

11.14. Frutos e Produtos da Coisa

Os frutos e mais produtos da coisa pertencem, ainda quando separados, ao seu proprietário, salvo se, por preceito jurídico especial, couberem a outrem (CCB, artigo 1.232).

Como dito alhures, os frutos, produtos e rendimentos são bens acessórios. O artigo 60 do Código Civil brasileiro de 1916 afirmava que "entram na classe das coisas acessórias os frutos, produtos e rendimentos".

Os frutos são as utilidades que a coisa principal gera, de forma normal e periódica, sem desfalcar a sua substância. São, pois, características dos frutos: a) a periodicidade de sua produção; b) preservação da substância da coisa frutífera.[73]

---

73 Como dito anteriormente, os frutos quanto à origem podem ser classificados como: frutos naturais, frutos industriais e frutos civis. Os frutos naturais são aqueles provenientes da natureza (vegetais e animais, e.g., a cria de um animal); os frutos industriais são aqueles gerados pela participação humana, através do trabalho das pessoas, tais como a fabricação de calçados. Estes são considerados bens acessórios (frutos industriais) em relação à fábrica de calçados; e os frutos civis são aqueles que decorrem da lei, como por exemplo, os juros (frutos civis que o capital é capaz de gerar, sem perder a sua substância), aluguéis (contraprestação pela utilização da coisa principal, sem perder a sua substância), dividendos (parcela do lucro de uma sociedade anônima atribuída a cada ação, sem perder a sua substância) etc.

11.15. Ação Reivindicatória

A *ação reivindicatória* é aquela proposta pelo proprietário da coisa (sem a posse) contra o possuidor que não é proprietário da coisa. É uma ação fundada no domínio da coisa, já que o proprietário poderá perseguir a coisa onde quer que ela se encontre (direito de sequela).

O nosso Código Civil diz que "o proprietário tem a faculdade de usar, gozar e dispor da coisa, e o direito de reavê-la do poder de quem quer que injustamente a possua ou detenha".[74]

Dessa maneira, o proprietário da coisa poderá reavê-la de quem quer que injustamente a possua por meio da ação reivindicatória posto que o seu fundamento possui um caráter dominial. Daí que a ação reivindicatória possui três pressupostos de admissibilidade, a saber: a) o domínio da coisa; b) a individualização da coisa; e c) a posse injusta do réu.

Vale lembrar que a *ação reivindicatória* não se confunde com a *ação de imissão na posse*. LUIZ GUILHERME MARINONI diz que "houve, por muito tempo, confusão entre ação reivindicatória e a ação de imissão. *É que ambas são petitórias, e não possessórias*. A confusão entre essas ações deriva de dois pontos. Em primeiro lugar, do fato de não se perceber que a ação reivindicatória compete ao proprietário (também ao condômino e ao enfiteuta) – pois se funda no domínio –, enquanto a ação de imissão na posse *tem como titular não apenas o adquirente, mas todo aquele que possui documento em que o alienante lhe outorgou o direito de se imitir na posse, uma vez que se baseia no direito à posse*. Em segundo lugar, da não percepção de que a imissão na posse é de *cognição limitada*, pois *apenas permite que o réu se defenda alegando a ineficácia do documento que confere o direito à posse*, enquanto a ação reivindicatória é de *cognição plena*, nela não existindo nenhuma *restrição às alegações de defesa*".[75]

Os rendimentos são os frutos civis. Estas são expressões sinônimas. Daí que quando se afirma que uma pessoa vive de "rendimentos", significa dizer que esta pessoa sobrevive com os rendimentos dos aluguéis, juros, dividendos, que representam os frutos civis. Logo, os rendimentos são bens acessórios.

Os frutos quanto ao estado podem ser classificados como: frutos pendentes; frutos percebidos ou colhidos; frutos percipiendos e frutos consumidos.

Os frutos pendentes são aqueles já gerados e ainda não colhidos, por exemplo, os cajus que estão no cajuzeiro.

Os frutos percebidos ou colhidos são aqueles que já foram gerados e já estão colhidos, por exemplo, os cajus já colhidos de determinada plantação. E os frutos percipiendos são aqueles que se encontram ligados à coisa e já deveriam ter sido colhidos.Por sua vez, os produtos é tudo aquilo que pode ser retirado do bem principal, diminuindo sua substância, tais como o petróleo, as pedras, o sal etc. Os produtos se distinguem dos frutos, já que estes são gerados pela coisa sem que ocorra desfalque em sua substância, enquanto que aqueles são retirados da coisa principal, de forma a causar uma redução na substância da coisa.

74 Correspondente ao art. 524 CCB/1916.
75 MARINONI, Luiz Guilherme. *Técnica processual e tutela dos direitos*. São Paulo: Revista dos Tribunais, 2004, p. 569.

Considerando-se ainda que a ação reivindicatória é uma ação real imobiliária, torna-se necessária à outorga uxória para ajuizamento da ação, com fulcro no artigo 10 do Código de Processo Civil. O réu, nesta ação, é aquela pessoa que detém a coisa injustamente.

Ademais, é possível a convolação da ação reivindicatória em indenizatória de perdas e danos. Vejamos: "O terreno foi desapropriado pelo Município com a finalidade de instalação da universidade. Posteriormente, como a instituição de ensino desinteressou-se pela gleba de terra, o município, por determinação judicial (ação de indenização), devolveu-a aos recorridos. O juízo da comarca, por sentença confirmada pelo TJ-RS, determinou a reversão do imóvel aos donatários "por ser forma menos gravosa para o município, como forma substitutiva da obrigação de indenizar". Em cumprimento à determinação judicial, a propriedade do imóvel retornou aos anteriores proprietários por meio de escritura. Todavia, enquanto a municipalidade esteve na posse oficial da área, foi ela invadida. Os recorridos, após tê-la recebido de volta, propuseram ação de reivindicação de posse com fulcro nos arts. 524 e seguintes do CC/ 1916. O juiz da comarca entendeu por bem incluir o município recorrente no polo passivo da demanda, pelo fato de ele ter dotado a área de toda infraestrutura necessária a que os invasores pudessem permanecer no local. O min. relator, apreciando a questão no tocante à violação dos arts 128 e 460 do CPC, considerou não assistir razão ao recorrente, uma vez que a posse do objeto ou da coisa pelo Poder Público implica a impossibilidade da restituição do bem, protegida pelo art. 524 do CC/1916. O município não só realizou o apossamento da área reivindicada como acolheu e permitiu a ocupação efetivada por invasores, concedendo total infraestrutura necessária à vida urbana. Diante dessa hipótese concreta em que se verifica a impossibilidade material de fazer reverter o imóvel ao domínio e posse de seus ex--proprietários, é imperioso admitir a convolação da ação reivindicatória em indenizatória por perdas e danos, uma vez que o proprietário desapossado fica impossibilitado de reivindicar o próprio bem em função do princípio da intangibilidade da obra pública. Portanto, depois de aperfeiçoado o ato de desapropriação e assentamento da área pela população municipal, torna-se insuscetível de tutela jurisdicional a reivindicação esposada, devendo, por isso, ser a presente ação reivindicatória convertida em ação indenizatória por perdas e danos, com vista ao ressarcimento dos antigos proprietários, com todos os demais consectários financeiros, ante a impossibilidade de promover-se a reversão do bem assim expropriado a seu *statu quo ante*. Assim, é possível convolar a ação reivindicatória em indenizatória de perdas e danos. Com esse entendimento, a Turma ao prosseguir o julgamento, negou provimento ao recurso. REsp 770.098-RS, Rel. Min Humberto Martins, julgado em 22.8.2006".

Por fim, vale dizer que a ação reivindicatória é *imprescritível* (AgRg no Ag 569220/RJ, Rel. Ministro CÉSAR ASFOR ROCHA, QUARTA TURMA, julgado em 8.6.2004, DJ 4.10.2004 p. 315), somente se extinguindo nos casos de usucapião, desapropriação etc. A usucapião pode ser arguida como defesa pelo possuidor contra o proprietário (Súmula 237 do STF). Neste sentido, "CONSTITUCIONAL. PROCESSUAL CIVIL. DIREITO DE PROPRIEDADE. CF/1967, ART. 153, Par-22. I – O acórdão recorrido não negou o direito de propriedade, mas, simplesmente, em ação vindicatória, acolheu exceção substancial de usucapião extraordinário, a despeito de ser induvidosa a propriedade primitiva do vindicante, assim decidindo com base na prova. Incabimento do recurso extraordinário. II – Agravo regimental improvido. (AI 128495 AgR, Relator(a): Min. MARCO AURÉLIO, SEGUNDA TURMA, julgado em 6.11.1990, DJ 14.12.1990 PP-15111 EMENT VOL-01606-02 PP-00266).

11.16. Descoberta

11.16.1. Conceito

A *descoberta* é o fenômeno jurídico que consiste em achar coisa alheia perdida (extraviada). A coisa achada é denominada de *achádego*. O artigo 1.233 do nosso Código Civil brasileiro preceitua que "quem quer que ache coisa alheia perdida há de restituí-la ao dono ou legítimo possuidor".[76] Logo, resta claro a obrigação de restituir o objeto ao legítimo possuidor.[77]

Qual a natureza jurídica da *descoberta*? É um ato-fato jurídico na espécie de ato real, ou seja, é o ato jurídico voltado para o resultado (no caso, a descoberta) independentemente da vontade do agente (no caso, a vontade de descobrir) em descobri-lo.

Este artigo corresponde ao artigo 603 e seguintes do antigo Código Civil de 1916 que tratava da *"invenção"*. Ora, desde logo, percebe-se a ocorrência de duas mudanças: a primeira em relação à mudança do nome do instituto jurídico e a segunda em relação à disposição topográfica no Código Civil, já que atualmente o instituto jurídico da *descoberta* se encontra nas disposições gerais da propriedade.[78]

---

76 Correspondente ao art. 603 CCB/1916.
77 CP – Apropriação de coisa havida por erro, caso fortuito ou força da natureza. Art. 169 – Apropriar-se alguém de coisa alheia vinda ao seu poder por erro, caso fortuito ou força da natureza: Pena – detenção, de um mês a um ano, ou multa. Parágrafo único – Na mesma pena incorre: Apropriação de tesouro I – quem acha tesouro em prédio alheio e se apropria, no todo ou em parte, da quota a que tem direito o proprietário do prédio; Apropriação de coisa achada II – quem acha coisa alheia perdida e dela se apropria, total ou parcialmente, deixando de restituí-la ao dono ou legítimo possuidor ou de entregá-la à autoridade competente, dentro no prazo de 15 (quinze) dias.
78 No Código Civil de 1916, o fenômeno jurídico da invenção estava localizado no Capítulo

Não há que se confundir a *coisa que nunca pertenceu a ninguém* com a *coisa abandonada* e a *coisa perdida* (ou extraviada). A coisa que nunca pertenceu a ninguém e a coisa abandonada não possuem proprietário e, desta maneira, são suscetíveis de ocupação (apropriação), adquirindo a sua propriedade. De forma contrária, a coisa perdida (extraviada) continua pertencendo a seu proprietário. Daí que aquele que encontrar uma coisa perdida se torna sujeito do dever jurídico de restituí-la ao legítimo proprietário.

O parágrafo único do referido artigo 1.233 informa que "não o conhecendo, o descobridor fará por encontrá-lo, e, se não o encontrar, entregará a coisa achada à autoridade competente".

O Código de Processo Civil trata *Das Coisas Vagas* no artigo 746. O *caput* deste dispositivo diz que "recebendo do descobridor coisa alheia perdida, o juiz mandará lavrar o respectivo auto, do qual constará a descrição do bem e as declarações do descobridor".

Recebida a coisa por autoridade policial, esta remetê-la-á em seguida ao juízo competente (artigo 746, § 1º, do CPC). O procedimento deverá ser instaurado no domicílio da pessoa que perdeu a coisa (art. 46, *caput*, CPC). Não conhecido o domicílio, o juízo competente será o domicílio do descobridor, se este for considerado autor da demanda (art. 46, § 2º, CPC).

Depositada a coisa, o juiz mandará publicar edital na rede mundial de computadores, no sítio do tribunal a que estiver vinculado e na plataforma de editais do Conselho Nacional de Justiça ou, não havendo sítio, no órgão oficial e na imprensa da comarca, para que o dono ou o legítimo possuidor a reclame, salvo se se tratar de coisa de pequeno valor e não for possível a publicação no sítio do tribunal, caso em que o edital será apenas afixado no átrio do edifício do fórum (artigo 746, § 2º, do CPC).

Por fim, o § 3º do artigo 746 diz que será observado, quanto ao mais, o disposto em lei.

11.16.2. Direito de recompensa

Aquela pessoa que restituir a coisa achada terá direito a uma recompensa não inferior a cinco por cento do valor da coisa achada (achádego), bem como à indenização pela conservação e transporte do achádego.

O artigo 1.234 diz que "aquele que restituir a coisa achada, nos termos do artigo antecedente, terá direito a uma recompensa não inferior a cinco por cento do seu valor, e à indenização pelas despesas que houver feito com a conservação e transporte da coisa, se o dono não preferir abandoná-la."[79] Daí que a recompensa é um direito legítimo do descobridor, que poderá, inclusive, exigi-la em juízo. Assim, é perfeitamente possível que o descobridor

---

"Da Aquisição e Perda da Propriedade".
79 Correspondente ao art. 604 CCB/1916.

ingresse em juízo objetivando cobrar do proprietário a recompensa de que trata o art. 1.234 do CCB.

Além desta recompensa, o descobridor ainda poderá reclamar, judicialmente, o ressarcimento de todas as despesas que teve para conservar a coisa, do transporte e as despesas inerentes relacionadas ao descobrimento do proprietário.

Quais os critérios para a fixação da recompensa? Diz o parágrafo único do artigo 1.234: "Na determinação do montante da recompensa, considerar-se-á o esforço desenvolvido pelo descobridor para encontrar o dono, ou o legítimo possuidor, as possibilidades que teria este de encontrar a coisa e a situação econômica de ambos".[80]

E se o proprietário não tiver mais interesse na coisa perdida (extraviada)? Ora, neste caso, o proprietário poderá abandonar a coisa em favor do descobridor e, assim, este adquirirá a propriedade da coisa perdida, funcionado, pois, como um modo de aquisição da propriedade.

11.16.3. Responsabilidade civil do descobridor

O artigo 1.235 preceitua que "o descobridor responde pelos prejuízos causados ao proprietário ou possuidor legítimo, quando tiver procedido com dolo".

A autoridade competente dará conhecimento da descoberta por meio da imprensa e outros meios de informação, somente expedindo editais se o seu valor os comportar (CCB, art. 1.236).[81]

Decorridos sessenta dias da divulgação da notícia pela imprensa, ou do edital, não se apresentando quem comprove a propriedade sobre a coisa, será esta vendida em hasta pública e, deduzidas do preço as despesas, mais a recompensa do descobridor, pertencerá o remanescente ao Município em cuja circunscrição se deparou o objeto perdido (CCB, art. 1.237).[82]

Sendo de diminuto valor, poderá o Município abandonar a coisa em favor de quem a achou (CCB, art. 1.237, parágrafo único).[83]

11.17. Propriedade Definitiva das Comunidades dos Quilombos

11.17.1. Conceito e caracteres

O artigo 68 dos Atos das Disposições Constitucionais Transitórias da nossa CRFB/1988 diz que "aos remanescentes das comunidades dos quilom-

---

80 Correspondente ao art. 605 CCB/1916.
81 Sem Correspondência ao CCB de 1916.
82 Correspondente ao art. 606 CCB/1916
83 Sem Correspondência ao CCB de 1916.

bos que estejam ocupando suas terras é reconhecida a propriedade definitiva, devendo o Estado emitir-lhes os títulos respectivos".

Neste diapasão, JOSÉ AFONSO DA SILVA esclarece que "por meio dessa disposição a Constituição consolida, em definitivo, a propriedade das terras ocupadas pelos *remanescentes das comunidades dos quilombos*, sem outra formalidade senão a simples constatação da ocupação – pressuposto que dá direito aos beneficiados de obter os títulos de propriedade respectivos".[84]

ALFREDO CANELLAS destaca que o referido dispositivo deve ser analisado em consonância com o artigo 216, § 5°, da CRFB/88, *verbis*: "Ficam tombados todos os documentos e os sítios detentores de reminiscências históricas dos antigos quilombos", bem como com o Decreto n° 4.887, de 20.11.2003, que regulamenta o procedimento para identificação, reconhecimento, delimitação, demarcação e titulação das terras ocupadas por remanescentes das comunidades dos quilombos.[85]

Consideram-se *remanescentes das comunidades dos quilombos* os grupos étnico-raciais, segundo critérios de autoatribuição, com trajetória histórica própria, dotados de relações territoriais específicas, com presunção de ancestralidade negra relacionada com a resistência à opressão histórica sofrida (artigo 2°, Decreto n° 4.887/03).

A caracterização dos *remanescentes das comunidades dos quilombos* será atestada mediante autodefinição da própria comunidade (artigo 2°, § 1°, Decreto n° 4.887/03).

São terras ocupadas por *remanescentes das comunidades dos quilombos* as utilizadas para a garantia de sua reprodução física, social, econômica e cultural (artigo 2°, § 2°, Decreto n° 4.887/03).

Compete ao Ministério do Desenvolvimento Agrário, por meio do Instituto Nacional de Colonização e Reforma Agrária – INCRA, a identificação, reconhecimento, delimitação, demarcação e titulação das terras ocupadas pelos remanescentes das comunidades dos quilombos, sem prejuízo da competência concorrente dos Estados, do Distrito Federal e dos Municípios (artigo 3°, Decreto n° 4.887/03).

Após a expedição do título de reconhecimento de domínio, a Fundação Cultural Palmares garantirá assistência jurídica, em todos os graus, aos remanescentes das comunidades dos quilombos para defesa da posse contra esbulhos e turbações, para proteção da integridade territorial da área delimitada e sua utilização por terceiros, podendo firmar convênios com outras entidades ou órgãos que prestem esta assistência (artigo 16 do Decreto n° 4.887/03).

---

84 SILVA, José Afonso da. *Comentário contextual à constituição*. São Paulo: Malheiros, 2005, p. 931.
85 CANELLAS, Alfredo. *A constiuição interpretada pelos tribunais*. 2. ed. Rio de Janeiro: Freitas Bastos, 2007.

11.17.2. Jurisprudência

AÇÃO DIRETA DE INCONSTITUCIONALIDADE Nº 3.239 – DISTRITO FEDERAL

Quilombolas: após voto divergente, julgamento tem novo pedido de vista

O plenário do Supremo Tribunal Federal (STF) retomou o julgamento da Ação Direta de Inconstitucionalidade (ADI) nº 3.239 ajuizada pelo Partido Democratas (DEM) contra o Decreto nº 4.887/2003, que regulamenta o procedimento para identificação, reconhecimento, delimitação, demarcação e titulação das terras ocupadas por remanescentes de comunidades dos quilombos. O julgamento foi retomado com o voto-vista da ministra Rosa Weber, mas, em seguida, houve novo pedido de vista, desta vez formulado pelo ministro Dias Toffoli.

A ministra Rosa Weber abriu a divergência e votou pela improcedência da ação, entendendo pela constitucionalidade do decreto presidencial. Esclareceu que seu voto estava pronto cinco dias após seu pedido de vista, que ocorreu em 18 de abril de 2012. Naquele dia, o relator, ministro Cezar Peluso (aposentado), votou pela procedência da ação e, portanto, pela inconstitucionalidade do decreto questionado. Em seu voto, entretanto, o relator modulou os efeitos da decisão para "declarar bons, firmes e válidos" os títulos de tais áreas, emitidos até agora, com base no Decreto nº 4.887/2003.

Inconstitucionalidade formal

O artigo 68 do Ato das Disposições Constitucionais Transitórias (ADCT) reconhece aos remanescentes das comunidades dos quilombos que estejam ocupando suas terras a propriedade definitiva, devendo o Estado emitir os títulos. De acordo com a ministra Rosa Weber, o dispositivo é autoaplicável e não necessita de lei que o regulamente, portanto, não houve invasão da esfera de competência do Poder Legislativo pela Presidência da República. Segundo a ministra, a edição do decreto presidencial foi juridicamente perfeita, na medida em que apenas trouxe as regras administrativas para dar efetividade a direito que já estava assegurado no momento da promulgação da Constituição de 1988.

"O objeto do artigo 68 do ADCT é o direito dos remanescentes das comunidades dos quilombos de ver reconhecida pelo Estado a sua propriedade sobre as terras por eles histórica e tradicionalmente ocupadas. Tenho por inequívoco tratar-se de norma definidora de direito fundamental de grupo étnico-racial minoritário, dotada, portanto, de eficácia plena e aplicação imediata e, assim, exercitável o direito subjetivo nela assegurado, independentemente de qualquer integração legislativa", afirmou.

Inconstitucionalidade material

O questionamento do partido quanto ao critério de autoatribuição para caracterizar os remanescentes das comunidades dos quilombos foi rejeitado pela ministra Rosa Weber. A ministra lembrou que a Convenção nº 169 da Organização Internacional do Trabalho (OIT), internalizada no ordenamento jurídico brasileiro, dispõe que nenhum Estado tem o direito de negar a identidade de um povo indígena ou tribal que se reconheça como tal.

"A eleição do critério de autoatribuição não é arbitrária, tampouco desfundamentada ou viciada. Além de consistir em método autorizado pela antropologia contemporânea, estampa uma opção de política pública legitimada pela Carta da República, na medida em que visa a interrupção do processo de negação sistemática da própria identidade aos grupos marginalizados", ressaltou.

A ministra salientou que a autoatribuição de uma identidade (critério subjetivo) não afasta a satisfação de critérios objetivos exigidos para o reconhecimento da titularidade do direito assegurado pelo artigo 68 do ADCT. "Mostra-se necessária a satisfação de um elemento objetivo: a reprodução da unidade social que se afirma originada de um quilombo há de estar atrelada a uma ocupação continuada do espaço ainda existente, em sua organicidade, em 5 de outubro de 1988", concluiu.[86]

---

86 Disponível em: <http://www.stf.jus.br/portal/cms/verNoticiaDetalhe.asp?idConteudo=288144> Acesso em: 26 set. 2016.

Capítulo 12
AQUISIÇÃO DA PROPRIEDADE IMÓVEL

12.1. Introdução

Após a análise da *propriedade em geral*, neste capítulo, trataremos da *aquisição da propriedade imóvel* (Capítulo II – Da Aquisição da Propriedade Imóvel, do Título III – Da Propriedade, do Livro III – Do Direito das Coisas do nosso Código Civil brasileiro).

12.1.1. Aquisição originária e derivada

A aquisição poderá ocorrer de duas formas, a saber: *originária* e *derivada*. Naquela não existe a transmissão do bem por uma pessoa a outra (por exemplo, a *usucapião* e a *acessão natural*) ou a coisa nunca esteve sob o domínio de ninguém; nesta ocorrerá a transmissão do bem, ou seja, existirá uma relação jurídica entre o adquirente (novo titular) e o anterior proprietário, seja através do registro do título translativo ou na tradição.

ORLANDO GOMES afirma que a importância desta distinção "reside nos efeitos que se produzem conforme o modo de aquisição seja originário ou derivado. Se a propriedade é adquirida por *modo originário*, incorpora-se ao patrimônio do adquirente em toda a sua plenitude, tal como a estabelece a vontade do adquirente. Se por modo *derivado* transfere-se com os mesmos atributos, restrições e qualidades que possuía no patrimônio do transmitente, segundo conhecida parêmia: *nemo plus jus transferre ad alium potest quam ipse habet*.[1] É que a aquisição derivada se condiciona à do predecessor, adquirindo o novo proprietário o direito que tinha e lhe transmitiu o antigo proprietário".[2]

12.1.2. Aquisição a título singular e universal

Quanto ao objeto, a aquisição poderá ser a *título singular* ou a *título universal*. A primeira ocorre quando se tem por objeto bens individualizados, tais como nos negócios jurídicos *inter vivos*. A aquisição a *título universal* se

---
1 "Ninguém pode transferir a outrem direitos que não tem, ou mais direitos do que tem".
2 GOMES, Orlando. *Direitos reais*. 18. ed. Rio de Janeiro: Forense, 2002, p. 137.

desvela a partir do momento que o objeto recai num patrimônio, como no caso da *sucessão hereditária*.

Outrossim, vale destacar que as coisas *imóveis* podem ser adquiridas pela transcrição, pela usucapião de bens imóveis e pela acessão. Já as coisas *móveis* são adquiridas pela tradição, por sucessão, por usucapião de bens móveis, por ocupação, bem como pela especificação, comistão, confusão e adjunção.

12.2. Da usucapião

12.2.1. Conceito e natureza jurídica

O vocábulo *usucapião* é originado do latim *usucapione*. Entre os doutrinadores existe divergência quanto ao gênero do vocábulo usucapião. Para uns será "o usucapião", para outros "a usucapião".

A usucapião é o *modo originário de aquisição da propriedade,* pelo decurso do tempo fixado em lei. Ora, é um modo de aquisição da propriedade de forma originária, já que inexiste relação jurídica entre o adquirente e o anterior proprietário.

Da mesma forma, JOSÉ DE OLIVEIRA ASCENSÃO considera a usucapião uma forma de aquisição originária. "O novo titular recebe o seu direito independente do direito do titular antigo. Em consequência, não lhe podem ser opostas as excepções de que seria passível o dirieto daquele titular".[3]

ORLANDO GOMES também afirma que a usucapião é um modo de aquisição originário das coisas móveis e imóveis. O professor afirma: "inclui-se entre os modos originários. É que, a despeito de acarretar a extinção do direito de propriedade do antigo titular, não se estabelece qualquer vínculo entre ele e o possuidor que o adquire".[4]

CAIO MÁRIO DA SILVA PEREIRA ensina que a usucapião é a "aquisição do domínio pela posse prolongada".[400 401]

Segundo EMIDIO PACIFICI-MAZZONI, "Lusucapione è adunque un modo originario di acquisto della prorietà mediante un prossesso fornito di certi caratteri e continuato per un determinato tempo".[5]

Ora, considerando que a *posse* e o elemento *tempo* são pressupostos básicos na aquisição da propriedade por usucapião, este instituto jurídico é denominado, também, como *prescrição aquisitiva*. Esta prescrição difere, pois, da prescrição estudada nos arts 205 e 206 do nosso Código Civil.

Ademais, o art. 1.244 do nosso diploma civilístico afirma que "Estende-se ao possuidor o disposto quanto ao devedor acerca das causas que obstam,

---

3 ASCENSÃO, José de Oliveira. *Direito civil:* reais. 5. ed. Coimbra: Coimbra, 2000, p. 300.
4 GOMES. Op. cit., p. 163.
5 PACIFICI-MAZZONI, Emidio. *Istituzioni di diritto civile italiano.* 3. ed. Vol. III. Firenze: Editori Librai – Piazza della Signoria, 1884, p. 193.

suspendem ou interrompem a prescrição, as quais também se aplicam à usucapião".[6]

O CONSELHEIRO LAFAYETTE, neste sentido, aponta a distinção: "há dois gêneros de prescrição: a aquisitiva (*usucapio*) e a *liberatória* ou *extintiva*. Tanto a primeira como a segunda contém em si o princípio extintivo, donde lhes vem a denominação comum; mas uma se distingue da outra por seu objeto, condições e efeitos.

A *aquisitiva* tem por objeto o domínio e os *direitos reais (jura in re aiena)*, pressupõe como condição a posse; é ao mesmo tempo causa de aquisição e de extinção de direitos. No seu modo de atuar predomina a força geradora; a extinção vem por via de consequência; o proprietário perde o domínio porque o adquire o possuidor. A lei toma-a pelo seu lado positivo, considera-a modo de aquisição e sob este aspecto a regula, marca-lhe as condições e define-lhe os efeitos.

A *extintiva* é negativa; nasce da *inércia*, e tem por efeito dissolver a obrigação paralisando destarte o direito correlato: não gera direitos".[7]

CLÓVIS BEVILÁQUA afirma que "o Código denominou usucapião a prescrição aquisitiva, para evitar confusões, provenientes da identidade de certos cânones, que formam o tecido dos dois institutos; a prescrição propriamente dita ou liberatória, e o usucapião ou prescrição aquisitiva".[8]

12.2.2. Fundamento da usucapião (prescrição aquisitiva)

O fundamento da usucapião para uns apresenta cariz *subjetivo*, para outros aspecto *objetivo*. O caráter *subjetivo* está relacionado à negligência do proprietário quanto a sua posse, uma espécie de renúncia quanto ao domínio de sua coisa. O aspecto *objetivo* está ancorado no atendimento da função social e econômica da propriedade.

De acordo com LAFAYETTE, o fundamento da usucapião (prescrição aquisitiva) é determinado por imperiosos motivos de utilidade pública. O conselheiro afirma que "a *negligência* do proprietário não é propriamente uma razão determinante da prescrição aquisitiva, mas intervém como uma consideração moral de grande valor para pô-la sob uma luz mais favorável, tirando-lhe o caráter espoliativo que à primeira vista se lhe atribui".[9]

Para LENINE NEQUETE, o fundamento da prescrição aquisitiva, ou usucapião, tem o mesmo fundamento que a prescrição liberatória, qual seja, o bem comum. O autor citando PUGLIESE afirma: "a prescrição extintiva –

---

6 Correspondente ao art. 553 CCB/16
7 PEREIRA, Lafayette Rodrigues. *Direito das coisas*. Edição histórica. Vol. I. Rio de Janeiro: Rio, 1977, p. 215-216.
8 BEVILÁQUA, Clóvis. *Código civil dos Estados Unidos do Brasil comentado por Clóvis Beviláqua*. V. 1. Edição histórica. Rio de Janeiro: Rio, 1976, p. 1031-1032.
9 PEREIRA. Op. cit., p. 217-219.

disse-o PUGLIESE – não é uma criação arbitrária da lei, mas um instituto imposto sem dúvida por altas e imperiosas necessidades do convívio humano. E a prescrição aquisitiva, está, de tal maneira por igual radica no interesse público, que dela pode escrever, por exemplo, CARNELUTTI, que se tratava de uma dessas instituições em que melhor se percebia a tendência do direito para a justiça".[10]

Para PACIFICI-MAZZONI, o fundamento da usucapião é "linteresse generale di assicurare la stabilità della proprietà".[11]

Daí que se entende que o fundamento da usucapião está alinhado à função socioeconômica da propriedade, mesmo porque o Código Civil brasileiro de 2002 reduziu o lapso temporal em relação à prescrição aquisitiva.[12]

12.2.3. Pressupostos genéricos

A usucapião é um dos mais importantes efeitos da posse. A posse a que aqui nos referimos é a posse *ad usucapionem*. Para que esta ocorra, é necessário que se atendam a alguns pressupostos.

12.2.3.1. Posse contínua ou ininterrupta

A posse terá que ser *contínua*, ou seja, é a posse em que o possuidor durante todo o prazo teve a coisa a sua disposição, ou seja, o possuidor tem o poder físico sobre a coisa. Não há que se confundir poder físico (posse contínua) com contato físico permanente com a coisa. Por exemplo, uma pessoa que reside na cidade do Rio de Janeiro e possui uma casa de praia em Manga-

---

10 NEQUETE, Lenine. *Da prescrição aquisitiva (usucapião)* 3. ed. Porto Alegre: Coleção Ajuris/17, 1981, p. 31-32.
11 PACIFICI-MAZZONI. Op. cit., p. 193.
12 VII Jornada de Direito Civil – ENUNCIADO 596 – O condomínio edilício pode adquirir imóvel por usucapião. Parte da legislação: art. 1243-A do Código Civil – Da aquisição da Propriedade Imóvel – Da Usucapião Justificativa: Conquanto persista algum debate em torno da atribuição, ou não, de personalidade jurídica ao condomínio edilício, tem-se visto um número maior de situações nas quais resta admitida a aquisição de propriedade imobiliária por esta figura jurídica. O STJ já reconheceu a personalidade do condomínio para fins tributários. O Enunciado 246 da III Jornada de Direito Civil (que modificou o Enunciado 90 da I Jornada), por sua vez, estipula que: "Deve ser reconhecida personalidade jurídica ao condomínio edilício". O Conselho Superior da Magistratura do Tribunal de Justiça de São Paulo, embora não admita a irrestrita e incondicional atribuição de personalidade jurídica ao condomínio edilício, tem admitido a aquisição de imóveis por este último, inclusive por meio de escritura pública de compra e venda (vide Apel. Cível 001991077.2012.8.26.0071 – j. abril/2013). Tanto a Lei nº 4.591/1964 (ao versar sobre o leilão extrajudicial – art. 63, § 3º) quanto o CPC (ao regrar a hasta pública) respaldam a aquisição de propriedade em nome do condomínio edilício, o que se tem verificado na prática. Assim, tendo em vista o acima exposto, pensamos ser viável a usucapião de imóvel pelo próprio condomínio edilício quando feita em benefício dos condôminos que o possuem coletivamente.

ratiba, aproximadamente, 120 km de distância da capital, mantém o poder físico sobre a coisa, apesar de não manter contato físico com ela diariamente.

12.2.3.2. Posse mansa e pacífica (posse sem oposição)

A posse terá que ser, também, *mansa e pacífica*. Isto significa dizer que a posse do usucapiente não apresenta nhenuma resistência de terceiros. Melhor dizendo: a posse não é contestada, não é litigiosa, não apresenta oposição.

12.2.3.3. Lapso temporal

A posse *ad usucapionem*, além de contínua, mansa e pacífica, deve-se prorrogar por um *prazo previsto em lei*. Enquanto este lapso temporal previsto em lei não se completar, não há que se falar na usucapião (prescrição aquisitiva). Vale lembrar que neste prazo poderão incidir as causas que obstam, suspendem ou interrompem a prescrição (conforme art. 1.244 do CCB), inibindo, pois, a usucapião.

O Enunciado 497 da V Jornada de Direito Civil informa que "o prazo, na ação de usucapião, pode ser completado no curso do processo, ressalvadas as hipóteses de má-fé processual do autor".

12.2.3.4. *Animus domini* (posse com intenção de dono)

Além dos pressupostos acima mencionados, deve-se levar em consideração que a posse deverá ser exercida *aninus domini*, ou seja, a posse deverá ser exercida pelo possuidor com ânimo (com intenção) de dono da coisa. Ora, daí se conclui que os não possuidores e os possuidores diretos não poderão invocar a usucapião. O possuidor direto não poderá alegar a usucapião (por exemplo, o locatário, o comodatário, o depositário etc.), já que inexiste o *animus domini*.

12.2.3.5. Res habilis (coisa hábil)

O bem a ser usucapido deve ser suscetível de prescrição aquisitiva, ou seja, o bem deve restar hábil a ser usucapido. *Os bens públicos não podem ser adquiridos por usucapião*. Daí não serem hábeis a usucapião.

Os bens quanto ao titular do domínio podem ser classificados como: *bens públicos* e *bens particulares*.

O artigo 98 determina que "são *públicos* os bens do domínio nacional pertencentes às pessoas jurídicas de direito público interno; todos os outros são *particulares*, seja qual for a pessoa a que pertencerem".[13]

---

13 Correspondente ao art. 65 do CC de 1916.

Em relação ao artigo 98, o Conselho da Justiça Federal, na IV Jornada de Direito Civil, editou o Enunciado 287, que diz: "O critério da classificação de bens indicado no art. 98 do Código Civil não exaure a enumeração dos bens públicos, podendo ainda ser classificado como tal o bem pertencente a pessoa jurídica de direito privado que esteja afetado à prestação de serviços públicos".

Quanto à destinação, os bens públicos são classificados, consoante o artigo 99, em:

I – os de *uso comum do povo*, tais como rios, mares, estradas, ruas e praças;

II – os de *uso especial*, tais como edifícios ou terrenos destinados a serviço ou estabelecimento da administração federal, estadual, territorial ou municipal, inclusive os de suas autarquias;

III – os *dominicais*, que constituem o patrimônio das pessoas jurídicas de direito público, como objeto de direito pessoal, ou real, de cada uma dessas entidades.

Não dispondo a lei em contrário, consideram-se *dominicais* os bens pertencentes às *pessoas jurídicas de direito público a que se tenha dado estrutura de direito privado* (CC, artigo 99, parágrafo único).[14]

Os *bens de uso comum* são aqueles que podem ser utilizados por todos (*res communis omnium*). Tais bens são acessíveis a qualquer pessoa, tais como a praia, ruas, praça, estrada, mares etc.[15]

O artigo 10 da Lei 7.661, de 16 de maio de 1988, afirma que "as praias são bens públicos de uso comum do povo, sendo assegurado, sempre, livre e franco acesso a elas e ao mar, em qualquer direção e sentido, ressalvados os trechos considerados de interesse de segurança nacional ou incluídos em áreas protegidas por legislação específica".

O *uso comum dos bens públicos* pode ser *gratuito* ou *retribuído*, conforme for estabelecido legalmente pela entidade a cuja administração pertencerem (CC, art. 103).[16] Um exemplo é o valor do pedágio cobrado em estradas ou o

---

14 Correspondente ao art. 66 do CC de 1916.
15 Apelação cível. Ação anulatória. Obras de pavimentação em rua. Cobrança do serviço por empresa publica através de duplicatas. As ruas constituem-se em bens públicos de uso comum do povo, na forma do art. 66, I, do Código Civil. A sua pavimentação é obra pública, cuja repartição do custo entre os interessados se dá unicamente através da instituição de contribuição de melhoria, atendidos os pressupostos do art. 81 e seguintes do CTN° Ilegalidade da contratação do serviço de pavimentação de rua entre o lindeiro e a companhia executora da obra, bem assim como a cobrança através de duplicatas. Ação anulatória de título procedente. Apelação provida. (Apelação Cível n° 70004016861, Vigésima-Primeira Câmara Cível, Tribunal de Justiça do RS, Relator: Marco Aurélio Heinz, Julgado em 2.10.2002).
16 Correspondente ao art. 68 do CC de 1916.

pagamento de ingressos em zoológicos, museus ou até mesmo o pagamento para utilização dos banheiros públicos nos postos de salvamento localizados nas praias do Rio de Janeiro.

O logradouro público, de uso comum do povo, pode ser gradeado, sempre que necessário à sua própria conservação ou à segurança da coletividade que dele usufrui (STJ – Recurso Especial n° 195.473 – SP – 2a Turma – Relator: Ministro Ari Pargendler).

Os *bens públicos de uso especial* são aqueles destinados ao serviço público, tais como os prédios, escolas, repartições públicas etc.

De acordo com o artigo 100 do nosso Código Civil, os *bens públicos de uso comum do povo* e os de *uso especial* são inalienáveis, enquanto conservarem a sua qualificação, na forma que a lei determinar.[17]

Ademais, *os imóveis públicos não serão adquiridos por usucapião*, conforme o artigo 183, § 3°, da nossa Constituição.

Vale destacar que os *bens públicos de uso comum do povo* e os *bens públicos de uso especial* somente são inalienáveis quando se atribui uma destinação pública. Com a desafetação, um bem público deixa de ter a sua finalidade pública e, a partir daí, poderá ser alienado. Portanto, a afetação pode ser conceituada como sendo o "fato administrativo pelo qual se atribui ao bem público uma destinação pública especial de interesse direto ou indireto da Administração". A desafetação é o inverso, ou seja, "é o fato administrativo pelo qual um bem público é desativado, deixando de servir à finalidade pública anterior".[18]

Dessa forma, qualquer bem público poderá ser alienado desde que cumpridos os requisitos legais da desafetação.

Os *bens dominicais* (ou bens dominiais) são aqueles que integram o patrimônio das pessoas jurídicas de direito público, como objeto de direito pessoal, ou real, de cada uma dessas entidades, tais como os imóveis e móveis, as ações, os terrenos de marinha, as faixas de fronteira, as ilhas formadas em mares territoriais.

Já o artigo 101 determina que "os bens públicos dominicais podem ser alienados, observadas as exigências da lei".

Os bens públicos não estão sujeitos à usucapião (CC, art. 102). Tal dispositivo encontra-se em harmonia com o artigo 191, parágrafo único, do Texto Maior ao afirmar que "os imóveis públicos não serão adquiridos por usucapião".[19]

---

17 Correspondente ao art. 67 do CC de 1916.
18 CARVALHO FILHO, José dos Santos. *Manual de direito administrativo*. 15. ed. Rio de Janeiro: Lumen Juris, 2006, p. 931.
19 Usucapião. Embargos declaratórios. Acolhidos para considerar tempestiva a apelação. Cerceamento de defesa. Inexiste quando a prova pericial é bastante para a solução do litígio. Mérito consagra, através do exame da prova pericial (judiciosa e minuciosa) concludente,

O artigo 20 de nossa Constituição contempla os bens da União: I – os que atualmente lhe pertencem e os que lhe vierem a ser atribuídos; II – as terras devolutas indispensáveis à defesa das fronteiras, das fortificações e construções militares, das vias federais de comunicação e à preservação ambiental, definidas em lei; III – os lagos, rios e quaisquer correntes de água em terrenos de seu domínio, ou que banhem mais de um Estado, sirvam de limites com outros países, ou se estendam a território estrangeiro ou dele provenham, bem como os terrenos marginais e as praias fluviais; IV – as ilhas fluviais e lacustres nas zonas limítrofes com outros países; as praias marítimas; as ilhas oceânicas e as costeiras, excluídas, destas, as que contenham a sede de Municípios, exceto aquelas áreas afetadas ao serviço público e a unidade ambiental federal, e as referidas no art. 26, II;[20] V – os recursos naturais da plataforma continental e da zona econômica exclusiva; VI – o mar territorial; VII – os terrenos de marinha e seus acrescidos; VIII – os potenciais de energia hidráulica; IX – os recursos minerais, inclusive os do subsolo; X – as cavidades naturais subterrâneas e os sítios arqueológicos e pré-históricos; XI – as terras tradicionalmente ocupadas pelos índios".[21]

Incluem-se entre os bens dos Estados: I – as águas superficiais ou subterrâneas, fluentes, emergentes e em depósito, ressalvadas, neste caso, na forma da lei, as decorrentes de obras da União; II – as áreas, nas ilhas oceânicas e costeiras, que estiverem no seu domínio, excluídas aquelas sob domínio da União, Municípios ou terceiros; III – as ilhas fluviais e lacustres não pertencentes à União; IV – as terras devolutas não compreendidas entre as da União (CRFB/88, art. 26).

Verifica-se, pois, que os bens públicos são inalienáveis (desde que não sofram desafetação), impenhoráveis e imprescritíveis. Além do mais, tais bens não podem ser onerados com a incidência de hipoteca, penhor, anticrese e alienação fiduciária em garantia.

---

que a área usucapienda encontra-se totalmente contida em outra maior de propriedade da FEBEM. Os bens das fundações criadas por lei, com a participação estatal, com finalidades públicas e sociais, são insuscetíveis de usucapião, pois equiparados a bens públicos, sofrendo, portanto, as mesmas restrições do ART. 66, I, DO CCB E SÚMULA n° 340 DO STF. APELAÇÃO DESPROVIDA. (Embargos de Declaração N° 192263812, Oitava Câmara Cível, Tribunal de Alçada do RS, Relator: Cláudio Caldeira Antunes, Julgado em 16.2.1993).

20 Inciso IV com redação dada pela Emenda Constitucional n° 46, de 5 de maio de 2005. Redação anterior: IV – as ilhas fluviais e lacustres nas zonas limítrofes com outros países; as praias marítimas; as ilhas oceânicas e as costeiras, excluídas, destas, as áreas referidas no art. 26, II;

21 CRFB/88 – Art. 5° – Todos são iguais perante a lei, sem distinção de qualquer natureza, garantindo-se aos brasileiros e aos estrangeiros residentes no País a inviolabilidade do direito à vida, à liberdade, à igualdade, à segurança e à propriedade, nos termos seguintes: [...] LXXIII – qualquer cidadão é parte legítima para propor ação popular que vise a anular ato lesivo ao patrimônio público ou de entidade de que o Estado participe, à moralidade administrativa, ao meio ambiente e ao patrimônio histórico e cultural, ficando o autor, salvo comprovada má-fé, isento de custas judiciais e do ônus da sucumbência;

12.2.4. Espécies de usucapião

Em nosso ordenamento jurídico civilístico, em relação à usucapião de *bens imóveis*, encontramos 4 (quatro) espécies, a saber:

a) a *usucapião extraordinária* disciplinada no artigo 1.238 do Código Civil brasileiro;
b) a *usucapião ordinária* prevista no artigo 1.242 do Código Civil brasileiro;
c) a *usucapião ordinária com Posse Social*, prevista no artigo 1.242, parágrafo único do Código Civil.
d) A *usucapião tabular* prevista no § 5° do artigo 214 da Lei n° 6.015/73 (Lei de Registro Público).
e) a *usucapião especial* subdividida em:
   1) a *usucapião especial urbana* prevista no artigo 183 da CRFB/88, também regulamentada no Estatuto da Cidade (Lei n° 10.257/01) nos artigos 9 (usucapião urbana individual) e artigo 10 (usucapião urbana coletiva), bem como no artigo 1.240 do nosso Código Civil.
   2) a *usucapião especial rural* estatuída pela Lei n° 6.969/81, complementada pelo artigo 191 da CRFB/88 e pelo artigo 1.239 do nosso Código Civil.
f) a *usucapião especial urbana por abandono do lar conjugal* (ou usucapião familiar), incluída pela Lei n° 12.424, de 16 de junho de 2011.[22]
g) a *usucapião extrajudicial* instituída pelo artigo 216-A da Lei de Registros Públicos (Lei n° 6.015/73)
h) a *usucapião indígena* amparada no Estatuto do Índio (Lei n° 6.011/73, artigo 33).

Em relação aos *bens móveis*, encontramos ainda a usucapião de bens móveis inserida em nosso Código Civil no capítulo da aquisição da propriedade mobiliária.

12.2.4.1. Usucapião extraordinária

A *usucapião extraordinária* está prevista no artigo 1.238 do nosso Código Civil. Vejamos: "Aquele que, por quinze anos, sem interrupção, nem oposição,

---

22 O art. 1.240 – A do Código Civil, que traz tal modalidade de usucapião tem a seguinte redação: "Art. 1.240-A – Aquele que exercer por 2 (dois) anos ininterruptamente e sem oposição, posse direta, com exclusividade, sobre imóvel urbano de até 250 m² (duzentos e cinquenta metros quadrados), cuja propriedade divida com ex-cônjuge ou ex-companheiro que abandonou o lar, utilizando-o para sua moradia ou de sua família, adquirir-lhe-á o domínio integral, desde que não seja proprietário de outro imóvel urbano ou rural. § 1° – O direito previsto no *caput* não será reconhecido ao mesmo possuidor mais de uma vez".

possuir como seu um imóvel, adquire-lhe a propriedade, independentemente de título e boa-fé; podendo requerer ao juiz que assim o declare por sentença, a qual servirá de título para o registro no Cartório de Registro de Imóveis".

O parágrafo único do mesmo dispositivo diz que "o prazo estabelecido neste artigo reduzir-se-á a dez anos se o possuidor houver estabelecido no imóvel a sua moradia habitual, ou nele realizado obras ou serviços de caráter produtivo".[23]

Daí que a *usucapião extraordinária* possui os seguintes pressupostos: posse por quinze anos (redutível a dez anos se o possuidor houver estabelecido no imóvel a sua moradia habitual, ou nele realizado obras ou serviços de caráter produtivo), de forma contínua, mansa e pacífica, exercida com *animus domini*. Além, é claro, de ser o objeto hábil a ser usucapido. Neste caso, *o usucapiente não necessita de justo título e boa-fé*.

Assim, cumpridos tais requisitos, o possuidor de má-fé poderá adquirir a propriedade por meio da usucapião. O possuidor de má-fé é aquele que adquiriu a posse contaminada, seja pela *violência,* pela *precariedade* ou pela *clandestinidade.*

A *usucapião extraordinária* difere da *usucapião ordinária,* já que para a ocorrência desta é necessário o justo título e a boa-fé.

A posse deve ser contínua (sem interrupções), como também mansa e pacífica.

Outrossim, para que ocorra a redução do prazo previsto no parágrafo único do artigo 1.238 do nosso Código Civil, é necessária a ocorrência da denominada "posse-trabalho". Esta se caracteriza a partir do momento que o possuidor realiza obras e serviços, bem como pela construção de sua morada habitual no local de sua posse.

Em relação à usucapião extraordinária, os nossos Tribunais de Justiça se manifetam da seguinte forma:

a) TJRJ – 2005.001.28373 – APELAÇÃO CÍVEL. DES. ELISABETE FILIZZOLA – Julgamento: 9.11.2005 – SEGUNDA CÂMARA CÍVEL. USUCAPIÃO. POSSE COM *ANIMUS DOMINI*. PRESCRIÇÃO AQUISITIVA. CONFIGURAÇÃO. Ação de usucapião. Prazo para configuração. Art. 1.238, parágrafo único c/c art. 2.029, CC/02. Ação de usucapião por meio da qual o autor pretende obter a propriedade do imóvel no qual reside como sua moradia habitual, de forma mansa e pacífica há mais de 50 anos, sendo, inicialmente, como mero detentor e, após a morte da proprietária, por volta de 1991, com *animus domini*. O atual Código Civil, no artigo 1.238, parágrafo único, reduziu o prazo para a usucapião de 20 (vinte) anos

---

23 Sem Correspondência ao CCB de 1916.

para 10 (dez) anos, nas hipóteses em que o imóvel é usado para a moradia habitual do possuidor ou em que ele tenha realizado obras ou serviços de caráter produtivo. Não se pode esquecer a função social da propriedade prevista no artigo 183 da Carta Magna e, ainda, o princípio da efetividade processual (artigo 462 do CPC), o fato de o prazo para a prescrição aquisitiva ter sido completado no curso do processo não é óbice para a procedência do pedido. Recurso provido.

b) TJRJ – 2005.001.04253 – APELAÇÃO CÍVEL. DES. LETÍCIA SARDAS – Julgamento: 19.72005 – OITAVA CÂMARA CÍVEL. USUCAPIÃO EXTRAORDINÁRIO. MORADIA. PRAZO DOS ARTIGOS 1238, PARÁGRAFO ÚNICO COMBINADO COM O ARTIGO 2.029 DO NOVO CÓDIGO CIVIL. NÃO CUMPRIMENTO DO PRAZO PARA A PRESCRIÇÃO AQUISITIVA. EXTINÇÃO DO FEITO POR FALTA DE CONDIÇÃO ESSENCIAL À AÇÃO. 1 – O usucapião extraordinário é forma originária de aquisição de propriedade, na qual o possuidor precisa demonstrar que tem a posse da coisa imóvel pelo prazo de 15 (quinze) anos ininterruptos, ou de 10 (dez) anos, na hipótese do parágrafo único do artigo 1.238, públicos e sem contestação de ninguém, dispensado o justo título e a boa-fé. O prazo exigido para a usucapião do imóvel objeto da presente ação, de acordo com os artigos 1.238, parágrafo único e 2.029 do novo Código Civil, é de 12 (doze) anos, que deve estar concluído quando da propositura da ação, em razão do caráter declaratório do instituto. 3 – Se a apelante comprovou somente 8 (oito) anos do prazo para o usucapião, 1 caminho não resta ao julgador senão extinguir o feito sem julgamento do mérito, por falta de condição essencial à ação de usucapião. 4 – Desprovimento do recurso.

c) REIVINDICATÓRIA. EXCEÇÃO DE USUCAPIÃO. CONTRATO DE PROMESSA DE COMPRA E VENDA EXECUÇÃO HIPOTECÁRIA. CONTRATO DE GAVETA. Adjudicação de imóvel pelo credor hipotecário. Posse exercida por terceiro. Execução hipotecária que não caracteriza oposição contra a posse de terceiro. Demonstração do exercício da posse por mais de dez anos, sem qualquer interrupção ou oposição, com *animus domini*, tendo o possuidor estabelecido no imóvel a sua moradia. Preenchidos os requisitos do art. 1.238, parágrafo único, do Código Civil de 2002. Sentença mantida. Negaram provimento (Apelação Cível n° 70016825994, Décima Nona Câmara Cível, Tribunal de Justiça do RS, Relator: Carlos Rafael dos Santos Júnior, Julgado em 7.11.2006).

d) *Usucapião extraordinária comum ou reduzida*. Lote de terreno do domínio público do patrimônio municipal e posse com ânimo de dono. Há dois modos de considerar no caso. Os bens públicos não estão sujeitos a usucapião. A parte demandante não possui o imóvel como seu ou com ânimo de dono (artigo 550 do Código Civil de 1916, similar ao artigo 1.238 do Código Civil de 2002, comum ou reduzido pelo parágrafo único do último artigo), um dos requisitos para a aquisição da propriedade pela usucapião, porque está no terreno ou dele se utiliza por autorização ou tolerância do próprio município, o titular do terreno por ato negocial e por lei municipal, contra quem não se pode alegar usucapião, devido à integração do terreno aos interesses públicos e municipais e à falta de lei municipal autorizadora para a sua transferência ou concessão à parte usucapiente, sem o que não se pode usucapir (Apelação Cível n° 70013874029, Vigésima Câmara Cível, Tribunal de Justiça do RS, Relator: Carlos Cini Marchionatti, julgado em 8.1.2006).

e) *Usucapião extraordinária. Animus domini.* Imprescindibilidade. Prova dos autos que evidencia a prática de atos possessórios mediante simples tolerância do titular do domínio. Ausência de elemento essencial à caracterização da prescrição aquisitiva. Improcedência. Exercendo atos possessórios em decorrência de autorização expressa do proprietário, o possuidor não ostenta o necessário *animus domini* qualificador da posse *ad usucapionem*, do que decorre a inexistência do direito postulado. Art. 1.238 do CC 2002. Sentença mantida apelação desprovida (Apelação Cível n° 70010315505, Vigésima Câmara Cível, Tribunal de Justiça do RS, Relator: José Aquino Flores de Camargo, julgado em 16.2.2005).

12.2.4.2. Usucapião ordinária

A *usucapião ordinária* encontra respaldo no artigo 1.242 do nosso Código Civil, *verbis:* "Art. 1.242. Adquire também a propriedade do imóvel aquele que, contínua e incontestadamente, com justo título e boa-fé, o possuir por dez anos".

O parágrafo único do citado dispositivo diz que "será de cinco anos o prazo previsto neste artigo se o imóvel houver sido adquirido, onerosamente, com base no registro constante do respectivo cartório, cancelada posteriormente, desde que os possuidores nele tiverem estabelecido a sua moradia, ou realizado investimentos de interesse social e econômico".

Portanto, os requisitos para aquisição da propriedade imobiliária pela usucapião ordinária são: a) posse mansa e pacífica; b) decurso do tempo (dez ou cinco anos conforme o caso); d) *animus domini;* e) objeto hábil; f) justo título; e g) boa-fé.

O Conselho Federal de Justiça, na I Jornada de Direito Civil, publicou o seguinte enunciado: "CJF – Enunciado 86 – Art. 1.242: A expressão "justo título", contida nos arts 1.242 e 1.260 do CC, abrange todo e qualquer ato jurídico hábil, em tese, a transferir a propriedade, independentemente de registro".

12.2.4.3. Usucapião ordinária com posse social e a usucapião tabular

O parágrafo único do artigo 1.242 reduz o prazo para *cinco anos* se o possuidor adquiriu, onerosamente, o imóvel baseado em título de domínio registrado e se este tiver sido cancelado *a posteriori*, desde que os possuidores nele tiverem estabelecido a sua moradia ou realizados investimentos de interesse social e econômico.

É, pois, uma novidade apresentada no Código Civil de 2002 que visa proteger o adquirente que realializou o negócio jurídico confiando no título de domínio registrado do alienante. Neste caso, o prazo quinquenal é suficiente para a aquisição da propropriedade pela usucapião ordinária.

Aqui, mais uma vez, o legislador buscou prestigiar a *função social da posse*, com a consequente redução do tempo para usucapir o imóvel, bem como a *boa-fé* nas relações jurídicas, já que o adquirente, a título oneroso, após o registro do seu título no cartório da matrícula do imóvel, vê o seu registro posteriormente cancelado.

Aqui vale destacar a regra transitória prevista no artigo 2.029, que preceitua: "Art. 2.029. Até dois anos após a entrada em vigor deste Código, os prazos estabelecidos no parágrafo único do art. 1.238 e no parágrafo único do art. 1.242 serão acrescidos de dois anos, qualquer que seja o tempo transcorrido na vigência do anterior, Lei n° 3.071, de 1° de janeiro de 1916".

A *usucapião tabular* é aquela que exsurge do registro de imóveis, prestigiando, pois, o serviço registral imobiliário. A Lei n° 10.931/04 inclui o § 5° no artigo 214 da Lei de Registros Públicos (Lei n° 6.015/73). Em regra, "as nulidades de pleno direito do registro, uma vez provadas, invalidam-no, independente de ação direta". Ocorre que o § 5° do artigo 214 da Lei de Registros Públicos (Lei n° 6.015/73) excepciona a regra geral expressa no *caput* do artigo ao afirmar que "a nulidade não será decretada se atingir terceiro de boa-fé que já tiver preenchido as condições de *usucapião do imóvel*". (grifo nosso).

Dessa maneira, a *usucapião tabular* é uma espécie de usucapião originada do convalescimento de uma nulidade absoluta registrada na matrícula do imóvel, uma vez preenchidos os requisitos da usucapião ordinária em favor do adquirente de boa-fé que já tenha registrado o seu título na matrícula do imóvel no cartório imobiliário.

Ora, o que se deseja com esta norma jurídica é a proteção do adquirente de boa-fé que já tiver preenchido as condições para usucapir o imóvel, ainda que em face de uma nulidade absoluta, tais como a realização do negócio jurídico com pessoa que não era a proprietária do bem imóvel, também nos casos de incapacidade absoluta do alienante do imóvel, sem a devida representação, dentre outras hipóteses de nulidade absoluta.[24]

É possível perceber não força a força dos efeitos jurídicos da *usucapião tabular*, o lesado poderia requerer (com base na ilegitimidade do título) a anulação do registro do título do terceiro adquirente de boa-fé e o consequente cancelamento da inscrição da matrícula do imóvel. Mais uma vez, a norma jurídica desvela a funcionalidade do instituto jurídico da posse, privilegiando o adquirente de boa-fé que exerceu, em cinco anos, no imóvel a sua moradia ou realizou investimentos produtivos no referido imóvel. Esta regra jurídica espraia um cariz social tão forte que é capaz de sobrepor a regra geral no sentido de que a NULIDADE não se sujeita a prazo extintivo, prescricional ou decadencial, podendo ser arguida e reconhecida a qualquer tempo (art. 169).[25]

12.2.4.4. Usucapião especial

A *usucapião especial* é subdividida em: a) a *usucapião especial urbana* prevista no artigo 183 da CRFB/88, também regulamentada no Estatuto da Cidade (Lei nº 10.257/01) nos artigos 9 (usucapião urbana individual) e 10 (usucapião urbana coletiva), bem como no artigo 1.240 do nosso Código Civil; e b) a *usucapião especial rural* estatuída pela Lei nº 6.969/81, complementado pelo artigo 191 da CRFB/88 e pelo artigo 1.239 do nosso Código Civil.

12.2.4.3.1. Usucapião especial rural *(pro labore)*

A *usucapião especial rural* ingressou em nosso ordenamento jurídico através do artigo 125 da Constituição da República dos Estados Unidos do Brasil, de 16 de julho de 1934, *verbis*: "Art 125 – Todo brasileiro que, não sendo proprietário rural ou urbano, ocupar, por dez anos contínuos, sem oposição nem reconhecimento de domínio alheio, um trecho de terra de até dez hectares, tornando-o produtivo por seu trabalho e tendo nele a sua morada, adquirirá o domínio do solo, mediante sentença declaratória devidamente transcrita".

O mesmo texto foi conservado na Constituição dos Estados Unidos do Brasil, de 10 de novembro de 1937, em seu artigo 148.

Na Constituição dos Estados Unidos do Brasil, de 18 de setembro de 1946, a *usucapião rural* se desvela no artigo 156 – A lei facilitará a fixação do

---

24 O artigo 166 do Código Civil aponta as causas de nulidade ao afirmar que "é nulo o negócio jurídico quando:" I – celebrado por pessoa absolutamente incapaz; II – for ilícito, impossível ou indeterminável o seu objeto; III – o motivo determinante, comum a ambas as partes, for ilícito; IV – não revestir a forma prescrita em lei; V – for preterida alguma solenidade que a lei considere essencial para a sua validade; VI – tiver por objetivo fraudar lei imperativa; VII – a lei taxativamente o declarar nulo, ou proibir-lhe a prática, sem cominar sanção.

25 O negócio jurídico nulo não é suscetível de confirmação, nem convalesce pelo decurso do tempo.

homem no campo, estabelecendo planos de colonização e de aproveitamento das terras públicas. Para esse fim, serão preferidos os nacionais e, dentre eles, os habitantes das zonas empobrecidas e os desempregados. § 1° – Os Estados assegurarão aos posseiros de terras devolutas, que nelas tenham morada habitual, preferência para aquisição até vinte e cinco hectares. § 2° – Sem prévia autorização do Senado Federal, não se fará nenhuma alienação ou concessão de terras públicas com área superior a dez mil hectares. § 3° – Todo aquele que, não sendo proprietário rural nem urbano, ocupar, por dez anos ininterruptos, sem oposição nem reconhecimento de domínio alheio, trecho de terra não superior a vinte e cinco hectares, tornando-o produtivo por seu trabalho e tendo nele sua morada, adquirir-lhe-á a propriedade, mediante sentença declaratória devidamente transcrita.

A Constituição de 1967 e a EC n° 1/69 não recepcionaram a *usucapião rural*.

A Constituição da República Federativa do Brasil de 1988 estabelece no artigo 191 que "Aquele que, não sendo proprietário de imóvel rural ou urbano, possua como seu, por cinco anos ininterruptos, sem oposição, área de terra, em zona rural, não superior a cinquenta hectares, tornando-a produtiva por seu trabalho ou de sua família, tendo nela sua moradia, adquirir-lhe-á a propriedade. Parágrafo único – Os imóveis públicos não serão adquiridos por usucapião".

Já o Código Civil de 2002 preceitua, no artigo 1.239, que "aquele que, não sendo proprietário de imóvel rural ou urbano, possua como sua, por cinco anos ininterruptos, sem oposição, área de terra em zona rural não superior a cinquenta hectares, tornando-a produtiva por seu trabalho ou de sua família, tendo nela sua moradia, adquirir-lhe-á a propriedade".[26]

A *usucapião especial rural*, também denominada de *usucapião pro labore* ou *usucapião agrária*, encontra respaldo no artigo 1.239 do diploma civilístico que reproduz a norma constitucional prevista no artigo 191, *caput*, da CRFB/88.[27]

Verifica-se que o possuidor não poderá ser proprietário de outro imóvel rural ou urbano, durante o lapso temporal previsto no dispositivo legal.

Ora, a nossa Constituição (art. 191) e o nosso CCB (art. 1.239) têm a finalidade precípua de beneficiar o possuidor que torne a área rural produtiva por seu trabalho ou de sua família, com o firme propósito de mantê-lo no campo.

---

26 Sem Correspondência ao CCB/1916.
27 AÇÃO DE USUCAPIÃO ESPECIAL. REQUISITOS. ART. 1239 DO ATUAL CÓDIGO CIVIL. COMODATO VERBAL. Ausência de prova do *animus domini*. Ex-surgindo dos autos que a posse exercida pelo autor era de caráter precário, oriunda de um comodato firmado em razão de vínculo familiar, evidencia-se a ausência de *animus domini*, requisito indispensável para fazer proceder o pedido de usucapião. Apelação improvida.

Ademais, a área usucapienda deve estar situada em zona rural e igual ou inferior a cinquenta hectares. O possuidor deve tornar a citada área produtiva por seu trabalho ou de sua família, tendo nela sua moradia.

A posse deve ser exercida por cinco anos ininterruptos e sem oposição. Vale destacar que na usucapião especial rural não se considera a soma ou adição da posse *(accessiopossessionis)*. Neste sentido, JOSÉ CARLOS MORAES SALLES, Desembargador do Tribunal de Justiça de São Paulo, afirma que "com efeito, a *accessio possessionis*, ou seja, a acessão da posse em favor do sucessor singular, não é admissível nesta espécie de usucapião constitucional, exatamente porque se exige que a posse seja *pessoal*, desde o início, o que, obviamente, não ocorre com o sucessor singular. Nesse sentido, confira-se a *RJTJESP* 137/300".[28]

Em relação ao referido artigo 1.239, o Conselho da Justiça Federal, na IV Jornada de Direito Civil, editou os seguintes enunciados:

a) CJF – Enunciado 312 – Art. 1.239. Observado o teto constitucional, a fixação da área máxima para fins de usucapião especial rural levará em consideração o módulo rural e a atividade agrária regionalizada.

b) CJF – Enunciado 313 – Arts. 1.239 e 1.240. Quando a posse ocorre sobre área superior aos limites legais, não é possível a aquisição pela via da usucapião especial, ainda que o pedido restrinja a dimensão do que se quer usucapir.

c) CJF – Enunciado 317 – Art. 1.243. A *accessio possessionis*, de que trata o art. 1.243, primeira parte, do Código Civil, não encontra aplicabilidade relativamente aos arts. 1.239 e 1.240 do mesmo diploma legal, em face da normatividade da usucapião constitucional urbano e rural, arts 183 e 191, respectivamente.

Por fim, vale destacar que é possível adquirir a propriedade de área menor do que o módulo rural estabelecido para a região, por meio da usucapião especial rural (Enunciado 594 da VII Jornada de Direito Civil).[29]

---

28 SALLES, José Carlos de Moraes. *Usucapião de bens imóveis e móveis*. 6. ed. São Paulo: Revista dos Tribunais, 2006, p. 356.

29 Parte da legislação: art. 1.239 do Código Civil. Justificativa: A usucapião especial é modalidade de aquisição originária da propriedade, surgida no mundo jurídico para valorizar a fixação do homem no campo. Daí porque é exigido que a pessoa tenha sua moradia no local e lá execute trabalho produtivo. De outro lado, a CF e o CC não fixaram um patamar mínimo para a área passível de usucapião. Exige-se, apenas, que a área não pode ser superior a 50 hectares. Em face da anomia, os tribunais vinham entendendo que tal área não poderia ser inferior ao módulo rural da região a que pertence, como exigido pelo art. 65 do Estatuto da Terra. Sob tal matiz, foram editados os Enunciados 308 e 313, pelo CJF (4ª Jornada). Entretanto, diferentes teses doutrinárias seguiam em direção oposta. Demais disso, algumas decisões passaram a absorver essa tendência, como a exarada pela Corre-

12.2.4.3.2. Usucapião especial urbana *(pro moradia)*

O artigo 1.240 do nosso Código Civil estabelece a *usucapião especial urbana*, também chamada de *usucapião pro moradia*, verbis: "aquele que possuir, como sua, área urbana de até duzentos e cinquenta metros quadrados, por cinco anos ininterruptamente e sem oposição, utilizando-a para sua moradia ou de sua família, adquirir-lhe-á o domínio, desde que não seja proprietário de outro imóvel urbano ou rural.[30]

O § 1° do referido dispositivo legal diz que "o título de domínio e a concessão de uso serão conferidos ao homem ou à mulher, ou a ambos, independentemente do estado civil".[31]

E o § 2° afirma que "o direito previsto no parágrafo antecedente não será reconhecido ao mesmo possuidor mais de uma vez".[32]

Ora, esta modalidade de usucapião retrata fielmente aquela reproduzida no artigo 183, inserido no Capítulo II (Da Política Urbana) do Título VII (Da Ordem Econômica e Financeira) do texto constitucional.[33]

Aqui a posse deve ser ininterrupta (posse contínua) e sem oposição (posse mansa e pacífica), e o possuidor deve a ter como sua (com intenção de dono – *animus domini*), *sendo desnecessário o justo título e a boa-fé*.

O prazo desta modalidade de usucapião é de cinco anos incidindo sobre área urbana máxima de até duzentos e cinquenta metros quadrados, desde que o possuidor utilize a propriedade para sua moradia ou de sua família e não seja proprietário de outro imóvel urbano ou rural.

Ademais, a posse deve ser pessoal ("para sua moradia ou de sua família"), não podendo ser alegada a posse por intermédio de preposto ou de ter-

---

gedoria-Geral da Justiça de São Paulo (Processo CG n° 2010/00120171) e algumas proferidas pelo TJSP (Apelação n° 990.10.243.764– 7, Rel. Des. Francisco Eduardo Loureiro e AC 297.150–4/1–00, da 1ª. C. de D. Privado, Rel. Des. De Santi Ribeiro, 02/09/2008). Recentemente, decisão da 4ª Turma do STJ, colocando termo às controvérsias, fixou entendimento no sentido de que é possível a aquisição da propriedade, mediante a usucapião especial, de área menor do que o módulo rural estabelecido para a região, considerando que ele atua como instrumento voltado, primordialmente, para a função social. Por tal, incentiva a produtividade da terra e protege aqueles que a ocupam. Demais disso, consideraram que o art. 191 da CF e o art. 1.239 do CC nada determinaram a respeito. Em sendo assim, não cabe ao intérprete discriminar o que o legislador não discriminou. Não há conflito entre o enunciado proposto e os enunciados 308 e 313 do CJF, em sua 4ª Jornada.

30 Sem Correspondência ao CCB/1916.
31 Sem Correspondência ao CCB/1916.
32 Sem Correspondência ao CCB/1916.
33 CRFB/88 – Art. 183 – Aquele que possuir como sua área urbana de até duzentos e cinquenta metros quadrados, por cinco anos, ininterruptamente e sem oposição, utilizando-a para sua moradia ou de sua família, adquirir-lhe-á o domínio, desde que não seja proprietário de outro imóvel urbano ou rural. § 1° – O título de domínio e a concessão de uso serão conferidos ao homem ou à mulher, ou a ambos, independentemente do estado civil. § 2° – Esse direito não será reconhecido ao mesmo possuidor mais de uma vez. § 3° – Os imóveis públicos não serão adquiridos por usucapião.

ceiro. Isto significa dizer que o possuidor deve residir na área a ser usucapida, sozinho ou acompanhado de sua família.

Vale destacar que se o possuidor não residir no imóvel, apenas utilizando-o para fins comerciais, industriais ou de prestação de serviço, a posse não terá o cariz de *ad usucapionem*.

Outrossim, importa destacar que na *usucapião especial urbana (pro moradia)* não há falar-se em *accessio possessionis* (acessão ou junção da posse em favor do sucessor singular), já que como dito acima esta posse é *pessoal* e deve servir de moradia, durante o prazo de cinco anos.

Como fica a relação da usucapião especial urbana e a *sucessio possessionis*? JOSÉ CARLOS MORAES SALLES responde que "se o sucessor a título universal for pessoa da família do prescribente e, por outro lado, já estiver morando no imóvel usucapiendo, será possível computar-se o tempo de posse do antecessor a favor do sucessor, para efeito do perfazimento do quinquênio aquisitivo, pois incidirá, no caso, o art. 1.784 do atual Código Civil (correspondente ao art. 1.572 do Código Civil de 1916). Efetivamente, o referido artigo preceitua: "Art. 1.784. Aberta a sucessão, a herança transmite-se, desde logo, aos herdeiros legítimos e testamentários".[34]

Ademais, o artigo 9º, § 3º, do *Estatuto da Cidade* (Lei nº 10.257/01) diz que "Para os efeitos deste artigo, o herdeiro legítimo continua, de pleno direito, a posse de seu antecessor, desde que já resida no imóvel por ocasião da abertura da sucessão".

O Conselho da Justiça Federal, na I Jornada de Direito Civil, em relação ao artigo 1.240 do CCB, editou o seguinte enunciado: "CJF – Enunciado 85 – Art. 1.240: Para efeitos do art. 1.240, *caput*, do novo Código Civil, entende-se por "área urbana" o imóvel edificado ou não, inclusive unidades autônomas vinculadas a condomínios edilícios".

E na IV Jornada de Direito Civil foram publicados os seguintes enunciados:

a) CJF – Enunciado 313 – Arts.1.239 e 1.240. Quando a posse ocorre sobre área superior aos limites legais, não é possível a aquisição pela via da usucapião especial, ainda que o pedido restrinja a dimensão do que se quer usucapir.

b) CJF – Enunciado 314 – Art. 1.240. Para os efeitos do art. 1.240, não se deve computar, para fins de limite de metragem máxima, a extensão compreendida pela fração ideal correspondente à área comum.

c) CJF – Enunciado 317 – Art. 1.243. A *accessio possessionis*, de que trata o art. 1.243, primeira parte, do Código Civil, não encontra

---

34 SALLES. Op. cit., p. 286.

aplicabilidade relativamente aos arts. 1.239 e 1.240 do mesmo diploma legal, em face da normatividade do usucapião constitucional urbano e rural, arts. 183 e 191, respectivamente.

12.2.4.3.2.1. A usucapião especial urbana e o Estatuto da Cidade (Lei nº 10.257/01)

O Estatuto da Cidade é a lei que regulamenta os artigos 182 e 183 da CRFB/88. Os dispositivos desta lei procuram esclarecer o sentido e completar tais dispositivos constitucionais, regrando a *usucapião especial urbana individual* e a *usucapião especial urbana coletiva*.

12.2.4.3.2.1.1. Usucapião especial urbana individual inerente ao Estatuto da Cidade (Lei nº 10.257/01)

O artigo 9º e respectivos parágrafos da Lei nº 10.257/01 (Estatuto da Cidade – Seção V. Da usucapião especial de imóvel urbano) preceituam que "Art. 9º – Aquele que possuir como sua área ou edificação urbana de até duzentos e cinquenta metros quadrados, por cinco anos, ininterruptamente e sem oposição, utilizando-a para sua moradia ou de sua família, adquirir-lhe-á o domínio, desde que não seja proprietário de outro imóvel urbano ou rural.

§ 1º O título de domínio será conferido ao homem ou à mulher, ou a ambos, independentemente do estado civil.

§ 2º O direito de que trata este artigo não será reconhecido ao mesmo possuidor mais de uma vez.

§ 3º Para os efeitos deste artigo, o herdeiro legítimo continua, de pleno direito, a posse de seu antecessor, desde que já resida no imóvel por ocasião da abertura da sucessão".

Ora, o referido dispositivo legal trata de *área ou edificação urbana* de até duzentos e cinquenta metros quadrados, espancando, pois, quaisquer dúvidas quanto ao objeto a ser usucapido. Não se pode esquecer que a finalidade da lei é a moradia, daí a inclusão de *edificação urbana*.

O § 1º preceitua que "O título de domínio será conferido ao homem ou à mulher, ou a ambos, independentemente do estado civil". Aqui a proteção é relacionada à entidade familiar, decorrente de casamento, união estável ou união homoafetiva.

Já o § 3º trata de herdeiro legítimo, o que por si só traduz o afastamento do herdeiro testamentário e de outras pessoas que não estejam residindo no imóvel a ser usucapido no momento da abertura da sucessão.

Assim, a exegese do instituto jurídico da *usucapião especial urbana* deve ser realizada a partir de três vieses, a saber: a) o artigo 183 da CRFB/88; b) o artigo 9º do Estatuto da Cidade; e c) o artigo 1.240 do CCB.

Daí que para se ter direito à *usucapião especial urbana* é necessário o preenchimento dos seguintes requisitos: a) o sujeito deve estar na posse de uma área urbana de, no máximo, 250 m²; b) a pessoa deve ter a posse mansa e pacífica dessa área por, no mínimo, 5 anos ininterruptos, sem oposição de ninguém; c) o imóvel deve estar sendo utilizado para moradia da pessoa ou de sua família; d) a pessoa não pode ser proprietária de outro bem imóvel (urbano ou rural).

Neste sentido, "preenchidos os requisitos do art. 183 da Constituição Federal, o reconhecimento do direito à usucapião especial urbana não pode ser obstado por legislação infraconstitucional que estabeleça módulos urbanos na respectiva área em que situado o imóvel (dimensão do lote)". STF. Plenário. RE 422349, Rel. Min. Dias Toffoli, julgado em 29/04/2015.

Da mesma forma, o Superior Tribunal de Justiça (STJ) já decidiu que, se o imóvel usucapiendo não atender ao mínimo dos módulos urbanos exigidos pela legislação local para a respectiva, área não é motivo suficiente para se negar o direito constitucional à usucapião. Vejamos: "Não obsta o pedido declaratório de usucapião especial urbana o fato de a área do imóvel ser inferior à correspondente ao "módulo urbano" (a área mínima a ser observada no parcelamento de solo urbano por determinação infraconstitucional)". STJ. 4ª Turma. REsp 1.360.017-RJ, Rel. Min. Ricardo Villas Bôas Cueva, julgado em 5/5/2016.

12.2.4.3.2.1.2. Usucapião especial urbana coletiva inerente ao Estatuto da Cidade (Lei nº 10.257/01)

A *usucapião coletiva* foi introduzida na legislação brasileira pelo Estatuto da Cidade (Lei nº 10.257/01), cujo artigo 10 dispõe, *in verbis*: "Art. 10. As áreas urbanas com mais de duzentos e cinquenta metros quadrados, ocupadas por população de baixa renda para sua moradia, por cinco anos, ininterruptamente e sem oposição, onde não é possível identificar os terrenos ocupados por cada possuidor, são susceptíveis de serem usucapidas coletivamente, desde que os possuidores não sejam proprietários de outro imóvel urbano ou rural.

§ 1°. O possuidor pode, para o fim de contar o prazo exigido por este artigo, acrescentar sua posse à de seu antecessor, contanto que ambas sejam contínuas.

§ 2°. A usucapião especial coletiva de imóvel urbano será declarada pelo juiz, mediante sentença, a qual servirá de título para registro no cartório de registro de imóveis.

§ 3°. Na sentença, o juiz atribuirá igual fração de terreno a cada possuidor, independentemente da dimensão do terreno que cada um ocupe, salvo hipótese de acordo escrito entre os condôminos, estabelecendo frações ideais diferenciadas.

§ 4°. O condomínio especial constituído é indivisível, não sendo passível de extinção, salvo deliberação favorável tomada por, no mínimo, dois terços dos condôminos, no caso de execução de urbanização posterior à constituição do condomínio.

§ 5°. As deliberações relativas à administração do condomínio especial serão tomadas por maioria de votos dos condôminos presentes, obrigando também os demais, discordantes ou ausentes".

Vale lembrar que na pendência da ação de usucapião especial urbana, ficarão sobrestadas quaisquer outras ações, petitórias ou possessórias, que venham a ser propostas relativamente ao imóvel usucapiendo (art. 11 da Lei n° 10.257/01).

As partes legítimas para a propositura da ação de usucapião especial urbana são: I – o possuidor, isoladamente ou em litisconsórcio originário ou superveniente; II – os possuidores, em estado de composse; III – como substituto processual, a associação de moradores da comunidade, regularmente constituída, com personalidade jurídica, desde que explicitamente autorizada pelos representados (art. 12 da Lei n° 10.257/01).

Na ação de usucapião especial urbana é obrigatória a intervenção do Ministério Público (art. 12, § 1°, da Lei n° 10.257/01). O autor desta ação terá os benefícios da justiça e da assistência judiciária gratuita, inclusive perante o cartório de registro de imóveis (art. 12, § 1°, da Lei n° 10.257/01).

A usucapião especial de imóvel urbano poderá ser invocada como matéria de defesa, valendo a sentença que a reconhecer como título para registro no cartório de registro de imóveis (art. 13 da Lei n° 10.257/01).

Por fim, importa destacar que na ação judicial de usucapião especial de imóvel urbano o rito processual a ser observado é o sumário (art. 14 da Lei n° 10.257/01).

12.2.4.5. Usucapião especial urbana por abandono do lar conjugal

Esta modalidade de usucapião foi incluída pela Lei n° 12.424, de 16 de junho de 2011, ao acrescentar no Código Civil brasileiro o artigo 1.240-A, que diz: "Aquele que exercer por 2 (dois) anos ininterruptamente e sem oposição, posse direta, com exclusividade, sobre imóvel urbano de até 250 m² (duzentos e cinquenta metros quadrados), cuja propriedade divida com ex-cônjuge ou ex-companheiro que abandonou o lar, utilizando-o para sua moradia ou de sua família, adquirir-lhe-á o domínio integral, desde que não seja proprietário de outro imóvel urbano ou rural. § 1° – O direito previsto no *caput* não será reconhecido ao mesmo possuidor mais de uma vez".

Daí que os requisitos para a aplicabilidade desta modalidade de usucapião podem ser apontados da seguinte forma:

a) a copropriedade, ou seja, a imposição de que o imóvel seja de propriedade de ambos os cônjuges ou companheiros; a propriedade comum do casal e compreende todas as formas de família ou entidades familiares, inclusive homoafetivas (Enunciado 500 da V Jornada de Direito Civil). As expressões "ex-cônjuge" e "ex-companheiro", contidas no art. 1.240-A do Código Civil, correspondem à situação fática da separação, independentemente de divórcio (Enunciado 501 da V Jornada de Direito Civil).
b) deve tratar-se de único imóvel, sendo vedado que se beneficiem desta modalidade de usucapião aqueles que possuam outro bem imóvel, seja urbano ou rural.
c) O benefício pode ocorrer uma única vez;
d) O imóvel objeto da usucapião não poderá ultrapassar 250 m²;
e) Deve ocorrer o abandono do lar, ou seja, a intenção de abandonar o lar (deserção do lar conjugal), deixando a família ao desamparo. Vale destacar que a saída do lar, por motivos alheios à sua vontade, não caracteriza o abandono do lar. O Enunciado 595 da VII Jornada de Direito Civil diz que "o requisito "abandono do lar" deve ser interpretado na ótica do instituto da usucapião familiar como abandono voluntário da posse do imóvel somado à ausência da tutela da família, não importando em averiguação da culpa pelo fim do casamento ou união estável. Revogado o Enunciado 499.[35]
f) Em relação ao prazo de dois anos, este só deve ser contado a partir da edição da lei, conforme o enunciado nº 498 da V Jornada de Direito Civil que informa: "a fluência do prazo de 2 anos previsto pelo art. 1.240-A para a nova modalidade de usucapião nele contemplada tem início com a entrada em vigor da Lei nº 12.424/2011".

Vale destacar que o conceito de posse direta referido no art. 1.240-A do Código Civil não coincide com a acepção empregada no art. 1.197 do mesmo Código (Enunciado 502 da V Jornada de Direito Civil).

O Ministro Luis Felipe Salomão, do STJ, já enfrentou a questão em Agravo em Recurso Especial (Nº 962.306 – DF (2016/0205235-2). Vejamos: DECISÃO. REINTEGRAÇÃO DE POSSE. IMÓVEL OBJETO DE AÇÃO DE PARTILHA. USUCAPIÃO ESPECIAL URBANA, USUCAPIÃO FAMILIAR. REQUISITOS LEGAIS. BENFEITORIAS.

---

35 Justificativa: O Enunciado proposto tem o objetivo de esclarecer a interpretação do art. 1.240-A, facilitando a sua aplicação. Afasta-se, com a redação adotada, a investigação da culpa na dissolução do vínculo convivencial e marital, objetivo este também buscado pelo legislador constitucional com a Emenda Constitucional 66/10. Não há razão para introduzir na usucapião um requisito que diz respeito ao direito de família, sendo certo que a doutrina especializada no direito de família também tem procurado afastar tal análise.

Capítulo 12 – Aquisição da Propriedade Imóvel

I – A posse *usucapionem* ou usucapível apresenta características próprias: a intenção de dono (*animus domini*); posse mansa e pacífica (aquela exercida sem manifestação em contrário de quem tinha legítimo interesse, ou seja, sem a oposição do proprietário do bem); posse contínua e duradoura, conforme prazos estabelecidos na lei; posse justa (aquela que não está eivada de vícios, sem violência, sem precariedade ou clandestinidade) e, em regra, posse de boa-fé e com justo título.

II – O termo inicial do prazo quinquenal, previsto no art. 183 da CF e no art. 1.240 do CC, não pode ser contado a partir do fim da união estável, pois após essa data e até o trânsito em julgado da ação de reconhecimento e dissolução de união estável com pedido de partilha o imóvel objeto da presente demanda estava sendo discutido sob o enfoque do direito de meação. Ausência dos requisitos legais (*animus domini* em relação à integralidade do bem; posse sem oposição do proprietário do bem ou justa) para o reconhecimento da usucapião especial urbana.

III – A usucapião familiar, art. 1.240-A do CC, não pode ser reconhecida quando não verificado o abandono de lar por um dos ex-cônjuges ou ex-companheiros e o exercício de posse pela parte inocente por pelo menos, dois anos a partir do abandono sem oposição.

IV – As benfeitorias necessárias feitas pela ré no imóvel devem ser ressarcidas, arts. 1.219 e 1.220 do CC.

V – Apelações desprovidas.

Nas razões do recurso especial, aponta a parte recorrente ofensa ao disposto nos arts. 1.240 e 1.240-A do Código Civil. Alega, em síntese, ter demonstrado os requisitos para a concessão da usucapião especial urbana. Ressalta que o ora recorrido abandonou o imóvel e que não possui nenhum outro imóvel.

E continua:

Não pode permanecer o argumento dos nobres julgadores de que na presente demanda não resta configurado o *animus domini* por parte da recorrente, isto porque a recorrente não possui impedimentos objetivos, como ser usufrutuária, credora pignoratícia, locatária, comodatária, detentora, os quais configurariam óbices à caracterização do ânimo de ser dona do imóvel.

Já com relação aos aspectos subjetivos do instituto, embora, pertençam a um plano interior, difícil de ser caracterizado, estão bem claros e foram externados, pois a recorrente realizou benfeitorias no bem, para que assim pudesse viver melhor, demonstrando a intenção de ser a dona.

Defende que, se não for reconhecida a usucapião especial, deverá ser reconhecida a usucapião familiar, uma vez que o recorrido deixou o lar conjugal por mais de dois anos, tendo a ora recorrente exercido, desde então, a posse direta, ininterrupta, sem oposição e com exclusividade sobre o imóvel objeto do litígio.

É o relatório. DECIDO.

2. A irresignação não prospera.

O Tribunal local concluiu que não poderia ser reconhecida a usucapião especial, nem a usucapião familiar, utilizando-se dos seguintes fundamentos:

Na presente demanda, o termo inicial do prazo quinquenal, previsto no art. 183 da CF e no art. 1.240 do CC, não pode ser contado a partir de 14/08/07, como defende a ré, pois, após essa data e até o trânsito em julgado da ação de reconhecimento e dissolução de união estável com pedido de partilha, o imóvel objeto da presente demanda (Processo 2007.01.1.109345-9) estava sendo discutido sob o enfoque do direito de meação. Note-se, portanto, que, por parte da ré, não havia *animus domini* em relação à integralidade do bem; posse sem oposição do proprietário do bem ou justa.

Ainda que se considere a data do trânsito em julgado da referida ação – 26/01/10 – como termo inicial para a contagem do prazo quinquenal, previsto nos arts. 183 da CF e 1.240 do CC, o requisito temporal previsto na lei não estaria configurado, uma vez que a presente ação de integração de posse foi ajuizada em 13/03/14 (fl. 2).

Outrossim, mesmo antes do ajuizamento da ação de reintegração de posse, o autor já se opunha à manutenção da ré na propriedade (fl. 45). Registre-se que os atos de mera tolerância ou permissão não induzem posse, art. 1.208 do CC.

A usucapião familiar, art. 1.240-A do CC, também não pode ser reconhecida, uma vez que não se verifica, na hipótese dos autos, pelo menos dois dos requisitos legais: o abandono de lar por um dos ex-cônjuges ou ex-companheiros; exercício de posse pela parte inocente por pelo menos dois anos a partir do abandono do lar, sem oposição. Ressalte-se que o afastamento do autor do lar, em 14/08/07, não se deu de forma voluntária, mas por determinação judicial (fl. 17).

[...] 3. Ante o exposto, nego provimento ao agravo.

Publique-se. Intimem-se. Brasília (DF), 04 de agosto de 2016. Ministro Luis Felipe Salomão, Relator (Ministro LUIS FELIPE SALOMÃO, 09/08/2016).

12.2.4.6. Usucapião urbana administrativa (regularização fundiária de assentamentos localizados em áreas urbanas)

CLÁUDIA FRANCO CORRÊA e BÁRBARA GOMES LUPETTI BAPTISTA alertam para o movimento de "desjudicialização" que ocorre no Brasil. Elas ensinam que tais mecanismos são estimulados, "a fim de promover o descongestionamento do Judiciário, e temos admitido a prescindibilidade de intervenção judicial, compreendendo que, em certos casos, o melhor lugar para viabilizar o acesso à solução esperada não é o Judiciário, mas sim espaços extrajudiciais que permitem a administração dos conflitos de forma mais ágil e menos onerosa. A "desjudicialização" consiste basicamente na possibilidade jurídica de que as partes busquem resolver suas postulações, sem o necessário envolvimento do Poder Judiciário, o que pode se dar através da negociação, da mediação, da arbitragem, da atuação de órgãos administrativos, de cartórios e de outros entes, como agências reguladoras. Consiste na prática de um elastecimento da legitimação do ente que conduzirá a administração do conflito, permitindo que não apenas o Poder Judiciário seja apto a comandar a composição de conflitos ou o acesso a direitos".[36]

Esta é uma tendência já ocorria na retificação administrativa (Lei nº 10.931/04), na realização de inventário, partilha e divórcio consensuais (Lei nº 11.441/07) e na regularização fundiária para zonas especiais de interesse social (Lei nº 11.481/07).

No mesmo diapasão de desjudicialização, a Lei nº 11.977/2009, com as modificações da Lei nº 12.424/2011, que dispõe sobre o programa "Minha Casa, Minha Vida" e a regularização fundiária de assentamentos localizados em áreas urbanas, tratou do assunto ao atrelá-la como o fim esperado do procedimento de legitimação de posse, considerando-a um dos efeitos da regularização fundiária de assentamentos urbanos proposta na lei. A referida lei dispõe que a legitimação da posse consiste em ato do poder público destinado a conferir título de reconhecimento de posse de imóvel objeto de demarcação urbanística, com a identificação do ocupante e do tempo e natureza da posse (artigo 47, IV).[37]

A regularização fundiária de interesse social está relacionada à regularização fundiária de assentamentos irregulares ocupados, predominantemente, por população de baixa renda, nos casos:

    a) em que a área esteja ocupada, de forma mansa e pacífica, há, pelo menos, 5 (cinco) anos; (Redação dada pela Lei nº 12.424, de 2011)

    b) de imóveis situados em ZEIS; ou

    c) de áreas da União, dos Estados, do Distrito Federal e dos Municípios declaradas de interesse para implantação de projetos de regularização fundiária de interesse social.[38]

---

36 CORRÊA, Cláudia Franco Corrêa; BAPTISTA. Bárbara Gomes Lupetti. *A Desjudicialização da Usucapião Imobiliária: entre a promessa e as dúvidas*. Artigo científico apresentado no XXIV Encontro Nacional do Conselho Nacional de Pesquisa e Pós-Graduação em Direito – CONPEDI, ocorrido nos dias 3 a 6 de junho de 2015, em Aracaju, Sergipe. Disponível em: <http://www.conpedi.org.br/publicacoes/c178h0tg/aynm5hh3/U5wH56WuBjPcL8J4.pdf>. Acesso em: 2 out. 2016.
37 Ibid.
38 Artigo 47, VII, Lei 11.977/09.

Os procedimentos e as fases desta modalidade de usucapião ("usucapião administrativa") estão previstas nos artigos 46 a 48 do referido diploma legal. Consoante o artigo 46, "a regularização fundiária consiste no conjunto de medidas jurídicas, urbanísticas, ambientais e sociais que visam à regularização de assentamentos irregulares e à titulação de seus ocupantes, de modo a garantir o direito social à moradia, o pleno desenvolvimento das funções sociais da propriedade urbana e o direito ao meio ambiente ecologicamente equilibrado".

A *regularização fundiária* poderá ser promovida pela União, pelos Estados, pelo Distrito Federal e pelos Municípios e também por: I – seus beneficiários, individual ou coletivamente; e II – cooperativas habitacionais, associações de moradores, fundações, organizações sociais, organizações da sociedade civil de interesse público ou outras associações civis que tenham por finalidade atividades nas áreas de desenvolvimento urbano ou regularização fundiária (artigo 50 da Lei nº 11.977/09 com as alterações da Lei nº 12.424/11).

Os legitimados acima poderão promover todos os atos necessários à regularização fundiária, inclusive os atos de registro.

Por fim, vale destacar que "sem prejuízo dos direitos decorrentes da posse exercida anteriormente, o detentor do título de legitimação de posse, após 5 (cinco) anos de seu registro, poderá requerer ao oficial de registro de imóveis a conversão desse título em registro de propriedade, tendo em vista sua aquisição por usucapião, nos termos do art. 183 da Constituição Federal (artigo 60 da Lei nº 11.977/09 com as alterações da Lei nº 12.424/11).

12.2.4.7. Usucapião extrajudicial

O artigo 216-A da Lei de Registros Públicos (Lei nº 6.015/73), incluído pela Lei nº 13.105/2015 (artigo 1.071 do Código de Processo Civil de 2015) instituiu um novo procedimento: a *usucapião extrajudicial*.

Um dos objetivos precípuos é atribuir aos notários e registradores a possibilidade de solucionar as demandas de forma consensual e extrajudicial. Aqueles são dotados de fé pública, prestando serviços públicos de forma a garantir a publicidade, autenticidade, segurança e eficácia de atos jurídicos.[39]

---

39 Lei 8.935/94 – Art. 1º Serviços notariais e de registro são os de organização técnica e administrativa destinados a garantir a publicidade, autenticidade, segurança e eficácia dos atos jurídicos.
Art. 2º (Vetado).
Art. 3º Notário, ou tabelião, e oficial de registro, ou registrador, são profissionais do direito, dotados de fé pública, a quem é delegado o exercício da atividade notarial e de registro.
Art. 4º Os serviços notariais e de registro serão prestados, de modo eficiente e adequado, em dias e horários estabelecidos pelo juízo competente, atendidas as peculiaridades locais, em local de fácil acesso ao público e que ofereça segurança para o arquivamento de livros e documentos.

Capítulo 12 – Aquisição da Propriedade Imóvel

O artigo 236 da Constituição da República afirma que os serviços notariais e de registro são exercidos em caráter privado, por delegação do Poder Público. A usucapião extrajudicial é um dos caminhos em direção à extrajudicialização, tais como a retificação extrajudicial de registro imobiliário (Lei n° 10.931/04), o divórcio e o inventário extrajudiciais (Lei n° 11.441/07) etc.

Assim, sem prejuízo da via jurisdicional, o interessado, representado por um advogado, poderá ingressar com um *pedido de reconhecimento extrajudicial de usucapião*, diretamente no cartório do registro de imóveis da comarca em que *estiver situado o imóvel* a ser usucapido. O objeto da usucapião extrajudicial pode ser um *bem imóvel* urbano ou rural.[40]

No requerimento, o interessado deverá expor os fatos que fundamentam o pedido, tais como: o início da posse e o modo de aquisição; eventuais cessões de direitos possessórios (qualificando os cedentes e mencionando a data de cada cessão); ou a sucessão "causa mortis" (qualificando o possuidor anterior e mencionando a data da abertura da sucessão); o tempo da posse conforme a espécie da usucapião; a afirmação de ser a posse justa e, quando não for presumida, a boa-fé do possuidor; a afirmação de ser a posse mansa e pacífica, sem nenhuma oposição, exercida pelo possuidor como se dono do imóvel fosse (se necessário, declinar o justo título para a usucapião ordinária; ou expor os fatos que justificam a redução do prazo da usucapião).

O interessado na usucapião extrajudicial, no requerimento deverá fundamentar juridicamente o pedido e *requerer* a prenotação, a autuação e o processamento do pedido; a notificação dos interessados certos que não anuíram expressamente, para que, em quinze dias, manifestem expressamente sua concordância, valendo o silêncio como discordância; a publicação de edital de notificação dos interessados incertos para os mesmos fins; a cientificação das Fazendas Públicas (União, Estado e Município) para que, no mesmo prazo, se manifestem sobre o pedido; as diligências que, a critério do oficial, forem necessárias; o deferimento do pedido, com o reconhecimento da usucapião; o registro da aquisição da propriedade pela usucapião na matrícula do imóvel ou na matrícula que for aberta para esse registro.[41]

---

§ 1° O serviço de registro civil das pessoas naturais será prestado, também, nos sábados, domingos e feriados pelo sistema de plantão.

§ 2° O atendimento ao público será, no mínimo, de seis horas diárias.

40 A usucapião do domínio útil de imóvel da União também pode ser objeto do pedido. ("Recurso Especial. Usucapião. Domínio público. Enfiteuse – É possível reconhecer a usucapião do domínio útil de bem público sobre o qual tinha sido, anteriormente, instituída enfiteuse, pois, nesta circunstância, existe apenas a substituição do enfiteuta pelo usucapiente, não trazendo qualquer prejuízo ao Estado. Recurso Especial não conhecido". – STJ – REsp 575.572 – RS – 3ª T. – Rel. Min. Nancy Andrighi – DJU 1 06.02.2006)".

41 A cartilha Usucapião Extrajudicial, produzida pela Lobo e Orlandi Advogados em parceria com a Associação dos Registradores Imobiliários de São Paulo (ARISP) e a Universidade do Registro de Imóveis (UNIREGISTRAL) é um material bastante útil e tem o objetivo de mostrar de maneira, clara e simples, o passo-a-passo para solicitar o requerimento da

O pedido da *usucapião extrajudicial* deverá ser instruído com os seguintes documentos, a saber:

I – ata notarial lavrada pelo tabelião, atestando o tempo de posse do requerente e seus antecessores, conforme o caso e suas circunstâncias;

II – planta e memorial descritivo assinado por profissional legalmente habilitado, com prova de anotação de responsabilidade técnica no respectivo conselho de fiscalização profissional, e pelos titulares de direitos reais e de outros direitos registrados ou averbados na matrícula do imóvel usucapiendo e na matrícula dos imóveis confinantes;

III – certidões negativas dos distribuidores da comarca da situação do imóvel e do domicílio do requerente;

IV – justo título ou quaisquer outros documentos que demonstrem a origem, a continuidade, a natureza e o tempo da posse, tais como o pagamento dos impostos e das taxas que incidirem sobre o imóvel.

O pedido será autuado pelo registrador, prorrogando-se o prazo da prenotação até o acolhimento ou a rejeição do pedido.[42]

Se a planta não contiver a assinatura de qualquer um dos titulares de direitos reais e de outros direitos registrados ou averbados na matrícula do imóvel usucapiendo e na matrícula dos imóveis confinantes, esse será notificado pelo registrador competente, pessoalmente ou pelo correio, com aviso de recebimento, para manifestar seu consentimento expresso em 15 (quinze) dias, interpretado o seu silêncio como discordância.[43]

O oficial de registro de imóveis dará ciência à União, ao Estado, ao Distrito Federal e ao Município, pessoalmente, por intermédio do oficial de registro de títulos e documentos, ou pelo correio, com aviso de recebimento, para que se manifestem, em 15 (quinze) dias, sobre o pedido.[44]

O oficial de registro de imóveis promoverá a publicação de edital em jornal de grande circulação, onde houver, para a ciência de terceiros eventualmente interessados, que poderão se manifestar em 15 (quinze) dias.[45]

Transcorrido este prazo, sem necessidade de outras diligências pelo oficial de registro de imóveis e achando-se em ordem a documentação, com inclusão da concordância expressa dos titulares de direitos reais e de outros direitos registrados ou averbados na matrícula do imóvel usucapiendo e na

---

Usucapião Administrativa no Registro de Imóveis. Disponível em: <http://uniregistral.com.br/cartilha_usucapiaoadm/>; Acesso em 27 set. 2016.
42 Artigo 216-A, § 1º, da Lei de Registros Públicos – LRP.
43 Artigo 216-A, § 2º, da Lei de Registros Públicos – LRP.
44 Artigo 216-A, § 3º, da Lei de Registros Públicos – LRP.
45 Artigo 216-A, § 4º, da Lei de Registros Públicos – LRP.

matrícula dos imóveis confinantes, o oficial de registro de imóveis registrará a aquisição do imóvel com as descrições apresentadas, sendo permitida a abertura de matrícula, se for o caso.[46]

É lícito ao interessado suscitar o *procedimento de dúvida*, nos termos da Lei de Registro Público. [47]

Ao final das diligências, se a documentação não estiver em ordem, o oficial de registro de imóveis rejeitará o pedido.[48]

Vale destacar que a rejeição do pedido extrajudicial não impede o ajuizamento de ação de usucapião.[49]

Em caso de impugnação do pedido de reconhecimento extrajudicial de usucapião, apresentada por qualquer um dos titulares de direito reais e de outros direitos registrados ou averbados na matrícula do imóvel usucapiendo e na matrícula dos imóveis confinantes, por algum dos entes públicos ou por algum terceiro interessado, o oficial de registro de imóveis remeterá os autos ao juízo competente da comarca da situação do imóvel, cabendo ao requerente emendar a petição inicial para adequá-la ao procedimento comum.[50]

Com o intuito de facilitar a compreensão desta nova modalidade de usucapião, no Anexo I, encontra-se o primeiro caso prático de pedido de usucapião da cidade de Atibai, em São Paulo.

12.2.4.8. Usucapião indígena

A *usucapião indígena* está amparada no *Estatuto do Índio* (Lei nº 6.011, de 19 de dezembro de 1973).

De acordo com o artigo 3° do referido diploma legal, é considerado *índio* ou *silvícola* "todo indivíduo de origem e ascendência pré-colombiana que se indentifica e é intensificado como pertencente a um grupo étnico cujas características culturais o distingem da sociedade nacional".

A *comunidade indígena* ou *grupo tribal* é "um conjunto de famílias ou comunidades índias, quer vivendo em estado de completo isolamento em

---

46 Artigo 216-A, §§ 5 e 6°, da Lei de Registros Públicos – LRP.
47 O procedimento está previsto no art. 198 da Lei nº 6.015/73, abaixo transcrito: Art. 198 – Havendo exigência a ser satisfeita, o oficial indicá-la-á por escrito. Não se conformando, o apresentante com a exigência do oficial, ou não a podendo satisfazer, será o título, a seu requerimento e com a declaração de dúvida, remetido ao juízo competente para dirimi-la, obedecendo-se ao seguinte: I – no Protocolo, anotará o oficial, à margem da prenotação, a ocorrência da dúvida; II – após certificar, no título, a prenotação e a suscitação da dúvida, rubricará o oficial todas as suas folhas; III – em seguida, o oficial dará ciência dos termos da dúvida ao apresentante, fornecendo-lhe cópia da suscitação e notificando-o para impugná-la, perante o juízo competente, no prazo de 15 (quinze) dias; IV – certificado o cumprimento do disposto no item anterior, remeter-se-ão ao juízo competente, mediante carga, as razões da dúvida, acompanhadas do título. (grifou-se)
48 Artigo 216-A, § 8, da Lei de Registros Públicos – LRP.
49 Artigo 216-A, § 9, da Lei de Registros Públicos – LRP.
50 Artigo 216-A, § 10, da Lei de Registros Públicos – LRP.

relação aos outros setores da comunhão nacional, quer em contatos intermitentes ou permanentes, sem contudo estarem neles integrados" (Lei nº 6.011/73, art. 3º, II).

Os índios são considerados:[51]

I – Isolados – Quando vivem em grupos desconhecidos ou de que se possuem poucos e vagos informes através de contatos eventuais com elementos da comunhão nacional;

II – Em vias de integração – Quando, em contato intermitente ou permanente com grupos estranhos, conservem menor ou maior parte das condições de sua vida nativa, mas aceitam algumas práticas e modos de existência comuns aos demais setores da comunhão nacional, da qual vão vez mais para o próprio sustento;

III – Integrados – Quando incorporados à comunhão nacional e reconhecidos no pleno exercício dos direitos civis, ainda que conservem usos, costumes e tradições característicos da sua cultura.

O Capítulo IV do Estatuto do Índio trata da questão das *terras de domínio indígena*. O artigo 32 preceitua que "são de propriedade plena do índio ou da comunidade indígena, conforme o caso, as terras havidas por qualquer das formas de aquisição do domínio, nos termos da legislação civil".

O artigo 33 diz que "o índio integrado ou não, que ocupe como próprio, por dez anos consecutivos, trechos de terras inferior a cinquenta hectares, adquirir-lhe-á propriedade plena".

O parágrafo único determina que não se aplica o artigo 33 às terras do domínio da União, ocupadas por grupos tribais, às áreas reservadas de que trata esta Lei, nem às terras de propriedade coletiva de grupo tribal.

De acordo com o artigo 38 do Estatuto do Índio, as terras indígenas são inusucapíveis e sobre elas não poderá recair desapropriação, salvo o previsto no artigo 20 do mesmo diploma legal.[52]

---

51 Lei 6.011/73, art. 4º
52 Lei nº 6.011/73 (Estatuto do Índio) Art. 20º Em caráter experimental e por qualquer dos motivos adiante enumerados, poderá a União intervir, se não houver solução alternativa, em áreas indígenas, determinada a providência por decreto do Presidente da República.
§ 1º A intervenção poderá ser decretada: a) para pôr termo à luta entre grupos tribais; b) para combater graves surtos epidêmicos, que possam acarretar o extermínio da comunidade indígena, ou qualquer mal que ponha em risco a integridade do silvícola ou do grupo tribal; c) por imposição da segurança nacional;d) para a realização de obras públicas que interessem ao desenvolvimento nacional; e) para reprimir a turbação ou esbulho em larga escala; f) para exploração de riquezas do subsolo de relevante interesse para a segurança e o desenvolvimento nacional;
§ 2º A intervenção executar-se-á nas condições estipuladas no decreto e sempre por meios suasórios, dela podendo resultar, segundo a gravidade do fato, uma ou algumas das medidas seguintes: a) contenção de hostilidades, evitando-se o emprego de força contra os

Capítulo 12 – Aquisição da Propriedade Imóvel

O artigo 231 da Constituição da República Federativa do Brasil de 1988 reconhece aos índios sua organização social, costumes, línguas, crenças e tradições, e os direitos originários sobre as terras que tradicionalmente ocupam, competindo à União demarcá-las, proteger e fazer respeitar todos os seus bens.

São terras tradicionalmente ocupadas pelos índios as por eles habitadas em caráter permanente, as utilizadas para suas atividades produtivas, as imprescindíveis à preservação dos recursos ambientais necessários a seu bem-estar e as necessárias a sua reprodução física e cultural, segundo seus usos, costumes e tradições (CRFB/88, art. 231, § 1°).

As terras tradicionalmente ocupadas pelos índios destinam-se a sua posse permanente, cabendo-lhes o usufruto exclusivo das riquezas do solo, dos rios e dos lagos nelas existentes (CRFB/88, art. 231, § 2°).

As terras de que trata o artigo 231 da nossa Carta Magna são inalienáveis e indisponíveis, e os direitos sobre elas, imprescritíveis (CRFB/88, art. 231, § 4°).

Outrossim, a nossa Constituição determina que são nulos e extintos, não produzindo efeitos jurídicos os atos que tenham por objeto a ocupação, o domínio e a posse das terras a que se refere o artigo 231, ou a exploração das riquezas naturais do solo, dos rios e dos lagos nelas existentes, ressalvado relevante interesse público da União, segundo o que dispuser lei complementar, não gerando a nulidade e a extinção do direito a indenização ou ações contra a União, salvo, na forma da lei, quanto às benfeitorias derivadas da ocupação de boa-fé (CRFB/88, art. 231, § 6°).

O Estatuto do Índio, no Capítulo III (Das Áreas Reservadas), estabelece que os índios poderão organizar-se sob uma das seguintes modalidades: a) reserva indígena; b) parque indígena; c) colônia agrícola indígena; território federal indígena;

A *reserva indígena* é uma área destinada a servir de *habitat* a grupos indígenas, com os meios suficientes à sua subsistência (Lei n° 6.011/73, art. 27).

O *parque indígena* é a área contida em terra para posse dos índios, cujo grau de integração permita assistência econômica, educacional e sanitária dos órgãos da União, em que se preservem as reservas de flora e fauna e as belezas naturais da região (Lei n° 6.011/73, art. 28).[53]

índios; b) deslocamento de grupos tribais de uma para outra área; c) remoção de grupos tribais de uma outra área;

§ 3° Somente caberá a remoção de grupo tribal quando de todo impossível ou desaconselhável a sua permanência na área sob intervenção, destinando-se à camunidade indígena removida área equivalente à anterior, inclusive quanto às condições ecológicas.

§ 4° A comunidade indígena removida será integralmente ressarcida dos prejuízos decorrentes da remoção.

§ 5° O ato de intervenção terá a assistência direta do órgão federal que exercita tutela do índio.

53 Lei 6.011/73 (Estatuto do Índio) Art. 28° § 1° Na administração dos parques serão respei-

Já a *colônia agrícola* é a área destinada à exploração agropecuária, administrada pelo órgão de assistência ao índio, onde convivam tribos acumuladas e membros da comunidade nacional (Lei nº 6.011/73, art. 29).

E o *território federal indígena* é a unidade administrativa subordinada à União, instituída em região na qual pelo menos um terço da população seja formado por índios. (Lei nº 6.011/73, art. 30).

12.2.4.4.1. Da defesa dos direitos em juízo

Dispõe o artigo 232 da nossa Constituição da República que "os índios, suas comunidades e organizações são partes legítimas para ingressar em juízo em defesa de seus direitos e interesses, intervindo o Ministério Público em todos os atos do processo".

Da mesma forma, o Estatuto do Índio, no artigo 37, estabelece que "os grupos tribais ou comunidades indígenas são partes legítimas para a defesa dos seus direitos em juízo, cabendo-lhes, no caso, a assistência do Ministério Público Federal ou do órgão de proteção ao índio".

12.2.4.4.2. A disputa em torno da reserva Raposa Serra do Sol

A ação popular que questiona a legalidade da demarcação de uma área contínua de 1,7 milhão de hectares para a reserva indígena Raposa Serra do Sol, em Roraima, na divisa com a Venezuela e a Guiana, foi julgada no Supremo Tribunal Federal (STF). Vejamos, em síntese, os fatos que justificam a lide:[54]

"A ação começou a ser julgada em 27 de agosto, mas após a leitura do primeiro voto, do relator Carlos Ayres Britto, a votação foi suspensa por pedido do Ministro Carlos Alberto Menezes Direito.

A reserva foi demarcada em 1998 e homologada em 2005, quando começou a retirada dos não índios da região. Em 2008, porém, após mais de dois anos do processo de saída de pequenos produtores, a Polícia Federal foi chamada para ajudar na retirada de grandes produtores de arroz, que têm fazendas na parte sul de Raposa.

Um grupo de fazendeiros e de índios que os apoiam resistiram e o governador de Roraima, José de Anchieta Júnior, recorreu ao STF pedindo a suspensão da operação federal. Em maio, o Supremo decidiu pela paralisação da operação até que fosse julgado o mérito das ações que contestam a legalidade da reserva.

---

tadas a liberdade, usos, costumes e tradições dos índios. § 2º As medidas de polícia, necessárias à ordem interna e à preservação das riquezas existentes na área do parque, deverão ser tomadas por meios suasórios e de acordo com interesse dos índios que nela habitam. § 3º O loteamento das terras do parque indígena obedecerá ao regime de propriedade, usos e costumes tribais, bem como as normas administrativas nacionais, que deverão ajustar-se aos interesses das comunidades indígenas.

54 Disponível em: <http://ultimosegundo.ig.com.br/bbc/2008/12/08>. Acesso em: 13 dez. 2008.

Confira a seguir algumas questões que explicam a polêmica.

O que está sendo decidido?

Os ministros do Supremo Tribunal Federal (STF) estão julgando a primeira das mais de 30 ações que contestam a legalidade da homologação contínua da reserva indígena Raposa Serra do Sol.

Entre outros argumentos, a ação diz que a demarcação contínua fere o princípio da razoabilidade, "porque se estaria privilegiando de maneira absoluta o princípio da tutela do índio em detrimento de outros igualmente relevantes". Aponta ainda as consequências "desastrosas" à estrutura produtiva comercial de Roraima e comprometimento da soberania e da segurança nacionais. Também suscita os direitos dos não índios que habitam a região "há três ou mais gerações" que terão de abandonar as terras.

Se a ação for aceita, ficaria permitida a presença de não índios na área que hoje corresponde à reserva e a demarcação teria de ser revista.

Como foi a demarcação?

O governo do presidente Fernando Henrique Cardoso promoveu a demarcação da reserva, em 1998, e o do presidente Luiz Inácio Lula da Silva homologou as terras, em 2005.

O laudo antropológico com base no qual a área foi demarcada diz que a extensão da área se justifica pela grande migração existente entre os índios das cinco etnias que vivem na região. O governo de Roraima contesta o laudo, alegando que nem todos os interessados, incluindo índios, foram consultados. Há também acusações de que o laudo foi fraudado, o que é negado pelo governo federal.

Quais são os principais argumentos a favor e contra de uma reserva contínua?

Os que são a favor alegam que a Constituição de 1988 assegura aos índios "os direitos originários sobre as terras que tradicionalmente ocupam, competindo à União demarcá-las, proteger e fazer respeitar todos os seus bens". O desmembramento da reserva, alegam os favoráveis à demarcação contínua, ameaçaria a sobrevivência física e sociocultural dos povos indígenas. Os índios afirmam que precisam de áreas grandes para viver por causa de sua tradição e da maneira coletivista de produzir e se organizar.

O campo contra a demarcação contínua alega que parte dos índios já está aculturada e que o reconhecimento dos direitos indígenas independe da demarcação contínua. Os que são contra, como o próprio governo de Roraima e produtores de arroz instalados na área da reserva, sustentam que a reserva aumenta para mais de 45% a área do Estado ocupada por terras indígenas e prejudica a economia do Estado. Os defensores da reserva alegam que os quase 60% restantes são suficientes para atender ao resto da população e que a densidade rural em outras áreas do Estado também é muito baixa, como na reserva.

Outro argumento contra diz respeito ao risco à soberania nacional pelo fato de a reserva estar localizada na fronteira com a Venezuela e a Guiana. Como os índios não ocupam toda a área de forma uniforme, aquela área ficaria vulnerável a infiltrações. Os que apoiam a demarcação contínua dizem que não há grandes vazios demográficos na reserva e que a atuação do Exército dentro das reservas é livre – portanto, não haveria motivo para essa preocupação.

O que propõem os militares?

Assim como o governo do Estado e produtores rurais de grande porte, os militares propõem a demarcação do território em "ilhas", o que permitiria a constituição de núcleos urbanos e rurais na faixa de fronteira.

Quem está a favor e quem está contra?

Uma grande parte dos indígenas, representados principalmente pelo Conselho Indígena de Roraima (CIR), além de entidades da sociedade civil ligadas à defesa da causa indígena ou social, entre elas, a ONG Instituto Socioambiental, Conselho Indigenista Missionário (Cimi) e a Conferência Nacional dos Bispos do Brasil (CNBB).

Além do próprio governo do Estado, são contra os rizicultores, os criadores de gado e a restante população não índia da região, apoiados por parte dos indígenas reunidos na Sociedade de Defesa dos Indígenas Unidos do Norte de Roraima (Sodiur).

O que é uma "terra indígena"?

É uma área de propriedade da União com usufruto indígena. São definidas de acordo com a ocupação tradicional das terras. A Constituição de 1988, no artigo 231, reconhece "aos índios sua organização social, costumes, línguas, crenças e tradições, e os direitos originários sobre as terras que tradicionalmente ocupam, competindo à União demarcá-las, proteger e fazer respeitar todos os seus bens".

No parágrafo segundo, o texto constitucional estabelece ainda que "as terras tradicionalmente ocupadas pelos índios destinam-se a sua posse permanente, cabendo-lhes o usufruto exclusivo das riquezas do solo, dos rios e dos lagos nelas existentes".

O Brasil tem atualmente 653 terras indígenas reconhecidas, que abrigam 227 povos, com cerca de 480 mil pessoas. Essas terras representam 12,5% do território nacional. A maior parte das áreas indígenas está nos nove estados da Amazônia Legal.

Por que a Raposa Serra do Sol foi criada naquela região de Roraima?

É a área tradicionalmente habitada pelos Macuxis, etnia majoritária na reserva. A reserva compreende uma região de planície (Raposa) e uma montanhosa, ao norte (Serra do Sol).

Quem são os índios que habitam a reserva?

Cerca de 19 mil índios de cinco etnias vivem na região da reserva agrupados em quase 200 aldeias, chamadas de malocas. O maior grupo é da etnia Macuxi, que convivem com Wapichana, Taurepang, Ingaricó e Patamona.

Quais seriam as consequências de uma decisão favorável ou desfavorável à demarcação contínua?

Os índios a favor da reserva contínua alegam que sua forma de vida e desenvolvimento voltarão a ficar ameaçados. Para eles, uma decisão contrária a sua posição também não acabará com o conflito na região e a busca pela demarcação da forma que foi homologada deve permanecer.

O governo do Estado afirma que 7% do seu PIB vem das plantações de arroz na reserva e que não é possível transportar essas plantações de forma eficaz para outras regiões. O governo estadual também acredita que com mais de 45% de áreas em reserva o desenvolvimento econômico geral do Estado fica comprometido.

Do ponto de vista nacional, a decisão do Supremo deverá servir de parâmetro para as demais ações apresentadas, o que, no jargão jurídico, equivale a criar jurisprudência. Defensores de reservas como a de Raposa acreditam que podem surgir ações contra outras áreas já estabelecidas. Há diversas outras terras indígenas na faixa de fronteira, algumas delas bem maiores do que a Raposa Serra do Sol. A dos Ianomâmi, também em Roraima, por exemplo, tem 9 milhões de hectares.

Se a ação de contestação for acolhida, os arrozeiros poderão permanecer na região e caberá ao Executivo fazer nova demarcação.

Em 10 de dezembro de 2008, o STF noticiou que "Oito ministros votam pela demarcação contínua da Raposa Serra do Sol". Vejamos:

"Oito dos 11 ministros do Supremo Tribunal Federal (STF) já votaram favoravelmente à demarcação contínua da reserva indígena Raposa Serra do Sol. O julgamento ainda não foi concluído por causa de um pedido de vista do ministro Marco Aurélio. Além dele, faltam votar os ministros Celso de Mello e Gilmar Mendes.

O ministro Marco Aurélio adiantou o pedido de vista logo após Menezes Direito apresentar seu voto-vista com condições para que a demarcação da reserva indígena fosse efetivada. Mesmo assim, por maioria, os ministros decidiram dar continuidade ao julgamento. Alguns citaram a importância da matéria e a situação de conflito na região da reserva.

A maioria dos ministros que pronunciaram voto concordou que somente os índios podem ocupar a área destinada à reserva por portaria do Ministério da Justiça. Somente a ministra Cármen Lúcia Antunes Rocha acenou com a possibilidade de não índios também ocuparem a reserva, mas sem possibilidade de explorar economicamente a região.

Seis ministros, incluindo o relator, Carlos Ayres Britto, acolheram as condições propostas por Menezes Direito. O ministro Joaquim Barbosa acolheu o primeiro voto do relator pela total improcedência do pedido contra a demarcação.

Menezes Direito estabeleceu 18 condições a serem obedecidas pela população indígena para ocupar a reserva. Entre elas, há restrições ao usufruto das riquezas naturais da região e a plena garantia da atuação das Forças Armadas na área, independentemente da consulta às comunidades indígenas e à Funai (Fundação Nacional do Índio).

Durante o julgamento, o ministro Ayres Britto propôs que fosse cassada a liminar concedida pelo STF para garantir a permanência dos não índios na área da reserva. A liminar foi dada em abril deste ano pelo plenário.

A questão não chegou a ser decidida porque o ministro Marco Aurélio também pediu vista dela, mas já há maioria formada pela cassação da liminar, com sete votos ao todo. De toda forma, devido ao pedido de vista, enquanto o julgamento dessa questão não for concluído, os rizicultores não serão obrigados a desocupar as terras da reserva.

Além de Ayres Britto, pronunciaram-se pela cassação da liminar os ministros Ellen Gracie, Cezar Peluso, Cármen Lúcia, Ricardo Lewandowski, Eros Grau e Joaquim Barbosa".

O julgamento do STF tem caráter histórico. Vejamos:[55]

O Supremo Tribunal Federal fez história esta semana ao concluir,[56] depois de sete meses, o julgamento da ação movida por dois senadores de Roraima contra o decreto de 2005 do presidente Lula que homologou a reserva indígena Raposa Serra do Sol, em terra contínua, e determinou a saída dos não índios dessa área de 1,7 milhão de hectares, na fronteira do Estado com a Guiana e a Venezuela.

A reserva, onde vivem cerca de 19 mil indígenas de cinco etnias, havia sido demarcada em 1998, no governo Fernando Henrique. Desde então, agravaram-se dramaticamente conflitos de décadas entre os aborígines e os agricultores do Sul que ali se haviam instalado, atraídos por incentivos fiscais, formando nessas terras públicas um arquipélago de arrozais. Outros plantadores se agregaram a eles mesmo depois da demarcação, apostando que a sua presença na reserva criaria um fato consumado. Perderam.

A questão estava tecnicamente liquidada desde dezembro, quando o julgamento no Supremo foi interrompido por um pedido de vista do ministro Marco Aurélio, em razão do voto de oito dos seus colegas pela constitucionalidade da configuração contínua da reserva, com a consequente retirada compulsória dos arrozeiros que reivindicavam para si uma área de 100 mil hectares. Dos três ministros que faltavam votar, apenas Marco Aurélio se manifestou contra a reserva, com o que o resultado final foi de 10 a 1 em apoio à posição do governo.

---

55 Editorial do jornal *O Estado de S. Paulo*, dia 22.3.2009.
56 Decisão em 19.3.2009.

Na ordem do dia está agora a saída – "imediatamente a curto prazo", na expressão do relator do processo, Carlos Ayres Britto – das cerca de 50 famílias de agricultores que permanecem na região. Já na escala das grandes questões nacionais, o fundamental foram as regras fixadas pelo STF para as reservas existentes e as diretrizes para as futuras demarcações. Nisso reside o caráter histórico da decisão.

Com 19 pontos, o "estatuto das reservas", ou o "modelo demarcató- rio", como o conjunto vem sendo chamado, impede a formação de verdadeiros Estados indígenas. Os índios têm o usufruto das terras demarcadas, mas elas continuam pertencendo à União. Com autorização do Congresso, o governo federal poderá explorar os recursos hídricos e as riquezas minerais da área. O ingresso, a qualquer momento, das Forças Armadas e da Polícia Federal, bem como a construção de instalações militares, não dependerá de consulta nem às comunidades indígenas nem à Funai. O usufruto tampouco impedirá a União de criar nas reservas redes de comunicação, vias de transporte e outros serviços públicos. Os indígenas não poderão explorar recursos energéticos, garimpar, cobrar tarifas ou pedágios nem arrendar terras. Já a presença de não índios nas áreas demarcadas deverá obedecer a normas da Funai. E em nenhuma hipótese eles poderão caçar, pescar ou exercer ali atividades agropecuárias.

Duas inovações são especialmente significativas. Uma proíbe a ampliação de reservas já demarcadas. A outra assegura "a efetiva participação dos entes federativos (União, Estados e municípios) em todas as etapas do processo de demarcação". Já não sem tempo, a norma acaba com o poder discricionário da Funai de implantar reservas.

No seu solitário voto vencido, o ministro Marco Aurélio ressaltou que "a demarcação correta" só pode resultar do devido processo legal e não de iniciativas de alegado resgate da dívida do País com as suas populações ancestrais. As reservas criadas a partir disso contêm inevitavelmente vícios de origem. A Funai, até agora agindo a seu bel-prazer, decide demarcar determinada área indígena e então dá os passos necessários que justificariam a existência da reserva, como a emissão de laudos antropológicos sob medida. Faz, em suma, uma conta de chegar, em vez de examinar primeiro os pedidos de demarcação para aí sim se manifestar sobre a sua procedência. Não é à toa que 22 ações a respeito deram entrada no Supremo Tribunal.

"O processo de demarcação é muito sério para ser tratado pela Funai", observou o presidente do STF, Gilmar Mendes, ao proferir o seu voto. E, se depender de um projeto dos deputados Aldo Rebelo (PC do B-RJ) e Ibsen Pinheiro (PMDB-RS), além da participação dos entes federativos no seu trâmite, as futuras demarcações precisarão ser aprovadas pelo Congresso Nacional.

12.2.5. Sentença declaratória de usucapião

O artigo 1.241 do nosso Código Civil preceitua que "poderá o possuidor requerer ao juiz seja declarada adquirida, mediante usucapião, a propriedade imóvel".[57]

O parágrafo único do referido dispositivo diz que "a declaração obtida na forma deste artigo constituirá título hábil para o registro no Cartório de Registro de Imóveis".[58]

Verifica-se, pois, que a sentença judicial deve *declarar* a propriedade do autor da ação (possuidor usucapiente) e servirá como título hábil para o registro no Cartório de Registro de Imóveis.

Neste sentido, o artigo 167 da Lei de Registros Públicos afirma que "No Registro de Imóveis, além da matrícula, serão feitos. I – o registro: [...] 28) das sentenças declaratórias de usucapião, independente da regularidade do parcelamento do solo ou da edificação".

O artigo 226 do mesmo diploma legal afirma que "LRP – Art. 226 – Tratando-se de usucapião, os requisitos da matrícula devem constar do mandado judicial".

O Conselho da Justiça Federal, na IV Jornada de Direito Civil, publicou o Enunciado 315, a saber: "CJF – Enunciado – 315 – Art. 1.241. O art. 1.241 do Código Civil permite que o possuidor que figurar como réu em ação reivindicatória ou possessória formule pedido contraposto e postule ao juiz seja declarada adquirida, mediante usucapião, a propriedade imóvel, valendo a sentença como instrumento para registro imobiliário, ressalvados eventuais interesses de confinantes e terceiros".

12.2.6. Acessão de posses para contagem de tempo para usucapião (*acessio possessionis*)

O artigo 1.243 dispõe que "o possuidor pode, para o fim de contar o tempo exigido pelos artigos antecedentes, acrescentar à sua posse a dos seus antecessores (art. 1.207),[59] contanto que todas sejam contínuas, pacíficas e, nos casos do art. 1.242, com justo título e de boa-fé".[60]

O Conselho da Justiça Federal, na IV Jornada de Direito Civil, editou o Enunciado 317, *verbis*: "CJF – Enunciado 317 – Art. 1.243. A *accessio possessionis*, de que trata o art. 1.243, primeira parte, do Código Civil, não encontra aplicabilidade relativamente aos arts. 1.239 e 1.240 do mesmo diploma legal, em face da normatividade da usucapião constitucional urbano e rural, arts. 183 e 191, respectivamente.

---

57 Sem correspondência ao CCB/1916.
58 Sem correspondência ao CCB/1916.
59 CC 2002 – Art. 1.207. O sucessor universal continua de direito a posse do seu antecessor; e ao sucessor singular é facultado unir sua posse à do antecessor, para os efeitos legais.
60 Correspondente ao art. 552 CCB/16

Em relação à *acessio possessionis,* vejamos algumas decisões judiciais sobre o tema:

a) USUCAPIÃO. REQUISITOS. PRINCÍPIO DA IMEDIAÇÃO. Posse vintenária não demonstrada. Pretensão de *acessio possessiones.* Necessidade de prova escorreita do tempo e qualidade. Art. 552, CC/1916. Art. 1.243, CC/2002. Contrato particular de promessa de compra e venda, que contém cláusula de transmissão de posse. Insuficiência *per se.* Imediação com a prova valorada. Negaram provimento (Apelação Cível n° 70012263083, Décima Nona Câmara Cível, Tribunal de Justiça do RS, Relator: Carlos Rafael dos Santos Júnior, julgado em 4.4.2006).

b) Usucapião extraordinário. Os requisitos imprescindíveis à aquisição do domínio pelo direito de usucapião extraordinário consubstanciam-se no exercício de posse por vinte anos (ou mais), sem interrupção, nem oposição, possuindo o imóvel como seu ou com ânimo de dono (artigo 550 do Código Civil de 1916). O possuidor pode, para o fim de contar o tempo exigido de 20 anos, acrescentar à sua posse a do seu antecessor, contanto que ambas sejam contínuas e pacíficas (artigo 552 do Código Civil de 1916) (Apelação Cível n° 70013104047, Vigésima Câmara Cível, Tribunal de Justiça do RS, Relator: Carlos Cini Marchionatti, julgado em 27.10.2005).

c) Ação de usucapião extraordinário. Terreno integrante de loteamento irregular. Prova testemunhal que evidencia a posse direta do autor sobre o imóvel há mais de 16 anos, de forma ininterrupta e sem contestação, com *animus domini.* Prova documental que dá conta que o anterior detentor dos direitos sobre o lote o havia adquirido do titular do domínio em data que remonta, pelo menos, ao mês de dezembro de 1978. *Accessio possessionis* configurada. Incidência da regra do ART. 552 DO CÓDIGO CIVIL DE 1916. USUCAPIÃO PROCEDENTE. APELO PROVIDO (Apelação Cível n° 70011457157, Vigésima Câmara Cível, Tribunal de Justiça do RS, Relator: José Aquino Flores de Camargo, julgado em 20.7.2005).

d) USUCAPIÃO EXTRAORDINÁRIO. SOMA DE POSSE. CITAÇÕES DE INTERESSADOS CERTOS IRREGULARES. INDISPENSABILIDADE DE INVESTIGAÇÃO PROBATÓRIA DE TODO O PERÍODO AQUISITIVO E DA CONTINUIDADE DAS POSSES SUCESSIVAS. SENTENÇA DESCONSTITUÍDA. São interessados certos, devendo ser citados pessoalmente, e suas respectivas mulheres, se for o caso, aqueles em cujo nome estiver registrado o imóvel, bem como os possuidores anteriores, considerando a postulação com fundamento no art. 552 do CCB, estatuto incidente sobre a hipótese dos autos, considerando o período aquisitivo e a data de propositura da ação. Havendo, pois, informações precisas quanto à localização desses interessados, devem ser esgotadas as citações pessoais por mandado, não prevalecendo a citação por edital. Considerando que o período aquisitivo engloba posses anteriores, indispensável respectiva investigação probatória, tanto quanto à qualidade da posse exercida (mansa, pacífica, sem oposição), quanto à sua continuidade (como foi transferida entre os diversos sucessores). Sentença desconstituída. APELAÇÃO PROVIDA (Apelação Cível n° 70011276896, Décima Sétima Câmara Cível, Tribunal de Justiça do RS, Relator: Elaine Harzheim Macedo, julgado em 14.6.2005).

12.2.7. Causas impeditivas, suspensivas e interruptivas da usucapião

Conforme dito alhures, o artigo 1.244 do nosso Código Civil trata das causas impeditivas, suspensivas e interruptivas da usucapião. Vejamos: "Art. 1.244. Estende-se ao possuidor o disposto quanto ao devedor acerca das causas que obstam, suspendem ou interrompem a prescrição, as quais também se aplicam à usucapião".[61]

O Desembargador ANDRÉ LUIZ PLANELLA VILLARINHO, do Tribunal de Justiça do Estado do Rio Grande do Sul – TJRS, em 9.11.2006, enfrentou a questão da seguinte forma: "APELAÇÃO CÍVEL. AÇÃO DE USUCAPIÃO. *SAISINE*. MENOR INCAPAZ. INTERRUPÇÃO DA PRESCRIÇÃO. AUSÊNCIA DO REQUISITO TEMPORAL. Tendo o proprietário do imóvel objeto do pedido de usucapião falecido no decorrer da prescrição aquisitiva, sendo a titularidade do imóvel transferida imediatamente para seus herdeiros, em face do princípio da *saisine*, e, considerando que ao tempo do óbito os herdeiros eram menores absolutamente incapazes, não há o início da prescrição, a qual só passa a correr com a aquisição da capacidade relativa do herdeiro. Aplicação dos arts. 553 c/c 169, I e 5°, I do CC/16, vigente à época dos fatos. A menoridade de um dos herdeiros aproveita aos demais, impossibilitando o reconhecimento da prescrição aquisitiva pelos requerentes, em face da ausência do requisito temporal exigido, no caso, vinte anos. APELAÇÃO DESPROVIDA (Apelação Cível n° 70012345922, Décima Oitava Câmara Cível, Tribunal de Justiça do RS)".

Da mesma forma, o acórdão proferido pelo Desembargador ADÃO SÉRGIO DO NASCIMENTO CASSIANO: "APELAÇÃO CÍVEL. CIVIL E PROCESSUAL CIVIL. AÇÃO REIVINDICATÓRIA. EXCEÇÃO DE USUCAPIÃO. CITAÇÃO DO POSSUIDOR EM AÇÃO DE REINTEGRAÇÃO DE POSSE. OPOSIÇÃO. POSSE MANSA E PACÍFICA NÃO CARACTERIZADA. NULIDA-

---

61 Correspondente ao art. 553 CCB/16

DE DA SENTENÇA INOCORRENTE. Frente ao título do álbum imobiliário e à afirmação do reivindicado, em anterior ação de usucapião, de que a área pertencia ao todo maior referente à matrícula do imóvel registrado em nome do reivindicante, o ônus de demonstrar que a área objeto da ação reivindicatória não faz parte do todo maior que pertence ao autor era do requerido. Não se desincumbindo de tal ônus, não pode pretender anular a sentença em face da não realização de perícia que não requereu. A citação em ação de reintegração de posse interrompe o prazo prescricional aquisitivo do usucapião, descaracterizando a posse mansa, pacífica e ininterrupta, necessária para a aquisição do domínio. Exegese do art. 553 do Código Civil de 1916. Caso concreto em que a citação do possuidor em ação reintegratória ajuizada pelo reivindicante interrompeu o prazo vintenário do usucapião. APELO DESPROVIDO (Apelação Cível n° 70002860625, Primeira Câmara Especial Cível, Tribunal de Justiça do RS, Relator: Adão Sérgio do Nascimento Cassiano, julgado em 8.9.2003).

No mesmo diapasão: "Ação de usucapião. É improcedente se o proprietário, em tempo hábil, interrompeu o transcurso do prazo para usucapir. A interrupção civil decorre não só da citação na reivindicatória, como em outras demandas, tal como na ação rescisória de sentença proferida em anterior ação de usucapião. APLICAÇÃO DOS ARTIGOS 553 E 172, I E II, DO CÓDIGO CIVIL (Apelação Cível n° 38534, Primeira Câmara Cível, Tribunal de Justiça do RS, Relator: Athos Gusmão Carneiro, julgado em 3.11.1981)".

12.2.8. Direito intertemporal na usucapião

12.2.8.1. A regra do artigo 2.028 do CCB de 2002

O artigo 2.028 inserido em nosso Código Civil, no *Livro Complementar*, nas *Disposições Finais e Transitórias,* estabelece que "serão os da lei anterior os prazos, quando reduzidos por este Código, e se, na data de sua entrada em vigor, já houver transcorrido mais da metade do tempo estabelecido na lei revogada".

Ora, este dispositivo deverá ser utilizado nos casos de encurtamento dos prazos nas espécies de usucapião existentes. Vejamos os seguintes casos:

a) Na hipótese da *usucapião extraordinária,* o prazo para usucapir era de 20 (vinte anos) consoante o Código Civil de 1916,[62] sendo reduzido para 15 (quinze anos) no Código Civil de 2002, consoante o *caput* do artigo 1.238.[63]

---

62 CCB-1916 – Art. 550. Aquele que, por 20 (vinte) anos, sem interrupção, nem oposição, possuir como seu um imóvel, adquirir-lhe-á o domínio, independentemente de título de boa-fé que, em tal caso, se presume, podendo requerer ao juiz que assim o declare por sentença, a qual lhe servirá de título para transcrição no Registro de Imóveis (Redação da Lei n° 2.437, de 7.3.1955).

63 CCB-2002 – Art. 1.238. Aquele que, por quinze anos, sem interrupção, nem oposição, possuir como seu um imóvel, adquire-lhe a propriedade, independentemente de título e

Por exemplo, se na data da entrada em vigor do CCB de 2002, ou seja, 11 de janeiro de 2003, já tivesse sido transcorrido o prazo de 12 (doze) anos (mais da metade do tempo estabelecido pelo artigo 550 do CCB de 1916), o prazo para a usucapião extraordinária continuaria a ser aquele estabelecido no Código anterior, qual seja, 20 (vinte) anos.

b) No caso da *usucapião ordinária* explica JOSÉ CARLOS DE MORAES SALLES que "o art. 551 do antigo Código fixava os prazos de dez (10) anos entre presentes e quinze (15) entre ausentes; o art. 1.242 do Código atual acabou com a distinção entre presentes e ausentes e estabeleceu o prazo único de dez (10) anos. Houve, portanto, redução de prazo para a usucapião ordinária. Destarte, se na data de vigência do novo Código Civil (11.1.2003) houvesse transcorrido mais da metade do prazo para a usucapião entre ausentes (por exemplo, sete anos e meio, mais um dia), o prazo para a prescrição aquisitiva continuaria a ser de quinze (lei anterior), apesar de a nova Lei Civil não distinguir mais entre presentes e ausentes. Todavia, se se tratasse de usucapião ordinária entre presentes e houvesse transcorrido (em 11.1.2003) mais da metade do prazo fixado pela lei anterior (dez anos), ou seja, por exemplo, 5 (cinco) anos e um dia, o lapso a ser considerado, por força do disposto no art. 2.028 do Código de 2002, continuaria a ser o da lei anterior (dez anos)".[64]

O Desembargador SANTINI TEODORO, do Tribunal de Justiça do Estado de São Paulo – TJSP, na Apelação 5562444800, da Comarca de Bragança Paulista, na 2ª Câmara de Direito Privado, em 20.5.2008, prolatou o seguinte acórdão: "Usucapião extraordinária. Terreno urbano. Incidência do art. 2.028 do Código Civil de 2002. Regra de direito intertemporal. Quando da entrada em vigor do Código Civil de 2002, transcorridos mais da metade do prazo prescricional à usucapião extraordinária previsto na lei revogada. Aplicação do prazo previsto no art. 550 do Código Civil de 1916. Requisitos da usucapião extraordinária. Posse e tempo. Lapso temporal não comprovado. Posse do autor e de seus antecessores que não superou 20 anos. Impossível o preenchimento do prazo no curso do processo. Inadmissível a alteração dos fundamentos jurídicos da pretensão. Recurso desprovido".

12.2.8.2. A regra do artigo 2.029 do CCB de 2002

Dispõe o artigo 2.029 do CCB de 2002 que "até dois anos após a entrada em vigor deste Código, os prazos estabelecidos no parágrafo único do art. 1.238 e no parágrafo único do art. 1.242 serão acrescidos de dois anos, qualquer que seja o tempo transcorrido na vigência do anterior, Lei nº 3.071, de 1º de janeiro de 1916".

---

boa-fé; podendo requerer ao juiz que assim o declare por sentença, a qual servirá de título para o registro no Cartório de Registro de Imóveis.
64 SALLES. Op. cit., p. 498.

Vejamos o teor dos artigos 1.238 e 1.242, *verbis:*

Art. 1.238. Aquele que, por quinze anos, sem interrupção, nem oposição, possuir como seu um imóvel, adquire-lhe a propriedade, independentemente de título e boa-fé; podendo requerer ao juiz que assim o declare por sentença, a qual servirá de título para o registro no Cartório de Registro de Imóveis.

Parágrafo único. O prazo estabelecido neste artigo reduzir-se-á a dez anos se o possuidor houver estabelecido no imóvel a sua moradia habitual, ou nele realizadas obras ou serviços de caráter produtivo.

[...]

Art. 1.242. Adquire também a propriedade do imóvel aquele que, contínua e incontestadamente, com justo título e boa-fé, o possuir por dez anos.

Parágrafo único. Será de cinco anos o prazo previsto neste artigo se o imóvel houver sido adquirido, onerosamente, com base no registro constante do respectivo cartório, cancelada posteriormente, desde que os possuidores nele tiverem estabelecido a sua moradia, ou realizado investimentos de interesse social e econômico.

Nestas hipóteses, em que o prazo da usucapião foi reduzido, de acordo com o artigo 2.029, os prazos serão acrescidos de dois anos, *qualquer que seja o tempo transcorrido na vigência do Código anterior* (Lei n° 3.071, de 1° de janeiro de 1916). Melhor dizendo: após a entrada em vigor do novo Código Civil (11.1.2003), serão acrescidos 2 (dois) anos (até 11.1.2005), para que o proprietário do imóvel possa tomar as providências cabíveis para a defesa do seu direito, interropendo, pois, o lapso da prescrição aquisitiva.

O acréscimo de 2 (dois) anos, de acordo com o teor do artigo 2.029, tem o firme propósito de evitar que os proprietários dos imóveis fossem surpreendidos com a redução dos prazos da usucapião.

Neste sentido, BENEDITO SILVÉRIO RIBEIRO, Desembargador do Tribunal de Justiça de São Paulo, afirma que "quem já tivesse os dez anos de posse na ocasião da vigência do novo Código teve de esperar mais dois para que pudesse valer-se da usucapião prevista no parágrafo único do art. 1.238. Quem contasse com cinco anos em 11 de janeiro de 2003 só podia promover ação de usucapião a partir de 11 de janeiro de 2005".[65]

12.2.9. Ação de usucapião

O Código de Processo Civil de 1973, nos artigos 941 a 945, tratava dos procedimentos pertinentes à *ação de usucapião de terras particulares.*

Já o Código de Processo Civil brasileiro de 2015 não previu a ação de usucapião entre as espécies de procedimento especial. Isto não quer dizer

---

65 RIBEIRO, Benedito Silvério. *Tratado de usucapião.* Vol. 1. 6. ed. São Paulo: Saraiva, 2008, p. 784.

que a referida ação tenha sido suprimida do ordenamento jurídico processual. Ao contrário, o novo Código optou por estabelecer os requisitos essenciais processuais da usucapião ao longo do próprio texto normativo.

Outrossim, como novidade, estabeleceu uma nova espécie da usucapião, qual seja: a usucapião extrajudicial (ou administrativa), conforme artigo 1071 do CPC.

Neste sentido, o Fórum Permanente de Processualistas Civis publicou o enunciado nº 25 afirmando que "a inexistência de procedimento judicial especial para a ação de usucapião e de regulamentação da usucapião extrajudicial não implica vedação da ação, que remanesce no sistema legal, para qual devem ser observadas as peculiaridades que lhe são próprias, especialmente a necessidade de citação dos confinantes e a ciência da União, do Estado, do Distrito Federal e do Município".

Dessa maneira, a ação de usucapião passa seguir o rito comum (anteriormente denominado ordinário). De acordo com o artigo 318 do CPC, "Aplica-se a todas as causas o procedimento comum, salvo disposição em contrário deste Código ou de lei. Parágrafo único. O procedimento comum aplica-se subsidiariamente aos demais procedimentos especiais e ao processo de execução".

Vejamos, pois, as principais inovações do procedimento da usucapião no novo CPC. Inicialmente, vale destacar que com o fim do procedimento especial para a ação de usucapião, esta será inserida dentro das ações de procedimento comum.

Em relação à citação, o artigo 246, § 3º, do CPC, diz que "na ação de usucapião de imóvel, os confinantes serão citados pessoalmente, exceto quando tiver por objeto unidade autônoma de prédio em condomínio, caso em que tal citação é dispensada". Dessa maneira, caso o objeto da usucapião seja uma unidade autônoma de prédio em condomínio fica, portanto, dispensada a citação.

Já o art. 259, inciso I, prevê a publicação de editais na ação de usucapião.

A sentença judicial que reconhecer a usucapião terá natureza declaratória, uma vez que o magistrado reconhece e declara a aquisição por usucapião. Esta sentença deverá ser registrada na matrícula do imóvel no Cartório de Registro de Imóveis competente, com o firme propósito de dar publicidade e garantia contra terceiros.

12.2.10. Direito comparado

- CC-PORTUGUÊS. ARTIGO 1287º (Noção). A posse do direito de propriedade ou de outros direitos reais de gozo, mantida por certo lapso de tempo, faculta ao possuidor, salvo disposição em contrá-

rio, a aquisição do direito a cujo exercício corresponde a sua actuação: é o que se chama usucapião.
- CC-PORTUGUÊS. ARTIGO 1288° (Retroactividade da usucapião). Invocada a usucapião, os seus efeitos retrotraem-se à data do início da posse.
- CC-PORTUGUÊS. ARTIGO 1289° (Capacidade para adquirir). 1. A usucapião aproveita a todos os que podem adquirir. 2. Os incapazes podem adquirir por usucapião, tanto por si como por intermédio das pessoas que legalmente os representam.
- CC-PORTUGUÊS. ARTIGO 1290° (Usucapião em caso de detenção). Os detentores ou possuidores precários não podem adquirir para si, por usucapião, o direito possuído, excepto achando-se invertido o título da posse; mas, neste caso, o tempo necessário para a usucapião só começa a correr desde a inversão do título.
- CC-PORTUGUÊS. ARTIGO 1291° (Usucapião por compossuidor). A usucapião por um compossuidor relativamente ao objeto da posse comum aproveita igualmente aos demais compossuidores.
- CC-PORTUGUÊS. ARTIGO 1292° (Aplicação das regras da prescrição). São aplicáveis à usucapião, com as necessárias adaptações, as disposições relativas à suspensão e interrupção da prescrição, bem como o preceituado nos artigos 300°, 302°, 303° e 305°.

12.3. Da aquisição da propriedade imóvel pelo registro do título

12.3.1 Registro e averbação

No direito brasileiro, a aquisição da propriedade imóvel ocorre pelo registro do título translativo no Registro de Imóveis. Assim, a manifestação de vontade dos contraentes expressada no contrato não é suficiente para garantir a transferência do domínio, no caso de coisas imóveis.[66] Neste caso, o negócio jurídico firmado gera apenas efeitos obrigacionais entre as partes contratantes.

Determina o artigo 1.245 do nosso Código Civil: "transfere-se entre vivos a propriedade mediante o registro do título translativo no Registro de Imóveis".[67][68]

---

66 Se a coisa for *móvel*, a transferência de domínio ocorrerá pela *tradição* consoante o artigo 1.267 do CCB.
67 Correspondente ao art. 530 – I – CCB/16.
68 LRP – Art. 172 – No Registro de Imóveis serão feitos, nos termos desta Lei, o registro e a averbação dos títulos ou atos constitutivos, declaratórios, translativos e extintos de direitos reais sobre imóveis reconhecidos em lei, *"inter vivos"* ou *"mortis causa"* quer para sua constituição, transferência e extinção, quer para sua validade em relação a terceiros, quer para a sua disponibilidade.

Vale destacar que o artigo 108 do CCB exige a escritura pública para a celebração de atos jurídicos que visem à constituição, transferência, modificação ou renúncia de direitos reais sobre imóveis de valor superior a trinta vezes o maior salário mínimo vigente no País.

De acordo com o artigo 221 da Lei nº 6.015/73, "somente são admitidos registro: I – escrituras públicas, inclusive as lavradas em consulados brasileiros; II – escritos particulares autorizados em lei, assinados pelas partes e testemunhas, com as firmas reconhecidas, dispensado o reconhecimento quando se tratar de atos praticados por entidades vinculadas ao Sistema Financeiro da Habitação; III – atos autênticos de países estrangeiros, com força de instrumento público, legalizados e traduzidos na forma da lei, e registrados no cartório do Registro de Títulos e Documentos, assim como sentenças proferidas por tribunais estrangeiros após homologação pelo Supremo Tribunal Federal; IV – cartas de sentença, formais de partilha, certidões e mandados extraídos de autos de processo".

Outrossim, o artigo 167 da Lei de Registros Públicos (Lei nº 6.015/73) informa os atos que deverão ser registrados e averbados na matrícula do imóvel.[69]

---

69 LRP – Art. 167 – No Registro de Imóveis, além da matrícula, serão feitos. I – o registro: 1) da instituição de bem de família; 2) das hipotecas legais, judiciais e convencionais; 3) dos contratos de locação de prédios, nos quais tenha sido consignada cláusula de vigência no caso de alienação da coisa locada; 4) do penhor de máquinas e de aparelhos utilizados na indústria, instalados e em funcionamento, com os respectivos pertences ou sem eles; 5) das penhoras, arrestos e sequestros de imóveis; 6) das servidões em geral; 7) do usufruto e do uso sobre imóveis e da habitação, quando não resultarem do direito de família; 8) das rendas constituídas sobre imóveis ou a eles vinculadas por disposição de última vontade; 9) dos contratos de compromisso de compra e venda de cessão deste e de promessa de cessão, com ou sem cláusula de arrependimento, que tenham por objeto imóveis não loteados e cujo preço tenha sido pago no ato de sua celebração, ou deva sê-lo a prazo, de uma só vez ou em prestações; 10) da enfiteuse; 11) da anticrese; 12) das convenções antenupciais; 13) das cédulas de crédito rural; 14) das cédulas de crédito, industrial; 15) dos contratos de penhor rural; 16) dos empréstimos por obrigações ao portador ou debêntures, inclusive as conversíveis em ações; 17) das incorporações, instituições e convenções de condomínio; 18) dos contratos de promessa de venda, cessão ou promessa de cessão de unidades autônomas condominiais a que alude a Lei nº 4.591, de 16 de dezembro de 1964, quando a incorporação ou a instituição de condomínio se formalizar na vigência desta Lei; 19) dos loteamentos urbanos e rurais; 20) dos contratos de promessa de compra e venda de terrenos loteados em conformidade com o Decreto-Lei nº 58, de 10 de dezembro de 1937, e respectiva cessão e promessa de cessão, quando o loteamento se formalizar na vigência desta Lei; 21) das citações de ações reais ou pessoais reipersecutórias, relativas a imóveis; [...] 23) dos julgados e atos jurídicos entre vivos que dividirem imóveis ou os demarcarem inclusive nos casos de incorporação que resultarem em constituição de condomínio e atribuírem uma ou mais unidades aos incorporadores; 24) das sentenças que nos inventários, arrolamentos e partilhas, adjudicarem bens de raiz em pagamento das dívidas da herança; 25) dos atos de entrega de legados de imóveis, dos formais de partilha e das sentenças de adjudicação em inventário ou arrolamento quando não houver partilha; 26) da arrematação e da adjudicação em hasta pública; 27) do dote; 28) das sentenças

declaratórias de usucapião, independente da regularidade do parcelamento do solo ou da edificação; (Redação dada pela Lei nº 10.257, de 2001) (Vide Medida-Provisória nº 2.220, de 2001); 29) da compra e venda pura e da condicional; 30) da permuta; 31) da dação em pagamento; 32) da transferência, de imóvel a sociedade, quando integrar quota social; 33) da doação entre vivos; 34) da desapropriação amigável e das sentenças que, em processo de desapropriação, fixarem o valor da indenização; 35) da alienação fiduciária em garantia de coisa imóvel. (Incluído pela Lei nº 9.514, de 1997); 36) da imissão provisória na posse, e respectiva cessão e promessa de cessão, quando concedido à União, aos Estados, ao Distrito Federal, aos Municípios ou suas entidades delegadas, para a execução de parcelamento popular, com finalidade urbana, destinado às classes de menor renda. (Incluído pela Lei nº 9.785, de 1999); 37) dos termos administrativos ou das sentenças declaratórias da concessão de uso especial para fins de moradia, independentemente da regularidade do parcelamento do solo ou da edificação; (Incluído pela Lei nº 10.257, de 2001) (Vide Medida Provisória nº 2.220, de 2001); 38) (VETADO) (Incluído pela Lei nº 10.257, de 2001); 39) da constituição do direito de superfície de imóvel urbano; (Incluído pela Lei nº 10.257, de 2001); 40) (Vide Medida Provisória nº 2.220, de 2001) II – a averbação: 1) das convenções antenupciais e do regime de bens diversos do legal, nos registros referentes a imóveis ou a direitos reais pertencentes a qualquer dos cônjuges, inclusive os adquiridos posteriormente ao casamento; 2) por cancelamento, da extinção dos ônus e direitos reais; 3) dos contratos de promessa de compra e venda, das cessões e das promessas de cessão a que alude o Decreto-Lei nº 58, de 10 de dezembro de 1937, quando o loteamento se tiver formalizado anteriormente à vigência desta Lei; 4) da mudança de denominação e de numeração dos prédios, da edificação, da reconstrução, da demolição, do desmembramento e do loteamento de imóveis; 5) da alteração do nome por casamento ou por desquite, ou, ainda, de outras circunstâncias que, de qualquer modo, tenham influência no registro ou nas pessoas nele interessadas; 6) dos atos pertinentes a unidades autônomas condominiais a que alude a Lei nº 4.591, de 16 de dezembro de 1964, quando a incorporação tiver sido formalizada anteriormente à vigência desta Lei; 7) das cédulas hipotecárias; 8) da caução e da cessão fiduciária de direitos relativos a imóveis; 9) das sentenças de separação de dote; 10) do restabelecimento da sociedade conjugal; 11) das cláusulas de inalienabilidade, impenhorabilidade e incomunicabilidade impostas a imóveis, bem como da constituição de fideicomisso; 12) das decisões, recursos e seus efeitos, que tenham por objeto atos ou títulos registrados ou averbados; 13) *ex officio*, dos nomes dos logradouros, decretados pelo poder público; 14) das sentenças de separação judicial, de divórcio e de nulidade ou anulação de casamento, quando nas respectivas partilhas existirem imóveis ou direitos reais sujeitos a registro. (Incluído pela Lei nº 6.850, de 1980); 15 – da rerratificação do contrato de mútuo com pacto adjeto de hipoteca em favor de entidade integrante do Sistema Financeiro da Habitação, ainda que importando elevação da dívida, desde que mantidas as mesmas partes e que inexista outra hipoteca registrada em favor de terceiros. (Incluído pela Lei nº 6.941, de 1981) 16) do contrato de locação, para os fins de exercício de direito de preferência. (Incluído pela Lei nº 8.245, de 1991);17) do Termo de Securitização de créditos imobiliários, quando submetidos a regime fiduciário.(Incluído pela Lei nº 9.514, de 1997) 18) da notificação para parcelamento, edificação ou utilização compulsórios de imóvel urbano;(Incluído pela Lei nº 10.257, de 2001); 19) da extinção da concessão de uso especial para fins de moradia; (Incluído pela Lei nº 10.257, de 2001); 20) da extinção do direito de superfície do imóvel urbano. (Incluído pela Lei nº 10.257, de 2001); 21) da cessão de crédito imobiliário. (Incluído pela Lei nº 10.931, de 2004); 22. da reserva legal; (Incluído pela Lei nº 11.284, de 2006); 23. da servidão ambiental. (Incluído pela Lei nº 11.284, de 2006).

Enquanto não se registrar o título translativo, o alienante continua a ser havido como dono do imóvel (CCB, art. 1.245, § 1°).⁷⁰

Vale lembrar que a V Jornada de Direito Civil publicou o enunciado 503 que dispõe: "é relativa a presunção de propriedade decorrente do registro imobiliário, ressalvado o sistema Torrens.

Enquanto não se promover, por meio de ação própria, a decretação de invalidade do registro, e o respectivo cancelamento, o adquirente continua a ser havido como dono do imóvel (CCB, art. 1.245, § 2°).⁷¹ ⁷²

Em relação ao artigo 1.245 do CCB, o Conselho da Justiça Federal, na I Jornada de Direito Civil, editou o seguinte enunciado: "CJF – Enunciado 87 – Art. 1.245: Considera-se também título translativo, para fins do art. 1.245 do novo Código Civil, a promessa de compra e venda devidamente quitada (arts. 1.417 e 1.418 do CC e § 6° do art. 26 da Lei n° 6.766/79)".

O Desembargador ANTÔNIO CORRÊA PALMEIRO DA FONTOURA, do Tribunal de Justiça do Estado do Rio Grande do Sul – TJRS, na Apelação Cível n° 70005775580, em 02.12.2003, decidiu que "ILEGITIMIDADE ATIVA. IMÓVEL. PARCELAMENTO DO IPTU. EXTINÇÃO DO FEITO, A TEOR DO ART. 267, VI DO CPC. A aquisição da propriedade imóvel dá-se pela transcrição da escritura no registro imobiliário competente (art. 530, I, do CC/1916 e art. 1.245 do atual Código Civil). A falta do título de propriedade ou prova da posse importa em ilegitimidade ativa para postular o parcelamento do IPTU. Preliminar de ilegitimidade ativa acolhida. Extinto o feito a teor do art. 267, VI do CPC".

Da mesma forma, em relação à aquisição da propriedade pela transcrição, o Ministro SÁLVIO DE FIGUEIREDO TEIXEIRA, no REsp 26.119/GO, na Quarta Turma, decidiu, em 18.4.1995, que "Direito civil. Invalidade da transcrição c/c reivindicatória. Inaplicabilidade da exceção. Venda pelo proprietário a duas pessoas distintas. Aquisição da propriedade pela transcrição (CC. Arts. 530 – I e 533). Recurso desacolhido. I – não prequestionado o tema, inviável se torna o seu exame na via extraordinaria do recurso especial. II – impertinente a *exceptio rei venditae et traditae* na espécie que trata de venda do mesmo imóvel a duas pessoas distintas, por quem era proprietário do bem, estando os sucessores do adquirente que primeiro levou a registro

---

70 Correspondente ao art. 533 CCB/16 e 860 p. u. CCB/16.
71 Sem correspondência ao CCB de 1916.
72 LRP – Art. 1° Os serviços concernentes aos Registros Públicos, estabelecidos pela legislação civil para autenticidade, segurança e eficácia dos atos jurídicos, ficam sujeitos ao regime estabelecido nesta Lei. § 1° Os Registros referidos neste artigo são os seguintes: I – o registro civil de pessoas naturais; II – o registro civil de pessoas jurídicas; III – o registro de títulos e documentos; IV – o registro de imóveis. § 2° Os demais registros reger-se-ão por leis próprias. LRP – Art. 252 – O registro, enquanto não cancelado, produz todos os efeitos legais ainda que, por outra maneira, se prove que o título está desfeito, anulado, extinto ou rescindido. LRP – Art. 259 – O cancelamento não pode ser feito em virtude de sentença sujeita, ainda, a recurso.

seu título a reivindicar o imóvel que se encontra na posse dos sucessores do outro adquirente. III – pelo sistema do Código Civil vigente, a propriedade imobiliária se adquire pela transcrição do título de transferência no registro do imóvel (arts 530 – I e 533).

12.3.2 Prenotação

O artigo 1.246 determina que "o registro é eficaz desde o momento em que se apresentar o título ao oficial do registro, e este o prenotar no protocolo".[73]

A *prenotação* significa a "anotação prévia e provisória feita por oficial de registro público em um título apresentado para inscrição ou transcrição".[74]

Ora, todos os títulos tomarão, no Protocolo do Cartório Imobiliário, o número de ordem que lhes competir em razão da sequência rigorosa de sua apresentação (LRP – Art. 182). Assim, reproduzir-se-á, em cada título, o número de ordem respectivo e a data de sua prenotação (LRP – Art. 183).

O Registro de Imóveis, segundo PONTES DE MIRANDA, é "o ofício público, em que se dá publicidade a atos de transmissão dos bens imóveis e aos direitos reais sobre imóveis ou a negócios jurídicos que a eles interessem".[75]

Cumpre esclarecer que cessarão automaticamente os efeitos da prenotação se, decorridos 30 (trinta) dias do seu lançamento no referido Protocolo, o título não tiver sido registrado por omissão do interessado em atender às exigências legais (LRP – Art. 205).

12.3.3. Retificação e anulação

Diz o artigo 1.247 do CCB que "se o teor do registro não exprimir a verdade, poderá o interessado reclamar que se retifique ou anule".[76]

No mesmo diapasão, a Lei de Registros Públicos informa no artigo 212 que "se o registro ou a averbação for omissa, imprecisa ou não exprimir a verdade, a retificação será feita pelo Oficial do Registro de Imóveis competente, a requerimento do interessado, por meio do procedimento administrativo previsto no art. 213, facultado ao interessado requerer a retificação por meio de procedimento judicial (Redação dada pela Lei nº 10.931, de 2004)". O parágrafo único do mesmo dispositivo afirma que "a opção pelo procedimento administrativo previsto no art. 213 não exclui a prestação jurisdicional, a requerimento da parte prejudicada (Incluído pela Lei nº 10.931, de 2004)".[77]

---

73 Correspondente ao art. 534 CCB/16.
74 *Dicionário digital Aurélio – século XXI*.
75 PONTES DE MIRANDA. *Tratado de direito privado*. Parte especial. Tomo XI. 2. ed. Rio de Janeiro: Borsoi, 1958, p. 207-208.
76 Correspondente ao art. 860 CCB/16.
77 LRP – Objeto da Retífica. Art. 213. O oficial retificará o registro ou a averbação: (Redação dada pela Lei nº 10.931, de 2004) I – de ofício ou a requerimento do interessado nos casos

de: (Incluído pela Lei nº 10.931, de 2004) a) omissão ou erro cometido na transposição de qualquer elemento do título; (Incluída pela Lei nº 10.931, de 2004) b) indicação ou atualização de confrontação; (Incluída pela Lei nº 10.931, de 2004) c) alteração de denominação de logradouro público, comprovada por documento oficial; (Incluída pela Lei nº 10.931, de 2004) d) retificação que vise à indicação de rumos, ângulos de deflexão ou inserção de coordenadas georreferenciadas, em que não haja alteração das medidas perimetrais; (Incluída pela Lei nº 10.931, de 2004) e) alteração ou inserção que resulte de mero cálculo matemático feito a partir das medidas perimetrais constantes do registro; (Incluída pela Lei nº 10.931, de 2004) f) reprodução de descrição de linha divisória de imóvel confrontante que já tenha sido objeto de retificação; (Incluída pela Lei nº 10.931, de 2004) g) inserção ou modificação dos dados de qualificação pessoal das partes, comprovada por documentos oficiais, ou mediante despacho judicial quando houver necessidade de produção de outras provas; (Incluída pela Lei nº 10.931, de 2004) II – a requerimento do interessado, no caso de inserção ou alteração de medida perimetral de que resulte, ou não, alteração de área, instruído com planta e memorial descritivo assinado por profissional legalmente habilitado, com prova de anotação de responsabilidade técnica no competente Conselho Regional de Engenharia e Arquitetura – CREA, bem assim pelos confrontantes. (Incluído pela Lei nº 10.931, de 2004) § 1º Uma vez atendidos os requisitos de que trata o *caput* do art. 225, o oficial averbará a retificação. (Redação dada pela Lei nº 10.931, de 2004) § 2º Se a planta não contiver a assinatura de algum confrontante, este será notificado pelo Oficial de Registro de Imóveis competente, a requerimento do interessado, para se manifestar em quinze dias, promovendo-se a notificação pessoalmente ou pelo correio, com aviso de recebimento, ou, ainda, por solicitação do Oficial de Registro de Imóveis, pelo Oficial de Registro de Títulos e Documentos da comarca da situação do imóvel ou do domicílio de quem deva recebê-la. (Redação dada pela Lei nº 10.931, de 2004) § 3º A notificação será dirigida ao endereço do confrontante constante do Registro de Imóveis, podendo ser dirigida ao próprio imóvel contíguo ou àquele fornecido pelo requerente; não sendo encontrado o confrontante ou estando em lugar incerto e não sabido, tal fato será certificado pelo oficial encarregado da diligência, promovendo-se a notificação do confrontante mediante edital, com o mesmo prazo fixado no § 2º, publicado por duas vezes em jornal local de grande circulação. (Redação dada pela Lei nº 10.931, de 2004) § 4º Presumir-se-á a anuência do confrontante que deixar de apresentar impugnação no prazo da notificação. (Redação dada pela Lei nº 10.931, de 2004) § 5º Findo o prazo sem impugnação, o oficial averbará a retificação requerida; se houver impugnação fundamentada por parte de algum confrontante, o oficial intimará o requerente e o profissional que houver assinado a planta e o memorial a fim de que, no prazo de cinco dias, se manifestem sobre a impugnação. (Redação dada pela Lei nº 10.931, de 2004) § 6º Havendo impugnação e se as partes não tiverem formalizado transação amigável para solucioná-la, o oficial remeterá o processo ao juiz competente, que decidirá de plano ou após instrução sumária, salvo se a controvérsia versar sobre o direito de propriedade de alguma das partes, hipótese em que remeterá o interessado para as vias ordinárias. (Incluído pela Lei nº 10.931, de 2004) § 7º Pelo mesmo procedimento previsto neste artigo poderão ser apurados os remanescentes de áreas parcialmente alienadas, caso em que serão considerados como confrontantes tão somente os confinantes das áreas remanescentes. (Incluído pela Lei nº 10.931, de 2004) § 8º As áreas públicas poderão ser demarcadas ou ter seus registros retificados pelo mesmo procedimento previsto neste artigo, desde que constem do registro ou sejam logradouros devidamente averbados. (Incluído pela Lei nº 10.931, de 2004) § 9º Independentemente de retificação, dois ou mais confrontantes poderão, por meio de escritura pública, alterar ou estabelecer as divisas entre si e, se houver transferência de área, com o recolhimento do devido imposto de transmissão e desde que preservadas, se rural o imóvel, a fração mínima de parcelamento e, quando urbano, a legislação urbanística. (Incluído pela Lei

O registro poderá também ser retificado ou anulado por sentença em processo contencioso, ou por efeito do julgado em ação de anulação ou de declaração de nulidade de ato jurídico, ou de julgado sobre fraude à execução (LRP – Art. 216).

Daí que cancelado o registro, poderá o proprietário reivindicar o imóvel, independentemente da boa-fé ou do título do terceiro adquirente (CCB, art. 1.247, parágrafo único).[78]

Na mesma linha, o artigo 250 da LRP trata do cancelamento do registro ao afirmar que "Far-se-á o cancelamento: I – em cumprimento de decisão judicial transitada em julgado; II – a requerimento unânime das partes que tenham participado do ato registrado, se capazes, com as firmas reconhecidas por tabelião; III – A requerimento do interessado, instruído com documento hábil".

12.3.4 Princípios inerentes ao direito imobiliário

A Lei de Registros Públicos (Lei nº 6.015/73) é permeada por uma série de princípios, com vistas a proporcionar maior segurança aos negócios imobiliários. De acordo com CARLOS ROBERTO GONÇALVES,[79] oito princípios regem o registro de imóveis. São eles:

---

nº 10.931, de 2004) § 10. Entendem-se como confrontantes não só os proprietários dos imóveis contíguos, mas, também, seus eventuais ocupantes; o condomínio geral, de que tratam os arts. 1.314 e seguintes do Código Civil, será representado por qualquer dos condôminos e o condomínio edilício, de que tratam os arts. 1.331 e seguintes do Código Civil, será representado, conforme o caso, pelo síndico ou pela Comissão de Representantes. (Incluído pela Lei nº 10.931, de 2004) § 11. Independe de retificação: (Incluído pela Lei nº 10.931, de 2004) I – a regularização fundiária de interesse social realizada em Zonas Especiais de Interesse Social, nos termos da Lei nº 10.257, de 10 de julho de 2001, promovida por Município ou pelo Distrito Federal, quando os lotes já estiverem cadastrados individualmente ou com lançamento fiscal há mais de vinte anos; (Incluído pela Lei nº 10.931, de 2004) II – a adequação da descrição de imóvel rural às exigências dos arts. 176, §§ 3º e 4º, e 225, § 3º, desta Lei. (Incluído pela Lei nº 10.931, de 2004) § 12. Poderá o oficial realizar diligências no imóvel para a constatação de sua situação em face dos confrontantes e localização na quadra. (Incluído pela Lei nº 10.931, de 2004) § 13. Não havendo dúvida quanto à identificação do imóvel, o título anterior à retificação poderá ser levado a registro desde que requerido pelo adquirente, promovendo-se o registro em conformidade com a nova descrição.(Incluído pela Lei nº 10.931, de 2004) § 14. Verificado a qualquer tempo não serem verdadeiros os fatos constantes do memorial descritivo, responderão os requerentes e o profissional que o elaborou pelos prejuízos causados, independentemente das sanções disciplinares e penais. (Incluído pela Lei nº 10.931, de 2004) § 15. Não são devidos custas ou emolumentos notariais ou de registro decorrentes de regularização fundiária de interesse social a cargo da administração pública. (Incluído pela Lei nº 10.931, de 2004).

78 Correspondente ao art. 1.600 CCB/1916.
79 GONÇALVES, Carlos Roberto. *Direito civil brasileiro*. 3. ed. Volume V: Direito das coisas. São Paulo: Saraiva, 2008, p. 277-284.

a) *Princípio da Publicidade*. A função do registro imobiliário é dar publicidade às transações imobiliárias, valendo contra terceiros;
b) *Princípio da Força Probante (fé pública) ou presunção*. Os registros gozam de presunção de veracidade, já que se presume pertencer o direito real à pessoa em cujo nome se encontra registrado.
c) *Princípio da Legalidade*. A legalidade e a validade dos títulos são examinadas pelo oficial do cartório imobiliário.
d) *Princípio da Territorialidade*. Este princípio se desvela em razão da exigência do registro na circunscrição imobiliária da situação do imóvel (LRP, art. 169).
e) *Princípio da Continuidade*. É o princípio consagrado no artigo 195 da LRP, *verbis*: "Se o imóvel não estiver matriculado ou registrado em nome do outorgante, o oficial exigirá a prévia matrícula e o registro do título anterior, qualquer que seja a sua natureza, para manter a continuidade do registro". Isto quer dizer que deverá ocorrer o encadeamento entre os assentos pertinentes a um dado imóvel e às pessoas nele interessadas.
f) *Princípio da Prioridade*. Este princípio protege a pessoa que primeiro registrou o título de sua propriedade. A prenotação assegura a prioridade do registro. Neste sentido, o artigo 191 da LRP diz que "prevalecerão, para efeito de prioridade de registro, quando apresentados no mesmo dia, os títulos prenotados no Protocolo sob número de ordem mais baixo, protelando-se o registro dos apresentados posteriormente, pelo prazo correspondente a, pelo menos, um dia útil".

E o artigo 192 da LRP afirma que "o disposto nos arts 190 e 191 não se aplica às escrituras públicas, da mesma data e apresentadas no mesmo dia, que determinem, taxativamente, a hora da sua lavratura, prevalecendo, para efeito de prioridade, a que foi lavrada em primeiro lugar".

g) *Princípio da Especialidade*. Este princípio está previsto no artigo 225 da Lei de Registros Públicos, já que exige uma individualização minuciosa do título, *verbis*: "Art. 225 – Os tabeliães, escrivães e juízes farão com que, nas escrituras e nos autos judiciais, as partes indiquem, com precisão, os característicos, as confrontações e as localizações dos imóveis, mencionando os nomes dos confrontantes e, ainda, quando se tratar só de terreno, se esse fica do lado par ou do lado ímpar do logradouro, em que quadra e a que distância métrica da edificação ou da esquina mais próxima, exigindo dos interessados certidão do registro imobiliário. § 1º As mesmas minúcias, com relação à caracterização do imóvel, devem constar dos instrumentos particulares apresentados em cartório para registro.

§ 2° Consideram-se irregulares, para efeito de matrícula, os títulos nos quais a caracterização do imóvel não coincida com a que consta do registro anterior. § 3° Nos autos judiciais que versem sobre imóveis rurais, a localização, os limites e as confrontações serão obtidos a partir de memorial descritivo assinado por profissional habilitado e com a devida Anotação de Responsabilidade Técnica – ART, contendo as coordenadas dos vértices definidores dos limites dos imóveis rurais, georreferenciadas ao Sistema Geodésico Brasileiro e com precisão posicional a ser fixada pelo Incra, garantida a isenção de custos financeiros aos proprietários de imóveis rurais cuja somatória da área não exceda a quatro módulos fiscais (Incluído pela Lei n° 10.267, de 2001)".

h) *Princípio da Instância*. Este princípio não permite que o oficial do cartório imobiliário realize o registro de ofício, senão a requerimento do interessado. Sem solicitação ou instância da parte ou da autoridade, o registrador não pode praticar os seus atos de ofício. O artigo 13 da LRP preceitua que "salvo as anotações e as averbações obrigatórias, os atos do registro serão praticados: I – por ordem judicial; II – a requerimento verbal ou escrito dos interessados; III – a requerimento do Ministério Público, quando a lei autorizar".

12.4. Da aquisição por acessão

12.4.1 Conceito e fundamento

A acessão é o *modo originário de aquisição da propriedade*, já que representa a união ou incorporação de uma coisa material (coisa acessória) a outra (coisa principal), de forma permanente, por ação do homem ou alguma causa natural. Melhor dizendo: uma coisa material (coisa acessória) pertencente a outrem se une ou se incorpora à coisa principal de outra pessoa (adquirente), formando uma terceira coisa. A acessão é, pois, um acréscimo.

De acordo com CLÓVIS BEVILÁQUA, a acessão é "o modo originário de adquirir, em virtude do qual fica pertencendo ao proprietário tudo quanto se une ou se incorpora ao seu bem. *Accessio cedit principali* (D. 34, 2, fr. 19, § 13)".[80]

JOSÉ DE OLIVEIRA ASCENSÃO diz que a acessão é "uma causa de aquisição *originária*. O beneficiário recebe um novo direito totalmente independente das vicissitudes que possa ter sofrido o anterior direito, que se extingue".[81]

---

80 BEVILÁQUA, Clóvis. *Código civil dos Estados Unidos do Brasil comentado por Clóvis Beviláqua*. V. 1. Edição histórica. Rio de Janeiro: Rio, 1976, p. 1019.
81 ASCENSÃO, José de Oliveira. *Direito civil*: reais. 5. ed. Coimbra: Coimbra, 2000, p. 309.

EDUARDO ESPÍNOLA alerta que a natureza jurídica da acessão é divergente. Explica o autor que isso decorre da diferença conceitual das duas espécies de acessão. Vejamos as suas lições: "Autores e legislações há que classificam a acessão entre os modos de adquirir o domínio ou propriedade.

Outros entendem que a acessão não passa de uma extensão ou um desenvolvimento da propriedade.

A doutrina eclética reconhece, com razão, que cumpre atender à diversidade das espécies de acessão: a contínua (união de uma coisa a outra) é modo de adquirir; a discreta (fruto ou produto da coisa) não é propriamente acessão, não é modo de adquirir a propriedade, mas simples extensão do domínio".[82]

O artigo 1.325º do Código Civil português apresenta a noção de acessão. Vejamos: "Dá-se a acessão, quando com a coisa que é propriedade de alguém se une e incorpora outra coisa que lhe não pertence".

Da mesma forma, o Código Civil argentino trata o instituto jurídico da acessão nos artigos 2.571 a 2.600. O artigo 2.571 diz que *se adquiere el dominio por accesión, cuando alguna cosa mueble o inmueble acreciere a otra por adherencia natural o artificial*".

Quanto ao *fundamento da acessão*, ESPÍNOLA explica: "costuma-se dizer que o fundamento da acessão é o princípio – o acessório segue o principal. Com isto porém não se oferece o fundamento do fenômeno, isto é, qual a razão de ordem jurídica ou moral, porque, ao invés de se operar a separação das coisas que se juntaram, se determina que pertença o todo ao proprietário da coisa principal, salvo o direito à indenização. Muitos entendem que o princípio obedece a considerações de *utilidade* ou de *necessidade*, ou ainda de equidade, e não propriamente de justiça, porquanto não há princípio de *justiça* que autorize privar um proprietário de seus direitos em proveito de outro. No caso da denominada acessão discreta, isto é, de dentro para fora (frutos e produtos), invoca-se a *justiça*, fundamento identificado com o da propriedade. Entende CASTÁN TOBENÃS que também na acessão contínua, de fora para dentro (união ou junção de coisas), deve falar-se igualmente em *justiça*, tendo em vista não só a índole prática da solução, como ainda a racional e jurídica desenvolvida pelos autores romanos".[83]

12.4.2 Classificação das acessões

A acessão pode ser *natural* (nos casos de aluvião, avulsão, álveo abandonado e formação de ilhas) ou *artificial*, também, denominada de *acessão industrial ou discreta* (nas hipóteses de plantações e construções). A acessão pode ocorrer da união ou incorporação de imóvel a imóvel (nos casos de aluvião, avulsão, álveo abandonado e formação de ilhas) ou de móvel a móvel (nas hipóteses de plantações e construções).

---

82 ESPÍNOLA, Eduardo. *Posse – propriedade*. Rio de Janeiro: Conquista, 1956, p. 190.
83 ESPÍNOLA. Op. cit., 191-192.

O artigo 1.248 preceitua que "a acessão pode dar-se:[84] I – por formação de ilhas; II – por aluvião; III – por avulsão; IV – por abandono de álveo; V – por plantações ou construções".

12.4.3. Acessões naturais

12.4.3.1. Acessão pela formação de ilhas

A *ilha* é uma espécie de acessão natural, de imóvel a imóvel. O artigo 1.249 do nosso Código Civil disciplina a questão do domínio das ilhas que se formam em *correntes comuns* ou *particulares*. Isto porque as ilhas formadas em rios navegáveis pertencem ao Estado.[85] O artigo 20 da Constituição da República Federativa do Brasil de 1988, inciso IV, informa que "são bens da União: [...] IV – as ilhas fluviais e lacustres nas zonas limítrofes com outros países; as praias marítimas; as ilhas oceânicas e as costeiras, excluídas destas as que contenham a sede de Municípios, exceto aquelas áreas afetadas ao serviço público e a unidade ambiental federal, e as referidas no art. 26, II;"[86] As ilhas que não pertencerem à União, aos Municípios e a terceiros serão de domínio dos estados membros, conforme o artigo 26, incisos II e III da CRFB/88.

De acordo com o artigo 23, *caput*, do Decreto nº 24.643, de 10 de julho de 1934 (Código de Águas), as ilhas ou ilhotas, que se formarem no álveo de uma corrente, pertencem ao domínio público, no caso das águas públicas, e ao domínio particular, no caso das águas comuns ou particulares.

Daí frise-se que o nosso ordenamento jurídico civilístico disciplina apenas a questão das ilhas ou ilhotas que se formarem nas águas particulares (rios não navegáveis) e que tenham como causa o movimento natural das águas.

Neste sentido, o artigo 1.249 diz que "as ilhas que se formarem em correntes comuns ou particulares pertencem aos proprietários ribeirinhos fronteiros, observadas as regras seguintes:[87]

I – as que se formarem no meio do rio consideram-se acréscimos sobrevindos aos terrenos ribeirinhos fronteiros de ambas as margens, na proporção de suas testadas, até a linha que dividir o álveo em duas partes iguais;[88]

---

84 Correspondente ao art. 536 do CCB/1916.
85 Conforme o artigo 2º do Decreto nº 24.643, de 10 de julho de 1934 (Código de Águas).
86 Inciso IV com redação dada pela Emenda Constitucional nº 46, de 5 de maio de 2005. Redação anterior: IV – as ilhas fluviais e lacustres nas zonas limítrofes com outros países; as praias marítimas; as ilhas oceânicas e as costeiras, excluídas, destas, as áreas referidas no art. 26, II.
87 Correspondente ao art. 23, *caput*, do Código de Águas.
88 Correspondente ao art. 23, § 1º do Código de Águas.

II – as que se formarem entre a referida linha e uma das margens consideram-se acréscimos aos terrenos ribeirinhos fronteiros desse mesmo lado;[89]

III – as que se formarem pelo desdobramento de um novo braço do rio continuam a pertencer aos proprietários dos terrenos à custa dos quais se constituíram[90]".

Dessa maneira, *a quem pertencerá a ilha que se forma no curso de águas particulares (rios não navegáveis)*? Por exemplo, Ricardo possui um imóvel (*e.g.*, uma fazenda) na qual existe um curso de água particular e, neste rio não navegável, forma-se uma ilha. A quem pertencerá a ilha? Esta ilha passará a pertencer a Ricardo.

E se as margens do rio não navegável pertencem a proprietários diferentes? Uma margem pertence a Fernando e a outra margem pertence a Camilo. Neste caso, para encontrarmos a solução é necessário que façamos a divisão do rio por uma linha imaginária, conforme figura a seguir.

As ilhas que se formarem inteiramente numa das metades pertencerão ao proprietário marginal do lado em que aquela se formou.

A ilha cortada pela linha divisória será de ambos os proprietários marginais, a partir do estabelecimento de um condomínio legal ou necessário. Neste caso, cada proprietário ficará com a parte da ilha que lhe couber pela metade.

Outrossim, se a ilha é formada entre a linha mediana (linha imaginária) e uma das margens, o domínio da ilha pertencerá inteiramente ao proprietário do terreno ribeirinho do mesmo lado.

Assim sendo, a partir do exemplo acima, a ilha I pertencerá a Fernando; a ilha II será um condomínio necessário entre Fernando e Camilo, cada qual com a sua metade; e a ilha III pertencerá a Camilo.[91]

CARVALHO SANTOS alerta que "pode acontecer que a ilha se estenda mais para uma margem, a contar do meio do álveo, e em tal caso o proprietário ribeirinho desse lado terá parte maior da ilha. A configuração da ilha, também, não importa, e, embora de um lado haja menos terreno devido à

---

89 Correspondente ao art. 23, § 2º do Código de Águas.
90 Correspondente ao art. 24, *caput*, do Código de Águas.
91 Decreto nº 24.643, de 10 de julho de 1934 (Código de Águas). Art. 23. As ilhas ou ilhotas, que se formarem no álveo de uma corrente, pertencem ao domínio público, no caso das águas públicas, e ao domínio particular, no caso das águas comuns ou particulares.§ 1º Se a corrente servir de divisa entre diversos proprietários e elas estiverem no meio da corrente, pertencem a todos esses proprietários, na proporção de suas testadas até a linha que dividir o álveo em duas partes iguais.§ 2º As que estiverem situadas entre esta linha e uma das margens pertencem, apenas, ao proprietário ou proprietários desta margem.

existência de recortes naturais, como angras, ou mais terreno, devido à existência de cabos, a base da divisão é sempre o álveo, na sua linha mediana".[92]

Outra situação interessante é aquela em que várias pessoas são proprietárias de imóveis fronteiros à ilha ou ilhota? Como será a divisão desta ilha?

Neste caso, será estabelecido um condomínio e cada proprietário marginal (proprietário de margem) terá a propriedade de parte da ilha, que ficar na metade do rio correspondente ao seu lado e na projeção da testada de seus lotes. Vejamos a ilustração a seguir:

Em relação à questão anterior, CARVALHO SANTOS citando PACIFICI-MAZZONI apresenta a seguinte solução: "tiram-se duas perpendiculares da linha mediana na ilha aos pontos extremos das divisas dos terrenos ribeirinhos que lhe defrontam. Se acontece que a ilha, em sua integridade, fica abrangida entre as duas perpendiculares, pertencerá por inteiro ao proprietário do terreno, de cujos confins marginais partiam as perpendiculares. Se, ao contrário, as perpendiculares tocam em dois ou mais pontos a ilha, será esta repartida segundo o traçado das perpendiculares, e cada porção será atribuída ao dono do terreno, cuja testada está em correspondência (Cfr. PACIFICI-MAZZONI, cit., n° 263)".[93]

Outra questão: *a quem pertencerá à ilha ou ilhota formada pelo desdobramento de um novo braço do rio não navegável*? Neste caso, a ilha pertencerá aos proprietários dos terrenos à custa dos quais se constituíram. É o que determina o artigo 1.249, inciso III, do nosso Código Civil. Da mesma forma, o Decreto n° 24.643, de 10 de julho de 1934 (Código de Águas), no artigo 24, diz que "as ilhas ou ilhotas, que se formarem pelo desdobramento de novo braço de corrente, pertencem aos proprietários dos terrenos, à custa dos quais se formaram".

E se a própria ilha vem a ser a base do direito de acessão? Neste caso, CARVALHO SANTOS responde, ancorado em CARVALHO DE MENDONÇA, PACIFICI-MAZZONI, WINDSCHEID e DEMOLOMBE: "suponha-se agora uma ilha colocada de um lado da linha mediana do álveo, pertencendo a um só proprietário, *Pedro*, que se alonga depois até atingir a frente do outro ribeirinho, *Paulo*, confinante de *Pedro*, e mais tarde vai se alargar até ultrapassar o meio do álveo, fronteando com a propriedade de *Caio*, na margem oposta ao terreno de *Paulo*. Nem *Paulo* nem *Caio* têm direito aos terrenos formados, porquanto a aluvião que beneficiou a ilha só aproveita aquele cuja propriedade primeiro acedeu, sendo certo também que a aluvião se adquire indefinida-

---

92 CARVALHO SANTOS, J. M. de. *Código civil brasileiro interpretado*. 6. ed. Volume VII. Rio de Janeiro: Freitas Bastos, 1956, p. 360.
93 Ibid., p. 361.

mente (CARVALHO DE MENDONÇA, *obr. cit.*, nº 103; PACIFICI-MAZZONI, *cit.*, nº 170; WINDSCHEID, *cit.*, § 185; DEMOLOMBE, *cit.*, nº 127)".[94]

12.4.3.2. A aluvião

Outro modo de se adquirir a propriedade por acessão natural é por *aluvião*. A aluvião é um fenômeno lento e imperceptível, podendo levar décadas para o atingimento em sua plenitude.

A aluvião consiste no depósito progressivo de materiais sólidos (areia, galhos de árvore, detritos, folhas etc.), mais ou menos soltos, transportados por águas correntes (rios, ribeiros etc.) que se depositam em determinando ponto do rio.

De acordo com CLÓVIS BEVILÁQUA, "as *Institutas* de Justiniano definem aluvião como o *acrescentamento insensível* (*incrementum latens*) que o rio anexa às terras, tão vagarosamente, que seria impossível, em dado momento, apreciar a quantidade acrescida".[95]

PONTES DE MIRANDA ensina que aluvião "é incremento que se deposita no álveo do rio, de modo a aumentar a extensão do imóvel".[96]

Tais acréscimos pertencem a quem? O artigo 1.250 do CCB estabelece que "os acréscimos formados, sucessiva e imperceptivelmente, por depósitos e aterros naturais ao longo das margens das correntes, ou pelo desvio das águas destas, pertencem aos donos dos terrenos marginais, sem indenização".[97]

12.4.3.2.1. Aluvião própria e imprópria

Existem, pois, duas espécies de aluvião, a saber: a *aluvião própria* e a *aluvião imprópria*. Esta se refere aos acréscimos formados pelos desvios das

---

94 Ibid., p. 363.
95 BEVILÁQUA. Op. cit, p. 1.021.
96 PONTES DE MIRANDA. Op. cit., p. 164.
97 DECRETO nº 24.643, de 10 de julho de 1934. Decreta o Código de Águas. Art. 16. Constituem "aluvião" os acréscimos que sucessiva e imperceptivelmente se formarem para a parte do mar e das correntes, aquém do ponto a que chega o preamar médio, ou do ponto médio das enchentes ordinárias, bem como a parte do álveo que se descobrir pelo afastamento das águas. § 1º Os acréscimos que por aluvião, ou artificialmente, se produzirem nas águas públicas ou dominicais, são públicos dominicais, se não estiverem destinados ao uso comum, ou se por algum título legítimo não forem do domínio particular. § 2º A esses acréscimos, com referência aos terrenos reservados, aplica-se o que está disposto no art. 11, § 2º.DECRETO nº 24.643, de 10 de julho de 1934. Decreta o Código de Águas. Art. 17. Os acréscimos por aluvião formados às margens das correntes comuns, ou das correntes públicas de uso comum a que se refere o art. 12, pertencem aos proprietários marginais, nessa segunda hipótese, mantida, porém, a servidão de trânsito constantes do mesmo artigo, recuada a faixa respectiva, na proporção do terreno conquistado. Parágrafo único. Se o álveo for limitado por uma estrada pública, esses acréscimos serão públicos dominicais, com ressalva idêntica à da última parte do § 1º do artigo anterior.

águas do rio; aquela é concernente aos acréscimos formados por depósitos e aterros naturais.

Os requisitos para a formação da aluvião são os seguintes: a) que os terrenos sejam marginais, isto é, que confinem com o rio ou a corrente; b) que a aluvião adira ao terreno; e c) que a formação da aluvião se opere sucessivamente e de forma imperceptível.

E se a aluvião se formar diante de várias propriedades? Aplica-se o mesmo princípio das ilhas: a *projeção das testadas*. É o que diz o parágrafo único do artigo 1.250, *verbis*: "O terreno aluvial, que se formar em frente de prédios de proprietários diferentes, dividir-se-á entre eles, na proporção da testada de cada um sobre a antiga margem".

No mesmo sentido, o artigo 18 do Decreto n° 24.643, de 10 de julho de 1934 (Código de Águas), dispõe que "quando a "aluvião" se formar em frente a prédios pertencentes a proprietários diversos, far-se-á a divisão entre eles, em proporção à testada que cada um dos prédios apresentava sobre a antiga margem".

A Desembargadora MARIA INÊS GASPAR, do Tribunal de Justiça do Estado do Rio de Janeiro – TJRJ, proferiu o seguinte acórdão na Apelação 1998.001.06070, em 6.8.1998: "RETIFICAÇÃO DE REGISTRO DE IMÓVEL PREVISTA NO ART. 213, § 2°, da Lei 6.015/73. Extinção do processo, sem apreciação do mérito, por se tratar de pedido juridicamente impossível. Aquisição da propriedade por acessão, na modalidade de aluvião. Terreno ribeirinho. Pretensão que encontra amparo no direito material (arts. 16 e 17 do Código de Águas). Manifestação expressa dos alienantes, confrontantes, Estado e Município, não havendo impugnação ao pedido, o que afasta, *in casu*, eventual impropriedade da via eleita. Sentença anulada. Recurso provido".

12.4.3.3. Avulsão

A *avulsão* é outro modo de aquisição da propriedade imóvel pela superposição ou adjunção de uma porção de terra arrancada de seu lugar primitivo por força natural violenta.[98]

O artigo 1.251 do nosso Código Civil brasileiro afirma que "quando, por força natural violenta, uma porção de terra se destacar de um prédio e se juntar a outro, o dono deste adquirirá a propriedade do acréscimo, se indenizar o dono do primeiro ou, sem indenização, se, em um ano, ninguém houver reclamado".[99]

---

98 Dicionário eletrônico Aurélio século XXI.
99 DECRETO N° 24.643, de 10 de julho de 1934. Decreta o Código de Águas. Art. 19. Verifica-se a "avulsão" quando a força súbita da corrente arrancar uma parte considerável e reconhecível de um prédio, arrojando-a sobre outro prédio.Art. 20 O dono daquele poderá reclamá-lo ao deste, a quem é permitido optar, ou pelo consentimento na remoção da mesma, ou pela indenização ao reclamante. Parágrafo único. Não se verificando esta

De acordo com as lições de PONTES DE MIRANDA, a avulsão, "no sentido vulgar, é o arrancamento de porção de terreno, por força da natureza (correntes fluviais, desabamentos, terremotos); em sentido jurídico, o arrancamento de porção de terreno, por força da natureza, unindo-se a outro terreno".[100]

Desta maneira, a *avulsão* pode ser representada pelo arrancamento de uma porção da margem do rio, que veio a aderir a outra propriedade.

Vale mencionar, a fim de prevenir equívoco, que quando o nosso Código Civil se refere à palavra "prédio", este possui o significado de *terreno*. É, pois, um imóvel (solo).

Qual a diferença entre a *aluvião* e a *avulsão*? Ora, ambas são fenômenos naturais e constituem *acessão*. A diferença é que a *aluvião* é um fenômeno lento e progressivo, quase imperceptível, levando, às vezes, décadas para o seu aparecimento, enquanto a *avulsão* é um fenômeno brutal, perceptível desde logo.

Outra diferença de fundamental importância é: na *aluvião* não se pode identificar a origem dos materiais que a formaram, não se indagando, destarte, qualquer valor indenizatório. Ao revés, na *avulsão* é possível à identificação da origem do material deslocado, já que, em regra, permanecem os sinais de arrancamento. Neste caso, o proprietário que puder identificar os seus bens, poderá exigir do beneficiado pela avulsão a sua devolução ou a sua indenização.

Dispõe o parágrafo único do artigo 1.251 do CCB que "recusando-se ao pagamento de indenização, o dono do prédio a que se juntou a porção de terra deverá aquiescer a que se remova a parte acrescida".

O proprietário prejudicado terá o prazo de um ano para reclamar a devolução ou indenização. O referido prazo possui natureza decadencial.

12.4.3.4. Álveo abandonado

Outro modo de se adquirir a propriedade por acessão é através do *álveo abandonado*. O artigo 1.252 do nosso Código Civil diz que "o álveo abandonado de corrente pertence aos proprietários ribeirinhos das duas margens, sem que tenham indenização os donos dos terrenos por onde as águas abrirem novo curso, entendendo-se que os prédios marginais se estendem até o meio do álveo".

Álveo é a superfície que as águas cobrem sem transbordar para o solo natural e ordinariamente enxuto (Código de Águas, art. 9º).

O álveo será público de uso comum, ou dominical, conforme a propriedade das respectivas águas; e será particular no caso das águas comuns ou das águas particulares (Código de Águas, art. 10).

---

reclamação no prazo de um ano, a incorporação se considera consumada, e o proprietário prejudicado perde o direito de reivindicar e de exigir indenização.

100 PONTES DE MIRANDA. Op. cit., p. 167.

Os artigos 26 e 27 do Código de Águas também tratam do álveo abandonado. Vejamos:

Art. 26. O álveo abandonado da corrente pública pertence aos proprietários ribeirinhos das duas margens, sem que tenham direito a indenização alguma os donos dos terrenos por onde as águas abrigarem novo curso.

Parágrafo único. Retornando o rio ao seu antigo leito, o abandonado volta aos seus antigos donos, salvo a hipótese do artigo seguinte, a não ser que esses donos indenizem ao Estado.

Art. 27. Se a mudança da corrente se fez por utilidade pública, o prédio ocupado pelo novo álveo deve ser indenizado, e o álveo abandonado passa a pertencer ao expropriante para que se compense da despesa feita.

Qual a diferença entre a *aluvião imprópria* e o *álveo abandonado*? Ora, na aluvião imprópria, a água não abandona o seu leito, dirigindo-se para a direita ou para a esquerda, enquanto que no álveo abandonado a água abandona o seu leito para correr em lugar distinto.

Assim, se o rio mudar de rumo, os proprietários dos terrenos marginais adquirirão o álveo abandonado. Na hipótese de serem proprietários diferentes das margens, divide-se o álveo ao meio, cabendo a cada proprietário a metade do álveo que corresponder a sua margem. Esse abandono do álveo poderá ocorrer através de fenômenos naturais, tais como seca, terremotos, movimentos geográficos que mudam o curso do rio, bem como poderá acontecer por obra humana, como exemplo, a construção de uma barragem.

Vejamos, a seguir, algumas decisões judiciais que tratam do álveo abandonado:

a) AGRAVO DE INSTRUMENTO N° 788.595 – SP (2006/0139375-4) RELATOR: MINISTRO HÉLIO QUAGLIA BARBOSA. DECISÃO 1. É agravo, tirado de decisão que inadmitiu recurso especial, interposto pelo MUNICÍPIO DE SÃO PAULO, com fulcro no artigo 105, inciso III, alíneas "a" e "c", da Constituição Federal, contra acórdão do Eg. Tribunal de Justiça do Estado de São Paulo, proferido nos autos de ação declaratória de acessão por álveo abandonado. 2. Verifica-se dos autos que carece às Turmas integrantes desta Segunda Seção competência para julgar o feito, uma vez que a relação jurídica processual é eminentemente de Direito Público, a qual versa sobre aquisição de propriedade imóvel por abandono de álveo, provocada pela mudança de curso do Ribeirão Pirajussara, matéria cuja apreciação está afeta à Primeira Seção deste Superior Tribunal de Justiça (artigo 9°, § 1°, XI, do RISTJ). 3. Diante do exposto, declino da competência e determino a remessa dos autos à Divisão de Autuação, Classificação e Encaminhamento de Recursos Especiais, para a sua redistribuição a um dos Ministros componentes

da Egrégia Primeira Seção. Publique-se. Intimem-se. Brasília (DF), 19 de setembro de 2006. MINISTRO HÉLIO QUAGLIA BARBOSA, Relator (Ministro HÉLIO QUAGLIA BARBOSA, 25.09.2006).
b) RECURSO ESPECIAL. AUSÊNCIA DE PREQUESTIONAMENTO. NÃO CONFIGURADO O IMPRESCINDÍVEL CONFRONTO ANALÍTICO. LEGITIMIDADE DA MUNICIPALIDADE PARA A PROPOSITURA DE REINTEGRAÇÃO DE POSSE. ÁLVEO ABANDONADO. FAIXA DE SERVIDÃO ADMINISTRATIVA. AUSÊNCIA DE IMPUGNAÇÃO OPORTUNA. ART. 27 DO CÓDIGO DE ÁGUAS. MODIFICAÇÃO DO CURSO DO LEITO DO RIO TIETÊ. AQUISIÇÃO DA PROPRIEDADE COMO FORMA DE COMPENSAR O PREJUÍZO DECORRENTE DA EXPROPRIAÇÃO DO PRÉDIO POR ONDE PASSA O NOVO CURSO. Vale salientar que o recurso especial tão somente merece ser conhecido em relação à alínea "a" do permissivo constitucional, em face da pretensa violação dos artigos 26, 27, 29 e 31 do Decreto-Lei nº 24.643/34 – Código de Águas. É oportuno esclarecer que o bem imóvel em questão situa-se na avenida Embaixador Macedo Soares, junto à via de acesso da ponte da Freguesia do Ó, zona oeste de São Paulo (fl. 300). Trata-se, em verdade, de uma área que mede 660,00 m², a qual se superpõe em parte "sobre o antigo álveo do Rio Tietê em 196,00 m², e outra parte sobre a faixa de servidão administrativa de 15 m de largura em 464,00 m²" (fls. 305/307). A teor do que restou consignado na v. sentença, "de acordo com a documentação juntada com a petição inicial, bem como com os documentos juntados às fls. 462 e seguintes e, ainda, com o laudo do perito judicial, foi a Municipalidade de São Paulo que retificou o antigo leito do Rio Tietê" (fls. 729 e 772). A simples alteração do curso do Rio Tietê não tem a virtude de alterar a natureza da faixa de servidão administrativa constituída sobre propriedade particular, a qual foi instituída em prol do poder público. Não constam dos autos elementos que possam indicar que a área onde atualmente subsiste a servidão administrativa, identificada pela natureza jurídica de terreno reservado, foi objeto de desapropriação, com a correspectiva indenização do proprietário. Esse fato, de *per se*, culmina com a impossibilidade de o ente público promover reintegração de posse de área compreendida por servidão administrativa. Em momento algum do processo, no entanto, essa questão foi suscitada, ou seja, não se verificou que a municipalidade pugna pela reintegração de posse de uma faixa de servidão administrativa, cuja propriedade indubitavelmente é privada e a posse exercida pela recorrida desde longa data. Diante desses fatores, tampouco na via especial poderá

ser apreciado tal aspecto, ainda que envolva uma das condições da ação, porquanto ausente o imprescindível prequestionamento da matéria (AGA 199.033/RJ, Rel. Min. Sálvio de Figueiredo Teixeira, DJ 8.3.2000) A partir das informações supraesposadas, é possível concluir que, por mais que as águas públicas de uso comum, como as do Rio Tietê, bem como o seu álveo pertençam aos Estados quando percorram parte dos territórios de dois ou mais Municípios (artigo 29, II, "b", do Código de Águas), constata-se que o Município de São Paulo também possui a propriedade de alguns terrenos ribeirinhos desapropriados, permutados ou decorrentes de álveos abandonados. À guisa de reforço no que tange à legitimidade da Municipalidade para propor ação de reintegração de posse, cabe asseverar que o saudoso Ministro Evandro Lins e Silva, desde meados da década de 60, já preconizava que os "terrenos marginais do Rio Tietê pertencem à municipalidade de São Paulo" (AI 31.535/SP, Rel. Min. Evandro Lins e Silva, DJ 4.12.1964, p. 284). Não impugnada oportunamente a matéria referente à reintegração de posse da faixa de servidão administrativa, associada à circunstância de a municipalidade estar investida da natureza de proprietária do álveo abandonado, é imperioso asseverar que a pretensão recursal resta integralmente prejudicada. Mediante o enfoque concedido à segunda premissa, ou seja, considerando-se que a municipalidade teria o direito à propriedade do álveo como forma de ressarcir-se do prejuízo sofrido com a expropriação do prédio por onde passa o novo curso do Tietê, tampouco merece reparo o acórdão recorrido. Conheço em parte do recurso especial e, na parte conhecida, nego-lhe provimento. (REsp 330.046/SP, Rel. Ministro FRANCIULLI NETTO, SEGUNDA TURMA, julgado em 9.11.2004, DJ 11.4.2005, p. 214).

c) RECURSO ESPECIAL N° 431.698 – SP (2002/0048962-6) RELATORA: MINISTRA NANCY ANDRIGHI. Processo civil. Recurso especial. Ação de divisão. Desvio do curso do rio. Utilidade pública. Álveo abandonado. Propriedade do Estado. Código de Águas, art. 27. Litigância de má-fé. Atentado à verdade dos fatos. Reexame de prova. Prova do prejuízo e julgamento *extra petita*. Prequestionamento. Ausência. – Se o rio teve seu curso alterado por ingerência do Poder Público e não por fato exclusivo da natureza, pertence ao expropriante a fração de terra correspondente ao álveo abandonado. – É inadmissível o recurso especial na parte em que não houve o prequestionamento do direito tido por violado e se dependa, a sua análise, de reexame de prova. DECISÃO: Cuida-se de recurso especial em ação de divisão (segunda fase), interposto por ARISTEU

VIEIRA VILELA JÚNIOR com fundamento na alínea 'a' do permissivo constitucional. Da r. decisão prolatada pelo MM. Juiz *a quo* que rejeitou a impugnação feita ao laudo pericial apresentado em ação de divisão, interpôs o ora recorrente agravo de instrumento perante o e. Tribunal *a quo*, ao fundamento de que, nos termos do art. 26 do Código de Águas (Decreto nº 24.643/34), o álveo abandonado pertence, meio a meio, aos proprietários ribeirinhos das duas margens. O e. Tribunal *a quo* negou provimento ao agravo de instrumento, ao fundamento de que o art. 26 do Código de Águas aplica-se somente às hipóteses em que o rio mudou seu curso por força da natureza. *In casu*, houve mudança do leito do rio por ato do Poder Público (utilidade pública), o que faz incidir à espécie o art. 27 do referido Código, segundo o qual o álveo abandonado pertence ao Poder Público. O então agravante, ora recorrente, foi ainda condenado por litigância de má-fé, ao ter alterado a verdade dos fatos e manifestado incidente temerário e infundado. Alega o ora recorrente, em suas razões de recurso especial, que o v. acórdão guerreado: I – ao não aplicar à hipótese o art. 26 do Código de Águas, segundo o qual o álveo abandonado pertence aos proprietários ribeirinhos, afrontou esse dispositivo de lei; e II – ao condenar o ora recorrente em litigância de má-fé, afrontou os arts. 17 (incs. II, IV e VI) e 18 do CPC, uma vez que: (a) atuou em regular exercício de seu direito de defesa, (b) a condenação depende de prova do prejuízo, o que não ocorreu, e (c) a condenação depende de provocação da parte, o que não ocorreu, caracterizando-se a respeito o julgamento *extra petita*. Houve contrarrazões (fls. 307/337). A Presidência do e. Tribunal *a quo* admitiu o recurso especial (fls. 339/340). Relatado o processo, decide-se. I – Da violação ao art. 26 do Código de Águas. O e. Tribunal *a quo* afastou a incidência do art. 26 do Código de Águas ao fundamento de que a prova dos autos indica que o curso do rio foi alterado pela vontade do Poder Público, e não por fato da natureza, o que afasta a incidência do art. 26 e determina a aplicação da regra prevista no art. 27, pela qual "Se a mudança da corrente se fez por utilidade pública, o prédio ocupado pelo novo álveo deve ser indenizado, e o álveo abandonado passa a pertencer ao expropriante para que se compense da despesa feita". De fato, se o curso do rio foi alterado por utilidade pública, o álveo abandonado será de propriedade do expropriante, nos termos do art. 27 do Código de Águas. Se esse é o dispositivo a incidir *in casu*, é de se afastar, por consequência, a existência de violação ao art. 26 do Código de Águas, norma não aplicável à hipótese. Por sua vez, alterar a conclusão do julgado quanto à causa do desvio do rio, como pleiteia o ora recorrente, implicaria o reexame de prova, vedado em sede de recurso especial (E. n° 7 da Súmula deste C. STJ). II – Da existência de litigância de má-fé (violação aos arts. 17 e 18 do CPC). Ao caracterizar a litigância de má-fé, o v. acórdão recorrido fundou-se no conjunto fático-probatório dos autos (fls. 260/261), *in verbis*: "Acresça-se (...) que o agravante já é confrontante do imóvel dividendo por sucessão do pai, e este citado para uma ação, promovida pelo antecessor de Cláudio Dual Del Monaco Braga, (...), concordou expressamente com o pedido (...). Portanto, está ciente o agravante, e pelas condições nem poderia deixar de estar, não só pela sucessão do pai na propriedade limítrofe, mas também porque o advogado que patrocinou aquele pedido de retificação é o mesmo que patrocina seus interesses nesta ação divisória, que toda a área correspondente ao álveo abandonado está incorporada à propriedade confrontante de titularidade hoje de Cláudio Duan Del Monaco Braga. Assim impressiona, pela falta de compromisso com a necessária lealdade processual e com o direito, os argumentos postos neste recurso no sentido de que a retificação judicial do título de domínio daquele confrontante não tem valor jurídico algum (...). Patente, assim, a intenção do agravante de alterar a verdade dos fatos, criando incidente para postergar a solução da lide, apontando a existência de um domínio sobre o álveo abandonado que sabe estar na titularidade de outro. Claramente temerário e infundado o incidente". Em consequência, depende a análise do Recurso Especial por violação aos arts. 17 e 18 do CPC, necessariamente, de reexame de prova, o que está vedado a teor do E. n° 7 da Súmula deste C. STJ. No que respeita ao julgamento *extra petita* e à necessidade de se demonstrar o prejuízo para que se proceda à indenização da parte contrária, deve-se observar que tais questões não se encontram devidamente prequestionadas no v. acórdão recorrido; não houve, ademais, interposição de embargos de declaração com o fito de prequestioná-las. Incide, em consequência, o óbice do E. n° 282 da Súmula do C. STF. Forte em tais razões, NÃO CONHEÇO do recurso especial. Publique-se. Intimem-se. Brasília, 24 de junho de 2002. MINISTRA Nancy Andrighi, Relatora (Ministra NANCY ANDRIGHI, 1.8.2002).

d) Águas. Código (Decreto n° 24.643/34). Rio. Mudança da corrente (álveo abandonado). Indenização prévia (desnecessidade, no caso). Propriedade (pública). 1. De uso comum do povo, o rio é bem público (Cód. Civil, art. 66, I). 2. No caso de mudança da corrente pública pela força das águas ou da natureza, o álveo abandonado é regido pelo disposto no art. 26 do Cód. de Águas. 3. Mas, no caso de mudança da corrente pública por obra do homem, o leito velho, ou o álveo abandonado pertence ao órgão público (atribui-se "a propriedade do leito velho à entidade que, autorizada por lei, abriu para o rio um leito novo"). Cód. de Águas, art. 27. 4. Em tal caso de desvio artificial do leito, a acessão independe do prévio pagamento de eventuais indenizações. Conforme o acórdão estadual, "Não é premissa dessa aquisição que o poder público indenize previamente o proprietário do novo álveo". 5. Recurso especial pela alínea a (alegação de ofensa aos arts. 26 e 27), de que a 3ª Turma não conheceu. (REsp 20.762/SP, Rel. Ministro NÍLSON NAVES, TERCEIRA TURMA, julgado em 15.2.2000, DJ 7.8.2000, p. 103).

12.4.4. Acessões artificiais ou industriais (construções e plantações)

Como dito alhures, a acessão também pode ser resultante do comportamento do homem. Daí que o artigo 1.253 do CCB dispõe que "toda construção ou plantação existente em um terreno presume-se feita pelo proprietário e à sua custa, até que se prove o contrário".[101]

Está-se diante de uma presunção relativa (*juris tantum*) em favor do proprietário.

O Desembargador CLAUDIR FIDÉLIS FACCENDA, em 9.11.2006, na Apelação Cível nº 70017066812, da Oitava Câmara Cível, do Tribunal de Justiça do Rio Grande do Sul – TJRS, decidiu que "AÇÃO DE RECONHECIMENTO E DISSOLUÇÃO DE UNIÃO ESTÁVEL. PERÍODO DO RELACIONAMENTO. PARTILHA DE BENS. O período a ser considerado, para efeitos de se estabelecer direitos e obrigações decorrentes da união estável, é aquele em que o casal conviveu publicamente, continuamente, e com objetivo de constituir família. O período anterior desta relação se constitui em simples namoro, não gerando quaisquer efeitos. Toda construção existente em um terreno presume-se feita pelo proprietário à sua custa, até que se prove o contrário. Aplicação do artigo 1.253 do Código Civil. A parte beneficiária da AJG deve ser isentada do pagamento das custas processuais e honorários advocatícios pelo prazo previsto no artigo 12 da Lei nº 1.060/50. RECURSO PARCIALMENTE PROVIDO".[102]

---

101 Correspondente ao art. 545 do CCB/1916.
102 Vejamos outras decisões: a) APELAÇÃO CÍVEL. EMBARGOS DE TERCEIRO. AJG. Presume-se pertencer o direito real à pessoa em cujo nome se inscreveu, ou transcreveu, o registro do imóvel. Igualmente, toda a construção, ou plantação existente em um terreno presume-se feita pelo proprietário e à sua custa, até que se prove em contrário. Aplicação dos artigos 545 e 859 do Código Civil de 1916, aplicável à espécie. Se a parte observou o pressuposto exigido para a concessão da AJG, ou seja, juntou aos autos a declaração de que não tinha condições de pagar as despesas do processo, sem prejuízo do sustento próprio ou de sua família, e inexistem provas capazes de afastar a sua alegação, é de ser deferido o benefício postulado. RECURSO DOS EMBARGANTES PAR-

CIALMENTE PROVIDO. RECURSO DA EMBARGADA IMPROVIDO (Apelação Cível Nº 70013261771, Oitava Câmara Cível, Tribunal de Justiça do RS, Relator: Claudir Fidélis Faccenda, Julgado em 29.6.2006).
b) AÇÃO DE NULIDADE DE PENHORA E ARREMATAÇÃO. RECONVENÇÃO. INDENIZAÇÃO. Preliminar de carência de ação, por ilegitimidade ativa e falta de interesse de agir, rejeitada. Uma vez adquirida a propriedade do imóvel arrematado por acessão, devem ser obedecidas as regras especiais atinentes às construções e plantações, previstas no art. 545 e seguintes do CC de 1916, então vigente. Igualmente, há de ser observado o princípio geral consoante o qual toda a construção, enquanto acessório, segue o principal, no caso, o solo. Situação em que, a rigor e por força do art. 547 do diploma legal mencionado, a construção pertencia ao autor/reconvindo, cuja intimação dos atos de alienação judicial do bem se fazia necessária. Nulidade da arrematação. Arrematante que, tendo em vista a impossibilidade de 'reformatio in pejus, acabou se sub-rogando no direito à indenização que cabia ao devedor. Prova emprestada que somente é válida e eficaz quando produzida entre as mesmas partes do processo originário e do destinatário, em obediência ao princípio do contraditório. Agravo retido não conhecido e apelo desprovido (Apelação Cível Nº 70009652355, Quinta Câmara Cível, Tribunal de Justiça do RS, Relator: Leo Lima, Julgado em 30.9.2004).
c) SEPARAÇÃO JUDICIAL. PARTILHA DE BENFEITORIA SOBRE BEM DE TERCEIRO. PAGAMENTO FEITO REFERENTE A AUTOMÓVEL DEPOIS DA SEPARAÇÃO FÁTICA. ÔNUS DA PROVA. PARTILHA DE MOBILIÁRIO PERTENCENTE A TERCEIROS. 1. É juridicamente impossível determinar a partilha de bens de terceiros e benfeitorias realizadas sobre bem de terceiros. 2. Como os terceiros não figuraram no processo, contra eles a sentença não produz quaisquer efeitos. 3. Além disso, toda construção existente em um terreno, se presume feita pelo proprietário e à sua custa, até que o contrário se prove. E essa prova deve ser feita em processo próprio. Inteligência do art. 545 do Código Civil. 4. Se o varão efetuou pagamento relativamente a um dos automóveis depois de rompida a vida em comum, cabia a ele fazer tal comprovação. Recurso provido em parte (Apelação Cível Nº 70008448730, Sétima Câmara Cível, Tribunal de Justiça do RS, Relator: Sérgio Fernando de Vasconcellos Chaves, Julgado em 30.6.2004).
d) APELAÇÃO CÍVEL. AÇÃO DE IMISSÃO DE POSSE. INDENIZAÇÃO BENFEITORIAS. ACESSÕES. MÁ-FÉ DOS POSSUIDORES. 1. Versando o pedido sobre a indenização às benfeitorias devidas pelos réus aos autores, o apelo não merece ser conhecido em relação à denunciada à lide, porquanto esta restou julgada improcedente e fora denunciada pelos autores. 2. Não há direito subjetivo à indenização por benfeitorias, quando a posse dos réus foi de má-fé e a construção havida no imóvel, envolvendo uma casa, se trata de acessão nos termos dos arts. 536, V, e 547 do CC/1916, em que pese o entendimento de alguns doutrinadores, que as acessões em situações possessórias se regulam da mesma forma que as benfeitorias, isso figura incorreto, vez que o CC/1916, regula a situação nas normas específicas dos arts. 545 a 549, onde aquele que as construiu em terreno alheio e de má-fé, como no presente caso se mostrou configurado, perde as acessões e deve ser constrangido a repor as coisas no estado anterior, além de pagar os prejuízos causados aos proprietários. 3. O fato de a posse ter sido de má-fé, não necessariamente faz com que a litigância dos possuidores seja também de má-fé, pois estariam apenas a exercer seu direito de postular em juízo, não sendo protelatório seu recurso, diante do justificável equívoco da tese recursal, em virtude da confusão que se opera na doutrina quanto às benfeitorias e as acessões. 4. Havendo omissão da sentença quanto à multa diária pela desocupação do imóvel, contra a qual os autores não opuseram embargos declaratórios nem pretensão recursal destes resta defeso a esta Corte determiná-las quando alegadas em contrarrazões, por figurar impossível a reforma da sentença em prejuízo aos réus apelantes. Acolhida a preliminar da denunciada para conhecer do recurso tão-somente quanto aos autores, rejeitar os pedidos

Qual a diferença entre as *acessões artificiais ou industriais* e as *benfeitorias*? O Desembargador MARCO AURÉLIO BEZZERA DE MELLO, do Tribunal de Justiça do Estado do Rio de Janeiro – TJRJ, alerta que "embora os efeitos jurídicos sejam praticamente os mesmos, no rigor da técnica e na prática serem tratadas como a mesma coisa, benfeitoria não se confunde com acessão. Benfeitorias são melhoramentos realizados na coisa com o objetivo de conservá-la (benfeitoria necessária), aumentar a utilidade (benfeitoria útil) ou torná-la mais aprazível, bela ou agradável (benfeitoria voluptuária), consoante o disposto nos artigos 96 e 97 do Código Civil brasileiro, ingressando na classe dos bens reciprocamente considerados com a natureza jurídica de bens acessórios. As acessões artificiais são acréscimos realizados com o objetivo de criar coisa nova (construções ou plantações), embora se incorporem ao bem principal".[103] [104]

ARNALDO RIZZARDO, ancorado nas lições de CLÓVIS PAULO DA ROCHA e na jurisprudência de PHILADELPHO DE AZEVEDO, esclarece que "A casa nunca pode se considerar como uma benfeitoria do terreno, e a doutrina fixou bem a distinção na seguinte passagem de Clóvis Paulo da Rocha: 'As benfeitorias são despesas feitas na coisa, com o fito de conservá-la ou embelezá-la. As acessões são obras que criam coisas novas, diferentes, que vêm aderir à coisa anteriormente existente' (*Construções na teoria geral da adesão*, p. 36). Lição que se conforma com o voto do Min. Philadelpho de Azevedo: 'Quem constrói ou quem planta não faz propriamente benfeitorias, mas pratica acessão regulada pelo Código Civil. A plantação ou edificação em terreno alheio tem caráter principal, ao passo que as benfeitorias pressupõem algo a ser melhorado' (*Revista dos Tribunais*, 181, p. 438). Com efeito, a casa que se pretende indenizar não pode ser considerada como benfeitoria do terreno, pois em nada contribuiu para seu aperfeiçoamento ou embelezamento. Seriam benfeitorias as obras que fizessem no terreno com o fim de embelezá-lo, como drenagens, cercas etc.

Por outro lado, as benfeitorias de uma casa são os melhoramentos que nela se introduzem, como venezianas, paredes duplas etc."[105] [106]

---

dos apelados/autores, e negar provimento ao apelo, na parte em que conhecido. Unânime. (Apelação Cível Nº 70008112799, Décima Oitava Câmara Cível, Tribunal de Justiça do RS, Relator: Mário Rocha Lopes Filho, Julgado em 22.4.2004).

103 MELO, Marco Aurélio Bezerra de. *Direito das coisas*. Rio de Janeiro: Lumen Juris, 2007, p. 144.
104 CC 2002 – Dos Bens Reciprocamente Considerados. Art. 92. Principal é o bem que existe sobre si, abstrata ou concretamente; acessório, aquele cuja existência supõe a do principal.
105 RIZZARDO, Arnaldo. *Direito das coisas*. 2. ed. Rio de Janeiro: Forense, 2006, p. 345-346.
106 Lei 10.257/01 – Estatuto da Cidade – Art. 24. Extinto o direito de superfície, o proprietário recuperará o pleno domínio do terreno, bem como das acessões e benfeitorias introduzidas no imóvel, independentemente de indenização, se as partes não houverem estipulado o contrário no respectivo contrato. § 1º Antes do termo final do contrato, extinguir-se-á o direito de superfície se o superficiário der ao terreno destinação diversa

12.4.4.1. Semeadura, plantação ou construção com material de outrem. Boa-fé

O artigo 1.254 do nosso ordenamento jurídico civilístico diz que "aquele que semeia, planta ou edifica em terreno próprio com sementes, plantas ou materiais alheios, adquire a propriedade destes; mas fica obrigado a pagar-lhes o valor, além de responder por perdas e danos, se agiu de má-fé".[107]

Ora, a razão de tal dispositivo legal é coibir o *enriquecimento sem causa* (CCB, artigo 884).

Se porventura o proprietário do terreno tenha agido de má-fé, ele responderá pelo valor das sementes, plantas e materiais, além, é claro, de ser responsabilizado por perdas e danos.

12.4.4.2. Semeadura, plantação ou construção com material próprio em terreno de outrem. Boa-fé

O artigo 1.255 preceitua que "aquele que semeia, planta ou edifica em terreno alheio perde, em proveito do proprietário, as sementes, plantas e construções; se procedeu de boa-fé, terá direito a indenização".[108] Neste caso, a hipótese é inversa daquela anteriormente apresentada. Aqui se está diante do caso de a pessoa edificar ou plantar em terreno alheio, com materiais ou sementes próprias.

Ora, a solução dependerá se o sujeito agiu de boa ou de má-fé. Se o sujeito procedeu de boa-fé, terá direito, pois, a uma indenização.[109]

E se a construção ou plantação exceder o valor do terreno? Neste caso, a solução se encontra no *parágrafo único* do referido dispositivo legal. Vejamos: "Se a construção ou a plantação exceder consideravelmente o valor do terreno, aquele que, de boa-fé, plantou ou edificou, adquirirá a propriedade do solo mediante pagamento da indenização fixada judicialmente, se não houver acordo".

Ora, não basta que o valor da construção ou plantação exceda o valor do terreno, senão que o valor seja *consideravelmente maior* que o terreno. Aqui, o magistrado poderá se socorrer de exame pericial para apurar tal valor.

A Desembargadora CÉLIA MELIGA PESSOA, do Tribunal de Justiça do Estado do Rio de Janeiro – TJRJ, enfrentou a questão na Apelação 2008.001.02845, em 29.4.2008, decidindo da seguinte forma: "REINTEGRAÇÃO DE POSSE – CONSTRUÇÃO EM TERRENO DO MUNICÍPIO –

---

daquela para a qual for concedida. § 2º A extinção do direito de superfície será averbada no cartório de registro de imóveis.
107 Corrrespondente ao art. 546 do CCB/1916.
108 Correspondente ao art. 547 do CCB/1916.
109 CC 2002 – Art. 1.201. É de boa-fé a posse, se o possuidor ignora o vício, ou o obstáculo que impede a aquisição da coisa. Parágrafo único. O possuidor com justo título tem por si a presunção de boa-fé, salvo prova em contrário, ou quando a lei expressamente não admite esta presunção.

ACESSÃO INDUSTRIAL – INEXISTÊNCIA DE DIREITO A INDENIZAÇÃO – DEMOLIÇÃO DA CONSTRUÇÃO – PRAZO PARA CUMPRIMENTO DE OBRIGAÇÃO. APELAÇÃO CÍVEL. AÇÃO DE REINTEGRAÇÃO DE POSSE. OBRAS ERIGIDAS POR PARTICULAR EM TERRENO DE PROPRIEDADE DO MUNICÍPIO DO RIO DE JANEIRO. Benfeitorias e acessões industriais que, malgrado a tendência generalizada de igualar os seus efeitos, possuem consequências diferentes em relação ao direito de retenção. Acessões industriais, previstas nos arts. 1.253 a 1.259 do CC/02, que são construções ou plantações que derivam de um comportamento ativo do homem, ou seja, são obras que criam coisas novas. Benfeitorias que são obras ou despesas efetuadas numa coisa já existente, para conservá-la (necessária), melhorá-la (úteis) ou apenas embelezá-la (voluptuárias). Laudo pericial de engenharia que comprova ter o apelante, ao iniciar obras de ampliação de suas instalações, invadido terreno da municipalidade, caracterizada a acessão industrial. Inteligência do art. 1.255 do NCC/02. Precedente. Terreno público que é bem de uso comum do povo, a teor do art. 99, inc. I, do CC/02, e que deve ser adquirido ou incorporado ao patrimônio público para uma destinação pública (afetação), destinação essa que decorre de fato natural, da própria natureza do bem, de imposição legal ou de ato administrativo, não podendo o particular, que não possui autorização, permissão ou concessão do uso do bem público, dar destinação diferente àquela estipulada pela municipalidade. Sentença que determina o desfazimento das construções erigidas pelo réu, no prazo de trinta dias, a contar da intimação pessoal, esta que visa à desocupação do imóvel, que se reforma, em parte, haja vista que a demolição da construção acarretará prejuízo aos alunos matriculados na rede de ensino. Recurso conhecido e parcialmente provido".

No mesmo sentido, o Desembargador LEO LIMA, na Apelação Cível nº 70009652355, da Quinta Câmara Cível do Tribunal de Justiça do Rio Grande do Sul – TJRS, em 30.9.2004, proferiu o seguinte acórdão: "AÇÃO DE NULIDADE DE PENHORA E ARREMATAÇÃO. RECONVENÇÃO. INDENIZAÇÃO. Preliminar de carência de ação, por ilegitimidade ativa e falta de interesse de agir, rejeitada. Uma vez adquirida a propriedade do imóvel arrematado por acessão, devem ser obedecidas as regras especiais atinentes às construções e plantações, previstas no art. 545 e seguintes do CC de 1916, então vigente. Igualmente, há de ser observado o princípio geral consoante o qual toda a construção, enquanto acessório, segue o principal, no caso, o solo. Situação em que, a rigor e por força do art. 547 do diploma legal mencionado, a construção pertencia ao autor/reconvindo, cuja intimação dos atos de alienação judicial do bem se fazia necessária. Nulidade da arrematação. Arrematante que, tendo em vista a impossibilidade de *reformatio in pejus*, acabou se sub--rogando no direito à indenização que cabia ao devedor. Prova emprestada que somente é válida e eficaz quando produzida entre as mesmas partes do processo originário e do destinatário, em obediência ao princípio do contraditório. Agravo retido não conhecido e apelo desprovido".

12.4.4.3. Má-fé de ambas as partes

E se ambas as partes estiverem de má-fé? Neste caso, o artigo 1.256 diz que "se de ambas as partes houve má-fé, adquirirá o proprietário as sementes, plantas e construções, devendo ressarcir o valor das acessões".[110]

Presume-se má-fé no proprietário quando o trabalho de construção ou lavoura se fez em sua presença e sem impugnação sua. (CCB, art. 1.256, parágrafo único)[111]

12.4.4.4. Emprego de material alheio. Incorporação de boa-fé em solo alheio

No caso de não pertencerem as sementes, plantas ou materiais a quem de boa-fé os empregou em solo alheio, deve ser aplicado o mesmo teor do artigo 1.256 (CCB, art. 1.257).[112]

O proprietário das sementes, plantas ou materiais poderá cobrar do proprietário do solo a indenização devida, quando não puder havê-la do plantador ou construtor (CCB, artigo 1.257, parágrafo único).[113]

Ora, aqui se desvelam três relações distintas, a saber: a) a relação entre o proprietário do solo e o construtor ou plantador; b) aquela entre o proprietário do solo e o proprietário do material; e c) aquela entre o construtor ou plantador e o proprietário do material.

Na relação entre o *proprietário do solo* e o *construtor ou plantador*, aplicar-se-á a regra do artigo 1.256, isto é, o proprietário do solo ficará com as sementes, plantas e construções, devendo ressarcir aquele o valor das acessões.

Na relação jurídica entre o *proprietário do solo* e o *proprietário do material*, de acordo com o parágrafo único do artigo 1.257, este terá direito a uma indenização, quando não puder haver do que plantou ou semeou.

Por fim, na relação entre o *construtor ou plantador* e o *dono das sementes, plantas ou materiais*, este terá direito a ingressar com uma ação contra aquele, para haver o valor de seus bens.

12.4.4.5. Construção em solo próprio que invada pequena parte de solo alheio

Se a construção, feita parcialmente em solo próprio, invade solo alheio em proporção não superior à vigésima parte deste, adquire o construtor de

---

110 Correspondente ao art. 548 CCB/1916.
111 Correspondente ao art. 548, parágrafo único, do CCB/1916.
112 Correspondente ao art. 549, CCB/1916.
113 Correspondente ao art. 549, parágrafo único, do CCB/1916.

boa-fé a propriedade da parte do solo invadido, se o valor da construção exceder o dessa parte, e responde por indenização que represente também o valor da área perdida e a desvalorização da área remanescente (CCB, artigo 1.258).[114]

O parágrafo único do artigo 1.258 dispõe que "pagando em décuplo as perdas e danos previstos neste artigo, o construtor de má-fé adquire a propriedade da parte do solo que invadiu, se em proporção à vigésima parte deste e o valor da construção exceder consideravelmente o dessa parte e não se puder demolir a porção invasora sem grave prejuízo para a construção".[115]

Ora, na *invasão de pequena parte do solo alheio pelo construtor de boa-fé* é mister a concorrência dos seguintes requisitos: a) a construção se tenha feito parcialmente em solo próprio, mas havendo invasão de solo alheio; b) a invasão do solo alheio não pode ser superior à vigésima parte deste; c) o construtor deve estar de boa-fé; d) o valor da construção deve exceder o da parte invadida; e) o construtor deve indenizar o dono do terreno invadido, pagando-lhe o valor da área invadida e a consequente desvalorização da área remanescente.

De outra sorte, na *invasão de pequena parte do solo alheio pelo construtor de má-fé*, este adquirirá a propriedade, a partir das seguintes exigências e requisitos: a) a construção se tenha feito parcialmente em solo próprio, mas havendo invasão de solo alheio; b) a área invadida não ultrapassa a vigésima parte do solo alheio; c) o valor da construção deve exceder consideravelmente àquele que se atribui à área invadida; d) o pagamento deverá ser em décuplo das perdas e danos; e) não seja possível a demolição da porção invasora sem grave prejuízo para a construção.

Neste diapasão, o Conselho Federal de Justiça, na IV Jornada de Direito Civil, editou o Enunciado 318 que informa: "CJF – Enunciado 318 – Art. 1.258. O direito à aquisição da propriedade do solo em favor do construtor de má-fé (art. 1.258, parágrafo único) somente é viável quando, além dos requisitos explícitos previstos em lei, houver necessidade de proteger terceiros de boa-fé".

12.4.4.6. Construção em solo próprio que invada parte considerável de solo alheio (excedendo a vigésima parte do solo invadido)

O artigo 1.259 trata da construção em solo próprio que invada parte considerável de solo alheio, isto é, quando exceder a vigésima parte do solo invadido. Preliminarmente, torna-se necessário averiguar se o construtor estava de boa-fé ou não. Isto porque os efeitos jurídicos são diversos. Vejamos o teor do referido dispositivo legal: "Se o construtor estiver de boa-fé, e a in-

---

114 Sem Correspondência ao CCB/1916.
115 Sem Correspondência ao CCB/1916.

vasão do solo alheio exceder a vigésima parte deste, adquire a propriedade da parte do solo invadido, e responde por perdas e danos que abranjam o valor que a invasão acrescer à construção, mais o da área perdida e o da desvalorização da área remanescente; se de má-fé, é obrigado a demolir o que nele construiu, pagando as perdas e danos apurados, que serão devidos em dobro (CCB, artigo 1.259).[116]

12.4.5. Quadro sinóptico

Aquisição da propriedade imobiliária			
1. Pela usucapião			
2. Pelo registro de título aquisitivo no Registro de Imóveis, quando se tratar de atos inter-vivos			
3. Pela acessão	Modalidades de Acessões		
	Naturais	Artificiais, industriais ou discretas	
	a) por formação de ilhas	a) por plantações ou construções	
	b) pela aluvião		
	c) pela avulsão		
	d) pelo abandono de álveo		

12.4.6. Direito comparado

O Código Civil português trata o instituto jurídico da acessão da seguinte maneira: Acessão – SUBSECÇÃO I – Disposições gerais

ARTIGO 1325º – (Noção). Dá-se a acessão quando com a coisa que é propriedade de alguém se une e incorpora outra coisa que lhe não pertence.

ARTIGO 1326º – (Espécies). 1. A acessão diz-se natural quando resulta exclusivamente das forças da natureza; dá-se a acessão industrial, quando, por facto do homem, se confundem objectos pertencentes a diversos donos, ou quando alguém aplica o trabalho próprio à matéria pertencente a outrem, confundindo o resultado desse trabalho com propriedade alheia. 2. A acessão industrial é mobiliária ou imobiliária, conforme a natureza das coisas.

SUBSECÇÃO II – Acessão natural

ARTIGO 1327º – (Princípio geral). Pertence ao dono da coisa tudo o que a esta acrescer por efeito da natureza.

---

116 Sem Correspondência ao CCB/1916.

ARTIGO 1328º – (Aluvião). 1. Pertence aos donos dos prédios confinantes com quaisquer correntes de água tudo o que, por acção das águas, se lhes unir ou neles for depositado, sucessiva e imperceptivelmente. 2. É aplicável o disposto no número anterior ao terreno que insensivelmente se for deslocando, por acção das águas, de uma das margens para outra, ou de um prédio superior para outro inferior, sem que o proprietário do terreno perdido possa invocar direitos sobre ele.

ARTIGO 1329º – (Avulsão). 1. Se, por acção natural e violenta, a corrente arrancar quaisquer plantas ou levar qualquer objecto ou porção conhecida de terreno, e arrojar essas coisas sobre prédio alheio, o dono delas tem o direito de exigir que lhe sejam entregues, contanto que o faça dentro de seis meses, se antes não foi notificado para fazer a remoção no prazo judicialmente assinado. 2. Não se fazendo a remoção nos prazos designados, é aplicável o disposto no artigo anterior.

ARTIGO 1330º – (Mudança de leito). 1. Se a corrente mudar de direcção, abandonando o leito antigo, os proprietários deste conservam o direito que tinham sobre ele, e o dono do prédio invadido conserva igualmente a propriedade do terreno ocupado de novo pela corrente. 2. Se a corrente se dividir em dois ramos ou braços, sem que o leito antigo seja abandonado, é ainda aplicável o disposto no número anterior.

ARTIGO 1331º – (Formação de ilhas e mouchões). 1. As ilhas ou mouchões que se formem nas correntes de água pertencem ao dono da parte do leito ocupado. 2. Se, porém, as ilhas ou mouchões se formarem por avulsão, o proprietário do terreno onde a diminuição haja ocorrido goza do direito de remoção nas condições prescritas pelo artigo 1329º.

ARTIGO 1332º – (Lagos e lagoas). As disposições dos artigos antecedentes são aplicáveis aos lagos e lagoas, quando aí ocorrerem factos análogos.
[...]

SUBSECÇÃO IV – Acessão industrial imobiliária

ARTIGO 1339º – (Obras, sementeiras ou plantações com materiais alheios). Aquele que em terreno seu construir obra ou fizer sementeira ou plantação com materiais, sementes ou plantas alheias adquire os materiais, sementes ou plantas que utilizou, pagando o respectivo valor, além da indemnização a que haja lugar.

ARTIGO 1340º – (Obras, sementeiras ou plantações feitas de boa-fé em terreno alheio). 1. Se alguém, de boa-fé, construir obra em terreno alheio, ou nele fizer sementeira ou plantação, e o valor que as obras, sementeiras ou plantações tiverem trazido à totalidade do prédio for maior do que o valor que este tinha antes, o autor da incorporação adquire a propriedade dele, pagando o valor que o prédio tinha antes das obras, sementeiras ou plantações. 2. Se o valor acrescentado for igual, haverá licitação entre o antigo dono e o autor da incorporação, pela forma estabelecida no n° 2 do artigo 1333°. 3. Se o valor acrescentado for menor, as obras, sementeiras ou plantações pertencem ao dono do terreno, com obrigação de indemnizar o autor delas do valor que tinham ao tempo da incorporação. 4. Entende-se que houve boa-fé, se o autor da obra, sementeira ou plantação desconhecia que o terreno era alheio, ou se foi autorizada a incorporação pelo dono do terreno.

ARTIGO 1341° – (Obras, sementeiras ou plantações feitas de má-fé em terreno alheio). Se a obra, sementeira ou plantação for feita de má-fé, tem o dono do terreno o direito de exigir que seja desfeita e que o terreno seja restituído ao seu primitivo estado à custa do autor dela, ou, se o preferir, o direito de ficar com a obra, sementeira ou plantação pelo valor que for fixado segundo as regras do enriquecimento sem causa.

ARTIGO 1342° – (Obras, sementeiras ou plantações feitas com materiais alheios em terreno alheio). 1. Quando as obras, sementeiras ou plantações sejam feitas em terreno alheio com materiais, sementes ou plantas alheias, ao dono dos materiais, sementes ou plantas cabem os direitos conferidos no artigo 1340° ao autor da incorporação, quer este esteja de boa, quer de má-fé. 2. Se, porém, o dono dos materiais, sementes ou plantas tiver culpa, é-lhe aplicável o disposto no artigo antecedente em relação ao autor da incorporação; neste caso, se o autor da incorporação estiver de má-fé, é solidária a responsabilidade de ambos, e a divisão do enriquecimento é feita em proporção do valor dos materiais, sementes ou plantas e da mão de obra.

ARTIGO 1343° – (Prolongamento de edifício por terreno alheio). 1. Quando na construção de um edifício em terreno próprio se ocupe, de boa-fé, uma parcela de terreno alheio, o construtor pode adquirir a propriedade do terreno ocupado, se tiverem decorrido três meses a contar do início da ocupação, sem oposição do proprietário, pagando o valor do terreno e reparando o prejuízo causado, designadamente o resultante da depreciação eventual do terreno restante. 2. É aplicável o disposto no número anterior relativamente a qualquer direito real de terceiro sobre o terreno ocupado.

Capítulo 13
AQUISIÇÃO DA PROPRIEDADE MÓVEL

A *aquisição da propriedade móvel* está regulada em nosso ordenamento jurídico civilístico nos artigos 1.260 a 1.274.

13.1. A usucapião ordinária e extraordinária de coisa móvel

Pela usucapião, pode-se adquirir a propriedade móvel quanto à propriedade imóvel. Vale destacar que os requisitos destes fenômenos jurídicos são praticamente os mesmos, exceto quanto ao tempo.

A aquisição da propriedade móvel pela usucapião também depende da posse contínua da coisa móvel, que esta posse seja mansa e pacífica, e também exercida com *animus domini*. São, pois, os mesmos requisitos exigidos para a usucapião de coisa imóvel.

A *usucapião de coisa móvel* está prevista no artigo 1.260 do nosso Código Civil brasileiro, que diz "aquele que possuir coisa móvel como sua, contínua e incontestadamente durante três anos, com justo título e boa-fé, adquirir-lhe-á a propriedade".[1]

Assim, a usucapião ordinária de coisa móvel é o modo de aquisição originária de bens móveis, já que alguém possui como sua coisa móvel, de forma ininterrupta e sem oposição, ao longo de três anos.

O Conselho da Justiça Federal, na I Jornada de Direito Civil, editou o Enunciado 86, que preceitua: "Art. 1.242: A expressão "justo título" contida nos arts 1.242 e 1.260 do CC abrange todo e qualquer ato jurídico hábil, em tese, a transferir a propriedade, independentemente de registro".

A *usucapião extraordinária de coisa móvel* está prevista no artigo 1.261 que informa que "se a posse da coisa móvel se prolongar por cinco anos, produzirá usucapião, independentemente de título ou boa-fé".[2]

Ora, verifica-se, desde logo, que na usucapião de coisa móvel não há necessidade de se provar o justo título e a boa-fé. Esta ocorrerá a partir do momento que se tiver posse ininterrupta e pacífica, durante cinco anos, sem necessidade de provar justo título e boa-fé.

---
1 Correspondente ao art. 618 do CCB/1916.
2 Correspondente ao art. 619 do CCB/1916.

De acordo com o artigo 1.262 do CCB, "aplica-se à usucapião das coisas móveis o disposto nos arts 1.243 e 1.244".[3][4]

Vale destacar que "é possível a usucapião de bem móvel proveniente de crime após cessada a clandestinidade ou a violência". (REsp 1.637.370-RJ, Rel. Min. Marco Aurélio Bellizze, Terceira Turma, por maioria, julgado em 10/09/2019, DJe 13/09/2019). Vejamos:

> Estatui o art. 1.208 do Código Civil que não induzem posse os atos de mera permissão ou tolerância assim como não autorizam a sua aquisição os atos violentos, ou clandestinos, senão depois de cessar a violência ou a clandestinidade. Além disso, pode-se dizer que o furto se equipara ao vício da clandestinidade, enquanto que o roubo se contamina pelo vício da violência. Assim, a princípio, a obtenção da coisa por meio de violência, clandestinidade ou precariedade caracteriza mera apreensão física do bem furtado, não induzindo a posse. Nesse sentido, é indiscutível que o agente do furto, enquanto não cessada a clandestinidade ou escondido o bem subtraído, não estará no exercício da posse, caracterizando-se assim a mera apreensão física do objeto furtado. Daí por que, inexistindo a posse, também não se dará início ao transcurso do prazo de usucapião. É essa *ratio* que sustenta a conclusão de que a *res furtiva* não é bem hábil à usucapião. Porém, a *contrario sensu* do dispositivo transcrito, uma vez cessada a violência ou a clandestinidade, a apreensão física da coisa induzirá à posse. Portanto, não é suficiente que o bem *sub judice* seja objeto de crime contra o patrimônio para se generalizar o afastamento da usucapião. É imprescindível que se verifique, nos casos concretos, se houve a cessação da clandestinidade, especialmente quando o bem furtado é transferido a terceiros de boa-fé. O exercício ostensivo da posse perante a comunidade, ou seja, a aparência de dono é fato, por si só, apto a provocar o início da contagem do prazo de prescrição, ainda que se possa discutir a impossibilidade de transmudação da posse viciada na sua origem em posse de boa-fé. Frisa-se novamente que apenas a usucapião ordinária depende da boa-fé do possuidor, de forma que ainda que a má-fé decorra da origem

---

3 Correspondente ao art. 619, parágrafo único, do CCB/1916.
4 CC 2002 – Art. 1.243. O possuidor pode, para o fim de contar o tempo exigido pelos artigos antecedentes, acrescentar à sua posse a dos seus antecessores (art. 1.207), contanto que todas sejam contínuas, pacíficas e, nos casos do art. 1.242, com justo título e de boa--fé.CC 2002 – Art. 1.244. Estende-se ao possuidor o disposto quanto ao devedor acerca das causas que obstam, suspendem ou interrompem a prescrição, as quais também se aplicam à usucapião.

viciada da posse e se transmita aos terceiros subsequentes na cadeia possessória, não há como se afastar a caracterização da posse manifestada pela cessação da clandestinidade da apreensão física da coisa móvel. E, uma vez configurada a posse, independentemente da boa-fé estará em curso o prazo da prescrição aquisitiva. Em síntese, a boa-fé será relevante apenas para a determinação do prazo menor ou maior a ser computado.

13.2. Da ocupação

O fenômeno jurídico da *ocupação* é o modo de aquisição *originário* e *gratuito* da propriedade. Ocupar é tomar posse de algo (coisa móvel ou semovente); é conquistar o direito de ser proprietário. É possível a apropriação de coisa sem dono, que nunca teve proprietário (*res nullius*) e de coisa sem dono, já que foi abandonada (*res derelictae*).

O artigo 1.263 diz que "quem se assenhorear de coisa sem dono para logo lhe adquire a propriedade, não sendo essa ocupação defesa por lei".[5]

A ocupação é privativa da *res nullius* e da *res derelicta*. Daí que qualquer sujeito poderá assenhorear-se de tais coisas.

A *ocupação* é um ato-fato jurídico. É um ato material (e não participativo),[6] uma vez que não existe exigência que o ocupante leve ao conhecimento de terceiros a sua vontade.

Vale destacar que esta *ocupação* não pode ser defesa (proibida) por lei. É preciso que a coisa seja apropriável. Isto porque nem todas as coisas que não possuem dono são passíveis de ocupação, tais como objetos de tenham um interesse científico, cultural, segurança nacional etc.

PONTES DE MIRANDA alerta que "as coisas *extra commercium* não podem ser ocupadas (H. WAPPÄUS, *Zur Lehre von den dem Rechtswerkehr entzogen Sachen*, 17, s); nem as *res omnium communes*, porque não são *nullius*, pertencem a todos, e as inalienáveis, porque o adjetivo só tem sentido quanto a coisas apropriadas; se bem que se possa apropriar parte da água do mar e do ar (de pouco alcance prático, razão por que as fontes não se referem a eles, cf. A.KAPPELER, *Der Rechtsbegriff des öffentlichen Wasserlaufs*, 50).[7]

O professor amparado em GAIO afirma ainda que "o simples afã ou esforço para ocupar não tem efeito apropriativo. É preciso que se apanhe o objeto, que se ocupe. GAIO, na L.5, § 1, dá o exemplo do animal ferido que, se o podemos segurar, é nosso, mas, se o não podemos colher, em vez de outra pessoa, nosso não é. Se, diz ele, durante o tempo em que o perseguimos, ou-

---

5 Correspondente ao art. 592 do CCB/1916
6 O ato jurídico participativo é aquele que se pratica com a intenção de comunicá-lo a terceiros, como exemplo a citação do réu, a interpelação de devedor etc.
7 PONTES DE MIRANDA. *Tratado de direito privado*. Parte especial. Tomo XV. Rio de Janeiro: Borsoi, 1956, p. 30.

trem o captou, com ânimo de apropriar-se, uns entendem que houve furto e outros, que não, porque muitos fatos podem acontecer que nos impeçam de apanhá-lo; *o que é verdadeiro*, acrescentou. A primeira opinião era a de TREBÁCIO, que considerava nosso o animal se lhe estamos ao encalço; a segunda, adotou-a GAIO".[8]

Ao ocupante é dado saber se a coisa é sem dono. Daí *como saber se a coisa está abandonada ou extraviada*? A solução é procurar inserir o caso concreto a partir da experiência comum do mundo vivido.

13.3. Do achado do tesouro

O *tesouro* é o depósito antigo de moeda ou de coisas preciosas, enterrado ou oculto, e de cujo possuidor não há memórias.[9]

O nosso Código Civil define tesouro quando afirma no artigo 1.264: "o depósito antigo de coisas preciosas, oculto e de cujo dono não haja memória, será dividido por igual entre o proprietário do prédio e o que achar o tesouro casualmente.[10] Logo, o tesouro é o depósito antigo de coisas preciosas.

Os requisitos do tesouro são: a) ser um depósito antigo de coisas preciosas; b) estar oculto (escondido) em determinado local (solo, parede etc.); c) não haver memória de seu dono, caso contrário será considerado coisa perdida (extraviada).

O que acontecerá com aquele que achar um tesouro?

Ora, aquela pessoa que achar um tesouro, em imóvel alheio e o fizer casualmente, deverá dividi-lo por igual com o proprietário do prédio. Todavia, se este contratar uma equipe de pesquisa para procurar um tesouro em sua propriedade, no caso de achamento, o tesouro será unicamente do proprietário do prédio.

Da mesma maneira, se uma pessoa acha um tesouro penetrando em prédio alheio, comete ato ilícito, perdendo-o integralmente para o dono da propriedade. É o que diz o artigo 1.265 do CCB: "O tesouro pertencerá por inteiro ao proprietário do prédio, se for achado por ele, ou em pesquisa que ordenou, ou por terceiro não autorizado".[11]

E se o tesouro for achado em terreno aforado? Neste caso, o tesouro será dividido por igual entre o descobridor e o enfiteuta, ou será deste por inteiro quando ele mesmo seja o descobridor (CCB, art. 1.265).[12] [13]

---

8 Ibid., p. 31.
9 *Dicionário eletrônico Aurélio século XXI*.
10 Correspondente ao art. 607 CCB/1916.
11 Correspondente ao art. 608 CCB/1916.
12 Correspondente ao art. 609 do CCB/1916.
13 CC 2002 – Art. 2.038. Fica proibida a constituição de enfiteuses e subenfiteuses, subordinando-se as existentes, até sua extinção, às disposições do Código Civil anterior, Lei nº 3.071, de 1º de janeiro de 1916, e leis posteriores. § 1º Nos aforamentos a que se refere

E se o "tesouro" estiver no fundo mar? Na realidade não são tesouros, já que estes resultam de naufrágios, sem intenção de ocultar.

13.4. Da tradição

A *tradição* é o ato de entrega da coisa móvel ao adquirente, visando transferir a propriedade. É a tradição que transfere a propriedade móvel, ou seja, o comprador de uma coisa móvel adquire a propriedade com a tradição desta coisa. Diferentemente, à aquisição das coisas imóveis torna-se necessário o registro do título.

O artigo 1.267 do nosso Código Civil preceitua que "a propriedade das coisas não se transfere pelos negócios jurídicos antes da tradição".[14][15][16]

Neste sentido, LAFAYETTE ensina que "o contrato produz tão somente um direito pessoal, isto é: para o alienante a *obrigação* de fazer a entrega da coisa; para o adquirente o *direito* de exigir a tradição. Antes de cumprida a *obrigação*, não há domínio transferido: – o alienante retém a propriedade

---

este artigo é defeso: I – cobrar laudêmio ou prestação análoga nas transmissões de bem aforado, sobre o valor das construções ou plantações; II – constituir subenfiteuse. § 2º A enfiteuse dos terrenos de marinha e acrescidos regula-se por lei especial.

14 Correspondente ao art. 620 CCB/1916.
15 DIREITO PRIVADO NÃO ESPECIFICADO. EMBARGOS DE TERCEIRO. PENHORA EFETIVADA SOBRE AUTOMÓVEL REGISTRADO EM NOME DE TERCEIRO. IRRELEVÂNCIA, PORQUANTO DEMONSTRADO QUE O VEÍCULO PERTENCE AO EXECUTADO. 1. Consoante o disposto no art. 1.267 do Código Civil de 2002, a transferência da propriedade de bens móveis se dá pela tradição. Assim, demonstrado, de forma inequívoca, que o veículo, a despeito de estar registrado no DETRAN em nome do embargante, pertence ao executado, não há falar-se em nulidade da constrição. 2. Desprovimento do apelo. (Apelação Cível Nº 70016546509, Quinta Câmara Cível, Tribunal de Justiça do RS, Relator: Paulo Sérgio Scarparo, Julgado em 18.10.2006).
16 APELAÇÃO CÍVEL. AÇÃO DE NOTIFICAÇÃO JUDICIAL CUMULADA COM REINTEGRAÇÃO DE POSSE CONEXA COM EMBARGOS DE TERCEIRO E AÇÃO DE BUSCA E APREENSÃO. SUCESSÃO CONTRATOS DE FINANCIAMENTO COM GARANTIA DE ALIENAÇÃO FIDUCIÁRIA DO MESMO VEÍCULO. PEDIDO DE NULIDADE DA GARANTIA NO SEGUNDO CONTRATO. PERMUTA ENTRE VEÍCULO ALIENADO FIDUCIARIAMENTE E OUTRO POR CONTRATO VERBAL. I – DA AÇÃO DE NOTIFICAÇÃO CUMULADA COM REINTEGRAÇÃO DE POSSE. Não procede o pedido de notificação judicial para pagamento se quem alega não se incumbe de produzir prova (art. 333, I, do CPC) Negócio de compra e venda realizado entre particulares sem cláusula de reserva de domínio deve ser entendido como uma simples aquisição da propriedade através da tradição (arts. 620 do CC/1916 e 1.267 do CC/2002) sendo descabido o pedido de reintegração de posse. É carecedor de ação o Autor que pede nulidade de garantia de alienação fiduciária de contrato totalmente adimplido. II – DOS EMBARGOS DE TERCEIRO. Aquele que extingue contrato pelo pagamento e pela tradição transfere o veículo objeto da garantia a terceiro, sem reserva de domínio, não pode reclamar nem posse tampouco propriedade. III – DA AÇÃO DE BUSCA E APREENSÃO. O terceiro que interpõe apelação e se conforma com a decisão que a recebeu, implica no trânsito em julgado da sentença, impedindo a devolução da matéria. APELO DESPROVIDO (Apelação Cível Nº 70016096380, Décima-Quarta Câmara Cível, Tribunal de Justiça do RS, Relator: Dorval Bráulio Marques, Julgado em 21.12.2006).

do objeto alienado e pode validamente dispor dele; o adquirente é um mero credor, com ação *pessoal* para forçar o alienante ou a entregar a coisa ou a restituir o preço no caso de ter sido pago".[17]

13.4.1. Tradição real ou física

A tradição é nominada de *tradição real* ou *tradição física* quando a coisa é transferida fisicamente às mãos do adquirente. Geralmente, a tradição real ocorre nas coisas de pequeno tamanho e peso. Dessa maneira, o puro gesto de entregar a coisa ao adquirente faz com que ele adquira a propriedade.

13.4.2. Tradição simbólica

Todavia a tradição é chamada de *tradição simbólica* no momento em que o transmitente pratica um ato que represente, de maneira inequívoca, a intenção de transferir a coisa, *e.g.*, a entrega das chaves de um automóvel vendido que se encontra no pátio ou em outro local. Ora, o ato de entrega das chaves do automóvel vendido foi realizado em uma sala comercial no centro do Rio de Janeiro e o automóvel se encontrava em garagem localizada na cidade de Valença-RJ.

13.4.3. Tradição ficta

A tradição é *ficta* quando é decorrente do *constituto possessório*.

13.4.4. Hipóteses em que se subentende a tradição (incluindo o constituto possessório)

A tradição, também, poderá ocorrer nas hipóteses previstas no artigo 1.267, parágrafo único do nosso Código Civil, que diz: "subentende-se a tradição quando o transmitente continua a possuir pelo constituto possessório; quando cede ao adquirente o direito à restituição da coisa, que se encontra em poder de terceiro; ou quando o adquirente já está na posse da coisa, por ocasião do negócio jurídico.[18]

Aqui se verificam três hipóteses, a saber:

a) *quando o transmitente continua a possuir pelo constituto possessório* (cláusula *constituti*). Neste caso, o transmitente passa a possuir a coisa em nome do adquirente;
b) *quando o transmitente cede ao adquirente o direito à restituição da coisa que se encontra em poder de terceiro*. Aqui a coisa está em poder de terceiro, ou seja, terceira pessoa detém a posse direta ou imediata

---

17 PEREIRA, Lafayette Rodrigues. *Direito das coisas*. Edição histórica. Vol. I. Rio de Janeiro: Rio, 1977, p. 167-168.
18 Correspondente ao art. 620, segunda parte e artigo 621 do CCB/1916.

da coisa. É o caso, por exemplo, do locatário que possui a posse direta da coisa. Se o proprietário (locador), que possui a posse indireta da coisa, resolver aliená-la, este irá ceder ao adquirente o direito à restituição da coisa que se encontra em poder do locatário. CARVALHO SANTOS explica que "a cessão do direito de restituição da coisa importando, como é intuitivo, na transferência da posse indireta, habilita o adquirente a reaver a coisa, a exigi-la, no devido tempo, se não é restituída, eis que finde, por exemplo, a locação ou desapareça o direito que legitimava aquela posse direta do terceiro";[19]

c) *quando o adquirente já está na posse da coisa, por ocasião do ato jurídico*. Aqui o adquirente já está na posse direta da coisa no momento da realização do negócio jurídico.

Já o artigo 1.268 informa que "feita por quem não seja proprietário, a tradição não aliena a propriedade, exceto se a coisa, oferecida ao público, em leilão ou estabelecimento comercial, for transferida em circunstâncias tais que, ao adquirente de boa-fé, como a qualquer pessoa, o alienante se afigurar dono".[20]

Daí que a tradição realizada por pessoa que não seja proprietária não aliena a coisa, ou seja, não será eficaz, salvo nas hipóteses mencionadas do artigo 1.268, em respeito ao princípio da boa-fé. Em tais exceções, o adquirente está de boa-fé e as circunstâncias o levam a crer que o alienante da coisa se afigura como dono. Em obediência ao princípio da boa-fé, a aquisição da propriedade é realizada.

Outrossim, "se o adquirente estiver de boa-fé e o alienante adquirir depois a propriedade, considera-se realizada a transferência desde o momento em que ocorreu a tradição (CCB, artigo 1.268, § 1º).[21] Ora, neste caso, desvela-se também a proteção ao adquirente de boa-fé, uma vez que este ignorava que o alienante da coisa não era o proprietário da mesma. Ocorre que o alienante adquiriu a propriedade da coisa *a posteriori* e, assim, a transferência da coisa é considerada realizada desde o momento em que ocorreu a tradição. PONTES DE MIRANDA ensina que o efeito é a pós-eficacização do acordo com o não dono: "não se transferiu, antes, a propriedade, tem-se, porém, agora, por transmitida, *ex tunc*".[22]

De outra forma, não transfere a propriedade a tradição, quando tiver por título um negócio jurídico nulo (CCB, artigo 1.268, § 2º).[23] Assim, se o

---

19 CARVALHO SANTOS, J. M. de. *Código civil brasileiro interpretado*. 6. ed. Volume VIII. Rio de Janeiro: Freitas Bastos, 1953, p. 281.
20 Correspondente ao art. 622 do CCB/1916.
21 Correspondente ao art. 622 CCB/1916.
22 PONTES DE MIRANDA. Op. cit., p. 257.
23 Correspondente ao art. 622, parágrafo único, do CCB/1916.

contrato for nulo, não há falar-se em transmissão da propriedade. Neste caso, "a tradição se reduz a um puro fato material, inábil para transferir o domínio".[24]

13.5. Da especificação

A especificação é o modo de aquisição da propriedade, a partir do trabalho em matéria-prima alheia, em que se cria espécie nova e não se podendo restituir à forma anterior. Em geral, a criação é fruto de um trabalho artesanal e artístico desenvolvido pelo especificador (por exemplo, a escultura em relação à pedra; o desenho em relação ao papel etc.).

Assim, determina o artigo 1.269 que "aquele que, trabalhando em matéria-prima *em parte alheia*, obtiver espécie nova, desta será proprietário, se não se puder restituir à forma anterior".[25]

Vejamos a seguinte questão: uma pessoa constrói uma obra de arte de cerâmica, cuja *matéria-prima em parte é alheia*. Quem será o proprietário da obra de arte? Verifica-se, pelo teor do artigo 1.269, que o dispositivo legal privilegia o trabalho do especificador, valorizando, pois, o trabalho humano, tais como a arte, o engenho etc. Melhor dizendo: a obra de arte de cerâmica será do especificador, se não for possível restituí-la à forma anterior.

Se toda a matéria-prima for alheia, e não se puder reduzir à forma precedente, aplica-se a regra do artigo 1.270. Vejamos: "Se toda a matéria for alheia, e não se puder reduzir à forma precedente, será do especificador de boa-fé a espécie nova".[26]

Os requisitos, aqui, são os seguintes: a) a matéria-prima é toda alheia; b) não é possível a redução à forma precedente; c) boa-fé do especificador.

Se o especificador estiver de má-fé, aplicar-se-á a regra do § 1º, artigo 1.270, *verbis*: "sendo praticável a redução, ou quando impraticável, se a espécie nova se obteve de má-fé, pertencerá ao dono da matéria-prima".[27] Se houve má-fé do especificador, o dono da matéria-prima será o proprietário da espécie nova. Logo, optou-se por punir com maior rigor a postura de má-fé. CARVALHO SANTOS entende que a regra do referido dispositivo não convence. Explica o autor que "bastava fosse o especificador obrigado a pagar o valor da matéria-prima, embora de má-fé, ou ainda alguma indenização, pois, em muitos casos, isso conviria mais às exigências industriais e, pois, aos interesses econômicos e sociais".[28]

---

24 PEREIRA. Op. cit., p. 172.
25 Correspondente ao art. 611 do CCB/1916.
26 Correspondente ao art. 612 do CCB/1916.
27 Correspondente ao art. 612, § 1º, do CCB/1916.
28 CARVALHO SANTOS. Op. cit., p. 260.

Outrossim, em qualquer caso, se o valor da espécie nova exceder consideravelmente o valor da matéria-prima, a espécie nova será do especificador.

Em qualquer caso, significa que haja ou não boa-fé do especificador, possa ou não ocorrer a redução à forma precedente, inclusive o da pintura em relação à tela, da escultura em relação à matéria-prima, escritura em relação ao papel e outro qualquer trabalho gráfico em relação à matéria-prima, a espécie nova será do especificador, se o *seu valor exceder consideravelmente o da matéria-prima* (CCB, art. 1.270, § 2º).[29]

Por fim, diz o artigo 1.271 que "aos prejudicados, nas hipóteses dos arts 1.269 e 1.270, ressarcir-se-á o dano que sofrerem, menos ao especificador de má-fé, no caso do § 1º do artigo antecedente, quando irredutível a especificação".[30]

Nos artigos 1.269 e 1.270 do CCB, a matéria-prima pertence a outra pessoa que não o especificador, logo, os prejudicados deverão ser ressarcidos pelos danos sofridos.

De outro modo, no caso de má-fé do especificador, o dono da matéria-prima nada terá que indenizar.[31]

13.6. Da confusão, da comistão e da adjunção

Inicialmente cabe esclarecer, a fim de prevenir equívocos, que a Seção VI do Capítulo III (Da Aquisição da Propriedade Móvel), do Título III (Da Propriedade) do Livro III (Do Direito das Coisas) foi nominada equivocadamente de *Da Confusão, da Comissão e da Adjunção*, já que a chamada *comissão* refere-se, na verdade, ao instituto jurídico denominado de *comistão*.

13.6.1. Confusão

Preliminarmente é importante destacar que o termo *confusão* possui dois significados distintos em nosso ordenamento jurídico civilístico. Um significado no direito obrigacional e outro no direito das coisas.

13.6.1.1. Confusão no direito obrigacional

Ocorre o fenômeno jurídico da confusão quando credor e devedor se confundem na mesma figura. No direito creditório, o credor e o devedor devem ser sujeitos diferentes, quando isto não ocorre, extingue-se a obrigação, já que credor e devedor não podem coexistir na mesma pessoa.

---

29 Correspondente ao art. 612, § 2º, do CCB/1916.
30 Correspondente ao art. 613 do CCB/1916.
31 CC 2002 – Art. 944. A indenização mede-se pela extensão do dano. Parágrafo único. Se houver excessiva desproporção entre a gravidade da culpa e o dano, poderá o juiz reduzir, equitativamente, a indenização.

PONTES DE MIRANDA conceitua a confusão da seguinte forma: "se o crédito e a dívida se reúnem na mesma pessoa, isto é, se a mesma pessoa, que era devedora, passa a ser também credora, ou a que era credora passa a ser devedora, extingue-se, de regra, a relação jurídica, pelo princípio de que ninguém pode ser credor de si mesmo, uma vez que o fim foi obtido. Há, então, o fato da confusio, confusão, tal como se o devedor herda do credor, ou se o credor cedeu ao devedor o crédito".[32]

Diz o artigo 381 que: "extingue-se a obrigação, desde que na mesma pessoa se confundam as qualidades de credor e devedor".[33]

Neste caso, ocorre a exoneração do devedor sem que este realize o pagamento. Não que se falar em inadimplemento, não obstante não tenha ocorrido o devido pagamento.[34] O fenômeno da confusão ocorre sempre após a formação do vínculo obrigacional. É, pois, um incidente que se desvela no curso da relação jurídica obrigacional. Por exemplo: Camila, viúva, empresta R$ 2.000,00 (dois mil reais) a seu único filho Matheus. Resta configurado, pois, um empréstimo de mútuo entre a mãe e seu filho. Ocorre que, antes do vencimento da prestação, Camila falece, deixando como único herdeiro seu filho Matheus. Dessa maneira, toda a herança será transmitida a seu único sucessor Matheus (mutuário-devedor). Daí que Matheus tornar-se-á, ao mesmo tempo, credor e devedor.[35] É, pois,

---

32 PONTES DE MIRANDA, Francisco Cavalcanti. *Tratado de direito privado*. Parte especial. Tomo XXV. 2. ed. Rio de Janeiro: Borsoi, 1959, p. 31.
33 Correspondente ao artigo 1.049 do CCB/1916.
34 CC 2002 – Art. 262. Se um dos credores remitir a dívida, a obrigação não ficará extinta para com os outros; mas estes só a poderão exigir, descontada a quota do credor remitente. Parágrafo único. O mesmo critério se observará no caso de transação, novação, compensação ou confusão.CC 2002 – Art. 1.436. Extingue-se o penhor: IV – confundindo-se na mesma pessoa as qualidades de credor e de dono da coisa;
35 APELAÇÃO CÍVEL. REEXAME NECESSÁRIO. CONSTITUCIONAL. DIREITO À SAÚDE. FORNECIMENTO DE MEDICAMENTOS. PRELIMINAR DE CARÊNCIA DE AÇÃO. AUSÊNCIA DE LEGITIMIDADE. Em razão da responsabilidade prevista no artigo 196 da Constituição Federal, a legitimação passiva para a causa consiste na coincidência entre a pessoa do réu e a pessoa de qualquer um ou dos vários entes federativos. A presença de um dos vários legitimados no polo passivo da relação processual decorre da escolha do demandante, já que todos e qualquer um deles tem o dever de ¿cuidar da saúde e assistência pública¿ na forma do inciso II do artigo 23 da Constituição Federal. Preliminar rejeitada. MÉRITO. O fornecimento de medicação é excepcional a pacientes sem meios econômicos para a aquisição com recursos próprios. Trata-se de direito à vida e à saúde, garantia constitucional e dever do Estado. O direito à saúde é assegurado a todos, devendo os necessitados receberem do ente público os medicamentos necessários. CONDENAÇÃO DO ESTADO DO RIO GRANDE DO SUL. VERBA HONORÁRIA. DEFENSOR PÚBLICO. A Defensoria Pública é órgão do Estado que não detém personalidade jurídica, tampouco capacidade processual, de modo que não pode ser credora do Estado em honorários advocatícios referentes à sucumbência nos processos contra ele ajuizados, nos quais, representa a parte vencedora. Evidenciada, portanto, a impossibilidade jurídica de recolhimento de honorários sucumbenciais contra a Fazenda em causas patrocinadas por Defensor Público,

com a reunião, na mesma pessoa, do crédito e da dívida é que se opera a confusão.

A confusão pode ser *total* ou *parcial*. Diz o artigo 382 que "A confusão pode verificar-se a respeito de toda a dívida, ou só de parte dela".[36] A confusão será *total* quando o credor recebe a totalidade da dívida. A confusão parcial é aquela, por exemplo, que ocorrerá quando existirem vários sucessores e o valor da quota-parte recebida pelo descendente-devedor for menor do que o valor da dívida.

13.6.1.2. Confusão nos direitos reais

Nos direitos reais, a *confusão* possui sentido diverso. Aqui, a confusão é a mistura inseparável de coisas líquidas pertencentes a pessoas diferentes, como exemplo, a mistura da gasolina de João com o álcool de Carol. Daí que ocorre a confusão à luz dos direitos reais, quando dois líquidos se misturam, não podendo mais ser separados.

13.6.2. Comistão

A *comistão* é a mistura inseparável de coisas secas ou sólidas pertencentes a pessoas diferentes, como a mistura de café tipo A de Raphaela com o café tipo B de Patrícia. Outro exemplo é o bronze que representa a mistura inseparável do níquel com o cobre.

13.6.3. Adjunção

A *adjunção* é a justaposição de uma coisa a outra, formando ambas um todo inseparável. Por exemplo, a colação de um decalque de Márcia no caderno de Waldyr.

13.6.4. Regras aplicáveis

A regra geral é aquela estabelecida no artigo 1.272, que diz "as coisas pertencentes a diversos donos, confundidas, misturadas ou adjuntadas sem

---

pois configurada confusão entre credor e devedor (artigo 1.049 do Código Civil de 1916, e artigo 381, do Código Civil de 2002). Ademais, o Fundo Orçamentário com finalidade específica criado pela Lei Estadual do RS nº 10.298/94 não altera a situação jurídica de ser o credor dessa verba a Fazenda Estadual, e não a parte ou a própria Defensoria. Preliminar rejeitada, primeiro apelo desprovido. Segundo apelo provido. Sentença confirmada, no remanescente, em reexame necessário (Apelação e Reexame Necessário Nº 70016909939, Segunda Câmara Cível, Tribunal de Justiça do RS, Relator: João Armando Bezerra Campos, Julgado em 13.12.2006).

36 Correspondente ao artigo 1.050 do CCB/1916.

o consentimento deles, continuam a pertencer-lhes, sendo possível separá-las sem deterioração.[37]

Não sendo possível a separação das coisas, ou exigindo dispêndio excessivo, subsiste indiviso o todo, cabendo a cada um dos donos quinhão proporcional ao valor da coisa com que entrou para a mistura ou agregado (CCB, art. 1.272, § 1º).[38]

Se uma das coisas puder considerar-se principal, o dono sê-lo-á do todo, indenizando os outros (CCB, art. 1.272, § 2º).[39]

Para saber qual a coisa principal, CARVALHO SANTOS amparado em CURTI FORRER que "convém consultar os usos habituais".[40]

Neste sentido, SÁ PEREIRA diz que "há dois estalões por onde se aferir a condição de coisa principal – o volume e o valor. Se as coisas amalgamadas têm o mesmo valor, será a de maior volume; se não têm, principal será a que mais o tenha".[41]

O artigo 1.272 e seus respectivos parágrafos estão relacionados a situações fáticas em que os donos estão de boa-fé.

E quando a confusão, a comistão e a adjunção se operam de má-fé? Neste caso, aplicar-se-á a regra do artigo 1.273, que afirma: "se a confusão, comissão ou adjunção se operou de má-fé, à outra parte caberá escolher entre adquirir a propriedade do todo, pagando o que não for seu, abatida a indenização que lhe for devida, ou renunciar ao que lhe pertencer, caso em que será indenizado".[42]

Mais uma vez frise-se, onde se lê *comissão* deve ser entendido *comistão*.

Assim, se o amálgama das coisas foi realizado por má-fé de uma das partes, caberá à parte prejudicada escolher entre: a) a propriedade do todo, pagando o que não for seu, abatida da indenização que lhe for devida; b) renunciar ao que lhe pertence, caso em que será indenizado.

O Professor MARCO AURÉLIO S. VIANA afirma que neste particular o diploma civil é contraditório. Vejamos os seus argumentos: "antes, ao dispor a respeito do especificador de má-fé, estabeleceu-lhe a perda em favor do dono, sem direito à indenização. Já no caso de confusão, comissão ou adjunção, impõe ao dono o dever de indenizar. No direito anterior, era essa a orientação, sob críticas da doutrina, por ausente a coerência".[43]

---

37 Correspondente ao art. 615 do CCB/1916.
38 Correspondente ao art. 615, § 1º, do CCB/1916.
39 Correspondente ao art. 615, § 2º, do CCB/1916.
40 CARVALHO SANTOS. Op. cit., p. 268.
41 SÁ PEREIRA, Virgílio de. Direito das coisas. In: LACERDA, Paulo. *Manual do código civil brasileiro*. Volume VIII. Rio de Janeiro: Jacintho Ribeiros dos Santos, 1929, p. 378-379.
42 Correspondente ao art. 616 do CCB/1916.
43 VIANA, Marco Aurélio da Silva. *Comentários ao novo Código Civil*: dos direitos reais. Vol. XVI. Rio de Janeiro: Forense, 2004, p. 195.

Por fim, determina o artigo 1.274 que "se da união de matérias de natureza diversa se formar espécie nova, à confusão, comissão ou adjunção aplicam-se as normas dos arts 1.272 e 1.273".[44]

Aqui SÁ PEREIRA diz que o dispositivo reflete a regra do direito romano. Vejamos: "É a regra do direito romano que os jurisconsultos ilustram com o exemplo do *mulsum*, mistura de vinho e mel, cuja invenção Plinio atribui a Romulo Pollion, e que em português seria *mulso*, se ainda existira a beberagem, como se chama mulsa, em farmácia, a aguamel".[45]

No mesmo sentido, as lições de LAFAYETTE, no § 42 do *Direito das coisas*.[46]

---

[44] Correspondente ao art. 617 do CCB/1916.
[45] SÁ PEREIRA. Op. cit., p. 380.
[46] PEREIRA, Lafayette Rodrigues. *Direito das coisas*. Edição histórica. Vol. I. Rio de Janeiro: Rio, 1977, p. 159.

Capítulo 14
PERDA DA PROPRIEDADE

14.1. Introdução

A propriedade é um direito que pode ser perdido. A perda da coisa pode ocorrer de *forma voluntária* (nos casos de alienação, renúncia e abandono) e *forma involuntária* (perecimento da coisa e desapropriação).

O artigo 1.275 do nosso diploma civilístico aponta algumas hipóteses de perda da propriedade, nos seguintes termos: "Além das causas consideradas neste Código, perde-se a propriedade:[1] I – por alienação; II – pela renúncia; III – por abandono; IV – por perecimento da coisa; V – por desapropriação".[2][3][4]

"Parágrafo único. Nos casos dos incisos I e II, os efeitos da perda da propriedade imóvel serão subordinados ao registro do título transmissivo ou do ato renunciativo no Registro de Imóveis".[5]

---

1 Correspondente ao art. 589 do CCB/1916.
2 Decreto-Lei nº 3.365/41. Dispõe sobre desapropriações por utilidade pública. Art. 29. Efetuado o pagamento ou a consignação, expedir-se-á, em favor do expropriante, mandado de imissão de posse, valendo a sentença como título hábil para a transcrição no registro de imoveis.
3 *Outras formas de Perda da Propriedade.* Perde-se, também, a propriedade: a) Da Propriedade Resolúvel. Art. 1.359. Resolvida a propriedade pelo implemento da condição ou pelo advento do termo, entendem-se também resolvidos os direitos reais concedidos na sua pendência, e o proprietário, em cujo favor se opera a resolução, pode reivindicar a coisa do poder de quem a possua ou detenha. Art. 1.360. Se a propriedade se resolver por outra causa superveniente, o possuidor, que a tiver adquirido por título anterior à sua resolução, será considerado proprietário perfeito, restando à pessoa, em cujo benefício houve a resolução, ação contra aquele cuja propriedade se resolveu para haver a própria coisa ou o seu valor; b) direito de requisição da propriedade particular (CC 2002 – Art. 1.228, § 3º, 2ª parte); c) nos casos de usucapião (CC 2002 – Arts. 1.238 a 1.244); d) acessão (CC 2002 – Arts. 1.248 a 1.259).
4 *Perda da coisa.* CP – Efeitos genéricos e específicos. Art. 91 – São efeitos da condenação: (Redação dada pela Lei nº 7.209, de 11.7.1984). [...] II – a perda em favor da União, ressalvado o direito do lesado ou de terceiro de boa-fé: (Redação dada pela Lei nº 7.209, de 11.7.1984). [...] b) do produto do crime ou de qualquer bem ou valor que constitua proveito auferido pelo agente com a prática do fato criminoso.
5 Correspondente ao art. 589, § 1º, do CCB/1916.

14.2. Modalidades de perda da propriedade

14.2.1. Alienação

A *alienação* é o ato jurídico pelo qual o titular do domínio transfere a propriedade a outrem, de forma onerosa ou gratuita. Na *alienação onerosa* se transfere uma coisa ou um direito a outra pessoa mediante uma contraprestação. É o que ocorre na compra e venda. Por outro lado, *na alienação gratuita*, a referida transferência se dá sem a devida contraprestação, tal qual ocorre na doação (o donatário adquire gratuitamente a coisa doada).

Portanto, a alienação é um modo pelo qual se perde a propriedade por ato intervivos, por meio da realização de negócios jurídicos translativos.

14.2.2. Renúncia

A *renúncia* é um ato jurídico unilateral, pelo qual o titular da propriedade resolve se despojar do seu direito de propriedade, comunicando sua vontade a terceiros.

Quando se tratar de imóvel, a renúncia deve ser levada ao conhecimento do Oficial do Registro de Imóveis, conforme preceitua o parágrafo único do artigo 1.275, *verbis*: "Nos casos dos incisos I e II, os efeitos da perda da propriedade imóvel serão subordinados ao registro do título transmissivo ou do ato renunciativo no Registro de Imóveis".[6]

14.2.3. Abandono

Já no abandono o proprietário deixa a sua propriedade, já que não possui mais a intenção de ser o dono. Este ato jurídico é realizado sem comunicar a terceiros. É um ato puramente material.

Assim, é possível afirmar que o ato renunciativo é participativo (com conhecimento a terceiros), enquanto o ato de abandono não se destina ao conhecimento de terceiros.

O artigo 1.276 diz que "o imóvel urbano que o proprietário abandonar, com a intenção de não mais o conservar em seu patrimônio, e que se não encontrar na posse de outrem, poderá ser arrecadado, como bem vago, e passar, três anos depois, à propriedade do Município ou à do Distrito Federal, se se achar nas respectivas circunscrições".[7][8]

---

[6] Correspondente ao art. 589, § 1º, do CCB/1916.
[7] Correspondente ao art. 589, § 2º, "a", do CCB/1916.
[8] VII Jornada de Direito Civil – ENUNCIADO 597 – A posse impeditiva da arrecadação, prevista no art. 1.276 do Código Civil, é efetiva e qualificada por sua função social. Parte da legislação: art. 1276 do Código Civil Justificativa: A arrecadação é uma modalidade de aquisição da propriedade pelo Poder Público em razão de abandono do imóvel por seu titular, portanto, uma atuação em benefício da sociedade, com tom de punição ao proprietário moroso no cumprimento da função social da propriedade imobiliária. Presente, portanto,

O imóvel situado na zona rural, abandonado nas mesmas circunstâncias, poderá ser arrecadado, como bem vago, e passar, três anos depois, à propriedade da União, onde quer que ele se localize (CCB, art. 1.276, § 1º). [9]

Presumir-se-á de modo absoluto a intenção a que se refere o art. 1.276, quando, cessados os atos de posse, deixar o proprietário de satisfazer os ônus fiscais (CCB, art. 1.276, § 2º).[10]

Ora, se o proprietário não pratica mais nenhum ato de posse (esta não mais lhe apresenta nenhum proveito econômico) e deixa de satisfazer os ônus fiscais, neste caso, resume-se o abandono da coisa.

Em relação ao artigo 1.276 e seus respectivos parágrafos, o Conselho da Justiça Federal, nas III e IV Jornadas de Direito Civil, editou os seguintes enunciados:

a) CJF – Enunciado 242 – Art. 1.276: A aplicação do art. 1.276 depende do devido processo legal, em que seja assegurado ao interessado demonstrar a não cessação da posse.
b) CJF – Enunciado 243 – Art. 1.276: A presunção de que trata o § 2º do art. 1.276 não pode ser interpretada de modo a contrariar a norma-princípio do art. 150, IV, da Constituição da República.
c) CJF – Enunciado 316 – Art. 1.276. Eventual ação judicial de abandono de imóvel, caso procedente, impede o sucesso de demanda petitória.

14.2.4. Perecimento da coisa

Outro modo de se perder a propriedade ocorre quando acontece o perecimento da coisa, ou seja, o direito do proprietário desaparece em razão da falta do objeto. A coisa pode perecer em virtude de sua destruição física, pela inundação definitiva de um terreno etc.

---

na arrecadação, o interesse público. No entanto, o legislador resolveu impedir a deflagração do procedimento de arrecadação na hipótese do imóvel se encontrar na posse de outrem. Evidente que o legislador se refere a alguém que esteja dando efetiva utilização ao imóvel por meio da moradia, cultivo ou desenvolvimento de atividade de interesse social e econômico e que por óbvio não tenha relação jurídica com o proprietário, visto que, se tiver, o imóvel não estará em estado de abandono. Essa posse de outrem não pode ser aquela simples, resultante, por exemplo, da circunstância de ter cercado o imóvel, ter impedido que outros o invadissem, tamanha a importância dada pelo legislador de proteção daquele que a está exercendo. Certamente que se refere à posse-trabalho ou posse-moradia referida por Miguel Reale lastreada no princípio da socialidade, diversa da posse resultante dos "critérios formalistas da tradição romanista, a qual não distingue a posse simples, ou improdutiva, da posse acompanhada de obras e serviços realizados nos bens possuídos" (O Projeto do Novo Código Civil, 2. ed., SP, Saraiva, 1999, p. 33).

9 Correspondente ao art. 589, § 2º, "b", do CCB/1916.
10 Sem correspondência ao CCB/1916.

14.2.5. Desapropriação

A propriedade, também, poderá ser perdida em razão da *desapropriação*. Como dito alhures, o § 3º do art. 1.228 do nosso Código Civil brasileiro, também, traduz uma *limitação ao direito de propriedade*. O referido dispositivo dispõe que "§ 3º: O proprietário pode ser privado da coisa, nos casos de desapropriação, por necessidade ou utilidade pública ou interesse social, bem como no de requisição, em caso de perigo público iminente".[11]

O *fundamento* para a intervenção do Estado na propriedade é a supremacia do interesse público. Ora, na colidência de um interesse público e um interesse privado é aquele que prevalece, já que o sacrifício do direito individual do proprietário está ancorado no interesse coletivo.

Frise-se, mais uma vez que, segundo JOSÉ DOS SANTOS CARVALHO FILHO, a desapropriação é "o procedimento de direito público pelo qual o Poder Público transfere para si a propriedade de terceiro, por razões de utilidade pública ou de interesse social, normalmente mediante o pagamento de indenização".[12]

CELSO ANTÔNIO BANDEIRA DE MELLO ensina que desapropriação é "o procedimento através do qual o Poder Público compulsoriamente despoja alguém de uma propriedade e a adquire para si, mediante indenização, fundado em um interesse público".[13]

MADEIRA prefere dizer que a *desapropriação* consiste "na transferência compulsória da propriedade de alguém para o poder público, mediante indenização, dentro dos requisitos legais. Trata-se de forma originária de aquisição da propriedade, que independe de título anterior ou da vontade do anterior dono do bem. Sua regulamentação básica encontra-se no Dec.-Lei nº 3.365/41, Lei Geral de Desapropriação".[14]

Ora, em síntese, a *desapropriação* é um ato estatal contra o qual o particular não pode se insurgir, discutindo-se apenas o *quantum* da indenização que receberá do Estado.[15]

---

11 Sem Correspondência do CCB de 1916.
12 CARVALHO FILHO, José dos Santos. *Manual de direito administrativo*. 15. ed. Rio de Janeiro: Lumen Juris, 2006, p. 668.
13 MELLO, Celso Antônio Bandeira de. *Curso de direito adminbistrativo*. 11. ed. São Paulo: Malheiros, 1999, p. 577.
14 MADEIRA, José Maria Pinheiro. *Administração pública*: centralizada e descentralizada. Tomo II. 10. ed. Rio de Janeiro: HP Comunicação, 2009, p. 990-991.
15 CRFB/88 – Art. 22 – Compete privativamente à União legislar sobre: I – direito civil, comercial, penal, processual, eleitoral, agrário, marítimo, aeronáutico, espacial e do trabalho; II – desapropriação;

Capítulo 15
DOS DIREITOS DE VIZINHANÇA

15.1. Introdução

Os *direitos de vizinhança* são aqueles que procuram disciplinar as relações jurídicas de proprietários ou possuidores de imóveis vizinhos. Isto é necessário já que no mundo da vida (mundo vivido), em especial, nas relações entre vizinhos é imensa a possibilidade de surgimento de conflitos sociais. Ora, é necessário que as diferenças sociais, as individualidades, os sentidos em desarmonia sejam conciliados nas relações de vizinhança.

As condutas obrigatórias que orientam o diploma civilístico têm por objetivo harmonizar eventuais desequilíbrios sociais originados no seio das relações de vizinhança (paz social). Dessa maneira, será possível a mitigação dos riscos de conflitos sociais em tal esfera de relação interprivada.

15.2. Natureza jurídica

Não obstante os direitos de vizinhança estarem disciplinados no Livro dos Direitos das Coisas, os direitos de vizinhança são relações obrigacionais pessoais. Constituem, pois, obrigações *propter rem*, já que são obrigações que recaem sobre uma coisa. É um direito pessoal cuja obrigação está umbilicalmente ligada a um direito real. É uma espécie jurídica que fica entre o *direito real* e o *pessoal* (categoria híbrida).

Assim, os direitos de vizinhança são *relações obrigacionais* que nascem da propriedade ou da posse. Um exemplo de obrigação *propter rem* é a cota condominial que decorre do fato da existência de copropriedade de uma coisa. Outro exemplo são os referidos direitos de vizinhança.

Ora, acontece que o nosso legislador optou por tratar tais obrigações no capítulo que versa sobre o Direito de Propriedade. Daí que os direitos de vizinhança emanam da lei e, destarte, constituem parte do mundo jurídico civilístico.

WASHINGTON DE BARROS MONTEIRO ensina que os direitos de vizinhança constituem "limitações impostas pela boa convivência social, que se inspira na lealdade e na boa-fé. A propriedade deve ser usada de tal maneira que torne possível a coexistência social. Se assim não se procedesse, se os proprietários pudessem invocar uns contra os outros seu direito absoluto e ilimitado, não poderiam praticar qualquer direito, pois as propriedades se aniquilariam no entrechoque de suas várias faculdades".[1]

15.3. Do uso anormal da propriedade

15.3.1. Tutela da segurança, sossego e saúde

Um dos mais importantes *direitos de vizinhança* é o direito que se assegura a qualquer proprietário ou possuidor de imóvel de exigir que cessem as interferências vindas de imóveis vizinhos e que coloquem em risco a sua saúde, o seu sossego ou a sua segurança.

Neste sentido, o artigo 1.277 preceitua que "o proprietário ou o possuidor de um prédio tem o direito de fazer cessar as interferências prejudiciais à segurança, ao sossego e à saúde dos que o habitam, provocadas pela utilização de propriedade vizinha".[2]

Daí que o proprietário ou possuidor de um imóvel tem o direito de exigir não ser prejudicado pelo vizinho quanto ao seu sossego, ou a sua saúde, ou a sua segurança, e, em razão disto, o prejudicado poderá se utilizar, caso necessite, da tutela jurisdicional com vistas a fazer cessar as interferências nocivas.[3]

Esta regra limita, pois, o conteúdo do direito de propriedade do proprietário vizinho, nascendo no outro proprietário o direito de vizinhança.[4]

Em relação ao citado dispositivo legal, o Conselho da Justiça Federal, na IV Jornada de Direito Civil, editou o Enunciado 319, que informa: "CJF – Enunciado 319 – Art. 1.277. A condução e a solução das causas envolvendo conflitos de vizinhança devem guardar estreita sintonia com os princípios constitucionais da intimidade, da inviolabilidade da vida privada e da proteção ao meio ambiente".

---

1 MONTEIRO, Washington de Barros. *Curso de direito civil*: direito das coisas. Vol. 3. São Paulo: Saraiva, 2003, p. 135.
2 Correspondente ao art. 554 do CCB/1916.
3 CC 2002 – Dos Atos Ilícitos. Art. 186. Aquele que, por ação ou omissão voluntária, negligência ou imprudência, violar direito e causar dano a outrem, ainda que exclusivamente moral, comete ato ilícito.CC 2002 – Art. 187. Também comete ato ilícito o titular de um direito que, ao exercê-lo, excede manifestamente os limites impostos pelo seu fim econômico ou social, pela boa-fé ou pelos bons costumes.CC 2002 – Art. 188. Não constituem atos ilícitos: I – os praticados em legítima defesa ou no exercício regular de um direito reconhecido; II – a deterioração ou destruição da coisa alheia, ou a lesão a pessoa, a fim de remover perigo iminente. Parágrafo único. No caso do inciso II, o ato será legítimo somente quando as circunstâncias o tornarem absolutamente necessário, não excedendo os limites do indispensável para a remoção do perigo.
4 PONTES DE MIRANDA. *Tratado de direito privado*. Parte especial. Tomo XIII. Rio de Janeiro: Borsoi, 1955, p. 299.

Verifica-se que o novo Código Civil brasileiro aboliu as expressões *uso nocivo* e *mau uso*, já que davam azo a divergências de interpretação jurídica. Optou-se pelas expressões *uso normal* e *uso anormal*.

A expressão *uso anormal da propriedade* é todo ato que põe em risco a segurança, a saúde ou o sossego do vizinho, seja ele qual for. É, pois, uma espécie de cláusula aberta pela qual o magistrado deverá utilizar a experiência comum do mundo vivido.

De forma contrária, o *uso normal da propriedade* é todo ato que não causa dano ou prejuízo aos vizinhos, isto é, não afeta os valores fundamentais dos direitos de vizinhança.

O grande dilema dos juristas é estabelecer a linha que separa o uso regular do uso irregular da propriedade (uso nocivo ou mau uso).

Os fatores a serem considerados na avaliação do mau uso da propriedade estão alinhados no artigo 1.277, parágrafo único, do CCB, *verbis*: "Proíbem-se as interferências considerando-se a natureza da utilização, a localização do prédio, atendidas as normas que distribuem as edificações em zonas, e os limites ordinários de tolerância dos moradores da vizinhança".[5]

Vale frisar que o proprietário ou o possuidor de um prédio tem o direito de fazer cessar as interferências prejudiciais à *segurança*, ao *sossego* e à *saúde* dos que o habitam, provocadas pela utilização de propriedade vizinha.

O elemento *segurança* está relacionado à ideia de proteção da integridade física dos vizinhos. Vejamos o seguinte exemplo: Camilo, proprietário de um prédio, percebe que no imóvel vizinho se guarda uma enorme quantidade de explosivos para a montagem de fogos de artifício. Ora, Camilo possui o direito de exigir, por vias judiciais, a remoção de tais artefatos.

O *sossego* está imbricado intimamente ao direito de repouso, ou seja, é uma interferência que impede o repouso dos vizinhos, impedindo, pois, o sono. O ruído em excesso poderá afetar, inclusive, à própria saúde do proprietário. Os grandes holofotes, também, podem dar azo à violação dos direitos de vizinhança.[6]

---

5   Sem correspondência ao CCB/1916.
6   DIREITO CIVIL. RESPONSABILIDADE CIVIL. INFILTRAÇÕES E VAZAMENTOS EM IMÓVEL. MAU USO E MÁ CONSERVAÇÃO DO APARTAMENTO SUPERIOR. LEGITIMIDADE PASSIVA. INDENIZAÇÃO POR DANOS MORAIS. LOCATÁRIO. POSSIBILIDADE. NATUREZA PESSOAL. DIREITO COMUM. ART. 159, CÓDIGO CIVIL. ENUNCIADO Nº 7 DA SÚMULA/STJ. RECURSO DESACOLHIDO. I – A indenização por danos morais, nos termos do art. 159 do Código Civil fundada no direito comum, pode ser exigida contra qualquer pessoa que, por dolo ou culpa, tenha ocasionado ou contribuído para a ocorrência de uma dor, seja ela qual for. II – O locatário pode ser responsabilizado pelos danos morais que venha a causar a proprietário de apartamento vizinho, pelo mau uso do imóvel, causando perturbações, além de *comprometer a segurança, o sossego ou a saúde do vizinho*. III – Assentado, no caso, que a locatária não praticou qualquer ato danoso, e que não tinha conhecimento dos fatos, dado que anteriores à vigência da locação, o recurso especial, que pretende a sua condenação pelos danos morais, não prescindiria do revolvimento de

Em relação aos elementos *segurança* e *sossego*, PONTES DE MIRANDA, ao analisar o artigo 554 do Código Civil de 1916, ensina que "a segurança, de que se trata é a material e é a pessoal. Tanto ofende a segurança, ou pode vir a ofendê-la quem trabalha na casa vizinha com explosivos quanto quem acoita bandidos, ou recebe jogadores que costumam brigar a tiros (se há apenas vozerio insuportável, a espécie é de ofensa ao sossego). [...] Lá estão o calor excessivo, as trepidações perigosas, os corpos gaseiformes que possam produzir explosão, as chispas, a penetração de líquidos nas paredes-meias, ou comuns, ou do que teme insegurança. Porém não está o dano que provenha de ter bordel o vizinho ou de manter casa de tolerância (não se confunda o problema com o do bordel no prédio comum ou no mesmo edifício de apartamentos), ou de banhos de sol para gente sem vestes adequadas. O bordel e a casa de tolerância podem ser ofensivos ao sossego, podem mesmo criar situação de insegurança para vizinhos; mas, em tais casos, o art. 554, *verbis 'sossego'* e *'segurança'*, seria invocável pelo fato do elemento acidental. *A priori*, o bordel ou a casa de tolerância não põe em risco a segurança, nem o sossego, nem a saúde a que se refere o art. 554".[7]

As interferências prejudiciais à saúde são aquelas que podem causar doenças, patologias etc.

Em relação ao *direito de vizinhança*, a Ministra NANCY ANDRIGHI, em 19.8.2008, no REsp 935.474-RJ, decidiu que "ABUSO. DIREITO. OBSTRUÇÃO. VISTA PANORÂMICA. Prosseguindo o julgamento, a Turma, por maioria, decidiu que, sob o prisma do direito de vizinhança, realmente é uma situação difícil a do proprietário que teve a vista panorâmica de seu imóvel comprometida. No caso, cabível coibir os abusos, pois, pelo acordo firmado entre as partes, ficou estabelecido que o muro entre os dois imóveis não poderia ultrapassar dois metros e cinquenta de altura. Outrossim, considerou-se violado o acordo com o plantio de árvores junto ao muro, obstruindo totalmente a vista do recorrente. Diversamente, o Minº Relator originário (vencido) entendia que, pelo direito de vizinhança, o proprietário poderia plantar o que bem entendesse dentro de seu terreno, não importando a altura ou espessura das plantas, até porque, na hipótese, não ficou demonstrado cabalmente o alegado prejuízo para o imóvel do recorrente no que se referia à insolação".

No mesmo sentido, o Desembargador GUINTHER SPODE, do Tribunal de Justiça do Estado do Rio Grande do Sul – TJRS, decidiu que "AÇÃO COMINATÓRIA. DIREITO DE VIZINHANÇA. CESSAÇÃO DAS ATIVIDADES DE DEPÓSITO. ESTABELECIMENTO ANEXO A SUPERMERCADO, COM

---

matéria fática, o que encontra óbice no Enunciado nº 7 da súmula/STJ (REsp 157.580/AM, Rel. Ministro SÁLVIO DE FIGUEIREDO TEIXEIRA, QUARTA TURMA, julgado em 18.11.1999, DJ 21.2.2000 p. 128).

7 PONTES DE MIRANDA. Op. cit., p. 300.

FRENTE PARA OUTRA RUA, CUJA AUTORIZAÇÃO DE FUNCIONAMENTO NÃO É PERMITIDA PELA LEGISLAÇÃO MUNICIPAL PARA AQUELA ZONA RESIDENCIAL. POLUIÇÃO SONORA. TRÂNSITO DE VEÍCULOS DE CARGA. PERTURBAÇÃO AO SOSSEGO. DEPÓSITO DE COMBUSTÍVEIS. FALTA DE SEGURANÇA E RISCO À SAÚDE. Conjunto probatório que demonstra a perturbação ao sossego em clara violação aos direitos de vizinhança. Ruídos sonoros de maquinários, caminhões e carinhos de transporte que, além de excederem os limites máximos legalmente previstos, trazem sérios incômodos à vizinhança. Depósito irregular de combustíveis, em afronta à legislação municipal, em grande quantidade e em desacordo com normas de segurança que impõe a cessação das atividades visando à segurança dos moradores do entorno. O proprietário, ou inquilino de um prédio tem o direito de impedir que o mau uso da propriedade vizinha possa prejudicar a segurança, o sossego, e a saúde dos que o habitam. Art. 554 (Código Civil de 1916). Apelação provida por maioria, vencido o Relator/Presidente (Apelação Cível nº 70015711518, Décima Nona Câmara Cível, Tribunal de Justiça do RS, Relator: Guinther Spode, julgado em 11.12.2007)".

Do mesmo modo, "APELAÇÃO CÍVEL. DIREITOS DE VIZINHANÇA. AÇÃO ORDINÁRIA DE OBRIGAÇÃO DE FAZER, CUMULADA COM INDENIZAÇÃO POR DANOS MATERIAIS E MORAIS. Pedido de declaração de ocorrência de crime ambiental e condenação em multa por degradação do meio ambiente. Ilegitimidade da parte autora para formular pleito próprio de ação civil pública. Titularidade da ação legalmente atribuída ao Ministério Público. Direito de vizinhança. Mau uso da propriedade. Alegações somente em pequena parte demonstradas. Imputação de mau uso da propriedade em razão de proliferação de ratos, manutenção inapropriada de cães, depósito de substâncias venenosas sem condições de uso, existência de árvores na linha divisória das propriedades lindeiras geradoras de danos e poluição sonora. Laudo pericial contraindicando existência de aludidos eventos lesivos. Despejo de poeira no ar. Condenação da parte ré em obrigação de fazer, consubstanciada na implementação de equipamentos eficazes para conter a poeira e a casquinha emanada do processo de beneficiamento de grãos. Redução do prazo para o cumprimento da obrigação de fazer. Medida razoável. Acolhimento. Danos materiais. Ausência de prova suficiente do nexo de causalidade entre a conduta da ré e o alegado evento danoso. Teoria da causalidade adequada. Danos morais. Mau uso da propriedade que se limita ao lançamento no ar de poeira. Situação que não se mostra suficiente a ensejar indenização por danos morais. Sucumbência e honorários. Readequação para mantê-los proporcionais ao decaimento de cada parte. Recursos de apelação de ambas as partes parcialmente providos (Apelação Cível nº 70010306124, Décima Oitava Câmara Cível, Tribunal de Justiça do RS, Relator: Pedro Celso Dal Pra, julgado em 10.5.2007)".

15.3.2. Interferências justificadas por interesse público

Ora, o direito a que se refere o artigo 1.277 não prevalece quando as interferências forem justificadas por interesse público, caso em que o proprietário ou o possuidor, causador delas, pagará ao vizinho indenização cabal (CCB, art. 1.278).[8][9]

Aqui se está diante de uma colidência de interesses: público e privado. Em regra, o interesse público prevalece sobre o interesse privado. MARCO AURÉLIO BEZERRA DE MELO apresenta o seguinte exemplo: "Imaginemos que uma empresa de grande porte que contribua com os seus tributos para boa parte da manutenção da cidade e ainda forneça inúmeros empregos diretos e indiretos esteja de certa forma prejudicando a qualidade de vida de alguns moradores. Salta aos olhos que a atividade não deve ser paralisada, o que não significa ser impossível ao juiz condicionar a atividade empresarial à adoção de uma nova postura, como seria o caso da colocação de determinado filtro ou limitar a realização da atividade a horários específicos, sem prejuízo da indenização a que se refere a parte final da lei".[10]

E quanto à indenização? MARCO AURÉLIO S. VIANA diz que "muitas vezes será mais interessante para aquele que pratica o ato tomar cautelas de

---

8 Sem correspondência ao CCB/1916.
9 TJRS – APELAÇÃO CÍVEL. RESPONSABILIDADE CIVIL. AÇÃO DE INDENIZAÇÃO. DANOS MATERIAIS E MORAIS. MUNICÍPIO. INSTALAÇÃO DE USINA DE RECICLAGEM DE LIXO. DESVALORIZAÇÃO DE PROPRIEDADE VIZINHA. 1. DANO MATERIAL. DEVER DE INDENIZAR. Evidente que a construção da usina de reciclagem de lixo pela municipalidade, em terreno vizinho à propriedade dos autores, acarretou a depreciação do imóvel destes, donde decorre o dever de indenizar, independentemente de terem sido observados ou não os procedimentos administrativos e as normas ambientais correspondentes. Efetivo prejuízo, em razão da desvalorização do bem, a ser apurado em liquidação de sentença. Decisão mantida. 2. DANO MORAL. NÃO CONFIGURAÇÃO. Não comprovada nenhuma dor, vexame ou humilhação sofridos pelos autores por ocasião da instalação da usina de reciclagem de lixo, descabe falar em condenação do réu ao ressarcimento por danos morais. Prova de que os autores nem sequer residiam no local, sendo pouco provável que tenham sofrido abalo psicológico decorrente da privação de uso do bem ou do mau cheiro provenientes do lixão. Mero transtorno e aborrecimento que não se revela suficiente a configuração do dano moral. Sentença confirmada. 3. HONORÁRIOS ADVOCATÍCIOS. MAJORAÇÃO. No arbitramento da verba honorária, deve o juiz considerar o local de prestação do serviço, a natureza da causa, o trabalho realizado pelo causídico, o tempo de trâmite da ação e, havendo condenação, o mínimo de 10% e o máximo de 20% sobre o valor da condenação, nos termos do art. 20, §§ 3º e 4º, do CPC. Verba honorária majorada para 15% sobre o valor da condenação, observado o valor correspondente à depreciação do imóvel a ser apurado em liquidação de sentença, em observância ao referido dispositivo. Apelo dos autores provido, no ponto. APELAÇÃO DO RÉU IMPROVIDA. APELO DOS AUTORES PARCIALMENTE PROVIDO. (Apelação Cível nº 70019453521, Décima Câmara Cível, Tribunal de Justiça do RS, Relator: Paulo Roberto Lessa Franz, Julgado em 11.10.2007).
10 MELO, Marco Aurélio Bezerra de. *Direito das coisas*. Rio de Janeiro: Lumen Juris, 2007, p. 189.

cunho técnico para afastar as interferências, do que indenizar. A indenização surge, a nosso ver, como a solução derradeira para uma situação de fato irreversível do ponto de vista de composição de conflitos de vizinhança".[11] [12]

O artigo 1.279 do nosso Código Civil dispõe sobre a possibilidade de se exigir a redução ou eliminação da interferência mesmo quando ela deva ser tolerada. Vejamos o teor do referido dispositivo legal: "Ainda que por decisão judicial devam ser toleradas as interferências, poderá o vizinho exigir a sua redução, ou eliminação, quando estas se tornarem possíveis".[13]

15.3.3. Ação de dano infecto

O artigo 1.280 diz que "o proprietário ou o possuidor tem direito a exigir do dono do prédio vizinho a demolição, ou a reparação deste, quando ameace ruína, bem como que lhe preste caução pelo dano iminente".[14]

A ação de *dano infecto* possui natureza possessória, já que poderá ser manejada pelo possuidor com vistas à defesa da posse e não exclusivamente pelo proprietário do prédio.

---

11 VIANA, Marco Aurélio da Silva. *Comentários ao novo código civil:* dos direitos reais. Vol. XVI. Rio de Janeiro: Forense, 2004, p. 220-221.
12 TJRJ – 2004.001.11765 – DES. ADEMIR PIMENTEL – Julgamento: 22.9.2004 – DÉCIMA-TERCEIRA CÂMARA CÍVEL APELAÇÃO PROCESSUAL CIVIL. AÇÃO ORDINÁRIA DE RESPONSABILIDADE CIVIL. VAZAMENTO DO CATALIZADOR ALUMINA SILICATO DE SÓDIO, VINDO DA UNIDADE DE CRAQUEAMENTO CATALÍTICO DA REFINARIA DUQUE DE CAXIAS – REDUC, PERTENCENTE À PETROBRAS. MULTAS APLICADAS CONDUCENTES À PROVA DE DANOS À SAÚDE. CONDENAÇÃO QUE TEM, DENTRE OUTROS ASPECTOS, EFEITOS PEDAGÓGICOS. IMPROVIMENTO DO RECURSO PRINCIPAL, DANDO-SE PARCIAL PROVIMENTO AO RECURSO ADESIVO. I – Havendo prova de vazamento do catalisador alumina silicato de sódio, vindo da unidade de craqueamento catalítico da refinaria Duque de Carias – REDUC, ocorrido por volta das 17:00h do dia 14/7/2001, causando poluição ambiental e prejuízos à saúde e ao meio ambiente da população do Município de Duque de Caxias, há que se acolher a pretensão indenizatória pelo dano moral, II – Inimagináveis as consequências para o organismo pela ingestão do produto, tanto assim que os funcionários da PETROBRAS usavam macacão, máscara, botas e luvas, tendo a empresa advertido a população que no caso de contato do pó com os olhos, nariz, boca e pele podem ocorrer irritações. Lave com água corrente e beba bastante água, aconselhando, também, evitar o contato, principalmente, por crianças e pessoas idosas, além daquelas que já apresentaram algum sintoma alérgico; III – Ora, se era atóxico, não havia razão para tantos cuidados; IV – Viverá a autora por toda a sua vida sob o especto de uma enfermidade que lhe poderá a qualquer momento acometer. Jamais terá tranquilidade quando o mais mínimo sintoma de uma alergia atingir-lhe o organismo. Daí a ocorrência do dano moral puro conducente à indenização que deve ter, apesar de irrisória diante da potência econômica que traduz a PETROBRAS, aspectos pedagógicos, como estando o Judiciário a dizer que o seu ato foi reprovável e que cuidados maiores deverão ser tomados para se evitar a repetição dos fatos; V – Improvimento do recurso da PETROBRAS e parcial provimento do recurso da autora.
13 Sem correspondência ao CCB/1916.
14 Correspondente ao art. 555 do CCB/1916.

Ora, na esfera do direito de vizinhança, poderá o dono do prédio exigir do dono do prédio vizinho à demolição ou a reparação do prédio deste quando o mesmo ameaçar ruína. Esta poderá ser total ou parcial. A tutela do direito de vizinhança, pela via da ação de dano infecto, é comum a partir do momento em que a construção vizinha se encontra deteriorada, quando não esteja sendo conservada pelo proprietário ou possuidor vizinho, ou quando o prédio vizinho ameaça ruir. Também é frequente nas encostas, muros, divisórias e taludes que ameaçam ruir com as chuvas constantes.

A utilização desta ação, também, é muito usual entre os proprietários ou possuidores de imóveis, quando um imóvel se encontra localizado em ponto mais alto do que o outro. Isto porque o imóvel superior, em estado de má conservação, ameaça ruir sobre o imóvel inferior. Ora, neste caso, o proprietário ou possuidor do prédio inferior tem o direito de exigir as obras de conservação do prédio vizinho com o firme propósito de evitar a sua ruína, inclusive, também podendo exigir caução para prevenir a reparação dos danos se a ruína ocorrer antes da reforma.

Ademais, o artigo 1.281 do nosso Código Civil afirma que "o proprietário ou o possuidor de um prédio, em que alguém tenha direito de fazer obras, pode, no caso de dano iminente, exigir do autor delas as necessárias garantias contra o prejuízo eventual".[15]

O proprietário ou o possuidor do prédio fica, pois, protegido contra os danos que possam surgir das obras que se fizerem no seu prédio. "Seria a hipótese de alguém estar legalmente autorizado a entrar na propriedade e nela edificar passagem de tubos, tubulações e outros condutos, ou permitir que o dono do prédio encravado faça obra para ter passagem, ou, ainda, construir canais pelo terreno do vizinho, para receber águas, entre outras hipóteses. Nesses casos, o proprietário ou possuidor, cujo prédio está obrigado a aceitar a execução das obras, está legitimado a exigir garantia, no caso de dano iminente".[16]

Na ação de dano infecto, a legitimidade ativa é do proprietário ou possuidor, e a legitimidade passiva está centrada no sujeito que provoca a interferência prejudicial. O pedido autoral é a proibição das citadas interferências prejudiciais, cuja pena judicial poderá ser: a) a demolição do prédio, b) a interdição do prédio, ou c) a indenização devida.

Em sede de *direito comparado*, o Código Civil português dispõe em seu artigo 1350º que "(Ruína de construção) – Se qualquer edifício ou outra obra oferecer perigo de ruir, no todo ou em parte, e do desmoronamento puderem resultar danos para o prédio vizinho, é lícito ao dono deste exigir da pessoa

---

15 Correspondente ao art. 529 do CCB/1916.
16 VIANA, Marco Aurélio da Silva. *Comentários ao novo código civil*: dos direitos reais. Vol. XVI. Rio de Janeiro: Forense, 2004, p. 195.

responsável pelos danos, nos termos do artigo 492°, as providências necessárias para eliminar o perigo".

Vejamos, abaixo, uma seleção de *jurisprudências* acerca da ação de dano infecto no direito pátrio:

a) AGRAVO INTERNO. AGRAVO DE INSTRUMENTO COM SEGUIMENTO NEGADO POR INADMISSÍVEL. AÇÃO DE DANO INFECTO. Obra de escavação que atinge propriedade lindeira, ocasionando consistentes rachaduras e possibilidade de danos estruturais. Risco considerável ao patrimônio e segurança alheios. Reforço das fundações determinado pelo juízo de origem em sede de tutela antecipada. Decisão que se confirma. AGRAVO INTERNO IMPROVIDO (Agravo n° 70027299163, Décima Nona Câmara Cível, Tribunal de Justiça do RS, Relator: Mylene Maria Michel, julgado em 25.11.2008);

b) AÇÃO COMINATÓRIA. RESPONSABILIDADE CIVIL DO ENTE PÚBLICO. ROMPIMENTO DA REDE DE ESGOTO. DANO INFECTO. DANO MATERIAL RESIDENCIAL. FISSURAS NA RESIDÊNCIA. NECESSIDADE URGENTE DE REPARAÇÃO DOS DANOS E ACOMODAÇÃO DA PROPRIETÁRIA DO IMÓVEL EM HOTEL ATÉ QUE POSSA VOLVER PARA CASA. AGRAVO PARCIALMENTE PROVIDO. (Agravo de Instrumento n° 70021889928, Décima Câmara Cível, Tribunal de Justiça do RS, Relator: Paulo Antônio Kretzmann, julgado em 27.3.2008);

c) AÇÃO DE DANO INFECTO. INFILTRAÇÃO. NECESSIDADE DE IMPERMEABILIZAÇÃO DE PISO. OBRIGAÇÃO DO PROPRIETÁRIO. Danos causados por infiltração de piso, atestando a perícia necessidade de impermeabilização e revisão das tubulações de esgoto sanitário do apartamento não ensejam dever de indenizar pelo condomínio, sendo ônus do proprietário do bem. Apelo improvido (Apelação Cível n° 70015401664, Décima Sétima Câmara Cível, Tribunal de Justiça do RS, Relator: Marco Aurélio dos Santos Caminha, julgada em 21.12.2006);

d) LITISPENDÊNCIA. Interesse de agir. – Não há litispendência entre a ação de dano infecto promovida pelo proprietário com base no art. 554 do Código Civil, e a ação intentada pelo Município contra a mesma ré, para fazer prevalecer os seus regulamentos. – A propositura da ação pelo Município não extingue o interesse de agir do proprietário prejudicado pelo mau uso da propriedade. Recurso conhecido e provido (REsp 196.503/SP, Rel. Ministro RUY ROSADO DE AGUIAR, QUARTA TURMA, julgado em 23.2.1999, DJ 22.3.1999 p. 217);

e) Ação Ordinária de Dano Infecto c/c outros pleitos. Interdição de estabelecimento comercial um ferrovelho. Antecipação de tutela com vistas a interditá-lo por barulhento, poluidor e desprovido de qualquer condição higiênica. Pleito indeferido. Agravo de instrumento. "Somente se reforma a decisão concessiva ou não da antecipação de tutela, se teratológica, contrária à Lei ou à prova dos autos" (Súmula 59). Decisão objurgada que não se reveste de nenhum dos defeitos mencionados, mas, ao revés, revela-se prudente e comedida, e revestida de aparente juridicidade, na medida em que o pleito de adiantamento de tutela demanda prova inequívoca – assim entendida aquela capaz de só por si, autorizar a procedência da ação desde logo, não fora a necessidade de observância do devido processo legal – da verossimilhança das alegações do agravante e que, no caso, se reduz a uma informação datada de três anos atrás passada pela Comlurb e a um acordo celebrado há cinco anos pelo agravado perante o juízo da 8ª Vara de Fazenda Pública da Comarca da Capital, incapazes de, só por si, demonstrarem, inequivocamente, as condições atuais do estabelecimento-réu, em ordem a que se pudesse interditá-lo desde logo, considerados os termos do parágrafo único do artigo 170 da Constituição da República. Recurso a que se nega seguimento. (DES. MAURÍCIO CALDAS LOPES – julgamento: 21.10.2008 – SEGUNDA CÂMARA CÍVEL – TJRJ – 2008.002.34255 – AGRAVO DE INSTRUMENTO);

f) CIVIL. AÇÃO DE DANO INFECTO C/C INDENIZATÓRIA POR DANOS MORAIS E MATERIAIS. Impõe-se a reforma da sentença para que o feito prossiga nos seus ulteriores de direito, afastando-se a ilegitimidade passiva *ad causam* que nela se proclama. O que legitima e configura a parte na relação de vizinhança muitas vezes é apenas ostentarem a condição de vizinho, sem cogitar-se do direito de propriedade, o que seria necessário nas ações reais de demarcação e divisória, entre outras. Na espécie, cuida-se de ação pessoal, não comportando uma interpretação literal e obstativa de uma solução equitativa que o caso reclama. APELO PROVIDO. DES. CELSO FERREIRA FILHO – julgamento: 15.4.2008 – DÉCIMA QUINTA CÂMARA CÍVEL – TJRJ 2008.001.00894 – APELAÇÃO;

15.4. Das árvores limítrofes

15.4.1. Árvore na linha divisória

Outra modalidade de direito de vizinhança é aquele que trata das *árvores limítrofes*.

A árvore, cujo tronco estiver na linha divisória, presume-se pertencer em comum aos donos dos prédios confinantes (CCB, art. 1.282).[17]

As *árvores limítrofes* são aquelas que nascem sobre a linha divisória e servem de divisa ou de limite entre dois imóveis (prédios) vizinhos. Quando se fala em árvores limítrofes, aí se incluem as chamadas "cercas vivas". É frequente, em zonas rurais, que imóveis tenham como divisa de outro imóvel plantas ou "cercas vivas".

As *árvores limítrofes* pertencem, em condomínio, aos proprietários vizinhos e, neste caso, devem ser aplicadas as do condomínio, não sendo possível a derrubada da árvore sem autorização do outro condômino.[18]

Considerando o condomínio necessário (imposto pela lei), os frutos naturais produzidos terão que ser repartidos igualmente entre os condôminos, bem como as despesas de conservação da árvore terão que ser suportadas igualmente pelos condôminos. Da mesma forma, aplicam-se as denominadas "cercas vivas".

15.4.2. Corte de raízes e ramos de árvores

Outra situação muito frequente ocorre quando a árvore nasce em um dos imóveis e os seus galhos e raízes se estendem ao vizinho.

O artigo 1.283 do CCB informa que nesta situação, "as raízes e os ramos de árvore, que ultrapassarem a estrema do prédio, poderão ser cortados, até o plano vertical divisório, pelo proprietário do terreno invadido".[19]

Dessa maneira, o dono do terreno invadido pelos galhos e pelas raízes das árvores poderá cortá-los sem prévia comunicação ao proprietário da árvore. E mais, o dono da árvore não fará jus a nenhuma indenização no caso de perecimento da árvore em razão dos cortes. É, pois, um *direito potestativo* do proprietário do imóvel vizinho.

PONTES DE MIRANDA afirma que "o direito de cortar é direito formativo dependente, porque faz parte do conteúdo do direito de propriedade e

---

17 Correspondente ao art. 556 do CCB/1916.
18 Tribunal de Alçada do Rio Grande do Sul. RECURSO: APC. NÚMERO: 25503. DATA: 18.8.1981. SEGUNDA CÂMARA CÍVEL. RELATOR: ADROALDO FURTADO FABRÍCIO. ORIGEM: VENÂNCIO AIRES. Direito de vizinhança. Propriedade de àrvore limítrofe. Para os efeitos do art. 556 do Código Civil, o "tronco" e o ponto onde o caule emerge do solo, é a divisa entre os prédios e a linha superficial, não o plano vertical de que ela faz parte. Assim, a árvore que tem seu ponto de emergência inteiramente situado em um dos imóveis, pertence exclusivamente ao dono deste, não importando que uma inclinação ou distorção do caule o faça invadir, alguns metros acima do solo, o espaço aéreo correspondente ao prédio vizinho. O art. 558, do mesmo código, nenhuma relação guarda com o direito de propriedade sobre as árvores, assegurando simples direito prestativo ao corte de ramificações que ultrapassem o plano vertical, acima ou abaixo da superfície. Sentença confirmada. Decisão: negado provimento. Unânime.
19 Correspondente ao art. 558 do CCB/1916.

corresponde à *limitação* sofrida pelo direito de propriedade do outro prédio. O usufrutuário, o usuário, o habitador e o possuidor o têm. [...]. Em 1765, G. F. KRAUSE (*De Iure in arbores vicini, 14*) sustentou que o fato de ter deixado o dono da árvore que ela se lançasse para o terreno vizinho já significava que aquiescia em perder os ramos ultrapassantes, adquirindo-os o vizinho, dono ou possuidor".[20]

15.4.3. Os frutos caídos de árvore do terreno vizinho

Dispõe o artigo 1.284 que "os frutos caídos de árvore do terreno vizinho pertencem ao dono do solo onde caíram, se este for de propriedade particular".[21]

E quanto aos frutos pendentes, isto é, aqueles que ainda estão presos aos galhos da árvore? Os frutos pendentes pertencem ao proprietário da árvore, já que a propriedade do solo estende-se ao subsolo e ao espaço aéreo, até o limite da sua utilidade. Tais frutos, não obstante estarem presos nos galhos da árvore que invadem o imóvel vizinho, continuam presos ao galho e, destarte, continuam a pertencer ao proprietário da árvore. Daí que o proprietário ou possuidor vizinho não poderá colhê-los sem a autorização do proprietário da árvore.

Vale destacar que no momento que, por força natural, esses frutos caírem sobre o solo do vizinho, os frutos passarão a pertencer ao proprietário vizinho.

Este comando normativo tem como finalidade evitar que o proprietário da árvore, ao cair dos frutos no terreno vizinho, desejasse entrar no terreno deste com o propósito de recolher os frutos que ali caíram. Isto poderia até mesmo ensejar atos violentos entre os vizinhos. Assim, os frutos caídos, por força natural, passam a pertencer ao vizinho. Aqui não se incluem os frutos caídos em razão da ação do vizinho em balançar propositadamente os galhos da árvore.

O Desembargador VIRGÍLIO DE SÁ PEREIRA diz que a utilidade deste dispositivo legal "está no resguardar, por um lado, a inviolabilidade da propriedade; por outro, no atalhar as contendas eventuais resultantes do direito de nela penetrar para apanhar os frutos".[22] Afirma, ainda, que "pode ser isto uma razão digna de considerar-se, mas não explica, e muito menos legitima a tese de que os frutos da minha árvore deixam de ser meus porque caíram no prédio vizinho".[23]

---

20 PONTES DE MIRANDA. *Tratado de direito privado*. Parte especial. Tomo XIII. Rio de Janeiro: Borsoi, 1955, p. 316-317.
21 Correspondente ao art. 557 do CCB/1916.
22 SÁ PEREIRA, Virgílio de. Direito das coisas. In: LACERDA, Paulo. *Manual do Código Civil brasileiro*. Volume VIII. Rio de Janeiro: Jacintho Ribeiros dos Santos, 1929, p. 256.
23 Ibid.

O direito de propriedade, no caso dos frutos caídos (ou de aquisição antecipada), não é oriundo de direito de apropriação, mas de fato jurídico *stricto sensu*, tal como acontece com a propriedade dos frutos da árvore própria que caem.[24]

A regra do artigo 1.284 possui aplicação apenas em relação ao terreno particular. Se o terreno for público, não se aplica o referido dispositivo. Dessa forma, uma árvore nascida em terreno particular cujos galhos se estendem uns em direção ao terreno vizinho, outros em direção à calçada da rua. Pergunta-se: a quem pertencem os frutos caídos? Ora, os frutos que caíram no terreno do vizinho pertencem ao proprietário do solo onde caíram e os que caíram na rua ou em terreno público continuam a pertencer ao proprietário da árvore.

Em relação às árvores limítrofes, o Desembargador RICARDO TORRES HERMANN, do Tribunal de Justiça do Rio Grande do Sul – TJRS, decidiu que "DIREITO DE VIZINHANÇA. AÇÃO COMINATÓRIA. ÁRVORES LIMÍTROFES. ALEGAÇÃO DE INCÔMODOS GERADOS PELA SUJEIRA DAS FOLHAS E FRUTOS, BEM COMO PELA EXCESSIVA UMIDADE. Em restando configurado o uso nocivo da propriedade pela ré em função do plantio de árvores de grande porte na área limítrofe ao seu imóvel, ocasionando a queda de folhas e frutos no terreno do autor, bem como a produção de excessiva umidade, merece ser mantida a determinação contida na sentença de corte dos galhos que ultrapassem o limite divisório da propriedade. Sentença confirmada por seus próprios fundamentos. Recurso improvido (Recurso Cível nº 71000960401, Primeira Turma Recursal Cível, Turmas Recursais, Relator: Ricardo Torres Hermann, julgado em 19.10.2006)".

Da mesma forma: "DIREITO DE VIZINHANÇA – USO NOCIVO DA PROPRIEDADE – ÁRVORES QUE AVANÇAM SOBRE TERRENO VIZINHO E LANÇAM GALHOS, FOLHAS E RAÍZES – USO NOCIVO DA PROPRIEDADE – DANOS CAUSADOS EM PRÉDIO URBANO – INDENIZAÇÃO – RECONHECIMENTO. Comprovado pericialmente que raízes, galhos e folhas das árvores invadem o terreno vizinho e provocam danificações, a responsabilidade do proprietário pelos danos apurados emerge translúcida. RECURSO PARCIALMENTE PROVIDO (TJSP – Des. Emanuel Oliveira, com julgamento em 9.11.2005).

No mesmo diapasão, LUIZ DE LORENZI, do Segundo Tribunal de Alçada Civil de São Paulo, diz que "DIREITO DE VIZINHANÇA – USO NOCIVO DA PROPRIEDADE – VEGETAÇÃO QUE AVANÇA SOBRE TERRENO VIZINHO OU LANÇA FOLHAS E FRUTOS – CARACTERIZAÇÃO. Tendo a perícia comprovado que a vegetação limítrofe invade o terreno do vizinho, deixando cair folhas e frutos, entupindo calhas e causando umidade, fica configurado

---

24 PONTES DE MIRANDA. Op. cit., p. 321.

o uso nocivo da propriedade, devendo os ramos ser cortados, observada a regra de árvore limítrofe. Em razão disso, não há por que estabelecer a obrigação de limpeza das calhas. Ap. c/ Rev. 516.818 – 6ª Câm. – Rel. Juiz LUIZ DE LORENZI – J. 24.6.98".

15.5. Da passagem forçada

A *passagem forçada* é outra *limitação ao conteúdo do direito de propriedade*, consistindo no direito do proprietário do prédio rústico ou urbano que não possuir acesso à via pública, nascente ou porto, de exigir do vizinho passagem por seu terreno, mediante pagamento de indenização.

Diz o artigo 1.285 que "o dono do prédio que não tiver acesso à via pública, nascente ou porto, pode, mediante pagamento de indenização cabal, constranger o vizinho a lhe dar passagem, cujo rumo será judicialmente fixado, se necessário".[25]

O prédio que não possui acesso à via pública, nascente ou porto é o denominado *prédio encravado*, ou seja, se o proprietário ou possuidor de um prédio não tiver passagem direta para a rua, fonte ou porto, o seu imóvel será considerado como prédio encravado. Dessa maneira, o proprietário ou possuidor terá o direito de constranger os seus vizinhos a tolerar a sua passagem pelos imóveis vizinhos com o objetivo de chegar à rua, porto ou fonte. Daí o nome de *passagem forçada*.

Não há que se confundir a *passagem forçada* com a *servidão de passagem*. Nesta, o proprietário do imóvel também possui o direito de passar pelo imóvel vizinho. Qual seria, pois, a diferença? Ora, a *passagem forçada* é um direito de vizinhança, portanto, representa um direito pessoal (obrigacional), enquanto a *servidão de passagem* é um direito real. Uma segunda diferença: a *passagem forçada* só se admite para imóveis encravados, enquanto que a *servidão de passagem* pode se estabelecer em imóveis que tenham ambos passagem para rua. Logo, não há necessidade na servidão de passagem que o imóvel dominante seja encravado. Outra diferença é que a *passagem forçada* é obtida judicialmente, por meio da propositura de ação própria (ação de passagem forçada). É, destarte, a sentença judicial que estabelece a passagem forçada, a requerimento do proprietário encravado. Já a *servidão de passagem* é estabelecida contratualmente entre os proprietários interessados, sem interferência do Poder Judiciário.

Na ação de passagem forçada arbitrar-se-á também uma indenização que o proprietário encravado pagará aos vizinhos, uma vez que passa a ter o direito de passar pelos seus imóveis.

O rumo da passagem forçada não representa uma linha reta entre o imóvel encravado e a rua, senão é o caminho estabelecido pelo perito (topó-

---

25 Correspondente aos arts. 559 e 560 do CCB/1916.

grafo) que traçará os rumos da passagem forçada de forma a se obter a menor onerosidade para os vizinhos.

O rumo da passagem forçada deverá respeitar as casas, hortas, jardins, plantações de forma a manter a privacidade e a melhor utilização do imóvel vizinho. A largura da passagem vai depender diretamente da utilização econômica do imóvel, quer esteja ele situado em área urbana ou rural.

É o proprietário do imóvel encravado que terá a responsabilidade de conservar o rumo da passagem forçada.

Quem dará a passagem? Sofrerá o constrangimento o vizinho cujo imóvel mais natural e facilmente se prestar à passagem (CC 2002 – Art. 1.285, § 1º).[26]

Se ocorrer alienação parcial do prédio, de modo que uma das partes perca o acesso à via pública, nascente ou porto, o proprietário da outra deve tolerar a passagem (CC 2002 – Art. 1.285, § 2º).[27] Se o imóvel é dividido ao meio em razão da alienação de parte do imóvel e parte do imóvel ficar encravada, aquele que o alienou deverá tolerar a passagem forçada em seu prédio, uma vez que ele próprio causou o encravamento.

O § 3º do artigo 1.285 diz: "aplica-se o disposto no parágrafo antecedente ainda quando, antes da alienação, existia passagem através de imóvel vizinho, não estando o proprietário deste constrangido, depois, a dar outra".[28]

Em relação à *passagem forçada*, o Conselho da Justiça Federal, na I Jornada de Direito Civil, editou o seguinte enunciado: "CJF – Enunciado 88 – Art. 1.285: O direito de passagem forçada, previsto no art. 1.285 do CC, também é garantido nos casos em que o acesso à via pública for insuficiente ou inadequado, consideradas, inclusive, as necessidades de exploração econômica".

Seguem, abaixo, jurisprudências selecionadas acerca da *passagem forçada*:

a) CIVIL. DIREITOS DE VIZINHANÇA. PASSAGEM FORÇADA (CC, ART. 559). IMÓVEL ENCRAVADO. Numa era em que a técnica da engenharia dominou a natureza, a noção de imóvel encravado já não existe em termos absolutos e deve ser inspirada pela motivação do instituto da passagem forçada, que deita raízes na supremacia do interesse público; juridicamente, encravado é o imóvel cujo acesso por meios terrestres exige do respectivo proprietário despesas excessivas para que cumpra a função social sem inutilizar o terreno do vizinho, que em qualquer caso será indenizado pela só limitação do domínio. Recurso especial conhecido e provido em

---

26 Sem correspondência ao CCB/1916.
27 Sem correspondência ao CCB/1916.
28 Sem correspondência ao CCB/1916.

parte. (REsp 316.336/MS, Rel. Ministro ARI PARGENDLER, TERCEIRA TURMA, julgado em 18.8.2005, DJ 19.9.2005 p. 316);
b) CIVIL. USUCAPIÃO. Quem aproveitava a passagem forçada como locatário do prédio dominante não pode, depois de adquirir-lhe a propriedade, valer-se desse tempo para usucapir o prédio serviente, se ambos os imóveis pertenciam ao locador. Recurso especial conhecido e provido (REsp 208.509/SC, Rel. Ministro ARI PARGENDLER, TERCEIRA TURMA, julgado em 7.4.2003, DJ 23.8.2004 p. 227);
c) TJSP. Comarca: José Bonifácio. Relator: JOSÉ TARCISO BERALDO. Órgão julgador: 14ª Câmara de Direito Privado. Julgamento em 5.11.2008. DIREITO DE VIZINHANÇA – Passagem forçada – Pretensão à extinção – Inexistência de via alternativa a tanto não equivalendo simples trilha para passagem de gado – Vizinho, ademais, que adquiriu imóvel quando já em exercício o direito de passagem – Alteração da produção agrícola que não implica em abuso de direito pelo beneficiado da passagem – Sentença de improcedência mantida – Apelação improvida.

Em relação ao direito comparado, o Código Civil português trata a questão da seguinte forma:

- CC-PORTUGUÊS. ARTIGO 1550º (Servidão em benefício de prédio encravado). 1. Os proprietários de prédios que não tenham comunicação com a via pública, nem condições que permitam estabelecê-la sem excessivo incômodo ou dispêndio, têm a faculdade de exigir a constituição de servidões de passagem sobre os prédios rústicos vizinhos. 2. De igual faculdade goza o proprietário que tenha comunicação insuficiente com a via pública, por terreno seu ou alheio.
- CC-PORTUGUÊS. ARTIGO 1551º (Possibilidade de afastamento da servidão). 1. Os proprietários de quintas muradas, quintais, jardins ou terreiros adjacentes a prédios urbanos podem subtrair-se ao encargo de ceder passagem, adquirindo o prédio encravado pelo seu justo valor. 2. Na falta de acordo, o preço é fixado judicialmente; sendo dois ou mais os proprietários interessados, abrir-se-á licitação entre eles, revertendo o excesso para o alienante.
- CC-PORTUGUÊS. ARTIGO 1552º (Encrave voluntário). 1. O proprietário que, sem justo motivo, provocar o encrave absoluto ou relativo do prédio só pode constituir a servidão mediante o pagamento de indemnização agravada. 2. A indemnização agravada é fixada, de harmonia com a culpa do proprietário, até ao dobro da que normalmente seria devida.

- CC-PORTUGUÊS. ARTIGO 1553º (Lugar da constituição da servidão). A passagem deve ser concedida através do prédio ou prédios que sofram menor prejuízo, e pelo modo e lugar menos inconvenientes para os prédios onerados.
- CC-PORTUGUÊS. ARTIGO 1554º (Indemnização). Pela constituição da servidão de passagem é devida a indemnização correspondente ao prejuízo sofrido.
- CC-PORTUGUÊS. ARTIGO 1555º (Direito de preferência na alienação do prédio encravado). 1. O proprietário de prédio onerado com a servidão legal de passagem, qualquer que tenha sido o título constitutivo, tem direito de preferência, no caso de venda, dação em cumprimento ou aforamento do prédio dominante. 2. É aplicável a este caso o disposto nos artigos 416º a 418º e 1410º. 3. Sendo dois ou mais os preferentes, abrir-se-á entre eles licitação, revertendo o excesso para o alienante.
- CC-PORTUGUÊS. ARTIGO 1556º (Servidões de passagem para o aproveitamento de águas). 1. Quando para seus gastos domésticos os proprietários não tenham acesso às fontes, poços e reservatórios públicos destinados a esse uso, bem como às correntes de domínio público, podem ser constituídas servidões de passagem nos termos aplicáveis dos artigos anteriores. 2. Estas servidões só serão constituídas depois de se verificar que os proprietários que as reclamam não podem haver água suficiente de outra proveniência, sem excessivo incômodo ou dispêndio.

15.6. Da passagem de cabos e tubulações

O novo Código Civil de 2002 criou um novo direito de vizinhança chamado de PASSAGEM FORÇADA DE CABOS E TUBULAÇÕES, nos artigos 1.286 e 1.287. Tal inovação reflete, em especial, o avanço tecnológico do homem moderno, já que as residências são dotadas de um conjunto de cabos e tubulações, tais como: internet, telefone, energia, água, gás etc. Ocorre que a passagem de cabos e tubulações nos imóveis vizinhos pode dar azo a uma série de conflitos na vizinhança.

O artigo 1.286 do nosso Código Civil diz que "mediante recebimento de indenização que atenda também à desvalorização da área remanescente, o proprietário é obrigado a tolerar a passagem, através de seu imóvel, de cabos, tubulações e outros condutos subterrâneos de serviços de utilidade pública, em proveito de proprietários vizinhos, quando de outro modo for impossível ou excessivamente onerosa".[29]

---

29 Sem correspondência ao CCB/1916.

O proprietário que tolera a passagem no seu imóvel, de cabos, tubulações e outros condutos subterrâneos de serviço de utilidade pública terá direito a uma indenização que atenda à desvalorização da área remanescente. Esta indenização será calculada por perito de acordo com cada caso concreto específico.

O parágrafo único do artigo 1.286 preceitua que "o proprietário prejudicado pode exigir que a instalação seja feita de modo menos gravoso ao prédio onerado, bem como, depois, seja removida, à sua custa, para outro local do imóvel".[30]

O que se pretende é que a referida instalação seja realizada de forma menos gravosa ao prédio do proprietário prejudicado.

O vizinho prejudicado, ou seja, aquele que é constrangido a tolerar a passagem de cabos, tubulações e outros condutos, poderá exigir que o cabeamento seja realizado subterraneamente e, se esta atividade oferecer risco à sua segurança, poderá exigir medidas de proteção, e.g., o isolamento dos cabos ou o aprofundamento da passagem.

É o que diz o teor do artigo 1.287, verbis: "se as instalações oferecerem grave risco, será facultado ao proprietário do prédio onerado exigir a realização de obras de segurança".[31]

O Desembargador MANOEL JUSTINO BEZERRA FILHO, do Tribunal de Justiça do Estado de São Paulo – TJSP, da Comarca de Osasco, da 35ª Câmara de Direito Privado, em 24.11.2008 decidiu que "Direito de vizinhança – Impossibilidade de uso de tubulações do prédio inferior – Possibilidade de outra solução – Legitimidade daquele que detém a posse – Dano moral devido – Na forma do art. 1.286, o proprietário do imóvel inferior só é obrigado a permitir a passagem de tubulações pelo seu terreno em caso de impossibilidade de outra solução ou em caso de excessiva onerosidade para o vizinho; inexistentes tais situações, o proprietário do prédio superior deve abster-se do uso das tubulações do prédio inferior, sendo-lhe permitida apenas a passagem das águas pluviais que correm naturalmente naquele sentido (art. 1.228 CC). O proprietário ou o detentor da posse tem legitimidade para ajuizar ação objetivando impedir o uso danoso por parte do lindeiro. São devidos danos morais ante o acentuado incômodo causado à usuária do terreno inferior. – Recurso dos requeridos não provido; recurso adesivo da autora parcialmente provido".

Da mesma forma, o Desembargador MAURO CONTI MACHADO, do TJSP, Comarca de São Paulo, da 19ª Câmara de Direito Privado, em 25.8.2008, prolatou a seguinte decisão: "Manutenção de posse. Construção do sistema de esgoto. Exposição no imóvel vizinho. Turbação. Configuração. A despeito da previsão legal de obrigatoriedade de passagem de tubulações por imóvel vizinho, se de utilidade pública, a norma material exige que seja feita através

---

30 Sem correspondência ao CCB/1916.
31 Sem correspondência ao CCB/1916.

Capítulo 15 – Dos Direitos de Vizinhança

do subterrâneo. Inteligência do artigo 1.286 do Diploma Civil. Recurso a que se nega provimento".

15.7. Das Águas

O Código Civil de 1916 tratava as águas nos artigos 563 a 568. *A posteriori* entrou em vigor o *Código de Águas* (Decreto nº 24.643, de 10 de julho de 1934).

O Código Civil de 2002 procura disciplinar a matéria com o enfoque no direito de vizinhança, já que é possível o surgimento de litígios entre vizinhos envolvendo a passagem e a utilização da água.

15.7.1. Águas que correm naturalmente do prédio superior

A primeira regra específica no Código Civil brasileiro acerca do direito de vizinhança que envolva a questão das águas dispõe sobre a passagem das águas que fluem naturalmente do prédio superior para o inferior, já que as águas correm sempre do prédio superior para o inferior.

O artigo 1.288 determina que "o dono ou o possuidor do prédio inferior é obrigado a receber as águas que correm naturalmente do superior, não podendo realizar obras que embaracem o seu fluxo; porém a condição natural e anterior do prédio inferior não pode ser agravada por obras feitas pelo dono ou possuidor do prédio superior".[32]

Assim, o dono ou possuidor do prédio inferior é obrigado a receber as águas que escoam naturalmente do prédio superior. É uma espécie de direito de vizinhança gratuito que deve ser conformado pelo princípio da solidariedade entre os membros de uma mesma vizinhança.[33]

---

32 Correspondente ao art. 563 do CCB/1916.
33 AGRAVO DE INSTRUMENTO Nº 490.066 – SP (2002/0151829-8) RELATOR: MINISTRO CASTRO FILHO. AGRAVO DE INSTRUMENTO. RECURSO ESPECIAL. PREQUESTIONAMENTO. SÚMULAS 282 E 356/STF. DIVERGÊNCIA JURISPRUDENCIAL. NÃO COMPROVAÇÃO. REEXAME DE PROVA. DANO MORAL. SÚMULA 07/STJ. I – O prequestionamento, necessidade de o tema objeto do recurso haver sido examinado pela decisão atacada, constitui exigência inafastável da própria previsão constitucional do recurso especial. Sem o exame da matéria objeto do especial pelo tribunal "a quo", incidem os enunciados das Súmulas 282 e 356 do Supremo Tribunal Federal. II – Só se conhece do recurso especial pela alínea "c", se o dissídio jurisprudencial estiver comprovado nos moldes exigidos pelos artigos 541, parágrafo único, do Código de Processo Civil, e 255, parágrafos 1º e 2º, do Regimento Interno desta Corte, com a descrição da similitude fática e os pontos divergentes das decisões. III – A função da instância excepcional é velar pela exata aplicação do direito aos fatos soberanamente examinados pelas decisões recorridas. Por conseguinte, em sede de recurso especial, é impossível reexaminar matéria de fato ou de prova, por expressa vedação do enunciado da Súmula 07/STJ. IV – Consideradas as peculiaridades do caso, não se vislumbra modicidade no valor fixado a título de danos morais, capaz de superar o óbice da Súmula 7/STJ e justificar a intervenção da Corte. Agravo improvido. RELATÓRIO E DECISÃO: Trata-se de agravo de instrumento interposto por JOSÉ SIMPLÍCIO

DA SILVA contra decisão que, na origem, não admitiu seu recurso especial, interposto em desfavor de PENHA PALACE HOTEL. Cuida-se, originalmente, de ação cominatória c/c indenização por perdas e danos e danos morais proposta pelo ora agravante. Em primeira instância, foi julgado parcialmente procedente o pedido. Inconformado, o autor apelou, e o colendo Segundo Tribunal de Alçada do Estado de São Paulo, à unanimidade, deu parcial provimento ao recurso. Irresignado, o ora agravante interpôs recurso especial, com fundamento no artigo 105, inciso III, alíneas "a" e "c", da Constituição Federal. Em suas razões, alegou violação aos artigos 69 e 138 do Código de Águas e 563 do Código Civil de 1.916. Sustentou, ainda, que o acórdão recorrido divergiu de julgados de outros tribunais.É o relatório, em síntese. Primeiramente, quanto à alegada violação aos artigos 69 e 138 do Código de Águas e 563 do Código Civil de 1916, ausente pressuposto indispensável. Conforme tem reiteradamente afirmado a jurisprudência deste Superior Tribunal de Justiça, imprescindível que se tenha como configurado o prequestionamento, ou seja, quando as normas não só hajam sido lançadas a debate no apelo ordinário, mas também tenham sido objeto de deliberação do colegiado. É assente a necessidade do prequestionamento explícito, admitindo-se, em casos excepcionais, o denominado prequestionamento implícito Porém, no caso, a tese não foi devidamente debatida, nem de forma implícita. O recorrente não se utilizou dos embargos de declaração para a viabilização do recurso, sabendo-se que a simples alegação de que a lei foi contrariada não é suficiente para justificar o recurso pela alínea "a" da previsão constitucional. Aplicam-se, à espécie, as súmulas 282 e 356 do STF. Melhor sorte não assiste ao agravante quanto à alegação de divergência jurisprudencial, pois ausente a similitude fática dos paradigmas colacionados. Sem a similitude fática dos casos confrontados, não há divergência jurisprudencial a justificar a admissibilidade do recurso especial. Nesse sentido, entre inúmeros outros, os seguintes precedentes: REsp nº 332.590 – Rel. Min. Nancy Andrighi – DJ 19.11.01, p. 00268; REsp nº 316.052 – Rel. Min. Carlos Alberto Menezes Direito – DJ 29.10.01, p. 00204; ADREsp nº 221.358 – Rel. Min. Nancy Andrighi – DJ 22.10.01, p. 00318; AGA nº 304.683 – Rel. Min. Paulo Medina – DJ 8.10.01, p. 00203; AGA nº 316.486 – de minha relatoria – DJ 17.9.01, p. 00158; AGREsp nº 146.142 – Rel. Min. Eliana Calmon – DJ 20.8.01, p. 00425. Não preenchidos, portanto, os requisitos exigidos pelos artigos 541, parágrafo único, do Código de Processo Civil, e 255, parágrafos 1º e 2º, do Regimento Interno desta Corte. O acórdão recorrido, apreciando os fatos e documentos, concluiu que: " A r. sentença bem decidiu a controvérsia de cunho cominatório, ao ponderar que 'muito embora em relação às medidas corretivas tenha o réu adotado outro critério, o experto entendeu que a solução adotada apresenta eficácia e é a única possível para a realidade dos fatos' ". Iniludivelmente, nos processos dessa natureza, a avaliação quanto ao direito de vizinhança não pode ser dissociada da análise das peculiaridades de cada caso concreto, a partir da própria dinâmica dos fatos, dos documentos, dos depoimentos testemunhais e pessoais dos envolvidos, cujo reexame não se mostra consentâneo com a natureza excepcional da via eleita, dada a impossibilidade de serem reexaminadas no especial, as questões fático-probatórias em que assentada a conclusão do acórdão, a teor do que dispõe o Enunciado nº 07 da Súmula deste Tribunal. Por esse motivo, em casos que tais não se me afigura possível, via de regra, a comprovação do dissídio jurisprudencial, na medida em que a conclusão assentada em cada julgamento decorre necessariamente do exame das particularidades fáticas que lhe são peculiares. Quanto ao valor fixado pelo tribunal de origem, em que pesem as alegações expendidas pelo ora agravante, não são elas suficientes para imprimir modificação ao entendimento manifestado pelo acórdão recorrido em relação ao *quantum* indenizatório, pois consideradas as peculiaridades do caso, não se vislumbra exagero no valor fixado a título de danos morais na hipótese de furto do cartão de crédito não solicitado, capaz de superar o óbice da Súmula 7/STJ e justificar a intervenção da Corte. Pelo exposto, nego provimento ao agravo. Intimem-se. Brasília (DF), 22 de abril de 2003. MINISTRO CASTRO FILHO, Rela-

Trata-se, portanto, das águas naturais que fluem do prédio superior para o inferior.

O proprietário ou possuidor não poderá construir barreiras ou muros que impeçam a passagem das águas do prédio superior para o prédio inferior, já que poderia causar alagamento do prédio superior pela não fluidez das águas.[34]

Já o proprietário ou possuidor do prédio superior não poderá realizar obras que modifiquem a fluência das águas de modo a agravar os prejuízos do prédio inferior.

Neste sentido, o CONSELHEIRO LAFAYETTE ensina que "da servidão natural de escoamento das águas resulta para o dono do prédio inferior a obrigação de não embaraçar o fluxo das águas do prédio superior para o seu, levantando, por exemplo, açude ou muro que as desvie ou represe.

E o senhor do prédio superior fica inibido de nele praticar obras que tornem a servidão mais onerosa, como ajuntar as águas em canal e imprimir-lhes mais rapidez e veemência".[35]

O que seriam as águas que correm naturalmente? SÁ PEREIRA diz que nesta cláusula se compreendem: a) as águas pluviais e b) as águas nascentes.[36]

Assim, ficam excluídos desta compreensão: a) as águas de poços, cisternas e reservatórios; b) as provenientes de fábricas, usinas e oficinas industriais; c) as que escorrem do teto; d) as defluentes de áreas inclinadas para o fundo inferior; e) as águas de um açude formado pelo proprietário superior.[37]

O Desembargador SÁ PEREIRA afirma ainda que "não é que as águas, que correm naturalmente, não causem dano como as outras, cujo curso é devido à arte do homem, às vezes mesmo ele será muito maior naquele caso que neste. Mas é que naquele o dano não é juridicamente reparável, isto é, o proprietário do prédio inferior não pode exigir ao dono do prédio superior

---

tor (Ministro CASTRO FILHO, 8.5.2003).
34 RESPONSABILIDADE CIVIL. DESABAMENTO DE MURO. ALAGAMENTO DE SUBSOLO. DANOS EM VEÍCULOS. IMPUTAÇÃO À CONSTRUTORA RÉ, QUE LEVANTOU EDIFÍCIO EM TERRENO LINDEIRO. RECEBIMENTO DE ÁGUAS NATURAIS EM RAZÃO DE DECLIVE DE TERRENO. LAUDO PERICIAL QUE IMPUTA A RESPONSABILIDADE À REDE DE ESGOTOS PLUVIAIS, QUE NÃO TEM CAPACIDADE DE ABSORVER A ÁGUA, ENSEJANDO TRANSBORDES. 1. Existindo laudo pericial nos autos apontando a responsabilidade pelo alagamento à rede pluvial, que não tem capacidade para a absorção das águas da chuva, não se pode impor a responsabilidade à demandada, pois esta não ensejou o agravamento da situação quando construiu o edifício, nos termos dos artigos 563 do CC/1916 e 1.288 da nova lei civil. APELO DESPROVIDO (Apelação Cível nº 70006667919, Nona Câmara Cível, Tribunal de Justiça do RS, Relator: Nereu José Giacomolli, julgado em 13.8.2003).
35 PEREIRA, Lafayette Rodrigues. *Direito das coisas*. Edição histórica. Vol. I. Rio de Janeiro: Rio, 1977, p. 393-394.
36 SÁ PEREIRA. Op. cit., p. 263.
37 Ibid.

que o indenize do prejuízo sofrido, porque, como dizia o jurisconsulto romano, não é a água, mas a natureza do terreno que o causa – *non aqua sed loci natura nocet* (Dig. *de aqua et aquae pluviae arcendoe*, 1, 14).[38]

O Ministro CÉSAR ASFOR ROCHA, ao julgar o Agravo de Instrumento nº 624.962 – MG (2004/0117295-3), decidiu: "1. Agrava-se de decisão que negou seguimento a recurso especial, fundado na alínea "a" do permissivo constitucional, em que se alega ofensa ao art. 563 do CCB/1916. 2. Não merece prosperar o inconformismo. 3. A agravante aponta violação do art. 563 do CCB/1916 por dois motivos. Alega, primeiro, que tem obrigação de receber apenas as águas naturais advindas do prédio superior e não as artificiais que, segundo alega, é o caso dos autos. Em segundo, que a citada norma determina tão somente que o prédio inferior deve suportar as águas pluviais advindas do prédio superior, não prevendo a obrigação daquele de arcar com os custos da recanalização dessa rede de águas, os quais, conforme defende, devem ser pagos pelo proprietário do prédio superior. Em razão disso, pleiteia indenização pelos valores despendidos com as obras de desvio do escoamento da rede de água pluvial que teve que promover. 4. Relativamente ao primeiro ponto, infere-se das decisões proferidas na apelação e nos embargos de declaração que o acórdão recorrido considerou serem naturais as águas que escorrem para o prédio da agravante, conforme se depreende dos seguintes excertos: "Tratando dos direitos de vizinhança, o Código Civil, em seu artigo 563, é claro ao dispor: 'Art. 563 – O dono do prédio inferior é obrigado a receber as águas que correm naturalmente do superior...' (...) Mediante tais ensinamentos, vê-se que as águas descritas pela lei são apenas as pluviais e as de nascentes, referentes ao escoamento natural, não estando aí incluídas as extraídas artificialmente, ou mesmo os esgotos e os detritos provenientes do prédio superior, como no caso dos autos. (fls. 56/57). "Inicialmente, quanto à alegação de que o embargado deveria ter sido condenado a ressarcir a embargante por gastos com obras de remanejamento da rede pluvial, não merece prosperar. É que, como ressaltado no r. acórdão, o prédio inferior está obrigado a suportar as águas pluviais do prédio superior, e, consequentemente, a arcar com os gastos a elas referentes". (fl. 72). Portanto, o acolhimento da pretensão recursal demandaria necessariamente o reexame do conjunto fático-probatório da causa, tarefa, como cediço, inexequível na via eleita, a teor do Enunciado nº 7 da Súmula desta Corte. 5. Quanto ao pedido de indenização pelos valores despendidos com as obras de desvio do escoamento da rede de água pluvial que teve que promover, observo que a norma apontada como contrariada não ampara a pretensão. Confira-se: "Art. 563. O dono do prédio inferior é obrigado a receber as águas que correm naturalmente do superior. Se o dono deste fizer obras de arte, para facilitar o

---

38 Ibid.

escoamento, procederá de modo que não piore a condição natural e anterior do outro". 6. Isso posto, nego provimento ao agravo. Publique-se. Brasília, 11 de outubro de 2004. MINISTRO CÉSAR ASFOR ROCHA, Relator (Ministro CÉSAR ASFOR ROCHA, 3.11.2004)".

15.7.2. Águas artificiais

O artigo 1.289 do nosso Código Civil brasileiro trata de *águas artificialmente levadas para o prédio superior*. As *águas artificiais* são aquelas que o proprietário do prédio superior capta do subsolo por meio de bombas de sucção ou que traz de outro local, *e.g.*, de um tanque. São águas coletadas artificialmente e armazenadas no prédio superior. Neste caso, o proprietário pode impedir o escoamento dessas águas no seu imóvel, exigindo que o escoamento destas águas se desvie do seu imóvel, ou então poderá reclamar indenização pelos danos que o escoamento dessas águas artificiais causar em seu imóvel.

O escoamento das águas artificiais que fluem do prédio superior para o inferior pode trazer prejuízo ou benefício para o proprietário ou possuidor do prédio inferior. A indenização será calculada levando-se em consideração os benefícios e os prejuízos ao prédio inferior. É o perito judicial que fará a compensação dos benefícios do escoamento das águas para o prédio inferior, bem como a verificação dos prejuízos.

O artigo 1.289 preceitua que "quando as águas, artificialmente levadas ao prédio superior, ou aí colhidas, correrem dele para o inferior, poderá o dono deste reclamar que se desviem, ou se lhe indenize o prejuízo que sofrer".[39]

O parágrafo único do referido dispositivo informa que "da indenização será deduzido o valor do benefício obtido".[40]

As águas são artificialmente levadas ao prédio superior pela atuação humana. Daí, por não atingirem o prédio de forma natural, poderá o dono do prédio inferior reclamar que as desviem ou que seja paga uma indenização.[41]

15.7.3. Águas remanescentes

O artigo 1.290 do nosso Código Civil informa: "O proprietário de nascente, ou do solo onde caem águas pluviais, satisfeitas as necessidades de seu

---

39 Correspondente ao art. 564 do CCB/1916.
40 Sem correspondência ao CCB/1916.
41 DECRETO Nº 24.643, de 10 de julho de 1934. Decreta o Código de Águas. Art. 92. Mediante indenização, os donos dos prédios inferiores, de acôrdo com as normas da servidão legal de escoamento, são obrigados a receber as águas das nascentes artificiais. Parágrafo único. Nessa indenização, porém, será considerado o valor de qualquer benefício que os mesmos prédios possam auferir de tais águas.

consumo, não pode impedir, ou desviar o curso natural das águas remanescentes pelos prédios inferiores".[42]

É, pois, uma norma de cunho ético que traduz a ênfase na socialização do direito, já que o proprietário de um prédio onde aflora uma nascente ou do solo onde caem águas pluviais, possui o direito de usar toda a água que ele necessitar para o seu consumo, mas sem impedir que o excedente flua para os imóveis vizinhos, com vistas ao seu consumo. O que se pretende com isso é o aproveitamento da água (bem da natureza) por todos, sem índole de propriedade exclusiva.

Dessa maneira, o proprietário do terreno que tenha nascente ou se a chuva faz com que essas águas corram do seu terreno para o outro, aquele não pode impedir que o remanescente das águas beneficie o vizinho. Melhor dizendo: neste caso, a sobra das águas deverá ser utilizada pelos vizinhos.[43]

No mesmo sentido, o Código de Águas (Decreto nº 24.643, de 10 de julho de 1934) diz que:

a) Art. 90. O dono do prédio onde houver alguma nascente, satisfeitas as necessidades de seu consumo, não pode impedir o curso natural das águas pelos prédios inferiores.
b) Art. 101. Depende de concessão administrativa a abertura de poços em terrenos do domínio público.
c) Art. 102. Consideram-se águas pluviais as que procedem imediatamente das chuvas.
d) Art. 103. As águas pluviais pertencem ao dono do prédio onde caírem diretamente, podendo este dispor delas à vontade, salvo existindo direito em sentido contrário. Parágrafo único. Ao dono do prédio, porém, não é permitido: 1º, desperdiçar essas águas em prejuízo dos outros prédios que delas se possam aproveitar, sob pena de indenização aos seus proprietários; 2º, desviar essas águas de seu curso natural para lhes dar outro, sem consentimento expresso dos donos dos prédios que irão recebê-las.

---

42 Correspondência ao art. 565 do CCB/1916.
43 AÇÃO COMINATÓRIA. FECHAMENTO DE NASCENTE D'ÁGUA EM RODOVIA FEDERAL. LEGITIMIDADE ATIVA DOS VIZINHOS PARA EXIGIR O RESTABELECIMENTO DA NASCENTE. Sendo assegurado o uso gratuito de qualquer corrente ou nascente de água, para as primeiras necessidades da vida, consoante dispõe o art. 34 do Código de Águas, não pode o réu fechar nascente d'água existente à margem de rodovia federal, apesar de situada em frente a sua residência. Legitimidade e direito do vizinho demandar o restabelecimento de dita nascente. Recurso provido (Recurso Cível Nº 71001003565, Terceira Turma Recursal Cível, Turmas Recursais, Relator: Ricardo Torres Hermann, Julgado em 28.11.2006).

15.7.4. Proibição de poluição das águas

O possuidor do imóvel superior não poderá poluir as águas indispensáveis às primeiras necessidades da vida dos possuidores dos imóveis inferiores; as demais, que poluir, deverá recuperar, ressarcindo os danos que estes sofrerem, se não for possível a recuperação ou o desvio do curso artificial das águas (CCB, art. 1.291).[44]

Ora, não resta dúvida de que o imóvel que possui em seu interior uma nascente é mais valorizado, já que a água otimiza economicamente o imóvel. A preocupação maior é com o meio ambiente. O proprietário do prédio superior não poderá poluir a água que fluirá para os prédios inferiores. Se o fizer, terá que indenizar os proprietários vizinhos pelos danos que essa poluição causar.

Neste sentido, o Código de Águas afirma em seus artigos 98 e 109, respectivamente:

a) Art. 98. São expressamente proibidas construções capazes de poluir ou inutilizar para o uso ordinário a água do poço ou nascente alheia, a elas preexistentes.

b) Art. 109. A ninguém é lícito conspurcar ou contaminar as águas que não consome, com prejuízo de terceiros.

O Conselho da Justiça Federal, na III Jornada de Direito Civil, editou o Enunciado 244, *verbis*: "CJF – Enunciado 244 – Art. 1.291: O art. 1.291 deve ser interpretado conforme a Constituição, não sendo facultada a poluição das águas, quer sejam essenciais ou não às primeiras necessidades da vida.

15.7.5. Direito de represamento

O proprietário tem direito de construir barragens, açudes, ou outras obras para represamento de água em seu prédio; se as águas represadas invadirem prédio alheio, será o seu proprietário indenizado pelo dano sofrido, deduzido o valor do benefício obtido (CCB, art. 1.292).[45] [46]

É possível que o proprietário de um imóvel faça açudes, tanques, barragens para coleta da água, visando ao seu armazenamento, desde que esta ação não traga prejuízo ao imóvel vizinho. Todavia, se tais açudes ou tanques transbordarem causando inundações nos imóveis vizinhos, o proprietário terá que indenizar os prejudicados.

---

44 Sem correspondência ao CCB/1916.
45 Sem correspondência ao CCB/1916.
46 DECRETO Nº 24.643, de 10 de julho de 1934. Decreta o Código de Águas. Art. 119. O direito de derivar águas nos termos dos artigos antecedentes compreende também o de fazer as respectivas presas ou açudes.

Dessa forma, é direito do proprietário o armazenamento da água para o seu consumo, não se permitindo, pois, que tais atos tragam prejuízos aos vizinhos.

15.7.6. Direito de aqueduto

O artigo 1.293 do Código Civil trata do *direito de aqueduto*. A regra afirma que "é permitido a quem quer que seja, mediante prévia indenização aos proprietários prejudicados, construir canais, através de prédios alheios, para receber as águas a que tenha direito, indispensáveis às primeiras necessidades da vida, e, desde que não cause prejuízo considerável à agricultura e à indústria, bem como para o escoamento de águas supérfluas ou acumuladas, ou a drenagem de terrenos".[47][48]

Já o Código de Águas, em seu artigo 117, diz que "a todos é permitido canalizar pelo prédio de outrem as águas a que tenham direito, mediante prévia indenização ao dono deste prédio: a) para as primeiras necessidades da vida; b) para os serviços da agricultura ou da indústria; c) para o escoamento das águas superabundantes; d) para o enxugo ou bonificação dos terrenos".[49]

---

47 Correspondente ao art. 567 CCB/1916.
48 VII Jornada de Direito Civil – ENUNCIADO 598 – Na redação do art. 1.293, "agricultura e indústria" não são apenas qualificadores do prejuízo que pode ser causado pelo aqueduto, mas também finalidades que podem justificar sua construção. Parte da legislação: art. 1293 do Código Civil Justificativa: Houve um erro de revisão no art. 1.293 do Código Civil durante sua tramitação no Senado: onde se lê "... e, desde que não cause prejuízo considerável à agricultura e à indústria, bem como para o escoamento de águas...", deve-se ler "... e, desde que não cause prejuízo considerável, à agricultura e à indústria, bem como para o escoamento de águas...". O art. 1.293, da maneira em que inicialmente aprovado pela Câmara dos Deputados, possuía uma vírgula depois da palavra "considerável". Assim, aquedutos poderiam ser instituídos para quatro finalidades: (a.) primeiras necessidades, (b.) agricultura e indústria, (c.) escoamento de águas e (d.) drenagem de terrenos. O parâmetro do "prejuízo considerável" foi sugerido pelo Dep. Francisco Amaral (Emenda nº 675 da Câmara) como meio de impedir que, em todas essas quatro hipóteses, a construção de aquedutos pudesse causar lesões sérias ao direito de propriedade de terceiros. O Relator Especial da matéria aceitou essa emenda em parte: manteve o critério do "prejuízo considerável" para as hipóteses (b.), (c.) e (d.), mas deliberadamente retirou a hipótese (a.) ("primeiras necessidades") de seu alcance. Com esse conteúdo, o texto foi aprovado pelos Deputados. O Sen. Josaphat Marinho, na revisão ortográfica geral que fez no Projeto de Código Civil (Emenda nº 332 do Senado), enganou-se ao ajustar o art. 1.293: pensando que a vírgula que estava entre "considerável" e "à agricultura" era redundante, ele retirou-a. Essa vírgula, contudo, não deveria ter sido suprimida: ela era crucial para que o texto do art. 1.293 tivesse o sentido que os demais parlamentares queriam atribuir a ele.
49 DECRETO Nº 24.643, de 10 de julho de 1934. Art. 118. Não são passíveis desta servidão as casas de habitação e os pátios, jardins, alamedas, ou quintais, contíguos às casas. Parágrafo único. Esta restrição, porém, não prevalece no caso de concessão por utilidade pública, quando ficar demonstrada a impossibilidade material ou econômica de se executarem as obras sem a utilização dos referidos prédios.DECRETO Nº 24.643, de 10 de julho de 1934. Art. 120. A servidão que está em causa será decretada pelo Governo, no caso de aproveitamento das águas, em virtude de concessão por utilidade pública; e pelo juiz, nos

Capítulo 15 – Dos Direitos de Vizinhança

Ao proprietário prejudicado em tal caso, também assiste direito a ressarcimento pelos danos que de futuro lhe advenham da infiltração ou irrupção das águas, bem como da deterioração das obras destinadas a canalizá-las (CCB, art. 1.293, § 1º).[50]

No mesmo sentido, o artigo 121 do Código de Águas, *verbis*: "os donos dos prédios servientes têm também direito à indenização dos prejuízos que de futuro vierem a resultar da infiltração ou irrupção das águas, ou deterioração das obras feitas, para a condução destas. Para garantia deste direito, eles poderão desde logo exigir que se lhes preste caução".

Ademais, o proprietário prejudicado poderá exigir que seja subterrânea a canalização que atravessa áreas edificadas, pátios, hortas, jardins ou quintais (CCB, art. 1.293, § 2º).[51]

O aqueduto será construído de maneira que cause o menor prejuízo aos proprietários dos imóveis vizinhos, e a expensas do seu dono, a quem incumbem também as despesas de conservação (CCB, art. 1.293, § 3º).[52]

---

outros casos. § 3º A indenização não compreende o valor do terreno; constitui unicamente o justo preço do uso do terreno ocupado pelo aqueduto, e de um espaço de cada um dos lados, da largura que for necessária, em toda a extensão do aqueduto.DECRETO nº 24.643, de 10 de julho de 1934. Art. 123. A direção, natureza e forma do aqueduto devem atender ao menor prejuízo para o prédio serviente.DECRETO nº 24.643, de 10 de julho de 1934. Art. 124. A servidão que está em causa não fica excluída por que seja possível conduzir as águas pelo prédio próprio, desde que a condução por este se apresente muito mais dispendiosa do que pelo prédio de outrem.DECRETO nº 24.643, de 10 de julho de 1934. Art. 125. No caso de aproveitamento de águas em virtude de concessão por utilidade pública, a direção, a natureza e a forma do aqueduto serão aquelas que constarem dos projetos aprovados pelo Governo, cabendo apenas aos interessados pleitear em juízo os direitos a indenização.DECRETO nº 24.643, de 10 de julho de 1934. Art. 126. Correrão por conta daquele que obtiver a servidão do aqueduto todas as obras necessárias para a sua conservação, construção e limpeza. Parágrafo único. Para este fim, ele poderá ocupar, temporariamente, os terrenos indispensáveis para o depósito de materiais, prestando caução pelos prejuízos que possa ocasionar, se o proprietário serviente o exigir.DECRETO nº 24.643, de 10 de julho de 1934. Art. 127. É inerente a servidão de aqueduto o direito de trânsito por suas margens para seu exclusivo serviço.DECRETO nº 24.643, de 10 de julho de 1934. Art. 128. O dono do aqueduto poderá consolidar suas margens com relvas, estacadas, paredes de pedras soltas.DECRETO nº 24.643, de 10 de julho de 1934. Art. 129. Pertence ao dono do prédio serviente tudo que as margens produzem naturalmente. Não lhe é permitido, porém, fazer plantação, nem operação alguma de cultivo nas mesmas margens, e as raízes que nelas penetrarem poderão ser cortadas pelo dono do aqueduto.DECRETO nº 24.643, de 10 de julho de 1934. Art. 130. A servidão de aqueduto não obsta a que o dono do prédio serviente possa cercá-lo, bem como edificar sobre o mesmo aqueduto, desde que não haja prejuízo para este, nem se impossibilitem as reparações necessárias. Parágrafo único. Quando tiver de fazer essas reparações, o dominante avisará previamente ao serviente.

50 Correspondente ao parágrafo único do art. 567 CCB/1916.
51 Sem correspondência ao CCB/1916.
52 Sem correspondência ao CCB/1916.

Na mesma linha, o artigo 122 do Código de Águas: "se o aqueduto tiver de atravessar estradas, caminhos e vias públicas, sua construção fica sujeita aos regulamentos em vigor, no sentido de não se prejudicar o trânsito".

O Conselho da Justiça Federal, na III Jornada de Direito Civil, publicou o Enunciado 245, que informa: "CJF – Enunciado 245 – Art. 1.293: Muito embora omisso acerca da possibilidade de canalização forçada de águas por prédios alheios, para fins da agricultura ou indústria, o art. 1.293 não exclui a possibilidade da canalização forçada pelo vizinho, com prévia indenização aos proprietários prejudicados".

Vale dizer que se aplica ao direito de aqueduto o disposto nos arts. 1.286 e 1.287 do Código Civil brasileiro.[53]

O aqueduto não impedirá que os proprietários cerquem os imóveis e construam sobre ele, sem prejuízo para a sua segurança e conservação; os proprietários dos imóveis poderão usar das águas do aqueduto para as primeiras necessidades da vida (CCB, art. 1.295).[54] [55]

15.7.7. Canalização de águas supérfluas

Diz o artigo 1.296 do nosso Código Civil que "havendo no aqueduto águas supérfluas, outros poderão canalizá-las, para os fins previstos no art. 1.293, mediante pagamento de indenização aos proprietários prejudicados e ao dono do aqueduto, de importância equivalente às despesas que então seriam necessárias para a condução das águas até o ponto de derivação".[56]

Têm preferência os proprietários dos imóveis atravessados pelo aqueduto (CCB, art. 1.296, parágrafo único).[57]

Assim, no aqueduto (passagem forçada da água), as águas supérfluas (aquelas que excedem a necessidade do proprietário do imóvel que construiu o aqueduto) podem ser canalizadas ou utilizadas pelo proprietário vizinho, mediante indenização aos proprietários prejudicados e ao dono do aqueduto.

Neste sentido, o Código de Águas afirma no artigo 134 e parágrafos que "se houver águas sobejas no aqueduto, e outro proprietário quiser ter parte nelas, esta lhe será concedida, mediante prévia indenização, e pagando,

---

53 Sem correspondência ao CCB/1916.
54 Sem correspondência ao CCB/1916.
55 DECRETO Nº 24.643, de 10 de julho de 1934. Decreta o Código de Águas. Art. 130. A servidão de aqueduto não obsta a que o dono do prédio serviente possa cercá-lo, bem como edificar sobre o mesmo aqueduto, desde que não haja prejuízo para este, nem se impossibilitem as reparações necessárias. Parágrafo único. Quando tiver de fazer essas reparações, o dominante avisará previamente ao serviente.DECRETO Nº 24.643, de 10 de julho de 1934. Decreta o Código de Águas. Art. 134. Se houver águas sobejas no aqueduto, e outro proprietário quiser ter parte nas mesmas, esta lhe será concedida, mediante prévia indenização, e pagando, além disso, a quota proporcional à despesa feita com a condução delas até ao ponto de onde se pretendem derivar.[...] § 2º Para as primeiras necessidades da vida, o dono do prédio serviente poderá usar gratuitamente das águas do aqueduto.
56 Sem correspondência ao CCB/1916.
57 Sem correspondência ao CCB/1916.

além disso, a quota proporcional a despesa feita com a condução delas até ao ponto de onde se pretendem derivar. § 1º Concorrendo diversos pretendentes, serão preferidos os donos dos prédios servientes. § 2º Para as primeiras necessidades da vida, o dono do prédio serviente poderá usar gratuitamente das águas do aqueduto".

15.8. Direito de tapagem e dos limites entre prédios

Outro direito de vizinhança é o *direito de tapagem*. Determina o artigo 1.297 do nosso Código Civil que "o proprietário tem direito a cercar, murar, valar ou tapar de qualquer modo o seu prédio, urbano ou rural, e pode constranger o seu confinante a proceder com ele à demarcação entre os dois prédios, a aviventar rumos apagados e a renovar marcos destruídos ou arruinados, repartindo-se proporcionalmente entre os interessados as respectivas despesas".[58]

Dessa forma, todo proprietário ou possuidor de um prédio tem o direito de tapá-lo, ou seja, murá-lo, fechá-lo à vista dos estranhos. Esta ação pode ser realizada por meio de cercas vivas, muros ou qualquer material que proteja a privacidade do proprietário ou possuidor.

Vale dizer que o *direito de tapagem* também tem uma conotação de segurança, já que impede a invasão do prédio por pessoas estranhas ou terceiros. O direito de tapagem não é absoluto, uma vez que existem regras municipais estabelecendo a altura dos muros, bem como outras normas visando à segurança dos vizinhos.

Os limites entre prédios também constituem um direito de vizinhança. O proprietário de um imóvel pode obrigar o vizinho a fixar os limites entre os prédios, ou seja, que o imóvel seja demarcado.

O processo de demarcação não se limita à fixação e assinalação das linhas divisórias quando inexistentes, mas podem representar o avivamento dos rumos apagados e a renovação dos marcos destruídos ou arruinados.

HUMBERTO THEODORO JÚNIOR destaca que "é o caráter de exclusividade e absolutismo do domínio, sem embargo das tendências restritivas e socializantes do direito moderno, que inclui e mantém nos poderes do proprietário o de forçar a demarcação do seu prédio ou a divisão do prédio comum, pois tanto a incerteza dos limites como a comunhão criam embaraços sérios e indesejáveis ao exercício completo das faculdades inerentes ao direito de propriedade que não podem persistir sempre que o dono se disponha a usufruir plenamente seus direitos subjetivos sobre o imóvel".[59]

A *ação demarcatória*, com rito especial, prevista no Código de Processo Civil (arts. 574 a 587), é aquela que possibilita o exercício do direito de de-

---

58 Correspondente aos artigos 569 e 588, *caput*, do CCB/1916.
59 THEODORO JÚNIOR, Humberto. *Curso de direito processual civil*: procedimentos especiais. Vol. III. 38. ed. Rio de Janeiro: Forense, 2007, p. 204.

marcar.⁶⁰ Esta ação visa eliminar as dúvidas quanto aos verdadeiros limites entre os prédios que podem se confundir.

ANTÔNIO CAMPOS RIBEIRO, com base em TITO FULGÊNCIO,⁶¹ diz que esta ação recebe diversas denominações nos variados sistemas jurídicos, tais como *bornage,* na França, e *deslinde,* nos países de língua espanhola.⁶²

---

60 CPC – Art. 574. Na petição inicial, instruída com os títulos da propriedade, designar-se-á o imóvel pela situação e pela denominação, descrever-se-ão os limites por constituir, aviventar ou renovar e nomear-se-ão todos os confinantes da linha demarcanda. Art. 575. Qualquer condômino é parte legítima para promover a demarcação do imóvel comum, requerendo a intimação dos demais para, querendo, intervir no processo.Art. 576. A citação dos réus será feita por correio, observado o disposto no art. 247.Parágrafo único. Será publicado edital, nos termos do inciso III do art. 259.Art. 577. Feitas as citações, terão os réus o prazo comum de 15 (quinze) dias para contestar.Art. 578. Após o prazo de resposta do réu, observar-se-á o procedimento comum.Art. 579. Antes de proferir a sentença, o juiz nomeará um ou mais peritos para levantar o traçado da linha demarcanda.Art. 580. Concluídos os estudos, os peritos apresentarão minucioso laudo sobre o traçado da linha demarcanda, considerando os títulos, os marcos, os rumos, a fama da vizinhança, as informações de antigos moradores do lugar e outros elementos que coligirem.Art. 581. A sentença que julgar procedente o pedido determinará o traçado da linha demarcanda.Parágrafo único. A sentença proferida na ação demarcatória determinará a restituição da área invadida, se houver, declarando o domínio ou a posse do prejudicado, ou ambos.Art. 582. Transitada em julgado a sentença, o perito efetuará a demarcação e colocará os marcos necessários.Parágrafo único. Todas as operações serão consignadas em planta e memorial descritivo com as referências convenientes para a identificação, em qualquer tempo, dos pontos assinalados, observada a legislação especial que dispõe sobre a identificação do imóvel rural.Art. 583. As plantas serão acompanhadas das cadernetas de operações de campo e do memorial descritivo, que conterá:I – o ponto de partida, os rumos seguidos e a aviventação dos antigos com os respectivos cálculos;II – os acidentes encontrados, as cercas, os valos, os marcos antigos, os córregos, os rios, as lagoas e outros;III – a indicação minuciosa dos novos marcos cravados, dos antigos aproveitados, das culturas existentes e da sua produção anual;IV – a composição geológica dos terrenos, bem como a qualidade e a extensão dos campos, das matas e das capoeiras;V – as vias de comunicação;VI – as distâncias a pontos de referência, tais como rodovias federais e estaduais, ferrovias, portos, aglomerações urbanas e polos comerciais;VII – a indicação de tudo o mais que for útil para o levantamento da linha ou para a identificação da linha já levantada.Art. 584. É obrigatória a colocação de marcos tanto na estação inicial, dita marco primordial, quanto nos vértices dos ângulos, salvo se algum desses últimos pontos for assinalado por acidentes naturais de difícil remoção ou destruição.Art. 585. A linha será percorrida pelos peritos, que examinarão os marcos e os rumos, consignando em relatório escrito a exatidão do memorial e da planta apresentados pelo agrimensor ou as divergências porventura encontradas. Art. 586. Juntado aos autos o relatório dos peritos, o juiz determinará que as partes se manifestem sobre ele no prazo comum de 15 (quinze) dias. Parágrafo único. Executadas as correções e as retificações que o juiz determinar, lavrar-se-á, em seguida, o auto de demarcação em que os limites demarcandos serão minuciosamente descritos de acordo com o memorial e a planta.Art. 587. Assinado o auto pelo juiz e pelos peritos, será proferida a sentença homologatória da demarcação.

61 FULGÊNCIO, Tito. *Direitos da vizinhança*: limites de prédios (demarcação), 23. ed., Rio de Janeiro: Forense, 1959, p. 59.

62 CAMPOS RIBEIRO, Antônio. Da divisão e da demarcação de terras particulares. In: FONSECA PINTO, Adriano Moura da. *Curso de direito processual civil*: procedimentos especiais.

É cabível propor-se a ação de demarcação, nas seguintes situações:[63]

- Quando não houver e nunca tiver havido demarcação de limites entre prédios contíguos.
- Quando, embora já tendo existido os rumos, por meio dos marcos divisórios, estes apagaram-se, desfiguraram-se, encontram-se encobertos por crescimento de vegetação, desbotados, mas ainda existem, e assim, necessitam ser aviventados, isto é, tornados, novamente, visíveis, para que atinjam sua finalidade.
- Se, tais marcos destruíram-se totalmente, por força natural ou voluntária, [...]".

A *ação de divisão e demarcação de terras particulares* está prevista no Código de Processo Civil nos artigos 569 a 573 (Disposições Gerais), artigos 574 a 587 (Da Demarcação) e artigos 588 a 598 (Da Divisão).

A *legitimação ativa* para a propositura das *ações demarcatórias e de divisão da coisa comum* encontra-se estabelecida no artigo 569, incisos I e II, do CPC, *verbis*: "Cabe: I – ao proprietário a ação de demarcação, para obrigar o seu confinante a estremar os respectivos prédios, fixando-se novos limites entre eles ou aviventando-se os já apagados; II – ao condômino a ação de divisão, para obrigar os demais consortes a estremar os quinhões".

Qual a natureza da ação? HUMBERTO THEODORO JÚNIOR[64], fundamentado em AFFONSO FRAGA[65], afirma que são *ações reais*.

Da mesma forma, CAMPOS RIBEIRO ensina que "são ações reais, visto terem por objeto um bem corpóreo (imóvel) ou permitirem que se determinem estremas de um bem corpóreo (imóvel) e, desta forma, também, visualizando-se o objetivo destas ações, não resta dúvida ser óbvia esta natureza".[66]

Outrossim, vale acrescentar que, também, é direito do proprietário construir tapumes ou pequenos muros, ou até mesmo cercas para impedir a passagem de animais de pequeno porte dos vizinhos (fato muito comum em imóveis localizados na zona rural).

É mais um direito que visa à diminuição ou eliminação dos conflitos de vizinhança.

Intervalos, muros, cercas e tapumes divisórios, tais como sebes vivas, cercas de arame ou de madeira, valas ou banquetas, presumem-se, até prova em contrário, pertencer a ambos os proprietários confinantes, sendo estes obrigados, de conformidade com os costumes da localidade, a concorrer, em

---

Rio de Janeiro: Freitas Bastos, 2007, p. 94.
63 Ibid., p. 94-95.
64 THEODORO JÚNIOR. Op. cit., p. 208.
65 FRAGA, Affonso. *Theoria e prática na divisão e demarcação de terras particulares*. 4. ed. 1936, nº 33, p. 75-78.
66 CAMPOS RIBEIRO. Op. cit., p. 103.

partes iguais, para as despesas de sua construção e conservação (CCB, art. 1.297, § 1º).[67]

As sebes vivas, árvores ou plantas quaisquer, que servem de marco divisório, só podem ser cortadas, ou arrancadas, de comum acordo entre proprietários (CCB, art. 1.297, § 2º).[68]

A construção de tapumes especiais para impedir a passagem de animais de pequeno porte, ou para outro fim, pode ser exigida de quem provocou a necessidade deles, pelo proprietário, que não está obrigado a concorrer para as despesas (CCB, art. 1.297, § 3º).[69]

Em relação ao *direito de tapagem*, a Ministra NANCY ANDRIGHI, da Terceira Turma do STJ, no REsp 238.559/MS, julgado em 20.4.2001, decidiu que "Direito Civil. Direito de Tapagem. Arts. 588, § 1º, e 571, ambos do CC. Obrigação *propter rem*. Cerca divisória entre imóveis rurais. Meação de Tapumes Divisórios Comuns. Cobrança de despesas efetuadas pelo proprietário lindeiro. Diversidade de atividades rurais dos vizinhos confinantes. Reflorestamento e criação de gado. Substituição de cerca antiga, que imprescindia de recuperação, para impedir passagem do gado. Legalidade. – São comuns os tapumes que impedem a passagem de animais de grande porte, como o gado vacum, cavalar e muar (art. 588, § 2º, CC), sendo obrigados a concorrer para sua construção e conservação os proprietários de imóveis confinantes (art. 588, § 1º, CC), ainda que algum deles não se destine à atividade pecuária, mas a reflorestamento. – Apenas na obrigação de cercar imóveis, com a construção de tapumes especiais – estes considerados como próprios para deter aves domésticas e animais como cabritos, porcos e carneiros, em seus limites –, é que seria indevida a meação do valor gasto com os reparos neles realizados (art. 588, § 3º, CC)".

O Desembargador ROBERTO DE ABREU E SILVA, da Nona Câmara Cível do Tribunal de Justiça do Estado do Rio de Janeiro – TJRJ, na Apelação 2007.001.21466, com julgamento em 12.6.2007, decidiu que "DIREITO DE TAPAGEM. ART. 1.297 CC/02. DANOS MORAIS. DESCABIMENTO. O direito de construir muro e, assim, limitar sua propriedade de maneira satisfatória aos seus legítimos interesses está esculpido no art. 1.297 do CC/02. O fato narrado nos autos, embora proporcione aborrecimentos e transtornos, por si só, não constitui causa de pedir de danos morais, porquanto, em princípio, a conduta não apresenta potencialidade ofensiva à esfera jurídica interna da pessoa, encontrando-se inserida no dia a dia do convívio social. PROVIMENTO PARCIAL DO RECURSO".

E se os limites estiverem confusos, quais os critérios para a sua determinação? Diz o artigo 1.298 do nosso Código Civil que, "sendo confusos, os limites, em falta de outro meio, determinar-se-ão de conformidade com a posse justa; e, não se achando ela provada, o terreno contestado se dividirá por

---

67 Correspondente aos artigos 571 e 588, §§ 1º e 2º, do CCB/1916.
68 Sem Correspondência ao CCB/1916.
69 Correspondente ao artigo 588, § 3º, do CCB/1916.

partes iguais entre os prédios, ou, não sendo possível a divisão cômoda, adjudicar-se-á a um deles, mediante indenização ao outro".[70]

MARCO AURÉLIO S. VIANA aponta quatro critérios, a saber: a) *demarcação segundo os títulos e provas complementares*. É compreensível que se busque nos documentos que servem de prova à propriedade a solução da pendência. Mas é possível que eles nada ofereçam de positivo, podendo ser omissos ou conflitarem; b) *demarcação segundo a posse*. Não vingando a solução baseada nos títulos, a opção é pela determinação de conformidade com a posse. É mister observar que o dispositivo do artigo em exame fale em *posse justa*, ou seja, aquela isenta de violência, que não seja clandestina ou precária. [...]; c) *demarcação por partilha de zona disputada* [...]; d) *demarcação por zona disputada*. Finalmente, é possível que não se tenha como dividir comodamente a área, o que implica em sua adjudicação a um dos confrontantes, mediante indenização ao outro".[71]

15.9. Do direito de construir

15.9.1. Limitações ao direito de construir

O *direito de construir* é um direito de vizinhança. O proprietário de um imóvel tem, em princípio, o direito de construir no imóvel o que lhe aprouver. Isso decorre da faculdade de usar e dispor da coisa da forma que melhor lhe aprouver, construindo, fazendo acessões etc.

Ocorre que o referido direito de construir não é absoluto, já que poderia prejudicar os vizinhos, senão toda a sociedade, afetando, pois, a sua qualidade de vida e segurança. Daí que as restrições ao direito de construir merecem tutela visando ao interesse dos vizinhos e da coletividade.[72]

O *Código de Obras* municipal procura disciplinar a construção no solo urbano, regulando, por exemplo, a altura dos prédios, o percentual de utilização do solo possível de construir, a distância entre os prédios, a metragem mínima dos cômodos do imóvel, dentre outras regulamentações e disposições.

---

70 Correspondente ao artigo 570 do CCB/1916.
71 VIANA, Marco Aurélio da Silva. *Comentários ao novo Código Civil*: dos direitos reais. Vol. XVI. Rio de Janeiro: Forense, 2004, p. 288-289.
72 TJSP – AÇÃO DEMOLITÓRIA. CONSTRUÇÃO IRREGULAR. EDIFICAÇÃO DE PAVIMENTO SUPERIOR EM DESCONFORMIDADE COM AS POSTURAS EDILÍCIAS. INFRAÇÃO À LEGISLAÇÃO MUNICIPAL (RECUOS FRONTAIS, LATERAIS E PAVIMENTO SUPERIOR). LAUDO PERICIAL QUE A COMPROVA. RECONHECIMENTO PELOS PROPRIETÁRIOS SENTENÇA DE PROCEDÊNCIA. DECISÃO QUE DEVE SUBSISTIR. RECURSO IMPROVIDO, COM OBSERVAÇÃO. O direito de construir não pode ser concedido de forma incondicional, encontrando barreira na limitação administrativa ao uso da propriedade particular, como medida de ordem pública de interesse coletivo, em benefício do bem-estar social (CF, arts. 5°, XXIII e 170, III), daí porque o seu exercício se submete aos parâmetros definidos pela lei, sob pena de determinação demolitória (Ronaldo Frigini. Comarca Guarujá, da 7ª Câmara de Direito Público, com julgamento em 15.8.2008).

Vale lembrar que o *Estatuto da Cidade* também é um importante diploma que visa ao interesse social e à qualidade da vida urbana. Portanto, o direito de construir não é absoluto e, desta forma, não pode ser exercido de forma irrestrita. Daí, os limites ao direito de construir podem ser identificados das seguintes maneiras: a) limitações de cláusulas contratuais; b) limitações existentes nos regulamentos administrativos; c) direitos de vizinhança (CC 2002 – Art. 1.299); d) função social da propriedade.[73]

---

73 RECURSO ESPECIAL Nº 521.111 – SC (2003/0064001-2) RELATOR: MINISTRO FRANCISCO FALCÃO. Vistos etc. Trata-se de recurso especial interposto por COTA EMPREENDIMENTOS IMOBILIÁRIOS LTDA, com esteio no artigo 105, inciso III, "a", da Constituição Federal, contra acórdão do Tribunal de Justiça do Estado de Santa Catarina, assim ementado: "ADMINISTRATIVO – CIVIL – DIREITO DE CONSTRUIR – EDIFICAÇÃO – "SOLO CRIADO" – ORDENAMENTO TERRITORIAL – LEI MUNICIPAL – CONSTITUCIONALIDADE "Constitui solo criado toda edificação efetuada por particular que ultrapasse o coeficiente de parcelamento do solo previsto na legislação municipal disciplinadora do zoneamento urbano. O direito de construir não é absoluto, estando limitado pelo direito de vizinhança e pelos regulamentos editados pelo Poder Público (CC, art. 572). *Ipso facto*, o solo criado não desvincula o direito de edificar do direito de propriedade, pois é apenas uma limitação de natureza administrativa imposta pelo município como consequência de seu dever de organizar o aglomeramento da população e o ordenamento territorial nos centros urbanos (CF/88, art. 30, VIII). A remuneração exigida do interessado como condição para criação de solo possui natureza indenizatória, motivo pelo qual o solo criado não é um instrumento de arrecadação de fundos, mas meio de disciplina do ordenamento territorial nas cidades, de modo a dotar a Administração municipal dos recursos necessários à implementação dos serviços básicos para suportar o aumento populacional" (ACMS nº 1998.010698-2, Des. Eder Graf)".(fl. 247) A recorrente sustenta, em síntese, violação aos artigos 524, 526 e 572 do Código Civil revogado, acentuando que basta o simples confronto entre a Lei Municipal nº 3.338/89, com os aludidos dispositivo do CC para verificar a patente violação do direito de propriedade e do direito de construir. Relatados, decido. Tenho que a pretensão não merece guarida. Quanto ao confronto dos artigos 524, 526 e 572 do Código Civil revogado, com a Lei Municipal nº 3.338/89, verifica-se a impossibilidade de conhecimento do presente recurso, porquanto é entendimento assente na Corte o de que é defeso em sede de recurso especial revisar entendimento pautado em exame de direito local. Aplicação na presente hipótese, da Súmula 280/STF, que dispõe: "Por ofensa a direito local não cabe recurso extraordinário". Nesse sentido, ainda, o seguinte julgado: PROCESSUAL CIVIL. INEXISTÊNCIA DE OMISSÃO NO ACÓRDÃO RECORRIDO. ISS. BOLSA DE VALORES. MATÉRIA DE ÍNDOLE LOCAL E CUNHO CONSTITUCIONAL EXAMINADA NO TRIBUNAL "A QUO". IMPOSSIBILIDADE DE APRECIAÇÃO DO APELO EXTREMO. SÚMULA Nº 280/STF. ... 7. Em sede de apelo extremo, como é elementarmente sabido, não há campo para se revisar entendimento de segundo grau assentado em matéria de direito local, por inexistir ofensa à legislação federal (aplicação da Lei Municipal, do Rio de Janeiro, nº 2.277/94). 8. Aplicação do enunciado da Súmula nº 280/STF: "por ofensa a direito local não cabe recurso extraordinário". 9. Recurso, em preliminar, conhecido e não provido, com relação à existência de omissão no acórdão, e, quanto ao mérito, não conhecido". (RESP 302179/RJ, Rel. Min. JOSÉ DELGADO, DJ 4.3.2002 "PROCESSUAL. ICMS. ALEGAÇÕES DE VIOLAÇÃO A CONVÊNIO. IMPOSSIBILIDADE. PRECEDENTES DO STJ. – Em recurso especial não se discute questão de direito local". (RESP 336994/RS, Rel. Min. HUMBERTO GOMES DE BARROS, DJ 9.12.2003) Ademais, os artigos 524, 526 e 572 do CC revogado não foram objeto de debate na formação do v. aresto recorrido, carecendo o recurso, no ponto, do indispensável prequestionamento. Aplicação das Súmulas

O artigo 1.299 diz que "o proprietário pode levantar em seu terreno as construções que lhe aprouver, salvo o direito dos vizinhos e os regulamentos administrativos".[74]

Daí que as limitações ao direito de construir podem ser de *ordem pública* impostas pelos regulamentos administrativos e pelos códigos de posturas municipais ou *limitações de ordem privada* como aquelas inerentes ao direito de vizinhança, tais como aquela prevista no artigo 1.300 do nosso Código Civil que diz: "o proprietário construirá de maneira que o seu prédio não despeje águas diretamente sobre o prédio vizinho".[75] Assim, o nosso Código Civil proíbe o *estilicídio*.

15.9.2. Direito de privacidade do vizinho

15.9.2.1. Janela, eirado, terraço, varanda, seteiras, frestas

O artigo 1.301 preceitua que "é defeso abrir janelas, ou fazer eirado, terraço ou varanda, a menos de metro e meio do terreno vizinho".[76]

As janelas cuja visão não incida sobre a linha divisória, bem como as perpendiculares, não poderão ser abertas a menos de setenta e cinco centímetros (CCB, art. 1.301, § 1º).[77]

As disposições do artigo 1.301 não abrangem as aberturas para luz ou ventilação, não maiores de dez centímetros de largura sobre vinte de comprimento e construídas a mais de dois metros de altura de cada piso (CCB, art. 1.301, § 2º).[78]

O objetivo fundamental da regra acima enunciada é, pois, *garantir a privacidade do vizinho*. É um direito absoluto de qualquer proprietário ou possuidor de um prédio, exigir que o vizinho, feche ou tampe a sacada ou janela, ou terraço que tenha sido aberto a menos de um metro e meio do terreno vizinho.

Como se conta a distância de metro e meio? CARVALHO SANTOS ancorado em PACIFICI-MAZZONI ensina que à distância de metro e meio deve ser "contada da face exterior do muro em que se abre a janela, a não ser que esta esteja situada mais para o fundo, devido a não ser a parede lisa, tendo reentrâncias onde se acham as janelas, caso em que a medida deve ser tomada da janela, que é o ponto do qual a vista se exercita. (Cfr. PACIFICI MAZZONI, cit., nº 684).

---

282 e 356 do C. STF. Ante o exposto, NÃO CONHEÇO do recurso especial, com esteio no art. 557, § 1º, do CPC. Publique-se. Brasília (DF), 12 de dezembro de 2003. MINISTRO FRANCISCO, FALCÃO, Relator (Ministro FRANCISCO FALCÃO, 23.3.2004).
74 Correspondente ao art. 572 do CCB/1916.
75 Correspondente ao art. 575 do CCB/1916.
76 Correspondente ao art. 573, *caput*, do CCB/1916.
77 Sem Correspondência ao CCB/1916.
78 Correspondente ao art. 573, § 1º, do CCB/1916.

Se a parede onde se encontram as janelas não é perfeitamente paralela à linha divisória, a distância deve ser medida da janela mais próxima, isto é, do ponto dela mais próximo à linha divisória".[79]

CARVALHO SANTOS, com base em DEMOLOMBE, AUBRY ET RAU, PACIFICI-MAZZONI, continua dizendo que "em se tratando de eirado, terraço ou varanda deve a medida de metro e meio ser contada da face exterior da muralha ou balaustrada[80] que serve de escada ou peitoril do observador (Cfr. PACIFICI MAZZONI, cit., nº 686; DEMOLOMBE, cit., vol. 5, nº 428; AUBRY ET RAU, cit.). Não da face exterior dos adornos, cornijas,[81] etc.

Quanto à linha divisória dos dois prédios, não haverá dificuldade se, por exemplo, o muro for de um só proprietário, enfim, se o tapume for de um só dos vizinhos, porque a distância é medida de uma das faces do tapume, do lado de cá se pertence ao vizinho (Cfr. PACIFICI MAZZONI, cit., nº 687; DEMOLOMBE, cit., nº 554; AUBRY ET RAU, obr. e loc. cit.).

Se o terreno não está tapado, também fácil é a solução, contando-se o metro e meio da linha divisória (Obras. cits.).

No caso do tapume ser comum, por exemplo, se há meação no muro, é que surgem dúvidas: deve a medida ser contada de um dos lados do tapume ou do meio do muro?

A doutrina mais corrente manda que se conte a medida do meio do muro, porque aí é que corresponde à linha divisória, antes de ser construído o tapume, e daí é que deveria ser contada a medida se o tapume por acaso viesse a ser destruído (Cfr. AUBRY ET RAU, cit. § 245; DEMOLOMBE, cit., número 557; PACIFICI MAZZONI, cit., nº 687)".[82]

Já as *janelas cuja visão não incida sobre a linha divisória*, bem como as *janelas perpendiculares* ao imóvel vizinho não podem ser abertas a menos de setenta e cinco centímetros.

As *janelas perpendiculares à linha divisória* são aquelas que para a pessoa olhar para o vizinho, seria necessário se debruçar sobre a janela, virando o pescoço (estas janelas não se deitam diretamente sobre o prédio vizinho). Já a *janela fronteira à linha divisória* é aquela que fica de frente para o imóvel vizinho.

O proprietário pode, no lapso de ano e dia após a conclusão da obra, exigir que se desfaça janela, sacada, terraço ou goteira sobre o seu prédio; escoado o prazo, não poderá, por sua vez, edificar sem atender ao disposto no

---

79 CARVALHO SANTOS, J. M. de. *Código Civil brasileiro interpretado*. 6. ed. Volume VIII. Rio de Janeiro: Freitas Bastos, 1953, p. 137.
80 De acordo com o *Dicionário Aurélio século XXI*, balaustrada significa "parapeito, corrimão ou grade de apoio, proteção ou vedação, com balaústre ou sem eles".
81 Consoante o *Dicionário Aurélio século XXI*, cornija são "molduras sobrepostas que formam saliências na parte superior da parede, porta etc."
82 Ibid., p. 137-138.

artigo 1.301, nem impedir, ou dificultar, o escoamento das águas da goteira, com prejuízo para o prédio vizinho (CCB, art. 1.302).[83][84]

No caso de vãos ou aberturas para luz ou ventilação,[85] cuja metragem não poderá ser maior de dez centímetros de largura sobre vinte de comprimento e construídas a mais de dois metros de altura de cada piso.[86]

É importante frisar que, neste caso, seja qual for a quantidade, a altura e a disposição, o vizinho poderá, a todo tempo, levantar a sua edificação, ou contramuro, ainda que lhes vede a claridade (CCB, art. 1.302, parágrafo único).[87] Assim, tais seteiras não prescrevem, ou seja, o vizinho poderá a qualquer tempo erguer uma construção vedando tais frestas.

Vale destacar que "a proibição inserta no art. 1.301, *caput*, do Código Civil – de não construir janelas a menos de um metro e meio do terreno vizinho – possui caráter objetivo, traduz verdadeira presunção de devassamento, que não se limita à visão e engloba outras espécies de invasão (auditiva, olfativa e principalmente física)". (REsp 1.531.094-SP, Rel. Min. Ricardo Villas Bôas Cueva, por unanimidade, julgado em 18/10/2016, DJe 24/10/2016.). Vejamos o inteiro teor:

> Cingiu-se a controvérsia – entre outras questões – a definir se a proibição contida no art. 1.301, *caput*, do CC pode ser relativizada no caso em que a abertura de janelas a menos de um metro e meio do terreno vizinho não possibilite a visão do interior do imóvel. Como cediço, as regras atinentes ao "direito de construir" limitam o uso da propriedade na medida em que visam impedir a invasão do terreno vizinho. Já a restituição da área invadida, o embargo da obra ou o pedido de demolição para a reposição do estado anterior, segundo doutrina, são também decorrência lógica do exercício do direito de propriedade, visto que a lei civil assegura ao seu titular o poder de usar, gozar e dispor de seus bens e de reavê-los "do poder de quem quer que injustamente os possua ou

---

83 Correspondente ao art. 576 do CCB/1916.
84 CC 2002 – Art. 132. Salvo disposição legal ou convencional em contrário, computam-se os prazos, excluído o dia do começo, e incluído o do vencimento. § 1º Se o dia do vencimento cair em feriado, considerar-se-á prorrogado o prazo até o seguinte dia útil. § 2º Meado considera-se, em qualquer mês, o seu décimo quinto dia. § 3º Os prazos de meses e anos expiram no dia de igual número do de início, ou no imediato, se faltar exata correspondência. § 4º Os prazos fixados por hora contar-se-ão de minuto a minuto.
85 Estas frestas nas paredes dum edifício para iluminar o interior são denominadas de seteiras.
86 Súmulas: STF – Súmula 120 – Parede de tijolos de vidro translúcido pode ser levantada a menos de metro e meio do prédio vizinho, não importando servidão sobre ele.STF – Súmula 414 – Não se distingue a visão direta da oblíqua na proibição de abrir janela, ou fazer terraço, eirado, ou varanda, a menos de metro e meio do prédio de outrem.
87 Correspondente ao art. 573, § 2°, do CCB/1916.

detenha" (art. 1.228). Logo, as regras e proibições insertas no capítulo relativo ao direito de construir possuem natureza objetiva e cogente, traduzindo verdadeira presunção de devassamento, que não se limita à visão, englobando outras espécies de invasão (auditiva, olfativa e principalmente física, pois também buscam impedir que objetos caiam ou sejam arremessados de uma propriedade a outra), de modo a evitar conflito entre os vizinhos. Desse modo a proibição é objetiva, basta para a sua configuração a presença do elemento objetivo estabelecido pela lei – construção da janela a menos de metro e meio do terreno vizinho –, de modo que independe da aferição de aspectos subjetivos relativos à eventual atenuação do devassamento visual, por exemplo.

Dessarte, o Ministro EDUARDO RIBEIRO, no REsp 229.164/MA, da Terceira Turma do STJ, decidiu, em 14.10.1999, que "Nunciação de obra nova. Abertura de janela. Não se opondo o proprietário, no prazo de ano e dia, à abertura de janela sobre seu prédio, ficará impossibilitado de exigir o desfazimento da obra, mas daí não resulta seja obrigado ao recuo de metro e meio ao edificar nos limites de sua propriedade".

No *direito civil português* encontra-se a seção que trata das construções e edificações. Vejamos as principais regras:

ARTIGO 1360º (Abertura de janelas, portas, varandas e obras semelhantes). 1. O proprietário que no seu prédio levantar edifício ou outra construção não pode abrir nela janelas ou portas que deitem directamente sobre o prédio vizinho sem deixar entre este e cada uma das obras o intervalo de metro e meio. 2. Igual restrição é aplicável às varandas, terraços, eirados ou obras semelhantes, quando sejam servidos de parapeitos de altura inferior a metro e meio em toda a sua extensão ou parte dela. 3. Se os dois prédios forem oblíquos entre si, a distância de metro e meio conta-se perpendicularmente do prédio para onde deitam as vistas até a construção ou edifício novamente levantado; mas, se a obliquidade for além de quarenta e cinco graus, não tem aplicação a restrição imposta ao proprietário.

ARTIGO 1361º (Prédios isentos da restrição). As restrições do artigo precedente não são aplicáveis a prédios separados entre si por estrada, caminho, rua, travessa ou outra passagem por terreno do domínio público.

ARTIGO 1362º (Servidão de vistas). 1. A existência de janelas, portas, varandas, terraços, eirados ou obras semelhantes, em contravenção do disposto na lei, pode importar, nos termos gerais, a constituição da servidão de vistas por usucapião. 2. Constituída a servidão de vistas, por usucapião ou outro título, ao proprietário vizinho só é permitido levantar edifício ou outra construção no seu prédio desde que deixe entre o novo edifício ou construção e as obras mencionadas no nº 1 o espaço mínimo de metro e meio, correspondente à extensão destas obras.

ARTIGO 1363º (Frestas, seteiras ou óculos para luz e ar). 1. Não se consideram abrangidos pelas restrições da lei as frestas, seteiras ou óculos para luz e ar, podendo o vizinho levantar a todo o tempo a sua casa ou contramuro, ainda que vede tais aberturas. 2. As frestas, seteiras ou óculos para luz e ar devem, todavia, situar-se pelo menos a um metro e oitenta centímetros de altura, a contar do solo ou do sobrado, e não devem ter, numa das suas dimensões, mais de quinze centímetros; a altura de um metro e oitenta centímetros respeita a ambos os lados da parede ou muro onde essas aberturas se encontram.

ARTIGO 1364º (Janelas gradadas). É aplicável o disposto no nº 1 do artigo antecedente às aberturas, quaisquer que sejam as suas dimensões, igualmente situadas a mais de um metro e oitenta centímetros do solo ou do sobrado, com grades fixas de ferro ou outro metal, de secção não inferior a um centímetro quadrado e cuja malha não seja superior a cinco centímetros.

ARTIGO 1365º (Estilicídio). 1. O proprietário deve edificar de modo que a beira do telhado ou outra cobertura não goteje sobre o prédio vizinho, deixando um intervalo mínimo de cinco decímetros entre o prédio e a beira, se de outro modo não puder evitá-lo. 2. Constituída por qualquer título a servidão de estilicídio, o proprietário do prédio serviente não pode levantar edifício ou construção que impeça o escoamento das águas, devendo realizar as obras necessárias para que o escoamento se faça sobre o seu prédio, sem prejuízo para o prédio dominante.

15.9.2.2. Jurisprudências

Em relação à abertura de janelas, relacionada ao direito de vizinhança, selecionamos as seguintes decisões:

a) AGRAVO DE INSTRUMENTO Nº 663.093 – RJ (2005/0034847-0) RELATOR: MINISTRO FERNANDO GONÇALVES. DECISÃO: Trata-se de agravo de instrumento interposto por CALÁBRIA PARTICIPAÇÕES LTDA. contra decisão do Primeiro Vice-Presidente do Tribunal de Justiça do Estado do Rio de Janeiro indeferitória do processamento de recurso especial com fundamento no art. 105, inciso III, letra "a", da Constituição Federal, contra acórdão daquele Pretório, cuja ementa tem a seguinte dicção: "DIREITO DE VIZINHANÇA. JANELA. CONSTRUÇÃO. DISTÂNCIA. LIMITE. RAZOABILIDADE. 1. O ordenamento jurídico, ao regular a matéria, atribui ao proprietário o direito de embargar construção do prédio em que, a menos de metro e meio do seu, abra a janela ou faça eirado, terraço, ou varanda. 2. O escopo desta limitação é evitar que o imóvel contíguo seja devassado, ensejando perda da privacidade de seus ocupantes. 3. Nestes termos, quando eventual desrespeito ao limite legal, em distância ínfima, não importe em alteração na devassidão do prédio vizinho, a abertura de janela não caracteriza a violação ao direito de vizinhança. 4. Aplica-se uma interpretação teleológica da norma, em detrimento da literal, em respeito aos princípios da razoabilidade e proporcionalidade". (fls. 35) Afirma o recorrente violação ao art. 573 do Código Civil de 1916. A irresignação não merece acolhida. Com efeito, o acórdão, ao decidir, fundamenta-se na assertiva do laudo pericial de que eventual recuo das janelas não ensejaria mudança substancial da visão que se tem do prédio vizinho. Nesse contexto, verifica-se que a análise da irresignação demanda reexame do conjunto probatório, pois o julgado impugnado, ao dirimir a controvérsia, o faz com base nos elementos probatórios dos autos, o que atrai a incidência da Súmula 07 desta Corte. Nego provimento ao agravo. Publique-se. Brasília, 28 de março de 2005. MINISTRO FERNANDO GONÇALVES, Relator (Ministro FERNANDO GONÇALVES, 6.4.2005).

b) AGRAVO DE INSTRUMENTO Nº 629.608 – RJ (2004/0129638-7) RELATOR: MINISTRO CESAR ASFOR ROCHA. DECISÃO Agrava-se de decisão que negou trânsito a recurso especial, fundamentado na alínea "a" do permissivo constitucional, em que se alega violação do disposto no art. 573, § 1º, do Código Civil de 1916. O aresto atacado está assim ementado (fl. 05): "APELAÇÃO CÍVEL. CONSTRUÇÃO. ABERTURA. MENOS DE METRO E MEIO. AUSÊNCIA DE PREJUÍZO. O artigo 573 do Código Civil, dispõe que o proprietário pode embargar a construção de prédio que invada a área do seu ou sobre este deite goteiras, bem como a daquele, em que, a menos de metro e meio do seu, se abra janela, ou se faça eirado, terraço ou varanda. Tal artigo visa resguardar a propriedade, de construções vizinhas que possam devassar vexatoriamente, tirando a privacidade do proprietário do imóvel vizinho, ou sobre seu terreno deixar cair objetos. Caso as aberturas a menos de metro e meio não tirem a privacidade do vizinho, nem devasse sua intimidade, nenhum impedimento há acerca delas". O inconformismo não prospera. Com efeito, restou inatacado o fundamento do acórdão recorrido consubstanciado no fato de que, embora a obra realizada não esteja em consonância com os termos do artigo 573 do Código Civil, não se verifica que as aberturas efetuadas tenham tirado a privacidade dos autores, nem lhes causado qualquer prejuízo. Inafastável, assim, a incidência do verbete nº 283 da Súmula do Pretório Excelso. Isso posto, nego provimento ao agravo. Publique-se. Brasília, 19 de outubro de 2004. MINISTRO CÉSAR ASFOR ROCHA Relator (Ministro CÉSAR ASFOR ROCHA, 10.11.2004).

c) DIREITO DE PROPRIEDADE. LIMITES. CONSTRUÇÃO. A recorrida construiu um edifício cujas janelas se abrem sobre o imóvel vizinho, com a anuência do antigo proprietário. Agora o recorrente, como novo titular do domínio, está erguendo um edifício na linha limítrofe, sem obedecer ao recuo previsto no art. 573 do Código Civil. O acórdão recorrido, interpretando o art. 576 do referido Código, entendeu que, decorrido ano e dia da construção das janelas, constituiu-se a servidão, não podendo mais o proprietário de imóvel vizinho edificar obra que prejudique a claridade e a ventilação do imóvel da apelada. Contudo, a Turma, prosseguindo no julgamento, deu provimento ao recurso, sob o argumento de que o decurso daquele prazo impede o proprietário vizinho apenas de desfazer o que foi edificado, mas não o inibe de construir em seu imóvel, ainda que importando cortar a claridade. Precedentes citados: REsp 1.749-ES, DJ 28.5.1990; REsp 15.398-SP, DJ 17.2.1992; REsp 34.864-SP, DJ 9.5.1994, e REsp 37.897-SP, DJ 19.12.1997. REsp 229.164-MA, Rel. Min. Eduardo Ribeiro, julgado em 14.10.1999.

15.9.3. Direito de privacidade do vizinho em prédio em zona rural

Na zona rural, não será permitido levantar edificações a menos de três metros do terreno vizinho (CCB, art. 1.303).[88]

15.9.4. Direito ao travejamento (madeiramento)

Diz o artigo 1.304 do nosso Código Civil que "nas cidades, vilas e povoados cuja edificação estiver adstrita a alinhamento, o dono de um terreno pode nele edificar, madeirando na parede divisória do prédio contíguo, se ela suportar a nova construção; mas terá de embolsar ao vizinho metade do valor da parede e do chão correspondentes".[89]

Este dispositivo traduz o *direito ao travejamento* que significa a inserção de um conjunto de traves de madeira na parede divisória do prédio contíguo.

CLÓVIS BEVILÁQUA lembra que este direito corresponde à servidão de meter trave (*tigni immitendi*), constituindo condomínio legal.[90]

LAFAYETTE adverte que "em regra não é lícito meter traves na parede alheia. Todavia, por favor à edificação e por motivo de equidade, a lei permite madeirar no prédio contíguo, se oferece a necessária solidez, mediante a indenização de metade do custo da mesma parede".[91]

---

88 Correspondente ao art. 577 do CCB/1916
89 Correspondente ao art. 579 do CCB/1916.
90 BEVILÁQUA, Clóvis. *Código Civil dos Estados Unidos do Brasil comentado por Clóvis Beviláqua*. V. 1. Edição histórica. Rio de Janeiro: Rio, 1976, p. 1053.
91 PEREIRA, Lafayette Rodrigues. *Direito das coisas*. Edição histórica. Vol. I. Rio de Janeiro: Rio, 1977, p. 409.

15.9.5. Direito do confinante que primeiro construir

O confinante, que primeiro construir, pode assentar a parede divisória até meia espessura no terreno contíguo, sem perder por isso o direito a haver meio valor dela se o vizinho a travejar, caso em que o primeiro fixará a largura e a profundidade do alicerce (CCB, art. 1.305).[92]

Vejamos as lições de CARVALHO SANTOS: "A propriedade do confinante que inicia a obra não vai ao terreno contíguo. Mas o Código, apesar disso, lhe dá o direito de invadir o terreno contíguo, colocando nele metade da parede divisória, ficando a outra metade dentro do seu próprio terreno.

Dando o direito de construir no terreno alheio, nas condições expostas, claro está que o Código faculta ao confinante fazer todos os atos necessários a tal fim, por exemplo, penetrar no terreno vizinho, com os operários, fazer as valas para os alicerces etc.

E o vizinho não tem direito a nenhuma indenização".[93]

Se a parede divisória pertencer a um dos vizinhos, e não tiver capacidade para ser travejada pelo outro, não poderá este fazer-lhe alicerce ao pé sem prestar caução àquele, pelo risco a que expõe a construção anterior (CCB, art. 1.305, parágrafo único).[94] A regra do parágrafo único do artigo 1.305 deve ser compreendida da seguinte forma: "a parede divisória pertence a um dos vizinhos e não tem capacidade para aguentar emadeiramento feito pelo outro. Há, portanto, uma presunção da pouca solidez da construção da parede. Por isso mesmo se este outro vizinho quer fazer um alicerce ao pé da parede é obrigado a dar caução àquele primeiro do risco que correrá a sua construção, em consequência do mesmo alicerce".[95]

15.9.6. Condomínio necessário de parede-meia

O condômino da parede-meia pode utilizá-la até ao meio da espessura, não pondo em risco a segurança ou a separação dos dois prédios, e avisando previamente o outro condômino das obras que ali tenciona fazer; não pode sem consentimento do outro, fazer, na parede-meia, armários, ou obras semelhantes, correspondendo a outras, da mesma natureza, já feitas do lado oposto (CCB, art. 1.306).[96]

Frise-se: é necessário avisar o outro condômino das obras que serão realizadas na parede-meia. Conforme CARVALHO SANTOS, este aviso possui dupla finalidade: "permitir que o outro consorte use dos meios legais em defesa de seu direito, caso julgue que este está ameaçado de sofrer qualquer dano; proporcionar os meios para que o outro consorte evite qualquer prejuízo ou dano, como resultado das obras, fazendo, por exemplo, a remoção de

---

92 Correspondente ao art. 580, *caput*, do CCB/1916.
93 CARVALHO SANTOS. Op. cit., p. 170.
94 Correspondente ao art. 580, parágrafo único, do CCB/1916.
95 Ibid., p. 171.
96 Correspondente ao art. 581 do CCB/1916.

móveis, a retirada de quadros e espelhos que estivessem pregados na parede, a fim de que não viessem a cair ao chão em virtude do abalo sofrido pela parede com as obras".[97]

Ademais, não pode sem consentimento do outro, fazer, na parede-meia, armários, ou obras semelhantes, correspondendo a outras, da mesma natureza, já feitas do lado oposto. Mais uma vez é necessária a obtenção do consentimento do outro condômino. CARVALHO SANTOS lembra que "esses armários eram muito utilizados nas construções antigas, eram cavados na parede e se fosse possível fazê-los na direção de um já feito, do lado oposto, pelo vizinho, equivaleria a tornar inócua a parede, de vez que se estabeleceria fácil comunicação entre os prédios".[98]

15.9.7. Direito de alterar parede divisória

Qualquer dos confinantes pode altear a parede divisória, se necessário, reconstruindo-a, para suportar o alteamento; arcará com todas as despesas, inclusive de conservação, ou com metade, se o vizinho adquirir meação também na parte aumentada (CCB, art. 1.307).[99]

15.9.8. Uso anormal da propriedade

Não é lícito encostar à parede divisória chaminés, fogões, fornos ou quaisquer aparelhos ou depósitos suscetíveis de produzir infiltrações ou interferências prejudiciais ao vizinho (CCB, art. 1.308).[100]

A disposição do *caput* do artigo 1.308 não abrange as chaminés ordinárias e os fogões de cozinha (CCB, art. 1.308, parágrafo único). [101]

São proibidas construções capazes de poluir, ou inutilizar, para uso ordinário, a água do poço, ou nascente alheia, a elas preexistentes (CCB, art. 1.309).[102]

Não é permitido fazer escavações ou quaisquer obras que tirem ao poço ou à nascente de outrem a água indispensável às suas necessidades normais (CCB, art. 1.310).[103] [104]

---

97 Ibid., p. 174.
98 Ibid., p. 175.
99 Sem Correspondência ao CCB/1916.
100 Correspondente ao art. 583, *caput*, do CCB/1916.
101 Correspondente ao art. 583, parágrafo único, do CCB/1916.
102 Correspondente ao art. 584 do CCB/1916.
103 Correspondente ao art. 585 do CCB/1916.
104 DECRETO Nº 24.643, de 10 de julho de 1934. Decreta o Código de Águas. Art. 96. O dono de qualquer terreno poderá apropriar-se por meio de poços, galerias etc., das águas que existam debaixo da superfície de seu prédio contanto que não prejudique aproveitamentos existentes nem derive ou desvie de seu curso natural águas públicas dominicais, públicas de uso comum ou particulares. Parágrafo único. Se o aproveitamento das águas subterrâneas de que trata este artigo prejudicar ou diminuir as águas públicas dominicais ou públicas de uso comum ou particulares, a administração competente poderá suspender

15.9.9. Dano a vizinho

Não é permitida a execução de qualquer obra ou serviço suscetível de provocar desmoronamento ou deslocação de terra ou que comprometa a segurança do prédio vizinho senão após haverem sido feitas as obras acautelatórias (CCB, art. 1.311).[105]

No mesmo sentido, o artigo 937 do Código Civil prescreve que "o dono de edifício ou construção responde pelos danos que resultarem de sua ruína, se esta provier de falta de reparos, cuja necessidade fosse manifesta".

O proprietário do prédio vizinho tem direito a ressarcimento pelos prejuízos que sofrer, não obstante haverem sido realizadas as obras acautelatórias (CCB, art. 1.311, parágrafo único).[106]

Todo aquele que violar tais proibições acima referidas é obrigado a demolir as construções feitas, respondendo por perdas e danos (CCB, art. 1.312).[107]

15.9.10. Direito de tolerar a entrada do vizinho no prédio

Diz o artigo 1.313 que "o proprietário ou ocupante do imóvel é obrigado a tolerar que o vizinho entre no prédio, mediante prévio aviso, para:[108] I – dele temporariamente usar, quando indispensável à reparação, construção, reconstrução ou limpeza de sua casa ou do muro divisório;[109] II – apoderar-se de coisas suas, inclusive animais que aí se encontrem casualmente".[110]

O disposto no artigo 1.313 aplica-se aos casos de limpeza ou reparação de esgotos, goteiras, aparelhos higiênicos, poços e nascentes e ao aparo de cerca viva (CCB, art. 1.313, § 1º).[111]

Na hipótese do inciso II acima, uma vez entregues as coisas buscadas pelo vizinho, poderá ser impedida a sua entrada no imóvel (CCB, art. 1.313, § 2º).[112]

Se do exercício do direito assegurado provier dano, terá o prejudicado direito a ressarcimento (CCB, art. 1.313, § 3º).[113]

---

as ditas obras e aproveitamentos.
105 Sem Correspondência ao CCB/1916.
106 Sem Correspondência ao CCB/1916.
107 Correspondente ao art. 586 do CCB/1916.
108 Correspondente ao art. 587, *caput*, do CCB/1916.
109 Correspondente ao art. 587, *caput*, do CCB/1916.
110 Sem Correspondência ao CCB/1916.
111 Correspondente ao art. 587, parágrafo único, do CCB/1916.
112 Sem Correspondência ao CCB/1916.
113 Correspondente ao art. 587, *caput*, do CCB/1916.

Capítulo 16
DO CONDOMÍNIO GERAL

16.1. Introdução

Condomínio etimologicamente quer dizer *domínio conjunto*. O condomínio também é designado por *compropriedade* ou *comunhão*. Em regra, a coisa pertence a uma só pessoa, mas o condomínio é uma exceção ao princípio fundamental da propriedade e ao princípio da exclusividade. Ora, a propriedade nasceu para ser exclusiva.

Os romanos já afirmavam que duas pessoas não podem simultaneamente ter o domínio da mesma coisa (Celso, Dig. 13,6).

POTHIER explica que "a razão é que *próprio* e *comum* são contraditórios. Se admitimos que outro, que não eu, seja proprietário duma coisa da qual sou proprietário, desde então esta coisa nos é *comum*, e se é *comum*, já se não pode dizer que ela me seja própria na sua totalidade, e que eu seja dono dela, pelo total, porque próprio e comum são coisas contraditórias".[1]

O condomínio ocorre no momento em que duas ou mais pessoas exercem a propriedade de uma coisa ao mesmo tempo. Aquele é semelhante à composse, já que esta significa mais de uma pessoa exercendo a posse sobre uma coisa ao mesmo tempo.

De acordo com SERPA LOPES, o fenômeno da comunhão ocorre "quando, por uma circunstância qualquer, uma coisa, um direito, um patrimônio, ao invés de, como sucede normalmente, estar sob a titularidade de uma pessoa, passa a ser objeto da titularidade de mais de uma pessoa, temos a comunhão. Sob esta denominação genérica se reúnem todas as demais formas de cotitularidade de direitos sobre uma mesma coisa, quando submetidas em conjunto ao direito de várias pessoas".[2]

Existe diferença entre comunhão e condomínio? A comunhão é gênero, sendo o condomínio a espécie; "a primeira é a cotitularidade de qualquer direito, enquanto a segunda é a cotitularidade do direito de propriedade".[3]

---

1 POTHIER. Du droit de domaine de propriété, v. 8 da ed. Dupin, p. 119. In: SÁ PEREIRA, Virgílio de. *Direito das coisas*. In: LACERDA, Paulo. *Manual do código civil brasileiro*. Volume VIII. Rio de Janeiro: Jacintho Ribeiro dos Santos, 1929, p. 378-379.
2 SERPA LOPES, Miguel Maria de. *Curso de direito civil*: direito das coisas. Vol. VI. 5. ed. Rio de Janeiro: Freitas Bastos, 2001, p. 328.
3 BRUTAU, Puig. Fundamentos de der. civil – Derecho de cosas, II, p. 251. In: SERPA LOPES.

O nosso Código Civil estabeleceu regras sobre o condomínio com vistas a reduzir o risco de conflitos entre os condôminos.

16.2. Modalidades de condomínio

No Código Civil atual existem três modalidades de condomínios, a saber:[4]

> a) *condomínio necessário* ou *legal*: é o condomínio imposto por lei independentemente da vontade das partes, por exemplo, o condomínio que se estabelece sobre as árvores limítrofes, os muros divisórios, as paredes divisórias etc.);
> b) *condomínio voluntário* ou *convencional*: é o condomínio originado pela vontade das partes;
> c) *condomínio de fato*: é o condomínio que não é estabelecido nem por lei, nem por convenção;
> d) *condomínio edilício* ou *especial*: é o condomínio disciplinado pela Lei nº 4.591/64 (Lei de Condomínios em Edifícios e Incorporações Imobiliárias). Esta legislação é dividida em dois Títulos: I – Do condomínio e II – Das Incorporações. O título I desta lei foi incorporado ao Código Civil de 2002 e as regras sobre incorporação imobiliária continuam em vigor na Lei nº 4.591/64.

Vale lembrar que, quanto à forma, o condomínio pode ser classificado como *pro diviso* e *pro indiviso*. No condomínio *pro diviso,* cada condômino encontra-se em determinada parte certa da coisa (por exemplo, o condomínio edilício), enquanto que no condomínio *pro indiviso,* a comunhão é de direito e de fato, já que não é possível a localização de partes certas e determinadas.

Quanto ao objeto, o condomínio pode ser *universal* ou *singular.* Este incide sobre coisa determinada (*e.g.*, parede divisória); aquele abrange todos os bens, tais como na comunhão hereditária.

16.3. Natureza jurídica

De acordo com ORLANDO GOMES, duas teorias procuram explicar a natureza jurídica do condomínio: a *individualista* e a *coletivista*.[5] Vejamos as suas lições: "a *teoria individualista* divide *idealmente* a coisa, atribuindo a cada sujeito o direito de propriedade sobre a *parte abstrata* resultante da divisão ideal. Embora os condôminos exerçam direitos sobre a coisa comum, a rigor, são proprietários de partes abstratamente divididas [...].

Op. cit., p. 330.
4 O Código Civil de 1916 disciplinava apenas duas espécies de condomínios: o condomínio legal (ou necessário) e o condomínio propriamente dito (condomínio voluntário).
5 GOMES, Orlando. *Direitos reais*. 18. ed. Rio de Janeiro: Forense, 2002, p. 212-213.

A teoria coletiva vê na comunhão um só direito, tendo como sujeito a coletividade constituída pelos interessados. Não há titulares individuais, a coisa é realmente comum. Numa palavra, a propriedade é *coletiva*. O bem não pertence a várias pessoas, cada qual tendo a sua parte, mas a todos os comunheiros em conjunto, ainda que não seja orgânico o estado de indivisão. Não há, enfim, justaposição de partes individuais".[6]

16.4. Condomínio voluntário

Como dito acima, o condomínio voluntário é aquele originado pela vontade das partes. Aqui a coisa em sua totalidade pertence aos condôminos que terão sobre ela um quinhão. Não ocorre que parte desta coisa pertença com exclusividade a um dos condôminos.

Neste ponto, o condomínio voluntário se diferencia do condomínio edilício, já que neste coexistem partes da coisa comum a todos os condôminos e partes exclusivas de cada condômino.

O condomínio voluntário pode nascer por ato *intervivos*, por exemplo, quatro professores resolvem adquirir um terreno. O condomínio voluntário também poderá resultar de ato *causa mortis*, quando um genitor deixa como herança um imóvel (não admitindo divisão cômoda) para seus três filhos e estes, por opção, preferem não realizar a partilha.

16.4.1. Dos direitos e dos deveres dos condôminos

Em relação aos *direitos dos condôminos*, o artigo 1.314 dispõe que "cada condômino pode usar da coisa conforme sua destinação, sobre ela exercer todos os direitos compatíveis com a indivisão, reivindicá-la de terceiro, defender a sua posse e alhear a respectiva parte ideal, ou gravá-la".[7]

Nenhum dos condôminos pode alterar a destinação da coisa comum, nem dar posse, uso ou gozo dela a estranhos, sem o consenso dos outros (CCB, art. 1.314, parágrafo único).[8]

Assim, cada condômino poderá exercer sobre a coisa, todos os poderes inerentes à propriedade, desde que não impeçam os demais condôminos de fazerem o mesmo.

O proprietário poderá também, como visto alhures, reivindicar a coisa através da ação reivindicatória contra terceiros com o firme propósito de reaver a coisa, bem como defender a sua posse (esta poderá ser exercitada contra terceiro ou outro condômino).

---

6 Ibid., p. 213.
7 Correspondente ao art. 623, I, II e III, do Código Civil de 1916.
8 Correspondente aos arts. 628 e 633 do Código Civil de 1916.

O condômino poderá, por fim, alhear ou gravar a parte ideal,[9] uma vez que o mesmo poderá dispor da coisa.[10]

De acordo com o artigo 1.315 do nosso Código Civil, "o condômino é obrigado, na proporção de sua parte, a concorrer para as despesas de conservação ou divisão da coisa, e a suportar os ônus a que estiver sujeita".[11] Atente-se que as despesas de conservação ou divisão da coisa será realizada a partir da fração ideal de cada condômino.

No condomínio voluntário, todos os condôminos são obrigados a contribuir para as despesas de administração e a conservação da coisa comum na proporção dos seus quinhões. Esta obrigação possui a natureza *propter rem*.

Se os condôminos têm a obrigação de contribuir na proporção de seus quinhões para a conservação e a administração, terão direitos de partilhar, na proporção de seus quinhões, os frutos, os produtos eventualmente retirados da coisa comum.

O parágrafo único do referido dispositivo diz: "presumem-se iguais as partes ideais dos condôminos".[12] É, pois, uma presunção *juris tantum*, já que se admite prova em contrário.

O condômino poderá eximir-se do pagamento de despesas e dívidas, desde que renuncie à sua parte ideal. É o que diz o *caput* do artigo 1.316, *verbis*: "Pode o condômino eximir-se do pagamento das despesas e dívidas, renunciando à parte ideal".[13] A referida renúncia deve ocorrer de acordo com o artigo 1.275, inciso II, do Código Civil brasileiro.[14]

Se os demais condôminos assumem as despesas e as dívidas, a renúncia lhes aproveita, adquirindo a parte ideal de quem renunciou, na proporção dos pagamentos que fizerem (CCB, art. 1.316, § 1º).[15]

Se não há condômino que faça os pagamentos, a coisa comum será dividida (CCB, art. 1.316, § 2º).[16]

---

9   CC 2002 – Art. 1.420. Só aquele que pode alienar poderá empenhar, hipotecar ou dar em anticrese; só os bens que se podem alienar poderão ser dados em penhor, anticrese ou hipoteca. [...] § 2º A coisa comum a dois ou mais proprietários não pode ser dada em garantia real, na sua totalidade, sem o consentimento de todos; mas cada um pode individualmente dar em garantia real a parte que tiver.

10 CC 2002 – Art. 504. Não pode um condômino em coisa indivisível vender a sua parte a estranhos, se outro consorte a quiser, tanto por tanto. O condômino, a quem não se der conhecimento da venda, poderá, depositando o preço, haver para si a parte vendida a estranhos, se o requerer no prazo de cento e oitenta dias, sob pena de decadência. Parágrafo único. Sendo muitos os condôminos, preferirá o que tiver benfeitorias de maior valor e, na falta de benfeitorias, o de quinhão maior. Se as partes forem iguais, haverão a parte vendida os comproprietários, que a quiserem, depositando previamente o preço.

11 Correspondente ao art. 624 do Código Civil de 1916.

12 Sem Correspondência ao Código Civil de 1916.

13 Sem Correspondência ao Código Civil de 1916.

14 CC 2002 – Art. 1.275. Além das causas consideradas neste Código, perde-se a propriedade: II – pela renúncia;

15 Sem Correspondência ao Código Civil de 1916.

16 Sem Correspondência ao Código Civil de 1916.

Quando a dívida houver sido contraída por todos os condôminos, sem se discriminar a parte de cada um na obrigação, nem se estipular solidariedade,[17] entende-se que cada qual se obrigou proporcionalmente ao seu quinhão na coisa comum (CCB, art. 1.317).[18]

O artigo 1.318 trata da responsabilidade pessoal do condômino que se obrigou em proveito da comunhão. Vejamos: "As dívidas contraídas por um dos condôminos em proveito da comunhão, e durante ela, obrigam o contratante, mas terá este ação regressiva contra os demais".[19]

Neste caso, condômino responderá pela dívida, mas terá direito a ingressar com uma ação regressiva contra os demais integrantes do condomínio.

Neste ponto, CLÓVIS BEVILÁQUA ensina que "o condômino, certamente, não é representante dos seus consortes, nem está autorizado por eles a realizar as despesas em proveito comum. Por isso, obriga-se individualmente. Mas, como o proveito é de todos, o Código lhe dá ação regressiva para haver dos outros as cotas respectivas. Naturalmente não serão quaisquer dívidas que hão de dar essa ação regressiva, são dívidas que trazem proveito à comunhão. O consorte é considerado, neste caso, um *negotiorum gestor*. Se a gestão resultou proveitosa à comunhão, os consortes não devem colher somente as vantagens à custa do outro. É justo que o indenizem na razão daquilo que deviam despender, segundo o seu quinhão.

Se, porém, a dívida contraída foi para o melhoramento de mero recreio, ou que nenhuma vantagem traga à comunhão, por ela não respondem os outros consortes, se não deram o seu consentimento. Outra solução permitiria abusos que o direito não pode patrocinar".[20]

E quanto à *responsabilidade pelos frutos percebidos*? Neste caso, cada condômino responde aos outros pelos frutos que percebeu da coisa e pelo dano que lhe causou (CCB, art. 1.319).[21]

16.4.2. Divisão da coisa comum

A todo tempo será lícito ao condômino exigir a divisão da coisa comum, respondendo ao quinhão de cada um pela sua parte nas despesas da divisão (CCB, art. 1.320).[22]

A *legitimação ativa* para a propositura da *ação de divisão da coisa comum* encontra-se estabelecida no artigo 569, inciso II, do CPC, *verbis*: "Cabe: [...] ao condômino a ação de divisão, para obrigar os demais consortes a estremar os quinhões".[23]

---

17 CC 2002 – Art. 265. A solidariedade não se presume; resulta da lei ou da vontade das partes.
18 Correspondente ao art. 626 do Código Civil de 1916.
19 Correspondente ao art. 625, *caput*, do Código Civil de 1916.
20 BEVILÁQUA, Clóvis. *Código civil dos Estados Unidos do Brasil comentado por Clóvis Beviláqua*. V. 1. Edição histórica. Rio de Janeiro: Rio, 1976, p. 1095.
21 Correspondente ao art. 627 do Código Civil de 1916.
22 Correspondente ao art. 629, *caput*, do Código Civil de 1916.
23 CPC – Art. 588. A petição inicial será instruída com os títulos de domínio do promovente

e conterá: I – a indicação da origem da comunhão e a denominação, a situação, os limites e as características do imóvel; II – o nome, o estado civil, a profissão e a residência de todos os condôminos, especificando-se os estabelecidos no imóvel com benfeitorias e culturas; III – as benfeitorias comuns.

Art. 589. Feitas as citações como preceitua o art. 576, prosseguir-se-á na forma dos arts. 577 e 578.

Art. 590. O juiz nomeará um ou mais peritos para promover a medição do imóvel e as operações de divisão, observada a legislação especial que dispõe sobre a identificação do imóvel rural.Parágrafo único. O perito deverá indicar as vias de comunicação existentes, as construções e as benfeitorias, com a indicação dos seus valores e dos respectivos proprietários e ocupantes, as águas principais que banham o imóvel e quaisquer outras informações que possam concorrer para facilitar a partilha.

Art. 591. Todos os condôminos serão intimados a apresentar, dentro de 10 (dez) dias, os seus títulos, se ainda não o tiverem feito, e a formular os seus pedidos sobre a constituição dos quinhões.

Art. 592. O juiz ouvirá as partes no prazo comum de 15 (quinze) dias.

§ 1º Não havendo impugnação, o juiz determinará a divisão geodésica do imóvel.

§ 2º Havendo impugnação, o juiz proferirá, no prazo de 10 (dez) dias, decisão sobre os pedidos e os títulos que devam ser atendidos na formação dos quinhões.

Art. 593. Se qualquer linha do perímetro atingir benfeitorias permanentes dos confinantes feitas há mais de 1 (um) ano, serão elas respeitadas, bem como os terrenos onde estiverem, os quais não se computarão na área dividenda.

Art. 594. Os confinantes do imóvel dividendo podem demandar a restituição dos terrenos que lhes tenham sido usurpados.

§ 1º Serão citados para a ação todos os condôminos, se a sentença homologatória da divisão ainda não houver transitado em julgado, e todos os quinhoeiros dos terrenos vindicados, se a ação for proposta posteriormente.

§ 2º Nesse último caso, terão os quinhoeiros o direito, pela mesma sentença que os obrigar à restituição, a haver dos outros condôminos do processo divisório ou de seus sucessores a título universal a composição pecuniária proporcional ao desfalque sofrido.

Art. 595. Os peritos proporão, em laudo fundamentado, a forma da divisão, devendo consultar, quanto possível, a comodidade das partes, respeitar, para adjudicação a cada condômino, a preferência dos terrenos contíguos às suas residências e benfeitorias e evitar o retalhamento dos quinhões em glebas separadas.

Art. 596. Ouvidas as partes, no prazo comum de 15 (quinze) dias, sobre o cálculo e o plano da divisão, o juiz deliberará a partilha.Parágrafo único. Em cumprimento dessa decisão, o perito procederá à demarcação dos quinhões, observando, além do disposto nos arts. 584 e 585, as seguintes regras: I – as benfeitorias comuns que não comportarem divisão cômoda serão adjudicadas a um dos condôminos mediante compensação; II – instituir-se-ão as servidões que forem indispensáveis em favor de uns quinhões sobre os outros, incluindo o respectivo valor no orçamento para que, não se tratando de servidões naturais, seja compensado o condômino aquinhoado com o prédio serviente; III – as benfeitorias particulares dos condôminos que excederem à área a que têm direito serão adjudicadas ao quinhoeiro vizinho mediante reposição; IV – se outra coisa não acordarem as partes, as compensações e as reposições serão feitas em dinheiro.

Art. 597. Terminados os trabalhos e desenhados na planta os quinhões e as servidões aparentes, o perito organizará o memorial descritivo.

§ 1º Cumprido o disposto no art. 586, o escrivão, em seguida, lavrará o auto de divisão, acompanhado de uma folha de pagamento para cada condômino.

§ 2º Assinado o auto pelo juiz e pelo perito, será proferida sentença homologatória da divisão.

Capítulo 16 – Do Condomínio Geral

Podem os condôminos acordar que fique indivisa a coisa comum por prazo não maior de cinco anos, suscetível de prorrogação ulterior (CCB, art. 1.320, § 1º).[24]

A regra geral é a divisibilidade do condomínio voluntário, sendo certo que qualquer condômino, a qualquer tempo, pode retirar da comunhão, por meio da alienação de sua fração ou requerendo a extinção do condomínio. Todavia, nada impede que os condôminos insiram no título constitutivo do condomínio uma *Cláusula de Indivisibilidade*, impedindo que qualquer condômino se retire da comunhão.

A referida cláusula deverá ser instituída pela unanimidade dos condôminos e não valerá por mais de 5 anos. A ideia central é que, após os 5 anos, os consortes avaliem a sua relação de convivência condominial, optando por manter ou não o condomínio. Nada obsta que tal cláusula seja renovada, conforme a vontade dos consortes, visando à manutenção da indivisibilidade. A decisão deve ser unânime.

Se esse condomínio for instituído por doação ou por legado, o instituidor também poderá incluir uma Cláusula de Indivisibilidade, que também não valerá por mais de 5 anos, salvo o interesse dos condôminos na renovação do prazo quinquenal.

Não poderá exceder a 5 anos a indivisão estabelecida pelo doador ou pelo testador (CCB, art. 1.320, § 2º).[25]

A requerimento de qualquer interessado e se graves razões o aconselharem, pode o juiz determinar a divisão da coisa comum antes do prazo (CCB, art. 1.320, § 2º).[26]

De acordo com o artigo 1.321, aplicam-se à divisão do condomínio, no que couberem, as regras de partilha de herança (arts 2.013 a 2.022).[27] [28]

---

§ 3º O auto conterá: I – a confinação e a extensão superficial do imóvel; II – a classificação das terras com o cálculo das áreas de cada consorte e com a respectiva avaliação ou, quando a homogeneidade das terras não determinar diversidade de valores, a avaliação do imóvel na sua integridade; III – o valor e a quantidade geométrica que couber a cada condômino, declarando-se as reduções e as compensações resultantes da diversidade de valores das glebas componentes de cada quinhão.

§ 4º Cada folha de pagamento conterá: I – a descrição das linhas divisórias do quinhão, mencionadas as confinantes; II – a relação das benfeitorias e das culturas do próprio quinhoeiro e das que lhe foram adjudicadas por serem comuns ou mediante compensação; III – a declaração das servidões instituídas, especificados os lugares, a extensão e o modo de exercício.Art. 598. Aplica-se às divisões o disposto nos arts. 575 a 578.

24 Correspondente ao parágrafo único do art. 629 do Código Civil de 1916.
25 Correspondente ao art. 630 do Código Civil de 1916.
26 Sem correspondente com o Código Civil de 1916.
27 Sem correspondente no Código Civil de 1916.
28 CC 2002 – Da Partilha. Arts. 2.013 a 2.021. CC 2002 – Art. 2.013. O herdeiro pode sempre requerer a partilha, ainda que o testador o proíba, cabendo igual faculdade aos seus cessionários e credores.
CC 2002 – Art. 2.014. Pode o testador indicar os bens e valores que devem compor os

16.4.3. Extinção do condomínio *pro indiviso*

Outra questão que pode gerar conflitos entre os condôminos ocorre no momento em que um deles resolve alienar o seu quinhão. A alienação do quinhão é um direito do condômino que não pode ser impedido. Este somente ficará impossibilitado da alienação do quinhão na constância da cláusula de indivisibilidade, conforme dito acima. Neste caso, deve ser observado o quinquênio.

Todavia, não havendo cláusula de indivisibilidade, a qualquer tempo, qualquer consorte poderá alienar a sua quota. Em respeito ao direito real de preferência dos condôminos, aquele que desejar alienar onerosamente a sua quota-parte, deverá oferecê-la primeiramente aos demais condôminos. Logo, estes terão o direito de exercer o direito de preferência.

Qual o fundamento do direito de preferência dos condôminos? Ora, os condôminos podem não querer que um estranho (uma outra pessoa) ingresse no condomínio, trazendo eventual desarmonia ao grupo.

Se o condômino alienar onerosamente o seu quinhão a terceiro sem oferecê-lo aos demais condôminos, estes poderão, depositando o preço, anular a venda e adjudicar o quinhão do consorte retirante compulsoriamente.

O direito de preferência deve ser exercido em igualdade de condições com o terceiro. E se vários condôminos tiverem interesse em adquirir o qui-

---

quinhões hereditários, deliberando ele próprio a partilha, que prevalecerá, salvo se o valor dos bens não corresponder às quotas estabelecidas.
CC 2002 – Art. 2.015. Se os herdeiros forem capazes, poderão fazer partilha amigável, por escritura pública, termo nos autos do inventário, ou escrito particular, homologado pelo juiz.
CC 2002 – Art. 2.016. Será sempre judicial a partilha, se os herdeiros divergirem, assim como se algum deles for incapaz.
CC 2002 – Art. 2.017. No partilhar os bens, observar-se-á, quanto ao seu valor, natureza e qualidade, a maior igualdade possível.
CC 2002 – Art. 2.018. É válida a partilha feita por ascendente, por ato entre vivos ou de última vontade, contanto que não prejudique a legítima dos herdeiros necessários.
CC 2002 – Art. 2.019. Os bens insuscetíveis de divisão cômoda, que não couberem na meação do cônjuge sobrevivente ou no quinhão de um só herdeiro, serão vendidos judicialmente, partilhando-se o valor apurado, a não ser que haja acordo para serem adjudicados a todos. § 1º Não se fará a venda judicial se o cônjuge sobrevivente ou um ou mais herdeiros requererem lhes seja adjudicado o bem, repondo aos outros, em dinheiro, a diferença, após avaliação atualizada. § 2º Se a adjudicação for requerida por mais de um herdeiro, observar-se-á o processo da licitação.
CC 2002 – Art. 2.020. Os herdeiros em posse dos bens da herança, o cônjuge sobrevivente e o inventariante são obrigados a trazer ao acervo os frutos que perceberam, desde a abertura da sucessão; têm direito ao reembolso das despesas necessárias e úteis que fizeram, e respondem pelo dano a que, por dolo ou culpa, deram causa.
CC 2002 – Art. 2.021. Quando parte da herança consistir em bens remotos do lugar do inventário, litigiosos, ou de liquidação morosa ou difícil, poderá proceder-se, no prazo legal, à partilha dos outros, reservando-se aqueles para uma ou mais sobrepartilhas, sob a guarda e a administração do mesmo ou diverso inventariante, e consentimento da maioria dos herdeiros.
CC 2002 – Art. 2.022. Ficam sujeitos a sobrepartilha os bens sonegados e quaisquer outros bens da herança de que se tiver ciência após a partilha.

nhão do retirante? Neste caso, os condôminos interessados poderão adquirir o quinhão do retirante em condomínio, isto é, seria constituído um novo condomínio no seio da comunhão anterior.[29]

E se não houver acordo entre os consortes? Quando a coisa for indivisível,[30] e os consortes não quiserem adjudicá-la a um só, indenizando os outros, será vendida e repartido o apurado, preferindo-se, na venda, em condições iguais de oferta, o condômino ao estranho, e entre os condôminos aquele que tiver na coisa benfeitorias mais valiosas, e, não as havendo, o de quinhão maior (CCB, art. 1.322).[31]

Se nenhum dos condôminos tem benfeitorias na coisa comum e participam todos do condomínio em partes iguais, realizar-se-á licitação entre estranhos e, antes de adjudicada a coisa àquele que ofereceu maior lanço, proceder-se-á à licitação entre os condôminos, a fim de que a coisa seja adjudicada a quem afinal oferecer melhor lanço, preferindo, em condições iguais, o condômino ao estranho (CCB, art. 1.322, parágrafo único).[32]

Portanto, se a coisa for indivisível e não existindo acordo para sua adjudicação, a saída é a sua venda forçada, com a consequente repartição do preço. Aplica-se, pois, o artigo 730 do Código de Processo Civil.[33]

16.4.4. Da administração do condomínio

A escolha do administrador do condomínio está prevista no artigo 1.323, *verbis*: "deliberando a maioria sobre a administração da coisa comum, escolherá o administrador, que poderá ser estranho ao condomínio; resolvendo alugá-la, preferir-se-á, em condições iguais, o condômino ao que não o é".[34]

O condômino que administrar sem oposição dos outros presume-se representante comum (CCB, art. 1.324).[35]

---

29 CC 2002 – Art. 504. Não pode um condômino em coisa indivisível vender a sua parte a estranhos, se outro consorte a quiser, tanto por tanto. O condômino, a quem não se der conhecimento da venda, poderá, depositando o preço, haver para si a parte vendida a estranhos, se o requerer no prazo de cento e oitenta dias, sob pena de decadência. Parágrafo único. Sendo muitos os condôminos, preferirá o que tiver benfeitorias de maior valor e, na falta de benfeitorias, o de quinhão maior. Se as partes forem iguais, haverão a parte vendida os comproprietários que a quiserem, depositando previamente o preço.
30 CC 2002 – Art. 87. Bens divisíveis são os que se podem fracionar sem alteração na sua substância, diminuição considerável de valor, ou prejuízo do uso a que se destinam.
31 Correspondente ao art. 632 do Código Civil de 1916.
32 Sem correspondente no Código Civil de 1916.
33 CPC – DA ALIENAÇÃO JUDICIAL – Art. 730. Nos casos expressos em lei, não havendo acordo entre os interessados sobre o modo como se deve realizar a alienação do bem, o juiz, de ofício ou a requerimento dos interessados ou do depositário, mandará aliená-lo em leilão, observando-se o disposto na Seção I deste Capítulo e, no que couber, o disposto nos arts. 879 a 903.
34 Correspondente aos arts. 635 e 636 do Código Civil de 1916.
35 Correspondente ao art. 640 do Código Civil de 1916.

A maioria será calculada pelo valor dos quinhões (CCB, art. 1.325).[36]

As deliberações serão obrigatórias, sendo tomadas por maioria absoluta (CCB, art. 1.325, § 1º).[37]

Não sendo possível alcançar maioria absoluta, decidirá o juiz, a requerimento de qualquer condômino, ouvidos os outros (CCB, art. 1.325, § 2º).[38]

Havendo dúvida quanto ao valor do quinhão, será este avaliado judicialmente (CCB, art. 1.325, § 3º).[39]

No condomínio voluntário não existe, pois, obrigatoriedade de uma eleição formal do administrador. Isto já não acontece no condomínio edilício, já que o administrador (síndico) é eleito em assembleia expressamente convocada para essa finalidade. Assim, no condomínio voluntário, qualquer condômino que comece a praticar atos de administração sem oposição dos demais consortes, considera-se tacitamente escolhido como administrador, ficando obrigado a prestar contas aos demais condôminos. Ele é o representante dos demais consortes.

16.4.5. Partilha dos frutos

Os frutos da coisa comum, não havendo em contrário estipulação ou disposição de última vontade, serão partilhados na proporção dos quinhões (CCB, art. 1.326).[40] [41]

CLÓVIS BEVILÁQUA alerta que "os frutos devem ser partilhados na proporção dos quinhões, porque o condomínio é um modo de exploração de um capital que pertence, por frações, aos consortes. Mas os consortes podem combinar outra coisa. Além disso, a comunhão pode resultar de um contrato, como se diversas pessoas compram um prédio para revender. No contrato, poderá ser estipulada uma divisão de lucros, segundo a vontade dos pactuantes. Valerá, então, o que for convencionado. Pode, também, a comunhão nascer de um testamento ou de uma doação. O testador, ou o doador, tem o direito de estabelecer cláusulas, regulando o modo pelo qual devam se distribuir os frutos. É supletivamente, que, nesses casos, prevalece a regra do artigo. Não havendo contrato, nem testamento, a divisão far-se-á na proporção dos quinhões".[42]

---

36 Correspondente ao art. 637, *caput*, do Código Civil de 1916.
37 Correspondente ao art. 637, § 1º, do Código Civil de 1916.
38 Correspondente ao art. 637, § 2º, do Código Civil de 1916.
39 Sem correspondente no Código Civil de 1916.
40 Correspondente ao art. 638 do Código Civil de 1916.
41 CC 2002 – Art. 95. Apesar de ainda não separados do bem principal, os frutos e produtos podem ser objeto de negócio jurídico.
42 BEVILÁQUA. Op. cit., p. 1.104.

16.5. Condomínio Necessário

O condomínio necessário é aquele que se estabelece sobre as árvores limítrofes, ou sobre as paredes, muros divisórios, cercas e valas. Diz o artigo 1.327 do nosso Código Civil que "o condomínio por meação de paredes, cercas, muros e valas regula-se pelo disposto neste Código (arts. 1.297 e 1.298; 1.304 a 1.307).[43]

Já o artigo 1.328 diz que "o proprietário que tiver direito a estremar um imóvel com paredes, cercas, muros, valas ou valados, tê-lo-á igualmente a adquirir meação na parede, muro, valado ou cerca do vizinho, embolsando-lhe metade do que atualmente valer a obra e o terreno por ela ocupado (art. 1.297)".[44] [45]

Não convindo os dois no preço da obra, será este arbitrado por peritos, a expensas de ambos os confinantes (CCB, art. 1.329).[46]

BEVILÁQUA diz que "se a parede ou obra divisória estiver tão deteriorada que exija reconstrução, os peritos determinarão o valor atual dos materiais, o qual, somado com a metade do valor dos alicerces e do terreno, será o preço da meação a ser pago pelo vizinho".[47]

Qualquer que seja o valor da meação, enquanto aquele que pretender a divisão não o pagar ou depositar, nenhum uso poderá fazer na parede, muro, vala, cerca ou qualquer outra obra divisória (CCB, art. 1.330).[48]

---

43 Correspondente ao art. 642 do Código Civil de 1916.
44 Correspondente ao art. 643 do Código Civil de 1916.
45 CC 2002 – Art. 1.297. O proprietário tem direito a cercar, murar, valar ou tapar de qualquer modo o seu prédio, urbano ou rural, e pode constranger o seu confinante a proceder com ele à demarcação entre os dois prédios, a aviventar rumos apagados e a renovar marcos destruídos ou arruinados, repartindo-se proporcionalmente entre os interessados as respectivas despesas. § 1º Os intervalos, muros, cercas e os tapumes divisórios, tais como sebes vivas, cercas de arame ou de madeira, valas ou banquetas, presumem-se, até prova em contrário, pertencer a ambos os proprietários confinantes, sendo estes obrigados, de conformidade com os costumes da localidade, a concorrer, em partes iguais, para as despesas de sua construção e conservação. § 2º As sebes vivas, as árvores, ou plantas quaisquer, que servem de marco divisório, só podem ser cortadas, ou arrancadas, de comum acordo entre proprietários. § 3º A construção de tapumes especiais para impedir a passagem de animais de pequeno porte, ou para outro fim, pode ser exigida de quem provocou a necessidade deles, pelo proprietário, que não está obrigado a concorrer para as despesas.
46 Correspondente ao art. 644 do Código Civil de 1916.
47 BEVILÁQUA. Op. cit., p. 1.107.
48 Correspondente ao art. 645 do Código Civil de 1916.

Capítulo 17
DO CONDOMÍNIO EDILÍCIO

17.1. Introdução

A professora e magistrada do Tribunal de Justiça do Estado do Rio de Janeiro, THELMA ARAÚJO ESTEVES FRAGA, ensina que "o condomínio edilício é previsto na Lei nº 4.591/64 e atualmente no novo Código Civil, em título especial, nos artigos 1.331 a 1.358, tal condomínio tem natureza obrigatória sendo consideradas indivisíveis as áreas comuns. A utilização das áreas comuns, bem como a disciplina quanto às despesas, são regidas, no que for silente a lei, por um instrumento coletivo denominado de Convenção do Condomínio.

No condomínio edilício existem partes individualizadas que constituem unidades autônomas (v.g. apartamentos, salas comerciais, lojas) que se sujeitam à propriedade exclusiva.

Além das partes individualizadas denominadas de unidades autônomas, caracteriza-se tal condomínio pela existência de áreas comuns, que potencialmente poderão ser utilizadas por todos que forem titulares do direito, insuscetíveis de alienação separadamente ou divisão entre os comuns".[1] O *condomínio edilício* é caracterizado por haver partes que são de propriedade comum, e que pertencem a todos os condôminos, e partes que são de propriedade exclusiva. De forma contrária, no *condomínio voluntário* toda a coisa pertences aos condôminos, cada um deles possuindo um quinhão sobre a coisa.

O Conselho da Justiça Federal, na I Jornada de Direito Civil, editou os seguintes enunciados:

a) CJF – Enunciado 89 – Art. 1.331: O disposto nos arts 1.331 a 1.358 do novo Código Civil aplica-se, no que couber, aos condomínios assemelhados, tais como loteamentos fechados, multipropriedade imobiliária e clubes de campo.

b) CJF – Enunciado 90 – Art. 1.331: Deve ser reconhecida personalidade jurídica ao condomínio edilício nas relações jurídicas inerentes às ativi-

---

[1] FRAGA, Thelma Araújo Esteves; MELLO, Cleyson de Moraes. *Condomínio*. 2. ed. Rio de Janeiro: Freitas Bastos, 2005, p. 8.

dades de seu peculiar interesse. Este enunciado foi alterado pelo Enunciado 246 da III Jornada. Vejamos: Enunciado 246 – Art. 1.331: Fica alterado o Enunciado n° 90, com supressão da parte final: "nas relações jurídicas inerentes às atividades de seu peculiar interesse". Prevalece o texto: "Deve ser reconhecida personalidade jurídica ao condomínio edilício".

c) CJF – Enunciado 596 – VII Jornada de Direito Civil – O condomínio edilício pode adquirir imóvel por usucapião. Justificativa: Conquanto persista algum debate em torno da atribuição, ou não, de personalidade jurídica ao condomínio edilício, tem-se visto um número maior de situações nas quais resta admitida a aquisição de propriedade imobiliária por esta figura jurídica. O STJ já reconheceu a personalidade do condomínio para fins tributários. O Enunciado 246 da III Jornada de Direito Civil (que modificou o Enunciado 90 da I Jornada), por sua vez, estipula que: "Deve ser reconhecida personalidade jurídica ao condomínio edilício". O Conselho Superior da Magistratura do Tribunal de Justiça de São Paulo, embora não admita a irrestrita e incondicional atribuição de personalidade jurídica ao condomínio edilício, tem admitido a aquisição de imóveis por este último, inclusive por meio de escritura pública de compra e venda (vide Apel. Cível 001991077.2012.8.26.0071 – j. abril/2013). Tanto a Lei n° 4.591/1964 (ao versar sobre o leilão extrajudicial – art. 63, § 3°) quanto o CPC (ao regrar a hasta pública) respaldam a aquisição de propriedade em nome do condomínio edilício, o que se tem verificado na prática. Assim, tendo em vista o acima exposto, pensamos ser viável a usucapião de imóvel pelo próprio condomínio edilício quando feita em benefício dos condôminos que o possuem coletivamente.

17.2. Partes Comuns

O artigo 1.331 do nosso Código Civil procurou estabelecer as partes comuns do condomínio edilício.

Assim, "pode haver, em edificações, partes que são propriedade exclusiva, e partes que são propriedade comum dos condôminos (CCB, art. 1.331, *caput*).[131]

As partes suscetíveis de utilização independente, tais como apartamentos, escritórios, salas, lojas e sobrelojas, com as respectivas frações ideais no solo e nas outras partes comuns, sujeitam-se a propriedade exclusiva, podendo ser alienadas e gravadas livremente por seus proprietários, exceto os abrigos para veículos, que não poderão ser alienados ou alugados a pessoas estranhas ao condomínio, salvo autorização expressa na convenção de condomínio. (Redação dada pela Lei n° 12.607, de 2012) (CCB, art. 1.331, § 1°).

O solo, a estrutura do prédio, o telhado, a rede geral de distribuição de água, esgoto, gás e eletricidade, a calefação e refrigeração centrais, e as demais partes comuns, inclusive o acesso ao logradouro público, são utilizados em comum pelos condôminos, não podendo ser alienados separadamente, ou divididos (CCB, art. 1.331, § 3°).

A cada unidade imobiliária caberá, como parte inseparável, uma fração ideal no solo e nas outras partes comuns, que será identificada em forma decimal ou ordinária no instrumento de instituição do condomínio (CCB, art. 1.331, § 3°). (Redação dada pela Lei n° 10.931, de 2004).

No condomínio, edilício cada condômino terá uma fração ideal do solo e a sua unidade exclusiva fica ligada a essa fração ideal. Portanto, a cada fração ideal do solo corresponderá uma unidade autônoma.

Nenhuma unidade imobiliária pode ser privada do acesso ao logradouro público (CCB, art. 1.331, § 4°).[2] Portanto, nenhuma unidade autônoma poderá ser privada do acesso à rua, ou seja, não poderá haver uma unidade encravada num condomínio edilício.

O terraço de cobertura é parte comum, salvo disposição contrária da escritura de constituição do condomínio (CCB, art. 1.331, § 5°).[3]

Em relação ao artigo 1.331, o Conselho da Justiça Federal, nas I e III Jornadas de Direito Civil, editou os seguintes enunciados:

a) CJF – Enunciado 91 – Art. 1.331: A convenção de condomínio ou a assembleia geral podem vedar a locação de área de garagem ou abrigo para veículos a estranhos ao condomínio.

b) CJF – Enunciado 247 – Art. 1.331: No condomínio edilício é possível a utilização exclusiva de área "comum" que, pelas próprias características da edificação, não se preste ao "uso comum" dos demais condôminos.

Em relação às áreas comuns utilizadas pelos condôminos, o STJ já decidiu que "DIREITO CIVIL. ILICITUDE DA PROIBIÇÃO DE USO DE ÁREAS COMUNS PELO CONDÔMINO INADIMPLENTE. O condomínio, independentemente de previsão em regimento interno, não pode proibir, em razão de inadimplência, condômino e seus familiares de usar áreas comuns, ainda que destinadas apenas a lazer. Isso porque a adoção de tal medida, a um só tempo, desnatura o instituto do condomínio, a comprometer o direito de propriedade afeto à própria unidade imobiliária, refoge das consequências legais especificamente previstas para a hipótese de inadimplemento das despesas condominiais e, em última análise, impõe ilegítimo constrangimento ao condômino (em mora) e aos seus familiares, em manifesto descompasso com o princípio da dignidade da pessoa humana. O direito do condômino ao uso das partes comuns, seja qual for a destinação a elas atribuída, não decorre da situação (circunstancial) de adimplência das despesas condominiais, mas sim do fato de que, por lei, a unidade imobiliária abrange, como inseparável, uma fração ideal no solo (representado pela própria unidade) bem como nas outras partes comuns, que será identificada em forma decimal ou ordinária no instrumento de instituição do condomínio (§ 3º do art. 1.331 do CC). Ou seja, a propriedade da unidade imobiliária abrange a correspon-

---

2 Sem correspondente no Código Civil de 1916.
3 Sem correspondente no Código Civil de 1916.

dente fração ideal de todas as partes comuns. Efetivamente, para a específica hipótese de descumprimento do dever de contribuição pelas despesas condominiais, o CC (arts. 1.336 e 1.337) impõe ao condômino inadimplente severas sanções de ordem pecuniária, na medida de sua recalcitrância. A partir do detalhamento das aludidas penalidades, verifica-se que a inadimplência das despesas condominiais enseja, num primeiro momento, o pagamento de juros moratórios de 1% ao mês, caso não convencionado outro percentual, e multa de até 2% sobre o débito (art. 1.336, § 1º, do CC). Sem prejuízo desta sanção, em havendo a deliberada reiteração do comportamento faltoso (o que não se confunde o simples inadimplemento involuntário de alguns débitos), instaurando-se permanente situação deinadimplência, o CC estabelece a possibilidade de o condomínio, mediante deliberação de ¾ (três quartos) dos condôminos restantes, impor ao devedor contumaz outras penalidades, também de caráter pecuniário, segundo gradação proporcional à gravidade e à repetição dessa conduta. Assim, segundo dispõe o art. 1.337, *caput* e parágrafo único, do CC, a descrita reiteração do descumprimento do dever de contribuição das despesas condominiais, poderá ensejar, primeiro, uma imposição de multa pecuniária correspondente ao quíntuplo do valor da respectiva cota condominial (500%) e, caso o comportamento do devedor contumaz evidencie, de fato, uma postura transgressora das regras impostas àquela coletividade (condômino antissocial), podendo, inclusive, comprometer a própria solvência financeira do condomínio, será possível impor-lhe, segundo o mencionado quórum, a multa pecuniária correspondente de até o décuplo do valor da correlata cota condominial (1.000%). Já o art. 1.334, IV, do CC apenas refere quais matérias devem ser tratadas na convenção condominial, entre as quais as sanções a serem impostas aos condôminos faltosos. E nos artigos subsequentes, estabeleceu-se, para a específica hipótese de descumprimento do dever de contribuição com as despesas condominiais, a imposição desanções pecuniárias. Inexiste, assim, margem discricionária para outras sanções que não as pecuniárias, nos limites da lei, para o caso de inadimplência das cotas condominiais. Aliás, é de se indagar qual seria o efeito prático da medida imposta (restrição de acesso às áreas comuns), senão o de expor o condômino inadimplente e seus familiares a uma situação vexatória perante o meio social em que residem. Além das penalidades pecuniárias, é de se destacar também que a lei adjetiva civil, atenta à essencialidade do cumprimento do dever de contribuir com as despesas condominiais, estabelece a favor do condomínio efetivas condições de obter a satisfação de seu crédito, inclusive por meio de procedimento que privilegia a celeridade. Efetivamente, a Lei nº 8.009/1990 confere ao condomínio uma importante garantia à satisfação dos débitos condominiais: a própria unidade condominial pode ser objeto de constrição judicial, não sendo dado ao condômino devedor deduzir, como matéria de defesa, a impenhorabilidade do bem como sendo de família. E, em reconhecimento à premência da satisfação do crédito relativo às despesas condominiais, o CPC/1973 estabelecia o rito mais célere, o sumário, para a respectiva ação de cobrança. Na sistemática do novo CPC, as cotas condominiais passaram a ter natureza de título executivo extrajudicial (art. 784, VIII), a viabilizar, por conseguinte, o manejo de ação executiva, tornando ainda mais célere a satisfação do débito por meio da incursão no patrimônio do devedor (possivelmente sobre a própria unidade imobiliária). Ademais, além de refugir dos gravosos instrumentos postos à disposição do condomínio para a específica hipótese de inadimplemento das despesas condominiais, a vedação de acesso e de utilização de qualquer área comum pelo condômino e seus familiares, com o único e ilegítimo propósito de expor ostensivamente a condição de inadimplência perante o meio social em que residem, desborda dos ditames do princípio da dignidade humana. REsp 1.564.030-MG, Rel. Min. Marco Aurélio Bellizze, julgado em 9/8/2016, DJe 19/8/2016".

17.3. Instituição e Constituição do Condomínio

O condomínio edilício só pode ser instituído por atos *inter vivos* ou de *testamento*. Daí que ninguém pode ser compelido a constituir um condomínio edilício ou a fazer parte dele. Por ato inter vivos, o condomínio edilício se estabelece, por exemplo, quando várias pessoas adquirem uma área e resolvem edificar nela, estabelecendo-se as partes comuns e as partes exclusivas. Já na constituição do condomínio edilício por testamento, o proprietário de uma área, em testamento, constitui um condomínio edilício, estabelecendo as partes, que serão comuns aos legatários, e as partes que serão exclusivas. É fora de dúvida que o legatário poderá recusar o legado, se não houver interesse em participar de um condomínio edilício.

O *condomínio edilício* será regido por uma convenção, o que já não ocorre no condomínio voluntário, onde não há necessidade de convenção, já que este é mais informal que aquele. Todavia, no condomínio edilício, a convenção é uma exigência legal. Nesta convenção, dentre outras questões, estabelecem-se os direitos e os deveres dos condôminos.

Diz o artigo 1.332 do nosso Código Civil que "institui-se o condomínio edilício por ato entre vivos ou testamento, registrado no Cartório de Registro de Imóveis, devendo constar daquele ato, além do disposto em lei especial:[131] I – a discriminação e individualização das unidades de propriedade exclusiva, estremadas uma das outras e das partes comuns;[4] II – a determinação da fração ideal atribuída a cada unidade, relativamente ao terreno e às partes comuns; III – o fim a que as unidades se destinam.

O Enunciado nº 504 publicado na V Jornada de Direito Civil diz que "a escritura declaratória de instituição e convenção firmada pelo titular único de edificação composta por unidades autônomas é título hábil para registro da propriedade horizontal no competente registro de imóveis, nos termos dos arts 1.332 a 1.334 do Código Civil".

---

4 Sem correspondente no Código Civil de 1916.

Qual o quórum para a elaboração da convenção do condomínio? O artigo 1.333 preceitua que "a convenção que constitui o condomínio edilício deve ser subscrita pelos titulares de, no mínimo, dois terços das frações ideais e torna-se, desde logo, obrigatória para os titulares de direito sobre as unidades, ou para quantos sobre elas tenham posse ou detenção".[5] Para ser oponível contra terceiros, a convenção do condomínio deverá ser registrada no Cartório de Registro de Imóveis (CCB, art. 1.333, parágrafo único).[142]

E se não for alcançado o quórum legal para a aprovação da convenção de condomínio? MARCO AURÉLIO S. VIANA responde a esta questão da seguinte forma: no exame da Lei n° 4.591/64, presente o entendimento de que a autoridade judiciária não podia socorrer os comunheiros. Não seria atribuição dos juízes criar normas, tribuição dos juízes criar normas, contratuais ou estatutárias, de aplicação compulsória. O julgador somente com permissão legal poderia estatuir normativamente (Cf. Caio Mário da Silva Pereira, *Condomínio* cit., p. 102). Para outros, seria perfeitamente possível que houvesse pronunciamento judicial a respeito, na omissão, ou não se obtendo o *quórum* legal (Cf. Nascimento Franco e Nisske Gondo, *Condomínio* cit., p. 89; Carlos Maximiliano, *Condomínio*, ed. 1944, p. 236). A esse modo de interpretar a lei especial também aderimos, quando no estudo do tema, lembrando, naquela oportunidade, que se era possível a intervenção do juiz para pôr fim à indivisão, na forma que já vimos, não víamos obstáculo a que se procedesse da mesma forma quando se tratasse de aprovação da convenção (Cf. Marco Aurélio S. Viana, *Manual* cit., p. 21). Se a convenção de condomínio é obrigatória, basta que, em processo contencioso, as partes apresentem suas razões para que, em função do mínimo de cláusulas exigido pelo diploma civil (art. 1.334), o juiz decida".

A nosso ver, o ensinamento de MARCO AURÉLIO S. VIANA está certo no sentido de que ocorra o pronunciamento judicial.

E se não houver convenção, não haverá condomínio? Ora, é o título constitutivo que constitui o condomínio, a convenção apenas regula o condomínio edilício. Neste caso, como se regerá o condomínio? Enquanto não aprovada a convenção pelo quórum legal, o condomínio será regido pelas normas previstas no ordenamento jurídico civilístico.

A convenção condominial poderá ser modificada, desde que tenha a aprovação de dois terços dos condôminos.

Consoante o artigo 1.334, além das cláusulas referidas no art. 1.332 e das que os interessados houverem por bem estipular, a convenção determinará:[6] I – a quota proporcional e o modo de pagamento das contribuições dos condôminos para atender às despesas ordinárias e extraordinárias do

---

5   Sem correspondente no Código Civil de 1916.
6   Sem correspondente no Código Civil de 1916.

condomínio;[7] II – sua forma de administração;[8] III – a competência das assembleias, forma de sua convocação e quórum exigido para as deliberações;[9] IV – as sanções a que estão sujeitos os condôminos, ou possuidores;[10] V – o regimento interno.[11]

A convenção poderá ser feita por escritura pública ou por instrumento particular (CCB, art. 1.334, § 1°).[12]

São equiparados aos proprietários, para os fins deste artigo, salvo disposição em contrário, os promitentes compradores e os cessionários de direitos relativos às unidades autônomas (CCB, art. 1.334, § 2°).[13]

Em relação ao quórum para alteração do regimento interno, o Conselho da Justiça Federal, na III Jornada de Direito Civil, editou o seguinte enunciado: "CJF – Enunciado 248 – Art. 1.334, V: O quórum para alteração do regimento interno do condomínio edilício pode ser livremente fixado na convenção".

O artigo 1.334 enumera uma série de pontos que deverão constar na convenção, sendo certo que outras disposições (assuntos) poderão constar na convenção em face do princípio da autonomia da vontade, desde que não viole nenhum preceito de ordem pública.

17.4. Direitos dos Condôminos

O artigo 1.335 do nosso Código Civil enumera uma série de direitos dos condôminos, independentemente de constarem na convenção condominial. Vejamos: "São direitos do condômino:

I – usar, fruir e livremente dispor das suas unidades;

II – usar das partes comuns, conforme a sua destinação, e contanto que não exclua a utilização dos demais compossuidores;[14]

III – votar nas deliberações da assembleia e delas participar, estando quite".[15]

De acordo com o inciso III acima, o condômino inadimplente não poderá participar das assembleias nem votar. Ora, que o condômino inadimplente não possa votar é razoável, mas que não possa nem sequer participar da assembleia resulta, claro, a violação ao princípio constitucional da dignidade da pessoa humana.

E se o condômino inadimplente realizou um acordo com o condomínio visando quitar os débitos em atraso, seria possível que ele participasse e votasse na ocor-

---

7 Sem correspondente no Código Civil de 1916.
8 Sem correspondente no Código Civil de 1916.
9 Sem correspondente no Código Civil de 1916.
10 Sem correspondente no Código Civil de 1916.
11 Sem correspondente no Código Civil de 1916.
12 Sem correspondente no Código Civil de 1916.
13 Sem correspondente no Código Civil de 1916.
14 Sem correspondente no Código Civil de 1916.
15 Sem correspondente no Código Civil de 1916.

rência de uma assembleia geral? Ora, se o condômino celebrou uma transação com o condomínio e vem cumprindo rigorosamente o acordo, poderá ele participar e votar, sob pena de violação ao princípio constitucional da dignidade da pessoa humana.

17.5. Deveres dos Condôminos

De acordo com o artigo 1.336, "são deveres do condômino:

I – *contribuir para as despesas do condomínio na proporção das suas frações ideais, salvo disposição em contrário na convenção; (Redação dada pela Lei n° 10.931, de 2004)*[16]. Esta clássica obrigação do condômino é denominada como obrigação *propter rem*,[17] já que adere a própria coisa. A própria unidade do condômino será usada para garantir o pagamento dessa obrigação. Vale lembrar que a Lei n° 8.009/90, que dispõe sobre a impenhorabilidade do bem de família, não se aplica ao condomínio edilício. Melhor dizendo: é perfeitamente possível penhorar e levar à praça o apartamento do condômino inadimplente, mesmo que ele seja considerado bem de família ou que seja o único imóvel residencial do devedor.

---

16 Sem correspondente no Código Civil de 1916.
17 TAXAS CONDOMINIAIS. PAGAMENTO. NATUREZA *PROPTER REM* DAS QUOTAS. O condomínio representado por seu síndico ajuizou ação contra o banco em liquidação extrajudicial, visando à cobrança das taxas condominiais vencidas e não quitadas de abril de 2000 a dezembro de 2002, além das vincendas relacionadas à unidade do referido condomínio. O réu alegou sua ilegitimidade passiva em face da transferência de todas as obrigações e deveres inerentes à posse, uso e gozo do imóvel por meio de instrumento particular de compromisso de compra e venda a terceiro. O Min° Relator considera que as despesas de condomínio são obrigações de pagar, derivadas da propriedade, direito real por excelência e, sob esse prisma, este Superior Tribunal tem afirmado que a ação de cobrança de quotas condominiais pode ser proposta tanto contra o proprietário quanto contra o promissário comprador ou afins, dependendo da situação de cada caso, pois o interesse primordial é o da coletividade de receber recursos para o pagamento de despesas indispensáveis e inadiáveis, podendo o credor escolher entre aqueles que tenham uma relação jurídica vinculada ao imóvel. A responsabilidade, portanto, deve ser aferida de acordo com as circunstâncias do caso concreto. *In casu*, muito embora tenha havido contrato de compromisso de compra e venda, não restou demonstrado que o condomínio autor detinha ciência inequívoca do referido documento. Assim, nada obsta a que o recorrente seja acionado para efetuar o pagamento das taxas condominiais que estavam pendentes, lastreado, por óbvio, na natureza *propter rem* das quotas, ressalvando-lhe o direito de regresso. Quanto à incidência dos juros moratórios, dada sua natureza indenizatória, eles devem incidir, conforme fixados em convenção de condomínio (1% ao mês), a partir do vencimento de cada prestação. No que concerne à multa moratória, não há que se falar em incidência do novo Código Civil, porquanto as cotas condominiais não pagas referem-se a períodos anteriores à sua entrada em vigor. Assim, a Turma não conheceu do recurso. Precedentes citados: REsp 291.688-SP, DJ 4.6.2001; REsp 278.386-SP, DJ 12.3.2001, e REsp 679.019-SP, DJ 20.6.2005. REsp 717.265-SP, Rel. Min. Jorge Scartezzini, julgado em 3.8.2006.

Márcio André Lopes Cavalcante apresenta uma questão interessante: "Em caso de compromisso de compra e venda, a legitimidade passiva para ação de cobrança de cotas condominiais será do promitente-comprador ou do promitente vendedor? Quem deverá responder pelo pagamento? A 2ª Seção do STJ apreciou o tema e forneceu três conclusões expostas em forma de teses: a) O que define a responsabilidade pelo pagamento das obrigações condominiais não é o registro do compromisso de compra e venda, mas a relação jurídica material com o imóvel, representada pela imissão na posse pelo promissário comprador e pela ciência inequívoca do condomínio acerca da transação. b) Havendo compromisso de compra e venda não levado a registro, a responsabilidade pelas despesas de condomínio pode recair tanto sobre o promitente vendedor quanto sobre o promissário comprador, dependendo das circunstâncias de cada caso concreto. c) Se ficar comprovado: (i) que o promissário comprador se imitira na posse; e (ii) o condomínio teve ciência inequívoca da transação, afasta-se a legitimidade passiva do promitente vendedor para responder por despesas condominiais relativas a período em que a posse foi exercida pelo promissário comprador. STJ. 2ª Seção. REsp 1.345.331-RS, Rel. Min. Luis Felipe Salomão, julgado em 8/4/2015 9 (recurso repetitivo) (Info 560). Pelo que foi exposto na tese "c", a responsabilidade será só do PROMITENTE COMPRADOR se ficar comprovado que: i) o promissário comprador se imitiu na posse (ele já está na posse direta do bem); e ii) o condomínio teve ciência inequívoca da transação (o condomínio soube que houve a "venda"). Nesta hipótese, o condomínio não poderia ajuizar ação contra o promitente vendedor pelas cotas condominiais relativas ao período em que a posse foi exercida pelo promissário comprador.

Ocorre que mesmo após o julgamento desse recurso especial repetitivo (REsp 1.345.331-RS), a 3ª Turma do STJ julgou em sentido contrário à tese exposta na letra "c". Segundo decidiu a 3ª Turma do STJ, o promitente comprador e o promitente vendedor de imóvel têm legitimidade passiva concorrente em ação de cobrança de débitos condominiais posteriores à imissão daquele na posse do bem, admitindo-se a penhora do imóvel, como garantia da dívida, quando o titular do direito de propriedade (promitente vendedor) figurar no polo passivo da demanda. STJ. 3ª Turma. REsp 1.442.840-PR, Rel. Min. Paulo de Tarso Sanseverino, julgado em 6/8/2015.

Teses firmadas para fins de recurso repetitivo: O presente julgado foi apreciado sob a sistemática do recurso repetitivo, na qual o STJ define teses que serão aplicadas para casos semelhantes. Confira as teses que foram aprovadas: a) O que define a responsabilidade pelo pagamento das obrigações condominiais não é o registro do compromisso de compra e venda, mas a relação jurídica material com o imóvel, representada pela imissão na posse pelo promissário comprador e pela ciência inequívoca do condomínio acerca da transação. b) Havendo compromisso de compra e venda não levado a registro, a responsabilidade pelas despesas de condomínio pode recair tanto sobre o promitente vendedor quanto sobre o promissário comprador, dependendo das circunstâncias de cada caso concreto. c) Se ficar comprovado: (i) que o promissário comprador se imitira na posse; e (ii) o condomínio teve ciência inequívoca da transação, afasta-se a legitimidade passiva do promitente vendedor para responder por despesas condominiais relativas a período em que a posse foi exercida pelo promissário comprador.

JULGADO DA 3ª TURMA DO STJ EM SENTIDO CONTRÁRIO À TESE "C" EXPOSTA NO REPETITIVO. Pelo que foi exposto na tese "c", a responsabilidade será só do PROMITENTE COMPRADOR se ficar comprovado que: i) o promissário comprador se imitiu na posse (ele já está na posse direta do bem); e ii) o condomínio teve ciência inequívoca da transação (o condomínio soube que houve a "venda"). Nesta hipótese, o condomínio não poderia ajuizar ação contra o promitente vendedor pelas cotas condominiais relativas ao período em que a posse foi exercida pelo promissário comprador. Ocorre que mesmo após o julgamento desse recurso especial repetitivo (REsp 1.345.331-RS), a 3ª Turma do STJ julgou em sentido contrário à tese exposta na letra "c". Segundo decidiu a 3ª Turma do STJ, o promitente comprador e o promitente vendedor de imóvel têm legitimidade passiva concorrente em ação de cobrança de débitos condominiais posteriores à imissão daquele na posse do bem, admitindo-se a penhora do imóvel, como garantia da dívida, quando o titular do direito de propriedade (promitente vendedor) figurar no polo passivo da demanda. STJ. 3ª Turma. REsp 1.442.840-PR, Rel. Min. Paulo de Tarso Sanseverino, julgado em 6/8/2015 (Info 567).

Conforme afirmou o Min. Paulo de Tarso, pela leitura isolada da tese "c", do REsp 1.345.331-RS, o proprietário estaria isento de arcar com as despesas de condomínio a partir da imissão do promitente comprador na posse do imóvel. Porém, a tese firmada no repetitivo deve ser interpretada de acordo com a solução dada ao caso que deu origem à afetação. Há de se observar, portanto, que, no caso do REsp 1.345.331-RS, a ação de cobrança havia sido ajuizada contra o proprietário (promitente vendedor), tendo havido embargos de terceiro pelos promitentes compradores na fase de execução. Naquele julgado, entendeu-se que a responsabilidade pelo pagamento das despesas condominiais seria dos promitentes compradores, porque relativas a débitos surgidos após a imissão destes na posse do imóvel. Porém, não se desconstituiu a penhora do imóvel. Há, portanto, uma aparente contradição entre a tese e a solução dada ao caso concreto, pois a tese "c", em sua literalidade, conduziria à desconstituição da penhora sobre o imóvel do promitente vendedor. A contradição, contudo, é apenas aparente, podendo ser resolvida à luz da teoria da dualidade da obrigação. Observe-se, inicialmente, que o promitente comprador não é titular do direito real de propriedade, tendo apenas direito real de aquisição caso registrado o contrato de promessa de compra e venda. Desse modo, o condomínio ficaria impossibilitado de penhorar o imóvel. Restaria, então, penhorar bens do patrimônio pessoal do promitente comprador. Porém, não é rara a hipótese em que o comprador esteja adquirindo seu primeiro imóvel e não possua outros bens penhoráveis, o que conduziria a uma execução frustrada. Esse resultado não se coaduna com a natureza, tampouco com finalidade da obrigação *propter rem*. Quanto à natureza, é da essência dessa obrigação que ela nasça automaticamente com a titularidade do direito real e somente se extinga com a extinção do direito ou a transferência da titularidade, ressalvadas as prestações vencidas. Como se verifica, não há possibilidade de a obrigação se extinguir por ato de vontade do titular do direito real, pois a fonte da obrigação *propter rem* é a situação jurídica de direito real, não a manifestação de vontade. Logo, a simples pactuação de uma promessa de compra e venda não é suficiente para extinguir a responsabilidade do proprietário pelo pagamento das despesas de condomínio. De outra parte, quanto à finalidade, a obrigação *propter rem* destina-se a manter a conservação da coisa. Nessa esteira, ao se desconstituir a penhora sobre o imóvel, o atendimento da finalidade de conservação acaba sendo comprometido, pois o condomínio passa a depender da incerta possibilidade de encontrar bens penhoráveis no patrimônio do promitente comprador. Vale lembrar ainda que a mera possibilidade de penhora do imóvel tem, por si só, o efeito psicológico de desestimular a inadimplência, de modo que a impossibilidade de penhora geraria o efeito inverso, atentando contra a finalidade da obrigação *propter rem*, que é manter a conservação da coisa. Há premente necessidade, portanto, de se firmar uma adequada interpretação da tese firmada pelo rito do art. 543-C do CPC, de modo a afastar interpretações contrárias à natureza e à finalidade da obrigação *propter rem*".[18]

II – não realizar obras que comprometam a segurança da edificação;[19]
III – não alterar a forma e a cor da fachada, das partes e esquadrias externas;[20]
IV – dar às suas partes a mesma destinação que tem a edificação, e não as utilizar de maneira prejudicial ao sossego, salubridade e segurança dos possuidores, ou aos bons costumes.[21]

O condômino que não pagar a sua contribuição ficará sujeito aos juros moratórios convencionados ou, não sendo previstos, os de um por cento ao mês e multa de até dois por cento sobre o débito (CCB, art. 1.336, § 1°).[22]

Este dispositivo apresenta uma questão polêmica que vem causando apreensão nos síndicos e administradores de imóveis, qual seja: a multa por impontualidade. A Lei n° 4.591/64 admitia multa de até 20% (vinte por cento) no caso de impontualidade.[23] Ocorre que o Código Civil, no artigo 1.336,

---

18 CAVALCANTE, Márcio André Lopes. Informativo. Disponível em: < https://dizerodireitodotnet.files.wordpress.com/2015/10/info-567-stj.pdf>. Acesso em: 26 set. 2016.
19 Sem correspondente no Código Civil de 1916.
20 Sem correspondente no Código Civil de 1916.
21 Sem correspondente no Código Civil de 1916.
22 Sem correspondente no Código Civil de 1916.
23 Lei 4.591/64 – Art. 12. Cada condômino concorrerá nas despesas do condomínio, recolhendo, nos prazos previstos na Convenção, a quota-parte que lhe couber em rateio. § 1°

Capítulo 17 – Do Condomínio Edilício

§ 1º, reduziu a referida multa moratória para 2% (dois por cento), o que de certa forma estimula e incentiva a inadimplência dos condôminos, causando, pois, um desequilíbrio nos orçamentos condominiais.

A multa é um mecanismo de coerção indireta para levar o devedor a cumprir pontualmente a obrigação. De acordo com a regra acima citada, a mora no pagamento condominial não poderá exceder a 2% (dois por cento) sobre o débito.[24][25]

Salvo disposição em contrário na Convenção, a fixação da quota no rateio corresponderá à fração ideal de terreno de cada unidade. § 2º Cabe ao síndico arrecadar as contribuições competindo-lhe promover, por via executiva, a cobrança judicial das quotas atrasadas. § 3º O condômino que não pagar a sua contribuição no prazo fixado na Convenção fica sujeito ao juro moratório de 1% ao mês, e multa de até 20% sobre o débito, que será atualizado, se o estipular a Convenção, com a aplicação dos índices de correção monetária levantados pelo Conselho Nacional de Economia, no caso da mora por período igual ou superior a seis meses. § 4º As obras que interessarem à estrutura integral da edificação ou conjunto de edificações, ou ao serviço comum, serão feitas com o concurso pecuniário de todos os proprietários ou titulares de direito à aquisição de unidades, mediante orçamento prévio aprovado em assembleia-geral, podendo incumbir-se de sua execução o síndico, ou outra pessoa, com aprovação da assembleia. § 5º A renúncia de qualquer condômino aos seus direitos, em caso algum valerá como escusa para exonerá-lo de seus encargos.

24 A multa de condomínio para parcelas vencidas depois no novo Código Civil deve ser de 2% e não de 20%. O entendimento foi reiterado pela 4ª Turma do Superior Tribunal de Justiça, que acolheu o recurso de uma condômina de São Paulo.O Condomínio Edifício Residencial Canadian Village ajuizou ação contra uma moradora para cobrar as taxas condominiais vencidas e não quitadas de janeiro a julho de 2001, com os acréscimos legais. Em primeira instância, o pedido foi julgado procedente para condená-la ao pagamento do valor original das contribuições acrescidas de correção monetária e de juros de mora de 1% ao mês, bem como multa moratória de 20% sobre o valor do débito corrigido.A condômina apelou, mas o Segundo Tribunal de Alçada Civil de São Paulo negou o recurso. Entendeu que, em nenhum momento, a moradora negou o inadimplemento ou provou o pagamento das despesas. Em Embargos de Declaração, o extinto Tribunal de Alçada estendeu a aplicação da multa de 20% também para as parcelas em atraso posteriores a janeiro de 2003 (início da vigência do novo Código Civil).No Recurso Especial, a moradora pediu a redução da multa moratória de 20% para 2%, com relação às parcelas vencidas a partir da vigência do novo código. Para tanto, alegou violação do artigo 1.336, parágrafo 1º, do Código Civil.O ministro Scartezzini acolheu o argumento. "Deveras, por tratar-se de obrigação periódica, renovando-se todo mês, a multa deve ser aplicada em observância à nova situação jurídica constituída sob a égide da lei substantiva atual, prevista em seu artigo 1.336, parágrafo 1º, porquanto há revogação, nesse particular, por incompatibilidade, do artigo 12, parágrafo 3º, da Lei nº 4.591/1964. Destarte, a regra convencional, perdendo o respaldo da legislação antiga, sofre, automaticamente, os efeitos da nova, à qual não se pode sobrepor", afirmou o relator.Fonte: Revista *Consultor Jurídico*, 17 de maio de 2006

25 No mesmo diapasão, o Ministro JORGE SCARTEZZINI, da Quarta Turma do STJ, no REsp 665.470/SP, julgado em 16.2.2006, decidiu que "RECURSO ESPECIAL – AÇÃO DE COBRANÇA – TAXAS CONDOMINIAIS – MULTA CONDOMINIAL DE 20% PREVISTA NA CONVENÇÃO, COM BASE NO ARTIGO 12, § 3º, DA LEI Nº 4.591/64 – REDUÇÃO PARA 2% QUANTO À DÍVIDA VENCIDA NA VIGÊNCIA DO NOVO CÓDIGO CIVIL – NECESSIDADE – REVOGAÇÃO PELO ESTATUTO MATERIAL DE 2002 DO TETO ANTERIORMENTE PREVISTO POR INCOMPATIBILIDADE – RECURSO PROVIDO. – *In casu*, a Convenção Condominial fixou a multa por atraso no pagamento das cotas, no patamar

"Se o condômino descumpre reiteradamente o dever de contribuir para as despesas do condomínio (inciso I do art. 1.336 do CC), o condomínio poderá aplicar contra ele, além da multa moratória (§ 1º do art. 1.336 do CC), multa sancionatória em razão de comportamento "antissocial" ou "nocivo" (art. 1.337 do CC). Assim, o condômino que deixar de adimplir reiteradamente a importância devida a título de cotas condominiais poderá, desde que aprovada a sanção em assembleia por deliberação de 3/4 (três quartos) dos condôminos, ser obrigado a pagar multa em até o quíntuplo do valor atribuído à contribuição para as despesas condominiais, conforme a gravidade da falta e a sua reiteração". STJ. 4ª Turma. REsp 1.247.020-DF, Rel. Min. Luis Felipe Salomão, julgado em 15/10/2015.

Vale destacar ainda a impossibilidade de aplicação do Código de Defesa do Consumidor nas relações condominiais, uma vez que não representam relações consumeiras. Neste sentido, o Ministro HUMBERTO GOMES DE BARROS, da Terceira Turma do STJ, decidiu, em 26.10.2006, no AgRg no Ag 496.575/RS, que "CONDOMÍNIO. CONVENÇÃO. AUSÊNCIA DE REGISTRO. MULTA. CDC. INAPLICABILIDADE. – A convenção de condomínio ainda que não registrada regula a relação entre as partes, sujeitando-as ao cumprimento das obrigações acordadas. – O Código de Defesa do Consumidor não é aplicável no que se refere à multa pelo atraso no pagamento de aluguéis e de quotas condominiais".

Já o § 2º do artigo 1.336 determina que "o condômino que não cumprir qualquer dos deveres estabelecidos nos incisos II a IV pagará a multa prevista no ato constitutivo ou na convenção, não podendo ela ser superior a cinco vezes o valor de suas contribuições mensais, independentemente das perdas e danos que se apurarem; não havendo disposição expressa, caberá à assembleia geral, por dois terços no mínimo dos condôminos restantes, deliberar sobre a cobrança da multa".

---

máximo de 20%, o que, à evidência, vale para os atrasos ocorridos antes do advento do novo Código Civil. Isto porque o novo Código trata, em capítulo específico, de novas regras para os condomínios. – Assim, por tratar-se de obrigação periódica, renovando-se todo mês, a multa deve ser aplicada em observância à nova situação jurídica constituída sob a égide da lei substantiva atual, prevista em seu art. 1.336, § 1º, em observância ao art. 2º, § 1º, da LICC, porquanto há revogação, nesse particular, por incompatibilidade, do art. 12, § 3º, da Lei nº 4.591/64. Destarte, a regra convencional, perdendo o respaldo da legislação antiga, sofre, automaticamente, os efeitos da nova, à qual não se pode sobrepor. – Recurso conhecido e provido para determinar a redução do percentual da multa moratória de 20% para 2% para as parcelas vencidas após a entrada em vigor do novo estatuto civil". Da mesma forma: "Despesas de condomínio. Multa. Aplicação do Código Civil de 2002, art. 1.336, § 1º. Precedentes da Corte. 1. A natureza estatutária da convenção de condomínio autoriza a imediata aplicação do regime jurídico previsto no novo Código Civil, regendo-se a multa pelo disposto no respectivo art. 1.336, § 1º. 2. Recurso especial conhecido e desprovido. (REsp 722.904/RS, Rel. Ministro CARLOS ALBERTO MENEZES DIREITO, TERCEIRA TURMA, julgado em 14.6.2005, DJ 1.7.2005 p. 532)"

A aplicação desta multa independe da existência de convenção, já que são deveres legais que os condôminos devem cumprir. São eles: a) não realizar obras que comprometam a segurança da edificação; b) não alterar a forma e a cor da fachada, das partes e esquadrias externas; c) dar às suas partes a mesma destinação que tem a edificação, e não as utilizar de maneira prejudicial ao sossego, salubridade e segurança dos possuidores, ou aos bons costumes.

O Enunciado nº 505 publicado na V Jornada de Direito Civil esclarece que "é nula a estipulação que, dissimulando ou embutindo multa acima de 2%, confere suposto desconto de pontualidade no pagamento da taxa condominial, pois configura fraude à lei (Código Civil, art. 1336, § 1º) e não redução por merecimento".

17.6. Deveres Condominiais

O condômino, ou possuidor, que não cumpre reiteradamente os seus deveres perante o condomínio poderá, por deliberação de três quartos dos condôminos restantes, ser constrangido a pagar multa correspondente até ao quíntuplo do valor atribuído à contribuição para as despesas condominiais, conforme a gravidade das faltas e a reiteração, independentemente das perdas e dos danos que se apurem (CCB, art. 1.337).

O condômino ou possuidor que, por seu reiterado *comportamento antissocial*, gerar incompatibilidade de convivência com os demais condôminos ou possuidores, poderá ser constrangido a pagar multa correspondente ao décuplo do valor atribuído à contribuição para as despesas condominiais, até ulterior deliberação da assembleia (CCB, art. 1.337, parágrafo único).

O Conselho de Justiça Federal, no Enunciado 92, diz que "Art. 1.337: As sanções do art. 1.337 do novo Código Civil não podem ser aplicadas sem que se garanta direito de defesa ao condômino nocivo".

Neste sentido, já decidiu o STJ: Essa sanção para o comportamento antissocial reiterado de condômino só poderá ser aplicada se antes foram conferidas ao condômino as garantias da ampla defesa e do contraditório. STJ. 4ª Turma. REsp 1.365.279-SP, Rel. Min. Luis Felipe Salomão, julgado em 25/8/2015.[26]

---

26 "O espaço de autonomia privada garantido pela Constituição às associações não está imune à incidência dos princípios constitucionais que asseguram o respeito aos direitos fundamentais de seus associados. A autonomia privada, que encontra claras limitações de ordem jurídica, não pode ser exercida em detrimento ou com desrespeito aos direitos e garantias de terceiros, especialmente aqueles positivados em sede constitucional, pois a autonomia da vontade não confere aos particulares, no domínio de sua incidência e atuação, o poder de transgredir ou de ignorar as restrições postas e definidas pela própria Constituição, cuja eficácia e força normativa também se impõem, aos particulares, no âmbito de suas relações privadas, em tema de liberdades fundamentais". (STF. 2ª Turma. RE 201819, Relator p/ Acórdão Min. Gilmar Mendes, julgado em 11/10/2005).

O que vem a ser o denominado *comportamento antissocial*? Esse é mais um exemplo das chamadas *cláusulas abertas*, cabendo ao magistrado, diante do caso concreto decidindo, estabelecer os limites, a razoabilidade, a tolerabilidade e as diretrizes do comportamento antissocial.

Como visto acima, se o condômino descumpre reiteradamente o dever de contribuir para as despesas do condomínio (inciso I do art. 1.336 do CC), o condomínio poderá aplicar contra ele, além da multa moratória (§ 1º do art. 1.336 do CC), multa sancionatória em razão de comportamento "antissocial" ou "nocivo" (art. 1.337 do CC). Assim, o condômino que deixar de adimplir reiteradamente a importância devida a título de cotas condominiais poderá, desde que aprovada a sanção em assembleia por deliberação de 3/4 (três quartos) dos condôminos, ser obrigado a pagar multa em até o quíntuplo do valor atribuído à contribuição para as despesas condominiais, conforme a gravidade da falta e a sua reiteração". STJ. 4ª Turma. REsp 1.247.020-DF, Rel. Min. Luis Felipe Salomão, julgado em 15/10/2015.[27]

---

[27] Em sentido contrário, "CONSIGNAÇÃO EM PAGAMENTO. MULTA POR COMPORTAMENTO ANTISSOCIAL. ARTIGO 1.337, PARÁGRAFO ÚNICO DO NCC QUE NÃO SE APLICA À HIPÓTESE DE INADIMPLÊNCIA. SITUAÇÕES EXCEPCIONAIS ORIUNDAS DE CONDUTA GRAVE, AMEAÇA À INTEGRIDADE FÍSICA OU ATO ATENTATÓRIO AOS BONS COSTUMES. SENTENÇA CORRETA. DESPROVIMENTO DO RECURSO.Pela leitura do parágrafo único, do artigo 1.337 do CC/02, verifica-se que a multa prevista para o condomínio de reiterado comportamento antissocial não diz respeito aos casos de inadimplência. Isto porque a caracterização das situações como antissociais requer prudência, devendo ser utilizada somente em casos de extrema gravidade no âmbito da convivência entre os condôminos, tais como: brigas ruidosas e constantes; atentado violento ao pudor; estado mental que traga riscos à integridade dos demais moradores etc". (fls. 105) Embargos de declaração: rejeitados.Recurso especial: alega ofensa aos arts. 1336 e 1337, do CC/02.Sustenta o condomínio agravante, em síntese, a legalidade da cobrança da multa em razão dos dispositivos do Código Civil acima citados, bem como conforme convencionado pela Assembleia-Geral Extraordinária, porquanto incontroverso ser a agravada inadimplente contumaz.Decisão agravada: negado seguimento ao recurso especial pela incidência da Súmula 284 do STF.Relatado o processo, decide-se. Do reexame fático-probatório e da interpretação de cláusulas contratuais. O Tribunal de origem, ao concluir pela ilegalidade da multa imposta ao agravado por comportamento antissocial, fundamentou sua decisão nos seguintes termos: "Pela leitura do parágrafo único, do artigo 1.337 do CC/02, verifica-se que a multa prevista para condômino de reiterado comportamento antissocial não diz respeito aos casos de inadimplência, por exemplo. Isto porque, a caracterização das situações como antissociais requer prudência, devendo ser utilizada somente em casos de extrema gravidade no âmbito da convivência entre condôminos, tais como: brigas ruidosas e constantes; atentado violento ao pudor; estado mental que traga riscos à integridade dos demais moradores etc. Diante disso, correta a sentença ao concluir que a simples mora com o pagamento de contribuição ao condômino não caracteriza a existência de reiterado comportamento antissocial, denominação essa que fundamentou a aplicação e cobrança da multa em questão. (fls. 10)" (fls. 107/108) O agravante, de outra banda, alega que a cobrança da multa tem respaldo legal, porquanto a Assembleia-Geral Extraordinária teria convencionado como comportamento antissocial a reiterada inadimplência.Verifica-se, portanto, que a pretensão do agravante, de modo a modificar as conclusões do TJ/RJ, demandaria a interpretação de cláusulas contratuais, qual seja, da

Ora, nada impede que os próprios condôminos estabeleçam na convenção ou no regimento interno alguns comportamentos que considerem antissociais. Isto não impedira a análise do caso concreto decidendo pelo Poder Judiciário.

E se a multa prevista no art. 1.337, parágrafo único, do CC não se mostrar efetiva, o condomínio poderá tomar medidas mais drásticas contra o condômino antissocial? Sim. Não obstante a aplicação da multa, o infrator continue apresentando reiteradamente o comportamento ofensivo, será possível que o condomínio ajuíze ação para expulsar o condômino antissocial. Neste sentido, o Enunciado 508 da V Jornada de Direito Civil do CJF: "Verificando-se que a sanção pecuniária mostrou-se ineficaz, a garantia fundamental da função social da propriedade (arts. 5º, XXIII, da CRFB e 1.228, § 1º, do CC) e a vedação ao abuso do direito (arts. 187 e 1.228, § 2º, do CC) justificam a exclusão do condômino antissocial, desde que a ulterior assembleia prevista na parte final do parágrafo único do art. 1.337 do Código Civil delibere a propositura de ação judicial com esse fim, asseguradas todas as garantias inerentes ao devido processo legal".

Por fim, vale destacar as conclusões da pesquisa científica realizada por NEIMAR ROBERTO DE SOUZA E SILVA sobre a possibilidade da exclusão do condômino antissocial no condomínio edilício.[28] Vejamos:

1. É juridicamente possível a exclusão do condômino no condomínio edilício.

2. A exclusão pode se dar tanto pelo afastamento temporário quanto pela definitiva exclusão do condômino antissocial. No primeiro caso, há a restrição absoluta e temporária do direito de uso (*ius utendi*) de sua unidade imobiliária. No segundo caso, a extinção da condição de condômino pela alienação forçada (judicial ou extrajudicial) de sua(s) unidade(s) autônoma(s).

3. Somente ao condômino considerado antissocial é que se deve aplicar a sanção de exclusão. A antissocialidade deve antes ser aferida objetivamente, pela constatação das seguintes condições: a) violação reiterada dos deveres legais e convencionais, que afrontem diretos individuais e coletivos, como o sossego, a segurança e a saúde, bem como atentem contra a moral e os bons

---

Assembleia-Geral Extraordinária, procedimento vedado em sede de recurso especial, nos termos da Súmula 5 do STJ Ademais, por óbvio, a definição do que seja comportamento antissocial, bem como verificar se determinado comportamento geraria ou não, na espécie, incompatibilidade de convivência com os demais condôminos, importaria no exame do acervo fático-probatório constante nos autos, não sendo possível, em sede de recurso especial, uma nova análise desses, conforme a Súmula 7 do STJ. Forte em tais razões, NEGO PROVIMENTO ao agravo de instrumento. Publique-se. Intimem-se. Brasília (DF), 18 de setembro de 2006. MINISTRA NANCY ANDRIGHI.

28 SILVA, Neimar Roberto de Souza e. *Da Possibilidade da Exclusão do Condômino Antissocial no Condomínio Edilício*. Dissertação de Mestrado da Universidade Presidente Antônio Carlos – UNIPAC. Juiz de Fora, 2015. (no prelo).

costumes; b) declarada incompatibilidade de convivência com o condômino antissocial, pela comunidade condominial.

4. A exclusão do condômino antissocial somente deve ocorrer quando a cominação da multa estipulada no parágrafo único do art. 1.337, do Código Civil, tiver se mostrado ineficaz para a solução do problema. Recomenda-se ainda a prévia alteração da convenção de condomínio, admitindo-se a exclusão do condômino antissocial como sanção derradeira.

5. Assim, uma nova assembleia (a dita *ulterior*, no *fine* do parágrafo único do art. 1.337, do CC) deverá ser convocada para a deliberação da propositura de ação judicial para a exclusão. Esta assembleia deverá ser convocada nos termos da convenção condominial, e igualmente deverá observar o quórum mínimo de 3/4 (três quartos) da comunidade de condôminos restantes para a deliberação.

6. A pessoal convocação do condômino infrator, conforme o edital de convocação que deverá pautar a exclusão como objeto de discussão, é condição de validade da decisão assemblear. Também o é a ampla defesa a ser assegurada ao condômino, ou a seu representante, durante toda a condução da sessão assemblear.

7. A exclusão condominial deve ser entendida como *ultima ratio*, medida derradeira e excepcional para a solução do grave problema de convivência no condomínio.

8. Deliberada a exclusão, esta poderá ser intentada por meio de juízo arbitral, quando a convenção dispuser de cláusula compromissória, ou pelo Poder Judiciário.

9. Por ser menos gravosa ao réu, a sanção de afastamento deverá ser preferencialmente aplicada. Não sendo, ainda sim, suficiente, recomenda-se a alienação da unidade em hasta pública e a ordem de afastamento do condomínio, sob a pena de crime de desobediência.

10. As custas processuais e honorários advocatícios decorrentes da ação judicial, a ser intentada com fulcro nos arts. 497; 303, *caput*, e 536, § 1º, do novel Código de Processo Civil, deverão ser consideradas como despesas ordinárias de condomínio.

11. Têm legitimidade para a propositura da ação o síndico, por força da lei (art. 1.348, CC e art. 75, XI, CPC) e da convenção, e qualquer condômino ou possuidor interessado na causa, no caso de omissão daquele.

12. São fundamentos jurídicos para a exclusão do condômino antissocial: a) o descumprimento da função social da propriedade (art. 5º, XXIII, CF/88). A função social é elemento intrínseco do próprio direito de propriedade, de modo que a não verificação de seu cumprimento torna ilegítima a propriedade. b) A proibição do abuso de direito (art. 187, CC).

13. A exclusão temporária (afastamento) do condômino antissocial não viola o direito de propriedade, uma vez que implica somente numa restrição

temporária ao direito de uso, em razão da necessidade da proteção de outro direito fundamental dos demais condôminos, o direito à paz. O coproprietário ainda conserva consigo os direitos de fruir, dispor e reivindicar sua unidade imobiliária. O mesmo raciocínio se aplica ao direito fundamental de moradia.

14. A exclusão definitiva é possível pela aplicação do princípio da função social da propriedade, e por se tratar de direito real disponível, pelo princípio da autonomia da vontade, quando prevista a cláusula de exclusão na convenção de condomínio.

17.7. Locação de Vaga na Garagem. Direito de Preferência

Resolvendo o condômino alugar área no abrigo para veículos, preferir-se-á, em condições iguais, qualquer dos condôminos a estranhos, e, entre todos, os possuidores (CCB, art. 1.338).

O Conselho da Justiça Federal, na IV Jornada de Direito Civil, editou o seguinte enunciado: "CJF – Enunciado 320 – Art. 1.338 e 1.331. O direito de preferência de que trata o art. 1.338 deve ser assegurado não apenas nos casos de locação, mas também na hipótese de venda da garagem".

17.8. Indivisibilidade do Domínio sobre as Partes Comuns

Os direitos de cada condômino às partes comuns são inseparáveis de sua propriedade exclusiva; são também inseparáveis das frações ideais correspondentes às unidades imobiliárias, com as suas partes acessórias (CCB, art. 1.339). Nestes casos, é proibido alienar ou gravar os bens em separado (CCB, art. 1.339, § 1°).

É permitido ao condômino alienar parte acessória de sua unidade imobiliária a outro condômino, só podendo fazê-lo a terceiro se essa faculdade constar do ato constitutivo do condomínio, e se a ela não se opuser a respectiva assembleia geral (CCB, art. 1.339, § 2°).

17.9. Despesas Específicas

As despesas relativas a partes comuns de uso exclusivo de um condômino, ou de alguns deles, incumbem a quem delas se serve (CCB, art. 1.340). Assim, por exemplo, se o terraço é de uso exclusivo do condômino do último andar do prédio, as despesas de conservação ficarão sob sua responsabilidade.

17.10. Benfeitorias no Condomínio

Diz o artigo 1.341: A realização de obras no condomínio depende:
I – se voluptuárias, de voto de dois terços dos condôminos;
II – se úteis, de voto da maioria dos condôminos.

As obras ou reparações necessárias podem ser realizadas, independentemente de autorização, pelo síndico ou, em caso de omissão ou impedimento deste, por qualquer condômino (CCB, art. 1.341, § 1°).

Se as obras ou reparos necessários forem urgentes e importarem em despesas excessivas, determinada sua realização, o síndico ou o condômino que tomou a iniciativa delas dará ciência à assembleia, que deverá ser convocada imediatamente (CCB, art. 1.341, § 2°).

Não sendo urgentes, as obras ou reparos necessários, que importarem em despesas excessivas, somente poderão ser efetuadas após autorização da assembleia, especialmente convocada pelo síndico, ou, em caso de omissão ou impedimento deste, por qualquer dos condôminos (CCB, art. 1.341, § 3°).

O condômino que realizar obras ou reparos necessários será reembolsado das despesas que efetuar, não tendo direito à restituição das que fizer com obras ou reparos de outra natureza, embora de interesse comum (CCB, art. 1.341, § 4°).

17.11. Acessões no Prédio

A realização de obras, em partes comuns, em acréscimo às já existentes, a fim de lhes facilitar ou aumentar a utilização, depende da aprovação de dois terços dos votos dos condôminos, não sendo permitidas construções, nas partes comuns, suscetíveis de prejudicar a utilização, por qualquer dos condôminos, das partes próprias, ou comuns (CCB, art. 1.342).

17.12. Construção de outro Pavimento ou de outro Edifício

A construção de outro pavimento, ou, no solo comum, de outro edifício, destinado a conter novas unidades imobiliárias, depende da aprovação da unanimidade dos condôminos (CCB, art. 1.343).

A construção de outro pavimento envolve a utilização de coisa comum, repercutindo, pois, nas frações ideais dos condôminos.

Da mesma forma, o solo é coisa comum, daí que outra edificação em coisa comum, requer a aprovação da unanimidade dos condôminos.

17.13. Conservação da Cobertura

Ao proprietário do terraço de cobertura incumbem as despesas da sua conservação, de modo que não haja danos às unidades imobiliárias inferiores (CCB, art. 1.344).

17.14. Cota Condominial. Obrigação *Propter Rem*

O adquirente de unidade responde pelos débitos do alienante, em relação ao condomínio, inclusive multas e juros moratórios (CCB, art. 1.345).

Assim, quem adquire uma unidade condominial responde pelos débitos anteriores e depois poderá regredir contra o alienante.

Ora, assim, é de bom alvitre que aquele que vier a adquirir uma unidade condominial tenha o cuidado de verificar a existência de débitos anteriores, existência de multas, já que o adquirente da unidade condominial responde pelos débitos anteriores relativos ao condomínio, inclusive multas e juros moratórios.

O STJ já decidiu que "o exequente que adjudicou o imóvel penhorado após finda praça sem lançador deve arcar com as despesas condominiais anteriores à praça, ainda que omitidas no edital da hasta pública. De fato, a jurisprudência consolidada no STJ estabelece que, diante da ausência de previsão no edital da hasta pública acerca de débitos condominiais anteriores à praça, não haverá a responsabilização do arrematante pelo pagamento da dívida, a qual deverá ser quitada com o valor obtido na alienação judicial. Cumpre esclarecer, entretanto, que a adjudicação e a arrematação, apesar de ambos os institutos visarem à satisfação do direito do credor, ostentam características diversas e, portanto, merecem tratamento distinto no que diz respeito à vinculação ao edital. Efetivamente, a adjudicação consiste na aquisição espontânea pelo exequente do bem penhorado por preço não inferior ao da avaliação, não havendo sua subordinação ao edital de praça, haja vista que essa forma de aquisição da propriedade não se insere no conceito de hasta pública. [...]. É o que se infere do *caput* do art. 686, que prevê que somente será expedido o edital da arrematação se não requerida a adjudicação e não realizada a alienação particular do bem penhorado. Assim, é certa a responsabilização do adjudicante pelo pagamento das contribuições condominiais inadimplidas no período anterior à adjudicação, aplicando-se o art. 1.345 do CC em sua íntegra: "O adquirente de unidade responde pelos débitos do alienante, em relação ao condomínio, inclusive multa e juros moratórios". REsp 1.186.373-MS, Rel. Min. Luis Felipe Salomão, julgado em 24/3/2015, DJe 14/4/2015.

17.15. Seguro contra os Riscos de Incêndio ou Destruição

É obrigatório o seguro de toda a edificação contra risco de incêndio ou destruição total ou parcial (CCB, art. 1.346).

17.16. Administração do Condomínio

A pessoa que administra o condomínio edilício recebe o nome de *síndico*, sendo ele o representante legal do condomínio. Isto significa dizer que é o síndico que emite vontade em nome dos demais condôminos para exercer ou proteger os seus direitos. O síndico tem, portanto, os poderes de administração e de representação.

O síndico poderá também delegar as funções de representação do condomínio, desde que autorizado, de forma expressa, pela assembleia especialmente convocada para esta finalidade.

Além do síndico, é possível que o condomínio tenha subsíndico, bem como a criação de conselhos para auxiliarem o síndico, tais como o conselho consultivo ou conselho fiscal.

Quem escolherá o síndico? Diz o artigo 1.347 que "a assembleia escolherá um síndico, que poderá não ser condômino, para administrar o condomínio, por prazo não superior a dois anos, o qual poderá renovar-se".

Quais são as atribuições do síndico? De acordo com o artigo 1.348, compete ao síndico:

I – convocar a assembleia dos condôminos;
II – representar, ativa e passivamente, o condomínio, praticando, em juízo ou fora dele, os atos necessários à defesa dos interesses comuns;
III– dar imediato conhecimento à assembleia da existência de procedimento judicial ou administrativo, de interesse do condomínio;
IV– cumprir e fazer cumprir a convenção, o regimento interno e as determinações da assembleia;
V – diligenciar a conservação e a guarda das partes comuns e zelar pela prestação dos serviços que interessem aos possuidores;
VI– elaborar o orçamento da receita e da despesa relativa a cada ano;
VII– cobrar dos condôminos as suas contribuições, bem como impor e cobrar as multas devidas;
VIII– prestar contas à assembleia, anualmente e quando exigidas;
IX – realizar o seguro da edificação.

Poderá a assembleia investir outra pessoa, em lugar do síndico, em poderes de representação (CCB, art. 1.348, § 1°).

O síndico pode transferir a outrem, total ou parcialmente, os poderes de representação ou as funções administrativas, mediante aprovação da assembleia, salvo disposição em contrário da convenção (CCB, art. 1.348, § 2°).

A assembleia, especialmente convocada para o fim estabelecido no § 2° do 1.348, poderá, pelo voto da maioria absoluta de seus membros, destituir o síndico que praticar irregularidades, não prestar contas ou não administrar convenientemente o condomínio (CCB, art. 1.349).

17.17. Assembleia Geral Ordinária e Extraordinária

A *assembleia geral ordinária* é anual e indispensável. O síndico convocará, anualmente, de acordo com as regras estabelecidas na convenção condominial, reunião da assembleia dos condôminos, a fim de aprovar o orçamento das despesas, as contribuições dos condôminos e a prestação de contas, e eventualmente eleger-lhe o substituto e alterar o regimento interno (CCB, art. 1.350). A convenção condominial informará a forma da convocação dos condôminos que poderá ser por edital, carta protocolada, telegrama, *e-mail* etc.

Se o síndico não convocar a assembleia, um quarto dos condôminos poderá fazê-lo (CCB, art. 1.350, § 1°).

Se a assembleia não se reunir, o juiz decidirá, a requerimento de qualquer condômino (CCB, art. 1.350, § 2°).

O condômino que não puder comparecer à assembleia poderá ser representado por procurador com poderes específicos, com a finalidade de deliberar e votar os assuntos da pauta da reunião.

Já a *assembleia geral extraordinária* será realizada consoante à necessidade de se deliberar a respeito de assuntos específicos que não aqueles estabelecidos para decisão na assembleia geral ordinária.

As assembleias extraordinárias poderão ser convocadas pelo síndico ou por um quarto dos condôminos (CCB, art. 1.355).

17.18. Quórum para as Deliberações

De acordo com o artigo 1.351, depende da aprovação de 2/3 (dois terços) dos votos dos condôminos a alteração da convenção; a mudança da destinação do edifício, ou da unidade imobiliária, depende da aprovação pela unanimidade dos condôminos. (Redação dada pela Lei n° 10.931, de 2004).

Salvo quando exigido quórum especial, as deliberações da assembleia serão tomadas, em primeira convocação, por maioria de votos dos condôminos presentes que representem pelo menos metade das frações ideais (CCB, art. 1.352).

Qual o critério para a contagem dos votos? Os votos serão proporcionais às frações ideais no solo e nas outras partes comuns pertencentes a cada condômino, salvo disposição diversa da convenção de constituição do condomínio (CCB, art. 1.352, parágrafo único).

Em segunda convocação, a assembleia poderá deliberar por maioria dos votos dos presentes, salvo quando exigido quórum especial (CCB, art. 1.353).

É indispensável a convocação de todos os condôminos. O artigo 1.354 do nosso Código Civil determina que "a assembleia não poderá deliberar se todos os condôminos não forem convocados para a reunião".

17.19. Conselho Fiscal

Poderá haver no condomínio um conselho fiscal, composto de três membros, eleitos pela assembleia, por prazo não superior a dois anos, ao qual compete dar parecer sobre as contas do síndico (CCB, art. 1.356). Portanto, a existência no condomínio de um conselho fiscal é facultativa. O que se exige é, pelo menos uma vez por ano, a realização de uma assembleia geral para aprovar as contas do síndico; eleger o novo síndico; aprovar o orçamento para o ano seguinte etc.

17.20. Extinção do Condomínio Edilício

O nosso Código Civil trata da *extinção do condomínio edilício* nos artigos 1.357 e 1.358. Verifica-se, pois, uma diferença fundamental entre o *condomínio edilício* e o *condomínio voluntário*. Este possui como característica a sua *divisibilidade,* ou seja, qualquer condômino, a qualquer tempo, poderá requerer a extinção do condomínio voluntário se os demais consortes não quiserem adquirir o seu quinhão.

O condômino retirante do condomínio voluntário não pode ser obstado pelos demais consortes, e se estes não quiserem adquirir o quinhão daquele, o condômino retirante requererá a extinção do condomínio, ou pela divisão da coisa comum, se isso for física ou juridicamente possível; ou pela alienação da coisa comum, se a coisa for indivisível. É um direito potestativo de qualquer condômino.

Já no *condomínio edilício* é diferente, uma vez que sua característica principal é a sua *indivisibilidade*. O condomínio não pode requerer a divisão da coisa comum ou a alienação do terreno. Aqui, o condômino poderá alienar a sua fração e a sua unidade a qualquer momento, a qualquer pessoa, sem precisar oferecer a preferência aos demais condôminos.

Frise-se, pois, a diferença: no condomínio voluntário, o condômino que quiser alienar o seu quinhão, terá que obrigatoriamente oferecer a preferência, tanto por tanto, aos demais consortes e se não o fizer, estes poderão anular a venda desse quinhão e adjudicar a fração bastando depositar o valor pelo qual a fração foi vendida à terceira pessoa. No condomínio edilício, o condômino poderá alienar sua fração e a sua unidade autônoma a qualquer pessoa, a qualquer momento, a qualquer preço, não precisando sequer oferecer comunicação aos demais condôminos.

Nada obsta que a unanimidade dos condôminos resolva extinguir o condomínio, alienando a coisa comum. Neste caso, extinguir-se-á o condomínio edilício.

No caso de destruição do condomínio edilício, por exemplo, por incêndio ou desmoronamento, os condôminos, em assembleia geral, decidirão se reconstruirão a edificação ou não, já que pode ser mais econômico a alienação do próprio terreno. É o que diz o artigo 1.357 ao preceituar: "se a edificação for total ou consideravelmente destruída, ou ameace ruína, os condôminos deliberarão em assembleia sobre a reconstrução, ou venda, por votos que representem metade mais uma das frações ideais".

Deliberada a reconstrução, poderá o condômino eximir-se do pagamento das despesas respectivas, alienando os seus direitos a outros condôminos, mediante avaliação judicial (CCB, art. 1.357, § 1°).

Realizada a venda, em que se preferirá, em condições iguais de oferta, o condômino ao estranho, será repartido o apurado entre os condôminos, proporcionalmente ao valor das suas unidades imobiliárias (CCB, art. 1.357, § 2°).

17.21. Desapropriação

O artigo 1.358 determina que se ocorrer desapropriação, a indenização será repartida na proporção a que se refere o § 2° do 1.357.

17.22. Condomínio de Fato (Condomínios Formais)

Os condomínios formais são aqueles que se assemelham à forma de condomínio, mas não o são juridicamente, já que não apresentam coisas comuns. É comum nas grandes cidades, em razão da segurança e da violência, os moradores de determinada área (rua) se organizarem para enfrentar melhor a violência, otimizar os serviços de limpeza e outros assuntos de interesse comum de tais moradores. Em regra, os moradores contratam empresas de segurança e limpeza particular com vistas a melhorar a qualidade de vida nesses locais.

É comum, até mesmo, a colocação de guaritas em determinadas ruas, formando, pois, uma espécie de *condomínio de fato*. Aqui não existem condomínios nos moldes daqueles anteriormente citados, já que as ruas são públicas, cada morador somente possui propriedades exclusivas e não há coisas comuns. O que existe são apenas *interesses comuns* e não propriedade em comum.

Na prática, os moradores constituem um "condomínio" com síndico, orçamentos, prestação de contas e "cotas condominiais". Ocorre que conflitos sociais podem surgir a partir do momento em que determinado morador resolva não pagar tais cotas. Ora, a obrigação de contribuir está adstrita e somente existe quando realmente ocorrer à formação de um condomínio juridicamente possível.

Com o intuito de resolver a questão dos "condomínios de fato", tais moradores optaram pela criação de uma associação de moradores, com estatuto aprovado e registrado em cartório de pessoas jurídicas. Neste caso, a cota condominial seria substituída pela cobrança de mensalidades. Neste caso, conflitos sociais também podem surgir, já que os moradores que se recusarem a pagar as mensalidades alegarão como defesa o princípio constitucional que veda a obrigatoriedade de participar de associações.

Todavia, com o fortalecimento do princípio da boa-fé objetiva, as associações de moradores buscam na ação de locupletamento indevido (que veda o enriquecimento sem causa) o valor das cotas resultantes do rateio das despesas de segurança, limpeza etc.

Neste sentido, o Desembargador GABRIEL ZEFIRO, da Oitava Câmara Cível, do Tribunal de Justiça do Estado do Rio de Janeiro – TJRJ, na Apelação 2008.001.04686, em 25.3.2008, proferiu o seguinte acórdão: "AÇÃO DE COBRANÇA DE COTAS CONDOMINIAIS. Associação de moradores que administra serviços em loteamento fechado. Condomínio de fato. Admissibilidade. Aplicação da Súmula n° 79 do TJ/RJ. Configura locupletamento indevido o inadimplemento de cotas resultantes do rateio de despesas em benefício de todos os proprietários e moradores que compõem a associação, independentemente do beneficiado ser associado ou não. Recurso conhecido e desprovido".

Da mesma forma, a Desembargadora MARIA AUGUSTA VAZ, da Primeira Câmara Cível do TJRJ, com julgamento em 19.6.2007, decidiu que "AÇÃO DE COBRANÇA. CONTRIBUIÇÃO A ASSOCIAÇÃO DE MORADORES. DIREITO DE REGRESSO. OBRIGAÇÃO *PROPTER REM*. [...] As dívidas relativas a contribuições para associações de moradores fazem referência à preservação e manutenção do condomínio e do próprio imóvel de que usufruíam as requeridas ao tempo em que tinham o seu domínio. O adquirente do imóvel se transforma também no adquirente das despesas a ele relativas, mas tão somente a partir do momento em que se imitiu na posse e dele passou a usufruir, sob pena de locupletamento do antigo proprietário. Possibilidade de negociação da dívida na ação de cobrança que fundamentou o pleito ora julgado não se presta a impedir a pretensão autoral, pois as rés não podem se beneficiar da própria torpeza, já que estavam cientes do débito antes mesmo da alienação. Sentença que se confirma. 2007.001.26554 – APELAÇÃO".

No Superior Tribunal de Justiça – STJ, a questão já foi enfrentada da seguinte forma:

a) RECURSO ESPECIAL REPRESENTATIVO DA CONTROVÉRSIA – ART. 543-C DO CPC – ASSOCIAÇÃO DE MORADORES – CONDOMÍNIO DE FATO – COBRANÇA DE TAXA DE MANUTENÇÃO DE NÃO ASSOCIADO OU QUE A ELA NÃO ANUIU – IMPOSSIBILIDADE. 1. Para efeitos do art. 543-C do CPC, firma-se a seguinte tese: "As taxas de manutenção criadas por associações de moradores não obrigam os não associados ou que a elas não anuíram". 2. No caso concreto, recurso especial provido para julgar improcedente a ação de cobrança. (REsp 1439163/SP, Rel. Ministro RICARDO VILLAS BÔAS CUEVA, Rel. p/ Acórdão Ministro MARCO BUZZI, SEGUNDA SEÇÃO, julgado em 11/03/2015, DJe 22/05/2015).[29] [30]

b) "LOTEAMENTO. ASSOCIAÇÃO DE MORADORES QUE COBRA CONTRIBUIÇÃO COMPULSÓRIA POR SERVIÇOS PRESTADOS. ALEGAÇÃO DE QUE A OBRIGAÇÃO FOI ASSUMIDA QUANDO DA AQUISIÇÃO DO TERRENO. [...]. – Não obstante a polêmica em torno da matéria, com jurisprudência oscilante desta corte, a posição mais correta é a que recomenda o exame do caso concreto. Para ensejar a cobrança da cota-parte das despesas comuns, na hipótese de condomínio de fato, mister a comprovação de que os serviços são prestados e o réu deles se beneficia. No caso, o exame dessa matéria significa revolver os substratos fáticos da causa decidida, incidindo, portanto, as Súmulas 5 e 7/STJ. – Recurso especial não conhecido (REsp 302.538/SP, Rel. Ministro LUIS FELIPE SALOMÃO, QUARTA TURMA, julgado em 5.8.2008, DJe 18.8.2008).

---

[29] "O fato de ter sido reconhecida a repercussão geral da matéria, no entanto, por si só, não suspende a tramitação dos recursos especiais submetidos ao julgamento do Superior Tribunal de Justiça, mas eventual sobrestamento somente se dará na hipótese de posterior interposição de recurso extraordinário". (VOTO VENCIDO) (MIN. RICARDO VILLAS BÔAS CUEVA)Em loteamentos fechados, também conhecidos por "condomínios de fato", havendo taxa de manutenção criada por associação de moradores, o proprietário do imóvel que não for associado ou não anuir à instituição da taxa, só estará obrigado ao pagamento na hipótese da propriedade ter sido adquirida posteriormente à constituição da associação. Isso porque, o prévio conhecimento acerca dos serviços organizados e custeados pelos moradores permite afirmar que há aceitação tácita do adquirente de imóvel em loteamento fechado, conforme comportamento pautado na ética e no princípio da solidariedade. Ademais, o ordenamento jurídico veda o enriquecimento sem causa, evidenciado pela atribuição de resultado econômico de obras e serviços com o correspondente desfalque alheio sem justificação.

[30] "[...] Concluindo, a aquisição de imóvel situado em loteamento fechado em data anterior à constituição da associação não pode, nos termos da jurisprudência sufragada por este Superior Tribunal de Justiça, impor ao adquirente que não se associou, nem a ela aderiu, a cobrança de encargos. Se a compra se opera em data posterior à constituição da associação, na ausência de fonte criadora da obrigação (lei ou contrato), é defeso ao poder jurisdicional, apenas calcado no princípio enriquecimento sem causa, em detrimento aos princípios constitucionais da legalidade e da liberdade associativa, instituir um dever tácito a terceiros, pois, ainda que se admita a colisão de princípios norteadores, prevalece, dentre eles, dada a verticalidade de preponderância, os preceitos constitucionais, cabendo tão-somente ao Supremo Tribunal Federal, no âmbito da repercussão geral, afastá-los se assim o desejar ou entender".(VOTO VENCIDO) (MIN. RICARDO VILLAS BÔAS CUEVA)"[...] a aceitação tácita dos serviços prestados à coletividade e a vedação ao enriquecimento sem causa são os fundamentos que amparam a conclusão de que as taxas, contribuições de manutenção ou de conservação podem ser impostas ao proprietário de imóvel adquirido em loteamento fechado após a constituição da associação".

17.23 Condomínio de Lotes

As regras do condomínio de lotes foram incluídas no Código Civil pela Lei 13.465/2017.

Dessa maneira, pode haver, em terrenos, *partes designadas de lotes que são propriedade exclusiva* e *partes que são propriedade comum dos condôminos* (artigo 1.358-A).

A fração ideal de cada condômino poderá ser proporcional à área do solo de cada unidade autônoma, ao respectivo potencial construtivo ou a outros critérios indicados no ato de instituição (artigo 1.358-A, § 1º).

Aplica-se, no que couber, ao condomínio de lotes o disposto sobre condomínio edilício, respeitada a legislação urbanística (artigo 1.358-A, § 2º).

Para fins de *incorporação imobiliária*, a implantação de toda a infraestrutura ficará a cargo do empreendedor (artigo 1.358-A, § 3º).

17.24 Multipropriedade ou *Time Sharing*

17.24.1 Considerações Iniciais

O *time sharing* ou propriedade compartilhada é um sistema de multipropriedade limitada no tempo.[31] Ocorre quando vários proprietários são proprietários de um único bem, utilizando-o de forma compartilhada e exclusivamente em determinado período. Melhor dizendo: a coisa pertence a diversas pessoas (possuidores indiretos) e cada uma usa exclusivamente em determinado período (neste momento, como possuidor direto do bem). É, pois, um condomínio de tempo.

O *condomínio em multipropriedade* foi incluido e regulado no Código Civil pela Lei nº 13.777 de 2018 ao estabelecer as regras nos artigos 1.358-B a 1.358-U.

A multipropriedade será regida pelas regras acima apontadas e, de forma supletiva e subsidiária, pelas demais disposições do Código Civil brasileiro e pelas disposições das Leis nºs 4.591, de 16 de dezembro de 1964, e 8.078, de 11 de setembro de 1990 (Código de Defesa do Consumidor), conforme o artigo 1.358-B.

A *multipropriedade é o regime de condomínio em que cada um dos proprietários de um mesmo imóvel é titular de uma fração de tempo, à qual corresponde a*

---

31 O *time sharing* consiste num direito de uso, em princípio, de longa duração e a tempo parcial, de um ou vários locais de férias. O consumidor não compra esse alojamento sozinho. Pelo contrário, partilha a utilização desse local com outras pessoas. Ao adquirir o direito real de habitação periódica, o titular ganha o direito de ocupar um local de férias equipado (apartamento, vila, bangaló etc.) todos os anos, durante uma ou mais semanas definidas. No fim de cada ano, várias dezenas de famílias terão ocupado o mesmo alojamento. Os alojamentos estão, muitas vezes, integrados em complexos do tipo clube de férias (com piscina, espaços para desporto e jogo, salas de *fitness*, restaurante, bar etc.).

faculdade de uso e gozo, com exclusividade, da totalidade do imóvel, a ser exercida pelos proprietários de forma alternada (artigo 1.358-C).

A multipropriedade não se extinguirá automaticamente se todas as frações de tempo forem do mesmo multiproprietário (artigo 1.358-C, parágrafo único).

O imóvel objeto da multipropriedade: I – é indivisível, não se sujeitando a ação de divisão ou de extinção de condomínio; II – inclui as instalações, os equipamentos e o mobiliário destinados a seu uso e gozo (artigo 1.358-D).

Cada fração de tempo é indivisível (artigo 1.358-E).

O período correspondente a cada fração de tempo será de, no mínimo, 7 (sete) dias, seguidos ou intercalados, e poderá ser: I – fixo e determinado, no mesmo período de cada ano; II – flutuante, caso em que a determinação do período será realizada de forma periódica, mediante procedimento objetivo que respeite, em relação a todos os multiproprietários, o princípio da isonomia, devendo ser previamente divulgado; ou III – misto, combinando os sistemas fixo e flutuante (artigo 1.358-E, § 1º).

Todos os multiproprietários terão direito a uma mesma quantidade mínima de dias seguidos durante o ano, podendo haver a aquisição de frações maiores que a mínima, com o correspondente direito ao uso por períodos também maiores (artigo 1.358-E, § 2º).

17.24.2 Instituição da Multipropriedade

A multipropriedade pode ser instituída por *ato entre vivos* ou *testamento*, registrado no competente cartório de registro de imóveis, devendo constar daquele ato a duração dos períodos correspondentes a cada fração de tempo (artigo 1.358-F).

Além das cláusulas que os multiproprietários decidirem estipular, a convenção de condomínio em multipropriedade determinará (artigo 1.358-G):

> I – os poderes e deveres dos multiproprietários, especialmente em matéria de instalações, equipamentos e mobiliário do imóvel, de manutenção ordinária e extraordinária, de conservação e limpeza e de pagamento da contribuição condominial;
>
> II – o número máximo de pessoas que podem ocupar simultaneamente o imóvel no período correspondente a cada fração de tempo;
>
> III – as regras de acesso do administrador condominial ao imóvel para cumprimento do dever de manutenção, conservação e limpeza;
>
> IV – a criação de fundo de reserva para reposição e manutenção dos equipamentos, instalações e mobiliário;

V – o regime aplicável em caso de perda ou destruição parcial ou total do imóvel, inclusive para efeitos de participação no risco ou no valor do seguro, da indenização ou da parte restante;

VI – as multas aplicáveis ao multiproprietário nas hipóteses de descumprimento de deveres.

O instrumento de instituição da multipropriedade ou a convenção de condomínio em multipropriedade poderá estabelecer o limite máximo de frações de tempo no mesmo imóvel que poderão ser detidas pela mesma pessoa natural ou jurídica (artigo 1.358-H). Em caso de instituição da multipropriedade para posterior venda das frações de tempo a terceiros, o atendimento a eventual limite de frações de tempo por titular estabelecido no instrumento de instituição será obrigatório somente após a venda das frações (artigo 1.358-H, parágrafo único).

17.24.3 Dos Direitos e das Obrigações do Multiproprietário

17.24.3.1 Direitos do Multiproprietário

De acordo com o artigo 1.358-I do CCB, são direitos do multiproprietário, além daqueles previstos no instrumento de instituição e na convenção de condomínio em multipropriedade:

I – usar e gozar, durante o período correspondente à sua fração de tempo, do imóvel e de suas instalações, equipamentos e mobiliário;

II – ceder a fração de tempo em locação ou comodato;

III – alienar a fração de tempo, por ato entre vivos ou por causa de morte, a título oneroso ou gratuito, ou onerá-la, devendo a alienação e a qualificação do sucessor, ou a oneração, ser informadas ao administrador;

IV – participar e votar, pessoalmente ou por intermédio de representante ou procurador, desde que esteja quite com as obrigações condominiais, em:

a) assembleia geral do condomínio em multipropriedade, e o voto do multiproprietário corresponderá à quota de sua fração de tempo no imóvel;

b) assembleia geral do condomínio edilício, quando for o caso, e o voto do multiproprietário corresponderá à quota de sua fração de tempo em relação à quota de poder político atribuído à unidade autônoma na respectiva convenção de condomínio edilício.

17.24.3.2 Obrigações do Multiproprietário

Vejamos as obrigações do multiproprietário, além daquelas previstas no instrumento de instituição e na convenção de condomínio em multipropriedade (artigo 1.358-J):

> I – pagar a contribuição condominial do condomínio em multipropriedade e, quando for o caso, do condomínio edilício, ainda que renuncie ao uso e gozo, total ou parcial, do imóvel, das áreas comuns ou das respectivas instalações, equipamentos e mobiliário;
> II – responder por danos causados ao imóvel, às instalações, aos equipamentos e ao mobiliário por si, por qualquer de seus acompanhantes, convidados ou prepostos ou por pessoas por ele autorizadas;
> III – comunicar imediatamente ao administrador os defeitos, avarias e vícios no imóvel dos quais tiver ciência durante a utilização;
> IV – não modificar, alterar ou substituir o mobiliário, os equipamentos e as instalações do imóvel;
> V – manter o imóvel em estado de conservação e limpeza condizente com os fins a que se destina e com a natureza da respectiva construção;
> VI – usar o imóvel, bem como suas instalações, equipamentos e mobiliário, conforme seu destino e natureza;
> VII – usar o imóvel exclusivamente durante o período correspondente à sua fração de tempo;
> VIII – desocupar o imóvel, impreterivelmente, até o dia e hora fixados no instrumento de instituição ou na convenção de condomínio em multipropriedade, sob pena de multa diária, conforme convencionado no instrumento pertinente;
> IX – permitir a realização de obras ou reparos urgentes.

O multiproprietário ainda estará sujeito, conforme previsão que deverá constar da respectiva convenção de condomínio em multipropriedade (artigo 1.358-J, § 1º): I – multa, no caso de descumprimento de qualquer de seus deveres; II – multa progressiva e perda temporária do direito de utilização do imóvel no período correspondente à sua fração de tempo, no caso de descumprimento reiterado de deveres.

Vale lembrar que a responsabilidade pelas despesas referentes a reparos no imóvel, bem como suas instalações, equipamentos e mobiliário, será (artigo 1.358-J, § 2º): I – de todos os multiproprietários, quando decorrentes do uso normal e do desgaste natural do imóvel; II – exclusivamente do multiproprietário responsável pelo uso anormal, sem prejuízo de multa, quando decorrentes de uso anormal do imóvel.

São equiparados aos multiproprietários os promitentes compradores e os cessionários de direitos relativos a cada fração de tempo (artigo 1.358-K).

17.24.4 Transferência da Multipropriedade

A transferência do direito de multipropriedade e a sua produção de efeitos perante terceiros dar-se-ão na forma da lei civil e não dependerão da anuência ou cientificação dos demais multiproprietários (artigo 1.358-L).

Não haverá direito de preferência na alienação de fração de tempo, salvo se estabelecido no instrumento de instituição ou na convenção do condomínio em multipropriedade em favor dos demais multiproprietários ou do instituidor do condomínio em multipropriedade (artigo 1.358-L, § 1º).

§ 2º O adquirente será solidariamente responsável com o alienante caso não obtenha a declaração de inexistência de débitos referente à fração de tempo no momento de sua aquisição (artigo 1.358-L, § 2º).

17.24.5 Administração da Multipropriedade

A administração do imóvel e de suas instalações, equipamentos e mobiliário será de responsabilidade da pessoa indicada no instrumento de instituição ou na convenção de condomínio em multipropriedade, ou, na falta de indicação, de pessoa escolhida em assembleia geral dos condôminos (artigo 1.358-M).

O administrador exercerá, além daquelas previstas no instrumento de instituição e na convenção de condomínio em multipropriedade, as seguintes atribuições (artigo 1.358-M, § 1º):

> I – coordenação da utilização do imóvel pelos multiproprietários durante o período correspondente a suas respectivas frações de tempo;
> II – determinação, no caso dos sistemas flutuante ou misto, dos períodos concretos de uso e gozo exclusivos de cada multiproprietário em cada ano;
> III – manutenção, conservação e limpeza do imóvel;
> IV – troca ou substituição de instalações, equipamentos ou mobiliário, inclusive (a convenção de condomínio em multipropriedade pode regrar de forma diversa tais atribuições):
> a) determinar a necessidade da troca ou substituição;
> b) providenciar os orçamentos necessários para a troca ou substituição;

c) submeter os orçamentos à aprovação pela maioria simples dos condôminos em assembleia;

V – elaboração do orçamento anual, com previsão das receitas e despesas;

VI – cobrança das quotas de custeio de responsabilidade dos multiproprietários;

VII – pagamento, por conta do condomínio edilício ou voluntário, com os fundos comuns arrecadados, de todas as despesas comuns.

O instrumento de instituição poderá prever fração de tempo destinada à realização, no imóvel e em suas instalações, em seus equipamentos e em seu mobiliário, de reparos indispensáveis ao exercício normal do direito de multipropriedade (artigo 1.358-N). A referida fração de tempo poderá ser atribuída: I – ao instituidor da multipropriedade; ou II – os multiproprietários, proporcionalmente às respectivas frações (artigo 1.358-N, § 1º). Em caso de emergência, os reparos poderão ser feitos durante o período correspondente à fração de tempo de um dos multiproprietários (artigo 1.358-N, § 2º).

17.24.6 Disposições Específicas Relativas às Unidades Autônomas de Condomínios Edilícios

O condomínio edilício poderá adotar o regime de multipropriedade em parte ou na totalidade de suas unidades autônomas, mediante: I – previsão no instrumento de instituição; ou II – deliberação da maioria absoluta dos condôminos (artigo 1.358-O). A iniciativa e a responsabilidade para a instituição do regime da multipropriedade serão atribuídas às mesmas pessoas e observarão os mesmos requisitos indicados nas alíneas a, b e c e no § 1º do art. 31 da Lei nº 4.591, de 16 de dezembro de 1964.

O artigo 1.358-P diz que na hipótese acima (art. 1.358-O), a convenção de condomínio edilício deve prever, além das matérias elencadas nos arts. 1.332, 1.334 e, se for o caso, 1.358-G do Código Civil:

I – a identificação das unidades sujeitas ao regime da multipropriedade, no caso de empreendimentos mistos;

II – a indicação da duração das frações de tempo de cada unidade autônoma sujeita ao regime da multipropriedade;

III – a forma de rateio, entre os multiproprietários de uma mesma unidade autônoma, das contribuições condominiais relativas à unidade, que, salvo se disciplinada de forma diversa no instrumento de instituição ou na convenção de condomínio em multipropriedade, será proporcional à fração de tempo de cada multiproprietário;

IV – a especificação das despesas ordinárias, cujo custeio será obrigatório, independentemente do uso e gozo do imóvel e das áreas comuns;

V – os órgãos de administração da multipropriedade;

VI – a indicação, se for o caso, de que o empreendimento conta com sistema de administração de intercâmbio, na forma prevista no § 2º do art. 23 da Lei nº 11.771, de 17 de setembro de 2008, seja do período de fruição da fração de tempo, seja do local de fruição, caso em que a responsabilidade e as obrigações da companhia de intercâmbio limitam-se ao contido na documentação de sua contratação;

VII – a competência para a imposição de sanções e o respectivo procedimento, especialmente nos casos de mora no cumprimento das obrigações de custeio e nos casos de descumprimento da obrigação de desocupar o imóvel até o dia e hora previstos;

VIII – o quórum exigido para a deliberação de adjudicação da fração de tempo na hipótese de inadimplemento do respectivo multiproprietário;

IX – o quórum exigido para a deliberação de alienação, pelo condomínio edilício, da fração de tempo adjudicada em virtude do inadimplemento do respectivo multiproprietário.

Na hipótese do artigo 1.358-O do CCB, o *regimento interno do condomínio edilício* deve prever (artigo 1.358-Q):

I – os direitos dos multiproprietários sobre as partes comuns do condomínio edilício;

II – os direitos e obrigações do administrador, inclusive quanto ao acesso ao imóvel para cumprimento do dever de manutenção, conservação e limpeza;

III – as condições e regras para uso das áreas comuns;

IV – os procedimentos a serem observados para uso e gozo dos imóveis e das instalações, equipamentos e mobiliário destinados ao regime da multipropriedade;

V – o número máximo de pessoas que podem ocupar simultaneamente o imóvel no período correspondente a cada fração de tempo;

VI – as regras de convivência entre os multiproprietários e os ocupantes de unidades autônomas não sujeitas ao regime da multipropriedade, quando se tratar de empreendimentos mistos;

VII – a forma de contribuição, destinação e gestão do fundo de reserva específico para cada imóvel, para reposição e manutenção dos equipamentos, instalações e mobiliário, sem prejuízo do fundo de reserva do condomínio edilício;

VIII – a possibilidade de realização de assembleias não presenciais, inclusive por meio eletrônico;

IX – os mecanismos de participação e representação dos titulares;

X – o funcionamento do sistema de reserva, os meios de confirmação e os requisitos a serem cumpridos pelo multiproprietário quando não exercer diretamente sua faculdade de uso;

XI – a descrição dos serviços adicionais, se existentes, e as regras para seu uso e custeio.

O regimento interno poderá ser instituído por escritura pública ou por instrumento particular (artigo 1.358-Q, parágrafo único).

O condomínio edilício em que tenha sido instituído o regime de multipropriedade em parte ou na totalidade de suas unidades autônomas terá necessariamente um administrador profissional (artigo 1.358-R).

O prazo de duração do contrato de administração será livremente convencionado (artigo 1.358-R, § 1º). O administrador do condomínio será também o administrador de todos os condomínios em multipropriedade de suas unidades autônomas (artigo 1.358-R, § 2º). O administrador será mandatário legal de todos os multiproprietários, exclusivamente para a realização dos atos de gestão ordinária da multipropriedade, incluindo manutenção, conservação e limpeza do imóvel e de suas instalações, equipamentos e mobiliário (artigo 1.358-R, § 3º). O administrador poderá modificar o regimento interno quanto aos aspectos estritamente operacionais da gestão da multipropriedade no condomínio edilício (artigo 1.358-R, § 4º). O administrador pode ser ou não um prestador de serviços de hospedagem (artigo 1.358-R, § 5º).

Na hipótese de inadimplemento, por parte do multiproprietário, da obrigação de custeio das despesas ordinárias ou extraordinárias, é cabível, na forma da lei processual civil, a adjudicação ao condomínio edilício da fração de tempo correspondente (artigo 1.358-S).

Na hipótese de o imóvel objeto da multipropriedade ser parte integrante de empreendimento em que haja sistema de locação das frações de tempo no qual os titulares possam ou sejam obrigados a locar suas frações de tempo exclusivamente por meio de uma administração única, repartindo entre si as receitas das locações independentemente da efetiva ocupação de cada unidade autônoma, poderá a convenção do condomínio edilício regrar que em caso de inadimplência (artigo 1.358-S, parágrafo único):

I – o inadimplente fique proibido de utilizar o imóvel até a integral quitação da dívida;

II – a fração de tempo do inadimplente passe a integrar o pool da administradora;

III – a administradora do sistema de locação fique automaticamente munida de poderes e obrigada a, por conta e ordem do inadimplente, utilizar a integralidade dos valores líquidos a que o inadimplente tiver direito para amortizar suas dívidas condominiais, seja do condomínio edilício, seja do condomínio em multipropriedade, até sua integral quitação, devendo eventual saldo ser imediatamente repassado ao multiproprietário.

O multiproprietário somente poderá *renunciar de forma translativa a seu direito de multipropriedade* em favor do condomínio edilício (artigo 1.358-T). A renúncia só é admitida se o multiproprietário estiver em dia com as contribuições condominiais, com os tributos imobiliários e, se houver, com o foro ou a taxa de ocupação (artigo 1.358-T, parágrafo único).

As convenções dos condomínios edilícios, os memoriais de loteamentos e os instrumentos de venda dos lotes em loteamentos urbanos poderão limitar ou impedir a instituição da multipropriedade nos respectivos imóveis, vedação que somente poderá ser alterada no mínimo pela maioria absoluta dos condôminos (artigo 1.358-U).

17.25 Ação de execução de título executivo extrajudicial. Débitos condominiais.

À luz das disposições do Código de Processo Civil de 2015, é possível a inclusão em ação de execução de cotas condominiais das parcelas vincendas no débito exequendo, até o cumprimento integral da obrigação no curso do processo (REsp 1.756.791-RS, Rel. Min. Nancy Andrighi, Terceira Turma, por unanimidade, julgado em 06/08/2019, DJe 08/08/2019). Vejamos:

> O art. 323 do CPC/2015 prevê que na ação que tiver por objeto cumprimento de obrigação em prestações sucessivas, essas serão consideradas incluídas no pedido, independentemente de declaração expressa do autor, e serão incluídas na condenação, enquanto durar a obrigação, se o devedor, no curso do processo, deixar de pagá-las ou de consigná-las. A despeito de referido dispositivo legal ser indubitavelmente aplicável aos processos de conhecimento, tem-se que deve se admitir a sua aplicação, também, aos processos de execução. O novo CPC inovou ao permitir o ajuizamento de ação de execução para a cobrança de despesas condominiais, considerando como título executivo extrajudicial o

crédito referente às contribuições ordinárias ou extraordinárias de condomínio edilício, desde que documentalmente comprovadas (art. 784, X). O art. 771 do CPC/2015, na parte que regula o procedimento da execução fundada em título executivo extrajudicial, admite a aplicação subsidiária das disposições concernentes ao processo de conhecimento à lide executiva. Tal entendimento está em consonância com os princípios da efetividade e da economia processual, evitando o ajuizamento de novas execuções com base em uma mesma relação jurídica obrigacional.

Capítulo 18
PROPRIEDADE RESOLÚVEL

18.1. Conceito

A propriedade resolúvel é uma exceção ao princípio da perpetuidade da propriedade. A *propriedade resolúvel* é aquela que se extingue para o seu proprietário mesmo contra a vontade deste, isto é, ainda que o proprietário queira conservar a coisa em seu patrimônio não poderá fazê-lo, já que a propriedade se resolve. É, pois, uma propriedade que está submetida a uma condição resolutiva ou a um termo final. E no momento que essa condição resolutiva se implementa ou advém o termo final, essa propriedade se extingue para o proprietário.

É o que diz o artigo 1.359, *verbis:* "Resolvida a propriedade pelo implemento da condição ou pelo advento do termo, entendem-se também resolvidos os direitos reais concedidos na sua pendência, e o proprietário, em cujo favor se opera a resolução, pode reivindicar a coisa do poder de quem a possua ou detenha".[1]

18.2. Natureza Jurídica

LAFAYETTE afirma que existe "uma espécie de domínio que por virtude do título de sua constituição é revogável ou resolúvel, fenômeno este que ocorre quando a causa de aquisição do domínio, encerra em si um princípio ou condição resolutiva do mesmo domínio, expressa ou tácita.

A condição resolutiva tem, como é sabido, efeito retroativo. A resolução do domínio, portanto, pelo preenchimento da condição resolutiva, retrotrai os seus efeitos ao tempo da aquisição".[2]

A *natureza jurídica* da propriedade resolúvel é controvertida. Para uns, é modalidade especial de domínio; para outros, a propriedade resolúvel apresenta caráter peculiar, não encontrado nas demais formas dominiais.

---

1 Correspondente ao Art. 647 do CCB/1916.
2 PEREIRA, Lafayette Rodrigues. *Direito das coisas.* Edição histórica. Vol. I. Rio de Janeiro: Rio, 1977, p. 113-114.

A primeira corrente é defendida por ORLANDO GOMES, WASHINGTON DE BARROS MONTEIRO,[3] LAFAYETTE,[4] e MARCO AURÉLIO BEZERRA DE MELO,[5] enquanto que LACERDA DE ALMEIDA e SÁ PEREIRA se filiam à segunda corrente.

SÁ PEREIRA diz que "não constitui a resolução modalidade específica do domínio. Ele se resolve, como se resolve a obrigação, se o fato jurídico que lhes foi matriz, está subordinado a condição ou a termo resolutórios"[6]

ORLANDO GOMES alerta sobre a importância prática da questão: "a questão reside na qualidade de regime jurídico a que se deve subordinar. Negada a sua tipicidade, aplicar-se-iam, pura e simplesmente, os preceitos legais atinentes à resolução dos atos jurídicos em geral. Admitida, levam-se em conta os princípios especiais do direito de propriedade. Por outro lado, a consideração de que constitui modalidade especial do domínio determina a coordenação de todas as regras aplicáveis para configurá-la como um dos institutos do direito de propriedade, a ser estudado e formulado na parte do Direito Civil que sistematiza os direitos reais".[7]

Filiamo-nos a primeira corrente que defende a *natureza jurídica* da propriedade resolúvel como modalidade especial de domínio. Com razão, ORLANDO GOMES que "melhor será, nestas condições, considerar a *propriedade resolúvel* como uma das modalidades de domínio, ainda se reconheça que a revogação deste é mera consequência da resolução do ato jurídico de que se originou".[8]

Esta corrente foi acolhida pelo nosso Código Civil de 2002 ao disciplinar a questão no título que regula a propriedade.

18.3. Aplicações na Práxis Jurídica

18.3.1. Retrovenda

Um exemplo clássico da propriedade resolúvel é aquele contrato de compra e venda com cláusula especial de retrovenda.

O que significa a cláusula de retrovenda? A retrovenda é uma cláusula especial à compra e venda pela qual o alienante poderá recomprar o *bem imóvel* do adquirente no prazo ajustado no contrato (prazo máximo de 3 anos).[9] É

---

3   MONTEIRO, Washington de Barros. *Curso de direito civil:* direito das coisas. Vol. 3. São Paulo: Saraiva, 2003, p. 242-243.
4   GOMES, Orlando. *Direitos reais.* 18. ed. Rio de Janeiro: Forense, 2002, p. 237-238.
5   MELO, Marco Aurélio Bezerra de. *Direito das coisas.* Rio de Janeiro: Lumen Juris, 2007, p. 275.
6   SÁ PEREIRA, Virgílio de. Direito das coisas. In: LACERDA, Paulo. *Manual do código civil brasileiro.* Volume VIII. Rio de Janeiro: Jacintho Ribeiros dos Santos, 1929, p. 447.
7   GOMES. Op. cit., 237-238.
8   Ibid.
9   Já existem decisões judiciais que admitem a cláusula de retrovenda para bens móveis, em

um direito potestativo do vendedor, isto é, o adquirente fica em estado de sujeição durante o período acordado. O preço pago deverá ser acrescido das despesas do contrato, correção monetária (para evitar enriquecimento sem causa)[10] e indenização das benfeitorias necessárias realizadas pelo comprador. As benfeitorias podem ser voluptuárias, úteis ou necessárias (CCB, art. 96). São necessárias as que têm por finalidade conservar o bem ou evitar que se deteriore. E quanto ao reembolso das benfeitorias úteis e voluptuárias? A regra do artigo 505 do CCB é clara, referindo-se apenas às benfeitorias necessárias. Neste caso, se assim desejarem, as partes podem pactuar expressamente no contrato o reeembolso das benfeitorias úteis ou voluptuárias. O perigo é esta avença acabar inviabilizando o direito de retrato.

Uma vez firmada a cláusula de retrovenda a propriedade torna-se resolúvel, já que exercido o direito de retrato, o contrato resolve-se, voltando as partes ao estado original, isto é, ao *statu quo ante*. O imóvel retorna ao vendedor, nada podendo fazer o comprador.

De acordo com a redação do artigo 505 do CCB, o prazo máximo para o resgate ou retrato não poderá ultrapassar 3 anos. É um prazo decadencial com vistas a assegurar maior segurança nas relações jurídicas e econômicas. Se as partes contratantes não estabelecerem um prazo, deve-se presumi-lo de 3 anos. E se as partes acordarem um prazo superior a 3 anos?

Neste caso o contrato de compra e venda não deve ser considerado nulo ou anulável, já que é hipótese de ineficácia relativa, ou seja, o prazo que excede aos 3 anos é considerado como não escrito.

Se aquele que comprou o imóvel se recusar a devolvê-lo, o vendedor deverá depositar judicialmente os valores a que o comprador faz jus (preço e demais despesas) e ingressar com a ação de reivindicação do imóvel. Isso porque o artigo 1.359 do CCB determina que "resolvida a propriedade pelo implemento da condição ou pelo advento do termo, entendem-se também resolvidos os direitos reais concedidos na sua pendência, e o proprietário, em cujo favor se opera a resolução, pode reivindicar a coisa do poder de quem a possua ou detenha".

O direito de retrato é cessível e transmissível a herdeiros e legatários, podendo ser exercido contra terceiro adquirente, nos termos do artigo 507 do CCB. Assim, o vendedor poderá exercer o direito de retrato contra terceiro que vier adquirir o imóvel que contenha a referida cláusula de retrovenda. No entanto, o terceiro que vier adquirir o imóvel o faz condicionado à cláusula de retrato (também, como propriedade resolúvel). Nesse sentido, Washington de Barros Monteiro afirma que "quem comprar, portanto, imóvel sobre

---

especial, em relação aos veículos automotores.

10 Neste caso é mais seguro as partes convencionarem no próprio corpo do contrato uma cláusula de reajuste.

o qual pese pacto adjeto de retrovenda adquire propriedade resolúvel, nos termos do artigo 1.359 do Código Civil de 2002. A aquisição é condicional; se o vendedor exercitar o direito de retrato, resolver-se-á também posterior alienação do aquirente para terceiro, ainda que a cláusula não tenha sido averbada no registro de imóveis. Não se trata, no entanto, de direito real, mas exclusivamente de *jus ad rem*".[11] Isso quer dizer que a cláusula de retrovenda apresenta eficácia *erga omnes*, isto é, pode ser exercida contra qualquer pessoa que venha a adquirir o referido imóvel.

Se a duas ou mais pessoas couber o direito de retrato sobre o mesmo imóvel, e só uma o exercer, o comprador poderá intimar os outros condôminos para nele acordarem, prevalecendo o pacto em favor de quem haja efetuado o depósito, contanto que seja integral (art. 508, CCB).

18.3.2. Venda com reserva de domínio

O contrato de compra e venda com cláusula de reserva de domínio, originado do direito romano *(pactum reservati dominii)*, aplica-se à compra e à venda de coisas móveis com pagamento parcelado do preço. Esta cláusula possibilita ao vendedor reservar para si a propriedade até que o preço esteja integralmente pago (art. 521, CCB). Assim, o comprador fica com a posse direta do bem e o alienante com a posse indireta (propriedade resolúvel) até que a dívida esteja quitada. Neste caso, a tradição não transfere o domínio, mas sim a posse da coisa móvel.

18.3.3. Alienação fiduciária

Outro exemplo de propriedade resolúvel se desvela na alienação fiduciária. Esta é resolúvel, já que o devedor, com o propósito de garantir o pagamento de uma obrigação, transfere ao credor a propriedade resolúvel de uma coisa (CCB, artigo 1.361).

18.3.4. Doação com cláusula de reversão

A doação com cláusula de reversão estabelece que, com a morte do donatário, os bens devem retornar (reverter) ao patrimônio do doador. É uma condição resolutiva estabelecida entre doador e donatário que deve constar expressa no instrumento contratual.[12] O Código Civil brasileiro trata a re-

---

11 MONTEIRO, Washington de Barros. *Curso de direito civil:* direito das obrigações. 2ª Parte. Vol. 5. 34. ed. São Paulo: Saraiva, 2003, p. 115.
12 CC 2002 – Art. 127. Se for resolutiva a condição, enquanto esta se não realizar, vigorará o negócio jurídico, podendo exercer-se desde a conclusão deste o direito por ele estabelecido.CC 2002 – Art. 128. Sobrevindo a condição resolutiva, extingue-se, para todos os efeitos, o direito a que ela se opõe; mas, se aposta a um negócio de execução continuada ou

ferida doação no artigo 547: "O doador pode estipular que os bens doados voltem ao seu patrimônio, se sobreviver ao donatário. Parágrafo único. Não prevalece cláusula de reversão em favor de terceiro".[13] Daí considera-se resolúvel a propriedade do donatário.

O donatário possui o direito subjetivo de alienar o bem gravado com a cláusula de reversão? Nada impede que o donatário aliene o bem doado, mas o caráter resolutivo da propriedade se manterá vigente. O artigo 1.359 determina que "Resolvida a propriedade pelo implemento da condição ou pelo advento do termo, entendem-se também resolvidos os direitos reais concedidos na sua pendência, e o proprietário, em cujo favor se opera a resolução, pode reivindicar a coisa do poder de quem a possua ou detenha". Dessa maneira, o terceiro que vier adquirir o bem, verificada a condição resolutiva, perderá o imóvel para o doador.

Da mesma forma, estabelece o artigo 128 do CCB: "Sobrevindo a condição resolutiva, extingue-se, para todos os efeitos, o direito a que ela se opõe; mas, se aposta a um negócio de execução continuada ou periódica, a sua realização, salvo disposição em contrário, não tem eficácia quanto aos atos já praticados, desde que compatíveis com a natureza da condição pendente e conforme aos ditames de boa-fé".

Portanto, caberá ao doador, no caso de a coisa estar em poder de terceiros, ingressar com uma ação reivindicatória, com o firme propósito de reaver a coisa doada. O prazo prescricional é aquele determinado pelo artigo 205 ("A prescrição ocorre em dez anos, quando a lei não lhe haja fixado prazo menor".) e começa a ser contado com a morte do donatário.

Caso o doador, ao estipular a cláusula de reversão, não queira que o donatário aliene o bem doado, aquele poderá estipular uma cláusula de *inalienabilidade definitiva* ou cláusula de *inalienabilidade durante a vida do doador*.

Assim, verificada a condição, qual seja: a morte do donatário, o direito de reversão opera-se desde logo, com as seguintes consequências apontadas por CARVALHO SANTOS:[14]

> a) se os bens doados estão em poder do donatário, ou seus herdeiros, poderá o doador exigir a sua restituição integral, sempre que a doação teve por objeto uma determinada coisa, móvel ou imóvel;
> b) o doador é obrigado a receber esses bens no estado em que se encontrarem, sem poder exigir do donatário, ou de seus herdeiros,

---

periódica, a sua realização, salvo disposição em contrário, não tem eficácia quanto aos atos já praticados, desde que compatíveis com a natureza da condição pendente e conforme aos ditames de boa-fé.

13 Correspondente ao art. 1.174 do CCB/1916.
14 SANTOS, J. M. de Carvalho. *Código civil brasileiro interpretado*. 6. ed. Vol. XVI. Rio de Janeiro: Freitas Bastos, 1955, p. 380-381.

qualquer indenização a título de diminuição do valor resultante do uso regular, nem, com maior razão, se essa diminuição de valor resultou unicamente do efeito do tempo ou de um caso fortuito;

c) se a doação foi de uma quantia em dinheiro, o donatário deverá restituir uma igual quantia à que tiver recebido, sem que o doador reclame, nem os herdeiros do donatário possam oferecer os bens que tiverem sido comprados com o dinheiro doado (Cfr. BAURY--COLIN. Ob. cit., n° 1.515);

d) ficam extintas as alienações dos bens doados, bem como todas as constituições de direitos reais, por exemplo, as hipotecas, servidões, usufruto, feitas pelo donatário, voltando os bens ao doador livres e desembaraçados de quaisquer encargos ou ônus reais que lhe tenham sido impostos, isto em virtude da regra tradicional: *resoluto jure dandi resolvitur jus accipientis*.

18.3.5. Fideicomisso

O fideicomisso é uma forma excepcional de nomeação sucessiva de herdeiros ou legatários. A substituição fideicomissária encontra-se disciplinada nos artigos 1.951 a 1.960 do CCB. O artigo 1.951 preceitua que "Pode o testador instituir herdeiros ou legatários, estabelecendo que, por ocasião de sua morte, a herança ou o legado se transmita ao fiduciário, resolvendo-se o direito deste, por sua morte, a certo tempo ou sob certa condição, em favor de outrem, que se qualifica de fideicomissário". Daí, três as posições jurídicas decorrentes do fideicomisso: o fideicomitente (testador), o fiduciário (que sucede em primeiro lugar) e o fideicomissário (que recebe a herança ou o legado por último).[15]

---

15 CC 2002 – Art. 1.952. A substituição fideicomissária somente se permite em favor dos não concebidos ao tempo da morte do testador. Parágrafo único. Se, ao tempo da morte do testador, já houver nascido o fideicomissário, adquirirá este a propriedade dos bens fideicometidos, convertendo-se em usufruto o direito do fiduciário.
CC 2002 – Art. 1.953. O fiduciário tem a propriedade da herança ou legado, mas restrita e resolúvel. Parágrafo único. O fiduciário é obrigado a proceder ao inventário dos bens gravados, e a prestar caução de restituí-los, se o exigir o fideicomissário.
CC 2002 – Art. 1.954. Salvo disposição em contrário do testador, se o fiduciário renunciar a herança ou o legado, defere-se ao fideicomissário o poder de aceitar.
CC 2002 – Art. 1.955. O fideicomissário pode renunciar a herança ou o legado, e, neste caso, o fideicomisso caduca, deixando de ser resolúvel a propriedade do fiduciário, se não houver disposição contrária do testador.
CC 2002 – Art. 1.956. Se o fideicomissário aceitar a herança ou o legado, terá direito à parte que, ao fiduciário, em qualquer tempo acrescer.
CC 2002 – Art. 1.957. Ao sobrevir a sucessão, o fideicomissário responde pelos encargos da herança que ainda restarem.
CC 2002 – Art. 1.958. Caduca o fideicomisso se o fideicomissário morrer antes do fiduciário, ou antes de realizar-se a condição resolutória do direito deste último; nesse caso, a

18.4. Propriedade Revogável

Muito cuidado na exegese do artigo 1.360 do nosso Código Civil. Este artigo trata da *propriedade revogável*, não obstante estar inserido no capítulo referente à *propriedade resolúvel*.

Diz o artigo que "*se a propriedade se resolver por outra causa superveniente, o possuidor, que a tiver adquirido por título anterior à sua resolução, será considerado proprietário perfeito, restando à pessoa, em cujo benefício houve a resolução, ação contra aquele cuja propriedade se resolveu para haver a própria coisa ou o seu valor*".[16]

SÁ PEREIRA ensina que "é o caso de *dominium revocabile ex nunc*, ao qual se recusa a retroatividade, e cujo exemplo mais frisante é o da doação revogada por ingratidão do donatário".[17]

Portanto, vejamos o seguinte exemplo: Fernando doa uma casa a Juliana. Esta possui a propriedade plena do imóvel, já que a doação foi realizada sem a existência de nenhum encargo. Ocorre que, tempos depois, Juliana vende este imóvel a Galdino (terceiro). Este, de boa-fé, passa a possuir o imóvel de forma plena.

Todavia, um ano após a doação da casa de Fernando para Juliana, esta comete contra aquele ofensas físicas. Ora, o Código Civil, no artigo 557, apresenta o rol das hipóteses em que se pode revogar a doação por ingratidão. A doutrina clássica entende que este rol não pode ser ampliado (*numerus clausus*).[18] Vejamos o rol do citado artigo: Art. 557. Podem ser revogadas por ingratidão as doações:[19] I – se o donatário atentou contra a vida do doador ou cometeu crime de homicídio doloso contra ele;[20] II – se cometeu contra ele ofensa física;[21] III – se o injuriou gravemente ou o ca-

---

propriedade consolida-se no fiduciário, nos termos do art. 1.955.
CC 2002 – Art. 1.959. São nulos os fideicomissos além do segundo grau.
CC 2002 – Art. 1.960. A nulidade da substituição ilegal não prejudica a instituição, que valerá sem o encargo resolutório.
16 Correspondente ao art. 648 do CCB/1916.
17 SÁ PEREIRA. Op. cit., 452.
18 DOAÇÃO. REVOGAÇÃO. INGRATIDÃO DO DONATÁRIO. – O art. 1.183 do CC/1916 é taxativo ao relacionar as hipóteses de revogação da doação. – Desapego afetivo e atitudes desrespeitosas não bastam para deserdamento. É necessária a demonstração de uma das hipóteses previstas no Código Beviláqua (REsp 791.154/SP, Rel. Ministro HUMBERTO GOMES DE BARROS, TERCEIRA TURMA, julgado em 21.2.2006, DJ 27.3.2006 p. 272).
19 Correspondente ao art. 1.183, *caput*, do CCB/1916.
20 CC 2002 – Art. 935. A responsabilidade civil é independente da criminal, não se podendo questionar mais sobre a existência do fato, ou sobre quem seja o seu autor, quando estas questões se acharem decididas no juízo criminal.
21 CC 2002 – Art. 1.814. São excluídos da sucessão os herdeiros ou legatários: I – que houverem sido autores, coautores ou partícipes de homicídio doloso, ou tentativa deste, contra a pessoa de cuja sucessão se tratar, seu cônjuge, companheiro, ascendente ou descendente; II – que houverem acusado caluniosamente em juízo o autor da herança ou incorrerem em crime contra a sua honra, ou de seu cônjuge ou companheiro; III – que, por violência

luniou;²² IV – se, podendo ministrá-los, recusou ao doador os alimentos de que este necessitava.²³

A revogação da doação por ingratidão é uma penalidade que o doador poderá impor aos donatários, haja vista a violação do dever moral de gratidão que estes deveriam manter com aquele. Daí, a ação de revogação da doação por ingratidão é um ato personalíssimo, já que apenas o doador poderá praticar o ato.

Daí que, no exemplo citado, Fernando move uma ação de revogação da doação contra Juliana. Provada a ingratidão, o magistrado revoga a doação.

Uma vez revogada a doação, o que aconteceria com a propriedade? Em tese, o imóvel (casa) deveria retornar para o doador Fernando. Ocorre que o imóvel não pertence mais a Juliana, mas sim a Galdino (terceiro de boa-fé), considerado proprietário perfeito.

Daí que Fernando (doador) não poderá reivindicar o imóvel de Galdino, mas sim poderá reclamar da ingrata (Juliana) a devolução do preço o qual ela recebeu de Galdino.

---

ou meios fraudulentos, inibirem ou obstarem o autor da herança de dispor livremente de seus bens por ato de última vontade.CC 2002 – Art. 1.962. Além das causas mencionadas no art. 1.814, autorizam a deserdação dos descendentes por seus ascendentes: I – ofensa física; II – injúria grave; III – relações ilícitas com a madrasta ou com o padrasto; IV – desamparo do ascendente em alienação mental ou grave enfermidade.

22 CP – Calúnia. Art. 138 – Caluniar alguém, imputando-lhe falsamente fato definido como crime: Pena – detenção, de seis meses a dois anos, e multa. § 1° – Na mesma pena incorre quem, sabendo falsa a imputação, a propala ou divulga. § 2° – É punível a calúnia contra os mortos. Exceção da verdade § 3° – Admite-se a prova da verdade, salvo: I – se, constituindo o fato imputado crime de ação privada, o ofendido não foi condenado por sentença irrecorrível; II – se o fato é imputado a qualquer das pessoas indicadas no n° I do art. 141; III – se do crime imputado, embora de ação pública, o ofendido foi absolvido por sentença irrecorrível.
CP – Difamação. Art. 139 – Difamar alguém, imputando-lhe fato ofensivo à sua reputação: Pena – detenção, de três meses a um ano, e multa. Exceção da verdade Parágrafo único – A exceção da verdade somente se admite se o ofendido é funcionário público e a ofensa é relativa ao exercício de suas funções.
CP – Injúria. Art. 140 – Injuriar alguém, ofendendo-lhe a dignidade ou o decoro: Pena-detenção, de um a seis meses, ou multa. § 1° – O juiz pode deixar de aplicar a pena: I – quando o ofendido, de forma reprovável, provocou diretamente a injúria; II – no caso de retorsão imediata, que consista em outra injúria. § 2° – Se a injúria consiste em violência ou vias de fato, que, por sua natureza ou pelo meio empregado, se considerem aviltantes: Pena – detenção, de três meses a um ano, e multa, além da pena correspondente à violência. § 3° – Se a injúria consiste na utilização de elementos referentes a raça, cor, etnia, religião, origem ou a condição de pessoa idosa ou portadora de deficiência: (Redação dada pela Lei n° 10.741, de 2003). Pena – reclusão de um a três anos e multa. (Incluído pela Lei n° 9.459, de 1997)

23 CC 2002 – Art. 1.694. Podem os parentes, os cônjuges ou companheiros pedir uns aos outros os alimentos de que necessitem para viver de modo compatível com a sua condição social, inclusive para atender às necessidades de sua educação. § 1° – Os alimentos devem ser fixados na proporção das necessidades do reclamante e dos recursos da pessoa obrigada. § 2° – Os alimentos serão apenas os indispensáveis à subsistência, quando a situação de necessidade resultar de culpa de quem os pleiteia.

Frise-se, a *propriedade se resolveu por uma causa superveniente*. Qual foi a causa superveniente? A revogação da doação. Assim, o possuidor que a tiver adquirido por título anterior à sua resolução considerar-se-á proprietário perfeito. É uma regra que visa proteger o adquirente de boa-fé.

No exemplo formulado, qual é a pessoa em cujo benefício houve a resolução? O doador Fernando. A resolução se opera em benefício do doador.

A ação é contra aquele cuja propriedade se resolveu para haver a própria coisa ou o seu valor. Dessa maneira, a ação é contra o donatário (no exemplo, Juliana) para haver a própria coisa ou o seu valor (neste caso, visando preservar o direito do terceiro de boa-fé).

Daí que a hipótese do art. 1.359 é diferente do art. 1.360. Naquele, a causa resolutiva da propriedade já está prevista no texto legal. Já no art. 1.360, a propriedade se resolveu por uma causa superveniente à alienação. Por isso é que se diz que o art. 1.360 *não é caso de propriedade resolúvel e sim revogável*.

O mesmo ocorrerá no caso da doação: pode ser revogada por inexecução do encargo (CCB, art. 555).

Capítulo 19
PROPRIEDADE FIDUCIÁRIA

19.1. Conceito

Como dito alhures, a *propriedade fiduciária* também é um exemplo de *propriedade resolúvel*. A propriedade fiduciária visa a garantir o pagamento da obrigação resultante de mútuo, compra e venda etc.

O que vem a ser a propriedade fiduciária? É uma forma de direito real de garantia. O devedor de uma obrigação, com vistas a garantir o pagamento ao credor, transfere a este a propriedade de um bem que lhe pertence, sendo certo que esta propriedade lhe será restituída quando ocorrer o pagamento da obrigação garantida. Portanto, uma vez paga a obrigação, a propriedade automaticamente retorna ao devedor.

Essa propriedade que é transferida ao credor denomina-se *propriedade fiduciária*. Ela é considerada resolúvel, já que com o pagamento da obrigação, esta propriedade retorna ao devedor, ainda que o credor a quisesse conservar.

Em regra, não existe nenhum interesse do credor em incorporar a coisa ao seu patrimônio. Da mesma forma que não há nenhum interesse do devedor em se desfazer da coisa. A transferência de propriedade, ao contrário do que ocorre na compra e venda, na doação, na permuta, é somente para garantir o pagamento.

A Lei de Mercado de Capitais – Lei nº 4.728/65 – introduziu no ordenamento jurídico pátrio a alienação fiduciária em garantia.[1] O artigo 66 da re-

---

1 Lei nº 4.728/65. Disciplina o mercado de capitais e estabelece medidas para o seu desenvolvimento. Seção XIV. Alienação Fiduciária em Garantia no Âmbito do Mercado Financeiro e de Capitais. (Incluído pela Lei nº 10.931, de 2004) Art. 66-B. O contrato de alienação fiduciária celebrado no âmbito do mercado financeiro e de capitais, bem como em garantia de créditos fiscais e previdenciários, deverá conter, além dos requisitos definidos na Lei nº 10.406, de 10 de janeiro de 2002 – Código Civil, a taxa de juros, a cláusula penal, o índice de atualização monetária, se houver, e as demais comissões e encargos. (Incluído pela Lei nº 10.931, de 2004) § 1º Se a coisa objeto de propriedade fiduciária não se identifica por números, marcas e sinais no contrato de alienação fiduciária, cabe ao proprietário fiduciário o ônus da prova, contra terceiros, da identificação dos bens do seu domínio que se encontram em poder do devedor.(Incluído pela Lei nº 10.931, de 2004) § 2º O devedor que alienar, ou der em garantia a terceiros, coisa que já alienara fiduciariamente em garan-

ferida Lei de Mercado de Capitais foi modificado pelo Decreto-Lei n° 911/69, passando a regular o referido instituto.[2]

---

tia, ficará sujeito à pena prevista no art. 171, § 2°, I, do Código Penal.(Incluído pela Lei n° 10.931, de 2004) § 3° É admitida a alienação fiduciária de coisa fungível e a cessão fiduciária de direitos sobre coisas móveis, bem como de títulos de crédito, hipóteses em que, salvo disposição em contrário, a posse direta e indireta do bem objeto da propriedade fiduciária ou do título representativo do direito ou do crédito é atribuída ao credor, que, em caso de inadimplemento ou mora da obrigação garantida, poderá vender a terceiros o bem objeto da propriedade fiduciária independente de leilão, hasta pública ou qualquer outra medida judicial ou extrajudicial, devendo aplicar o preço da venda no pagamento do seu crédito e das despesas decorrentes da realização da garantia, entregando ao devedor o saldo, se houver, acompanhado do demonstrativo da operação realizada.(Incluído pela Lei n° 10.931, de 2004) § 4° No tocante à cessão fiduciária de direitos sobre coisas móveis ou sobre títulos de crédito, aplica-se também o disposto nos arts 18 a 20 da Lei n° 9.514, de 20 de novembro de 1997. (Incluído pela Lei n° 10.931, de 2004) § 5° Aplicam-se à alienação fiduciária e à cessão fiduciária de que trata esta Lei os arts 1.421, 1.425, 1.426, 1.435 e 1.436 da Lei n° 10.406, de 10 de janeiro de 2002.(Incluído pela Lei n° 10.931, de 2004) § 6° Não se aplica à alienação fiduciária e à cessão fiduciária de que trata esta Lei o disposto no art. 644 da Lei n° 10.406, de 10 de janeiro de 2002. (Incluído pela Lei n° 10.931, de 2004).

2 DECRETO-LEI N° 911, de 1° de outubro de 1969. Altera a redação do art. 66 da Lei n° 4.728, de 14 de julho de 1965, estabelece normas de processo sobre alienação fiduciária e dá outras providências. OS MINISTROS DA MARINHA DE GUERRA, DO EXÉRCITO E DA AERONÁUTICA MILITAR, usando das atribuições que lhes confere o artigo 1° do Ato Institucional n° 12, de 31 de agosto de 1969, combinado com o § 1° do artigo 2° do Ato Institucional n° 5, de 13 de dezembro de 1968, DECRETAM: Art. 1° O artigo 66, da Lei n° 4.728, de 14 de julho de 1965, passa a ter a seguinte redação: "Art. 66. A alienação fiduciária em garantia transfere ao credor o domínio resolúvel e a posse indireta da coisa móvel alienada, independentemente da tradição efetiva do bem, tornando-se o alienante ou devedor em possuidor direto e depositário com todas as responsabilidades e encargos que lhe incumbem de acordo com a lei civil e penal. § 1° A alienação fiduciária somente se prova por escrito e seu instrumento, público ou particular, qualquer que seja o seu valor, será obrigatoriamente arquivado, por cópia ou microfilme, no Registro de Títulos e Documentos do domicílio do credor, sob pena de não valer contra terceiros, e conterá, além de outros dados, os seguintes: a) o total da dívida ou sua estimativa; b) o local e a data do pagamento; c) a taxa de juros, os comissões cuja cobrança for permitida e, eventualmente, a cláusula penal e a estipulação de correção monetária, com indicação dos índices aplicáveis; d) a descrição do bem objeto da alienação fiduciária e os elementos indispensáveis à sua identificação. § 2° Se, na data do instrumento de alienação fiduciária, o devedor ainda não for proprietário da coisa objeto do contrato, o domínio fiduciário desta transferir-se-á ao credor no momento da aquisição da propriedade pelo devedor, independentemente de qualquer formalidade posterior. § 3° Se a coisa alienada em garantia não se identifica por números, marcas e sinais indicados no instrumento de alienação fiduciária, cabe ao proprietário fiduciário o ônus da prova, contra terceiros, da identidade dos bens do seu domínio que se encontram em poder do devedor. § 4° No caso de inadimplemento da obrigação garantida, o proprietário fiduciário pode vender a coisa a terceiros e aplicar preço da venda no pagamento do seu crédito e das despesas decorrentes da cobrança, entregando ao devedor o saldo porventura apurado, se houver. § 5° Se o preço da venda da coisa não bastar para pagar o crédito do proprietário fiduciário e despesas, na forma do parágrafo anterior, o devedor continuará pessoalmente obrigado a pagar o saldo devedor apurado. § 6° É nula a cláusula que autoriza o proprietário fiduciário a ficar com a coisa alienada em garantia, se a dívida não for paga no seu vencimento. § 7° Aplica-se à alienação fiduciária em garantia o disposto nos artigos 758, 762, 763 e 802 do

Diz o artigo 1.361, *verbis*: *"Considera-se fiduciária a propriedade resolúvel de coisa móvel infungível que o devedor, com escopo de garantia, transfere ao credor"*[3]

---

[3] Código Civil, no que couber. § 8° O devedor que alienar, ou der em garantia a terceiros, coisa que já alienara fiduciariamente em garantia, ficará sujeito à pena prevista no art. 171, § 2°, inciso I, do Código Penal. § 9° Não se aplica à alienação fiduciária o disposto no artigo 1.279 do Código Civil. § 10. A alienação fiduciária em garantia do veículo automotor, deverá, para fins probatóros, constar do certificado de Registro, a que se refere o artigo 52 do Código Nacional de Trânsito".
Art. 2° No caso de inadimplemento ou mora nas obrigações contratuais garantidas mediante alienação fiduciária, o proprietário fiduciário ou credor poderá vender a coisa a terceiros, independentemente de leilão, hasta pública, avaliação prévia ou qualquer outra medida judicial ou extrajudicial, salvo disposição expressa em contrário prevista no contrato, devendo aplicar o preço da venda no pagamento de seu crédito e das despesas decorrentes e entregar ao devedor o saldo apurado, se houver. § 1° O crédito a que se refere o presente artigo abrange o principal, juros e comissões, além das taxas, cláusula penal e correção monetária, quando expressamente convencionados pelas partes. § 2° A mora decorrerá do simples vencimento do prazo para pagamento e poderá ser comprovada por carta registada expedida por intermédio de Cartório de Títulos e Documentos ou pelo protesto do título, a critério do credor. § 3° A mora e o inadimplemento de obrigações contratuais garantidas por alienação fiduciária, ou a ocorrência legal ou convencional de algum dos casos de antecipação de vencimento da dívida facultarão ao credor considerar, de pleno direito, vencidas todas as obrigações contratuais, independentemente de aviso ou notificação judicial ou extrajudicial.
Art 3° O Proprietário Fiduciário ou credor, poderá requerer contra o devedor ou terceiro a busca e apreensão do bem alienado fiduciariamente, a qual será concedida liminarmente, desde que comprovada a mora ou o inadimplemento do devedor. § 1° Cinco dias após executada a liminar mencionada no *caput*, consolidar-se-ão a propriedade e a posse plena e exclusiva do bem no patrimônio do credor fiduciário, cabendo às repartições competentes, quando for o caso, expedir novo certificado de registro de propriedade em nome do credor, ou de terceiro por ele indicado, livre do ônus da propriedade fiduciária. (Redação dada pela Lei 10.931, de 2004) § 2° No prazo do § 1°, o devedor fiduciante poderá pagar a integralidade da dívida pendente, segundo os valores apresentados pelo credor fiduciário na inicial, hipótese na qual o bem lhe será restituído livre do ônus. (Redação dada pela Lei 10.931, de 2004) § 3° O devedor fiduciante apresentará resposta no prazo de quinze dias da execução da liminar. (Redação dada pela Lei 10.931, de 2004) § 4° A resposta poderá ser apresentada ainda que o devedor tenha se utilizado da faculdade do § 2°, caso entenda ter havido pagamento a maior e desejar restituição.(Redação dada pela Lei 10.931, de 2004) § 5° Da sentença cabe apelação apenas no efeito devolutivo
3 (Redação dada pela Lei 10.931, de 2004) § 6° Na sentença que decretar a improcedência da ação de busca e apreensão, o juiz condenará o credor fiduciário ao pagamento de multa, em favor do devedor fiduciante, equivalente a cinquenta por cento do valor originalmente financiado, devidamente atualizado, caso o bem já tenha sido alienado. (Redação dada pela Lei 10.931, de 2004) § 7° A multa mencionada no § 6° não exclui a responsabilidade do credor fiduciário por perdas e danos. (Incluído pela Lei 10.931, de 2004) § 8° A busca e apreensão prevista no presente artigo constitui processo autônomo e independente de qualquer procedimento posterior. (Incluído pela Lei 10.931, de 2004)
Art. 4° Se o bem alienado fiduciariamente não for encontrado ou não se achar na posse do devedor, o credor poderá requerer a conversão do pedido de busca e apreensão, nos mesmos autos, em ação de depósito, na forma prevista no Capítulo II, do Título I, do Livro IV, do Código de Processo Civil. (Redação dada pela Lei n° 6.071, de 1974)
Art. 5° Se o credor preferir recorrer à ação executiva ou, se for o caso ao executivo fiscal,

Com a *alienação fiduciária* ocorre o *desdobramento da posse*, ocorrendo a transferência do domínio do bem móvel ao credor (fiduciário) em garantia do pagamento, permanecendo o devedor (fiduciante) com a posse direta da coisa.

Assim, o contrato de alienação fiduciária provoca um desdobramento da posse.[841] O devedor transfere a propriedade da coisa ao credor, permanecendo como possuidor direto. O devedor tem a posse direta da coisa, portanto, ele não se desfaz da posse (a coisa não se transfere fisicamente ao credor). E o credor (fiduciário) passa a ser o titular da propriedade resolúvel, mantendo a posse indireta.

Portanto, o devedor chama-se *fiduciante* e o credor é o *fiduciário*. Vale lembrar que a palavra *alienação fiduciária* vem de fidúcia, representando *confiança*, ou seja, o devedor deve confiar que o credor lhe restituirá a propriedade, com o pagamento integral da prestação. Da mesma forma, o credor deverá confiar no devedor, no sentido de que este pagará a obrigação.

Neste sentido, CRISTIANO CHAVES DE FARIAS e NÉLSON ROSENVALD afirmam que a alienação fiduciária ocorre quando "o credor fiduciário adquire a propriedade resolúvel e a posse indireta de bem móvel (excepcionalmente de imóvel), em garantia de financiamento efetuado pelo devedor alienante – que se mantém na posse direta da coisa –, resolvendo-se o direito do credor fiduciário com o posterior adimplemento da dívida garantida. O objetivo da propriedade fiduciária é garantir uma obrigação assumida pelo alienante, em prol do adquirente. O credor fiduciário converte-se automaticamente em proprietário, tendo no valor do bem dado em garantia o eventual numerário para satisfazer-se na hipótese de inadimplemento do débito pelo devedor fiduciante".[4]

---

serão penhorados, a critério do autor da ação, bens do devedor quantos bastem para assegurar a execução. Parágrafo único. Não se aplica à alienação fiduciária o disposto nos incisos VI e VIII do art. 649 do Código de Processo Civil. (Redação dada pela Lei n° 6.071, de 1974)
Art. 6° O avalista, fiador ou terceiro interessado que pagar a dívida do alienante ou devedor, se sub-rogará, de pleno direito no crédito e na garantia constituída pela alienação fiduciária.
Art. 7° Na falência do devedor alienante, fica assegurado ao credor ou proprietário fiduciário o direito de pedir, na forma prevista na lei, a restituição do bem alienado fiduciariamente. Parágrafo único. Efetivada a restituição, o proprietário fiduciário agirá na forma prevista neste Decreto-Lei.
Art. 8° O Conselho Nacional de Trânsito, no prazo máximo de 60 dias, a contar da vigência do presente Decreto-Lei, expedirá normas regulamentares relativas à alienação fiduciária de veículos automotores.
Art. 8°-A. O procedimento judicial disposto neste Decreto-Lei aplica-se exclusivamente às hipóteses da Seção XIV da Lei n° 4.728, de 14 de julho de 1965, ou quando o ônus da propriedade fiduciária tiver sido constituído para fins de garantia de débito fiscal ou previdenciário.(Incluído pela Lei n° 10.931, de 2004)
Art. 9° O presente Decreto-Lei entrará em vigor na data de sua publicação, aplicando-se desde logo aos processos em curso, revogadas as disposições em contrário.Brasília, 1 de outubro de 1969; 148° da Independência e 81° da República.Sem correspondente no Código Civil de 1916.
4 FARIAS, Cristiano Chaves de; ROSENVALD, Nélson. Direitos reais. 3. ed. Rio de Janeiro:

A ausência do registro do contrato de compra e venda de imóvel impede a constituição da garantia fiduciária. (REsp 1.835.598-SP, Rel. Min. Nancy Andrighi, Terceira Turma, por maioria, julgado em 09/02/2021, DJe 17/02/2021).[5]

Constitui-se a propriedade fiduciária com o registro do contrato, celebrado por instrumento público ou particular, que lhe serve de título, no Registro de Títulos e Documentos do domicílio do devedor, ou, em se tratando de veículos, na repartição competente para o licenciamento, fazendo-se a anotação no certificado de registro (CCB, art. 1.361, § 1°).

Com a constituição da propriedade fiduciária, dá-se o desdobramento da posse, tornando-se o devedor possuidor direto da coisa (CCB, art. 1.361 § 2°).

A propriedade superveniente, adquirida pelo devedor, torna eficaz, desde o rquivamento, a transferência da propriedade fiduciária (CCB, art. 1.361 § 3°).

De acordo com o artigo 1.362, o contrato, que serve de título à propriedade fiduciária, conterá:

I – o total da dívida, ou sua estimativa;
II – o prazo, ou a época do pagamento;
III – a taxa de juros, se houver;
IV – a descrição da coisa objeto da transferência, com os elementos indispensáveis à sua identificação.

Se o devedor pagar a obrigação, a propriedade retorna ao devedor, cancelando-se o registro no Registro de Títulos ou no Registro de Imóveis, ou seja, com o recebimento da quitação efetuada pelo credor, o devedor poderá promover o cancelamento do registro da alienação fiduciária, retornando, pois, à condição de proprietário pleno da coisa.[6]

Lumen Juris, 2006, p. 364.
5 No ordenamento jurídico brasileiro, coexiste um duplo regime jurídico da propriedade fiduciária: a) o regime jurídico geral do Código Civil, que disciplina a propriedade fiduciária sobre coisas móveis infungíveis, sendo o credor fiduciário qualquer pessoa natural ou jurídica; b) o regime jurídico especial, formado por um conjunto de normas extravagantes, dentre as quais a Lei n° 9.514/1997, que trata da propriedade fiduciária sobre bens imóveis.Quanto à propriedade fiduciária de bem imóvel, regida pela Lei n° 9.514/1997, verifica-se que a garantia somente se constitui com o registro do contrato que lhe serve de título no registro imobiliário do local onde o bem se situa.Dessa maneira, sem o registro do contrato no competente Registro de Imóveis, há simples crédito, situado no âmbito obrigacional, sem qualquer garantia real nem propriedade resolúvel transferida ao credor.Assim, na ausência de registro do contrato, não é exigível do adquirente que se submeta ao procedimento de venda extrajudicial do bem para só então receber eventuais diferenças do vendedor.
6 Lei n° 9.514/97. Dispõe sobre o Sistema de Financiamento Imobiliário, institui a alienação fiduciária de coisa imóvel e dá outras providências. Art. 25. Com o pagamento da dívida e seus encargos, resolve-se, nos termos deste artigo, a propriedade fiduciária do imóvel. § 1° No prazo de trinta dias, a contar da data de liquidação da dívida, o fiduciário fornecerá o

O contrato será obrigatório e deverá descrever minuciosamente a obrigação que está sendo garantida, com todas as suas especificações, o seu valor, o seu vencimento, a forma de pagamento, o indexador da correção etc.

O instrumento contratual deverá conter também a descrição da coisa objeto da alienação, com a atribuição de um valor pelas partes contraentes.

Se a coisa alienada fiduciariamente for móvel, o contrato poderá ser celebrado por instrumento particular. Ao revés, se se tratar de imóvel, o contrato obrigatoriamente revestir-se-á da forma escrita pública.

O contrato deverá ser levado a registro para tornar-se pública a alienação, valendo *erga omnes*. Se a coisa alienada é móvel, o registro do contrato far-se-á no Registro de Títulos e Documentos do domicílio do devedor. Se a coisa é imóvel, no Registro de Imóveis correspondente ao local onde se situa o imóvel.[7]

Vale lembrar que a alienação fiduciária de bens imóveis continua regulada pela Lei nº 9.514/07.[8]

De acordo com o Enunciado 591, da VII Jornada de Direito Civil, "a ação de reintegração de posse nos contratos de alienação fiduciária em garantia de coisa imóvel pode ser proposta a partir da consolidação da propriedade do imóvel em poder do credor fiduciário e não apenas após os leilões extrajudiciais previstos no art. 27 da Lei nº 9.514/1997".[9]

---

respectivo termo de quitação ao fiduciante, sob pena de multa em favor deste, equivalente a meio por cento ao mês, ou fração, sobre o valor do contrato. § 2º À vista do termo de quitação de que trata o parágrafo anterior, o oficial do competente Registro de Imóveis efetuará o cancelamento do registro da propriedade fiduciária.

7 Lei nº 9.514/97. Dispõe sobre o Sistema de Financiamento Imobiliário, institui a alienação fiduciária de coisa imóvel e dá outras providências. Art. 23. Constitui-se a propriedade fiduciária de coisa imóvel mediante registro, no competente Registro de Imóveis, do contrato que lhe serve de título. Parágrafo único. Com a constituição da propriedade fiduciária, dá-se o desdobramento da posse, tornando-se o fiduciante possuidor direto e o fiduciário possuidor indireto da coisa imóvel.

8 Lei nº 9.514/97. Dispõe sobre o Sistema de Financiamento Imobiliário, institui a alienação fiduciária de coisa imóvel e dá outras providências. Art. 22. A alienação fiduciária regulada por esta Lei é o negócio jurídico pelo qual o devedor, ou fiduciante, com o escopo de garantia, contrata a transferência ao credor, ou fiduciário, da propriedade resolúvel de coisa imóvel. Parágrafo único. A alienação fiduciária poderá ser contratada por pessoa física ou jurídica, não sendo privativa das entidades que operam no SFI, podendo ter como objeto bens enfitêuticos, hipótese em que será exigível o pagamento do laudêmio, se houver a consolidação do domínio útil no fiduciário. (Redação dada pela Lei nº 11.076, de 2004).

9 Parte da legislação: arts 26, 27, 30 e 37-A da Lei nº 9.514/1997 Justificativa: A interpretação sistemática da Lei nº 9.514/1997 permite concluir que, com a consolidação da propriedade em nome do credor fiduciário, extingue-se toda e qualquer intermediação possessória e a relação jurídica que originou o escalonamento da posse em direta e indireta, conforme entendimento exposto por Moreira Alves (Da alienação fiduciária em garantia. 3. ed. Rio de Janeiro: Forense, 1987, p. 201). Dessa forma, a consolidação da propriedade gera o término do desdobramento da posse e o credor fiduciário, proprietário e antigo possuidor indireto da coisa, passa à condição de possuidor pleno do imóvel, desaparecendo a propriedade fi-

19.2. Equiparação do Devedor Fiduciante ao Depositário

A que título o devedor (fiduciante) fica como possuidor direto dessa coisa, uma vez que este já alienou a coisa ao credor (fiduciário)? O devedor é equiparado ao depositário da coisa. Assim, o devedor (anterior proprietário) se transforma no possuidor direto da coisa na qualidade de depositário da mesma. Destarte, o devedor assume todas as responsabilidades civis e penais do depositário.

O artigo 1.363 preceitua que "antes de vencida a dívida, o devedor, a suas expensas e risco, pode usar a coisa segundo sua destinação, sendo obrigado, como depositário:

> I – a empregar na guarda da coisa a diligência exigida por sua natureza;
> II – a entregá-la ao credor, se a dívida não for paga no vencimento".

19.3. Inadimplemento da Obrigação

19.3.1. Venda da coisa

Determina o artigo 1.364 do nosso Código Civil que "vencida a dívida, e não paga, fica o credor obrigado a vender, judicial ou extrajudicialmente, a coisa a terceiros, a aplicar o preço no pagamento de seu crédito e das despesas de cobrança, e a entregar o saldo, se houver, ao devedor".

Quando, vendida a coisa, o produto não bastar para o pagamento da dívida e das despesas de cobrança, continuará o devedor obrigado pelo restante (CCB, art. 1.366).

O credor fiduciário regido pelo Decreto-Lei n° 911/1969, em caso de inadimplemento contratual, pode promover a inscrição dos nomes dos devedores solidários em bancos de dados de proteção ao crédito, independentemente de optar pela excussão da garantia ou pela ação de execução (REsp 1.833.824-RS, Rel. Min. Nancy Andrighi, Terceira Turma, por unanimidade, julgado em 05/05/2020, DJe 11/05/2020). Vejamos:

> O propósito recursal consiste em definir se o credor fiduciário, na hipótese de inadimplemento do contrato, é obrigado a promover a

---

duciária resolúvel. A permanência do devedor fiduciante no imóvel, inadimplente com suas obrigações e, após devidamente constituído em mora, caracteriza ato de esbulho e enseja a propositura de ação de reintegração de posse para a retomada do bem pelo credor. Não haveria, assim, necessidade de que a ação de reintegração de posse ocorresse apenas após a realização dos leilões, como à primeira vista pareceria supor da leitura da Lei n° 9.517/1997. Esse o entendimento de autores como Sebastião José Roque (Da alienação fiduciária em garantia, p. 191), Marcelo Terra (Alienação fiduciária de imóvel em garantia, p. 51), Afrânio Carlos Camargo Dantzger (Alienação fiduciária de bens imóveis. 2. ed., p. 76), Renan Miguel Saad (A alienação fiduciária sobre bens imóveis, p. 256) e do Superior Tribunal de Justiça (REsp 1.155.716/ DF), em acórdão relatoriado pela Ministra Nancy Andrighi.

venda do bem alienado fiduciariamente, antes de proceder à inscrição dos nomes dos devedores em cadastros de proteção ao crédito. O debate gira em torno da interpretação do art. 1.364 do CC/2002, segundo o qual "vencida a dívida, e não paga, fica o credor obrigado a vender, judicial ou extrajudicialmente, a coisa a terceiros, a aplicar o preço no pagamento de seu crédito e das despesas de cobrança, e a entregar o saldo, se houver, ao devedor".

Contudo, no ordenamento jurídico brasileiro, coexiste um duplo regime jurídico da propriedade fiduciária: a) o regime jurídico geral do Código Civil, que disciplina a propriedade fiduciária sobre coisas móveis infungíveis, sendo o credor fiduciário qualquer pessoa natural ou jurídica; e b) o regime jurídico especial, formado por um conjunto de normas extravagantes, dentre as quais o Decreto-Lei nº 911/1969, que trata da propriedade fiduciária sobre coisas móveis fungíveis e infungíveis, além da cessão fiduciária de direitos sobre coisas móveis ou de títulos de crédito, restrito o credor fiduciário à pessoa jurídica instituição financeira.

Assim, em se tratando de alienação fiduciária de coisa móvel infungível envolvendo instituição financeira, o regime jurídico aplicável é aquele do Decreto-Lei nº 911/1969, devendo as disposições gerais do Código Civil incidir apenas em caráter supletivo.

Essa aplicação supletiva do Código Civil, todavia, não se faz necessária na espécie, haja vista que o DL nº 911/69 contém disposição expressa que faculta ao credor fiduciário, na hipótese de inadimplemento ou mora no cumprimento das obrigações contratuais pelo devedor, optar por recorrer diretamente à ação de execução, caso não prefira retomar a posse do bem e vendê-lo a terceiros.

De todo modo, independentemente da via eleita pelo credor, a inscrição dos nomes dos devedores solidários em bancos de dados de proteção ao crédito, em razão do incontroverso inadimplemento do contrato, não se reveste de qualquer ilegalidade, tratando-se de exercício regular do direito de crédito.

Com efeito, a partir do inadimplemento das obrigações pactuadas pelo devedor, nasce para o credor uma série de prerrogativas, não apenas atreladas à satisfação do seu crédito em particular – do que é exemplo a excussão da garantia ou a cobrança da dívida –, mas também à proteção do crédito em geral no mercado de consumo.

19.3.2. Ação de busca e apreensão com pedido liminar

A lei criou um mecanismo para possibilitar o credor a obter a posse de forma mais célere, qual seja: o ajuizamento de uma ação sumária de *busca e apreensão da coisa*, cuja posse direta encontra-se com o devedor inadimplente, com pedido liminar. Esta é uma *ação autônoma de natureza satisfativa*.

A Súmula 72 do Superior Tribunal de Justiça – STJ informa que "a comprovação da mora é imprescindível à busca e apreensão do bem alienado fiduciariamente". Outrossim, a Súmula 245 do STJ diz que "a notificação destinada a comprovar a mora nas dívidas garantidas por alienação fiduciária dispensa a indicação do valor do débito".

Portanto, antes do ajuizamento da ação de busca e apreensão, o *credor fiduciário* terá que constituir o *devedor fiduciante* em mora. [10]

Para que o magistrado possa analisar o pedido liminar é necessário que o credor ao ingressar com a ação de busca e apreensão, a petição inicial seja acompanhada da prova do contrato de alienação fiduciária escrito e devidamente registrado, bem como a regular notificação do réu (Súmula 72-STJ: A comprovação da mora é imprescindível à busca e apreensão do bem alienado fiduciariamente). Daí que satisfeitos tais pressupostos a liminar deve ser concedida com a respectiva expedição do mandado de busca e apreensão sem a oitiva do réu (este ainda não foi sequer citado).

A notificação é feita por meio de carta registrada com aviso de recebimento. Logo, não precisa ser realizada por intermédio do Cartório de Registro de Títulos e Documentos. (a Lei n° 2014/13.043 alterou o § 2° do art. 2° do DL 69/911).

O objetivo da alteração foi o de reduzir o custo da notificação, permitindo que seja feita por mera emissão de carta via Correios, evitando, assim, que a instituição financeira tenha que pagar os emolumentos para os titulares de Cartórios.[11]

---

10 Art. 2º No caso de inadimplemento ou mora nas obrigações contratuais garantidas mediante alienação fiduciária, o proprietário fiduciário ou credor poderá vender a coisa a terceiros, independentemente de leilão, hasta pública, avaliação prévia ou qualquer outra medida judicial ou extrajudicial, salvo disposição expressa em contrário prevista no contrato, devendo aplicar o preço da venda no pagamento de seu crédito e das despesas decorrentes e entregar ao devedor o saldo apurado, se houver, com a devida prestação de contas. (Redação dada pela Lei nº 13.043, de 2014)
§ 1° O crédito a que se refere o presente artigo abrange o principal, juros e comissões, além das taxas, cláusula penal e correção monetária, quando expressamente convencionados pelas partes.
§ 2º A mora decorrerá do simples vencimento do prazo para pagamento e poderá ser comprovada por carta registrada com aviso de recebimento, não se exigindo que a assinatura constante do referido aviso seja a do próprio destinatário. (Redação dada pela Lei nº 13.043, de 2014)
§ 3° A mora e o inadimplemento de obrigações contratuais garantidas por alienação fiduciária, ou a ocorrência legal ou convencional de algum dos casos de antecipação de vencimento da dívida facultarão ao credor considerar, de pleno direito, vencidas todas as obrigações contratuais, independentemente de aviso ou notificação judicial ou extrajudicial.
§ 4º Os procedimentos previstos no *caput* e no seu § 2º aplicam-se às operações de arrendamento mercantil previstas na forma da Lei nº 6.099, de 12 de setembro de 1974. (Incluído pela Lei nº 13.043, de 2014)
11 CAVALCANTE. Márcio André Lopes. Informativo Esquematizado. Disponível em: <https://dizerodireitodotnet.files.wordpress.com/2016/11/info-588-stj.pdf>. Acesso em: 5 nov. 2016.

De acordo com o artigo 3º e parágrafos do referido decreto, o proprietário fiduciário ou credor poderá, desde que comprovada a mora, na forma estabelecida pelo § 2º do art. 2º, ou o inadimplemento, requerer contra o devedor ou terceiro a busca e apreensão do bem alienado fiduciariamente, a qual será concedida liminarmente, podendo ser apreciada em plantão judiciário. (Redação dada pela Lei nº 13.043, de 2014)

§ 1º Cinco dias após executada a liminar mencionada no *caput*, consolidar-se-ão a propriedade e a posse plena e exclusiva do bem no patrimônio do credor fiduciário, cabendo às repartições competentes, quando for o caso, expedir novo certificado de registro de propriedade em nome do credor, ou de terceiro por ele indicado, livre do ônus da propriedade fiduciária. (Redação dada pela Lei 10.931, de 2004)

§ 2º No prazo do § 1º, o devedor fiduciante poderá pagar a integralidade da dívida pendente, segundo os valores apresentados pelo credor fiduciário na inicial, hipótese na qual o bem lhe será restituído livre do ônus.[12] (Redação dada pela Lei 10.931, de 2004)

§ 3º O devedor fiduciante apresentará resposta no prazo de quinze dias da execução da liminar.[13] [14] (Redação dada pela Lei 10.931, de 2004)

---

[12] Nos contratos firmados na vigência da Lei nº 10.931/2004, compete ao devedor, no prazo de 5 (cinco) dias após a execução da liminar na ação de busca e apreensão, pagar a integralidade da dívida – entendida esta como os valores apresentados e comprovados pelo credor na inicial –, sob pena de consolidação da propriedade do bem móvel objeto de alienação fiduciária. STJ. 2ª Seção. REsp 1.418.593-MS, Rel. Min. Luis Felipe Salomão, julgado em 14/5/2014 (recurso repetitivo) (Info 540).

[13] Em ação de busca e apreensão de bem alienado fiduciariamente, o termo inicial para a contagem do prazo de 15 (quinze) dias para o oferecimento de resposta pelo devedor fiduciante é a data de juntada aos autos do mandado de citação devidamente cumprido (e não a data da execução da medida liminar). STJ. 3ª Turma. REsp 1.321.052-MG, Rel. Min. Ricardo Villas Bôas Cueva, julgado em 16/8/2016 (Info 588)

[14] De acordo com CAVALCANTE, o STJ, contudo, afirma que este prazo de resposta não pode ser contado a partir da execução da liminar. Isso porque o juiz concede a busca e apreensão de forma liminar, ou seja, sem ouvir o devedor. Desse modo, é indispensável que seja realizado um ato formal de citação do devedor, sendo isso imprescindível ao desenvolvimento válido e regular do processo, visto que somente a perfeita angularização da relação processual é capaz de garantir à parte demandada o pleno exercício do contraditório. Assim, concedida a liminar inaudita altera parte, cumpre ao magistrado expedir um mandado, que tem dupla finalidade: 1) autorizar a busca e apreensão do bem; 2) promover a citação do réu. Assim, depois de executada a liminar, ou seja, depois de o bem ter sido apreendido, deverá o réu ser citado. No mandado, constará o prazo de 15 (quinze) dias, que começará a ser contado da sua juntada aos autos. O entendimento do STJ encontra respaldo na doutrina especializada: "(...) juntamente com a expedição inicial do mandado de busca e apreensão, em cumprimento aos comandos da medida liminar deferida initio litis, segue-se a expedição do mandado de citação, uma vez que o ato processual de citação deverá ser realizado tão logo seja consumado o ato processual anterior, qual seja, a busca e a apreensão da garantia fiduciária. Note-se, no tocante à citação, que a Lei nº 10.931/04, ao modificar a redação dos parágrafos do art. 3º do Decreto-lei nº 911/69, acabou por omitir nas novas disposições a referência antes existente relativa ao ato citatório, em especial ao momento de sua realização. Todavia, apesar da omissão da legislação quando do

§ 4º A resposta poderá ser apresentada ainda que o devedor tenha se utilizado da faculdade do § 2º, caso entenda ter havido pagamento a maior e desejar restituição.(Redação dada pela Lei nº 10.931, de 2004)

§ 5º Da sentença, cabe apelação apenas no efeito devolutivo. (Redação dada pela Lei nº 10.931, de 2004)

§ 6º Na sentença que decretar a improcedência da ação de busca e apreensão, o juiz condenará o credor fiduciário ao pagamento de multa, em favor do devedor fiduciante, equivalente a cinquenta por cento do valor originalmente financiado, devidamente atualizado, caso o bem já tenha sido alienado. (Redação dada pela Lei nº 10.931, de 2004)

§ 7º A multa mencionada no § 6º não exclui a responsabilidade do credor fiduciário por perdas e danos. (Incluído pela Lei nº 10.931, de 2004)

§ 8º A busca e apreensão prevista no presente artigo constitui processo autônomo e independente de qualquer procedimento posterior. (Incluído pela Lei nº 10.931, de 2004)

§ 9º Ao decretar a busca e a apreensão de veículo, o juiz, caso tenha acesso à base de dados do Registro Nacional de Veículos Automotores – Renavam, inserirá diretamente a restrição judicial na base de dados do Renavam, bem como retirará tal restrição após a apreensão. (Incluído pela Lei nº 13.043, de 2014)

§ 10. Caso o juiz não tenha acesso à base de dados prevista no § 9º, deverá oficiar ao departamento de trânsito competente para que: (Incluído pela Lei nº 13.043, de 2014)

---

estabelecimento dos novos contornos para o procedimento da ação de busca e apreensão ora sob enfoque, de todo razoável admitir-se que esse ato processual de chamamento do réu a juízo deve ocorrer imediatamente após o cumprimento da medida liminar, tal como era previsto na revogada redação do art. 3º do Decreto-lei nº 911/69. Essa redação anterior tinha uma razão de ser, que em nada se modificou com a mudança legislativa". (ASSUMPÇÃO, Márcio Calil de. Ação de busca e apreensão: alienação fiduciária. 2. ed., São Paulo: Atlas, 2003, p. 99. "(...) o termo inicial para a contagem do prazo de 15 dias não é a 'execução da liminar', tendo-se em conta a necessidade de interpretar-se o art. 3º, § 3º do Dec.-lei nº 911/1969 sistematicamente com as regras insculpidas no Código de Processo Civil (macrossistema instrumental), (...) Conclui-se, portanto, que a contagem do prazo de quinze dias para oferecimento de resposta, em ação especial de busca e apreensão fundada em propriedade fiduciária tem o dies a quo a partir da juntada aos autos do mandado liminar (e citatório) devidamente cumprido, excluindo-se, para tanto, o dia do começo (primeiro dia útil após), incluindo o do vencimento". (FIGUEIRA JÚNIOR, Joel Dias. Ação de busca e apreensão em propriedade fiduciária. São Paulo: RT, 2005, p. 153-154). Existe outro precedente do STJ, da 4ª Turma, no mesmo sentido: (...) O mandado de busca e apreensão/citação veicula, simultaneamente, a comunicação ao devedor acerca da retomada do bem alienado fiduciariamente e sua citação, daí decorrendo dois prazos diversos: (i) de 5 dias, contados da execução da liminar, para o pagamento da dívida (art. 3º, §§ 1º e 2º, do Decreto-Lei nº 911/1969, c/c 240 do CPC); e (ii) de 15 dias, a contar da juntada do mandado aos autos, para o oferecimento de resposta (...) STJ. 4ª Turma. REsp 1.148.622/DF, Rel. Min. Luis Felipe Salomão, julgado em 1º/10/2013.CAVALCANTE. Márcio André Lopes. Informativo Esquematizado. Disponível em: <https://dizerodireitodotnet.files.wordpress.com/2016/11/info-588-stj.pdf>. Acesso em: 5 nov. 2016.

I – registre o gravame referente à decretação da busca e apreensão do veículo; e (Incluído pela Lei n° 13.043, de 2014)

II – retire o gravame após a apreensão do veículo. (Incluído pela Lei n° 13.043, de 2014)

§ 11. O juiz também determinará a inserção do mandado a que se refere o § 9° em banco próprio de mandados. (Incluído pela Lei n° 13.043, de 2014)

§ 12. A parte interessada poderá requerer diretamente ao juízo da comarca onde foi localizado o veículo com vistas à sua apreensão, sempre que o bem estiver em comarca distinta daquela da tramitação da ação, bastando que em tal requerimento conste a cópia da petição inicial da ação e, quando for o caso, a cópia do despacho que concedeu a busca e apreensão do veículo. (Incluído pela Lei n° 13.043, de 2014)

§ 13. A apreensão do veículo será imediatamente comunicada ao juízo, que intimará a instituição financeira para retirar o veículo do local depositado no prazo máximo de 48 (quarenta e oito) horas. (Incluído pela Lei n° 13.043, de 2014)

§ 14. O devedor, por ocasião do cumprimento do mandado de busca e apreensão, deverá entregar o bem e seus respectivos documentos. (Incluído pela Lei n° 13.043, de 2014)

§ 15. As disposições deste artigo aplicam-se no caso de reintegração de posse de veículos referente às operações de arrendamento mercantil previstas na Lei n° 6.099, de 12 de setembro de 1974. (Incluído pela Lei n° 13.043, de 2014)

19.3.3. Prisão civil do depositário infiel

Se o devedor não pagou a obrigação e não entregou a posse da coisa ao credor, estaria sujeito à prisão civil de até um ano, tal como acontece com o depositário infiel?

A posição que predomina, inclusive no STJ, é no sentido da impossibilidade da prisão civil do devedor fiduciário, já que ele não representa um depositário típico. Não existe, neste caso, entre o credor e o devedor, um contrato típico de depósito. O contrato é de alienação fiduciária.

Já a Súmula Vinculante n° 25 diz que "é ilícita a prisão civil de depositário infiel, qualquer que seja a modalidade de depósito".[15]

---

15 Precedente Representativo: "Se não existem maiores controvérsias sobre a legitimidade constitucional da prisão civil do devedor de alimentos, assim não ocorre em relação à prisão do depositário infiel. As legislações mais avançadas em matérias de direitos humanos proíbem expressamente qualquer tipo de prisão civil decorrente do descumprimento de obrigações contratuais, excepcionando apenas o caso do alimentante inadimplente. O art. 7° (n° 7) da Convenção Americana sobre Direitos Humanos 'Pacto de San José da Costa Rica, de 1969, dispõe desta forma: 'Ninguém deve ser detido por dívidas. Este princípio não limita os mandados de autoridade judiciária competente expedidos em virtude de inadimplemento de obrigação alimentar.' Com a adesão do Brasil a essa convenção, assim

Vejamos, abaixo, as decisões de descabimento da prisão civil do depositário infiel:

a) "O fato, Senhores Ministros, é que, independentemente da orientação que se venha a adotar (supralegalidade ou natureza constitucional dos tratados internacionais de direitos humanos), a conclusão será, sempre, uma só: a de que não mais subsiste, em nosso sistema de direito positivo interno, o instrumento da prisão civil nas hipóteses de infidelidade depositária, cuide-se de depósito voluntário (convencional) ou trate-se, como na espécie, de depósito

como ao Pacto Internacional dos Direitos Civis e Políticos, sem qualquer reserva, ambos no ano de 1992, iniciou-se um amplo debate sobre a possibilidade de revogação, por tais diplomas internacionais, da parte final do inciso LXVII do art. 5º da Constituição brasileira de 1988, especificamente, da expressão 'depositário infiel', e, por consequência, de toda a legislação infraconstitucional que nele possui fundamento direto ou indireto. (...) Portanto, diante do inequívoco caráter especial dos tratados internacionais que cuidam da proteção dos direitos humanos, não é difícil entender que a sua internalização no ordenamento jurídico, por meio do procedimento de ratificação previsto na Constituição, tem o condão de paralisar a eficácia jurídica de toda e qualquer disciplina normativa infraconstitucional com ela conflitante. Nesse sentido, é possível concluir que, diante da supremacia da Constituição sobre os atos normativos internacionais, a previsão constitucional da prisão civil do depositário infiel (...) deixou de ter aplicabilidade diante do efeito paralisante desses tratados em relação à legislação infraconstitucional que disciplina a matéria (....). Tendo em vista o caráter supralegal desses diplomas normativos internacionais, a legislação infraconstitucional posterior que com eles seja conflitante também tem sua eficácia paralisada. (...) Enfim, desde a adesão do Brasil, no ano de 1992, ao Pacto Internacional dos Direitos Civis e Políticos (art. 11) e à Convenção Americana sobre Direitos Humanos 'Pacto de San José da Costa Rica (art. 7º, 7), não há base legal par aplicação da parte final do art.5º, inciso LXVII, da Constituição, ou seja, para a prisão civil do depositário infiel". (RE 466343, Voto do Ministro Gilmar Mendes, Tribunal Pleno, julgamento em 3.12.2008, *DJe* de 5.6.2009)"Direito Processual. *Habeas Corpus*. Prisão civil do depositário infiel. Pacto de São José da Costa Rica. Alteração de orientação da jurisprudência do STF. Concessão da ordem. 1. A matéria em julgamento neste *habeas corpus* envolve a temática da (in)admissibilidade da prisão civil do depositário infiel no ordenamento jurídico brasileiro no período posterior ao ingresso do Pacto de São José da Costa Rica no direito nacional. 2. Há o caráter especial do Pacto Internacional dos Direitos Civis Políticos (art. 11) e da Convenção Americana sobre Direitos Humanos – Pacto de San José da Costa Rica (art. 7º, 7), ratificados, sem reserva, pelo Brasil, no ano de 1992. A esses diplomas internacionais sobre direitos humanos é reservado o lugar específico no ordenamento jurídico, estando abaixo da Constituição, porém acima da legislação interna. O status normativo supralegal dos tratados internacionais de direitos humanos subscritos pelo Brasil, torna inaplicável a legislação infraconstitucional com ele conflitante, seja ela anterior ou posterior ao ato de ratificação. 3. Na atualidade a única hipótese de prisão civil, no Direito brasileiro, é a do devedor de alimentos. O art. 5º, § 2º, da Carta Magna, expressamente estabeleceu que os direitos e garantias expressos no *caput* do mesmo dispositivo não excluem outros decorrentes do regime dos princípios por ela adotados, ou dos tratados internacionais em que a República Federativa do Brasil seja parte. O Pacto de São José da Costa Rica, entendido como um tratado internacional em matéria de direitos humanos, expressamente, só admite, no seu bojo, a possibilidade de prisão civil do devedor de alimentos e, consequentemente, não admite mais a possibilidade de prisão civil do depositário infiel. 4. Habeas corpus concedido". (HC 95967, Relatora Ministra Ellen Gracie, Segunda Turma, julgamento em 11.11.2008, *DJe* de 28.11.2008)

judicial, que é modalidade de depósito necessário". (HC 90983, Relator Ministro Celso de Mello, Segunda Turma, julgamento em 23.9.2008, *DJe* de 13.5.2013).

b) "O Plenário desta Corte, no julgamento conjunto dos HCs nºs 87.585 e 92.566, Relator o Ministro Marco Aurélio e dos RREE nºs 466.343 e 349.703, Relatores os Ministros Cezar Peluso e Carlos Brito, Sessão de 3.12.08, fixou o entendimento de que a circunstância de o Brasil haver subscrito o Pacto de São José da Costa Rica conduziu à inexistência de balizas visando à eficácia do que previsto no artigo 5º, LXVII, da Constituição Federal, restando, assim, derrogadas as normas estritamente legais definidoras da custódia do depositário infiel". (RE 716101, Relator Ministro Luiz Fux, Decisão Monocrática, julgamento em 31.10.2012, *DJe* de 8.11.2012).

Os tratados e as convenções internacionais sobre direitos humanos possuem "status" supralegal. Vejamos: "Esse caráter supralegal do tratado devidamente ratificado e internalizado na ordem jurídica brasileira, porém não submetido ao processo legislativo estipulado pelo artigo 5º, § 3º, da Constituição Federal, foi reafirmado pela edição da Súmula Vinculante 25, segundo a qual 'é ilícita a prisão civil de depositário infiel, qualquer que seja a modalidade do depósito'. Tal verbete sumular consolidou o entendimento deste tribunal de que o artigo 7º, item 7, da Convenção Americana de Direitos Humanos teria ingressado no sistema jurídico nacional com *status* supralegal, inferior à Constituição Federal, mas superior à legislação interna, a qual não mais produziria nenhum efeito naquilo que conflitasse com a sua disposição de vedar a prisão civil do depositário infiel. Tratados e convenções internacionais com conteúdo de direitos humanos, uma vez ratificados e internalizados, ao mesmo passo em que criam diretamente direitos para os indivíduos, operam a supressão de efeitos de outros atos estatais infraconstitucionais que se contrapõem à sua plena efetivação". (ADI 5240, Relator Ministro Luiz Fux, Tribunal Pleno, julgamento em 20.8.2015, *DJe* de 1.2.2016).

19.3.4. Inadimplemento mínimo ou adimplemento substancial

O Desembargador MARCO AURÉLIO BEZERRA DE MELO, do Tribunal de Justiça do Estado do Rio de Janeiro – TJRJ, diz que o *inadimplemento mínimo* ou *adimplemento substancial* se "fundamenta nos princípios da função social do contrato e na boa-fé objetiva vedar a resolução do contrato e a consequente perda do bem da vida a ser adquirido mediante a constituição da propriedade fiduciária quando o devedor já estiver tão próximo do adimplemento que acaba por suprimir a faculdade do credor de resolver o contrato, ainda que, obviamente, persista o débito a ser exigido acompanhado das mais variadas sanções. Imagine-se a situação de um financiamento dividido em 60 prestações e o devedor fiduciante já tenha pago, por exemplo, 54. Sob o prisma da boa-fé objetiva e da preservação dos negócios jurídicos, justifica-se a extinção do contrato? Parece-nos que não".[16]

Neste sentido, a jurisprudência do Superior Tribunal de Justiça – STJ:

a) ALIENAÇÃO FIDUCIÁRIA. Busca e apreensão. Deferimento liminar. Adimplemento substancial. Não viola a lei a decisão que indefere o pedido liminar de busca e apreensão considerando o pequeno valor da dívida em relação ao valor do bem e o fato de que este é essencial à atividade da devedora. Recurso não conhecido. (REsp 469.577/SC, Rel. Ministro RUY ROSADO DE AGUIAR, QUARTA TURMA, julgado em 25.3.2003, DJ 5.5.2003 p. 310)

b) ALIENAÇÃO FIDUCIÁRIA. Busca e apreensão. Falta da última prestação.Adimplemento substancial. O cumprimento do contrato de financiamento, com a falta apenas da última prestação, não autoriza o credor a lançar mão da ação de busca e apreensão em lugar da cobrança da parcela faltante. O adimplemento substancial do contrato pelo devedor não autoriza ao credor a propositura de ação para a extinção do contrato, salvo se demonstrada a perda do interesse na continuidade da execução, que não é o caso. Na espécie, ainda houve a consignação judicial do valor da última parcela. Não atende à exigência da boa-fé objetiva a atitude do credor que desconhece esses fatos e promove a busca e apreensão, com pedido liminar de reintegração de posse. Recurso não conhecido. (REsp 272.739/MG, Rel. Ministro RUY ROSADO DE AGUIAR, QUARTA TURMA, julgado em 1.3.2001, DJ 2.4.2001 p. 299).

O STJ já se pronunciou que *"não se aplica a teoria do adimplemento substancial aos contratos de alienação fiduciária em garantia regidos pelo Decreto-Lei 69/911".* (REsp 1.622.555-MG, Rel. Min. Marco Buzzi, Rel. para acórdão Min. Marco Aurélio Bellizze, por maioria, julgado em 22/2/2017, DJe 16/3/2017). Vejamos, abaixo:

> A controvérsia posta no recurso especial reside em saber se a ação de busca e apreensão, motivada pelo inadimplemento de contrato de financiamento de automóvel, garantido por alienação fiduciária, deve ser extinta, por falta de interesse de agir, em razão da aplicação da teoria do adimplemento substancial. Inicialmente, releva acentuar que a teoria, sem previsão legal específica, desenvolvida como corolário dos princípios da boa-fé contratual e

---

16 MELO, Marco Aurélio Bezerra de. Direito das coisas. Rio de Janeiro: Lúmen Juris, 2007, p. 477.

da função social dos contratos, preceitua a impossibilidade de o credor extinguir o contrato estabelecido entre as partes, em virtude de inadimplemento, do outro contratante/devedor, de parcela ínfima, em cotejo com a totalidade das obrigações assumidas e substancialmente quitadas. Para o desate da questão, afigura-se de suma relevância delimitar o tratamento legislativo conferido aos negócios fiduciários em geral, do que ressai evidenciado, que o Código Civil se limitou a tratar da propriedade fiduciária de bens móveis infungíveis (arts. 1.361 a 1.368-A), não se aplicando às demais espécies de propriedade fiduciária ou de titularidade fiduciária disciplinadas em lei especial, como é o caso da alienação fiduciária dada em garantia, regida pelo Decreto-Lei 911/1969, salvo se o regramento especial apresentar alguma lacuna e a solução ofertada pela "lei geral" não se contrapuser às especificidades do instituto regulado pela mencionada lei. No ponto, releva assinalar que o Decreto-lei 911/1969, já em sua redação original, previa a possibilidade de o credor fiduciário, desde que comprovada a mora ou o inadimplemento – sendo, para esse fim, irrelevante qualquer consideração acerca da medida do inadimplemento – valer-se da medida judicial de busca e apreensão do bem alienado fiduciariamente, a ser concedida liminarmente. Além de o Decreto-Lei não tecer qualquer restrição à utilização da ação de busca e apreensão em razão da extensão da mora ou da proporção do inadimplemento, preconizou, expressamente, que a restituição do bem livre de ônus ao devedor fiduciante é condicionada ao pagamento da "integralidade da dívida pendente, segundo os valores apresentados pelo credor fiduciário na inicial". Por oportuno, é de se destacar que, por ocasião do julgamento do REsp nº 1.418.593-MS, sob o rito dos repetitivos, em que se discutia a possibilidade de o devedor purgar a mora, diante da entrada em vigor da Lei nº 10.931/2004, que modificou a redação do art. 3º, § 2º, do Decreto-Lei, a Segunda Seção do STJ bem especificou o que consistiria a expressão "dívida pendente", assim compreendida como as parcelas vencidas e não pagas, as parcelas vincendas e os encargos, segundo os valores apresentados pelo credor fiduciário na inicial, cujo pagamento integral viabiliza a restituição do bem ao devedor, livre de ônus. Afigura-se, pois, de todo incongruente inviabilizar a utilização da ação de busca e apreensão na hipótese em que o inadimplemento revela-se incontroverso e quando a lei especial de regência expressamente condiciona a possibilidade de o bem ficar com o devedor fiduciário somente nos casos de pagamento da integralidade da dívida pendente.

19.4. Vedação do Pacto Comissório

É nula a cláusula que autoriza o proprietário fiduciário a ficar com a coisa alienada em garantia, se a dívida não for paga no vencimento (CCB, art. 1.365).

E o parágrafo único do artigo 1.365 diz que "o devedor pode, com a anuência do credor, dar seu direito eventual à coisa em pagamento da dívida, após o vencimento desta". Dessa forma, é cabível a dação em pagamento como mecanismo de extinção da obrigação.

19.5. Aplicação das Regras Pertinentes aos Direitos Reais de Garantia

De acordo com o artigo 1.367 do nosso Código Civil, "A propriedade fiduciária em garantia de bens móveis ou imóveis sujeita-se às disposições do Capítulo I do Título X do Livro III da Parte Especial deste Código e, no que for específico, à legislação especial pertinente, não se equiparando, para quaisquer efeitos, à propriedade plena de que trata o art. 1.231. (Redação dada pela Lei nº 13.043, de 2014)

19.6. Sub-Rogação do Terceiro que Paga a Dívida

Art. 1.368. O terceiro, interessado ou não, que pagar a dívida, sub-rogar-se-á de pleno direito no crédito e na propriedade fiduciária (CCB, art. 1.368).

19.7. Legislação Especial

Por fim, vale lembrar que o artigo 1.368-A do Código Civil informa que "as demais espécies de propriedade fiduciária ou de titularidade fiduciária submetem-se à disciplina específica das respectivas leis especiais, somente se aplicando as disposições deste Código naquilo que não for incompatível com a legislação especial. (Incluído pela Lei n° 10.931, de 2004)".

19.8. Direito real de aquisição ao fiduciante, cessionário ou sucessor

A alienação fiduciária em garantia de bem móvel ou imóvel confere direito real de aquisição ao fiduciante, seu cessionário ou sucessor. (Artigo 1.368-B – Incluído pela Lei nº 13.043, de 2014)

O credor fiduciário que se tornar proprietário pleno do bem, por efeito de realização da garantia, mediante consolidação da propriedade, adjudicação, dação ou outra forma pela qual lhe tenha sido transmitida a propriedade plena, passa a responder pelo pagamento dos tributos sobre a propriedade e a posse, taxas, despesas condominiais e quaisquer outros encargos, tributários ou não, incidentes sobre o bem objeto da garantia, a partir da data em que vier a ser imitido na posse direta do bem. (Artigo 1.368-B, parágrafo único – Incluído pela Lei nº 13.043, de 2014)

19.9 Resumo

O Código Civil de 2002 trata de forma genérica sobre a propriedade fiduciária em seus arts 1.361 a 1.368B (alienação fiduciária de bens móveis infungíveis, quando o credor fiduciário for pessoa natural ou jurídica).

Existem, no entanto, leis específicas que também regem o tema:

a) alienação fiduciária envolvendo bens imóveis: Lei nº 9.514/97;
b) alienação fiduciária de bens móveis no âmbito do mercado financeiro e de capitais: Lei nº 4.728/65 e Decreto-Lei nº 911/69. É o caso, por exemplo, de um automóvel comprado por meio de financiamento bancário com garantia de alienação fiduciária.

19.10 Jurisprudências

Nos contratos de mútuo imobiliário com pacto adjeto de alienação fiduciária, com a entrada em vigor da Lei nº 13.465/2017, não se admite a purgação da mora após a consolidação da propriedade em favor do credor fiduciário, sendo assegurado ao devedor fiduciante tão somente o exercício do direito de preferência. (REsp 1.649.595-RS, Rel. Min. Marco Aurélio Bellizze, Terceira Turma, por unanimidade, julgado em 13/10/2020, DJe 16/10/2020).[17]

---

17 Segundo o entendimento do STJ, a purgação da mora, nos contratos de mútuo imobiliário com garantia de alienação fiduciária, submetidos à disciplina da Lei nº 9.514/1997, é admitida no prazo de 15 (quinze) dias, conforme previsão do art. 26, § 1º, da lei de regência, ou a qualquer tempo, até a assinatura do auto de arrematação, com base no art. 34 do Decreto-Lei nº 70/1966, aplicado subsidiariamente às operações de financiamento imobiliário relativas à Lei nº 9.514/1997.Sobrevindo a Lei nº 13.465/2017, que introduziu no art. 27 da Lei nº 9.514/1997 o § 2º-B, não se cogita mais da aplicação subsidiária do Decreto-Lei nº 70/1966, uma vez que, consolidada a propriedade fiduciária em nome do credor fiduciário, descabe ao devedor fiduciante a purgação da mora, sendo-lhe garantido apenas o exercício do direito de preferência na aquisição do bem imóvel objeto de propriedade fiduciária.Desse modo: I) antes da entrada em vigor da Lei nº 13.465/2017, nas situações em que já consolidada a propriedade e purgada a mora nos termos do art. 34 do Decreto-Lei nº 70/1966 (ato jurídico perfeito), impõe-se o desfazimento do ato de consolidação, com a consequente retomada do contrato de financiamento imobiliário; II) a partir da entrada em vigor da lei nova, nas situações em que consolidada a propriedade, mas não purgada a mora, é assegurado ao devedor fiduciante tão somente o exercício do direito de preferência previsto no § 2º-B do art. 27 da Lei nº 9.514/1997.

Capítulo 20
FUNDO DE INVESTIMENTO

20.1 Disposições preliminares

O Capítulo X do Título III (Da Propriedade) foi incluído pela Lei 13.874, de 2019. O capítulo trata do *fundo de investimento* nos artigos 1.368-C a 1.368-F.

20.2 Conceito

O fundo de investimento é uma comunhão de recursos, constituído sob a forma de condomínio de natureza especial, destinado à aplicação em ativos financeiros, bens e direitos de qualquer natureza (artigo 1.368-C) que será disciplinado pela Comissão de Valores Mobiliários.

Não se aplicam ao fundo de investimento as disposições constantes dos arts. 1.314 ao 1.358-A do Código Civil (artigo 1.368-C, § 1º).

20.3 Regulamento do Fundo de Investimento

O registro dos regulamentos dos fundos de investimentos na Comissão de Valores Mobiliários é condição suficiente para garantir a sua publicidade e a oponibilidade de efeitos em relação a terceiros (artigo 1.368-C, § 3º).

O regulamento do fundo de investimento (disciplinado Comissão de Valores Mobiliários – CVM) poderá, estabelecer (artigo 1.368-D): I - a limitação da responsabilidade de cada investidor ao valor de suas cotas; II - a limitação da responsabilidade, bem como parâmetros de sua aferição, dos prestadores de serviços do fundo de investimento, perante o condomínio e entre si, ao cumprimento dos deveres particulares de cada um, sem solidariedade; e III - classes de cotas com direitos e obrigações distintos, com possibilidade de constituir patrimônio segregado para cada classe.

20.4 Responsabilidades

A adoção da responsabilidade limitada por fundo de investimento constituído sem a limitação de responsabilidade somente abrangerá fatos ocorridos após a respectiva mudança em seu regulamento (artigo 1.368-D, § 1º).

A avaliação de responsabilidade dos prestadores de serviço deverá levar sempre em consideração os riscos inerentes às aplicações nos mercados de atuação do fundo de investimento e a natureza de obrigação de meio de seus serviços (artigo 1.368-D, § 2º).

O patrimônio segregado referido no inciso III do artigo 1.368-D (classes de cotas com direitos e obrigações distintos, com possibilidade de constituir patrimônio segregado para cada classe) só responderá por obrigações vinculadas à classe respectiva, nos termos do regulamento (artigo 1.368-D, § 3º).

20.5 Obrigações legais e contratuais dos fundos de investimentos

Os fundos de investimento respondem diretamente pelas obrigações legais e contratuais por eles assumidas, e os prestadores de serviço não respondem por essas obrigações, mas respondem pelos prejuízos que causarem quando procederem com dolo ou má-fé (artigo 1.368-E).

Se o fundo de investimento com limitação de responsabilidade não possuir patrimônio suficiente para responder por suas dívidas, aplicam-se as regras de insolvência previstas nos arts. 955 a 965 do Código Civil (artigo 1.368-E, § 1º).

A insolvência pode ser requerida judicialmente por credores, por deliberação própria dos cotistas do fundo de investimento, nos termos de seu regulamento, ou pela Comissão de Valores Mobiliários (artigo 1.368-E, § 2º).

De acordo com o artigo 1.368-F, o fundo de investimento constituído por lei específica e regulamentado pela Comissão de Valores Mobiliários deverá, no que couber, seguir as disposições do Capítulo X do Título III (Da Propriedade) que foi incluído pela Lei 13.874, de 2019 (*fundo de investimento* nos artigos 1.368-C a 1.368-F).

Capítulo 21
DA SUPERFÍCIE

21.1. Conceito

O *direito de superfície* é um direito real limitado, já que o titular do direito real de superfície não possui todos os poderes inerentes à propriedade plena. É um direito real que se exerce sobre coisa alheia (o direito de superfície se estabelece sobre um imóvel de terceiro). É um direito real de uso e fruição, não sendo, pois, um direito real de garantia. O superficiário está interessado na coisa, com o firme propósito de obter dela as suas utilidades econômicas.

Segundo WASHINGTON DE BARROS MONTEIRO, "o Código Civil de 2002 trouxe para o rol dos direitos reais o direito de superfície, resgatando um antigo instituto jurídico, conferindo-lhe nova roupagem, de natureza sociológica, cujas origens estão na Constituição da República, que define a exigência dos fins sociais da propriedade".[1]

Já RICARDO PEREIRA LIRA define o direito de superfície como "o direito real autônomo, temporário ou perpétuo, de fazer e manter construção ou plantação sobre ou sob terreno alheio; é a propriedade – separada do solo – dessa construção ou plantação, bem como é a propriedade decorrente da aquisição feita ao dono do solo de construção ou plantação nele já existente".[2]

RICARDO PEREIRA LIRA[3] destaca ainda três momentos possíveis na relação superficiária, quais sejam:

(a) o direito real de construir ou plantar em solo alheio, nascido de concessão *ad aedificandum* ou *ad plantandum*;
(b) a propriedade separada superficiária, efeito da concreção do direito real de construir ou plantar em solo alheio;
(c) a propriedade separada superficiária, gerada por cisão, quando é efeito da alienação que o *dominus soli* separadamente faz: (c.1) a outrem de construção já existente, reservando-se o solo; (c.2) a outrem do solo, reservando-se a construção; (c.3) a duas pessoas, transferindo a uma o solo, a outra a construção já existente.

---

[1] MONTEIRO, Washington de Barros. *Curso de direito civil*: direito das coisas. Vol. 3. São Paulo: Saraiva, 2003, p. 242-243.
[2] LIRA, Ricardo Pereira. O Moderno Direito de Superfície. In: LIRA, Ricardo Pereira. *Elementos de Direito Urbanístico*. Rio de Janeiro: Renovar, 1997. p. 14.
[3] Ibid., p. 56-61.

O artigo 1.369 do nosso Código Civil determina que "o proprietário pode conceder a outrem o direito de construir ou de plantar em seu terreno, por tempo determinado, mediante escritura pública devidamente registrada no Cartório de Registro de Imóveis".

O parágrafo único do mesmo dispositivo legal diz que "o direito de superfície não autoriza obra no subsolo, salvo se for inerente ao objeto da concessão".[4]

Dessa maneira, é possível afirmar que o *direito de superfície* é o direito real pelo qual o proprietário concede, por um lapso de tempo (determinado ou indeterminado), de forma gratuita ou onerosa, a um terceiro o direito de construir, ou plantar em seu terreno urbano ou rural, mediante escritura pública, registrada no RGI (Registro Geral de Imóveis).[5]

Assim, pelo contrato de superfície, o proprietário de um imóvel cede a outra pessoa o direito de usar e gozar a superfície do seu imóvel, daí o nome do instituto. O titular desse direito chama-se superficiário, enquanto o proprietário continua como proprietário do imóvel, só que não mais com a propriedade plena, senão passa a ter uma propriedade limitada, já que não poderá usar e gozar da superfície. O uso e o gozo da superfície da propriedade, frise-se, é do superficiário.[6]

---

4 CRFB/88 – Art. 20 – São bens da União: [...] IX – os recursos minerais, inclusive os do subsolo; X – as cavidades naturais subterrâneas e os sítios arqueológicos e pré-históricos;CRFB/88 – Art. 176 – As jazidas, em lavra ou não, e demais recursos minerais e os potenciais de energia hidráulica constituem propriedade distinta da do solo, para efeito de exploração ou aproveitamento, e pertencem à União, garantida ao concessionário a propriedade do produto da lavra. § 1° – A pesquisa e a lavra de recursos minerais e o aproveitamento dos potenciais a que se refere o *caput* deste artigo somente poderão ser efetuados mediante autorização ou concessão da União, no interesse nacional, por brasileiros ou empresa constituída sob as leis brasileiras e que tenha sua sede e administração no País, na forma da lei, que estabelecerá as condições específicas quando essas atividades se desenvolverem em faixa de fronteira ou terras indígenas. § 2° – É assegurada participação ao proprietário do solo nos resultados da lavra, na forma e no valor que dispuser a lei. § 3° – A autorização de pesquisa será sempre por prazo determinado, e as autorizações e concessões previstas neste artigo não poderão ser cedidas ou transferidas, total ou parcialmente, sem prévia anuência do Poder concedente. § 4° – Não dependerá de autorização ou concessão o aproveitamento do potencial de energia renovável de capacidade reduzida.

5 LRP – Art. 167 – No Registro de Imóveis, além da matrícula, serão feitos. I – o registro: [...] 39) da constituição do direito de superfície de imóvel urbano; (Incluído pela Lei n° 10.257, de 2001)

6 DIREITO DE SUPERFÍCIE É DISTINTO DO DIREITO DE PROPRIEDADE SOBRE O TERRENO, CONFORME NOVA ORDEM JURÍDICA. TERRENO ARREMATADO EM LEILÃO JUDICIAL. ALEGAÇÃO DE FORMAÇÃO DE CONDOMÍNIO RESULTANTE DE ARREMATAÇÃO RELATIVO À BENFEITORIA EXISTENTE E OBJETO DE LOCAÇÃO. LOCAÇÃO. COBRANÇA DE LOCATIVOS. O terreno foi adquirido por arrematação judicial, constando na matrícula e na informação administrativa do município que foi objeto de arrematação somente a área do terreno. Existindo imóvel edificado, objeto de contrato de locação, a questão sobre a formação de condomínio entre o arrematante e o detentor da benfeitoria deve ser solvida em feito próprio. Pelo art. 1.369 do NCC o direito de superfície foi consa-

Nota-se que o *direito de superfície* é um mecanismo à disposição do dono do terreno, com vistas a otimizar economicamente as suas propriedades imóveis, localizando-se estas na área urbana ou rural. Imagina-se, pois, uma enorme área rural ociosa. O seu proprietário poderá utilizar o direito de superfície até mesmo para se precaver de eventuais invasões em seu terreno, firmando, por exemplo, o direito de superfície com uma empresa com vistas ao plantio do terreno por um período determinado de tempo.

Em relação ao artigo 1.369, o Conselho da Justiça Federal, na III Jornada de Direito Civil, editou os seguintes enunciados:

a) CJF – Enunciado 249 – Art. 1.369: A propriedade superficiária pode ser autonomamente objeto de direitos reais de gozo e de garantia, cujo prazo não exceda a duração da concessão da superfície, não se lhe aplicando o art. 1.474.

b) CJF – Enunciado 250 – Art. 1.369: Admite-se a constituição do direito de superfície por cisão.

E na IV Jornada de Direito Civil, o CJF publicou o Enunciado 321, *verbis:* "CJF – Enunciado 321 – Art. 1.369. Os direitos e obrigações vinculados ao terreno e, bem assim, aqueles vinculados à construção ou à plantação formam patrimônios distintos e autônomos, respondendo cada um dos seus titulares exclusivamente por suas próprias dívidas e obrigações, ressalvadas as fiscais decorrentes do imóvel.

O direito de superfície pode ser utilizado para fins de plantação *(ad plantandum)* ou edificação *(ad aedificandum).*

A concessão da superfície será gratuita ou onerosa; se onerosa, estipularão as partes se o pagamento será feito de uma só vez ou parceladamente (CCB, art. 1.370).

21.2. O Direito de Superfície e o Estatuto da Cidade (Lei n° 10.257/2001)

O Estatuto da Cidade, Lei n° 10.257/2001, tratou do direito de superfície antes do nosso Código Civil de 2002. Vejamos:

Lei 10.257/01 – Art. 21. O proprietário urbano poderá conceder a outrem o direito de superfície do seu terreno, por tempo determinado ou indeterminado,

---

grado como distinto do direito de propriedade, podendo coincidir. No caso, a arrematação foi do solo e a ação ajuizada sob a égide do novo Código Civil, portanto, não resta solvida a questão da legitimidade ativa, a qual depende de solução em feito próprio, que não se insere na competência dos Juizados Especiais, consoante art. 3° da Lei n° 9.099/95. Complexidade evidenciada pela necessidade de prova pericial para quantificação de eventual direito de crédito sobre o uso da superfície. Extinção do feito de ofício (Recurso CívelN° 71000548511, Terceira Turma Recursal Cível, Turmas Recursais, Relator: Maria José Schmitt Santanna, Julgado em 10.8.2004).

mediante escritura pública registrada no cartório de registro de imóveis. § 1° O direito de superfície abrange o direito de utilizar o solo, o subsolo ou o espaço aéreo relativo ao terreno, na forma estabelecida no contrato respectivo, atendida a legislação urbanística. § 2°A concessão do direito de superfície poderá ser gratuita ou onerosa. § 3° O superficiário responderá integralmente pelos encargos e tributos que incidirem sobre a propriedade superficiária, arcando, ainda, proporcionalmente à sua parcela de ocupação efetiva, com os encargos e tributos sobre a área objeto da concessão do direito de superfície, salvo disposição em contrário do contrato respectivo. § 4° O direito de superfície pode ser transferido a terceiros, obedecidos aos termos do contrato respectivo. § 5° Por morte do superficiário, os seus direitos transmitem-se a seus herdeiros".

Art. 22. Em caso de alienação do terreno, ou do direito de superfície, o superficiário e o proprietário, respectivamente, terão direito de preferência, em igualdade de condições à oferta de terceiros.

Art. 23. Extingue-se o direito de superfície: I – pelo advento do termo; II – pelo descumprimento das obrigações contratuais assumidas pelo superficiário.

Art. 24. Extinto o direito de superfície, o proprietário recuperará o pleno domínio do terreno, bem como das acessões e benfeitorias introduzidas no imóvel, independentemente de indenização, se as partes não houverem estipulado o contrário no respectivo contrato. § 1° Antes do termo final do contrato, extinguir-se-á o direito de superfície se o superficiário der ao terreno destinação diversa daquela para a qual for concedida. § 2° A extinção do direito de superfície será averbada no cartório de registro de imóveis.

Ora, existem diferenças significativas entre o direito de superfície pautado no Estatuto da Cidade e aquele previsto no Código Civil brasileiro. Por exemplo, o direito de superfície pelo Estatuto da Cidade pode ser concedido por prazo determinado ou indeterminado, enquanto que no diploma civilístico de 2002 é possível apenas por prazo determinado; ademais, no Estatuto da Cidade, o direito de superfície abrange o solo, o subsolo e o espaço aéreo sobre o solo. Daí que o direito de superfície pelo Estatuto da Cidade permite ao superficiário, por exemplo, a construção de uma garagem subterrânea ou a aquisição somente do espaço aéreo acima do solo, com vistas a impedir a construção para que não se retire a vista do superficiário.

A questão que se põe é: *o Código Civil revogou o Estatuto da Cidade?* A questão é controvertida. Uma corrente doutrinária entende que o Código Civil derrogou o Estatuto da Cidade, passando a questão a ser regulada inteiramente pelos artigos 1.369 a 1.377 do Código Civil de 2002.[7] Outros entendem a possibilidade da coexistência dos dois diplomas legais.

Inclusive, o Conselho da Justiça Federal, na I Jornada de Direito Civil, publicou o Enunciado 93 que diz: "Art. 1.369: As normas previstas no Código

---

7   MONTEIRO. Op. cit., p. 254.

Civil sobre direito de superfície não revogam as relativas a direito de superfície constantes do Estatuto da Cidade (Lei nº 10.257/2001) por ser instrumento de política de desenvolvimento urbano".

21.3. Obrigações do Superficiário

O superficiário responderá pelos encargos e tributos que incidirem sobre o imóvel (CCB, art. 1.371). O Conselho da Justiça Federal, na I Jornada de Direito Civil, editou o Enunciado, *verbis:* "CJF – Enunciado 94 Art. 1.371: As partes têm plena liberdade para deliberar, no contrato respectivo, sobre o rateio dos encargos e tributos que incidirão sobre a área objeto da concessão do direito de superfície".

21.4. Transferência da Propriedade

O *direito de superfície* pode transferir-se a terceiros e, por morte do superficiário, aos seus herdeiros (CCB, art. 1.372).

Não poderá ser estipulado pelo concedente, a nenhum título, qualquer pagamento pela transferência (CCB, art. 1.372, parágrafo único).

21.5. Direito de Preferência

Em caso de alienação do imóvel ou do direito de superfície, o superficiário ou o proprietário tem direito de preferência, em igualdade de condições (CCB, art. 1.373).

Dessa maneira, duas são as hipóteses previstas: a alienação da propriedade ou a alienação do direito de superfície. Caso a alienação seja da propriedade, o superficiário terá o direito de preferência; no caso da alienação do direito de superfície, o proprietário do terreno terá o direito de preferência, ambos em igualdade de condições com terceiros.

Aqui se deve aplicar, por analogia, a regra do artigo 504 do CCB.[8] Aquele que tiver seu direito de preferência ferido poderá, depositando o preço, haver a coisa para si.

Ao superficiário que não foi previamente notificado pelo proprietário para exercer o direito de preferência previsto no art. 1.373 do CC é assegurado o direito de, no prazo de seis meses, contado do registro da alienação, adjudicar para si o bem mediante depósito do preço (Enunciado 510, da V Jornada de Direito Civil).

---

8   CCB, Art. 504. Não pode um condômino em coisa indivisível vender a sua parte a estranhos, se outro consorte a quiser, tanto por tanto. O condômino, a quem não se der conhecimento da venda, poderá, depositando o preço, haver para si a parte vendida a estranhos, se o requerer no prazo de cento e oitenta dias, sob pena de decadência.Parágrafo único. Sendo muitos os condôminos, preferirá o que tiver benfeitorias de maior valor e, na falta de benfeitorias, o de quinhão maior. Se as partes forem iguais, haverão a parte vendida os comproprietários, que a quiserem, depositando previamente o preço.

21.6. Rescisão e Resolução da Superfície

Antes do termo final, resolver-se-á a concessão se o superficiário der ao terreno destinação diversa daquela para que foi concedida (CCB, art. 1.374).

Extinta a concessão, o proprietário passará a ter a propriedade plena sobre o terreno, construção ou plantação, independentemente de indenização, se as partes não houverem estipulado o contrário (CCB, art. 1.375)".

No caso de desapropriação, o artigo 1.376 informa que "no caso de extinção do direito de superfície em consequência de desapropriação, a indenização cabe ao proprietário e ao superficiário, no valor correspondente ao direito real de cada um".[9]

Vale lembrar que o Conselho da Justiça Federal, na IV Jornada de Direito Civil, editou o Enunciado 322: "Art. 1.376. O momento da desapropriação e as condições da concessão superficiária serão considerados para fins da divisão do montante indenizatório (art. 1.376), constituindo-se litisconsórcio passivo necessário simples entre proprietário e superficiário".

21.7. Constituição da Superfície por Pessoa Jurídica de Direito Público Interno

O direito de superfície, constituído por pessoa jurídica de direito público interno, rege-se por este Código no que não for diversamente disciplinado em lei especial (CCB, art. 1.377).[10]

21.8. Direito Comparado

O Direito Civil português regula o direito de superfície nos seus artigos 1.524 a 1.542. Vejamos:

---

[9] CRFB/88 – Art. 5° – Todos são iguais perante a lei, sem distinção de qualquer natureza, garantindo-se aos brasileiros e aos estrangeiros residentes no País a inviolabilidade do direito à vida, à liberdade, à igualdade, à segurança e à propriedade, nos termos seguintes: [...] XXIV – a lei estabelecerá o procedimento para desapropriação por necessidade ou utilidade pública, ou por interesse social, mediante justa e prévia indenização em dinheiro, ressalvados os casos previstos nesta Constituição;.

[10] CRFB/88 – Art. 175 – Incumbe ao poder público, na forma da lei, diretamente ou sob regime de concessão ou permissão, sempre por meio de licitação, a prestação de serviços públicos. Parágrafo único – A lei disporá sobre: I – o regime das empresas concessionárias e permissionárias de serviços públicos, o caráter especial de seu contrato e de sua prorrogação, bem como as condições de caducidade, fiscalização e rescisão da concessão ou permissão; II – os direitos dos usuários; III – política tarifária; IV – a obrigação de manter serviço adequado.CC 2002 – Art. 41. São pessoas jurídicas de direito público interno: I – a União; II – os Estados, o Distrito Federal e os Territórios; III – os Municípios; IV – as autarquias, inclusive as associações públicas; (Redação dada pela Lei n° 11.107, de 2005) V – as demais entidades de caráter público criadas por lei. Parágrafo único. Salvo disposição em contrário, as pessoas jurídicas de direito público, a que se tenha dado estrutura de direito privado, regem-se, no que couber, quanto ao seu funcionamento, pelas normas deste Código.

CAPÍTULO I – Disposições Gerais. ARTIGO 1524° (Noção). O direito de superfície consiste na faculdade de construir ou manter, perpétua ou temporariamente, uma obra em terreno alheio, ou de nele fazer ou manter plantações.
ARTIGO 1525° (Objeto). 1. Tendo por objeto a construção de uma obra, o direito de superfície pode abranger uma parte do solo não necessária à sua implantação, desde que ela tenha utilidade para o uso da obra. 2. O direito de superfície pode ter por objeto a construção ou a manutenção de obra sob solo alheio. (Redação do Dec.-Lei n° 257/91, de 18/07)
ARTIGO 1526° (Direito de construir sobre edifício alheio). O direito de construir sobre edifício alheio está sujeito às disposições deste título e às limitações impostas à constituição da propriedade horizontal; levantado o edifício, são aplicáveis as regras da propriedade horizontal, passando o construtor a ser condômino das partes referidas no artigo 1421°.
ARTIGO 1527° (Direito de superfície constituído pelo Estado ou por pessoas colectivas públicas). O direito de superfície constituído pelo Estado ou por pessoas colectivas públicas em terrenos do seu domínio privado fica sujeito a legislação especial e, subsidiariamente, às disposições deste código.
CAPÍTULO II – Constituição do direito de superfície. ARTIGO 1528° (Princípio geral). O direito de superfície pode ser constituído por contrato, testamento ou usucapião, e pode resultar da alienação de obra ou árvores já existentes, separadamente da propriedade do solo.
ARTIGO 1529° (Servidões). 1. A constituição do direito de superfície importa a constituição das servidões necessárias ao uso e fruição da obra ou das árvores; se no título não forem designados o local e as demais condições de exercício das servidões, serão fixados, na falta de acordo, pelo tribunal. 2. A constituição coerciva da servidão de passagem sobre prédio de terceiro só é possível se, à data da constituição do direito de superfície, já era encravado o prédio sobre que este direito recaía.
CAPITULO III – Direitos e encargos do superficiário e do proprietário. ARTIGO 1530° (Preço). 1. No ato de constituição do direito de superfície, pode convencionar-se, a título de preço, que o superficiário pague uma única prestação ou pague certa prestação anual, perpétua ou temporária. 2. O pagamento temporário de uma prestação anual é compatível com a constituição perpétua do direito de superfície. 3. As prestações são sempre em dinheiro.
ARTIGO 1531° (Pagamento das prestações anuais). 1. Ao pagamento das prestações anuais é aplicável o disposto nos artigos 1505° e 1506°, com as necessárias adaptações. 2. Havendo mora no cumprimento, o proprietário do solo tem o direito de exigir o triplo das prestações em dívida.
ARTIGO 1532° (Fruição do solo antes do início da obra). Enquanto não se iniciar a construção da obra ou não se fizer a plantação das árvores, o uso e a fruição da superfície pertencem ao proprietário do solo, o qual, todavia, não pode impedir nem tornar mais onerosa a construção ou a plantação.

ARTIGO 1533° (Fruição do subsolo). O uso e a fruição do subsolo pertencem ao proprietário; este é, porém, responsável pelos prejuízos causados ao superficiário em consequência da exploração que dele fizer.

ARTIGO 1534° (Transmissibilidade dos direitos). O direito de superfície e o direito de propriedade do solo são transmissíveis por ato entre vivos ou por morte.

ARTIGO 1535° (Direito de preferência). 1. O proprietário do solo goza do direito de preferência, em último lugar, na venda ou dação em cumprimento do direito de superfície; sendo, porém, enfitêutico o prédio incorporado no solo, prevalece o direito de preferência do proprietário. 2. É aplicável ao direito de preferência o disposto nos artigos 416° a 418° e 1410°.

CAPÍTULO IV – Extinção do direito de superfície.

ARTIGO 1536° (Casos de extinção). 1. O direito de superfície extingue-se: a) Se o superficiário não concluir a obra ou não fizer a plantação dentro do prazo fixado ou, na falta de fixação, dentro do prazo de dez anos; b) Se, destruída a obra ou as árvores, o superficiário não reconstruir a obra ou não renovar a plantação, dentro dos mesmos prazos a contar da destruição; c) Pelo decurso do prazo, sendo constituído por certo tempo; d) Pela reunião na mesma pessoa do direito de superfície e do direito de propriedade; e) Pelo desaparecimento ou inutilização do solo; f) Pela expropriação por utilidade pública. 2. No título constitutivo pode também estipular-se a extinção do direito de superfície em consequência da destruição da obra ou das árvores, ou da verificação de qualquer condição resolutiva. 3. À extinção do direito de superfície, nos casos previstos nas alíneas a) e b) do n° 1, são aplicáveis as regras da prescrição.

ARTIGO 1537° (Falta de pagamento das prestações anuais). 1. A falta de pagamento das prestações anuais durante vinte anos extingue a obrigação de as pagar, mas o superficiário não adquire a propriedade do solo, salvo se houver usucapião em seu benefício. 2. À extinção da obrigação de pagamento das prestações são aplicáveis as regras da prescrição.

ARTIGO 1538° (Extinção pelo decurso do prazo). 1. Sendo o direito de superfície constituído por certo tempo, o proprietário do solo, logo que expire o prazo, adquire a propriedade da obra ou das árvores. 2. Salvo estipulação em contrário, o superficiário tem, nesse caso, direito a uma indenização, calculada segundo as regras do enriquecimento sem causa. 3. Não havendo lugar à indenização, o superficiário responde pelas deteriorações da obra ou das plantações, quando haja culpa da sua parte.

ARTIGO 1539° (Extinção de direitos reais constituídos sobre o direito de superfície). 1. A extinção do direito de superfície pelo decurso do prazo fixado importa a extinção dos direitos reais de gozo ou de garantia constituídos pelo superficiário em benefício de terceiro. 2. Se, porém, o superficiário tiver a receber alguma indenização nos termos do artigo anterior, aqueles direitos transferem-se para a indenização, conforme o disposto nos lugares respectivos.

ARTIGO 1540° (Direitos reais constituídos pelo proprietário). Os direitos reais constituídos pelo proprietário sobre o solo estendem-se à obra e às árvores adquiridas nos termos do artigo 1538°.

ARTIGO 1541° (Permanência dos direitos reais). Extinguindo-se o direito de superfície perpétuo, ou o temporário antes do decurso do prazo, os direitos reais constituídos sobre a superfície ou sobre o solo continuam a onerar separadamente as duas parcelas, como se não tivesse havido extinção, sem prejuízo da aplicação das disposições dos artigos anteriores logo que o prazo decorra.

ARTIGO 1542° (Extinção por expropriação). Extinguindo-se o direito de superfície em consequência da expropriação por utilidade pública, cabe a cada um dos titulares a parte da indenização que corresponder ao valor do respectivo direito.

Capítulo 22
DAS SERVIDÕES

22.1. Conceito

As *servidões* constituem direito real instituído em favor de um prédio denominado de dominante sobre outro chamado serviente pertencente a outro dono.

As servidões, previstas no Código Civil de 2002, nos artigos 1.378 a 1.389, servem a prédio, razão pela qual eram denominadas outrora de servidões prediais, distinguindo-se, pois, das *servidões pessoais*, entre as quais se incluía o usufruto. A denominação servidão pessoal foi abolida do novo Código Civil, já que trazia uma antipática e desagradável noção de escravidão, submissão e subserviência de uma pessoa a outra.

Vale lembrar, mais uma vez, que a palavra *prédio* está empregada à noção clássica de *imóvel*. Na servidão, um dos prédios fica onerado com a servidão e o outro prédio é beneficiado. Aquele é o prédio *serviente*, este é chamado de *dominante*. Daí que em toda e qualquer servidão temos um prédio dominante e um prédio serviente. Na servidão retiram-se determinadas utilidades de um prédio para valorizar ou melhorar as condições de utilização de outro prédio.

Os prédios *dominante* e *serviente* devem pertencer a proprietários distintos. É um direito real sobre imóveis, razão pela qual o gravame, representado pela servidão, adere ao imóvel (sequela). Estas devem ser registradas no Registro de Imóveis para que tenham oponibilidade, não só *inter partes*, como também *erga omnes*.

As servidões são, pois, um gravame (um ônus real) constituído em benefício do prédio dominante e não ao seu proprietário. Daí que a servidão serve a coisa e não o dono *(servitus in faciendo consistere nequií)*.

As servidões não se presumem, já que importam na restrição do direito de propriedade, não cabendo, pois, uma exegese ampliativa, senão restritiva.

Diz o artigo 1.378 que "a servidão proporciona utilidade para o prédio dominante, e grava o prédio serviente, que pertence a diverso dono, e constitui-se mediante declaração expressa dos proprietários, ou por testamento, e subsequente registro no Cartório de Registro de Imóveis".[1]

---
1 Correspondente aos artigos 695 e 697 do CCB 1916.

CLÓVIS BEVILÁQUA, ao comentar o artigo 695 do Código Civil de 1916, ensina que "as servidões consistem em restrições, impostas à faculdade de uso e gozo do proprietário, em benefício de outrem. Se a restrição recai sobre um prédio, para o fim de favorecer outro, diz-se que a servidão é *predial*. Se se destina a proporcionar vantagens a alguém, denomina-se *pessoal*".[2]

PONTES DE MIRANDA diz que *servidões* "são direitos reais que conferem ao dono do prédio dominante o exercício de algum dos direitos oriundos do domínio, ou o retiram ao proprietário do prédio serviente. Em relação ao domínio, são, portanto, direitos reais de gozo, *restritos* e *imediatos*, no que se diferenciam do usufruto, do uso e da habitação, que recaem sobre toda a coisa, e dos direitos reais de garantia, que não dão o gozo".[3]

Vale lembrar que não é preciso que os prédios dominante e serviente sejam vizinhos. PONTES DE MIRANDA alerta que "preciso é que só haja distância que permita a sujeição de um prédio ao outro. O princípio *praedia debent esse vicina* foi repelido pelo direito comum e pelo Código Civil a despeito das argumentações de J. KOHLER (Beitrage zum Servitutenrecht, *Archiv fur die civilistische Praxis*, 87, 183s): nada obsta a que constitua servidão de pasto, a favor da minha fazenda, contra as terras distantes dela, situadas após outras fazendas, nem que possa ter servidão de ir buscar água em fonte de terreno que não é vizinho do meu. A vizinhança dos prédios não é mais necessária ao suporte fático das serviões"[4]

22.2. Conteúdo das Servidões

As servidões podem ser consideradas *positivas* (*afirmativas*) e *negativas*. A servidão de passagem, por exemplo, é uma *servidão positiva*. Já a servidão de vista ou de luz é considerada *servidão negativa*.

É importante não confundir uma *servidão* com uma *obrigação negativa*. Vejamos os exemplos abaixo elencados:

a) *Matheus* celebra com seu vizinho *Wilson* uma obrigação de não fazer, pela qual este se obriga com aquele de não lhe impedir a passagem pelo seu terreno. Isto confere a Matheus (credor dessa obrigação) o direito de passar pelo terreno sem ser obstado por Wilson

b) *Márcia* estabelece com o seu vizinho *Waldyr* uma obrigação negativa pela qual se obriga a não construir no seu terreno nada acima de uma determinada altura para não tirar a vista.

---

2 BEVILÁQUA, Clóvis. Código civil dos Estados Unidos do Brasil comentado por Clóvis BEVILÁQUA. V. 1. Edição histórica. Rio de Janeiro: Rio, 1976, p. 1.161.
3 PONTES DE MIRANDA. Tratado de direito privado. Parte especial. Tomo XVIII. 2. ed. Rio de Janeiro: Borsoi, 1957, p. 183.
4 Ibid., p. 183-184.

c) *Belizário* celebra com o seu vizinho *Roberto* uma obrigação negativa pela qual ele se obriga a não desviar o curso do rio para que este possa ter a água que flui do seu terreno.

Ora, em todos os exemplos acima, verifica-se, pois, a formação de uma *obrigação negativa*.

Ocorre que, a partir dos exemplos apresentados, poder-se-ia firmar com os vizinhos uma *servidão de passagem*, uma *servidão de vista*, uma *servidão de pastagem*, uma *servidão de água* etc., uma vez que o resultado prático seria o mesmo.

Qual será então a diferença entre os referidos institutos jurídicos? Ora, as *obrigações negativas* se desvelam em direitos pessoais (direitos relativos) que obrigam apenas aqueles que participam da relação jurídica obrigacional. Daí que se *Matheus* celebra com seu vizinho *Wilson* uma obrigação de não fazer (obrigação negativa), pela qual este se obriga com aquele de não lhe impedir a passagem pelo seu terreno e, amanhã, por qualquer motivo, resolve alienar o seu imóvel, o adquirente não estará obrigado a respeitar a referida obrigação negativa, uma vez que esta obrigação não lhe é oponível. Trata-se, destarte, de um direito pessoal, não oponível *erga omnes*.

Ademais, em se tratando de um direito obrigacional, o prejudicado não poderá defender o seu direito por intermédio da via possessória, uma vez que não há falar-se em posse na esfera de direitos obrigacionais. Neste caso, o prejudicado deverá ingressar com uma ação de perdas e danos ou uma ação de execução de obrigação de não fazer. Aqui se orbita na esfera dos direitos obrigacionais (direitos pessoais).

De forma contrária, se constituída uma servidão, fala-se em direitos reais, oponíveis *erga omnes*. No exemplo apresentado, se *Matheus* e *Wilson* firmarão uma servidão de passagem e este resolver alienar o seu imóvel, o adquirente deverá respeitar tal servidão.

Se a servidão é um direito real, este é dotado do direito de sequela e a sua oponibilidade é *erga omnes*, razão pela qual as servidões precisam estar devidamente registradas no Registro de Imóveis, com o propósito de se tornarem públicas e oponíveis *erga omnes* (as obrigações negativas dispensam o registro no RGI porque somente são oponíveis entre as partes).

A servidão deve ser útil ao seu titular em razão do *princípio da exigência de sua utilidade* e, em regra, são constituídas de forma onerosa, ou seja, o proprietário do *prédio dominante* terá que indenizar o proprietário do *prédio serviente* pelo gravame que a servidão representa. A razão é óbvia: a servidão desvaloriza o imóvel serviente na medida em que valoriza o prédio dominante. Em respeito ao princípio da autonomia da vontade, o valor da indenização é estabelecido entre as partes. Destarte, a servidão deve ser útil ao prédio dominante *(servitus fundo utilis esse debet)*.

A servidão é também indivisível *(pro parte dominii servitutem adquiri non posse)*, já que esta não se desdobra em caso de divisão do prédio dominante ou serviente. Daí que o artigo 1.386 do nosso Código Civil determina que "as servidões prediais são indivisíveis, e subsistem, no caso de divisão dos imóveis, em benefício de cada uma das porções do prédio dominante, e continuam a gravar cada uma das do prédio serviente, salvo se, por natureza, ou destino, só se aplicarem a certa parte de um ou de outro".[891]

22.3. Diferença entre a Passagem Forçada e a Servidão de Passagem

É bom lembrar que são institutos jurídicos distintos. A passagem forçada é um *direito de vizinhança*. Portanto, é um direito pessoal conferido ao proprietário ou possuidor de um imóvel encravado, que poderá compelir os seus vizinhos a permitir a sua passagem para acesso à rua, à ponte, ou ao porto. Como dito alhures, o direito de passagem forçada representa uma obrigação *propter rem*. Já as *servidões de passagem* representam *direitos reais*.

Ademais, a passagem forçada está relacionada a imóvel encravado (aquele imóvel que não tem acesso direto à rua, à ponte ou ao porto) enquanto na servidão de passagem independe que o prédio dominante esteja encravado. Assim, não é preciso que o prédio dominante seja encravado para se estabelecer uma servidão de passagem que venha a melhorar tais acessos.

Mais uma diferença: se a passagem forçada não for atingida de forma amigável, o proprietário do prédio encravado poderá propor uma ação de passagem forçada, e, por sentença judicial, o magistrado reconhecerá o referido direito indicando os rumos da passagem forçada. Já a servidão de passagem não se constitui por sentença judicial, senão pelo acordo entre as partes.

22.4. Classificação das Servidões

As servidões podem ser classificadas em:

a) quanto à natureza dos prédios: rústicos e urbanos;
b) quanto ao seu conteúdo: positivas e negativas, conforme acima mencionado;
c) quanto ao modo de seu exercício: contínuas e descontínuas;
d) quanto à sua exteriorização: aparentes e não aparentes.

22.4.1. Servidões urbanas e servidões rústicas

As servidões urbanas são aquelas que recaem sobre prédios urbanos, enquanto as servidões rústicas são as que incidem sobre os prédios rústicos. Estas (*servitutes praediorum rusticorum*) são mais antigas que aquelas. "A de passagem (*iter*) deve ter sido a primeira; depois, a de condução de gado (*ac-*

tus) e a de passar com o veículo (*vehere*)".⁵ São também servidões rústicas o aqueduto, a tomada d'água etc.

Já as servidões urbanas são, por exemplo: a) não edificar além de certa altura (*altius non tollendi*), b) direito de apoiar sua construção no edifício vizinho (*oneris ferendi*), direito de abrir janelas para a obtenção de luz (*luminis*) etc. O CONSELHEIRO LAFAYETTE aponta ainda a servidão de escoar as águas do nosso telhado sobre o terreno ou edifício alheio, por goteiras (*stillation*) ou por canos, tubos ou calhe (*stillicidium vel flumeri*).*⁹³

22.4.2. Servidões contínuas e servidões descontínuas

As *servidões contínuas* são aquelas que independem da ação humana, e, em regra, são ininterruptas. Por exemplo, a servidão de aqueduto, uma vez que mesmo que o prédio dominante não esteja utilizando a água, ela continuará correndo, ou seja, não se interromperá. No mesmo diapasão, a passagem de cabos e tubulações de energia elétrica.

De forma contrária, as *servidões descontínuas* estão condicionadas a determinada ação humana, por exemplo, a servidão de passagem.

22.4.3. Servidões aparentes e servidões não aparentes

As *servidões aparentes* são aquelas que se percebem pelos sentidos, tais como a servidão de passagem, em geral, marcada por uma trilha ou por meio da servidão de aqueduto que se percebe pelas manilhas. Já as *servidões não aparentes* não são notadas pelos nossos sentidos, por exemplo, a servidão de vista.

De acordo com as lições de LAFAYETTE, a servidão pode ser: "Contínua e aparente, como a de levada d'água; contínua e não aparente, como a de não levantar o edifício mais alto; descontínua e aparente, como a de trânsito por caminho aberto no terreno; descontínua e não aparente, como a de trânsito, a de tirar água, sem caminho visível".⁶

Esta distinção é fundamental na análise dos modos de constituição das servidões.

22.5. Modos de Constituição das Servidões

A constituição das servidões pode ocorrer por *ato de vontade*, por *destinação do proprietário*, por *decisão judicial* ou por *usucapião*.

22.5.1. Constituição por ato de vontade

Duas modalidades de constituição das servidões por atos de vontade estão dispostas no artigo 1.378, *verbis*: "a servidão proporciona utilidade para

---

5   PONTES DE MIRANDA. Op. cit., p. 215.
6   Ibid., p. 389-390.

o prédio dominante, e grava o prédio serviente, que pertence a diverso dono, e constitui-se mediante declaração expressa dos proprietários, ou por testamento, e subsequente registro no Cartório de Registro de Imóveis".

Vale destacar que as servidões não aparentes constituem-se pelo registro do título, não bastando, pois, a manifestação expressa de vontade. É uma forma de se proteger terceiros adquirentes de boa-fé. Vejamos o seguinte exemplo: Jean adquiriu um imóvel térreo (inferior) e o mesmo encontra-se gravado com uma servidão de vista. Ora, o registro no RGI tem a finalidade de dar publicidade ao referido gravame. Daí que as servidões não aparentes dependem, para a sua constituição, do registro do título no Registro de Imóveis, caso contrário, não se consideram aperfeiçoadas ainda.

Já as *servidões aparentes* constituem-se pelo próprio título, em que se manifesta à vontade, e o registro serve apenas para torná-las oponíveis *erga omnes*.

Esta diferença é de fundamental importância na vida prática. Por exemplo, Camila vai adquirir um sítio e percebe que no terreno existe uma trilha, um caminho que se origina no imóvel vizinho, percorrendo parte do terreno que será adquirido. É, pois, uma servidão aparente que já está constituída pelo título.

22.5.2. Constituição por destinação do proprietário

A servidão é constituída por destinação do proprietário no momento em que se estabelece uma serventia em favor de outro prédio, ambos do mesmo proprietário, e um deles é alienado. Neste sentido, CONSELHEIRO LAFAYETTE diz que "se o senhor de dois prédios estabelece sobre um serventias visíveis em favor do outro e posteriormente aliena um deles, ou um e outro passam por sucessão a pertencer a donos diversos, as serventias estabelecidas assumem a natureza de servidões salvo cláusula expressa em contrário".[895]

22.5.3. Constituição por decisão judicial

A servidão também pode ser constituída por decisão judicial de acordo com os artigos 588 a 598 do Código de Processo Civil (Da Divisão). Diz o artigo 596, inciso II, do CPC que "II – instituir-se-ão as servidões, que forem indispensáveis, em favor de uns quinhões sobre os outros, incluindo o respectivo valor no orçamento para que, não se tratando de servidões naturais, seja compensado o condômino aquinhoado com o prédio serviente;".

22.5.4. Constituição por usucapião

A servidão poderá ser constituída por usucapião. O artigo 1.379 preceitua que "o exercício incontestado e contínuo de uma *servidão aparente*, por dez anos, nos termos do art. 1.242,⁷ autoriza o interessado a registrá-la em seu nome no Registro de Imóveis, valendo-lhe como título a sentença que julgar consumada a usucapião".⁸

Se o possuidor não tiver título, o prazo da usucapião será de vinte anos (CCB, art. 1.379, parágrafo único).⁹ Trata-se, pois, da usucapião extraordinária.

O proprietário do prédio dominante é o possuidor direto da servidão, enquanto que o proprietário do prédio serviente tem a posse indireta. Logo, se o proprietário do prédio dominante é possuidor direto da servidão, ele poderá defendê-lo não só contra o proprietário do prédio serviente, mas também de terceiros que venham violar a sua posse.

Ora, se *servidões aparentes* são suscetíveis de posse, é possível adquirir o direito de servidão pela usucapião, desde que, cumprido o prazo previsto em lei, a posse seja contínua, mansa e pacífica e exista o *animus domini*. Por exemplo, Gustavo é vizinho de Ricardo e aquele começa a passar pelo terreno deste e Ricardo não protesta para impedir a passagem de Gustavo, ou seja, Ricardo tolera passivamente a conduta de Gustavo. Ora, presentes os requisitos e pressupostos da prescrição aquisitiva é possível que Gustavo ingresse com uma ação de usucapião, com vistas a obter o direito de passagem. Ricardo não perderá o domínio do prédio, mas, certamente, o seu prédio ficará desvalorizado em relação ao preço, já que a servidão onera o seu imóvel.

Obtida a sentença da usucapião, esta terá que ser levada a registro no RGI com a finalidade de tornar a servidão oponível *erga omnes*.

Frise-se, mais uma vez que, consoante o artigo 1.379, somente ocorrerá *usucapião* da *servidão aparente,* jamais nas servidões não aparentes.

Por que se pode adquirir pela usucapião uma servidão aparente e não em relação a uma servidão não aparente? Exatamente porque nas servidões aparentes, o proprietário do prédio serviente teria condições de perceber a sua utilização e, se não a quisesse, tomaria as medidas cabíveis para impedir tal ato.

Vamos imaginar o seguinte exemplo: José possui um terreno no alto de uma encosta, sendo certo que existem vários outros imóveis localizados embaixo (no plano inferior) ao imóvel de José. Pergunta-se: Decorridos mais de dez anos seria possível José requerer uma ação de usucapião para obter uma servidão de vista, já que José desfruta desta vista por todo o tempo sem nenhum protesto dos moradores dos imóveis inferiores? A ação seria julgada

---

7   CC 2002 – Art. 1.242. Adquire também a propriedade do imóvel aquele que, contínua e incontestadamente, com justo título e boa-fé, o possuir por dez anos. Parágrafo único. Será de cinco anos o prazo previsto neste artigo se o imóvel houver sido adquirido, onerosamente, com base no registro constante do respectivo cartório, cancelada posteriormente, desde que os possuidores nele tiverem estabelecido a sua moradia, ou realizado investimentos de interesse social e econômico.

8   Correspondente ao artigo 698, *caput*, do CCB 1916.

9   Correspondente ao artigo 698, parágrafo único, do CCB 1916.

improcedente, já que a servidão de vista é uma servidão não aparente e não se pode usucapir servidão não aparente.

E se no exemplo acima fosse uma servidão de passagem? Neste caso, considerando que a servidão de passagem é uma servidão aparente seria possível obter o direito de passagem por usucapião.

Em relação à usucapião, o Conselho da Justiça Federal, na III Jornada de Direito Civil, editou o Enunciado 251: "Art. 1.379: O prazo máximo para o usucapião extraordinário de servidões deve ser de 15 anos, em conformidade com o sistema geral de usucapião previsto no Código Civil".

Vale destacar ainda a Súmula 415 do STF, *verbis:* Servidão de trânsito não titulada, mas tornada permanente, sobretudo pela natureza das obras realizadas, considera-se aparente, conferindo direito à proteção possessória.

22.6. Servidão Administrativa

De acordo com HELY LOPES MEIRELLES, a servidão administrativa é "ônus real de uso imposto pela Administração à propriedade particular para assegurar a realização e conservação de obras e serviços públicos ou de utilidade pública, mediante indenização dos prejuízos efetivamente suportados pelo proprietário".[10]

No mesmo sentido, JOSÉ MARIA PINHEIRO MADEIRA ensina que a servidão administrativa é "uma modalidade de intervenção branda do Estado na propriedade, o que equivale a dizer que a sua imposição não suprime o direito do particular, mas simplesmente o restringe, incidindo, especificamente, sobre o poder de uso do bem".[11]

O Professor MADEIRA afirma ainda que "as servidões administrativas assumem as características de um autêntico direito real sobre coisa alheia, conferindo ao Poder Público o direito de uso sobre o bem imóvel do particular".[12]

MARCO AURÉLIO BEZERRA DE MELO diz que a principal diferença entre servidão e servidão administrativa "é que na primeira se verifica a presença de um gravame real de um prédio sobre o outro, sendo o legítimo interesse do dono do prédio dominante extrair utilidades do prédio serviente e, na segunda, a afetação se dá no interesse do serviço público".[13]

Aqui o modo de constituição é por contrato ou aquisição por desapropriação, de acordo com as regras estipuladas no Decreto-Lei n° 3.365/41.

---

10 MEIRELLES, Hely Lopes. Direito administrativo brasileiro. 26. ed. São Paulo: Malheiros, 2001, p. 586.
11 MADEIRA, José Maria Pinheiro. Administração pública: centralizada e descentralizada. Tomo II. 10 ed. Rio de Janeiro: HP Comunicação, 2008, p. 1.053.
12 Ibid., p. 1.054
13 MELO, Marco Aurélio Bezerra de. Direito das coisas. Rio de Janeiro: Lumen Juris, 2007, p. 313.

Em relação à servidão administrativa, segue, abaixo, jurisprudência selecionada do STJ: "ADMINISTRATIVO – SERVIDÃO ADMINISTRATIVA – LINHAS DE TRANSMISSÃO DE ENERGIA ELÉTRICA – DECRETO DO PODER EXECUTIVO DE DECLARAÇÃO DE CONSTITUIÇÃO DA SERVIDÃO – AUSÊNCIA. 1. Segundo a doutrina, as servidões administrativas, em regra, decorrem diretamente da lei (independente de qualquer ato jurídico, unilateral ou bilateral) ou constituem-se por acordo (precedido de ato declaratório de utilidade pública) ou por sentença judicial (quando não haja acordo ou quando adquiridas por usucapião). 2. Não observadas as formalidades necessárias à implementação da servidão administrativa (decreto de declaração de utilidade pública), em atenção ao princípio da eficiência e da continuidade do serviço público, deve ser mantida a servidão, com a indenização correspondente à justa reparação dos prejuízos e das restrições ao uso do imóvel, como ocorre com a desapropriação indireta. 3. Recurso especial não provido (REsp 857.596/RN, Rel. Ministra ELIANA CALMON, SEGUNDA TURMA, julgado em 6.5.2008, DJe 19.5.2008).

Da mesma forma, as decisões judiciais do Tribunal de Justiça do Estado do Rio de Janeiro – TJRJ:

a) 2008.001.47855 – APELAÇÃO – DES. JESSÉ TORRES – Julgamento: 1.10.2008 – SEGUNDA CÂMARA CÍVEL. APELAÇÃO. Ação de reintegração de posse, ajuizada por concessionária de serviço de água e esgoto. Servidão administrativa para a passagem de tubulação e adutora. Proprietário do prédio serviente que cerca área situada no âmbito da servidão. Laudo pericial que verifica estar a cerca estendida sobre faixa *non edificandi* e de modo a prejudicar o acesso de veículos e pessoas à manutenção da adutora. Nas servidões administrativas, o proprietário do prédio serviente não pode causar embaraços à execução de operações de que se deve desincumbir a responsável pela execução da prestação do serviço público em favor do qual foi constituída a servidão. Recurso a que se nega provimento.

b) 2008.001.53565 – APELAÇÃO. DES. MARIA HENRIQUETA LOBO – Julgamento: 22.10.2008 – SÉTIMA CÂMARA CÍVEL. Ação de reintegração de posse cumulada com demolitória. Concessionária de serviço público de distribuição de energia elétrica. Servidão administrativa de passagem de linhas de transmissão de energia elétrica, colocação de torres ou postes necessários, devidamente averbada no Registro Geral de Imóveis. Acessão erigida na área de servidão. Preliminar. Cerceamento de defesa. Não caracteriza cerceamento de defesa o não conhecimento, pelo magistrado, de pedido de retenção por benfeitorias formulado pelo réu já após o início da fase probatória. Se ao autor não cabe emendar a inicial quando já saneado o feito (artigo 264, parágrafo único, do Código de Processo Civil), e, pois, quando encerrada a fase postulatória, o mesmo direito não caberá ao réu que, eventualmente, o deseje requerer nos mesmos autos. Esbulho configurado, na medida em que, alertado por preposto da autora de que não poderia construir no local da servidão, prosseguiu o réu em seu intento, erigindo ali uma casa. Hipótese em que, além do esbulho perpetrado pelo réu, existe risco, não só no trecho imediatamente abaixo da rede elétrica da autora, mas também em toda a servidão, de rompimento dos cabos elétricos de alta tensão por motivo de desgaste do material ou intensidade dos ventos, além da maior facilidade de atração de raios. Pretendido direito de retenção em sede recursal que não há de ser conhecido, já que não devolvida a matéria a esta Corte, nos termos do artigo 515, § 1°, do Código de Processo Civil. Recurso manifestamente improcedente a que se nega seguimento, com base no artigo 557 do Código de Processo Civil.

22.7. Obras Necessárias à Conservação e ao Uso da Servidão

O dono de uma servidão pode fazer todas as obras necessárias à sua conservação e uso, e, se a servidão pertencer a mais de um prédio, serão as despesas rateadas entre os respectivos donos (CCB, art. 1.380).[14]

Neste sentido, CLÓVIS BEVILÁQUA diz que são os chamados *adminicula servitutis*. "Assim se diz que a servidão de tirar água importa a de passagem até a fonte, onde tem de ser haurida. Para o efeito de se utilizar de servidão, permite-se, igualmente, ao titular, fazer as obras necessárias à conservação e uso do seu direito.

O direito de fazer obras no prédio serviente acarreta o de nele depositar materiais e penetrar com operários. Mas deve ter-se o cuidado de causar ao dono do prédio serviente o menor incômodo possível".[15]

Tais obras devem ser feitas pelo dono do prédio dominante, se o contrário não dispuser expressamente o título (CCB, art. 1.381).[16]

22.8. Abandono do Prédio Serviente

As obras necessárias à conservação e ao uso da servidão deverão ficar a cargo do prédio dominante, salvo acordo em sentido contrário. Esta obrigação deverá estar expressa no título constitutivo, constando, inclusive, do registro de imóveis.

---

14 Correspondente ao artigo 699 do CCB 1916.
15 BEVILÁQUA, Clóvis. Código civil dos Estados Unidos do Brasil comentado por Clóvis BEVILÁQUA. V. 1. Edição histórica. Rio de Janeiro: Rio, 1976, p. 1.166.
16 Correspondente ao artigo 700 do CCB 1916.

Diz o artigo 1.382 que "quando a obrigação incumbir ao dono do prédio serviente, este poderá exonerar-se, abandonando, total ou parcialmente, a propriedade ao dono do dominante".[17]

Dessa maneira, o dono do prédio serviente poderá abandonar, total ou parcialmente, a propriedade em favor do dono do prédio dominante.

Se o proprietário do prédio dominante se recusar a receber a propriedade do serviente, ou parte dela, caber-lhe-á custear as obras (CCB, art. 1.382, parágrafo único).

22.9. Obrigação do Dono do Prédio Serviente

O dono do prédio serviente não poderá embaraçar de modo algum o exercício legítimo da servidão (CCB, art. 1.383).[18]

22.10. Remoção da Servidão

A servidão pode ser removida, de um local para outro, pelo dono do prédio serviente e à sua custa, se em nada diminuir as vantagens do prédio dominante, ou pelo dono deste e à sua custa, se houver considerável incremento da utilidade e não prejudicar o prédio serviente (CCB, art. 1.384).[19]

Ora, é possível que nasça a necessidade de se remover a servidão para outro local, mais consentânea com as novas exigências, tanto por parte do proprietário do prédio serviente, como do proprietário do prédio dominante.

Assim, podem surgir duas hipóteses, a saber: a) a servidão quando removida pelo dono do prédio serviente, será realizada à sua custa, sem a diminuição das vantagens ao prédio dominante; b) se a servidão for removida pelo dono do prédio dominante, esta será feita à sua custa, não prejudicando o dono do prédio serviente, havendo considerável incremento da utilidade da servidão.

Quanto ao requisito do *incremento da utilidade do prédio dominante*, afirma MARCO AURÉLIO S. VIANA que "se é possível melhorar a utilidade oferecida pela servidão sem que seja agravado o estado do prédio serviente, correto que se permita a mudança. A ausência de prejuízo é fundamental, porque o ônus jamais poderá ser agravado".[20]

É fora de dúvida que a realização de tais ações devem ter a prévia autorização do outro proprietário, sob pena do prejudicado ingressar em juízo visando ao suprimento judicial, caso em que a negativa seja dada por mero capricho.

---

17 Correspondente ao artigo 701 do CCB 1916.
18 Correspondente ao artigo 702 do CCB 1916.
19 Correspondente ao artigo 703 do CCB 1916.
20 VIANA, Marco Aurélio da Silva. Comentários ao novo Código Civil: dos direitos reais. Vol. XVI. Rio de Janeiro: Forense, 2004, p. 590.

22.11. Limites ao Exercício da Servidão

O exercício da servidão deverá ficar restrito às necessidades do prédio dominante, com o firme propósito de não agravar sem necessidade o encargo ao prédio serviente. Neste sentido, diz o artigo 1.385, *caput*, que "restringir-se-á o exercício da servidão às necessidades do prédio dominante, evitando-se, quanto possível, agravar o encargo ao prédio serviente".[21]

A servidão deve ser interpretada de forma restrita, não sendo possível a ampliação da servidão para outro fim. É o que afirma o § 1° do artigo 1.385, *verbis*: "constituída para certo fim, a servidão não se pode ampliar a outro".[22]

O § 2° do referido dispositivo preceitua que "nas servidões de trânsito, a de maior inclui a de menor ônus, e a menor exclui a mais onerosa".[23] Aqui, mais uma vez, torna-se necessário apresentar as lições de BEVILÁQUA, vejamos: "as servidões de trânsito, em direito romano, eram as seguintes, ordenadas segundo a sua extensão: *iter, actus* e *via*. *Iter* é a passagem do homem a pé, a cavalo ou em liteira; *actus* compreende, além da passagem do homem, a de rebanhos e animais de carga; *via* é mais ampla; além da passagem a pé, a cavalo ou carro, abrange o direito de transportar materiais em veículos. *Via ... eam latitudinem habeat, qua vehiculum ire potest, alioquin iter fit*.

O direito pátrio não obedece a essa graduação, nem consequentemente, mantém nomes correspondentes. Temos a servidão de trânsito, caminho ou passagem, mais ou menos onerosa, segundo o respectivo título. Mas o Código ainda consagra o princípio característico das servidões de trânsito, por ser racional: a de maior ônus inclui a de menor, a de menor exclui a de maior. *Non debet, cuiplus licet, quod minus est, non licere*. Assim, aquele que tem direito de transportar materiais em veículo pelo prédio serviente, pode passar a carro, a cavalo ou a pé; aquele, porém, que apenas pode transitar a pé, não pode introduzir carros ou carroças em prédio alheio".[24]

Por fim, o § 3° do artigo 1.385 afirma que "se as necessidades da cultura, ou da indústria, do prédio dominante imposerem à servidão maior largueza, o dono do serviente é obrigado a sofrê-la; mas tem direito a ser indenizado pelo excesso".[25]

22.12. Indivisibilidade

O artigo 1.386, como dito anteriormente, determina que "as servidões prediais são indivisíveis, e subsistem, no caso de divisão dos imóveis, em benefício de cada uma das porções do prédio dominante, e continuam a gravar

---

21 Correspondente ao artigo 704, *caput*, do CCB 1916.
22 Correspondente ao artigo 704, parágrafo único, do CCB 1916.
23 Correspondente ao artigo 705 do CCB 1916.
24 BEVILÁQUA. Op. cit., p. 1.170.
25 Correspondente ao artigo 706, *caput*, do CCB 1916.

cada uma das do prédio serviente, salvo se, por natureza, ou destino, só se aplicarem a certa parte de um ou de outro".[26]

Daí que as servidões manter-se-ão mesmo que se parcele o imóvel dominante ou o imóvel serviente, na proporção de cada quinhão. Por exemplo, Pedro possui uma servidão de passagem pelo terreno de Galdino. Se o imóvel de Galdino for dividido em lotes, a servidão continuará, agora, gravando cada um dos lotes pelos quais ela percorre.

A parte final do artigo 1.368 diz que "... *salvo se, por natureza, ou destino, só se aplicarem a certa parte de um ou de outro*". Vejamos o seguinte exemplo: Nicolas, proprietário do imóvel superior, possui uma servidão de vista (vista para o mar) em relação ao terreno inferior. Ocorre que o terreno inferior é dividido em dois lotes, sendo que um deles não tem vista para o mar. Daí que não haverá necessidade de se manter a servidão de vista sobre este lote que não possui vista para o mar.

22.13. Extinção da servidão

Salvo nas desapropriações, a servidão, uma vez registrada, só se extingue, com respeito a terceiros, quando cancelada (CCB, art. 1.387).[27]

Se o prédio dominante estiver hipotecado, e a servidão se mencionar no título hipotecário, será também preciso, para a cancelar, o consentimento do credor (CCB, art. 1.387, parágrafo único).[28]

Da mesma forma, o artigo 256 da Lei de Registros Públicos informa que "o cancelamento da servidão, quando o prédio dominante estiver hipotecado, só poderá ser feito com aquiescência do credor, expressamente manifestada".

Dessa maneira, enquanto a servidão estiver registrada no Cartório de Registro de Imóveis, ela subsistira em favor do prédio dominante, salvo nos casos de desapropriação.

De acordo com o artigo 1.388, o *dono do prédio serviente* tem direito, pelos meios judiciais, ao cancelamento do registro, ainda que o dono do prédio dominante lho impugne, nas seguintes hipóteses:[29]

I – quando o titular houver renunciado a sua servidão;

II – quando tiver cessado, para o prédio dominante, a utilidade ou a comodidade, que determinou a constituição da servidão;

III – quando o dono do prédio serviente resgatar a servidão.

Assim, nas hipóteses acima, o proprietário do prédio serviente poderá judicialmente requerer a extinção da servidão. No inciso I, quando o proprie-

---

26 Correspondente ao artigo 707 do CCB 1916.
27 Correspondente ao artigo 708 do CCB 1916.
28 Correspondente ao artigo 712 do CCB 1916.
29 Correspondente ao artigo 709, *caput*, incisos I, II e III, do CCB 1916.

tário do prédio dominante tiver renunciado à servidão. O proprietário do prédio dominante, percebendo que não precisa mais passar pelo terreno do seu vizinho, por exemplo, já que conseguiu outra passagem mais confortável, aquela servidão já não terá interesse prático. Dessa maneira, o dono do prédio dominante poderá renunciar ao seu direito. Sendo assim, o proprietário do prédio serviente cancela o registro, apresentando no Registro de Imóveis a renúncia do titular da servidão.

Poderá ocorrer que o proprietário do prédio dominante, embora a servidão não tenha mais utilidade para ele, ainda assim não renuncie à servidão. Neste caso, o proprietário do prédio serviente, provando absoluta inutilidade superveniente da servidão, poderá requerer o seu cancelamento.

No mesmo sentido, a servidão deverá ser extinta quando tiver cessado, para o prédio dominante, a utilidade ou a comodidade, que determinou a constituição da servidão (CCB, art. 1.388, II).

Também quando o proprietário do prédio serviente resgatar a servidão (CCB, art. 1.388, III). *O que é resgatar a servidão?* A servidão foi constituída onerosamente mediante uma indenização. Ora, o proprietário serviente poderá acordar com o proprietário do prédio dominante a devolução da indenização, arcando ainda com os gastos para o desfazimento da servidão. Em respeito ao princípio da autonomia da vontade, as partes poderão realizar tal acordo. É o chamado resgate da servidão.

Daí que são formas de extinção da servidão: a) a renúncia de seu titular; b) a cessação da utilidade ou comodidade que determinou a constituição do ônus real; c) resgate.

As servidões poderão extinguir-se nos moldes do artigo 1.389 do nosso Código Civil brasileiro, *verbis:* Art. 1.389. Também se extingue a servidão, ficando ao dono do prédio serviente a faculdade de fazê-la cancelar, mediante a prova da extinção:

I – pela reunião dos dois prédios no domínio da mesma pessoa;
II – pela supressão das respectivas obras por efeito de contrato, ou de outro título expresso;
III – pelo não uso, durante dez anos contínuos.

A hipótese do inciso I do artigo 1.389 traduz a *confusão. Quando se extinguirá a servidão pela confusão?* Ocorrerá o fenômeno da confusão quando os dois imóveis que pertenciam a pessoas diferentes, passam a pertencer à mesma pessoa, ou em razão de um dos proprietários adquirir o outro imóvel. Poderá também ocorrer uma confusão *causa mortis*. Por exemplo: o proprietário do prédio serviente é o único herdeiro do proprietário do prédio dominante. Se o proprietário do prédio dominante morrer, o proprietário do prédio serviente herdará o prédio dominante, operando, pois, o fenômeno jurídico da confusão. Assim, a confusão poderá ocorrer *causa mortis* ou por ato inter vivos. Daí que a partir do momento em que os dois imóveis (dominante e serviente) passarem a pertencer à mesma pessoa, extinguir-se-á a servidão pela confusão.

Outra causa é a supressão das respectivas obras (CCB, art. 1.389, II) por efeito de contrato.

E, finalmente, pelo *desuso* por dez anos contínuos (CCB, art. 1.389, III).

22.14. Ações que Protegem as Servidões

As ações que resguardam as servidões são as seguintes: a) a *ação negatória*; b) a *ação confessória* e c) a *ação possessória*.

22.14.1. Ação negatória

A ação negatória é aquela ajuizada pelo proprietário do prédio serviente visando obter uma sentença judicial que declare a inexistência da servidão que o outro alega existir.

22.14.2. Ação confessória

O que se pretende com a ação confessória é a obtenção de uma sentença judicial que declare a existência da servidão. É, pois, o oposto da ação negatória.

22.14.3. Ações possessórias

Nos casos de *turbação* e *esbulho* envolvendo a servidão é possível a tutela da posse pelos interditos possessórios.

22.15. Direito Comparado

- CC-PORTUGUÊS – ARTIGO 1543° (Noção). Servidão predial é o encargo imposto num prédio em proveito exclusivo de outro prédio pertencente a dono diferente; diz-se serviente o prédio sujeito à servidão e dominante o que dela beneficia.
- CC-PORTUGUÊS – ARTIGO 1544° (Conteúdo). Podem ser objeto da servidão quaisquer utilidades, ainda que futuras ou eventuais, susceptíveis de ser gozadas por intermédio do prédio dominante, mesmo que não aumentem o seu valor.
- CC-PORTUGUÊS – ARTIGO 1545° (Inseparabilidade das servidões).
  1. Salvas as exceções previstas na lei, as servidões não podem ser separadas dos prédios a que pertencem, ativa ou passivamente.

Capítulo 22 – Das Servidões

2. A afetação das utilidades próprias da servidão a outros prédios importa sempre a constituição de uma servidão nova e a extinção da antiga.
- CC-PORTUGUÊS – ARTIGO 1546° (Indivisibilidade das servidões). As servidões são indivisíveis: se o prédio serviente for dividido entre vários donos, cada porção fica sujeita à parte da servidão que lhe cabia; se for dividido o prédio dominante, tem cada consorte o direito de usar da servidão sem alteração nem mudança.
- CC-PORTUGUÊS – ARTIGO 1547° (Princípios gerais). 1. As servidões prediais podem ser constituídas por contrato, testamento, usucapião ou destinação do pai de família. 2. As servidões legais, na falta de constituição voluntária, podem ser constituídas por sentença judicial ou por decisão administrativa, conforme os casos.
- CC-PORTUGUÊS – ARTIGO 1548° (Constituição por usucapião). 1. As servidões não aparentes não podem ser constituídas por usucapião.

2. Consideram-se não aparentes as servidões que não se revelam por sinais visíveis e permanentes.
- CC-PORTUGUÊS – ARTIGO 1549° (Constituição por destinação do pai de família). Se em dois prédios do mesmo dono, ou em duas frações de um só prédio, houver sinal ou sinais visíveis e permanentes, postos em um ou em ambos, que revelem serventia de um para com outro, serão esses sinais havidos como prova da servidão quando, em relação ao domínio, os dois prédios, ou as duas frações do mesmo prédio, vierem a separar-se, salvo se ao tempo da separação outra coisa se houver declarado no respectivo documento.

22.16. Jurisprudências

- CIVIL. SERVIDÃO PREDIAL APARENTE. Portão de prédio voltado para via particular, pertencente a condomínio cujas unidades foram construídas depois. Direito à conservação do portão, utilizado há mais de cinquenta anos sem qualquer oposição. Recurso especial não conhecido (Resp 71.669/RJ, Rel. Ministro ARI PARGENDLER, TERCEIRA TURMA, julgado em 29.9.1999, DJ 3.11.1999 p. 109).
- Apelação cível. Reintegração de posse. Servidão de passagem. As hipóteses legais. Há quatro situações jurídicas possíveis: a) a passagem forçada, regulada em lei, em proteção do imóvel encravado

sem acesso à via pública; b) a denominada servidão de trânsito, suscetível de proteção possessória nos termos da Súmula 415 do Supremo Tribunal Federal, devido à utilização prolongada e a obras verificadas que a demonstram aparente; c) a servidão predial de trânsito, como direito real, regularmente constituído e registrado; d) ato de mera permissão ou tolerância, inoponível ao titular do prédio dito serviente. O caso. Caracterizada a servidão de trânsito, proporcionada pela utilização de muitos anos, verificada em caminho e justificada pela utilidade ao prédio dominante, acidentado em seu interior e dificultando o acesso em si mesmo, considera-se aparente e faz jus à tutela possessória (Apelação Cível N° 70016251035, Vigésima Câmara Cível, Tribunal de Justiça do RS, Relator: Carlos Cini Marchionatti, julgada em 11.10.2006).

- APELAÇÃO CÍVEL. RESPONSABILIDADE CIVIL. CONSTRUÇÃO DE BARRAGEM. INUNDAÇÃO DE PROPRIEDADE LINDEIRA. SERVIDÃO PREDIAL CONFIGURADA. DEVER DE INDENIZAR AFASTADO. Ocorrendo inundação na propriedade do autor por mais de quarenta anos ininterruptos, o fato de ele ter adquirido o imóvel (prédio serviente) somente no ano de 1994 não obsta a constituição da servidão de passagem, porquanto essa já havia se operado faticamente mais de trinta anos antes, em virtude de que a barragem foi construída em 1960, o que inviabiliza a pretensão indenizatória veiculada contra o atual proprietário do imóvel lindeiro (prédio dominante). APELO IMPROVIDO (Apelação Cível N° 70009234030, Nona Câmara Cível, Tribunal de Justiça do RS, Relator: Marta Borges Ortiz, julgado em 23.2.2005).

- AÇÃO DECLARATÓRIA DE EXTINÇÃO DE SERVIDÃO PREDIAL. DIREITO REAL IMOBILIÁRIO. PRAZO PRESCRICIONAL DE 10 ANOS. ARTIGO 177 DO CÓDIGO CIVIL. CONDOMÍNIO. ILEGITIMIDADE ATIVA "AD CAUSAM". DEMANDA FULCRADA EM DIREITO REAL. NECESSIDADE DE INTERVENÇÃO DIRETA DOS INTERESSADOS. HONORÁRIOS ADVOCATÍCIOS. MAJORAÇÃO. Cuidando-se de servidão sobre coisa imóvel, que impõe um ônus em proveito de outro, a questão aqui posta é de direito real imobiliário, consoante devidamente caracterizado na própria peça inicial. Via de consequência, nos termos do artigo 177 do Código Civil, a prescrição é decenal. Apelo improvido e adesivo provido (Apelação Cível N° 70005736350, Décima Nona Câmara Cível, Tribunal de Justiça do RS, Relator: Guinther Spode, julgado em 16.9.2003).

Capítulo 23
DO USUFRUTO

23.1. Conceito e Características

O *usufruto* é um direito real sobre coisa alheia através do qual o usufrutuário poderá usar e fruir o bem (móvel ou imóvel) pertencente ao nu-proprietário por um período de tempo determinado.

Do próprio nome do instituto jurídico já se deduz o seu significado: *usufruto* (direito de uso e fruição), ou seja, o usufruto concede ao titular do direito retirar de uma coisa as suas utilidades econômicas, podendo então usá-la ou fruí-la. O titular do direito de usufruto está interessado nas utilidades econômicas da coisa.

O usufruto é constituído quando o proprietário da coisa transfere dois poderes da propriedade a outra pessoa. *Quais são os poderes do direito de propriedade destacados e transferidos a terceiro?* São os poderes de usar a coisa dela. Assim, a propriedade não é transferida a outra pessoa, senão apenas os poderes de usar e gozar a coisa.

Esta pessoa que recebe os poderes de usar e gozar a coisa é chamada de *usufrutuário* e o proprietário que se desfaz de tais poderes, transferindo-os para o usufrutuário é denominado de *nu-proprietário*. Este se despe dos poderes de usar e gozar a coisa em favor do usufrutuário. Com o gravame do usufruto, a propriedade é chamada de *nua-propriedade*, já que fica gravada com o direito real de usufruto.

Com a constituição do direito real de usufruto, ocorre a divisão da posse, já que o usufrutuário fica como possuidor direto da coisa (para poder usá-la e fruí-la) e o nu-proprietário fica como possuidor indireto da coisa. Daí que ambos (nu-proprietário e usufrutuário) poderão utilizar os interditos possessórios, não só entre ambos (por exemplo, o usufrutuário poderá mover o interdito contra o nu-proprietário, se este estiver violando a posse direta daquele), bem como poderão manejar a via interdital contra terceiros que estejam violando a posse.

Ora, a partir da constituição do usufruto, o proprietário que possuía a propriedade plena, passa a ter uma propriedade limitada. É uma propriedade limitada já que o proprietário se despiu dos poderes de uso e fruição inerentes à propriedade.

O usufruto poderá ser constituído sobre bens imóveis, sejam rurais ou urbanos, ou sobre bens móveis, tais como: automóveis, computadores etc. Também o usufruto poderá ser constituído sobre bens materiais, como bens imateriais, por exemplo, o usufruto de títulos. Pode se estabelecido sobre uma universalidade de bens ou uma fração ideal de bens. Nada impede que o usufruto seja constituído em benefício de uma única pessoa (um único usufrutuário) ou em benefício de vários usufrutuários. O usufrutuário pode ser uma pessoa natural ou pessoa jurídica.

Diz o artigo 1.390 do nosso Código Civil que "o usufruto pode recair em um ou mais bens, móveis ou imóveis, em um patrimônio inteiro, ou parte deste, abrangendo-lhe, no todo ou em parte, os frutos e as utilidades".[1]

Vale destacar que o usufruto possui natureza personalíssima, já que ele é constituído em função da pessoa do usufrutuário. O usufruto é constituído para favorecer o usufrutuário, com vistas a beneficiá-lo. Daí que o usufruto não se transmite aos herdeiros e extingue-se com a morte do usufrutuário. Se ocorrer a morte do nu-proprietário, não ocasionará repercussão no direito do usufrutuário. Dessa maneira, o usufruto manter-se-á até a morte do usufrutuário, se for vitalício, ou até o advento do termo, se for temporário. Melhor dizendo: os herdeiros do nu-proprietário são obrigados a respeitar o usufruto.

Ora, em razão do princípio da autonomia da vontade, nada impede que se estabeleça, de forma expressa, que o direito ao usufruto se transfira aos herdeiros do usufrutuário.

O usufruto de imóveis, quando não resulte de usucapião, constituir-se-á mediante registro no Cartório de Registro de Imóveis (CCB, art. 1.391).

Salvo disposição em contrário, o usufruto estende-se aos acessórios da coisa e seus acrescidos (CCB, art. 1.392).

Se, entre os acessórios e os acrescidos, houver coisas consumíveis, terá o usufrutuário o dever de restituir, findo o usufruto, as que ainda houver e, das outras, o equivalente em gênero, qualidade e quantidade, ou, não sendo possível, o seu valor, estimado ao tempo da restituição (CCB, art. § 1°).

Se há no prédio em que recai o usufruto florestas ou os recursos minerais a que se refere o art. 1.230,[2] devem o dono e o usufrutuário prefixar-lhes a extensão do gozo e a maneira de exploração (CCB, art. § 2°).[3]

Se o usufruto recai sobre universalidade ou quota-parte de bens, o usufrutuário tem direito à parte do tesouro achado por outrem, e ao preço pago

---

1 Correspondente ao art. 714 do Código Civil de 1916.
2 CC 2002 – Art. 1.230. A propriedade do solo não abrange as jazidas, as minas e os demais recursos minerais, os potenciais de energia hidráulica, os monumentos arqueológicos e outros bens referidos por leis especiais. Parágrafo único. O proprietário do solo tem o direito de explorar os recursos minerais de emprego imediato na construção civil, desde que não submetidos à transformação industrial, obedecido o disposto em lei especial.
3 CRFB/88 – Art. 20 – São bens da União: [...] IX – os recursos minerais, inclusive os do subsolo;

pelo vizinho do prédio usufruído, para obter meação em parede, cerca, muro, vala ou valado (CCB, art. 1.392, § 3°).[4]

Outrossim, o usufrutuário não poderá transferir (gratuita ou onerosamente) a outra pessoa o direito ao usufruto em razão da natureza personalíssima do instituto jurídico. O usufrutuário poderá, se desejar, alugar o imóvel. Isto porque o usufrutuário não está transferindo o seu direito a outra pessoa. Na relação jurídica locatícia, esta outra pessoa recebe o imóvel na condição de locatário. Ademais, *in casu,* o contrato de locação produzido pelo nu-proprietário é nulo, pois este não tem legitimidade para alugar o imóvel. É o usufrutuário que possui legitimidade para alugar o imóvel recebido em usufruto. Da mesma forma, é o único legitimado para receber os aluguéis, dar quitação e despejar o locatário. Quem figura no polo ativo da ação de despejo é o usufrutuário, na qualidade de locador.[5][6][7]

Assim determina o artigo 1.393: "Não se pode transferir o usufruto por alienação, mas o seu exercício pode ceder-se por título gratuito ou oneroso".[8]

23.2. Espécies de Usufruto

O usufruto pode ser classificado da seguinte forma: a) quanto à sua origem: legal (quando instituído por lei, por exemplo, os pais têm o usufruto sobre os bens dos filhos menores, que estão sob a sua guarda com a finalidade de que os genitores obtenham as utilidades econômicas dos bens em benefício dos filhos) ou convencional (se estabelece em razão da autonomia da vontade e ocorre por meio de contratos, testamentos ou usucapião); b) quanto ao seu objeto: próprio (constituído por coisas inconsumíveis e infungíveis) ou

---

4 Correspondente ao art. 716 do Código Civil de 1916.
5 Lei 8.245/91 – Art. 7° Nos casos de extinção de usufruto ou de fideicomisso, a locação celebrada pelo usufrutuário ou fiduciário poderá ser denunciada, com o prazo de trinta dias para a desocupação, salvo se tiver havido aquiescência escrita do nu-proprietário ou do fideicomissário, ou se a propriedade estiver consolidada em mãos do usufrutuário ou do fiduciário. Parágrafo único. A denúncia deverá ser exercitada no prazo de noventa dias contados da extinção do fideicomisso ou da averbação da extinção do usufruto, presumindo-se, após esse prazo, a concordância na manutenção da locação.
6 Daí que se estivermos diante de uma negociação preliminar com vistas a realização de um contrato de locação de imóvel urbano e na qualidade de locador figurar o usufrutuário do imóvel, e não o proprietário, na condição de advogado do locatário, é de bom alvitre que se exija a anuência expressa do nu-proprietário no contrato, sob pena de correr o risco da locação ser denunciada no curso da relação locatícia. A condição de usufrutuário do imóvel poderá ser aferida no Cartório de Registro do Imóvel.
7 Resp. – comercial – locação – usufruto – A extinção do usufruto confere ao nu-proprietário o direito de denunciar o contrato. Cumpre, no entanto, raciocinar também com o princípio da estabilidade dos contratos. Assim, se a data da morte do usufrutuário, a locação, por prazo determinado, não findara, o direito de fazer cessar a avença surge ocorrido aquele termo final (REsp 31.163/RJ, Rel. Ministro LUIZ VICENTE CERNICCHIARO, SEXTA TURMA, julgado em 29.3.1993, DJ 3.5.1993, p. 7814).
8 Correspondente ao art. 717 do Código Civil de 1916.

impróprio (recai sobre bens consumíveis e fungíveis ou consumíveis e infungíveis); c) quanto à sua extensão: c.1) universal ou geral (recai sobre uma universalidade de bens) ou particular (recai sobre várias coisas individualmente determinadas), c.2) pleno (quando abrange todos os frutos e utilidades) e restrito (existe exclusão do gozo do bem em alguma de suas utilidades); d) quanto à sua duração: temporário ou vitalício. Este perdurará até a morte do usufrutuário, aquele é estabelecido por tempo determinado, sendo certo que a lei não estabelece nenhum limite temporal.

23.3. Modos de Constituição

O *usufruto* pode ser constituído por meio de negócio jurídico, usucapião, lei e decisão judicial.

23.3.1. Negócio jurídico

O direito do usufrutuário, como dito acima, está relacionado à posse da coisa sobre a qual recai o usufruto. O usufrutuário se converte, portanto, em possuidor direto da coisa e consequentemente poderá usá-la em seu próprio proveito, como poderá transferir essa posse a terceiros onerosa e gratuitamente. O usufrutuário pode, então, alugar a coisa como pode emprestá-la a terceiros.

PONTES DE MIRANDA alerta que a constituição do usufruto em virtude do negócio jurídico envolve o negócio jurídico básico e o acordo de constituição. "Não é o contrato que constitui, o que constitui é o *acordo de constituição*. O negócio jurídico básico pode ser negócio jurídico unilateral, *e.g*, promessa de recompensa. Não se há de preexcluir a possibilidade de se distribuírem títulos, sorteáveis ou não, que deem usufruto sobre lotes de terras. O acordo de constituição, esse, há de ser bilateral. A causa de morte, o testamento pode instituir a herança de usufruto ou o legado de usufruto.

Na reserva de usufruto, há o negócio jurídico de alienação e o acordo de reserva, mas o acordo de reserva "ressalva", de modo que só se aliena menos o usufruto. Não há a transferência da propriedade e a ida e volta do uso e da fruição; uso e fruição ficam, para que simultaneamente se transfira a propriedade desde *já* sem os elementos necessários à composição do usufruto (transferência de propriedade *restringida*) e constituição do usufruto. O constituinte não é o adquirente, é o próprio alienante ao só alienar *p – u* (propriedade *menos* usufruto)"[9]

Outra hipótese de constituição do usufruto é por meio de um contrato de doação com reserva de usufruto. Neste caso, o proprietário doa um bem a

---

9 PONTES DE MIRANDA. Tratado de direito privado. Parte especial. Tomo XIX. 2. ed. Rio de Janeiro: Borsoi, 1957, p. 38.

uma terceira pessoa (donatária) com a reserva de exercer o usufruto sobre a coisa doada.[10] Em regra, *in casu*, o usufruto é constituído de forma vitalícia.

O usufruto também poderá ser constituído por *testamento*. Vale lembrar que de acordo com a regra estabelecida no artigo 1.921 do CCB, "o legado de usufruto, sem fixação de tempo, entende-se deixado ao legatário por toda a sua vida".

O CONSELHEIRO LAFAYETTE lembra que "no momento em que o usufrutuário adquire o direito de usar e fruir a coisa, ela se acha necessariamente sujeita a algum destino compatível com a sua natureza e no qual é ou tem sido aproveitada. Este destino é um resultado jurídico da *vontade* do proprietário sobre a coisa, e a vontade manifestada legalmente se presume continuar a subsistir. Ao usufrutuário, pois, não é permitido violar aquela vontade, isto é, *mudar o destino da coisa*".[11]

Vejamos, abaixo, as decisões judiciais selecionadas do Tribunal de Justiça do Estado do Rio de Janeiro - TJRJ:

a) No Agravo de Instrumento 2008.002.00493, o Desembargador ROBERTO FELINTO, da Oitava Câmara Cível, com julgamento em 29.7.2008, decidiu: "Ação Reivindicatória. Decisão que deferiu o pedido de antecipação de tutela determinando a desocupação do imóvel e imissão na posse. Demanda de natureza petitória, em que não se discute posse, mas sim domínio. Alegação de posse justa exercida pelo réu, ora Agravante. Contrato particular de promessa de compra e venda. Rescisão unilateral. Comprovação do domínio pelo Agravado. Propriedade demonstrada por escritura pública de compra e venda e constituição de usufruto devidamente registrada. Prova relativa. Estreita relação social entre as partes. Alegação de fraude no negócio jurídico realizado entre o autor e o litisdenunciado, então alienante. Cognição sumária. Necessidade de instrução probatória. Ausência dos requisitos autorizadores para a concessão da medida pretendida. Reforma da decisão agravada. PROVIMENTO DO RECURSO".

b) Na Apelação 2005.001.04404, o Desembargador FERNANDO CABRAL, da Quarta Câmara Cível, com julgamento em 30.1.2007, proferiu o seguinte acórdão: "Direito Civil. Direito de Família. Ação objetivando arbitramento de taxa de ocupação em face de

---

10 CCB - Art. 1.400. O usufrutuário, antes de assumir o usufruto, inventariará, à sua custa, os bens que receber, determinando o estado em que se acham, e dará caução, fidejussória ou real, se lha exigir o dono, de velar-lhes pela conservação, e entregá-los findo o usufruto. Parágrafo único. Não é obrigado à caução o doador que se reservar o usufruto da coisa doada.
11 PEREIRA, Lafayette Rodrigues. Direito das coisas. Edição histórica. Vol. I. Rio de Janeiro: Rio, 1977, p. 305.

usufrutuário de bem imóvel. Usufruto. Direito real conferido a uma ou mais pessoas, durante certo tempo, de usar a coisa alheia e gozar dela. Constituição em favor de apenas um dos cônjuges, na constância do casamento, sob o regime de comunhão de bens. Cônjuge virago que sustenta que ambas as partes têm direito ao usufruto do imóvel. Inadequação do pedido. Prerrogativa de dispor da coisa se restringe somente à pessoa do usufrutuário, não sendo juridicamente possível sua extensão à outra a quem o direito não foi conferido expressamente, por meio de ato jurídico próprio. Se houve vício de vontade, simulação ou fraude na celebração do ato jurídico, pode a autora mover ação própria visando a sua anulação, ou objetivando indenização por supostos danos. Recurso ao qual se nega provimento".

c) E na Apelação 2006.001.24971, o Desembargador JOSÉ CARLOS VARANDA, da Décima Câmara Cível, com julgamento em 17.1.2007, proferiu o seguinte acórdão: "Obrigação de fazer. Doação com encargo. Instituição de usufruto. Afastada a preliminar de ilegitimidade do segundo apelante. Nos termos do art. 1.647 do Código Civil em vigor, na hipótese de se constituir usufruto dos bens recebidos em doação em favor da requerente da medida cautelar, o cônjuge, ora segundo apelante, figuraria como interveniente obrigatório, sendo necessária a sua outorga para constituição do gravame, suprida judicialmente em caso de denegação, gerando os efeitos dela decorrentes. Tal condição legitima sua participação no polo passivo da lide, eis que diretamente interessado no deslinde. O fato de não haver anuído ao ato da outorga da doação não o torna parte ilegítima neste feito, pois uma irregularidade não justifica outra. Instituição de usufruto vitalício em favor da viúva do doador, que deve ser entendido como encargo da doação, plenamente aceito pelos donatários na ocasião. A administração dos bens pela usufrutuária potencial não prescinde da caução, nos termos do disposto no art. 1.400 do Código Civil vigente, prestada à nua-proprietária, que efetivamente não pode ser responsabilizada pela má gestão de outrem. Concluído não se tratar de cláusula nula, mas sim de doação mediante encargo, a autora/apelada sucumbiu parcialmente, posto que não se verifica a ocorrência de danos materiais ou morais, mantendo-se a sentença nesse ponto. Provimento parcial do recurso".

23.3.2 Usucapião

É possível a constituição do usufruto pela usucapião, ordinária ou extraordinária, desde que presentes os requisitos legais. Correta a observação do Desembargador MARCO AURÉLIO BEZERRA DE MELO, ao dizer que "a constituição de usufruto por usucapião é de difícil verificação, pois se o usufrutuário exerce posse *ad usucapionem* sobre o bem, usufruindo-o, indica o bom senso que, via de regra, usucapirá a propriedade. Entrementes, se alguém exerce o usufruto com a convicção de que outrem é o nu-proprietário, independentemente de justo título e boa-fé, um adquirirá a usucapião do usufruto e o outro usucapirá a nua-propriedade (art. 1.238, CCB). Se houver justo título e boa-fé, o prazo será menor (art. 1.242, CCB)".[12]

23.3.3 Lei

O usufruto pode ser constituído por determinação legal, como é o caso do usufruto dos pais sobre os bens dos filhos, consignado no artigo 1.689, inciso I, do CCB, *verbis*: "Art. 1.689. O pai e a mãe, enquanto no exercício do poder familiar: I – são usufrutuários dos bens dos filhos;". Este usufruto cessará com a maioridade do filho.

Outro exemplo de usufruto legal encontra-se expresso no artigo 1.652, inciso I, do CCB, que diz: "o cônjuge, que estiver na posse dos bens particulares do outro, será para com este e seus herdeiros responsável: I – como usufrutuário, se o rendimento for comum;".

23.3.3.1. Usufruto vidual

Vale lembrar que no Código Civil de 1916 existia a figura do *usufruto vidual*. Lembra o Ministro ARI PARGENDLER que "o usufruto vidual é instituto de direito sucessório, independente da situação financeira do cônjuge sobrevivente, e não se restringe à sucessão legítima; tem aplicação, também, na sucessão testamentária. Recurso especial conhecido e provido (REsp 648.072/RJ, TERCEIRA TURMA, julgado em 20.3.2007, DJ p. 255)".

Já o Ministro CASTRO FILHO ensina que "o usufruto vidual possui natureza hereditária e depende, para sua concessão, tão somente da presença dos requisitos do § 1° do artigo 1.611 do Código Civil, anterior, podendo alcançar até a metade da totalidade do patrimônio do falecido, inclusive, a legítima, se não houver descendentes. Na impossibilidade de seu deferimento, em razão da extinção da sociedade comercial sobre a qual deveria recair, deve haver compensação na partilha ou indenização a ser verificada, segundo o caso concreto (REsp 330.026/MG, TERCEIRA TURMA, julgado em 2.3.2004, DJ 22.3.2004 p. 292)".

A Ministra NANCY ANDRIGHI, da Terceira Turma do STJ, enfrentou a questão do usufruto vidual, no REsp 1018179/RS, em 21.8.2008, da seguinte forma: "DIREITO CIVIL. USUFRUTO VIDUAL. PEDIDO DE EXTIN-

---

12 MELO, Marco Aurélio Bezerra de. Direito das coisas. Rio de Janeiro: Lumen Juris, 2007, p. 329.

ÇÃO FORMULADO POR NU-PROPRIETÁRIO, COM FUNDAMENTO EM ACÚMULO, POR PARTE DO USUFRUTUÁRIO, DE DÍVIDAS INCIDENTES SOBRE O IMÓVEL. PROCEDÊNCIA. – O CC/16 prevê, em seu art. 1.611, § 1º, como causa para a extinção do usufruto vidual, apenas a "cessação da viuvez". Contudo, o usufruto, como gênero, subdivide-se nas espécies de convencional e legal. O usufruto vidual nada mais é que uma subespécie do usufruto legal, de modo que, além da hipótese de extinção disciplinada no art. 1.611, § 1º, aplicam-se a ele também aquelas previstas no art. 739 do CC/16. – O inc. IV do art. 739 do CC/16 determina a extinção do usufruto quando o usufrutuário "aliena, deteriora ou deixa arruinar os bens, não lhes acudindo com os reparos de conservação". O acúmulo de dívidas de responsabilidade do usufrutuário sobre o imóvel inclui-se entre as causas de extinção descritas nesse inciso, notadamente na hipótese em que a desídia do usufrutuário chega a ponto de permitir a propositura de ação de execução pelos credores, da qual resultaria o praceamento do bem. A perda do imóvel em alienação judicial não se diferencia, do ponto de vista substancial, de sua deterioração ou de sua ruína. Recurso especial não conhecido".[13]

Vale acrescentar A viúva meeira não faz jus ao usufruto vidual previsto no art. 1.611, § 1º, do Código Civil de 1916 (REsp 1.280.102-SP, Rel. Min. Marco Buzzi, Quarta Turma, por unanimidade, julgado em 13/10/2020, DJe 16/10/2020). Vejamos:

> O usufruto vidual era conferido no regime do Código Civil revogado (art. 1.611, § 1º, com o acréscimo conferido pela Lei nº 4.121/1962) aos cônjuges casados em regimes de bens diversos

---

[13] USUFRUTO. EXTINÇÃO. Em ação de extinção de usufruto vidual proposta pela nua-proprietária, a sentença reconheceu sua procedência em razão das dívidas acumuladas pela usufrutuária relativas ao condomínio e ao IPTU, por poderem ser equiparadas à deterioração da coisa. Outrossim, julgou improcedente ação de consignação oferecida pela usufrutuária por insuficiência do valor depositado durante o trâmite da ação de extinção de usufruto. Antes do julgamento da apelação que confirmou a sentença, discutiu-se a competência recursal. Nesse ínterim, na execução de cobrança das parcelas condominiais e impostos não pagos pela usufrutuária, as partes firmaram acordo. Daí o recurso especial da usufrutuária, ora recorrente, alegando a perda de objeto da ação de extinção de usufruto, uma vez que não restaria mais dívida. Explica a ministra relatora, com base na doutrina, que o usufruto vidual inclui-se entre as espécies de usufrutos legais, ou seja, estabelecidos em lei, portanto não se trata de uma categoria autônoma de direito real sobre coisa alheia, mas de uma espécie incluída no amplo gênero do usufruto. Sendo assim, aplicam-se todas as disposições que regulam o instituto, bem como a regra que disciplina sua extinção, notadamente o art. 739 do CC/1916. Ressalta também que é pacífica a jurisprudência deste Superior Tribunal no sentido de ser responsabilidade do usufrutuário o pagamento de despesas incidentes sobre o imóvel, inclusive os impostos. Portanto, o inadimplemento dessas despesas implica compactuar com o abandono do bem, sendo procedente a extinção do usufruto fundado no art. 739, VII, do CC/1916. Dessa forma, a Turma não conheceu o recurso. Precedentes citados: REsp 425.015-SP, DJ 30.6.2006, e REsp 202.261-RJ, DJ 12.6.2000. REsp 1.018.179-RS, Rel. Min. Nancy Andrighi, julgado em 21.8.2008.

da comunhão universal, correspondendo, a aludida instituição, à quarta parte dos bens deixados pelo falecido, caso houvesse filhos, ou metade dos bens, na hipótese de herdeiros ascendentes.

O escopo do instituto era a salvaguarda do mínimo necessário ao cônjuge que não era agraciado, obrigatoriamente, com herança do falecido, como no caso de comunhão parcial ou separação absoluta, em sucessões abertas na vigência do Código Beviláqua, esse que não considerava o cônjuge como herdeiro necessário.

O atual Código não abarcou esse tema jurídico nos mesmos moldes então previstos na legislação revogada, porém estendeu o direito real de habitação referido no § 2º do art. 1.611 do CC/1916 a todos os regimes de bens (art. 1.831, CC/2002), sem as restrições então previstas e alçou o cônjuge ao patamar de herdeiro necessário.

Sob o restrito ditame do Código Civil de 1916, não seria a condição econômica do viúvo fator determinante para a existência do direito de usufruto sobre parte dos bens. O art. 1.611, § 1º, do referido diploma preleciona, aliás, que para a aplicação do instituto, seriam exigidos apenas três requisitos, a saber: (a) que o cônjuge sobrevivente não tenha sido casado com o falecido no regime de comunhão universal de bens; (b) que existam herdeiros necessários, isto é, ascendentes ou descendentes; e (c) que perdure o estado de viuvez.

Certamente, o dispositivo legal em questão tem o inequívoco sentido de amparo ao cônjuge que fica desprovido dos recursos que pertenciam ao falecido, em consequência do regime matrimonial dos bens.

Se, no entanto, a viúva, pelo reconhecimento de sua participação na metade dos aquestos, já tem uma situação correspondente à que lograria se o regime fosse o da comunhão universal, não há razão alguma de se lhe atribuir, ademais, o benefício legal ora em foco, sobre parte dos bens que excederam a sua fração do monte, vez que o usufruto em tela é modo de compensação pelo que não teria recebido, a denotar a imprescindibilidade do afastamento da benesse em virtude da ausência de necessidade econômico-patrimonial.

23.4. Direito de Acrescer

O que vem a ser o direito de acrescer? Morrendo o usufrutuário, o seu quinhão acrescerá aos dos usufrutuários remanescentes (sobreviventes), daí se deduz que o nu-proprietário, estabelecido o *direito de acrescer*, só recuperará a propriedade plena de uma só vez, quando morrer o último dos usufrutuários, porque os quinhões de cada um vão se acrescendo aos remanescentes até que se concentrarão todos na mão do último usufrutuário vivo.

Neste sentido, o julgamento da Apelação n° 2003.001.28675, em 2.3.2004, proferido pelo Desembargador MURILO ANDRADE DE CARVALHO, da Terceira Câmara Cível do TJRJ: "PROCESSUAL CIVIL E CIVIL. EMBARGOS À PENHORA. USUFRUTO. Execução de titulo extrajudicial. Contrato de fiança acessório ao de locação de imóvel não residencial – em face da fiadora. Doação de valorizado e único imóvel residencial para as filhas, com reserva de usufruto vitalício, quando já tinha conhecimento formal da ação de despejo por falta de pagamento. Constrição realizada sobre o imóvel e reduzida, por decisão em embargos de terceiro, à metade do usufruto, desafiada por embargos da fiadora que pretende o reconhecimento da impenhorabilidade, em razão da inalienabilidade do gravame e porque a coisa não produz frutos em razão de servir como sua moradia. Teses inadmissíveis, diploma processual que permite a penhora sobre o usufruto de imóvel, sendo certo que não é excutível a própria coisa, pagamento ao credor que se dará com a renda a ser produzida, se abandonada a coisa, ou com a que será arbitrada em incidente da própria execução, frutos que deverá gradativamente entregar para redução do débito até seu desaparecimento do mundo jurídico. Julgamento dos embargos de terceiro que já teria beneficiado a responsável por não se haver apercebido que o ato de constituição do usufruto trazia o direito de acrescer, que não pode ser modificado diante da coisa julgada e porque jamais foi impugnado pelo credor. Sentença que caminhou naquele sentido, que na hipótese se mantém, improvimento ao recurso que pretendia revertê-la. Unânime".

23.5. Direitos do Usufrutuário

O usufrutuário tem direito à posse, uso, administração e percepção dos frutos (CCB, art. 1.394).

Assim, um dos direitos do usufrutuário é o *direito à posse*. Constituído o usufruto, o usufrutuário já se considera automaticamente possuidor da coisa.

O *uso* garante ao usufrutuário o uso da coisa no seu próprio proveito ou de sua família.

O usufrutuário também possui o *direito a administrar a coisa*. Ele também terá o *direito à percepção dos frutos*. Ora, isto significa a fruição da coisa. São os frutos no sentido amplo: naturais, industriais ou civis. No momento em que o usufrutuário aluga a coisa, ele estará retirando dela os frutos civis, já que o aluguel é fruto civil. Se for um terreno com várias árvores frutíferas, estas pertencerão ao usufrutuário, são, pois, os frutos naturais da coisa. Se forem máquinas, que produzem pregos, botões etc., estes são os frutos industriais da coisa que, da mesma forma, serão do usufrutuário.

Neste sentido, o artigo 1.396 do CCB afirma que, "salvo direito adquirido por outrem, o usufrutuário faz seus os frutos naturais, pendentes ao começar o usufruto, sem encargo de pagar as despesas de produção".[14]

O parágrafo único do mesmo dispositivo legal preceitua que "os frutos naturais, pendentes ao tempo em que cessa o usufruto, pertencem ao dono, também sem compensação das despesas".[15]

O artigo 1.395 trata do usufruto sobre os títulos de crédito. Neste caso, o usufrutuário tem o direito a perceber os frutos e a cobras as respectivas dívidas.[16]

Cobradas as dívidas, o usufrutuário aplicará, de imediato, a importância em títulos da mesma natureza, ou em títulos da dívida pública federal, com cláusula de atualização monetária segundo índices oficiais regularmente estabelecidos (CCB, art. 1.395, parágrafo único).

O direito do usufrutuário quanto às crias dos animais está previsto no artigo 1.397, *verbis*: "as crias dos animais pertencem ao usufrutuário, deduzidas quantas bastem para inteirar as cabeças de gado existentes ao começar o usufruto".[17]

Os frutos civis, vencidos na data inicial do usufruto, pertencem ao proprietário, e ao usufrutuário, os vencidos na data em que cessa o usufruto (CCB, art. 1.398).

Também é direito do usufrutuário poder usufruir em pessoa, ou mediante arrendamento, o prédio, mas não lhe mudar a destinação econômica, sem expressa autorização do proprietário (CCB, art. 1.399).[18]

23.6. Deveres do Usufrutuário

Da mesma forma que o nosso Código Civil elenca os direitos do usufrutuário, ele também apresenta os deveres do usufrutuário. Vejamos os principais deveres do usufrutuário:

a) o usufrutuário deverá descrever de forma minuciosa os objetos que compõem o usufruto. Diz o artigo 1.400 que "o usufrutuário, antes de assumir o usufruto, inventariará, à sua custa, os bens que receber, determinando o estado em que se acham, e dará caução,

---

14 Correspondente ao art. 721 do Código Civil de 1916.
15 CIVIL. USUFRUTO. Os frutos são penhoráveis; o usufruto, não. Recurso especial conhecido, mas não provido. (REsp 242.031/SP, Rel. Ministro ARI PARGENDLER, TERCEIRA TURMA, julgado em 2.10.2003, DJ 29.3.2004, p. 229).
16 Correspondente ao art. 719 do Código Civil de 1916.
17 Correspondente ao art. 722 do Código Civil de 1916.
18 Correspondente ao art. 724 do Código Civil de 1916.

fidejussória ou real, se lha exigir o dono, de velar-lhes pela conservação, e entregá-los findo o usufruto".[19] O parágrafo único do mesmo dispositivo legal afirma que "não é obrigado à caução o doador que se reservar o usufruto da coisa doada". Já o artigo 1.401 diz que "o usufrutuário que não quiser ou não puder dar caução suficiente perderá o direito de administrar o usufruto; e, neste caso, os bens serão administrados pelo proprietário, que ficará obrigado, mediante caução, a entregar ao usufrutuário o rendimento deles, deduzidas as despesas de administração, entre as quais se incluirá a quantia fixada pelo juiz como remuneração do administrador".[20] O usufrutuário não é obrigado a pagar as deteriorações resultantes do exercício regular do usufruto (CCB, art. 1.402).[21]

b) o usufrutuário é responsável pelas despesas ordinárias de conservação dos bens no estado em que os recebeu; e pelo pagamento das prestações e os tributos devidos pela posse ou rendimento da coisa usufruída (CCB, art. 1.403).

c) conservar a coisa como se sua fosse, já que a coisa será devolvida ao nu-proprietário, uma vez extinto o usufruto, e ela deverá ser devolvida no mesmo estado em que o usufrutuário a recebeu, salvo, é claro, as deteriorações decorrentes do tempo e do uso normal. Neste sentido, o artigo 1.404 e parágrafos afirmam que: "Art. 1.404. Incumbem ao dono as reparações extraordinárias e as que não forem de custo módico; mas o usufrutuário pagar-lhe-á os juros do capital despendido com as que forem necessárias à conservação, ou aumentarem o rendimento da coisa usufruída.[22] § 1° Não se consideram módicas as despesas superiores a dois terços do líquido rendimento em um ano. § 2° Se o dono não fizer as reparações a que está obrigado, e que são indispensáveis à conservação da coisa, o usufrutuário pode realizá-las, cobrando daquele a importância despendida".

Ora, o nosso Código Civil não informa o que seria "custo módico" e as "reparações extraordinárias". Daí ser possível afirmar que representam, pois, cláusulas abertas. Da mesma forma, o Código não informa o que seriam as despesas comuns. Daí que as despesas ordinárias, comuns, as despesas que não possuem custo elevado ficariam a cargo do usufrutuário; enquanto que as despesas extraordinárias ou de custo elevado ficariam a cargo do nu-proprietário.

---

19 Correspondente ao art. 729 do Código Civil de 1916.
20 Correspondente ao art. 730 do Código Civil de 1916.
21 Correspondente ao art. 732 do Código Civil de 1916.
22 Correspondente ao art. 734 do Código Civil de 1916.

d) se o usufruto recair num patrimônio, ou parte deste, será o usufrutuário obrigado aos juros da dívida que onerar o patrimônio ou a parte dele (CCB, art. 1.405).[23]
e) o usufrutuário é obrigado a dar ciência ao dono de qualquer lesão produzida contra a posse da coisa, ou os direitos deste (CCB, art. 1.406).[24]
f) Se a coisa estiver segurada, afirma o artigo 1.407 e parágrafos que "incumbe ao usufrutuário pagar, durante o usufruto, as contribuições do seguro".[25] § 1° Se o usufrutuário fizer o seguro, ao proprietário caberá o direito dele resultante contra o segurador. § 2° Em qualquer hipótese, o direito do usufrutuário fica sub-rogado no valor da indenização do seguro.

23.7. Perecimento da Coisa e Sub-Rogação Real

Determina o artigo 1.408 que "se um edifício sujeito a usufruto for destruído sem culpa do proprietário, não será este obrigado a reconstruí-lo, nem o usufruto restabelecer-se-á, se o proprietário reconstruir à sua custa o prédio; mas se a indenização do seguro for aplicada à reconstrução do prédio, restabelecer-se-á o usufruto".[26]

Explica CLÓVIS BEVILÁQUA que "perecendo a coisa, objeto do direito, extingue-se esse. Destruído o edifício, subsiste o terreno, mas o usufruto do edifício não é *jus in solo*, e a reconstrução à custa do proprietário representa o emprego de novo capital deste, sobre o qual não pode recair o usufruto já extinto. Se, porém, essa reconstrução é feita com o produto da indenização do seguro, para ela se transfere o direito do usufrutuário porque, no valor da indenização, ficará esse direito sub-rogado".[27]

Também fica sub-rogada no ônus do usufruto, em lugar do prédio, a indenização paga, se ele for desapropriado, ou a importância do dano, ressarcido pelo terceiro responsável no caso de danificação ou perda (CCB, art. 1.409).[28]

23.8. Extinção do Usufruto

Determina o artigo 1.410 que o usufruto extingue-se, cancelando-se o registro no Cartório de Registro de Imóveis: [29] [30]

---

23 Correspondente ao art. 736 do Código Civil de 1916.
24 Sem correspondente no Código Civil de 1916.
25 Correspondente ao art. 735 do Código Civil de 1916.
26 Correspondente ao art. 737 do Código Civil de 1916.
27 BEVILÁQUA. Op. cit., p. 1.200.
28 Correspondente ao art. 738 do Código Civil de 1916.
29 Correspondente ao art. 739 do Código Civil de 1916.
30 LRP – Art. 252 – O registro, enquanto não cancelado, produz todos os efeitos legais ainda

I – *pela renúncia ou morte do usufrutuário.*[31] Ora, o usufrutuário poderá renunciar ao direito real de usufruto, já que esse direito é disponível. Esta renúncia deverá ser efetuada de forma expressa, não podendo ser presumida. O usufruto se extingue também com a morte do usufrutuário. Isto é fruto da natureza pessoal de que se reveste o usufruto. O usufruto é instituído em benefício da pessoa do usufrutuário. Não se justifica que o benefício se transferisse aos herdeiros, salvo se houver cláusula expressa neste sentido (em obediência ao princípio da autonomia da vontade).

II – *pelo termo de sua duração.* A extinção do usufruto poderá ocorrer com o advento do termo final, quando o usufruto for instituído por prazo temporário. Verificando-se o termo final, o usufruto também se extinguirá.

III – *pela extinção da pessoa jurídica, em favor de quem o usufruto foi constituído, ou, se ela perdurar, pelo decurso de trinta anos da data em que se começou a exercer;*

IV – *pela cessação do motivo de que se origina,* É o caso do usufruto legal, por exemplo, no momento em que o filho atingir a maioridade, cessa a causa que originou o usufruto legal (artigo 1.689, inciso I, do CCB, *verbis:* "Art. 1.689. O pai e a mãe, enquanto no exercício do poder familiar: I – são usufrutuários dos bens dos filhos);

V – *pela destruição da coisa, guardadas as disposições dos arts. 1.407, 1.408, 2ª parte, e 1.409;*

VI – *pela consolidação.* Ocorre a confusão no momento que o usufrutuário torna-se proprietário da coisa.

VII – *por culpa do usufrutuário, quando aliena, deteriora, ou deixa arruinar os bens, não lhes acudindo com os reparos de conservação, ou quando, no usufruto de títulos de crédito, não dá às importâncias recebidas a aplicação prevista no parágrafo único do art. 1.395;*

VIII – *pelo não uso, ou não fruição, da coisa em que o usufruto recai (arts. 1.390 e 1.399).*

---

que, por outra maneira, se prove que o título está desfeito, anulado, extinto ou rescindido.
31 Embargos de terceiro. Direito real de habitação. Art. 1.611, § 2°, do Código Civil de 1916. Usufruto. Renúncia do usufruto: repercussão no direito real de habitação. Registro imobiliário do direito real de habitação. Precedentes da Corte. A renúncia ao usufruto não alcança o direito real de habitação, que decorre de lei e se destina a proteger o cônjuge sobrevivente, mantendo-o no imóvel destinado à residência da família. O direito real de habitação não exige o registro imobiliário. Recurso especial conhecido e provido (REsp 565.820/PR, Rel. Ministro CARLOS ALBERTO MENEZES DIREITO, TERCEIRA TURMA, julgado em 16.9.2004, DJ 14.3.2005, p. 323).

O Conselho da Justiça Federal, na III Jornada de Direito Civil, editou o Enunciado 252 – Art. 1.410: A extinção do usufruto pelo não uso, de que trata o art. 1.410, inc. VIII, independe do prazo previsto no art. 1.389, inc. III, operando-se imediatamente. Tem-se por desatendida, nesse caso, a função social do instituto.

Já o artigo 1.411 diz que "constituído o usufruto em favor de duas ou mais pessoas, extinguir-se-á a parte em relação a cada uma das que falecerem, salvo se, por estipulação expressa, o quinhão desses couber ao sobrevivente". [32] [33]

---

[32] Correspondente ao art. 740 do Código Civil de 1916.
[33] CC 2002 – Art. 1.946. Legado um só usufruto conjuntamente a duas ou mais pessoas, a parte da que faltar acresce aos colegatários. Parágrafo único. Se não houver conjunção entre os colegatários, ou se, apesar de conjuntos, só lhes foi legada certa parte do usufruto, consolidar-se-ão na propriedade as quotas dos que faltarem, à medida que eles forem faltando.

Capítulo 24
DO USO

24.1. Conceito

O *uso* é um direito real, temporário sobre bem móvel (infungíveis e inconsumíveis) ou imóvel e é considerado por muitos como um usufruto restrito. CLÓVIS BEVILÁQUA diz que "a diferença essencial entre o uso e o usufruto está em que o primeiro é mais restrito".[1]

ORLANDO GOMES ensina que o direito real de uso "confere a seu titular a faculdade de, temporariamente, fruir a utilidade da coisa que grava".[2]

As partes envolvidas no uso são: o *constituinte* (aquele que cede o uso do bem, ou seja, é o titular do domínio) e o *usuário* (aquele que é o beneficiário pelo uso).

Todo o ato que o usufrutuário pratica em relação à coisa, o usuário poderá fazê-lo. O usuário pode alugar a coisa, receber os aluguéis e dar quitação, ele pode figurar no contrato de locação como locador, possui legitimidade para ingressar com a ação de despejo, pode emprestar a coisa a terceiros etc. Não há a menor diferença quanto ao exercício e a extensão desse direito.

Dessa maneira, o usuário poderá fruir a utilidade da coisa, perceber os frutos e administrar a coisa.

Se o usuário pode praticar todos os atos e possui todos os direitos do usufrutuário, qual será, pois, a diferença?

A diferença reside no fato de que *a fruição da coisa e a percepção de seus frutos são direitos limitados às necessidades pessoais e de sua família.*

Vejamos o seguinte exemplo: Maria Eduarda concede o usufruto de seu apartamento, pelo prazo de cinco anos, a Jorge, que ficou desempregado recentemente. Ora, o usufruto é constituído independentemente das necessidades do usufrutuário e de sua família. É claro que, em regra, o usufruto é constituído visando beneficiar o usufrutuário, mas o instituto jurídico não está vinculado às necessidades econômicas do usufrutuário. Melhor dizendo: mesmo que o usufrutuário, *a posteriori*, venha a prescindir do benefício, o usufruto não se extinguirá em razão disto.

---

1 BEVILÁQUA, Clóvis. *Código civil dos Estados Unidos do Brasil comentado por Clóvis Beviláqua*. V. 1. Edição histórica. Rio de Janeiro: Rio, 1976, p. 1.206.
2 GOMES, Orlando. *Direitos reais*. 18. ed. Rio de Janeiro: Forense, 2002, p. 309.

Supondo, no exemplo acima, que Jorge venha alugar o referido apartamento, objeto do usufruto, para que com o valor do aluguel possa prover as necessidades de sua família. Ocorre que um ano depois, Jorge é convidado a assumir um importante cargo de chefia em universidade do interior, recebendo, pois, altos salários. Ora, dessa forma, a condição econômica de Jorge mudou completamente, ficando, inclusive, em melhores condições financeiras que a nua-proprietária Maria Eduarda. É fora de dúvida que Jorge poderá renunciar ao usufruto em razão da nova condição econômica auferida com o novo emprego. Todavia, *será possível que o nu-proprietário exija tal conduta*? Não, já que o usufrutuário possui o direito de manter o usufruto até o implemento do prazo (ou até a sua morte, se o usufruto tivesse sido instituído de forma vitalícia). Isto porque a preservação do usufruto não está relacionada à necessidade do usufrutuário e de sua família. Apesar de não representar uma conduta ética, Jorge, o usufrutuário, poderá permanecer no imóvel.

E se, em vez de ter sido constituído um usufruto, se tivesse constituído um direito real de uso, de forma temporária? Neste caso, a situação seria completamente diferente. O apartamento foi concedido em *uso* a Jorge, pelo prazo de cinco anos, e com a mudança de sua situação econômica, em razão do novo emprego, o constituinte do uso – Maria Eduarda – poderia pedir a devolução do apartamento, sob pena de ingressar com uma ação de cancelamento do uso por desnecessidade superveniente, uma vez que o uso somente se manteria enquanto o usuário e sua família dependessem de tal benefício.

É o que diz o artigo 1.412 ao afirmar "o usuário usará da coisa e perceberá os seus frutos, quanto o exigirem as necessidades suas e de sua família".[3]

Avaliar-se-ão as necessidades pessoais do usuário conforme a sua condição social e o lugar onde viver (CCB, art. 1.412, § 1º).[4]

As necessidades da família do usuário compreendem as de seu cônjuge, dos filhos solteiros e das pessoas de seu serviço doméstico (CCB, art. 1.412, § 2º).[5][6] Da mesma forma, se aplica o direito real de uso ao *companheiro*.

24.2. Características

São caracteres jurídicos do instituto jurídico do uso: a) direito real sobre coisa alheia; b) temporário; c) indivisível; d) intransmissível; e) personalíssimo.

24.3. Modos de Constituição e Extinção

Diz o artigo 1.413 do CCB que "são aplicáveis ao uso, no que não for contrário à sua natureza, as disposições relativas ao usufruto".[7]

---

3 Correspondente ao art. 742 do Código Civil de 1916.
4 Correspondente ao art. 743 do Código Civil de 1916.
5 Correspondente ao art. 744 do Código Civil de 1916.
6 CRFB/88 – Art. 226 – A família, base da sociedade, tem especial proteção do Estado.
7 Correspondente ao art. 745 do Código Civil de 1916.

Dessa forma, o uso pode ser constituído pelos modos de constituição do usufruto, bem com a sua extinção.

24.4. Jurisprudência

Vejamos, abaixo, a jurisprudência sobre o *direito real de uso*: "AGRAVO DE INSTRUMENTO N° 736.584 – SP (2006/0007402-1) RELATORA: MINISTRA DENISE ARRUDA. DECISÃO PROCESSUAL CIVIL. AGRAVO DE INSTRUMENTO. SÚMULA 182/STJ. 1. A ausência de impugnação específica dos fundamentos da decisão que inadmitiu o recurso especial impede o conhecimento do agravo de instrumento. Aplicação do princípio estabelecido na Súmula 182/STJ. 2. É possível, no juízo de admissibilidade realizado na origem, adentrar o mérito do recurso especial, pois o exame de admissibilidade pela alínea *a* do permissivo constitucional envolve o próprio mérito da controvérsia. 3. Agravo de instrumento não conhecido. 1. Trata-se de agravo de instrumento contra decisão que negou seguimento a recurso especial interposto em face de acórdão do Primeiro Tribunal de Alçada Civil do Estado de São Paulo cuja ementa é a seguinte: "ITBI – Cessão do direito real de uso (C. Civil, art. 1.225, V e 1412) – Constituição do capital social que pode se dar com a transferência do direito real de uso ou usufruto – Contrato que, no caso, implicou na cessão do valor dos alugueres – A impetrante é administradora de fundo de investimento imobiliário e alega estar recebendo parte de seu capital por meio de escritura de conferência de imóvel, quando em verdade está se tornando cessionária do valor do aluguel pago pelo inquilino – Imóvel que será loteado e transferido à administradora – Inexistência de provas seguras de que a impetrante não tenha como atividade preponderante a venda ou a locação de propriedade imobiliária ou cessão de direitos relativos à sua aquisição (CF, art. 156, II e parágrafo 2°, I – CTN, art. 37). Direito líquido e certo ausente – Segurança denegada – Recurso provido" (fl. 142). Os embargos declaratórios opostos foram rejeitados (fls. 153-154). No recurso especial (fls. 157-177), interposto com base na alínea a do permissivo constitucional, a ora agravante aponta violação dos arts 36, I, 37, do CTN, e 7° da Lei n° 8.668/93. Afirma, em síntese, que: (a) "(...) a Recorrente praticou o negócio jurídico entabulado e que poderia ocasionar a incidência do ITBI, não fosse a norma imunizante contida no Código Tributário Nacional, corroborado constitucionalmente" (fl. 165); (b) "(...) a Recorrente está autorizada a receber os frutos provenientes do imóvel em destaque, repassando-os, integralmente, ao Fundo Imobiliário, em operação interna, como impõe com proficiência o *caput* do artigo 7° da Lei n° 8.668/93, que explicita a incomunicabilidade dos frutos advindos dos bens ou direitos adquiridos pela administradora em caráter resolúvel com seu patrimônio" (fl. 170). A inadmissão do recurso especial se deu sob o argumento de que: (a) "(...) os argumentos expendidos não são suficientes para infirmar as conclusões do v. aresto combatido que contém fundamentação adequada para lhe dar respaldo, tampouco ficando evidenciando o suposto maltrato às normas legais enunciadas (fl. 191); (b) (...) "rever a posição da Turma Julgadora importaria em ofensa à Súmula nº 7 do Superior Tribunal de Justiça" (fl. 192). A agravante aduz, em suma, que: (a) "(...) assim como não se admite que um juízo de primeiro grau impeça o conhecimento de recurso de Apelação (...), não se pode admitir que o Tribunal impeça o conhecimento de Recurso Especial por entender os argumentos pouco sólidos para reformar o acórdão" (fl. 11); (b) não se aplica ao caso o teor da Súmula 7/STJ, visto que o recurso especial não tem como escopo o mero reexame de fatos. 2. O agravo de instrumento não preenche condições de admissibilidade. Revela-se inviável o agravo que não ataca especificamente todos os fundamentos da decisão agravada. No caso concreto, a agravante não infirmou especificamente o primeiro fundamento da decisão agravada (fl. 191), o qual é suficiente para impedir o seguimento do recurso especial interposto. Aplica-se, por analogia, o princípio inserto na Súmula 182 desta Corte, o qual estabelece que cabe ao agravante impugnar todos os fundamentos da decisão agravada, sob pena de não conhecimento do recurso. Nesse sentido: "PROCESSO CIVIL. LOCAÇÃO. SÚMULA Nº 182 DO STJ. 1. O Superior Tribunal de Justiça firmou compreensão de que o agravante deve infirmar todos os fundamentos da decisão impugnada, mostrando-se inadmissível o agravo que não se insurge contra todos eles (Súmula nº 182/STJ). 2. Precedentes. 3. Agravo regimental a que se nega provimento" (AgRg no Ag 559.266/RS, 6ª Turma, Rel. Min. Paulo Gallotti, DJ de 1º.2.2005) "AGRAVO REGIMENTAL. AGRAVO DE INSTRUMENTO. SÚMULA 182 – STJ. 1. Não se conhece do agravo de instrumento que não ataca especificamente os fundamentos que ensejaram a negativa de acesso à via excepcional. 2. Agravo regimental a que se nega provimento" (AgRg no Ag 469.670/GO, 2ª Turma, Rel. Min. João Otávio de Noronha, DJ de 14.4.2003). Por fim, convém assinalar que "a decisão que admite, ou não, o recurso especial deve ser fundamentada, com o exame dos seus pressupostos gerais e constitucionais" (Súmula 123/STJ). Há incontáveis julgados deste Tribunal no sentido de que é possível, no juízo de admissibilidade realizado na origem, adentrar o mérito do recurso especial, pois o exame de admissibilidade pela alínea *a* do permissivo constitucional envolve o próprio mérito da controvérsia (AgRg no Ag 524.671/RS, 6ª Turma, Rel. Min. Paulo Medina, DJ de 17.11.2003; AgRg no Ag 68.804/PR, 4ª Turma, Rel. Min. Sálvio de Figueiredo Teixeira, DJ de 2.10.1995). 3. Diante do exposto, não conheço do agravo de instrumento. Publique-se. Intimem-se. Brasília (DF), 4 de setembro de 2006. MINISTRA DENISE ARRUDA Relatora (Ministra DENISE ARRUDA, 14.9.2006).

Capítulo 25
DA HABITAÇÃO

25.1. Conceito

A *habitação* é um direito real, temporário, de ocupar gratuitamente casa alheia, com o firme propósito de constituir a sua morada e de sua família. O objeto do direito real de habitação recai sobre um bem imóvel que possa servir de morada ao titular desse direito (habitador).

O direito real de habitação difere, pois, do usufruto e do uso, já que o habitador não poderá alugar o imóvel nem mesmo emprestá-lo. O único direito é o de morar no imóvel.[1]

Outra diferença é que o usufruto e o uso podem recair sobre bens móveis, sobre bens imateriais, sobre títulos de crédito, enquanto o direito real de habitação só incide sobre imóveis, por razões óbvias. Ademais, o direito real de habitação não incide sobre qualquer imóvel, mas somente sobre imóveis residenciais. Não haverá, pois, direito real de habitação sobre uma fábrica, galpão, depósito etc., uma vez que o objetivo do referido instituto jurídico é permitir ao titular do direito (habitador) que resida com a sua família.

É o que diz o artigo 1.414, *verbis*: "quando o uso consistir no direito de habitar gratuitamente casa alheia, o titular deste direito não a pode alugar, nem emprestar, mas simplesmente ocupá-la com sua família".[2]

Conforme artigo 167 da Lei de Registros Públicos, "no Registro de Imóveis, além da matrícula, serão feitos. I – o registro: [...] 7) do usufruto e do uso sobre imóveis e da habitação, quando não resultarem do direito de

---

1 Direito real de habitação. Ação possessória. Artigos 718, 748, 1.611, § 2º, e 1.572 do Código Civil de 1916.1. O titular do direito real de habitação tem legitimidade ativa para utilizar a defesa possessória, pouco relevando que dirigida contra quem é compossuidor por força do art. 1.572 do Código Civil de 1916. Fosse diferente, seria inútil a garantia assegurada ao cônjuge sobrevivente de exercer o direito real de habitação. 2. Recurso especial conhecido e provido (Resp 616.027/SC, Rel. Ministro CARLOS ALBERTO MENEZES DIREITO, TERCEIRA TURMA, julgado em 14.6.2004, DJ 20.9.2004, p. 293).
2 Correspondente ao art. 746 do CCB/1916.

família;"³ ⁴

25.2. Características

O direito real de habitação é um direito temporário, personalíssimo, indivisível, intransmissível e exercido de forma gratuita.

25.3. Direito Real de Habitação Simultâneo

Determina o artigo 1.415 do CCB que "se o direito real de habitação for conferido a mais de uma pessoa, qualquer delas que sozinha habite a casa não terá de pagar aluguel à outra, ou às outras, mas não as pode inibir de exercerem, querendo, o direito, que também lhes compete, de habitá-la".⁵

Assim, aquele que habita o imóvel não está obrigado a pagar aluguel à outra pessoa, ou às outras, todavia, não poderá impedir o direito real de habitação simultâneo.

25.4. Regime Legal

São aplicáveis à habitação, no que não for contrário à sua natureza, as disposições relativas ao usufruto (CCB, art. 1.416).⁶ Vale destacar ainda que, de acordo com o artigo 1.831 do nosso Código Civil brasileiro, "ao cônjuge sobrevivente, qualquer que seja o regime de bens, será assegurado, sem prejuízo da participação que lhe caiba na herança, o *direito real de habitação* relativamente ao imóvel destinado à residência da família, desde que seja o único daquela natureza a inventariar".

Importante destacar que o direito real de habitação tem caráter gratuito, razão pela qual os herdeiros não podem exigir remuneração do(a) compa-

---

3   Embargos de terceiro. Direito real de habitação. Art. 1.611, § 2º, do Código Civil de 1916. Usufruto. Renúncia do usufruto: repercussão no direito real de habitação. Registro imobiliário do direito real de habitação. Precedentes da Corte. 1. A renúncia ao usufruto não alcança o direito real de habitação, que decorre de lei e se destina a proteger o cônjuge sobrevivente mantendo-o no imóvel destinado à residência da família. 2. O direito real de habitação não exige o registro imobiliário. 3. Recurso especial conhecido e provido (REsp 565.820/PR, Rel. Ministro CARLOS ALBERTO MENEZES DIREITO, TERCEIRA TURMA, julgado em 16.9.2004, DJ 14.3.2005, p. 323).
4   CIVIL. CÔNJUGE SOBREVIVENTE. DIREITO REAL DE HABITAÇÃO. CC, ARTS. 1.611, PAR. 2., 715 E 748. REGISTRO. ART. 167, I, 7, DA LEI 6.015/1973. DISPENSABILIDADE. DIREITO DECORRENTE DO DIREITO DE FAMÍLIA. RECURSO DESACOLHIDO. – O DIREITO REAL DE HABITAÇÃO EM FAVOR DO CÔNJUGE SOBREVIVENTE SE DÁ "EX VI LEGIS", DISPENSANDO REGISTRO NO ÁLBUM IMOBILIÁRIO, JÁ QUE GUARDA ESTREITA RELAÇÃO COM O DIREITO DE FAMÍLIA (REsp 74.729/SP, Rel. Ministro SÁLVIO DE FIGUEIREDO TEIXEIRA, QUARTA TURMA, julgado em 9.12.1997, DJ 2.3.1998, p. 93).
5   Correspondente ao art. 747 do CCB/1916.
6   Correspondente ao art. 748 do CCB/1916.

nheiro(a) ou cônjuge sobrevivente pelo fato de estar usando o imóvel. Seria um contrassenso dizer que a pessoa tem direito de permanecer no imóvel em que residia antes do falecimento do seu companheiro ou cônjuge, e, ao mesmo tempo, exigir dela o pagamento de uma contrapartida (uma espécie de "aluguel") pelo uso exclusivo do bem. STJ. 3ª Turma. REsp 1.846.167-SP, Rel. Min. Nancy Andrighi, julgado em 09/02/2021.[7]

O direito real de habitação perdura por quanto tempo? O direito real de habitação é vitalício e personalíssimo, o que significa que o titular pode permanecer no imóvel até o momento do seu falecimento. Sua finalidade é assegurar que o viúvo ou viúva permaneça no local em que antes residia com sua família, garantindo-lhe uma moradia digna.

Ademais, aos herdeiros não é autorizado exigir a extinção do condomínio e a alienação do bem imóvel comum enquanto perdurar o direito real de habitação (REsp 1.846.167-SP, Rel. Min. Nancy Andrighi, Terceira Turma, por unanimidade, julgado em 09/02/2021, DJe 11/02/2021). Vejamos:

> A doutrina civilista tem defendido a impossibilidade de os herdeiros postularem a extinção do condomínio e a alienação do bem comum.
>
> Esta Corte, da mesma forma, nas duas oportunidades em que foi instada a se manifestar sobre o assunto, denegou a pretensão dos herdeiros de extinguir o condomínio e alienar o imóvel indivisível. Nesse sentido a Quarta Turma destaca que "dada a reserva pelo acórdão do direito real vitalício de habitação, limitado, como não poderia deixar de ser, a venda à nua propriedade (50%), recebida em partilha, tênue se apresenta a ofensa à norma legal em apreço que, em princípio, não proíbe taxativamente o ato de disposição, com as ressalvas já declinadas, mas que, de qualquer forma, ainda que indiretamente pode deixar ao desabrigo o cônjuge, neste

---

[7] O art. 1.414 do CC/2002 assegura ao detentor do direito real a prerrogativa de habitar a residência com sua família. Assim, para fins de aplicação dessa norma, a doutrina propõe seu alargamento, para incluir nesse conceito "membros de suas relações, desde que não satisfaçam estes algum pagamento pela hospedagem".Para além disso, nesse aspecto em específico, relembre-se uma vez mais, que a mens legis é manter o companheiro – ou cônjuge – vinculado ao local que lhe serve de convívio familiar. É possível afirmar, então, que esse instituto também visa a evitar que, além da morte daquele com quem compartilhava a sua vida, o convivente supérstite também tenha de suportar a perda do lar.Como sabiamente a Terceira Turma acentuou no julgamento do REsp 1.582.178/RJ, "o objetivo da lei é permitir que o cônjuge sobrevivente permaneça no mesmo imóvel familiar que residia ao tempo da abertura da sucessão como forma, não apenas de concretizar o direito constitucional à moradia, mas também por razões de ordem humanitária e social, já que não se pode negar a existência de vínculo afetivo e psicológico estabelecido pelos cônjuges com o imóvel em que, no transcurso de sua convivência, constituíram não somente residência, mas um lar".Sendo assim, não podem os herdeiros exigir remuneração da companheira sobrevivente, nem da filha que com ela reside no imóvel.

caso, contra a vontade da lei" (REsp 234.276/RJ, Rel. ministro Fernando Gonçalves, Quarta Turma, julgado em 14/10/2003, DJ 17/11/2003).

Tem-se, então, que a autorização de extinção do condomínio sobre o imóvel e venda do bem comum contraria a própria essência do direito real de habitação decorrente da sucessão.

Neste sentido, o Ministro CASTRO FILHO, da Terceira Turma do STJ, no Resp 826.838/RJ, em 25.9.2006, decidiu que "DIREITO REAL DE HABITAÇÃO. CÔNJUGE SOBREVIVENTE. CODIFICAÇÃO ATUAL. REGIME NUPCIAL. IRRELEVÂNCIA. RESIDÊNCIA DO CASAL. Segundo o artigo 1.831 do Código Civil de 2002, o cônjuge sobrevivente tem direito real de habitação sobre o imóvel em que residia o casal, desde que seja o único dessa natureza que integre o patrimônio comum ou particular do cônjuge falecido. Recurso não conhecido, com ressalva quanto à terminologia".

O Código de Civil de 1916, no artigo 1.611, § 2º, já tratava do direito real de habitação em favor do cônjuge sobrevivente, se casado sob o regime da comunhão universal e na condição de continuar viúvo.

Neste diapasão, o Ministro FERNANDO GONÇALVES, da Quarta Turma do STJ, no Resp 234.276/RJ, julgado em 14.10.2003, decidiu que "CIVIL. CÔNJUGE SOBREVIVENTE. IMÓVEL. DIREITO REAL DE HABITAÇÃO. 1. Ao cônjuge sobrevivente, observadas as prescrições legais, é assegurado o direito real de habitação relativamente ao único imóvel destinado à residência da família, a teor do disposto no § 2º do art. 1.611 do Código Civil de 1916. 2. Neste contexto, recusa o entendimento pretoriano, a extinção do condomínio pela alienação do imóvel a requerimento do filho, também herdeiro. 2. Recurso conhecido e provido para restabelecer a sentença julgando improcedente a ação de extinção de condomínio".

Da mesma forma, "Viúvo. Direito de habitação. Imóvel residencial. Condomínio. Alienação de bem comum indivisível. O viúvo, casado sob o regime de comunhão universal de bens, tem o direito real de habitação relativamente ao imóvel destinado à residência da família. Improcedência da ação de extinção de condomínio e alienação judicial de coisa comum. ART. 1.611, PAR. 2º DO C. CIVIL. RECURSO CONHECIDO E PROVIDO (REsp 107.273/PR, Rel. Ministro RUY ROSADO DE AGUIAR, QUARTA TURMA, julgado em 9.12.1996, DJ 17.3.1997, p. 7516)".

Não há direito real de habitação sobre imóvel comprado pelo falecido em copropriedade com terceiro. STJ. 2ª Seção. EREsp 1.520.294-SP, Rel. Min. Maria Isabel Gallotti, julgado em 26/08/2020 (Info 680). Vejamos: "O direito real de habitação possui como finalidade precípua garantir o direito à moradia ao cônjuge/companheiro supérstite, preservando o imóvel que era destinado à residência da família, qualquer que fosse o regime de bens adotado.

Trata-se de instituto intrinsecamente ligado à sucessão, razão pela qual os direitos de propriedade originados da transmissão da herança sofrem mitigação temporária em prol da manutenção da posse exercida pelos membros do casal.

Hipóteses distintas e que não podem ser objeto de interpretação extensiva, visto que o direito real de habitação já é oriundo de exceção imposta pelo legislador, são aquelas referentes à existência de copropriedade anterior com terceiros do imóvel vindicado, visto que estranhos à relação sucessória que ampararia o direito em debate.

Como pontuado pela Ministra Nancy Andrighi, relatora do REsp 1.184.492/SE, a causa do direito real de habitação é tão somente "a solidariedade interna do grupo familiar que prevê recíprocas relações de ajuda".

Entendimento diverso possibilitaria, inclusive, a instituição de direito real de habitação sobre imóvel de propriedade de terceiros estranhos à sucessão, o que contraria a *mens legis* acima exposta".

Outrossim, "o reconhecimento do direito real de habitação, a que se refere o artigo 1.831 do Código Civil, não pressupõe a inexistência de outros bens no patrimônio do cônjuge/companheiro sobrevivente". (REsp 1.582.178-RJ, Rel. Min. Ricardo Villas Bôas Cueva, por maioria, julgado em 11/09/2018, DJe 14/09/2018).

> Registre-se inicialmente que o art. 1.831 do Código Civil e o art. 7º da Lei nº 9.278/1996 impôs como a única condição para garantia do cônjuge sobrevivente ao direito real de habitação é que o imóvel destinado à residência do casal fosse o único daquela natureza a inventariar, ou seja, que dentro do acervo hereditário deixado pelo falecido não existam múltiplos imóveis destinados a fins residenciais. Nenhum dos mencionados dispositivos legais impõe como requisito para o reconhecimento do direito real de habitação a inexistência de outros bens, seja de que natureza for, no patrimônio próprio do cônjuge sobrevivente. Não é por outro motivo que a Quarta Turma, debruçando-se sobre controvérsia semelhante, entendeu que o direito real de habitação é conferido por lei, independentemente de o cônjuge ou companheiro sobrevivente ser proprietário de outros imóveis (REsp 1.249.227/SC, Rel. Min. Luis Felipe Salomão, julgado em 17/12/2013, DJe 25/3/2014). Com efeito, o objetivo da lei é permitir que o cônjuge sobrevivente permaneça no mesmo imóvel familiar que residia ao tempo da abertura da sucessão como forma, não apenas de concretizar o direito constitucional à moradia, mas também por razões de ordem humanitária e social, já que não se pode negar a existência de vínculo afetivo e psicológico estabelecido pelos

cônjuges com o imóvel em que, no transcurso de sua convivência, constituíram não somente residência, mas um lar. Além disso, a norma protetiva é corolário dos princípios da dignidade da pessoa humana e da solidariedade familiar que tutela o interesse mínimo de pessoa que, em regra, já se encontra em idade avançada e vive momento de inconteste abalo resultante da perda do consorte.

25.5. Jurisprudência

RECURSO ESPECIAL Nº 531.904 – SP (2003/0028605-2) RELATOR: MINISTRO HUMBERTO GOMES DE BARROS. DECISÃO: Lena Cecília Rocha Amorim exerceu ação declaratória de reconhecimento e dissolução de sociedade de fato cumulada com alimentos contra Miguel Pellegrini. Alegou que manteve união estável com Miguel pelo período de 7 anos. Pediu indenização (650 salários mínimos), pensão mensal vitalícia (10 salários mínimos), usufruto de um apartamento enquanto viver, móveis, eletrodomésticos e um automóvel (GM-Monza ano 1994). O pedido foi julgado parcialmente procedente. Reconheceu-se a união estável e concedeu-se o usufruto do apartamento pelo prazo de 5 anos (fls. 172/180). A autora apelou, insistiu no acolhimento de todos os pedidos da inicial. O Tribunal de Justiça do Estado de São Paulo deu parcial provimento ao recurso em acórdão assim ementado: "Concubinato – Reconhecimento da existência de união estável – Indenização por serviços prestados – Inadmissibilidade da sua cumulação com pedido de alimentos e de partilha de bens, irrelevante a não postulação da partilha por mera conveniência da apelante – Hipótese, ademais, em que lhe foi deferido, por 5 anos, prorrogados por mais 2 anos, através da presente decisão, o usufruto sobre imóvel, com nítido conteúdo indenizatório. Alimentos – União estável – Concessão condicionada ao binômio necessidade/possibilidade – Apelante que não trouxe prova de tais pressupostos – Rejeição do pedido mantida. União estável – Acervo patrimonial – Prova de ter a apelante concorrido, em menor proporção, para a aquisição de imóvel nesta Capital – Pretensão recursal de estabelecimento, tão só, de usufruto vitalício sobre tal bem – Proposição em desacordo com os ditames do art. 2º, I, da Lei 8.971/94 – Prorrogação, por mais 2 anos, do usufruto de 5 anos concedido na r. sentença, contra a qual não se insurgiu o apelado, com reconhecimento do direito de habitação a partir daí, condicionado, porém, ao não estabelecimento de nova convivência ou esponsais – Recurso parcialmente provido para esse fim, mantida a divisão da sucumbência". (fl. 218). Houve oposição de embargos de declaração (fls. 227/228). Foram, entretanto, rejeitados (fls. 231/234). Daí o recurso especial (alínea "a"), queixando-se de ofensa ao art. 7º, parágrafo único, da Lei 9.278/96. O recorrente sustenta que não pode haver usufruto do imóvel porque não houve dissolução de convivência por morte. O Ministério Público Federal, em parecer lançado pelo e. Subprocurador-Geral da República, Dr. Henrique Fagundes, opinou pelo não conhecimento do recurso especial (fls. 257/262). DECIDO: No julgamento de apelação contra sentença que acolheu em parte pedido contido em ação declaratória de união estável, o Tribunal Paulista prolongou por mais dois anos usufruto concedido à apelante (ora recorrida) sobre apartamento localizado em São Paulo e deferiu-lhe, a partir do término do usufruto, direito de habitação no imóvel enquanto viver. O recorrente pede o afastamento da condenação. Alega que o direito real de habitação só é dado ao convivente sobrevivente enquanto viver, ou não constituir nova união ou casamento, no caso de dissolução de união estável por morte, que não é o presente caso. O parágrafo único do art. 7º da Lei nº 9.278/96 tido por ofendido, dispõe que: "Dissolvida a união estável por morte de um dos conviventes, o sobrevivente terá direito real de habitação, enquanto viver ou não constituir nova união ou casamento, relativamente ao imóvel destinado à residência da família". Diferentemente do que alega o recorrente, não houve, na formação do acórdão recorrido, discussão sobre o disposto no referido dispositivo legal, ausente o prequestionamento na hipótese. Com efeito, o Tribunal *a quo* aplicou por analogia do disposto no art. 7º, *caput*, da Lei nº 9.278/90 c/c 746 do Código Beviláqua, para conceder direito de habitação à ora recorrida, bem como prolongou por mais dois anos o usufruto sobre o seu imóvel. Cabia ao recorrente, nas razões do recurso especial, demonstrar de forma fundamentada e inequívoca, que a recorrida não tem direito de habitação enquanto viver no imóvel, e não alegar de forma genérica ofensa ao parágrafo único do art. 7º da Lei nº 9.278/90. Deficiente a fundamentação nesse sentido. Incidência da Súmula 284/STF. Acrescente-se ainda que o STJ já proclamou que "A companheira tem, por direito próprio e não decorrente do testamento, o direito de habitação sobre o imóvel destinado à moradia da família, nos termos do art. 7º da Lei nº 9.278/96" (REsp 175862/ROSADO). Nego seguimento ao recurso especial. Brasília (DF), 18 de novembro de 2005. MINISTRO HUMBERTO GOMES DE BARROS, Relator (Ministro HUMBERTO GOMES DE BARROS, 29.11.2005).

Capítulo 26
DO DIREITO DO PROMITENTE--COMPRADOR

26.1. Conceito e Características

É um pacto firmado entre compromitente-vendedor e compromissário-comprador pelo qual aquele se obriga com este a vender determinado imóvel, no preço, condições e modos ajustados no instrumento público ou particular. Com o adimplemento de todas as prestações, o compromissário-comprador tem o direito de obter a escritura definitiva do referido imóvel, já que possui o direito real sobre ele, podendo, inclusive, obter adjudicação compulsória do imóvel por meio da tutela jurisdicional, no caso de recusa por parte do compromitente-vendedor (ou terceiros, no caso de cessão de direitos).

Diz o artigo 1.417 que "mediante promessa de compra e venda, em que se não pactuou arrependimento, celebrada por instrumento público ou particular, e registrada no Cartório de Registro de Imóveis, adquire o promitente comprador direito real à aquisição do imóvel".[1][2][3]

Portanto, exigem-se os seguintes requisitos: a) inexistência de cláusula de arrependimento e b) registro no RGI.

A promessa de compra e venda precisa ser registrada em cartório para ser válida? Não. A promessa de compra e venda é válida mesmo sem registro no cartório. Quando a promessa de compra e venda é registrada em cartório, esse compromisso passa a ter *natureza jurídica de direito real à aquisição*.

---

1 Sem correspondência ao CCB de 1916.
2 LRP – Art. 167 – No Registro de Imóveis, além da matrícula, serão feitos. I – o registro: [...] 9) dos contratos de compromisso de compra e venda de cessão deste e de promessa de cessão, com ou sem cláusula de arrependimento, que tenham por objeto imóveis não loteados e cujo preço tenha sido pago no ato de sua celebração, ou deva sê-lo a prazo, de uma só vez ou em prestações;
3 Lei nº 4.591/64 – Dispõe sobre o condomínio em edificações e as incorporações imobiliárias. Art. 32. O incorporador somente poderá negociar sobre unidades autônomas após ter arquivado, no cartório competente de Registro de Imóveis, os seguintes documentos: [...] § 2º Os contratos de compra e venda, promessa de venda, cessão ou promessa de cessão de unidades autônomas são irretratáveis e, uma vez registrados, conferem direito real oponível a terceiros, atribuindo direito a adjudicação compulsória perante o incorporador ou a quem o suceder, inclusive na hipótese de insolvência posterior ao término da obra. (Redação dada pela Lei nº 10.931, de 2004)

Márcio André Lopes Cavalcante explica que "a promessa de compra e venda (ou compromisso de compra e venda) é uma espécie de contrato preliminar por meio do qual uma pessoa (promitente vendedor) se compromete a vender o seu bem ao promissário comprador após este pagar integralmente o preço que foi ajustado. Se o promitente vendedor, mesmo após receber o preço integral combinado, recusar-se a outorgar a escritura pública, o promissário comprador poderá ajuizar ação de adjudicação compulsória.

Existe um prazo para que o promissário comprador proponha a ação de adjudicação compulsória? Depois de pago integralmente o preço, se o promitente vendedor se recusar a outorgar a escritura pública, qual o prazo que o promissário comprador possui para requerer a adjudicação compulsória? Não há prazo. O promitente comprador, amparado em compromisso de compra e venda de imóvel cujo preço já tenha sido integralmente pago, tem o direito de requerer judicialmente, a qualquer tempo, a adjudicação compulsória do imóvel. STJ. 4ª Turma. REsp 1.216.568-MG, Rel. Min. Luis Felipe Salomão, julgado em 3/9/2015".[4]

O Conselho da Justiça Federal, na III Jornada de Direito Civil, editou o Enunciado 253: "Art. 1.417: O promitente comprador, titular de direito real (art. 1.417), tem a faculdade de reivindicar de terceiro o imóvel prometido à venda".

É, pois, o chamado *direito real de aquisição* que, pela primeira vez, se desvela no Código Civil.

26.2. Evolução Histórica do Direito do Promitente-Comprador

O compromisso de compra e venda de bem imóvel foi estabelecido pelo *Decreto-Lei nº 58, de 10 de dezembro de 1937*, que dispõe sobre o loteamento e a venda de terrenos para pagamento em prestações. Inicialmente, esse direito era reconhecido apenas para os promitentes-compradores de imóveis loteados.

A posteriori, este direito real de aquisição foi estendido a todo e qualquer imóvel, loteado ou não. O artigo 22 do Decreto-Lei nº 58 diz que "os contratos, sem cláusula de arrependimento, de compromisso de compra e venda e cessão de direitos de imóveis não loteados, cujo preço tenha sido pago no ato de sua constituição ou deva sê-lo em uma ou mais prestações, desde que, inscritos a qualquer tempo, atribuem aos compromissos direito real oponível a terceiros, e lhes conferem o direito de adjudicação compulsória nos termos dos artigos 16 desta lei, 640 e 641 do Código de Processo Civil (Redação dada pela Lei nº 6.014, de 1973)".

A promessa de compra e venda, como um contrato preliminar, até o advento do Decreto-Lei nº 58/37, gerava direitos obrigacionais (direitos pessoais) entre as partes. Logo, o promitente-comprador ficava impossibilitado

---

4 Disponível em: <https://dizerodireitodotnet.files.wordpress.com/2015/11/info-570-stj.pdf>. Acesso em: 26 set. 2016.

Capítulo 26 – Do Direito do Promitente-Comprador

de compelir o promitente-vendedor a lhe outorgar a escritura definitiva, já que o inadimplemento obrigacional gerava perdas e danos. Daí que o promitente-comprador não adquiria a propriedade, uma vez que a promessa de compra e venda gerava entre as partes direitos obrigacionais.

Todavia, a partir do momento que o referido direito se transformou num *direito real de aquisição*, aderindo ao imóvel (oponível *erga omnes*), o promitente-comprador poderia exigir o domínio e, em caso de recusa do promitente-vendedor, exigir o imóvel por intermédio da *adjudicação compulsória*, cuja sentença judicial tem força de título aquisitivo de domínio, levando-a para registro no Cartório de Registro de Imóveis. Ora, *in casu*, a sentença judicial substitui a escritura de compra e venda.

O promitente-comprador, de mero credor da obrigação de fazer, transforma-se em *titular do direito real de aquisição*.

Vale destacar que a promessa de compra e venda era denominada de compromisso de compra e venda pelo Decreto-Lei nº 58/37.[5]

---

5 O PRESIDENTE DA REPÚBLICA DOS ESTADOS UNIDOS DO BRASIL, usando da atribuição que lhe confere o artigo 180 da Constituição: Considerando o crescente desenvolvimento da loteação de terrenos para venda mediante o pagamento do preço em prestações; Considerando que as transações assim realizadas não transferem o domínio ao comprador, uma vez que o art. 1.088 do Código Civil permite a qualquer das partes arrepender-se antes de assinada a escritura de compra e venda; Considerando que esse dispositivo deixa praticamente sem amparo numerosos compradores de lotes, que têm assim por exclusiva garantia a seriedade, a boa-fé e a solvabilidade das empresas vendedoras; Considerando que, para segurança das transações realizadas mediante contrato de compromisso de compra e venda de lotes, cumpre acautelar o compromissário contra futuras alienações ou onerações dos lotes comprometidos; Considerando ainda que a loteação e venda de terrenos urbanos e rurais se opera frequentemente sem que aos compradores seja possível a verificação dos títulos de propriedade dos vendedores; DECRETA:
Art. 1º Os proprietários ou coproprietários de terras rurais ou terrenos urbanos, que pretendam vendê-los, divididos em lotes e por oferta pública, mediante pagamento do preço a prazo em prestações sucessivas e periódicas, são obrigados, antes de anunciar a venda, a depositar no cartório do registo de imóveis da circunscrição respectiva: I – um memorial por eles assinado ou por procuradores com poderes especiais, contendo: a) denominação, área, limites, situação e outros característicos do imóvel; b) relação cronológica dos títulos de domínio, desde 30 anos, com indicação da natureza e data de cada um, e do número e data das transcrições, ou cópia autêntica dos títulos e prova de que se acham devidamente transcritos; c) plano de loteamento, de que conste o programa de desenvolvimento urbano, ou de aproveitamento industrial ou agrícola; nesta última hipótese, informações sobre a qualidade das terras, águas, servidões ativas e passivas, estradas e caminhos, distância de sede do município e das estações de transporte de acesso mais fácil; II – planta do imóvel, assinada também pelo engenheiro que haja efetuado a mediação e o loteamento e com todos os requisitos técnicos e legais; indicadas a situação, as dimensões e a numeração dos lotes, as dimensões e a nomenclatura das vias de comunicação e espaços livres, as construções e benfeitorias, e as vias públicas de comunicação; III – exemplar de caderneta ou do contrato-tipo de compromisso de venda dos lotes; IV – certidão negativa de impostos e de ônus reais; V – certidão dos documentos referidos na letra b do nº I. § 1º Tratando-se de propriedade urbana, o plano e a planta de loteamento devem ser previamente aprovados pela Prefeitura Municipal, ouvidas, quanto ao que lhes disser respeito, as autoridades sanitárias, militares e, desde que se trata de área total ou parcialmente florestada, as autoridades florestais. (Redação dada pela Lei nº 4.778, de 1965). § 2º As certidões positivas da existência de ônus reais, de impostos e de qualquer ação real ou pessoal, bem como qualquer protesto de título de dívida civil ou comercial não impedem o registro. § 3º Se

a propriedade estiver gravada de ônus real, o memorial será acompanhado da escritura pública em que o respectivo titular estipule as condições em que se obriga a liberar os lotes no ato do instrumento definitivo de compra e venda. § 4º O plano de loteamento poderá ser modificado quanto aos lotes não comprometidos e o de arruamento desde que a modificação não prejudique os lotes comprometidos ou definitivamente adquiridos, se a Prefeitura Municipal aprovar a modificação. A planta e o memorial assim aprovados serão depositados no cartório do registo para nova inscrição, observando o disposto no art. 2º e parágrafos. § 5º O memorial, o plano de loteamento e os documentos depositados serão franqueados, pelo oficial do registo, ao exame de qualquer interessado, independentemente do pagamento de emolumentos, ainda que a título de busca. O oficial, neste caso, receberá apenas as custas regimentais das certidões que fornecer. § 6º Sob pena de incorrerem em crime de fraude, os vendedores, se quiserem invocar, como argumento de propaganda, a proximidade do terreno com algum acidente geográfico, cidade, fonte hidromineral ou termal ou qualquer outro motivo de atração ou valorização, serão obrigados a declarar no memorial descritivo e a mencionar nas divulgações, anúncios e prospectos de propaganda, a distância métrica a que se situa o imóvel do ponto invocado ou tomado como referência. (Incluído pela Lei nº 5.532, de 1968).

Art. 2º Recebidos o memorial e os documentos mencionados no art. 1º, o oficial do registo dará recibo ao depositante e, depois de autuá-los e verificar a sua conformidade com a lei, tornará público o depósito por edital afixado no lugar do costume e publicado três vezes, durante 10 dias, no jornal oficial do Estado e em jornal da sede da comarca, ou que nesta circule. § 1º Decorridos 30 dias da última publicação, e não havendo impugnação de terceiros, o oficial procederá ao registro, se os documentos estiverem em ordem. Caso contrário, os autos serão desde logo conclusos ao juiz competente para conhecer da dúvida ou impugnação, publicada a sentença em cartório pelo oficial, que dela dará ciência aos interessados. (Redação dada pela Lei nº 6.014, de 1973). § 2º Da sentença que negar ou conceder o registro caberá apelação. (Redação dada pela Lei nº 6.014, de 1973).

Art. 3º A inscrição torna inalienáveis, por qualquer título, as vias de comunicação e os espaços livres constantes do memorial e da planta.

Art. 4º Nos cartórios do registo imobiliário, haverá um livro auxiliar na forma da lei respectiva e de acordo com o modelo anexo. Nele registrar-se-ão, resumidamente: a) por inscrição, o memorial de propriedade loteada; b) por averbação, os contratos de compromisso de venda e de financiamento, suas transferências e recisões. Parágrafo único. No livro de transcrição, e à margem do registo da propriedade loteada, averbar-se-á a inscrição assim que efetuada.

Art. 5º A averbação atribui ao compromissário direito real aponível a terceiros, quanto à alienação ou oneração posterior, e far-se-á à vista do instrumento de compromisso de venda, em que o oficial lançará a nota indicativa do livro, página e data do assentamento.

Art. 6º A inscrição não pode ser cancelada senão: a) em cumprimento de sentença; b) a requerimento do proprietário, enquanto nenhum lote for objeto de compromisso devidamente inscrito, ou mediante o consentimento de todos os compromissários ou seus cessionários, expresso em documento por eles assinado ou por procuradores com poderes especiais.

Art. 7º Cancela-se a averbação: a) a requerimento das partes contratantes do compromisso de venda; b) pela resolução do contrato; c) pela transcrição do contrato definitivo de compra e venda; d) por mandado judicial.

Art. 8º O registo instituído por esta lei, tanto por inscrição quanto por averbação, não dispensa nem substitui o dos atos constitutivos ou translativos de direitos reais na forma e para os efeitos das leis e regulamentos dos registos públicos.

Art. 9º O adquirente por ato inter vivos, ainda que em hasta pública, ou por sucessão legítima ou testamentária, da propriedade loteada e inscrita, sub-roga-se nos direitos e obrigações dos alienantes, autores da herança ou testadores, sendo nula qualquer disposição em contrário.

Art. 10. Nos anúncios e outras publicações de propaganda de venda de lotes a prestações, sempre se mencionará o número e data da inscrição do memorial e dos documentos no registo imobiliário.

Art. 11. Do compromisso de compra e venda a que se refere esta lei, contratado por instrumento público ou particular, constarão sempre as seguintes especificações: a) nome, nacionalidade, estado e domicílio dos contratantes; b) denominação e situação da propriedade, número e data da inscrição; c) descrição do lote ou dos lotes que forem objeto do compromisso, confrontações, áreas e outros característicos, bem como os números correspondentes na planta arquivada; d) prazo, preço e forma de pagamento, e importância do sinal; e) juros devidos sobre o débito em aberto e sobre as prestações vencidas e não pagas; f) cláusula penal não superior a 10 % do débito, e só exigível no caso de intervenção judicial; g) declaração da existência ou inexistência de servidão ativa ou passiva e outros ônus reais ou quaisquer outras restrições ao direito de propriedade; h) indicação do contratante a quem incumbe o pagamento das taxas e impostos. § 1º O contrato, que será manuscrito, datilografado ou impresso, com espaços em branco preenchíveis em cada caso, lavrar-se-á em duas vias, assinadas pelas partes e por duas testemunhas devidamente reconhecidas as firmas por tabelião. Ambas as vias serão entregues dentro em 10 dias ao oficial do registo, para averbá-las e restituí-las devidamente anotadas a cada uma das partes. § 2º É indispensável a outorga uxória quando seja casado o vendedor. § 3º As procurações dos contratantes que não tiverem sido arquivadas anteriormente sê-lo-ão no cartório do registo, junto aos respectivos autos.

Art. 12. Subentende-se no contrato a condição resolutiva da legitimidade e validade do título de domínio. § 1º Em caso de resolução, além de se devolverem as prestações recebidas, com juros convencionados ou os da lei, desde a data do pagamento, haverá, quando provada a má--fé, direito à indenização de perdas e danos. § 2º O falecimento dos cotratantes não resolve o contrato, que se transmitirá aos herdeiros. Também, não o resolve a sentença declaratória de falência; na dos proprietários, dar-lhe-ão cumprimento o síndico e o liquidatário; na dos compromissários, será ele arrecadado pelo síndico e vendido, em hasta pública, pelo liquidatário.

Art. 13. O contrato transfere-se por simples trespasse lançado no verso das duas vias, ou por instrumento separado, sempre com as formalidades dos parágrafos do art. 11. § 1º No primeiro caso, presume-se a anuência do proprietário. A falta do consentimento não impede a transferência, mas torna os adquirentes e os alienantes solidários nos direitos e obrigações contratuais. § 2º Averbando a transferência para a qual não conste o assentimento do proprietário, o oficial dela lhe dará, ciência por escrito.

Art. 14. Vencida e não paga a prestação, considera-se o contrato rescindido 30 dias depois de constituído em mora o devedor. § 1º Para este efeito será ele intimado a requerimento do compromitente, pelo oficial do registo a satisfazer as prestações vencidas e as que se vencerem até a data do pagamento, juros convencionados e custas da intimação. § 2º Purgada a mora, convalescerá o compromisso. § 3º Com a certidão de não haver sido feito pagamento em cartório, os compromitentes requererão ao oficial do registo o cancelamento da averbação.

Art. 15. Os compromissários têm o direito de, antecipando ou ultimando o pagamento integral do preço, e estando quites com os impostos e taxas, exigir a outorga da escritura de compra e venda.

Art. 16. Recusando-se os compromitentes a outorgar a escritura definitiva no caso do artigo 15, o compromissário poderá propor, para o cumprimento da obrigação, ação de adjudicação compulsória, que tomará o rito sumaríssimo. (Redação dada pela Lei nº 6.014, de 1973) § 1º A ação não será acolhida se a parte, que a intentou, não cumprir a sua prestação nem a oferecer nos casos e formas legais. (Redação dada pela Lei nº 6.014, de 1973) § 2º Julgada procedente a ação a sentença, uma vez transitada em julgado, adjudicará o imóvel ao compromissário, valendo como título para a transcrição. (Redação dada pela Lei nº 6.014, de 1973) § 3º Das sentenças proferidas nos casos deste artigo, caberá apelação. (Redação dada pela Lei nº 6.014, de 1973) § 4º Das sentenças proferidas nos casos deste artigo, caberá o recurso de agravo de petição. § 5º Estando a propriedade hipotecada, cumprido o dispositivo do § 3º, do art. 1º, será o credor citado para, no caso deste artigo, autorizar o cancelamento parcial da inscrição quanto aos lotes comprometidos.

Art. 17. Pagas todas as prestações do preço, é lícito ao compromitente requerer a intimação judicial do compromissário para, no prazo de trinta dias, que correrá em cartório, receber a escritura de compra e venda. Parágrafo único. Não sendo assinada a escritura nesse prazo, depositar-se-á o lote comprometido por conta e risco do compromissário, respondendo este pelas despesas judiciais e custas do depósito.

Art. 18. Os proprietários ou coproprietários dos terrenos urbanos loteados a prestação, na forma desta lei, que se dispuserem a fornecer aos compromissários, por empréstimo, recursos para a construção do prédio, nos lotes comprometidos, ou tomá-la por empreitada, por conta dos compromissários, depositarão no cartório do Registo Imobiliário um memorial indicando as condições gerais do empréstimo ou da empreitada e da amortização da dívida em prestações. § 1º O contrato, denominado de financiamento, será feito por instrumento público ou particular, com as especificações do art. 11 que lhe forem aplicáveis. Esse contrato será registado, por averbação, no livro a que alude o art. 4º, fazendo-se-lhe resumida referência na coluna apropriada. § 2º Com o memorial também se depositará o contrato-tipo de financiamento, contendo as cláusulas gerais para todos os casos, com os claros a serem preenchidos em cada caso.

Art. 19. O contrato de compromisso não poderá ser transferido sem o de financiamento, nem este sem aquele. A rescisão do compromisso de venda acarretará a do contrato de financiamento e vice-versa, na forma do art. 14.

Art. 20. O adquirente, por qualquer título, do lote, fica solidariamente responsável, com o compromissário, pelas obrigações constantes e decorrentes do contrato de financiamento, se devidamente averbado.

Art. 21. Em caso de falência, os contratos de compromisso de venda e de financiamento serão vendidos conjuntamente em hasta pública, anunciada dentro de 15 dias depois da primeira assembleia de credores, sob pena de destituição do liquidatário. Essa pena será aplicada pelo juiz a requerimento dos interessados, que poderão pedir designação de dia e hora para a hasta pública.

Disposições gerais

Art. 22. Os contratos, sem cláusula de arrependimento, de compromisso de compra e venda e cessão de direitos de imóveis não loteados, cujo preço tenha sido pago no ato de sua constituição ou deva sê-lo em uma ou mais prestações, desde que, inscritos a qualquer tempo, atribuem aos compromissos direito real oponível a terceiros, e lhes conferem o direito de adjudicação compulsória nos termos dos artigos 16 desta lei, 640 e 641 do Código de Processo Civil. (Redação dada pela Lei nº 6.014, de 1973)

Art. 23. Nenhuma ação ou defesa se admitirá, fundada nos dispositivos desta lei, sem apresentação de documento comprobatório do registo por ela instituído.

Art. 24. Em todos os casos de procedimento judicial, o foro competente será o da situação do lote comprometido ou o a que se referir o contrato de financiamento, quando as partes não hajam contratado outro foro.

Art. 25. O oficial do registo perceberá: a) pelo depósito e inscrição, a taxa fixa de 100$000, além das custas que forem devidas pelos demais atos; b) pela averbação, a de 5$000 por via de compromisso de venda ou de financiamento; c) pelo cancelamento de averbação, a de 5$000.

Art. 26. Todos os requerimentos e documentos atinentes ao registro juntar-se-ão aos autos respectivos, independentemente do despacho judicial.

Disposições transitórias

Art. 1º Os proprietários de terras e terrenos loteados em curso de venda deverão, dentro de três meses, proceder ao depósito e registo, nos termos desta lei, indicando no memorial os lotes já comprometidos cujas prestações estejam em dia. Se até 30 dias depois de esgotado esse prazo não houverem cumprido o disposto na lei, incorrerão os vendedores em multas de 10 a 20 contos de réis, aplicadas no dobro quando decorridos mais três meses. (Prorrogação). Parágrafo único. Efetuada a inscrição da propriedade loteada, os compromissários apresentarão as suas cadernetas ou contratos para serem averbados, ainda que não tenham todos os requisitos do artigo 11, contanto que sejam anteriores a esta lei.

Art. 2º As penhoras, arrestos e sequestros de imóveis, para os efeitos da apreciação da fraude de alienações posteriores, serão inscritos obrigatoriamente, dependendo da prova desse procedimento o curso da ação.

Art. 3º A mudança de numeração, a construção, a reconstrução, a demolição, a adjudicação, o desmembramento, a alteração do nome por casamento ou desquite serão obrigatoriamente averbados nas transcrições dos imóveis a que se referirem, mediante prova, a crédito do oficial

Pela Súmula 239 do STJ, o direito à adjudicação compulsória não se condiciona ao registro do compromisso de compra e venda no cartório de imóveis. Ocorre que com a entrada em vigor do novo Código Civil de 2002, para se estabelecer o direito real de aquisição (art. 1.417), é necessário que a promessa esteja registrada no RGI. A Súmula 239 do STJ é, pois, *contra legis*.

Outrossim, nada impede que o promitente vendedor aliene o imóvel a terceira pessoa. Para tanto, é necessário que a promessa tenha sido registrada no RGI.

São efeitos produzidos após o competente registro no RGI: a) oponibilidade *erga omnes*, já que os direitos reais são oponíveis a terceiros; b) transmissibilidade aos herdeiros; c) direito de sequela; d) imissão na posse; e) cessibilidade da promessa; f) purgação da mora; g) adjudicação compulsória.

A execução da promessa de compra e venda ocorrerá por força da escritura definitiva ou pela sentença constitutiva de adjudicação compulsória.

Poderá ocorrer a extinção do direito real do compromissário-comprador nas seguintes hipóteses: a) execução voluntária ou compulsória; b) distrato; c) resolução; d) impossibilidade superveniente; e) vício redibitório; f) pela evicção.[6][7][8]

---

do registo de imóveis.
Art. 4º Esta lei entrará em vigor na data da sua publicação, revogadas as disposições em contrário. Rio de Janeiro, 10 de dezembro de 1937, 116º da Independência e 49º da República.

6 PROMESSA. COMPRA. VENDA. DESISTÊNCIA. RESTITUIÇÃO. PAGAMENTO. O Tribunal *a quo* rescindiu o contrato de promessa de compra e venda do imóvel em razão da desistência dos autores, que alegavam não mais possuir condições de arcar com seus custos, anotado terem adquirido outro imóvel no mesmo empreendimento, alvo de outra ação. Insurgiram-se as rés com a forma em que foi determinada a restituição das quantias pagas. Nesta sede especial, anotou-se que o caso dos autos não guarda identidade com os diversos precedentes do STJ, pois não se trata de mera desistência no curso da construção, mas depois de construído o imóvel, o que denota extrema vantagem aos autores: apesar de somente paga uma parte do imóvel, residiram nele por muito tempo, obtendo um benefício econômico com a moradia (alugavam a terceiros o outro imóvel), além de causar a óbvia depreciação do bem por não mais se cuidar de imóvel novo. Dessarte, a Turma concedeu a retenção automática às rés de 25% de todas as quantias pagas, conforme a jurisprudência. Porém o tratamento equânime exige compensar o uso e o desgaste maior do imóvel, na peculiar espécie dos autos, mediante a possibilidade de as rés serem adicionalmente ressarcidas até o limite da cláusula penal prevista no contrato, apurando-se, em liquidação de sentença, o valor referente ao tempo transcorrido entre a posse do apartamento pelos autores e a entrega às rés. Precedentes citados: REsp 723.034-MG, DJ 12.6.2006; Ag 787.576-MS, DJ 27.9.2006; Ag 891.473-SP, DJ 22.6.2007; Ag 681.996-MG, DJ 16.3.2007, e Ag 884.120-SP, DJ 1.8.2007. REsp 474.388-SP, Rel. Min. Aldir Passarinho Junior, julgado em 28.8.2007.

7 DIREITO CIVIL. CONTRATO DE PROMESSA DE COMPRA E VENDA DE IMÓVEL. INADIMPLÊNCIA DO PROMITENTE-COMPRADOR. RESCISÃO DO CONTRATO. INDENIZAÇÃO PELO USO DO IMÓVEL DURANTE A INADIMPLÊNCIA. CABIMENTO. 1. A rescisão de contrato de promessa de compra e venda de imóvel, na hipótese em que o promitente-comprador deixa de pagar a prestação e continua usufruindo do imóvel, enseja ao promitente-vendedor o direito à indenização pelo uso do imóvel durante o período de inadimplência. 2. Recurso especial conhecido e provido (REsp 688.521/DF, Rel. Ministro JOÃO OTÁVIO DE NORONHA, QUARTA TURMA, julgado em 8.4.2008, DJe 28.4.2008).

8 AGRAVO REGIMENTAL. PROMESSA DE COMPRA E VENDA. INADIMPLÊNCIA PELO

26.3. Direito à Escritura Definitiva

De acordo com o artigo 1.418 do nosso Código Civil, "o promitente comprador, titular de direito real, pode exigir do promitente vendedor ou de terceiros, a quem os direitos deste forem cedidos, a outorga da escritura definitiva de compra e venda, conforme o disposto no instrumento preliminar; e, se houver recusa, requerer ao juiz a adjudicação do imóvel".[9][10]

Ora, é o direito de sequela que permite ao compromissário-comprador exigir o cumprimento da promessa de compra e venda, esteja o imóvel com o promitente vendedor ou terceira pessoa a quem tenha sido alienada.

O Conselho da Justiça Federal, na I Jornada de Direito Civil, editou o Enunciado 95 – "Art. 1.418: O direito à adjudicação compulsória (art. 1.418 do novo Código Civil), quando exercido em face do promitente vendedor, não se condiciona ao registro da promessa de compra e venda no cartório de registro imobiliário (Súmula nº 239 do STJ)".

26.4. Necessidade de Outorga Uxória

Aquele que é casado pelo regime de comunhão parcial de bens necessita da outorga uxória para a alienação de bem imóvel, independentemente de a coisa integrar ou não a meação do outro cônjuge (art. 1.647, I, do Código Civil); a ausência injustificada da outorga pode ser suprida pelo Judiciário. Art. 1.648 do Código Civil.

Dessa maneira, decidiu o Desembargador FERNANDO FOCH LEMOS, do Tribunal de Justiça do Estado do Rio de Janeiro – TJRJ, na Apelação 2008.001.30166, com julgamento em 4.11.2008: "DIREITO CIVIL. Ação que busca adjudicação compulsória de imóvel e suprimento de outorga uxória, de modo a permitir registro imobiliário. Aquisição do bem ocorrida pela autora em condomínio com o primeiro réu, que posteriormente vendeu sua parte àquela, recebendo integralmente o preço. Sentença de improcedência por dois fundamentos: falta de registro do pretenso pré-contrato e ausência da outorga da segunda ré, esposa do primeiro. 1. Adjudicação compulsória, quando intentada em face do promitente vendedor, não se condiciona ao registro da promessa de compra e venda. Súmula 239 do STJ e Enunciado 95 do Centro de Estudos Jurídicos da Justiça Federal. 2. Promessa de compra

---

PROMITENTE COMPRADOR. RESCISÃO DO CONTRATO. INDENIZAÇÃO PELO USO DO IMÓVEL A PARTIR DO MOMENTO EM QUE O COMPRADOR PERMANECEU NO IMÓVEL SEM PAGAR AS PARCELAS. – É devido o pagamento de indenização pela fruição do bem a partir do momento em que o promitente comprador permanece no imóvel sem pagar as parcelas (AgRg no AgRg no REsp 982.176/MG, Rel. Ministro HUMBERTO GOMES DE BARROS, TERCEIRA TURMA, julgado em 12.2.2008, DJe 3.3.2008).

9 Sem correspondência ao CCB de 1916.
10 Lei nº 6.766, de 19 de dezembro de 1979. Dispõe sobre o parcelamento do solo urbano e dá outras providências. Art 25. São irretratáveis os compromissos de compra e venda, cessões e promessas de cessão, os que atribuam direito a adjudicação compulsória e, estando registrados, confiram direito real oponível a terceiros.

e venda que não tem por objeto imóvel loteado, urbano ou rural, tampouco incorporado, admite arrependimento, desde que por cláusula expressa. O silêncio implica a impossibilidade de retratação, pois a irretratabilidade é a regra. 3. Aquele que é casado pelo regime de comunhão parcial de bens necessita da outorga uxória para a alienação de bem imóvel, independentemente de a coisa integrar ou não a meação do outro cônjuge (art. 1.647, I, do Código Civil); a ausência injustificada da outorga pode ser suprida pelo Judiciário. Art. 1.648 do Código Civil. 4. Apelo conhecido e provido. Unânime".

26.5. Mora do Compromissário-Comprador

De acordo com o Decreto-Lei nº 745/69, torna-se necessário, em caso de inadimplemento do pagamento da prestação, a interpelação judicial ou extrajudicial do devedor. Vejamos as decisões judiciais proferidas pelo Superior Tribunal de Justiça:

a) Contrato de promessa de compra e venda de gleba de terra. Art. 1º do Decreto-Lei n° 745/69. Súmula n° 76. Precedentes da Corte. 1. A interpelação a que se refere o art. 1º do Decreto-Lei n° 745/69 é indispensável para constituição do devedor em mora. 2. Recurso especial conhecido e provido (REsp 697.689/RS, Rel. Ministro CARLOS ALBERTO MENEZES DIREITO, TERCEIRA TURMA, julgado em 19.10.2006, DJ 19.3.2007 p. 324).

b) CIVIL. PROMESSA DE COMPRA E VENDA. INTERPELAÇÃO. A falta de registro do compromisso de compra e venda de imóvel não dispensa a prévia interpelação para constituir em mora o devedor (STJ – Súmula 76). Recurso especial conhecido e provido (REsp 148.699/PE, Rel. Ministro ARI PARGENDLER, TERCEIRA TURMA, julgado em 3.9.2002, DJ 16.12.2002, p. 309).

c) Processual civil. Ação de rescisão de promessa de compra e venda, cumulada com pedido de reintegração de posse. Cláusula resolutiva expressa. Ineficácia. Necessidade de prévia interpelação para constituição do devedor em mora. Decreto-Lei nº 745/69, art. 1º.

Aplicação imediata. I – "A falta de registro do compromisso de compra e venda de imóvel não dispensa a prévia interpelação para constituir em mora o devedor" (Súmula 76/STJ). II – A exigência de notificação prévia, instituída pelo art. 1º do Decreto-Lei nº 745/69, para a constituição em mora do devedor, tem aplicação imediata, por se tratar de norma de direito processual. III – A falta de interpelação para constituição da mora acarreta a extinção do processo. IV – Recurso especial conhecido e provido (REsp 45.845/SP, Rel. Ministro ANTÔNIO DE PÁDUA RIBEIRO, TERCEIRA TURMA, julgado em 6.8.2002, DJ 23.9.2002 p. 350).

26.6. Cláusula de Perdimento

A cláusula de perdimento é aquela em que o compromissário-comprador perde as prestações pagas em razão do inadimplemento de uma ou mais parcelas. Ora, esta cláusula, se firmada entre o compromissário-comprador e o promitente vendedor, deve ser considerada abusiva lastreada, pois, no princípio do enriquecimento sem causa.

Se o *contrato firmado se fundamenta numa relação jurídica consumeira*, deve-se, pois, aplicar diretamente a regra do artigo 53 do Código de Defesa do Consumidor, que estabelece: "nos contratos de compra e venda de móveis ou imóveis mediante pagamento em prestações, bem como nas alienações fiduciárias em garantia, consideram-se nulas de pleno direito as cláusulas que estabeleçam a perda total das prestações pagas em benefício do credor que, em razão do inadimplemento, pleitear a resolução do contrato e a retomada do produto alienado".

Se o *contrato de promessa de compra e venda foi firmado na vigência do Código Civil de 2002*, aplica-se, pois, a regra do artigo 413, *verbis*: "a penalidade deve ser reduzida equitativamente pelo juiz se a obrigação principal tiver sido cumprida em parte, ou se o montante da penalidade for manifestamente excessivo, tendo-se em vista a natureza e a finalidade do negócio".[11] O artigo 413 do CCB de 2002 é uma regra de equidade.

Em relação à regra do artigo 413, o Conselho da Justiça Federal, nas III e IV Jornadas de Direito Civil, editou os seguintes enunciados:

a) Conselho da Justiça Federal – III Jornada de Direito Civil:
CJF – Enunciado 165 – Art. 413: Em caso de penalidade, aplica-se a regra do art. 413 ao sinal, sejam as arras confirmatórias ou penitenciais.

b) Conselho da Justiça Federal – IV Jornada de Direito Civil:
CJF – Enunciado 355 – Art. 413. Não podem as partes renunciar à possibilidade de redução da cláusula penal se ocorrer qualquer das hipóteses previstas no art. 413 do Código Civil, por se tratar de preceito de ordem pública.
CJF – Enunciado 356 – Art. 413. Nas hipóteses previstas no art. 413 do Código Civil, o juiz deverá reduzir a cláusula penal de ofício.
CJF – Enunciado 357 – Art. 413. O art. 413 do Código Civil é o que complementa o art. 4º da Lei nº 8.245/91. Revogado o Enunciado 179 da III Jornada.
CJF – Enunciado 358 – Art. 413. O caráter manifestamente excessivo do valor da cláusula penal não se confunde com a alteração de circunstâncias, a excessiva onerosidade e a frustração do fim do negócio jurídico, que podem incidir autonomamente e possibilitar sua revisão para mais ou para menos.

---

11 Correspondente ao artigo 924 do CCB/16.

CJF – Enunciado 359 – Art. 413. A redação do art. 413 do Código Civil não impõe que a redução da penalidade seja proporcionalmente idêntica ao percentual adimplido.

Se o *contrato de promessa de compra e venda foi firmado na vigência do Código Civil de 1916*, aplicar-se-á a regra do artigo 924.
Neste sentido, a decisão do Ministro Aldir Passarinho Junior, em 6.11.2006: "AGRAVO DE INSTRUMENTO Nº 797.079 – RS (2006/0165725-2) RELATOR: MINISTRO ALDIR PASSARINHO JÚNIOR. DECISÃO: Vistos. Trata-se de agravo de instrumento manifestado por ADM do Brasil LTDA. contra decisão que negou seguimento a recurso especial interposto pelas alíneas "a" e "c" do permissivo Constitucional, no qual se aponta violação aos artigos 535, I, do Código de Processo Civil, 916, 917, 920, 924 e 927 do vetusto Código Civil, além do dissídio jurisprudencial. O acórdão recorrido restou assim ementado (fl. 29): "AÇÃO MONITÓRIA. INSTRUMENTO DE CONFISSÃO DE DÍVIDA. INADIMPLEMENTO CONTRATUAL. INAPLICABILIDADE DO CÓDIGO CONSUMERISTA. Não se tratando de contrato envolvendo destinatário final, inaplicável é a incidência do Código de Defesa do Consumidor. CLÁUSULA PENAL. REDUÇÃO. POSSIBILIDADE. ARTIGO 924 DO CÓDIGO CIVIL REVOGADO. Tendo a obrigação como um todo sido parcialmente cumprido, é perfeitamente possível, com espeque no artigo 924 do CC, a redução da pena total, em caso de inexecução do restante. JUROS DE MORA. Tendo sido convencionado, os juros de mora obedecem ao pacto, nos termos do art. 1.062 do Código Civil. Apelo parcialmente provido". Sem razão o agravante. Não vislumbro omissão, contradição ou obscuridade no acórdão recorrido a serem declaradas pela via dos embargos, decidindo meramente contrário aos interesses do agravante. Afastada, pois, a violação ao artigo 535 do Código de Processo Civil. O recorrente insurge-se contra aresto que reduziu o valor da multa estipulado em cláusula penal, de 50% para 10%, por descumprimento do contrato. Todavia, bem consignado no acórdão enfrentado ser "perfeitamente possível visualizar que a obrigação foi parcialmente cumprida. Aliás, questão confessada no contrato" (fl. 34) de confissão da dívida. Nesse ínterim, entende esta Corte que a pena deve ser igualmente reduzida, visto, do contrário, incidir também sobre a parcela adimplida. Confira-se: "CIVIL – CLÁUSULA PENAL – CUMPRIMENTO PARCIAL DA OBRIGAÇÃO. EMBARGOS DECLARATÓRIOS, MULTA. I – A jurisprudência, acolhendo lição doutrinária, na exegese do artigo 924 do Código Civil, delineia entendimento no sentido de que, cumprida em parte a obrigação, em caso de inexecução da restante, não pode receber a pena total, porque isso importaria locupletar-se à custa alheia, recebendo ao mesmo tempo parte da coisa e o total da indenização na qual está incluída justamente aquela já recebida, sendo certo que a cláusula penal corresponde aos prejuízos pelo inadimplemento integral da obrigação. II – Matéria de fato (Súmulas 05 e 07 – STJ). III – Embargos com o fim de prequestionamento não podem ser tidos

como meramente procrastinatórios (Súmula 98/STJ). IV – Recurso parcialmente conhecido e provido" (REsp 162909/PR, Rel. Min. Waldemar Zveiter, Terceira Turma, Unânime, DJ 10.8.1998, p. 66). Outrossim, a redução operada leva em consideração o acervo fático-probatório da causa, o que não pode ser reexaminado na seara do recurso especial, a teor do óbice apontado no verbete nº 7 da Súmula do Superior Tribunal de Justiça. Consentâneo, pois, o acórdão fustigado com jurisprudência desta Corte, é de se aplicar ao caso o Enunciado nº 83 da Súmula. Ante o exposto, nego provimento ao presente agravo. Publique-se. Brasília (DF), 19 de outubro de 2006. MINISTRO ALDIR PASSARINHO JÚNIOR, Relator (Ministro ALDIR PASSARINHO JÚNIOR, 6.11.2006)".

No mesmo diapasão, "RECURSO ESPECIAL Nº 811.378 – ES (2006/0010553-1) RELATOR: MINISTRO HUMBERTO GOMES DE BARROS. DECISÃO: Recurso especial (alínea "c") desafia acórdão no que interessa, assim ementado: "(...) 1. Configura-se abusiva a cláusula que prevê a devolução de parte ínfima da importância já paga pelo promitente comprador no caso de rescisão contratual. (...)" (fl. 378) Embargos de declaração opostos e rejeitados. A recorrente aponta divergência jurisprudencial quanto ao percentual que poderá ser retido pela construtora, promitente vendedora, dos valores pagos pelo promitente comprador quando da rescisão contratual. Requer a retenção a título de despesas administrativas em 25% das prestações adimplidas pelos recorridos. Contrarrazões às fls. 433/445. DECIDO: O Tribunal *a quo*, louvado nos fatos e provas, fixou o percentual em 10% para perdimento das parcelas pagas. Esta conclusão está em harmonia com o entendimento firmado por esta Corte. Confira-se: "PROMESSA DE COMPRA E VENDA. Extinção do contrato. Comprador inadimplente. – A orientação que terminou prevalecendo na Segunda Seção, depois de inicial controvérsia, é no sentido de que o promissário comprador que se torna inadimplente em razão da insuportabilidade do contrato assim como pretendido executar pela promitente vendedora, tem o direito de promover a extinção da avença e de receber a restituição de parte substancial do que pagou, retendo a construtora uma parcela a título de indenização pelo rompimento do contrato.

– Essa quantia a ficar retida varia de caso para caso, ordinariamente tem sido estipulada entre 10% e 20%, para cobertura das despesas com publicidade e corretagem, podendo ser majorada quando o imóvel vem a ser ocupado pelo comprador. Não há razão para que tudo ou quase tudo do que foi pago fique com a vendedora, uma vez que, por força do desfazimento do negócio, ela fica com o imóvel, normalmente valorizado, construído também com o aporte do comprador. – Precedente. – Recurso conhecido e provido em parte". (REsp 476.775/ROSADO) "DIREITO CIVIL. COMPROMISSO DE COMPRA E VENDA DE IMÓVEL. DEVOLUÇÃO DAS PARCELAS PAGAS. REDUÇÃO. ART. 924, CC/1916. POSSIBILIDADE.PRECEDENTES. AGRAVO DESPROVIDO. I – Na linha da jurisprudência desta Corte, o juiz pode reduzir a patamar justo, conforme as circunstâncias do caso concreto, a pena convencional de perda total das prestações pagas pelos compromissários-compradores, nos termos do art. 924, CC/1916. II – Na espécie, mostra-se razoável a condenação da promitente vendedora à restituição do valor pago, com a dedução dos lucros cessantes relativos ao período de ocupação do imóvel e da quantia já restituída quando do distrato" (AgRg no Ag 430.052/SÁLVIO).

Rever o percentual fixado pelo Tribunal desafiaria a Súmula 7. Nesse sentido, a jurisprudência: "(...) I – A jurisprudência deste Superior Tribunal de Justiça está hoje pacificada no sentido de que, em caso de extinção de contrato de promessa de compra e venda, inclusive por inadimplência justificada do devedor, o contrato pode prever a perda de parte das prestações pagas, a título de indenização à promitente vendedora pelas despesas decorrentes do próprio negócio.

II – Havendo a corte de origem fixado o percentual a ser retido com base nas circunstâncias do caso, não há como alterar o julgamento sob pena de afronta à Súmula 7 desta Corte. (...)" (REsp 788.143/CASTRO FILHO). Nego seguimento ao recurso especial. Brasília (DF), 22 de fevereiro de 2006. MINISTRO HUMBERTO GOMES DE BARROS, Relator (Ministro HUMBERTO GOMES DE BARROS, 16.3.2006).

26.7. Tutela Processual

Diz o artigo 501 do Código de Processo Civil brasileiro que "Na ação que tenha por objeto a emissão de declaração de vontade, a sentença que julgar procedente o pedido, uma vez transitada em julgado, produzirá todos os efeitos da declaração não emitida".[12]

---

12 CPC – Do Julgamento das Ações Relativas às Prestações de Fazer, de Não Fazer e de Entregar Coisa. Art. 497. Na ação que tenha por objeto a prestação de fazer ou de não fazer, o juiz, se procedente o pedido, concederá a tutela específica ou determinará providências que assegurem a obtenção de tutela pelo resultado prático equivalente.Parágrafo único. Para a concessão da tutela específica destinada a inibir a prática, a reiteração ou a continuação de um ilícito, ou a sua remoção, é irrelevante a demonstração da ocorrência de dano ou da existência de culpa ou dolo. Art. 498. Na ação que tenha por objeto a entrega de coisa, o juiz, ao conceder a tutela específica, fixará o prazo para o cumprimento da obrigação.Parágrafo único. Tratando-se de entrega de coisa determinada pelo gênero e pela quantidade, o autor individualiza-la-á na petição inicial, se lhe couber a escolha, ou, se a escolha couber ao réu, este a entregará individualizada, no prazo fixado pelo juiz. Art. 499. A obrigação somente será convertida em perdas e danos se o autor o requerer ou se impossível a tutela específica ou a obtenção de tutela pelo resultado prático equivalente. Art. 500. A indenização por perdas e danos dar-se-á sem prejuízo da multa fixada periodicamente para compelir o réu ao cumprimento específico da obrigação. Art. 501. Na ação que tenha por objeto a emissão de declaração de vontade, a sentença que julgar procedente o pedido, uma vez transitada em julgado, produzirá todos os efeitos da declaração não emitida.

Capítulo 27
DIREITOS REAIS DE GARANTIA

(Do Penhor, da Hipoteca e da Anticrese)

Disposições Gerais

27.1. Conceito

Os *direitos reais de garantia* diferem dos *direitos reais de gozo*. MARCO AURÉLIO BEZERRA DE MELO alerta para a referida distinção da seguinte forma: "Os direitos reais de gozo, a saber: a superfície (art. 1.225, II), as servidões (art. 1.225, III), o usufruto (art. 1.225, IV), o uso (art. 1.225, V), a habitação (art. 1.225, VI) são constituídos mediante a restrição dos poderes dominiais em favor do titular do direito real sobre a coisa, enquanto nos direitos reais de garantia a coisa é apenas afetada para garantir o crédito. Nos primeiros, o direito se realiza independentemente de uma relação de direito pessoal, ao passo que os direitos reais vivem à margem e sob a dependência do direito pessoal que a ele acede".[1]

Os *direitos reais de garantia* servem para reduzir o risco de inadimplência do devedor da obrigação. O objetivo precípuo é garantir o pagamento de uma obrigação.

Os sistemas jurídicos, ainda que primitivos, sempre se preocuparam em criar mecanismos que reforçassem o vínculo obrigacional, com vistas a levar o devedor ao pagamento. Em Roma, o devedor inadimplente pagava com a própria vida, já que o mecanismo de garantia do pagamento recaía sobre o próprio corpo. Tempos depois, o devedor inadimplente não mais perdia a sua vida, senão a sua liberdade. O devedor inadimplente tornava-se escravo do credor, somente recuperando seu *status libertatis* com o pagamento.[2]

---

1 MELO, Marco Aurélio Bezerra de. *Novo código civil anotado*. 2. ed. Volume V. Rio de Janeiro: Lumen Júris, 2003, p. 289.
2 Em caráter excepcional, nos dias atuais, o inadimplemento obrigacional pode custar a liberdade do devedor. São as hipóteses do descumprimento da obrigação alimentar e da obrigação do depositário infiel. No caso de inadimplemento, o devedor está sujeito à pena de prisão civil, o que representa, portanto, vestígios de longa data.

A partir do advento da *Lex Poetelia Papiria*, em 428 a.C., deslocou-se o eixo da garantia obrigacional do corpo do devedor para o seu patrimônio. Os bens do devedor garantem, portanto, o pagamento da prestação. É a denominada *responsabilidade patrimonial* que representa uma *garantia* ao direito subjetivo do credor que recai sobre o patrimônio do devedor, no caso de inadimplemento obrigacional. Neste diapasão, o artigo 391 do nosso Código Civil preceitua que "pelo inadimplemento das obrigações respondem todos os bens do devedor", salvo, naturalmente, os bens impenhoráveis e inalienáveis (CPC, arts 649 e 650), bem como outras hipóteses legais.[3]

Assim, com a *Lex Poetelia Papiria*, deslocou-se o eixo da garantia do pagamento do corpo do devedor para seu patrimônio. Ocorre que, muitas vezes, a garantia que recai sobre o patrimônio do devedor nem sempre é eficiente, já que o devedor pode estar em estado de insolvência.

A *insolvência do devedor* é a ausência de bens capazes de garantir todas as suas obrigações. Já o *devedor solvente* é aquele em que os seus bens são suficientes para pagar todas as suas obrigações. Por essa razão, os sistemas jurídicos desvelavam outros mecanismos que garantissem o pagamento das prestações aos credores. Daí que surgiram as denominadas *garantias das obrigações* ou *garantias do crédito*. Tais garantias se dividem em dois grandes grupos: *garantias pessoais ou fidejussórias* e as *garantias reais*.

27.1.1. Garantias pessoais ou fidejussórias

As *garantias de natureza pessoal*, também conhecidas como *garantias fidejussórias*, são aquelas garantidas por terceira pessoa que não o devedor. Esta terceira pessoa se compromete com o credor a pagar a obrigação se o devedor não o fizer. São exemplos clássicos de garantias pessoais ou fidejussórias: o *aval* e a *fiança*.

O fiador e o avalista são garantes fidejussórios da obrigação. Estes não devem nada ao credor (não têm *debitum*), já que aquele que deve é o afiançado (ou o avalizado). Não obstante o fiador não dever nada ao credor, ele assume a *obligatio*, ou seja, a responsabilidade. É, pois, uma exceção ao princípio geral das obrigações.

Daí se falar em débito (*schuld; debitum*) e responsabilidade (*haftung; obligatio*). Em regra, nas obrigações, débito e responsabilidade são os lados da mesma moeda.

Todavia, nem sempre *débito* e *responsabilidade* andam juntos, já que existem exceções. Vejamos: a) Nas obrigações naturais e nas dívidas prescritas, existe o elemento débito, mas o credor não possui legitimidade de exigir o cumprimento da prestação, ou seja, não existe a responsabilidade.

---

3 Por exemplo, o bem de família, disposto na Lei nº 8.009/90 e nos artigos 1.711 a 1.722 do nosso Código Civil.

b) Nos contratos de fiança, o fiador responsabiliza-se pelo débito de terceiro (outrem).

Na obrigação do fiador, somente existe a *responsabilidade* e não há *débito*. No contrato de fiança, o fiador assume uma obrigação de responder pelo inadimplemento do afiançado. O fiador, na realidade, não é o devedor, já que este assume perante o credor a responsabilidade pelo pagamento, mas não o débito. O débito pertence ao afiançado.

O artigo 304 do Código Civil brasileiro afirma que "qualquer interessado na extinção da dívida pode pagá-la, usando, se o credor se opuser, dos meios conducentes à exoneração do devedor".[4]

E o *parágrafo único* do mesmo dispositivo legal diz que "igual direito cabe ao terceiro não interessado, se o fizer em nome e à conta do devedor, salvo oposição deste".[5]

A legitimação para o adimplemento não se confunde com a titularidade do dever jurídico de uma relação jurídica obrigacional. De modo geral, o devedor é a pessoa que cumpre obrigação, salvo no caso de falecimento, quando a prestação é transferida aos seus herdeiros, respeitando as forças da herança.

Da mesma forma, o terceiro que assumir a dívida, ou seja, aquela pessoa que assume o lugar do devedor original, poderá ser compelida a pagar a prestação.

Todavia, é possível que o pagamento seja efetuado por *terceiros interessados* ou por *terceiros não interessados*. É claro que se a obrigação é personalíssima (*intuitu personae*), somente ao devedor cabe cumprir a prestação, já que se levam em consideração suas qualidades pessoais.[6]

Os *terceiros interessados* são aquelas pessoas que podem efetuar o pagamento sem o consentimento do devedor ou do credor (ex.: fiador, coobrigado (CCB, art. 346, III), sucessor, sócio, o credor do devedor (CCB, art. 346, I), aquele que garante a dívida de terceiro por hipoteca ou direito real (CCB, art. 346, II)). Nestas hipóteses, os terceiros interessados ficam sub-rogados nos direitos do credor (não só o crédito, mas também todas as garantias que o credor original tivesse).

Vejamos o seguinte exemplo: Leonardo é credor de Rafaella (devedora), da quantia de R$ 100.000,00 (cem mil reais). Márcia é fiadora de Rafaella. O credor Leonardo exige ainda uma garantia real consubstanciada na hipoteca do imóvel de Rafaella. Melhor dizendo: é uma relação jurídica obrigacional com dupla garantia (real e fidejussória). Na data aprazada, Rafaella não paga a prestação. Márcia, fiadora, não querendo sujeitar-se a uma execução, ciente do não pagamento, efetua o pagamento da dívida ao credor Leonardo. A partir

---

4 Correspondente ao artigo 930 do CCB/16.
5 Correspondente ao parágrafo único do artigo 930 do CCB/16.
6 CCB, Art. 247. Incorre na obrigação de indenizar perdas e danos o devedor que recusar a prestação a ele só imposta, ou só por ele exequível.

deste momento, Márcia (fiadora) sub-roga-se nos direitos do credor (créditos e garantias). Daí que Márcia poderá, inclusive, mover uma ação de execução hipotecária em face de Rafaella e esta não poderá arguir como defesa à hipoteca efetuada ao credor originário.

Caso o credor não queira receber a prestação de Márcia, esta poderá ingressar com uma ação consignatória, compelindo o credor a receber a obrigação e a respectiva ação será movida em nome próprio.

O artigo 818 do nosso Código Civil trata do conceito de fiança ao afirmar que "pelo contrato de fiança, uma pessoa garante satisfazer ao credor uma obrigação assumida pelo devedor, caso este não a cumpra".[7]

Vale destacar que o *aval* também representa uma garantia pessoal que não se confunde com a *fiança*. Aquele se desvela no direito cambiário e possui natureza jurídica de declaração unilateral de vontade e não de negócio jurídico bilateral (contrato).[8]

É de H. DE PAGE a definição de que a *fiança* trata-se de um contrato acessório por força do qual uma pessoa se obriga para com um credor a garantir a execução de uma dívida contratada por outra pessoa, vinculando-se ela própria, se o devedor não a satisfizer".[9]

CARVALHO DE MENDONÇA ensina que a fiança é "a promessa que um ou mais indivíduos fazem de satisfazer a obrigação de um terceiro e com o fim de dar mais segurança ao credor; é, em uma palavra, um contrato em que alguém se obriga para com o credor pela prestação do devedor".[10]

O contrato de fiança é, pois, um contrato *acessório*, já que não pode existir se não estiver vinculado como garantia a outra relação obrigacional. Daí a existência de dois contratos distintos, a saber: o *contrato principal*, firmado entre credor e devedor (afiançado), e o *contrato acessório*, celebrado entre credor e fiador, no qual o afiançado (devedor) não integra esta relação jurídica contratual. Pode-se estipular a fiança, ainda que sem consentimento do devedor ou contra a sua vontade (CC, art. 820).[11] O contrato acessório segue a

---

7 Correspondente ao art. 1.481 do CCB/1916.
8 CC 2002 – Art. 333. Ao credor assistirá o direito de cobrar a dívida antes de vencido o prazo estipulado no contrato ou marcado neste Código: [...] III – se cessarem, ou se se tornarem insuficientes, as garantias do débito, fidejussórias, ou reais, e o devedor, intimado, se negar a reforçá-las.CC 2002 – Art. 1.642. Qualquer que seja o regime de bens, tanto o marido quanto a mulher podem livremente: [...] IV – demandar a rescisão dos contratos de fiança e doação, ou a invalidação do aval, realizados pelo outro cônjuge com infração do disposto nos incisos III e IV do art. 1.647;CC 2002 – Art. 1.647. Ressalvado o disposto no art. 1.648, nenhum dos cônjuges pode, sem autorização do outro, exceto no regime da separação absoluta: [...] III – prestar fiança ou aval;
9 H. DE PAGE, Droit civil, t. VI, parte 1, n° 833, p. 794. In: SERPA LOPES, Miguel Maria de. *Curso de Direito Civil*. 5. ed. Vol. III. Rio de Janeiro: Freitas Bastos, 2001, p. 500.
10 CARVALHO DE MENDONÇA, Manuel Inácio. *Contratos no Direito Civil brasileiro*. Tomo II. 4. ed. Rio de Janeiro: Forense, 1955, p. 810.
11 Correspondente ao art. 1.484 do CCB/1916.

sorte do contrato principal, logo, se este for nulo ou anulável, aquele também o será.

O contrato de fiança é *unilateral*, já que somente o fiador se obriga perante o credor. Aquele assume perante este a responsabilidade pelo débito do afiançado, no caso de descumprimento obrigacional.

É um contrato *gratuito*, embora, em casos excepcionais, possa ser oneroso, como no caso da fiança bancária.[12] As vantagens são atribuídas apenas a uma das partes, nada auferindo o fiador. É ainda um contrato *personalíssimo* ou *intuitu personae*, já que baseado na confiança entre as partes.

O contrato de fiança somente é admitido por *escrito*, embora não seja um contrato solene, já que inexiste a obrigatoriedade da forma pública.[13] Portanto, o contrato de fiança não se presume, para prová-la, deve ser realizado por escrito. O artigo 819 do CC informa que "a fiança dar-se-á por escrito e não admite interpretação extensiva".[14]

27.1.2. Garantias reais

A garantia *real* é aquela representada por uma coisa que fica à disposição do credor para o caso de inadimplemento do devedor. Caso ocorra o inadimplemento, a coisa é levada à hasta pública e, com o produto da arrematação, haverá o ressarcimento do credor. A *garantia real* compreende o penhor, a hipoteca e a anticrese, ou seja, existe a vinculação de determinado bem ao cumprimento da obrigação.

A diferença fundamental entre a garantia real e a garantia pessoal é que a garantia pessoal é representada por uma pessoa, ao passo que a garantia real é representada por uma coisa que será alienada judicialmente para pagar o débito. Nada impede que as garantias se cumulem o que, aliás, é muito frequente e possível, salvo exceções previstas em lei.[15]

O nosso Código Civil apresenta no artigo 1.419 as seguintes modalidades de garantia: *penhor, anticrese* e *hipoteca*. Diz o artigo que "nas dívidas garantidas por penhor, anticrese ou hipoteca, o bem dado em garantia fica sujeito, por vínculo real, ao cumprimento da obrigação".[16]

Além destas, temos ainda a alienação fiduciária, disciplinada no CCB como *propriedade fiduciária*, nos artigos 1.361 a 1.368.

---

12 Neste caso, o banco cobra um percentual sobre o valor da obrigação que ele está garantindo.
13 CC 2002 – Art. 107. A validade da declaração de vontade não dependerá de forma especial, senão quando a lei expressamente a exigir.CC 2002 – Art. 113. Os negócios jurídicos devem ser interpretados conforme a boa-fé e os usos do lugar de sua celebração.
14 Correspondente ao art. 1.483 do CCB/1916.
15 A Lei do inquilinato (Lei 8.245/91, art. 37) veda mais de uma modalidade de garantia.
16 Correspondente ao art. 755 do CC de 1916.

27.2. Características

Nos *direitos reais de uso e fruição*, o titular do direito está interessado no corpo da coisa, na substância da coisa, já que o que importa é retirar da coisa, sobre a qual recai o seu direito real, as suas utilidades econômicas. Portanto, o titular do direito quer usar, usufruir a coisa, como é o caso da enfiteuse, da superfície, das servidões, do usufruto em que os titulares desses direitos estão interessados em se servir da coisa, retirando delas seus frutos, seus rendimentos.

Já nos direitos reais de garantia, o titular do direito não tem o menor interesse na substância da coisa, ele não está com interesse na utilidade econômica da coisa, senão no valor da coisa. Por exemplo, o que interessa ao credor hipotecário não é o próprio imóvel hipotecado, mas sim o valor deste imóvel.

Por conseguinte, no direito real de uso e fruição, o titular está interessado no corpo da coisa, ao passo que, no direito real de garantia, o seu titular está interessado no valor da coisa.

Vejamos, abaixo, as principais características dos direitos reais de garantia.

27.2.1. Acessoriedade

A *acessoriedade* é uma das características dos direitos reais de garantia, já que todo direito real de garantia é acessório de uma obrigação. Assim, a todo direito real de garantia se encontrará subjacente uma obrigação e é por isso que se costuma dizer que esses direitos de garantia, também chamados de ônus reais, constituem uma zona híbrida entre o mundo das obrigações e o mundo dos direitos reais, porque o direito real de garantia nasce de uma obrigação e só vive em razão desta obrigação.

Considerando, pois, que *todo acessório segue a sorte do principal*, isso significa dizer que quando a obrigação se extingue, o direito real de garantia também se extingue. Por exemplo, se a prescrição alcançou a obrigação, o direito real de garantia também se extingue; se a obrigação é nula, o direito real de garantia também o será. Melhor dizendo: tudo o que acontecer com a obrigação, seus efeitos alcançarão os direitos reais de garantia.

No entanto, a recíproca já não é verdadeira. O direito real de garantia pode extinguir-se, sem que a obrigação desapareça.

27.2.2. Sequela

É o vínculo real que significa dizer que o bem fica afetado ao pagamento da obrigação por um vínculo real que adere à coisa. No direito real, a coisa fica presa à obrigação, isso decorre da sequela, que é característica do Direito Real, ou seja, essa afetação adere à coisa, seguindo-a aonde quer que ela vá.

27.2.3. Direito de preferência

Os direitos reais de garantia conferem aos seus titulares um privilégio, uma preferência sobre os demais credores chamados quirografários. O artigo 1.422 determina que "o credor hipotecário e o pignoratício têm o direito de excutir a coisa hipotecada ou empenhada, e preferir, no pagamento, a outros credores, observada, quanto à hipoteca, a prioridade no registro".[17]

Daí que o credor, com garantia real, recebe primeiro que o credor quirografário. São os chamados credores com preferência.

O parágrafo único do artigo 1.422 diz: "excetuam-se da regra estabelecida neste artigo as dívidas que, em virtude de outras leis, devam ser pagas precipuamente a quaisquer outros créditos".[18]

27.2.4. Oponibilidade *erga omnes*

Se a coisa dada em garantia tiver sido alienada, este fato é irrelevante para o credor, já que este poderá se valer da coisa para garantir o seu pagamento, mesmo que ela já esteja em poder de terceiros, em razão do vínculo real. Quem adquire uma coisa que foi dada em hipoteca ou em anticrese já sabe que poderá perdê-la, pois se o devedor não pagar a obrigação, o credor permanecerá com a garantia.

27.2.5. Publicidade

O direito real de garantia somente será oponível a terceiros se estiver registrado no registro público, sem o qual o credor não poderá nada reclamar. Se a coisa dada em garantia é um bem móvel, como no caso do penhor, o registro do contrato deverá ser feito no Registro de Títulos e Documentos do domicílio do devedor. Outrossim, se a coisa dada em garantia for um bem imóvel, esta deverá ser registrada no RGI do local em que se situa o imóvel.

A referida publicidade é exigida para que se possa garantir a oponibilidade *erga omnes*. Daí a oponibilidade *erga omnes* depende de publicidade.

27.2.6. Indivisibilidade

A *indivisibilidade* é outra característica dos direitos reais de garantia. Isto significa dizer que eles só se extinguirão quando a prestação for completamente satisfeita.

O pagamento de uma ou mais prestações da dívida não importa exoneração correspondente da garantia, ainda que esta compreenda vários bens, salvo disposição expressa no título ou na quitação (CCB, art. 1.421).[19]

---

17 Correspondente ao art. 759, *caput*, do CC de 1916.
18 Correspondente ao art. 759, parágrafo único, do CC de 1916.
19 Correspondente ao art. 758 do CC de 1916.

Vale destacar que "os sucessores do devedor não podem remir parcialmente o penhor ou a hipoteca na proporção dos seus quinhões; qualquer deles, porém, pode fazê-lo no todo" (CCB, art. 1.429).[20]

O herdeiro ou sucessor que fizer a remição fica sub-rogado nos direitos do credor pelas quotas que houver satisfeito (CCB, art. 1.429, parágrafo único).[21]

27.2.7. Discriminação

Ora, o direito real de garantia deverá ser discriminado no seu título constitutivo, informando qual a obrigação a ser garantida. A discriminação deverá ser realizada de maneira minuciosa, com a descrição de todas as características da obrigação garantida, tais como o valor, a data de vencimento, a taxa de juros, a existência de outras garantias etc.

27.2.8. Especialização

A coisa dada em garantia deverá ser descrita minuciosamente no título constitutivo do direito real de garantia. No caso de uma hipoteca, o imóvel deverá ser discriminado de forma particularizada. Por exemplo, dá-se em hipoteca o imóvel situado na Avenida Ayrton Senna, 350, Barra da Tijuca, Rio de Janeiro, com cem metros de frente, duzentos metros de fundo, indicando, inclusive, os confrontantes.

No caso de penhor, como exemplo, de um automóvel, é preciso indicar a marca, o ano, a cor, placa, o número dos chassis etc. A referida *especialização* é realizada com o firme propósito de se tornar bem claro e transparente o bem que está garantindo a obrigação.

Os princípios da *discriminação* e da *especialização* são fundamentais nos direitos reais de garantia. Aquele apresenta a descrição minuciosa da obrigação que está sendo garantida, enquanto que este revela a discriminação minuciosa do objeto da garantia, ou seja, da coisa dada em garantia. Caso ocorra violação de tais princípios, o título é nulo, não existindo, pois, o direito real de garantia.

27.2.9. Exequibilidade da dívida com garantia real

De acordo com a regra estabelecida no artigo 1.422, como visto, o credor hipotecário e o pignoratício têm o direito de excutir a coisa hipotecada ou empenhada. O direito de excussão consiste na possibilidade de executar o devedor sem a necessidade de aguardar a formação de um título judicial.

---

20 Correspondente ao art. 766, *caput*, do CC de 1916.
21 Correspondente ao art. 766, parágrafo único, do CC de 1916.

O artigo 585, inciso III, do Código de Processo Civil, diz: "Art. 585. São títulos executivos extrajudiciais: (Redação dada pela Lei nº 5.925, de 1º.10.1973) [...] III – *os contratos garantidos por hipoteca, penhor, anticrese e caução, bem como os de seguro de vida*; (Inciso alterado pela Lei nº 11.382, de 6.12.2006 – DOU 7.12.2006).

27.2.10. Vedação ao pacto comissório

O pacto comissório é uma cláusula que autoriza ao credor incorporar a coisa dada em garantia diretamente ao seu patrimônio se o devedor não pagar. Nos direitos reais de garantia, o pacto comissório é expressamente proibido.

O artigo 1.428 afirma que "é nula a cláusula que autoriza o credor pignoratício, anticrético ou hipotecário a ficar com o objeto da garantia, se a dívida não for paga no vencimento".[22]

O parágrafo único do mesmo dispositivo legal diz que "após o vencimento, poderá o devedor dar a coisa em pagamento da dívida".[23]

O que poderá ocorrer é a adjudicação ou dação em pagamento. Mas o pacto comissário é proibido no direito pátrio. Assim, não é cabível a incorporação direta do bem ao patrimônio do credor. O credor fica obrigado a excutir o bem, ou seja, alienar o bem, daí que o credor não tem interesse na coisa em si, senão no valor da coisa.

Ora, se o imóvel vai a leilão ou praça, o devedor poderá alcançar um maior valor e até mesmo um saldo caso a arrematação seja superior ao valor da dívida.

27.3. Requisitos

O artigo 1.420 preceitua que "só aquele que pode alienar poderá empenhar, hipotecar ou dar em anticrese; só os bens que se podem alienar poderão ser dados em penhor, anticrese ou hipoteca".[24]

A propriedade superveniente torna eficaz, desde o registro, as garantias reais estabelecidas por quem não era dono (CCB, art. 1.420, § 1º).[25]

A coisa comum a dois ou mais proprietários não pode ser dada em garantia real, na sua totalidade, sem o consentimento de todos, mas cada um pode individualmente dar em garantia real a parte que tiver (CCB, art. 1.420, § 2º).[26] [27]

---

22 Correspondente ao art. 765 do CC de 1916.
23 Sem Correspondência ao CC de 1916.
24 Correspondente ao art. 756, *caput*, do CC de 1916.
25 Correspondente ao art. 756, parágrafo único, do CC de 1916.
26 Correspondente ao art. 757 do CC de 1916.
27 CC 2002 – Art. 1.314. Cada condômino pode usar da coisa conforme sua destinação, sobre ela exercer todos os direitos compatíveis com a indivisão, reivindicá-la de terceiro, defender a sua posse e alhear a respectiva parte ideal, ou gravá-la. Parágrafo único. Nenhum dos

O artigo 1.424 estabelece que "os contratos de penhor, anticrese ou hipoteca declararão, sob pena de não terem eficácia:[28]

I – o valor do crédito, sua estimação, ou valor máximo;[29]
II – o prazo fixado para pagamento;[30]
III – a taxa dos juros, se houver;[31]
IV – o bem dado em garantia com as suas especificações".[32]

27.4. Direito de Retenção do Credor Anticrético

O credor anticrético tem direito a reter em seu poder o bem, enquanto a dívida não for paga; extingue-se esse direito decorridos quinze anos da data de sua constituição (CCB, art. 1.423).[33]

27.5. Vencimento Antecipado da Dívida

A prestação deve ser cumprida no seu vencimento. Daí que o credor não pode cobrar a dívida antes do seu vencimento. Ocorre que existem as seguintes exceções: a) na *antecipação do vencimento*, nos casos previstos em lei; b) nas hipóteses de *pagamento antecipado*, quando o prazo tiver sido estabelecido em favor do devedor.

O *pagamento ou vencimento antecipado* são hipóteses previstas no artigo 333 do CCB. A *antecipação do vencimento* é a faculdade que tem o devedor de cumprir a prestação antes do vencimento previsto no instrumento contratual.

O artigo 333 preceitua que "ao credor assistirá o direito de cobrar a dívida antes de vencido o prazo estipulado no contrato ou marcado neste Código: I – no caso de falência do devedor, ou de concurso de credores; II – se os bens, hipotecados ou empenhados, forem penhorados em execução por outro credor; III – se cessarem, ou se se tornarem insuficientes, as garantias do débito, fidejussórias, ou reais, e o devedor, intimado, se negar a reforçá-las".[34]

No primeiro caso, são apresentadas as hipóteses de *falência do devedor* e *concurso creditório*. Nestes casos, presume-se uma diminuição na possibilidade de recebimento da prestação, razão pela qual o credor poderá cobrar a dívida antes de seu vencimento. Caso contrário, o credor poderá não encontrar

---
condôminos pode alterar a destinação da coisa comum, nem dar posse, uso ou gozo dela a estranhos, sem o consenso dos outros.
28 Correspondente ao art. 761, *caput*, do CC de 1916.
29 Correspondente ao art. 761, I, do CC de 1916.
30 Correspondente ao art. 761, II, do CC de 1916.
31 Correspondente ao art. 761, III, do CC de 1916.
32 Correspondente ao art. 761, IV, do CC de 1916.
33 Correspondente ao art. 760 do CC de 1916.
34 Correspondente ao artigo 954 do CCB/16.

mais nenhum bem no acervo do devedor.

Na segunda hipótese, a regra concede ao credor cobrar antecipadamente a dívida se os bens, hipotecados, empenhados ou dados em anticrese, forem penhorados em execução por outro credor. Isto quer dizer que constitui uma ameaça para o credor se os bens dados em garantia forem penhorados por terceiros, antes de vencida a dívida.

Por fim, a terceira hipótese que dará azo ao vencimento antecipado da dívida ocorrerá quando cessarem, ou se se tornarem insuficientes, as garantias do débito, fidejussórias, ou reais, e o devedor, intimado, se negar a reforçá-las. Neste caso, preliminarmente, o devedor deverá ser intimado a reforçar a garantia, em prazo razoável e, caso não o faça, a dívida será considerada vencida antes do vencimento.

O parágrafo único do artigo 333 do CCB trata das dívidas solidárias. Neste caso, o débito não se reputará vencido quanto aos outros devedores solventes.[35]

O credor que demandar o devedor antes de vencida a dívida, fora dos casos em que a lei o permita, ficará obrigado a esperar o tempo que faltava para o vencimento, a descontar os juros correspondentes, embora estipulados, e a pagar as custas em dobro (CCB, art. 939).

O artigo 1.425 também trata do *vencimento antecipado da dívida*. De acordo com o artigo 1.425, a dívida considera-se vencida:[36]

> I – *se, deteriorando-se, ou depreciando-se o bem dado em segurança, desfalcar a garantia, e o devedor, intimado, não a reforçar ou substituir;*[37] Ora, se o bem dado em garantia não se mantiver íntegro, deteriorando-se ou depreciando-se, o devedor deverá reforçar a garantia ou colocar outra coisa em seu lugar. Se o devedor nada fizer, a dívida será considerada vencida e o credor poderá excutir (executar os bens judicialmente) a garantia.
>
> II – *se o devedor cair em insolvência ou falir.*[38] A insolvência civil se assemelha à falência. A diferença é que o devedor é não comerciante. Diz o artigo 748 do Código de Processo Civil: "dá-se a insolvência toda vez que as dívidas excederem a importância dos bens do devedor". A insolvência está regulada nos artigos 748 a 786-A do CPC. A falência é um instituto do direito empresarial regulada pela Lei nº 11.101/05.
>
> III – *se as prestações não forem pontualmente pagas, toda vez que deste modo se achar estipulado o pagamento.* Neste caso, o recebimento

---

35 Correspondente ao parágrafo único do artigo 954 do CCB/16.
36 Correspondente ao art. 762, *caput*, do CC de 1916.
37 Correspondente ao art. 762, I, do CC de 1916.
38 Correspondente ao art. 762, II, do CC de 1916.

posterior da prestação atrasada importa renúncia do credor ao seu direito de execução imediata;[39]

IV – *se perecer o bem dado em garantia, e não for substituído.*[40] O perecimento do objeto significa a sua destruição total. Neste caso, o devedor deverá substituir o bem dado em garantia, senão a dívida será considerada vencida. Vale destacar que o perecimento é uma das formas de perda da propriedade consoante o artigo 1.275, inciso IV, do CCB.

V – *se se desapropriar o bem dado em garantia, hipótese na qual se depositará a parte do preço que for necessária para o pagamento integral do credor.*[41] A desapropriação também se traduz na perda do bem. Dessa maneira, se o bem desapropriado estiver gravado com garantia real, a dívida, também, se considerará vencida antecipadamente.

Nos casos de perecimento da coisa dada em garantia, esta se sub-rogará na indenização do seguro, ou no ressarcimento do dano, em benefício do credor, a quem assistirá sobre ela preferência até seu completo reembolso (CCB, art. 1.425, § 1º).[42] Aqui CLÓVIS BEVILÁQUA observa que "em virtude da sub-rogação por força da lei, quer o segurador, quer a pessoa obrigada pela indenização da coisa, deve consignar, em favor do credor, a soma necessária para o seu integral pagamento, considerando-se vencida a dívida".[43]

Nos casos dos incisos IV e V do artigo 1.425, só se vencerá a hipoteca antes do prazo estipulado se o perecimento ou a desapropriação recair sobre o bem dado em garantia, e esta não abranger outras; subsistindo, no caso contrário, a dívida reduzida, com a respectiva garantia sobre os demais bens, não desapropriados ou destruídos (CCB, art. 1.425, § 2º).[44] Isto quer dizer que "o preço da indenização será aplicado ao pagamento da dívida, porém, como não será suficiente para extingui-la na sua totalidade, a parte restante continuará garantida pelos bens gravados".[45]

Nas hipóteses do artigo 1.425, de vencimento antecipado da dívida, não se compreendem os juros correspondentes ao tempo ainda não decorrido (CCB, art. 1.426).[46]

---

39 Correspondente ao art. 762, III, do CC de 1916.
40 Correspondente ao art. 762, IV, do CC de 1916.
41 Correspondente ao art. 762, V, do CC de 1916.
42 Correspondente ao art. 762, § 1º, do CC de 1916.
43 BEVILÁQUA, Clóvis. *Código Civil dos Estados Unidos do Brasil comentado por Clóvis Beviláqua*. V. 1. Edição histórica. Rio de Janeiro: Rio, 1976, p. 1.227.
44 Correspondente ao art. 762, § 2º, do CC de 1916.
45 Ibid., p. 1.227.
46 Correspondente ao art. 763 do CC de 1916.

27.6. Garantia Real Outorgada por Terceiro

O artigo 1.427 trata da garantia real outorgada por terceira pessoa. Se não houver cláusula expressa, o terceiro que presta garantia real por dívida alheia não fica obrigado a substituí-la, ou reforçá-la, quando, sem culpa sua, se perca, deteriore, ou desvalorize (CCB, art. 1.427).[47] Neste caso, se o bem dado em garantia se deteriorar ou perecer, o terceiro não será obrigado a reforçar ou substituir a garantia.

27.7. Responsabilidade do Devedor pelo Remanescente da Dívida

O artigo 1.430 é claro: "quando, excutido o penhor, ou executada a hipoteca, o produto não bastar para pagamento da dívida e despesas judiciais, continuará o devedor obrigado pessoalmente pelo restante".[48]

Daí que se o produto da excussão não cobrir o valor total de dívida contraída, o devedor continuará responsável pelo remanescente da dívida com o credor pignoratício e o hipotecário. Em relação ao remanescente da dívida, agora sem a garantia real, o devedor responderá com os seus bens para garantir o remanescente. Daqui para a frente, o credor é quirografário.

---

47 Correspondente ao art. 764 do CC de 1916.
48 Correspondente ao art. 767 do CC de 1916.

Capítulo 28
DO PENHOR

28.1. Penhor Comum ou Convencional. Conceito e Características

É um direito real que consiste na transferência efetiva da posse de coisa móvel, suscetível de alienação, efetuado pelo devedor ou de alguém por ele indicado ao credor com vistas à garantia de um crédito. Melhor dizendo: é o direito real de garantia segundo o qual o devedor, ou alguém por ele, transfere ao credor a posse de uma coisa móvel para garantir o pagamento da obrigação, sendo-lhe a coisa devolvida, quando da extinção da obrigação. Frise-se: a transferência da posse da coisa tem a finalidade de garantir o pagamento da prestação.

Vale destacar que enquanto a hipoteca e a anticrese são direitos reais de garantia que recaem sobre imóveis, o penhor é um direito real que recai sobre coisas móveis (suscetíveis de alienação). Importa destacar que os bens móveis gravados com cláusula de inalienabilidade (indisponíveis) não podem ser objeto de penhor. Isto porque se o devedor não pagar a prestação, como fará o credor para aliená-la judicialmente?

Nesta relação jurídica, existem dois sujeitos envolvidos: a) o devedor pignoratício (sujeito passivo da obrigação principal) é aquele que contrai o débito e transfere a posse do bem empenhado; b) credor pignoratício é o sujeito que empresta o dinheiro e recebe o bem como garantia.

O artigo 1.431 determina: "constitui-se o penhor pela transferência efetiva da posse que, em garantia do débito ao credor ou a quem o represente, faz o devedor, ou alguém por ele, de uma coisa móvel, suscetível de alienação". [1]

No penhor rural, industrial, mercantil e de veículos, as coisas empenhadas continuam em poder do devedor, que as deve guardar e conservar (CCB, art. 1.431, parágrafo único).[2]

Da exegese do artigo 1.431 verifica-se, pois, que no penhor ocorre a transferência da posse da coisa ao credor.

Aqui se desvela mais uma diferença entre penhor e hipoteca/alienação fiduciária. Na alienação fiduciária, a posse da coisa permanece com o deve-

---
1 Correspondente ao art. 768 do CC de 1916.
2 Correspondente ao art. 769 do CC de 1916.

dor, o que se transfere ao credor é a propriedade resolúvel da coisa, mas a posse da coisa fica com o devedor fiduciante. Da mesma maneira, na hipoteca também a posse do imóvel hipotecado permanece com o devedor. No penhor ocorre exatamente o oposto, já que a posse direta da coisa é transferida ao credor pignoratício. Daí que com a constituição do penhor, dar-se-á o desmembramento da posse: o credor pignoratício fica com a posse direta da coisa e o devedor pignoratício fica com a posse indireta da coisa. Por que razão se transfere a posse direta da coisa ao credor pignoratício? Ora, se a coisa é móvel, o credor ficará mais confortável com a garantia, se esta estiver em suas mãos, ou seja, a coisa móvel já está à sua disposição, com vistas a ser alienada. Isto não ocorre com a garantia da hipoteca, uma vez que recai sobre bem imóvel com registro no RGI. Ademais, o bem imóvel não se perde e no caso de alienação, o terceiro não poderá ter desconhecimento da hipoteca, uma vez que o gravame consta na matrícula do bem imóvel (RGI).

Qual a figura do credor pignoratício diante da coisa? O credor passa a ter a posse da coisa empenhada na qualidade de seu depositário. O artigo 1.435, inciso I, diz que "o credor pignoratício é obrigado:[3] I – à custódia da coisa, *como depositário*, e a ressarcir ao dono a perda ou deterioração de que for culpado, podendo ser compensada na dívida, até a concorrente quantia, a importância da responsabilidade". Assim, o credor fica na condição de depositário da coisa.

A coisa que é o objeto do penhor é denominada de *coisa empenhada* (do verbo empenhorar).

Vale destacar que não há que se confundir *penhor* com *penhora*. Aquele é um direito real de garantia estabelecido entre o credor pignoratício e o devedor pignoratício. A *penhora* é um ato de constrição processual determinado pelo magistrado (apreensão judicial de bens, valores etc.) visando garantir a execução.

O penhor poderá ser celebrado por instrumento público ou instrumento particular. Diz o artigo 1.432 que "o instrumento do penhor deverá ser levado a registro, por qualquer dos contratantes; o do penhor comum será registrado no Cartório de Títulos e Documentos".[4][5]

Ademais, de acordo com a regra do artigo 1.431, uma terceira pessoa poderá entregar uma coisa que lhe pertença, para garantir o pagamento da obrigação de outrem. Diz a regra: "constitui-se o penhor pela transferência

---

3 Correspondente ao art. 774 do CC de 1916.
4 Sem Correspondência ao CC de 1916.
5 LRP – Art. 127. No Registro de Títulos e Documentos será feita a transcrição: II – do penhor comum sobre coisas móveis;LRP – Art. 167 – No Registro de Imóveis, além da matrícula, serão feitos: I – o registro: [...] 4) do penhor de máquinas e de aparelhos utilizados na indústria, instalados e em funcionamento, com os respectivos pertences ou sem eles; [...] 15) dos contratos de penhor rural.

efetiva da posse que, em garantia do débito ao credor ou a quem o representente, faz o devedor, *ou alguém por ele*, de uma *coisa móvel*, suscetível de alienação". [6] Por exemplo, a mãe poderá entregar uma joia que lhe pertence como garantia do penhor celebrado por sua filha e o credor pignoratício. Assim, a coisa empenhada (no exemplo dado, a joia) pertence à genitora da devedora pignoratícia.

28.2. Dos Direitos do Credor Pignoratício

Os direitos do credor pignoratício estão elencados no artigo 1.433 do nosso Código Civil, que informa: "o credor pignoratício tem direito:[7]

I – *à posse da coisa empenhada*,[8] A coisa deve ser devolvida ao devedor, uma vez extinta a obrigação pelo pagamento ou qualquer outra causa. Se o credor pignoratício é o possuidor direto da coisa, ele poderá manejar os interditos possessórios, com vistas a proteger a posse contra as interferências indevidas de terceiros (inclusive contra o próprio devedor). O artigo 1.434 desvela o *princípio da indivisibilidade*, já que o credor tem o direito a manter a integralidade da posse, mesmo que parte da obrigação já tenha sido paga. Diz o artigo 1.434 que "o credor não pode ser constrangido a devolver a coisa empenhada, ou uma parte dela, antes de ser integralmente pago, podendo o juiz, a requerimento do proprietário, determinar que seja vendida apenas uma das coisas, ou parte da coisa empenhada, suficiente para o pagamento do credor";[9]

II – *à retenção dela, até que o indenizem das despesas devidamente justificadas, que tiver feito, não sendo ocasionadas por culpa sua*.[10] Vejamos, por exemplo, algumas situações jurídicas que podem advir desta questão: a) *se a coisa empenhada se deteriora em razão do tempo, ou por um vício oculto*, e o credor pignoratício é obrigado a realizar despesas para preservá-la. Por exemplo, se a coisa empenhada é um animal e este vem a adoecer, as despesas para curar o animal (médico-veterinário e remédios) deverão ser ressarcidas pelo devedor ao credor, já que foram efetuadas visando evitar o perecimento ou a deterioração da coisa. Enquanto o devedor não indenizar o credor, ele poderá reter a coisa, ou seja, mesmo que o devedor tenha pagado a obrigação, o credor não está obrigado a devolver a coisa, enquanto não receber o valor de tais despesas; b)

---

6 Correspondente ao art. 768 do CC de 1916.
7 Sem Correspondência ao CC de 1916.
8 Sem Correspondência ao CC de 1916.
9 Correspondente ao art. 772 do CC de 1916.
10 Correspondente ao art. 772 do CC de 1916.

se a coisa perece ou se deteriora sem culpa do credor, por exemplo, o animal empenhado morreu (por exemplo, por caso fortuito) sem culpa do devedor. Neste caso, o prejuízo será suportado pelo devedor, já que ele é o proprietário da coisa; c) *se a coisa perece ou se deteriora por culpa do credor*, por exemplo, o credor pignoratício, por sua culpa, não alimentou o animal empenhado que veio a falecer. Neste caso, o devedor deverá indenizar o devedor pignoratício pelo equivalente mais perdas e danos, se houver. É possível fazer a compensação entre o valor da dívida garantida e o valor da coisa empenhada perdida por culpa do credor; d) *se o credor pignoratício estiver em mora na obrigação de restituir a coisa empenhada, ele responderá pela perda da coisa, mesmo decorrente de fortuito*. A não ser que o credor prove que a coisa se destruiria, mesmo que já tivesse sido devolvida ao devedor;

III – *ao ressarcimento do prejuízo que houver sofrido por vício da coisa empenhada*.[11] Outro direito do credor é ser indenizado pelos prejuízos que sofreu decorrente dos vícios ocultos da coisa empenhada. Por exemplo, se a coisa empenhada era um animal doente, não perceptível a olho nu, e a doença se espalha aos outros animais do credor, causando-lhe prejuízos;

IV – *a promover a execução judicial, ou a venda amigável, se lhe permitir expressamente o contrato, ou lhe autorizar o devedor mediante procuração*.[12] O nosso ordenamento jurídico veda o *pacto comissório* (cláusula que autoriza o credor a transferir diretamente para o seu patrimônio a coisa dada em garantia, se o devedor não pagar a obrigação). Neste sentido, é direito do credor realizar a execução judicial ou a venda amigável. Vale destacar que a lei, neste ponto, permite que o devedor autorize o credor a fazer a venda amigável da coisa empenhada. O devedor pignoratício, se preferir, poderá dar a coisa em pagamento (dação em pagamento);

V – *a apropriar-se dos frutos da coisa empenhada que se encontra em seu poder*.[13] O credor poderá apropriar-se dos frutos que a coisa produzir enquanto esta estiver na posse direta do credor pignoratício. Para se evitar o enriquecimento ilícito, tais frutos deverão ser compensados com as despesas realizadas para a conservação da coisa ou representará um adiantamento das prestações devidas, se assim as partes acordarem;

VI – *a promover a venda antecipada, mediante prévia autorização judicial, sempre que haja receio fundado de que a coisa empenhada se perca ou*

---

11 Correspondente ao art. 773 do CC de 1916.
12 Sem Correspondência ao CC de 1916.
13 Sem Correspondência ao CC de 1916.

deteriore, devendo o preço ser depositado. O dono da coisa empenhada pode impedir a venda antecipada, substituindo-a ou oferecendo outra garantia real idônea.[14]A venda antecipada da coisa empenhada somente poderá ocorrer quando houver fundado receio de que a coisa venha a se perder ou se deteriorar. Isto poderá acontecer quando a coisa empenhada for, por exemplo, gêneros alimentícios.

28.3. Deveres do Credor Pignoratício

De acordo com o artigo 1.435 do nosso Código Civil, "o credor pignoratício é obrigado:[15]

I – *à custódia da coisa, como depositário, e a ressarcir ao dono a perda ou deterioração de que for culpado, podendo ser compensada na dívida, até a concorrente quantia, a importância da responsabilidade;*[16] Como dito acima, o credor pignoratício é equiparado ao depositário.

II – à defesa da posse da coisa empenhada e a dar ciência, ao dono dela, das circunstâncias que tornarem necessário o exercício de ação possessória;[17]

III – a imputar o valor dos frutos, de que se apropriar (art. 1.433, inciso V) nas despesas de guarda e conservação, nos juros e no capital da obrigação garantida, sucessivamente;[18]

IV – a restituí-la, com os respectivos frutos e acessões, uma vez paga a dívida;[19]

V – a entregar o que sobeje do preço, quando a dívida for paga, no caso do inciso IV do art. 1.433".[20]

28.4. Extinção do Penhor

Consoante o artigo 1.436, extingue-se o penhor:[21]

I – *extinguindo-se a obrigação.*[22] Ora, se o penhor é acessório da obrigação garantida, extinta a obrigação, extingue-se o penhor. Vale lembrar que uma das características dos direitos reais de garantia é a sua *acessoriedade*. Não importa a razão: a obrigação pode

---

14 Sem Correspondência ao CC de 1916.
15 Correspondente ao art. 774 do CC de 1916.
16 Correspondente ao art. 773 do CC de 1916.
17 Sem Correspondência ao CC de 1916.
18 Sem Correspondência ao CC de 1916.
19 Correspondente ao art. 774, II, do CC de 1916.
20 Correspondente ao art. 774, III, do CC de 1916.
21 Correspondente ao art. 802, *caput*, do CC de 1916.
22 Correspondente ao art. 802, I, do CC de 1916.

ter sido extinta pelo pagamento, pela impossibilidade ou pela prescrição. Cessando a obrigação, qualquer que seja a causa, ou extinguindo-se a pretensão do credor pela prescrição, o penhor também se extingue;

II – *perecendo a coisa*.[23] O perecimento da coisa empenhada extingue o penhor pela perda superveniente do objeto;

III – *renunciando o credor*.[24] Se o penhor é um direito patrimonial do credor, portanto, em princípio, é um direito disponível. Daí que nada impede que o credor renuncie a esta garantia. Esta *renúncia* pode ser expressa ou tácita. Será efetuada de forma expressa, se manifestada de maneira inequívoca, por meio, por exemplo, de um distrato do contrato de penhor. A renúncia poderá também ser realizada de forma tácita, com a simples devolução voluntária da coisa empenhada ao devedor. Dessa forma, o simples fato de o credor devolver ao devedor, voluntariamente, a coisa empenhada traduz uma renúncia tácita ao penhor.

Vale lembra que o credor está renunciando à garantia, mas não ao crédito. A única diferença é que o credor antes privilegiado, após a devolução da coisa empenhada, transforma-se em credor quirografário. Daí não há que se confundir a *devolução da coisa empenhada ao devedor* com o *perdão da dívida*. São coisas distintas. Não obstante, o perdão da dívida, também, extingue o penhor.

IV – *confundindo-se na mesma pessoa as qualidades de credor e de dono da coisa*.[25] A *confusão* ocorre no momento em que se fundem na mesma pessoa as figuras do credor pignoratício e do proprietário da coisa empenhada, neste caso, o devedor pignoratício;

V – *dando-se a adjudicação judicial, a remissão ou a venda da coisa empenhada, feita pelo credor ou por ele autorizada*.[26]

Presume-se a renúncia do credor quando consentir na venda particular do penhor sem reserva de preço, quando restituir a sua posse ao devedor ou quando anuir a sua substituição por outra garantia (CCB, art. 1.436, § 1º).[27]

Operando-se a confusão tão somente quanto à parte da dívida pignoratícia, subsistirá inteiro o penhor quanto ao resto (CCB, art. 1.436, § 2º).[28]

---

23 Correspondente ao art. 802, II, do CC de 1916.
24 Correspondente ao art. 802, III, do CC de 1916.
25 Correspondente ao art. 802, V, do CC de 1916.
26 Correspondente ao art. 802, VI, do CC de 1916.
27 Correspondente ao art. 803 do CC de 1916.
28 Correspondente ao art. 804 do CC de 1916.

De acordo com o artigo 1.437, produz efeitos a extinção do penhor depois de averbado o cancelamento do registro à vista da respectiva prova.[29] [30]

28.5. Espécies de Penhor

O penhor pode ser classificado em: a) *penhor comum, tradicional* ou *convencional;* b) *penhor especial* e c) *penhor legal*.

O *penhor comum* é aquele que decorre da vontade das partes, conforme artigo 1.431 do nosso Código Civil apresentado alhures.

O *penhor especial* é todo aquele que apresenta regramento especial, tais como o penhor rural, o penhor de títulos de crédito, penhor industrial etc.

O *penhor legal* é aquele que emana da lei, com o propósito de proteger os credores em situações peculiares. Este é tratado pelo Código Civil brasileiro nos artigos 1.467 a 1.472.

28.6. Penhor Rural

28.6.1. Conceito

Destaca PONTES DE MIRANDA que o penhor rural "foi, desde o início, o penhor de máquinas e instrumentos aratórios e de locomoção (por extensão, de instrumentos de semeadura e de pesagem), colheitas pendentes, ou em via de formação no ano do negócio jurídico, quer resultem de prévia cultura, quer de produção espontânea do solo, frutos, lenha e animais de serviço (penhor agrícola) e animais e objetos da indústria pecuária (penhor pecuário). Posteriormente, caracterizou-se a distinção entre ele e o penhor industrial".[31]

CLÓVIS BEVILÁQUA ensina que o penhor rural "é o que tem por objeto produtos e instrumentos agrícolas, assim como animais utilizados na indústria pastoril, agrícola ou de laticínios, que se conservam em poder do devedor, mas se acham vinculados ao pagamento de dívida relacionada com a exploração das mencionadas indústrias".[32]

Frise-se, conforme acentuado acima, a coisa empenhada, nesta espécie de penhor, fica em poder do devedor. O credor pignoratício fica, pois, com a posse indireta da coisa. Não seria razoável que as máquinas destinadas ao plantio ou à colheita ficassem com o credor, como garantia, prejudicando o trabalho do devedor.

---

29 Sem Correspondência ao CC de 1916.
30 LRP – Art. 164. O cancelamento poderá ser feito em virtude de sentença ou de documento autêntico de quitação ou de exoneração do título registrado.
31 PONTES DE MIRANDA. *Tratado de direito privado.* Parte especial. Tomo XXI. 2. ed. Rio de Janeiro: Borsoi, 1957, p. 6.
32 BEVILÁQUA, Clóvis. *Direito das coisas.* 2º. Vol. 3. ed. Rio de Janeiro: Freitas Bastos, 1951, p. 84.

28.6.2. Classificação

O *penhor rural* pode ser classificado em *penhor agrícola* e *penhor pecuário*. O penhor rural é constituído mediante instrumento público ou particular, registrado no *Cartório de Registro de Imóveis* da circunscrição em que estiverem situadas as coisas empenhadas (CCB, art. 1.438).[33]

28.6.3. Cédula rural pignoratícia

Se o devedor prometer pagar a dívida em dinheiro, poderá ser emitida em favor do credor, *cédula rural pignoratícia*, na forma determinada em lei especial (CCB, art. 1.438, parágrafo único).[34] [35] [36] [37]

---

33 Correspondente ao art. 796, *caput*, do CC de 1916.
34 Sem Correspondência ao CC de 1916.
35 CC 2002 – Art. 1.424. Os contratos de penhor, anticrese ou hipoteca declararão, sob pena de não terem eficácia: I – o valor do crédito, sua estimação, ou valor máximo; II – o prazo fixado para pagamento; III – a taxa dos juros, se houver; IV – o bem dado em garantia com as suas especificações.
36 LRP – Art. 167 – No Registro de Imóveis, além da matrícula, serão feitos. I – o registro: [...] 15) dos contratos de penhor rural;
37 Lei nº 492/37 – Regula o penhor rural e a cédula pignoratícia. Art. 9º Não vale o contrato de penhor agrícola celebrado pelo locatário, arrendatário, colono ou qualquer prestador de serviços, sem o consentimento expresso do proprietário agrícola, dado previamente ou no ato dia constituição do penhor.
Parágrafo único. Na parceria rural, o penhor somente pode ajustar-se com o consentimento do outro parceiro e recai somente sobre os animais do devedor, salvo estipulação diversa.
Decreto-Lei nº 167/67. Dispõe sobre títulos de crédito rural e dá outras providências. Da Cédula Rural Pignoratícia. Arts 14 a 19.
Decreto-Lei nº 167/67. Art. 15. Podem ser objeto, do penhor cedular, nas condições deste Decreto-Lei, os bens suscetíveis de penhor rural e de penhor mercantil.
Decreto-Lei nº 167/67. Art. 16. (Revogado pelo Decreto-Lei nº 784, de 25.8.1969)
Decreto-Lei nº 167/67. Art. 17. Os bens apenhados continuam na posse imediata do emitente ou do terceiro prestante da garantia real, que responde por sua guarda e conservação como fiel depositário, seja pessoa física ou jurídica. Cuidando-se do penhor constituído por terceiro, o emitente da cédula responderá solidariamente com o empenhador pela guarda e conservação dos bens apenhados.
Decreto-Lei nº 167/67. Art. 18. Antes da liquidação da cédula, não poderão os bens apenhados ser removidos das propriedades nela mencionadas, sob qualquer pretexto e para onde quer que seja, sem prévio consentimento escrito do credor.
Decreto-Lei nº 167/67. Art. 19. Aplicam-se ao penhor constituído pela cédula rural pignoratícia as disposições dos Decretos-Leis nºs 1.271, de 16 de maio de 1939, 1.625, de 23 de setembro de 1939, e 4.312, de 20 de maio de 1942 e das Leis nºs 492, de 30 de agosto de 1937, 2.666, de 6 de dezembro de 1955 e 2.931, de 27 de outubro de 1956, bem como os preceitos legais vigentes relativos a penhor rural e mercantil no que não colidirem som o presente Decreto-Lei.
Decreto-Lei nº 167/67. Art. 60. Aplicam-se à cédula de crédito rural, à nota promissória rural e à duplicata rural, no que forem cabíveis, as normas de direito cambial, inclusive quanto a aval, dispensado porém o protesto para assegurar o direito de regresso contra endossantes e seus avalistas. § 1º O endossatário ou o portador de Nota Promissória Rural ou Duplicata Rural não tem direito de regresso contra o primeiro endossante e seus avalistas. (Incluído pela Lei nº 6.754, de 17.12.1979) § 2º É nulo o aval dado em Nota

De acordo com o artigo 14 do Decreto-Lei n° 167/67, "a cédula rural pignoratícia conterá os seguintes requisitos, lançados no contexto: I – Denominação "Cédula Rural Pignoratícia". II – Data e condições de pagamento; havendo prestações periódicas ou prorrogações de vencimento, acrescentar: "nos termos da cláusula Forma de Pagamento abaixo" ou "nos termos da cláusula Ajuste de Prorrogação abaixo". III – Nome do credor e a cláusula à ordem. IV – Valor do crédito deferido, lançado em algarismos e por extenso, com indicação da finalidade ruralista a que se destina o financiamento concedido e a forma de sua utilização. V – Descrição dos bens vinculados em penhor, que se indicarão pela espécie, qualidade, quantidade, marca ou período de produção, se for o caso, além do local ou depósito em que os mesmos bens se encontrarem. VI – Taxa dos juros a pagar, e da comissão de fiscalização, se houver, e o tempo de seu pagamento. VII – Praça do pagamento. VIII – Data e lugar da emissão. IX – Assinatura do próprio punho do emitente ou de representante com poderes especiais. § 1° – As cláusulas "Forma de Pagamento" ou "Ajuste de Prorrogação", quando cabíveis, serão incluídas logo após a descrição da garantia, estabelecendo-se, na primeira, os valores e datas das prestações e na segunda, as prorrogações previstas e as condições a que está sujeita sua efetivação. § 2° – A descrição dos bens vinculados à garantia poderá ser feita em documento à parte, em duas vias, assinadas pelo emitente e autenticadas pelo credor, fazendo-se, na cédula, menção a essa circunstância, logo após a indicação do grau do penhor e de seu valor global".

De acordo com o artigo 16 da Lei n° 492/37 (Regula o penhor rural e a cédula pignoratícia), "a *cédula rural pignoratícia é transferível*, sucessivamente, por endosso em preto, em que à ordem de pagamento se acrescente o nome ou firma do endossante, seu domicílio, a data e a assinatura do endossante. O primeiro endossante só pode ser o credor pignoratício. § 1° O endosso é puro e simples, reputando-se não escrita qualquer cláusula condicional ou retritiva; e investe o endossatário nos direitos do endossante contra os signatários anteriores, solidariamente, e contra o devedor pignoratício. § 2° O endosso parcial é nulo. § 3° O endosso cancelado é inexistente, mas hábil para justificar a série das transmissões do título. § 4° O endossante responde pela legitimidade da cédula rural pignoratícia da existência das coisas ou animais empenhados. § 5° O endosso pode ser garantido por aval".

É um direito real que se converte em título de crédito (direito pessoal) podendo circular no mercado mediante endosso. Quer dizer, o credor pignoratício pode endossar essa cédula pignoratícia, transferindo o seu crédito a um terceiro, e isso permite rápida circulação de capitais no mercado.

Promissória Rural ou Duplicata Rural, salvo quando dado pelas pessoas físicas participantes da empresa emitente ou por outras pessoas jurídicas. (Incluído pela Lei n° 6.754, de 17.12.1979) § 3° Também são nulas quaisquer outras garantias, reais ou pessoais, salvo quando prestadas pelas pessoas físicas participantes da empresa emitente, por esta ou por outras pessoas jurídicas. (Incluído pela Lei n° 6.754, de 17.12.1979) § 4° Às transações realizadas entre produtores rurais e entre estes e suas cooperativas não se aplicam as disposições dos parágrafos anteriores. (Incluído pela Lei n° 6.754, de 17.12.1979).

28.6.4. Prazos

O penhor agrícola e o penhor pecuário não podem ser convencionados por prazos superiores aos das obrigações garantidas. (CCB, art. 1.439 – Redação dada pela Lei nº 12.873, de 2013)

Embora vencidos os prazos, permanece a garantia, enquanto subsistirem os bens que a constituem (CCB, art. 1.439, § 1º).[38]

A prorrogação deve ser averbada à margem do registro respectivo, mediante requerimento do credor e do devedor (CCB, art. 1.439, § 2º).[39]

28.6.5. Penhor rural em imóvel hipotecado

Determina o artigo 1.440 do nosso Código Civil que "se o prédio estiver hipotecado, o penhor rural poderá constituir-se independentemente da anuência do credor hipotecário, mas não lhe prejudica o direito de preferência, nem restringe a extensão da hipoteca, ao ser executada".[40]

Da mesma forma, o artigo 4º da Lei nº 492/37 (Regula o penhor rural e a cédula pignoratícia) diz que "independe o penhor rural do consentimento do credor hipotecário, mas não lhe prejudica o direito de prelação, nem restringe a extensão da hipoteca, ao ser executada. § 1º Pode o devedor, independentemente de consentimento do credor, constituir novo penhor rural se o valor dos bens ou dos animais exceder ao da dívida anterior, ressalvada para esta a prioridade de pagamento. § 2º Paga uma das dívidas, subsiste a garantia para a outra, em sua totalidade. § 3º As coisas e os animais dados em penhor garantem ao credor, em privilégio especial, a importância da dívida, os juros, as despesas e as demais obrigações constantes da escritura".

28.6.6. Inspeção dos bens

Tem o credor direito a verificar o estado das coisas empenhadas, inspecionando-as onde se acharem, por si ou por pessoa que credenciar (CCB, art. 1.441).[41] Ora, se no penhor rural a coisa empenhada fica em poder do devedor, na condição de depositário, é claro que o credor poderá verificar o estado das coisas empenhadas, por meio da *inspeção*.

28.6.7. Do penhor agrícola

De acordo com o artigo 1.442 do CCB, podem ser objeto de penhor:[42] [43]

---

38 Sem Correspondência ao CC de 1916.
39 Sem Correspondência ao CC de 1916.
40 Correspondente ao art. 783 do CC de 1916.
41 Sem Correspondência ao CC de 1916.
42 Correspondente ao art. 781, *caput*, do CC de 1916.
43 MEDIDA CAUTELAR Nº 11.259 – MG (2006/0043988-7) RELATOR: MINISTRO ALDIR

I – máquinas e instrumentos de agricultura;[44]
II – colheitas pendentes, ou em via de formação;[45]
III – frutos acondicionados ou armazenados;[46]
IV – lenha cortada e carvão vegetal;[47] [48]
V – animais do serviço ordinário de estabelecimento agrícola.[49]

O *penhor agrícola que recai sobre colheita pendente, ou em via de formação,* abrange a imediatamente seguinte, no caso de frustrar-se ou ser insuficiente a que se deu em garantia (CCB, art. 1.443).[50]

Se o credor não financiar a nova safra, poderá o devedor constituir com outrem novo penhor, em quantia máxima equivalente à do primeiro; o segundo penhor terá preferência sobre o primeiro, abrangendo este apenas o excesso apurado na colheita seguinte (CCB, art. 1.443, parágrafo único).[51]

28.6.8 Do penhor pecuário

Podem ser objeto de penhor os animais que integram a atividade pastoril, agrícola ou de lacticínios (CCB, art. 1.444).[52] [53]

PASSARINHO JÚNIOR. Vistos. Trata-se de medida cautelar com objetivo de suspender os efeitos de acórdão do Colendo Tribunal de Justiça do Estado de Minas Gerais no Agravo de Instrumento nº 2.0000.00.485809-5/000, para alijar prisão decretada no âmbito de execução de contrato de confissão de dívida garantida por penhor agrícola, representado por 605.000 kg de banana-prata-anã, em razão da não apresentação do bem pelo requerente/executado. Assere o peticionário que a prisão civil nestes casos é inconcebível por tratar-se de bem fungível dado em penhor rural. Cita jurisprudência desta Corte em amparo à sua tese. Ao final, requer a citação do réu e a concessão de liminar para suspender o efeito do acórdão e o consequente decreto de prisão expedido. Em princípio, tenho que estão presentes os pressupostos para o deferimento da liminar. Na execução da dívida, a penhora recaiu sobre o bem dado em garantia pignoratícia, conforme o art. 655, § 2º, do CPC. Contudo, por tratar-se de bem fungível, o descumprimento do dever de apresentá-lo, não resulta na prisão do devedor, conforme entendimento remansoso desta Corte (HC nº 26.639/SP, Rel. Min. Ari Pargendler, DJU de 2.9.2003; REsp nº 92.713/PR, Rel. Min. Aldir Passarinho Junior, DJU de 9.8.2004). Ante o exposto, defiro a liminar, para suspender o decreto de prisão civil, enquanto pender o processamento do especial, que não deve seguir o regime de retenção do art. 542, § 3º, do CPC. Comunique-se ao Tribunal de origem e ao juízo da 1ª Vara Cível da Comarca de Janaúba-MG. Cite-se. Publique-se. Brasília (DF), 13 de março de 2006. MINISTRO ALDIR PASSARINHO JÚNIOR, Relator (Ministro ALDIR PASSARINHO JUNIOR, 17.3.2006).

44 Correspondente ao art. 781, I, do CC de 1916.
45 Correspondente ao art. 781, II, do CC de 1916.
46 Correspondente ao art. 781, III, do CC de 1916.
47 Correspondente ao art. 781, IV, do CC de 1916.
48 Não se pode mais constituir penhor agrícola sobre a madeira preparada para o corte.
49 Correspondente ao art. 781, V, do CC de 1916.
50 Sem Correspondência ao CC de 1916.
51 Sem Correspondência ao CC de 1916.
52 Sem Correspondência ao CC de 1916.
53 ([V1]) MEDIDA CAUTELAR Nº 5.786 – MT (2002/0150451-6) RELATOR: MINISTRO

CASTRO FILHO. Vistos. Ataliba Rosa Neto propõe a presente cautelar, com pedido de liminar, "contra o MINISTÉRIO PÚBLICO DO ESTADO DE MATO GROSSO a presente MEDIDA CAUTELAR INOMINADA COM PEDIDO DE EFEITO SUSPENSIVO A RECURSO ORDINÁRIO INTERPOSTO CONTRA O ACÓRDÃO DA PRIMEIRA CÂMARA CRIMINAL DO TRIBUNAL DE JUSTIÇA DO ESTADO DE MATO GROSSO, proferido nos autos de HABEAS CORPUS Nº 16.910/2002 – CLASSE I-9 – COMARCA DE BARRA DO GARÇAS, impetrado por HAMILTON TEIXEIRA NETO em favor do Requerente" (fls. 02/03). Alega o requerente que: "(...) Pesa sobre o Requerente, ordem de prisão civil, fls. 69-TJ e 75-TJ, decretadas nos autos da AÇÃO DE EXECUÇÃO, feito nº 283/96, em trâmite perante a 4ª Vara Cível da Comarca de Barra do Garças, Estado de Mato Grosso, em que é exequente o BANCO BRADESCO S.A. e executados AGROPECUÁRIA DUAS ÂNCORAS S.A., FERDINANDO NOGUEIRA ROSA e o autor, fls. 19-TJ e seguintes. (docs 02, 03 e 04) A decretação da prisão ocorreu em virtude de o Requerente ter sido considerado, naqueles autos, infiel depositário, pois não atendeu à ordem para apresentar os bens penhorados ou depositar seu equivalente em dinheiro. A penhora se consubstanciou em 14.910 (quatorze mil, novecentas e dez) cabeças de boi da raça Nelore, cujos bens serviam de garantia através de penhor pecuário ao contrato de mútuo firmado com o BANCO BRADESCO S.A., em 14 de setembro de 1995, título em que se baseia a execução. (docs 05, 06 e 07) Além das 14.910 (quatorze mil, novecentas e dez) cabeças de boi da raça Nelore, faziam parte da garantia do referido contrato de mútuo, 5.000 (cinco mil) matrizes e em hipoteca de 2º grau, diversas áreas de terras que totalizam mais de 46.020 ha (quarenta e seis mil e vinte hectares), fls. 34 a 41-TI. (docs 06 e 07) Por sua vez, a penhora recaiu somente sobre 14.910 (quatorze mil, novecentos e dez) semoventes, fls. 52-TI. (05) Tendo em vista que o depósito judicial fora "maquiado" para substituir um depósito extrajudicial inexistente, a ordem de prisão decretada contra o Requerente, vem lhe impondo um constrangimento ilegal, foi impetrado o versando HABEAS CORPUS objetivando a expedição de salvo conduto, fls. 02 a 13-TJ. (doc. 08) A PRIMEIRA CÂMARA CRIMINAL do TRIBUNAL DE JUSTIÇA DO ESTADO DE MATO GROSSO, através da relatoria do Excelentíssimo Senhor Doutor RUI RAMOS RIBEIRO, assim ementou o acórdão: EMENTA – PRISÃO CIVIL DE DEPOSITÁRIO JUDICIAL – ORDEM CONSTITUCIONAL VIGENTE NO BRASIL – POSSIBILIDADE – INFIDELIDADE DEMONSTRADA – ÓRGÃO AUXILIAR DO JUÍZO – DESNECESSIDADE DE PROPOSITURA DE AÇÃO DE DEPÓSITO – ORDEM DENEGADA. O Pretório Excelso com apoio no disposto no artigo 5º, LXVII do Texto Magno, vem reiterando a constitucionalidade da prisão civil (vg. 28 T., DJU 17.8.01). Demonstrada a infidelidade depositária pelo órgão auxiliar do juízo, a prisão civil é realizável independentemente da propositura da ação de depósito. (fls. 190/199-TJ – doc. 09). [...] Em um primeiro instante, foi demonstrado que a AÇÃO DE EXECUÇÃO, onde decretada a prisão do Requerente, tem como título executivo um contrato de mútuo, garantido, inclusive, pelos semoventes penhorados. Essa garantia foi imposta ao Requerente quando da assinatura do referido contrato, não havendo sequer, ato de constatação da existência ou não dos referidos animais, o que importa dizer na inexistência do depósito, ou no mínimo na sua irregularidade. Sem a ocorrência real do depósito, que, na lição de ORLANDO GOMES, é o ato pelo qual alguma pessoa recebe um objeto móvel para guardar até ser reclamado (*Contratos*, pág. 366), não há falar-se na sua existência. No caso sujeito, tanto a Escritura Pública de Confissão de Dívida com Outorga de Garantia e outras Avenças anexada ao contrato de mútuo, fls. 34 a 41-TJ, quanto o auto de penhora, fls. 52-TJ, não formalizaram o depósito das 14.910 (quatorze mil, novecentas e dez) cabeças de gado, e, ainda que, de outro modo fosse entendido, não teria o condão de embasar a decretação da prisão do Requerente. (docs. 06 e 05) Não custa destacar, que não houve constatação judicial no momento da penhora, sobre a existência ou não dos semoventes, sendo, por conveniência, nomeado o Requerente como fiel depositário. Assim, não havendo a constatação da existência ou não

Capítulo 28 – Do Penhor

das 14.910 (quatorze mil, novecentas e dez) cabeças de gado, seja quando da penhora, seja quando da realização do penhor rural em garantia ao contrato de mútuo, não ocorreu depósito regular". (fls. 03 a 07) Decido. A presente cautelar não merece passagem. Primeiramente, o Ministério Público não é parte legítima para figurar no polo passivo desta demanda. É que a prisão civil decorre de uma relação de direito privado, entre o credor e o devedor. Assim, no habeas corpus impetrado para obstar a prisão civil, o ora requerido funciona como *custos legis* e sequer tem legitimidade para recorrer de decisão eventualmente concessiva da ordem. Observe-se os seguintes precedentes desta Corte: "HABEAS CORPUS". PRISÃO CIVIL. ALIENAÇÃO FIDUCIÁRIA. INADIMPLÊNCIA. CONCESSÃO DA ORDEM. RECURSO ESPECIAL. MINISTÉRIO PÚBLICO. ILEGITIMIDADE. – O Ministério Público não tem legitimidade para interpor recurso especial contra decisão concessiva de "writ", impetrado contra prisão civil decretada em virtude de inadimplência em contrato de alienação fiduciária. – Embora a decisão recorrida tenha sido proferida em sede de "habeas corpus", a relação de direito material que deu origem à impetração envolve apenas Direitos Privados. Inexistência de qualquer interesse público. – Recurso não conhecido". (REsp nº 150.112/DF, 5ª Turma, Relator o Senhor Ministro Félix Fixcher, DJ de 9.11.98) "PROCESSUAL PENAL. PRISÃO DE DEPOSITÁRIO INFIEL. EXECUÇÃO FISCAL. HABEAS CORPUS. CONCESSÃO. EMBARGOS DE DECLARAÇÃO. MINISTÉRIO PÚBLICO. ILEGITIMIDADE. – Em processo de habeas corpus impetrado para afastar prisão civil de devedor em execução fiscal, a quem se imputa a mácula de depositário infiel, o Ministério Público funciona apenas como *custos legis*, tendo legitimidade para opor embargos de declaração apenas em favor do paciente. – No rol das elevadas funções institucionais do Ministério Público, não há previsão de velar pela manutenção de prisão civil decretada em execução fiscal, sendo-lhe vedada a representação judicial e a consultoria jurídica de entidades públicas (CF, art. 129, IX). – Embargos de declaração não conhecido". (EDclHC nº 6.822/SP, 6ª Turma, Relator o Senhor Ministro Vicente Leal, DJ de 18.10.99) "CONSTITUCIONAL. PROCESSUAL PENAL. PRISÃO CIVIL. DESCUMPRIMENTO DE CONTRATO DE ALIENAÇÃO FIDUCIÁRIA. HABEAS CORPUS, CONCESSÃO. RECURSO ESPECIAL. MINISTÉRIO PÚBLICO. ILEGITIMIDADE. – O Ministério Público, cujas atribuições encontram-se exaustivamente catalogadas no art. 129 da Carta Magna, não tem legitimidade para interpor recurso especial contra acórdão concessivo de habeas corpus que afastou o decreto de prisão civil exarado em ação na qual se discute inadimplemento de contrato de alienação fiduciária, demanda instaurada entre pessoas de direito privado. – Recurso especial não conhecido". (REsp nº 113.658/DF, 6ª Turma, Relator o Senhor Ministro Luiz Vicente Cernicchiaro, DJ de 8.3.99) Se tanto não bastasse, a prisão civil foi decretada em decorrência da penhora judicial de 14.910 (quatorze mil, novecentos e dez) cabeças de bois de raça Nelore, assumindo o encargo de depositário judicial o ora requerente, conforme "auto de penhora e depósito particular" de fls. 77. Não localizados os semoventes posteriormente, foi decretada a custódia. Aparentemente, a decretação da custódia não é ilegal. A questão da fungibilidade dos semoventes é irrelevante, em princípio, tendo em vista cuidar-se de depósito de bem penhorado judicialmente. Trago, a propósito, os seguintes precedentes da Corte: "HABEAS CORPUS. EXAME APROFUNDADO DE PROVAS. INVIABILIDADE. DEPÓSITO INFIEL. GARANTIA DE EXECUÇÃO. PRISÃO. POSSIBILIDADE EM TESE. AGRAVO DESPROVIDO. I – O habeas corpus não se presta ao exame aprofundado de provas, como a nulidade ou não do termo de penhora e a falta de aceitação expressa do encargo de depositário, pelo devedor, que no caso dependeriam do exame das circunstâncias em que formalizado o ato. II – Nesta via de habeas corpus, como é da jurisprudência desta Corte, deve-se apreciar a ilegalidade ou não da prisão, sem aprofundar-se nas questões de fundo em debate no processo civil. III – Na espécie, o depósito não se vincula ao penhor mercantil, mas se refere à garantia da execução, tornando inaplicáveis as regras do mútuo. IV – Quanto à base legal para a prisão do depositário, é de salientar-se que o insti-

O *penhor agrícola* e o *penhor pecuário* somente podem ser convencionados, respectivamente, pelos prazos máximos de *três e quatro anos*, prorrogáveis, uma só vez, até o limite de igual tempo (CCB, art. 1.439).[54]

Os *animais empenhados ficam inalienáveis*. Diz o artigo 1.445 que "o devedor não poderá alienar os animais empenhados sem prévio consentimento, por escrito, do credor".[55]

Quando o devedor pretende alienar o gado empenhado ou, por negligência, ameace prejudicar o credor, poderá este requerer se depositem os animais sob a guarda de terceiro, ou exigir que se lhe pague a dívida de imediato (CCB, art. 1.445, parágrafo único).

Os animais da mesma espécie, comprados para substituir os mortos, ficam sub-rogados no penhor (CCB, art. 1.446).[56] CARVALHO SANTOS, com apoio em AFONSO FRAGA, explica melhor a questão da *sub-rogação dos animais mortos*. Vejamos: "no penhor pecuário, a garantia é suscetível de aumento com as crias dos animais apenhados, e de diminuição pela morte ou extravio dos animais não substituídos".

Há aumento ou diminuição, porém, a natureza da *universitas* continua a mesma, pois o rebanho continua a ser o que antes era, um todo como tal juridicamente considerado, e por isso justamente é que o direito pignoratício do credor subsiste íntegro e perfeito como se o seu objeto fora imutável (Cfr. AFONSO FRAGA, *obr. cit.*, nº 90).

Falando em animais da mesma espécie, o artigo que comentamos prevê a hipótese da substituição dos que tiverem morrido ou se extraviado, de

---

tuto tem sede constitucional, entre as exceções à prisão por dívidas, não se admitindo a prevalência do tratado sobre norma expressa na Constituição". (AgRgHC nº 22.237/SP, 4ª Turma, Relator o Senhor Ministro Sálvio de Figueiredo Teixeira, DJ de 16.9.02) "DEPÓSITO JUDICIAL. BENS FUNGÍVEIS E CONSUMÍVEIS. IRRELEVÂNCIA NO CASO. – Tratando-se de depósito judicial, não se aplica a regra constante do art. 1.280 do Código Civil. Admissibilidade da cominação de prisão ao depositário infiel. Recurso desprovido". (REHC nº 11.655/PR, 4ª Turma, Relator o Senhor Ministro Barros Monteiro, DJ de 4.3.02) Habeas corpus. Prisão civil. Depositário infiel. Penhora. Bens fungíveis. I – Nomeado depositário de bens fungíveis dados em garantia no processo de execução, a falta de sua entrega caracteriza a infidelidade do depositário, que fica sujeito às sanções previstas. II – Precedentes do STF e STJ. Constrangimento ilegal não caracterizado. III – Pedido de habeas corpus indeferido". (HC nº 15.998/SP, 3ª Turma, Relator o Senhor Ministro Antônio de Pádua Ribeiro, DJ de 8.4.02) Por outro lado, a verificação da efetiva existência dos semoventes no momento da constrição não dispensa, a meu ver, um exame aprofundado das provas produzidas nos autos, operação incompatível com a via estreita do *writ*. Ausente, portanto, o *fumus boni iuris*.Ante o exposto, nos termos do art. 34, inciso XVIII, do Regimento Interno, nego seguimento à presente cautelar. Intime-se. Brasília (DF), 14 de novembro de 2002. MINISTRO CARLOS ALBERTO MENEZES DIREITO (na ausência eventual do Relator – art. 52, inciso I, do Regimento Interno) (Ministro CARLOS ALBERTO MENEZES DIREITO, 21.11.2002).

54 Correspondente aos arts. 782 e 788, *caput*, do CC de 1916.
55 Correspondente ao art. 785 do CC de 1916.
56 Correspondente ao art. 787, *caput*, do CC de 1916.

modo que se compreende a exigência de serem eles da mesma espécie, pois, de outra forma, não poderiam vir a se integrar no rebanho, para fazer parte do todo ou da *universitas* que, se pressupõe, como está claro, que o todo se componha de animais homogêneos".[57]

Presume-se a substituição prevista no artigo 1.446, mas não terá eficácia contra terceiros, se não constar de menção adicional ao respectivo contrato, a qual deverá ser averbada (CCB, art. 1.446, parágrafo único).[58]

A presunção da substituição é, pois, *juris tantum*, e não opera em relação a terceiros senão quando constar no contrato com a devida averbação.

28.7. Penhor Industrial e Mercantil

O penhor industrial é semelhante ao penhor rural. Podem ser objeto de penhor máquinas, aparelhos, materiais, instrumentos, instalados e em funcionamento, com os acessórios ou sem eles; animais utilizados na indústria; sal e bens destinados à exploração das salinas; produtos de suinocultura, animais destinados à industrialização de carnes e derivados; matérias-primas; e produtos industrializados (CCB, art. 1.447).[59] [60]

Regula-se pelas disposições relativas aos armazéns-gerais o penhor das mercadorias neles depositadas (CCB, art. 1.447, parágrafo único).[61]

---

57 CARVALHO SANTOS, J. M. de. *Código Civil brasileiro interpretado*. 6. ed. Volume X. Rio de Janeiro: Freitas Bastos, 1953, p. 185.
58 Correspondente ao art. 787, parágrafo único, do CC de 1916.
59 Sem Correspondência ao CC de 1916.
60 Decreto-Lei nº 413/69. Dispõe sobre títulos de crédito industrial e dá outras providências. Art. 20. Podem ser objeto de penhor cedular nas condições deste Decreto-Lei: I – Máquinas e aparelhos utilizados na indústria, com ou sem os respectivos pertences; II – Matérias-primas, produtos industrializados e materiais empregados no processo produtivo, inclusive embalagens; III – Animais destinados à industrialização de carnes, pescados, seus produtos e subprodutos, assim como os materiais empregados no processo produtivo, inclusive embalagens; IV – Sal que ainda esteja na salina, bem assim as instalações, máquinas, instrumentos utensílios, animais de trabalho, veículos terrestres e embarcações, quando servirem à exploração salineira; V – Veículos automotores e equipamentos para execução de terraplanagem, pavimentação, extração de minério e construção civil bem como quaisquer viaturas de tração mecânica, usadas nos transportes de passageiros e cargas e, anda, nos serviços dos estabelecimentos industriais; VI – Dragas e implementos destinados à limpeza e à desobstrução de rios, portos e canais, ou à construção dos dois últimos, ou utilizados nos serviços dos estabelecimentos industriais; VII – Toda construção utilizada como meio de transporte por água, e destinada à indústria da revelação ou da pesca, quaisquer que sejam as suas características e lugar de tráfego; VIII – Todo aparelho manobrável em voo apto a se sustentar a circular no espaço aéreo mediante reações aerodinâmicas, e capaz de transportar pessoas ou coisas; IX – Letra de câmbio, promissórias, duplicatas, conhecimentos de embarques, ou conhecimentos de depósitos, unidos aos respectivos *warrants*; X – Outros bens que o Conselho Monetário Nacional venha a admitir como lastro dos financiamentos industriais.
61 Sem Correspondência ao CC de 1916.

Constitui-se o penhor industrial, ou o mercantil, mediante instrumento público ou particular, registrado no Cartório de Registro de Imóveis da circunscrição onde estiverem situadas as coisas empenhadas (CCB, art. 1.448). [62]

Prometendo pagar em dinheiro a dívida, que garante com penhor industrial ou mercantil, o devedor poderá emitir, em favor do credor, cédula do respectivo crédito, na forma e para os fins que a lei especial determinar (CCB, art. 1.448, parágrafo único).[63] Também se pode emitir uma cédula pignoratícia circulável.[64]

---

62 Sem Correspondência ao CC de 1916.
63 Sem Correspondência ao CC de 1916.
64 Decreto-Lei nº 413/69. Dispõe sobre títulos de crédito industrial e dá outras providências. *Da Cédula de Crédito Industrial.* Art. 9º A cédula de crédito industrial é promessa de pagamento em dinheiro, com garantia real, cedularmente constituída. Art. 10. A cédula de crédito industrial é título líquido e certo, exigível pela soma dela constante ou do endosso, além dos juros, da comissão de fiscalização, se houver, e demais despesas que o credor fizer para segurança, regularidade e realização de seu direito creditório. § 1º Se o emitente houver deixado de levantar qualquer parcela do crdito deferido, ou tiver feito pagamentos parciais, o credor descontá-los-á da soma declarada na cédula, tornando-se exigível apenas o saldo. § 2º Não constando do endosso o valor pelo qual se transfere a cédula, prevalecerá o da soma declarada no título, acrescido dos acessórios, na forma deste artigo, deduzido o valor das quitações parciais passadas no próprio título. Art. 11. Importa em vencimento antecipado da dívida resultante da cédula, independentemente de aviso ou de interpelação judicial, a inadimplência de qualquer obrigação do eminente do título ou, sendo o caso, do terceiro prestante da garantia real. § 1º Verificado o inadimplemento, poderá, ainda, o financiador considerar vencidos antecipadamente todos os financiamentos concedidos ao emitente e dos quais seja credor. § 2º A inadimplência, além de acarretar o vencimento antecipado da dívida resultante da cédula e permitir igual procedimento em relação a todos os financiamentos concedidos pelo financiador ao emitente e dos quais seja credor, facultará ao financiador a capitalização dos juros e da comissão de fiscalização, ainda que se trate de crédito fixo. Art. 12. A cédula de crédito industrial poderá ser aditada, ratificada e retificada, por meio de menções adicionais e de aditivos, datados e assinados pelo emitente e pelo credor, lavrados em folha à parte do mesmo formato e que passarão a fazer parte integrante do documento cedular. Art. 13. A cédula de crédito industrial admite amortizações periódicas que serão ajustadas mediante a inclusão de cláusula, na forma prevista neste Decreto-Lei. Art. 14. A cédula de crédito industrial conterá os seguintes requisitos, lançados no contexto: I – Denominação "Cédula de Crédito Industrial". II – Data do pagamento, se a cédula for emitida para pagamento parcelado, acrescentar-se-á cláusula discriminando valor e data de pagamento das prestações. III – Nome do credor e cláusula à ordem. IV – Valor do crédito deferido, lançado em algarismos por extenso, e a forma de sua utilização. V – Descrição dos bens objeto do penhor, ou da alienação fiduciária, que se indicarão pela espécie, qualidade, quantidade e marca, se houver, além do local ou do depósito de sua situação, indicando-se, no caso de hipoteca, situação, dimensões, confrontações, benfeitorias, título e data de aquisição do imóvel e anotações (número, livro e folha) do registro imobiliário. VI – Taxa de juros a pagar e comissão de fiscalização, se houver, e épocas em que serão exigíveis, podendo ser capitalizadas. VII – Obrigatoriedade de seguro dos bens objeto da garantia. VIII – Praça do pagamento. IX – Data e lugar da emissão. X – Assinatura do próprio punho do emitente ou de representante com poderes especiais. § 1º A cláusula discriminando os pagamentos parcelados, quando cabível, será incluída logo após a descrição das garantias. § 2º A descrição dos bens vinculados poderá ser feita em documento à parte, em duas vias, assinado pelo emitente e pelo credor, fazendo-se, na cédula, menção a essa circunstância, logo após a indicação do grau do penhor ou da hipoteca, da alienação fiduciária e de seu valor global. § 3º Da descrição a que se refere

Os bens empenhados ficam inalienáveis. O artigo 1.449 preceitua que "o devedor não pode, sem o consentimento por escrito do credor, alterar as coisas empenhadas ou mudar-lhes a situação, nem delas dispor. O devedor que, anuindo o credor, alienar as coisas empenhadas, deverá repor outros bens da mesma natureza, que ficarão sub-rogados no penhor".[65]

Tem o credor direito a verificar o estado das coisas empenhadas, inspecionando-as onde se acharem, por si ou por pessoa que credenciar (CCB, art. 1.450).[66]

28.8. Penhor de Direitos e Títulos de Crédito

Podem ser objeto de penhor direitos, suscetíveis de cessão, sobre coisas móveis (CCB, art. 1.451).[67]

O penhor pode incidir em direitos. Devem ser suscetíveis de cessão, recaindo sobre *coisas móveis*.

ORLANDO GOMES ensina que "o penhor não recai apenas em coisas, mas, também, em *direitos*. Ao lado dos bens móveis corpóreos, podem ser gravados com o ônus pignoratício os *bens incorpóreos* a se aceitar esta classificação dos bens".[68]

O Código Civil brasileiro trata os bens móveis nos artigos 82 a 84. Os bens *móveis* são aqueles que podem ser deslocados ou removidos de um lugar para o outro sem alteração de sua substância ou de sua destinação econômico-social. O artigo 82 determina que "são móveis os bens suscetíveis de movimento próprio ou de remoção por força alheia, sem alteração da substância ou da destinação econômico-social".[69]

Os *bens móveis* podem ser classificados em três espécies, a saber:

a) *bens móveis pela própria natureza*: aqueles que podem ser removidos de um lugar para o outro, bem como os animais (*semoventes*), sem causar danos a sua substância.

---

o inciso V deste artigo, dispensa-se qualquer alusão à data, forma e condições de aquisição dos bens empenhados. Dispensar-se-ão também para a caracterização do local ou do depósito dos bens empenhados ou alienados fiduciariamente quaisquer referências a dimensões, confrontações, benfeitorias e a títulos de posse ou de domínio. § 4º Se a descrição do imóvel hipotecado se processar em documento à parte, deverão constar também da cédula todas as indicações mencionadas no item V deste artigo, exceto confrontações e benfeitorias. § 5º A especificação dos imóveis hipotecados, pela descrição pormenorizada, poderá ser substituída pela anexação à cédula de seus respectivos títulos de propriedade. § 6º Nos casos do parágrafo anterior, deverão constar da cédula, além das indicações referidas no § 4º deste artigo, menção expressa à anexação dos títulos de propriedade e a declaração de ou eles farão parte integrante da cédula até sua final liquidação.

65 Sem Correspondência ao CC de 1916.
66 Sem Correspondência ao CC de 1916.
67 Sem Correspondência ao CC de 1916.
68 GOMES, Orlando. *Direitos reais*. 18. ed. Rio de Janeiro: Forense, 2002, p. 365.
69 Correspondente ao art. 47 do CC de 1916.

b) bens móveis por determinação legal: aqueles estabelecidos no artigo 83 do nosso Código Civil e representam: I – *as energias*[70] *que tenham valor econômico*; II – os *direitos reais sobre objetos móveis e as ações correspondentes*; e, III – os *direitos pessoais de caráter patrimonial e respectivas ações*.[71]

A Lei nº 9.279, de 14 de maio de 1996, em seu artigo 5º, considera bens móveis, para os efeitos legais, os direitos de propriedade industrial.

c) bens móveis por antecipação: bens imóveis por natureza, mobilizados pela vontade do homem em razão de sua função econômica, tais como as árvores para corte de lenha ou a safra futura.

Outrossim, verifica-se que o *direito pessoal* é considerado um bem móvel (art. 83, III) e o *direito hereditário* é um bem imóvel (art. 80, II). Daí não há que se confundir a cessão de crédito (cessão de um bem móvel) com a cessão de direitos hereditários (cessão de um bem imóvel).

Também, são considerados bens móveis "os materiais destinados a alguma construção, enquanto não forem empregados" (CC, art. 84, 1ª parte).[72]

Da mesma forma, os materiais da demolição de algum prédio readquirem a qualidade de bens móveis. (CC, art. 84, 2ª parte).[73] Todavia, os materiais retirados do prédio para manutenção ou conserto não perdem a sua imobilidade jurídica. É o caso de portas, fechaduras, azulejos, tijolos etc. retirados intencionalmente pelo homem visando a determinado reparo não perdem, pois, o seu caráter de bem imóvel.

O *penhor de direito* deve ser constituído mediante instrumento público ou particular, registrado no Registro de Títulos e Documentos (CCB, art. 1.452).[74]

O titular de direito empenhado deverá entregar ao credor pignoratício os documentos comprobatórios desse direito, salvo se tiver interesse legítimo em conservá-los (CCB, art. 1.452, parágrafo único).[75]

O *penhor de crédito* não tem eficácia senão quando notificado ao devedor; por notificado tem-se o devedor que, em instrumento público ou particular, declarar-se ciente da existência do penhor (CCB, art. 1.453).[76]

ORLANDO GOMES diz que "não são apenas os *direitos de crédito* que podem ser objeto de penhor. Outros de natureza diversa admitem-no do mesmo modo, mas a modalidade mais importante do *penhor de direitos*, sob o ponto de vista prático, é a que incide naqueles direitos por serem elementos

---

70 Energia elétrica, eletromagnética, térmica, nuclear etc.
71 Correspondente ao art. 48 do CC de 1916.
72 Correspondente ao art. 49 do CC de 1916.
73 Correspondente ao art. 49 do CC de 1916.
74 Sem Correspondência ao CC de 1916.
75 Sem Correspondência ao CC de 1916.
76 Sem Correspondência ao CC de 1916.

valiosos do patrimônio da pessoa de fácil transmissibilidade. Por isso, o credor pode oferecer o seu direito como garantia real de débito que contrair".[77]

O credor pignoratício deve praticar os atos necessários à conservação e defesa do direito empenhado e cobrar os juros e mais prestações acessórias compreendidas na garantia (CCB, art. 1.454).[78] [79]

Deverá o credor pignoratício cobrar o crédito empenhado, assim que se torne exigível. Se este consistir numa prestação pecuniária, depositará a importância recebida, de acordo com o devedor pignoratício, ou onde o juiz determinar; se consistir na entrega da coisa, nesta se sub-rogará o penhor (CCB, art. 1.455).[80]

Estando vencido o crédito pignoratício, tem o credor direito a reter, da quantia recebida, o que lhe é devido, restituindo o restante ao devedor; ou a excutir a coisa a ele entregue (CCB, art. 1.455, parágrafo único).[81]

Ademais, é possível que se tenha constituído vários penhores sobre o mesmo crédito. Neste caso, deve-se aplicar a regra fincada no artigo, 1.456, *verbis*: "se o mesmo crédito for objeto de vários penhores, só ao credor pignoratício, cujo direito prefira aos demais, o devedor deve pagar; responde por perdas e danos aos demais credores o credor preferente que, notificado por qualquer um deles, não promover oportunamente a cobrança".[82]

MARCO AURÉLIO S. VIANA afirma que "havendo preferência em favor de um dos credores pignoratícios, o credor preferente responde por perdas e danos aos demais credores, se, notificado por qualquer um deles, não promove oportunamente a cobrança. Justifica-se a solução legal porque, uma vez satisfeito o credito precedente, é possível que reste alguma coisa de saldo, que eles poderão aproveitar, observadas as prioridades que se sigam".[83]

O titular do crédito empenhado só pode receber o pagamento com a anuência, por escrito, do credor pignoratício, caso em que o penhor se extinguirá (CCB, art. 1.457).[84]

---

77 GOMES. Op. cit., p. 365.
78 Sem Correspondência ao CC de 1916.
79 CC 2002 – Art. 1.435. O credor pignoratício é obrigado: I – à custódia da coisa, como depositário, e a ressarcir ao dono a perda ou deterioração de que for culpado, podendo ser compensada na dívida até a concorrente quantia, a importância da responsabilidade; II – à defesa da posse da coisa empenhada e a dar ciência, ao dono dela, das circunstâncias que tornarem necessário o exercício de ação possessória; III – a imputar o valor dos frutos, de que se apropriar (art. 1.433, inciso V) nas despesas de guarda e conservação, nos juros e no capital da obrigação garantida, sucessivamente; IV – a restituí-la, com os respectivos frutos e acessões, uma vez paga a dívida; V – a entregar o que sobeje do preço, quando a dívida for paga, no caso do inciso IV do art. 1.433.
80 Sem Correspondência ao CC de 1916.
81 Sem Correspondência ao CC de 1916.
82 Sem Correspondência ao CC de 1916.
83 VIANA, Marco Aurélio da Silva. *Comentários ao novo Código Civil: dos direitos reais*. Vol. XVI. Rio de Janeiro: Forense, 2004, p. 763.
84 Sem Correspondência ao CC de 1916.

28.8.1. Constituição do penhor de títulos de crédito

O artigo 1.458 diz que "o penhor, que recai sobre título de crédito, constitui-se mediante instrumento público ou particular ou endosso pignoratício, com a tradição do título ao credor, regendo-se pelas Disposições Gerais deste Título e, no que couber, pela presente Seção".[85] Ora, a seção refere-se ao penhor de direitos e penhor de títulos de crédito.[86]

Quais são os direitos do credor pignoratício de títulos de crédito? De acordo com o teor do artigo 1.459, ao credor, em penhor de título de crédito, compete o direito de:[87]

> I – *conservar a posse do título e recuperá-la de quem quer que o detenha;*[88]
> II – *usar dos meios judiciais convenientes para assegurar os seus direitos, e os do credor do título empenhado;*[89]
> III – *fazer intimar ao devedor do título que não pague ao seu credor, enquanto durar o penhor;*[90]
> IV – *receber a importância consubstanciada no título e os respectivos juros, se exigíveis, restituindo o título ao devedor, quando este solver a obrigação.*[91]

O devedor do título empenhado que receber a intimação prevista no inciso III do artigo 1.459, ou se der por ciente do penhor, não poderá pagar ao seu credor. Se o fizer, responderá solidariamente por este, por perdas e danos, perante o credor pignoratício (CCB, art. 1.460).[92] A intimação poderá ser judicial ou extrajudicial. "Intimado, ele fica inibido de pagar ao seu credor, e este não lhe pode exigir o pagamento, porque, com o penhor, a disponibilidade sobre o título de crédito passa a ser do credor pignoratício. Este lhe tem a posse e lhe cabe receber a importância, consubstanciada no título".[93]

CAIO MÁRIO DA SILVA PEREIRA explica que "sendo interessado em que se não extinga, pelo pagamento, o direito consubstanciado no título, fará o credor pignoratício intimar, judicial ou extrajudicialmente, ao deve-

---

85 Sem Correspondência ao CC de 1916.
86 CC 2002 – Art. 887. O título de crédito, documento necessário ao exercício do direito literal e autônomo nele contido, somente produz efeito quando preencha os requisitos da lei. CC 2002 – Art. 893. A transferência do título de crédito implica a de todos os direitos que lhe são inerentes.
87 Correspondente ao art. 792, *caput*, do CC de 1916.
88 Correspondente ao art. 792, I, do CC de 1916.
89 Correspondente ao art. 792, III, do CC de 1916.
90 Correspondente ao art. 792, II, do CC de 1916.
91 Correspondente ao art. 792, IV, do CC de 1916.
92 Correspondente ao art. 794 do CC de 1916.
93 VIANA. Op. cit., p. 773.

dor, para que o não pague ao credor originário, na pendência da garantia, quer por antecipação ao vencimento, quer no seu termo, sob pena de responder pelo débito junto ao notificante. Quando o penhor tem por objeto título transferível por simples endosso, cuja liquidação se opera contra a respectiva restituição, como no caso de notas promissórias, duplicatas e congêneres, o devedor é intimado para que pague diretamente ao endossatário, que pelo penhor adquire direito ao recebimento. Contrariando-o, o devedor do título sujeita-se a pagar de novo ao credor endossatário, respondendo na forma do art. 1.460 do Código Civil".[94]

Se o credor der quitação ao devedor do título empenhado, deverá saldar imediatamente a dívida, em cuja garantia se constituiu o penhor (CCB, art. 1.460, parágrafo único).[95]

CAIO MÁRIO DA SILVA PEREIRA ensina que "se por qualquer meio o credor der quitação ao devedor do título empenhado, deverá saldar imediatamente a dívida, em cuja garantia se constitui o penhor. Com o penhor do título, o credor deste perde a *legitimatio* para reclamar de seu devedor o pagamento. Se o fizer, tem o devedor do título exceção a ele oponível, recusando-lhe o pagamento, que só terá valor liberatório se efetuado ao credor pignoratício".[96]

28.9. Penhor de Veículos

Podem ser objeto de penhor os veículos empregados em qualquer espécie de transporte ou condução (CCB, art. 1.461).[97]

Os veículos, nesta espécie de penhor, podem ser de passeio, de carga, transporte de pessoas, ou seja, veículos em geral.

Constitui-se o penhor, a que se refere o artigo 1.461, mediante instrumento público ou particular, registrado no Cartório de Títulos e Documentos do domicílio do devedor, e anotado no certificado de propriedade (CCB, art. 1.462).[98]

Prometendo pagar em dinheiro a dívida garantida com o penhor, poderá o devedor emitir cédula de crédito, na forma e para os fins que a lei especial determinar (CCB, art. 1.462, parágrafo único).[99] Daí que o penhor de veículos também admite *cédula pignoratícia endossável pelo credor*.

O penhor de veículos, além da obrigatoriedade do registro no Cartório de Títulos e Documentos do domicílio do devedor, deve ser averbado no DETRAN – Departamento Estadual de Trânsito, já que o constará do título de propriedade do veículo.

---

94 PEREIRA. Op. cit., 2003, p. 357.
95 Correspondente ao art. 795 do CC de 1916.
96 Ibid.
97 Sem Correspondência ao CC de 1916.
98 Sem Correspondência ao CC de 1916.
99 Sem Correspondência ao CC de 1916.

Outra obrigatoriedade no penhor de veículos é o requisito do seguro. O artigo 1.463 determina que "não se fará o penhor de veículos sem que estejam previamente segurados contra furto, avaria, perecimento e danos causados a terceiros".[100]

O credor tem o direito a verificar o estado do veículo empenhado, inspecionando-o onde se achar, por si ou por pessoa que credenciar (CCB, art. 1.464).[101]

A alienação, ou a mudança, do veículo empenhado sem prévia comunicação ao credor importa no vencimento antecipado do crédito pignoratício (CCB, art. 1.465).[102]

Qual o prazo para o penhor de veículos? O penhor de veículos só se pode convencionar pelo prazo máximo de dois anos, prorrogável até o limite de igual tempo, averbada a prorrogação à margem do registro respectivo (CCB, art. 1.466).[103]

28.10. Penhor Legal

O *penhor legal* é aquele estabelecido por força de lei. O nosso Código Civil enumera duas hipóteses de penhor legal.

Determina o artigo 1.467 do CCB que são credores pignoratícios, independentemente de convenção:[104]

> I – *os hospedeiros, ou fornecedores de pousada ou alimento, sobre as bagagens, móveis, joias ou dinheiro que os seus consumidores ou fregueses tiverem consigo nas respectivas casas ou estabelecimentos, pelas despesas ou consumo que aí tiverem feito;*[105]
>
> II – *o dono do prédio rústico ou urbano, sobre os bens móveis que o rendeiro ou inquilino tiver guarnecendo o mesmo prédio, pelos aluguéis ou rendas.*[106]

A primeira hipótese, na forma do inciso I do artigo 1.467, é dos *hospedeiros ou fornecedores de pousadas ou alimentos* (hotéis, motéis, estalagens, pousadas etc.). Isto quer dizer que pela simples situação fática de hospedar-se em um hotel, motel etc., todas as bagagens, joias, dinheiro e objetos pessoais já estão automaticamente empenhados em favor do proprietário do hotel. Esta norma visa proteger os proprietários dos hotéis, motéis, pousadas etc. Isto porque na

---

100 Sem Correspondência ao CC de 1916.
101 Sem Correspondência ao CC de 1916.
102 Sem Correspondência ao CC de 1916.
103 Sem Correspondência ao CC de 1916.
104 Correspondente ao art. 776, *caput*, do CC de 1916.
105 Correspondente ao art. 776, I, do CC de 1916.
106 Correspondente ao art. 776, II, do CC de 1916.

maioria das vezes aquela pessoa que se hospeda, em regra, não é morador da cidade e qualquer prejuízo será suportado pelo dono do hotel.

Como dito alhures, o nosso direito brasileiro veda o *pacto comissório*, logo, o dono do hotel não poderá ficar com as bagagens dos hóspedes, em caso de não pagamento. Ele poderá reter os objetos e ingressar com um processo de jurisdição voluntária denominado Homologação do Penhor Legal, previsto nos artigos 703 a 706 do Código de Processo Civil.[107]

Da mesma forma, diz o artigo 1.471 do CCB que "tomado o penhor, requererá o credor, ato contínuo, a sua homologação judicial".[108]

Vejamos: *Da Homologação do Penhor Legal*. Art. 874. Tomado o penhor legal nos casos previstos em lei, requererá o credor, ato contínuo, a homologação. Na petição inicial, instruída com a conta pormenorizada das despesas, a tabela dos preços e a relação dos objetos retidos, pedirá a citação do devedor para, em 24 (vinte e quatro) horas, pagar ou alegar defesa.

Parágrafo único. Estando suficientemente provado o pedido nos termos deste artigo, o juiz poderá homologar de plano o penhor legal.

Art. 875. A defesa só pode consistir em: I – nulidade do processo; II – extinção da obrigação; III – não estar a dívida compreendida entre as previstas em lei ou não estarem os bens sujeitos a penhor legal.

Art. 876. Em seguida, o juiz decidirá; homologando o penhor, serão os

---

107 CPC – DA HOMOLOGAÇÃO DO PENHOR LEGAL
Art. 703. Tomado o penhor legal nos casos previstos em lei, requererá o credor, ato contínuo, a homologação.
§ 1º Na petição inicial, instruída com o contrato de locação ou a conta pormenorizada das despesas, a tabela dos preços e a relação dos objetos retidos, o credor pedirá a citação do devedor para pagar ou contestar na audiência preliminar que for designada.
§ 2º A homologação do penhor legal poderá ser promovida pela via extrajudicial mediante requerimento, que conterá os requisitos previstos no § 1º deste artigo, do credor a notário de sua livre escolha.
§ 3º Recebido o requerimento, o notário promoverá a notificação extrajudicial do devedor para, no prazo de 5 (cinco) dias, pagar o débito ou impugnar sua cobrança, alegando por escrito uma das causas previstas no art. 704, hipótese em que o procedimento será encaminhado ao juízo competente para decisão.
§ 4º Transcorrido o prazo sem manifestação do devedor, o notário formalizará a homologação do penhor legal por escritura pública.
Art. 704. A defesa só pode consistir em: I – nulidade do processo; II – extinção da obrigação; III – não estar a dívida compreendida entre as previstas em lei ou não estarem os bens sujeitos a penhor legal; IV – alegação de haver sido ofertada caução idônea, rejeitada pelo credor.
Art. 705. A partir da audiência preliminar, observar-se-á o procedimento comum.
Art. 706. Homologado judicialmente o penhor legal, consolidar-se-á a posse do autor sobre o objeto.
§ 1º Negada a homologação, o objeto será entregue ao réu, ressalvado ao autor o direito de cobrar a dívida pelo procedimento comum, salvo se acolhida a alegação de extinção da obrigação.
§ 2º Contra a sentença caberá apelação, e, na pendência de recurso, poderá o relator ordenar que a coisa permaneça depositada ou em poder do autor.
108 Correspondente ao art. 780 do CC de 1916.

autos entregues ao requerente 48 (quarenta e oito) horas depois, independentemente de traslado, salvo se, dentro desse prazo, a parte houver pedido certidão; não sendo homologado, o objeto será entregue ao réu, ressalvado ao autor o direito de cobrar a conta por ação ordinária.

Da mesma forma, o *penhor legal* se desvela entre os frequentadores de motéis. Em regra, os usuários apenas são liberados após a conferência do pagamento da conta, inspeção dos quartos e consumo nos motéis. É comum, até mesmo, a existência de guaritas com barreiras para a liberação do veículo dos fregueses dos motéis. Isto porque os móveis (inclusive o automóvel), joias ou dinheiro dos consumidores ou fregueses se traduzem na garantia dos proprietários de hotéis, motéis, pousadas etc.

Diz o artigo 1.468 que a conta das dívidas enumeradas no inciso I do artigo 1.467 será extraída conforme a tabela impressa, prévia e ostensivamente exposta na casa, dos preços de hospedagem, da pensão ou dos gêneros fornecidos, sob pena de nulidade do penhor.[109]

A segunda hipótese é aquela conferida ao dono do prédio rústico ou urbano, sobre os bens móveis que o rendeiro ou inquilino tiver guarnecendo o mesmo prédio, pelos aluguéis ou rendas.

Vale lembrar que para a locação de imóvel urbano não se aplica a regra do Código Civil, já que a Lei do Inquilinato (lei específica) não criou a modalidade de penhor legal. O inciso II do artigo 1.467 se aplica na locação rural ou na locação de imóveis que não estejam sujeitos à Lei do Inquilinato (por exemplo, na locação de apart-hotéis ou *flats*).

Em cada um dos casos do art. 1.467, o credor poderá tomar em garantia um ou mais objetos até o valor da dívida (CCB, art. 1.469).[110]

Os credores, compreendidos no art. 1.467, podem fazer efetivo o penhor antes de recorrer à autoridade judiciária, sempre que haja perigo na demora, dando aos devedores comprovante dos bens de que se apossarem (CCB, art. 1.470).[111]

O locatário pode impedir a constituição do penhor mediante caução idônea (CCB, art. 1.472).[112]

---

109 Correspondente ao art. 777 do CC de 1916.
110 Correspondente ao art. 778 do CC de 1916.
111 Correspondente ao art. 779 do CC de 1916.
112 Sem Correspondência ao CC de 1916.

Capítulo 29
DA HIPOTECA

29.1. Conceito e Características

É um *direito real* de garantia pelo qual o bem fica gravado (hipotecado) como garantia do inadimplemento do devedor.

A hipoteca é um negócio jurídico que apresenta os seguintes sujeitos: *credor hipotecário* (é aquele que disponibiliza o crédito garantido pela hipoteca) e *devedor hipotecante* (é aquele que garante o pagamento da dívida com o bem hipotecado).

A hipoteca é um direito real, cujo objeto gravado pode ser de propriedade do devedor ou de terceiros. A hipoteca possui caráter de acessoriedade, uma vez que é criada com vistas a assegurar um direito pessoal.

De acordo com o artigo 1.473, podem ser objeto de hipoteca:[1]

> I – os imóveis[2] e os acessórios dos imóveis conjuntamente com eles;[3]
> II – o domínio direto;[4]
> III – o domínio útil.[5] Pode ser objeto de hipoteca tanto o *domínio direto* como o *domínio útil* de um imóvel.

Aqui a referência é relacionada aos imóveis que são objeto de enfiteuse, porque domínio direto e domínio útil só existem na enfiteuse. Vale lembrar que o novo Código Civil extinguiu a enfiteuse, respeitando aquelas já existentes. Na enfiteuse, ocorre o desmembramento do domínio. A propriedade direta ou domínio direito permanece em mãos do aforador. Este não perde a propriedade, mas fica somente com a propriedade direta e o *domínio útil* se transfere ao *foreiro* (domínio pleno = domínio direto + domínio útil).

---

1 Correspondente ao art. 810, *caput*, do CC de 1916.
2 *Hipoteca de imóvel rural*. Lei 4.947/66. Fixa Normas de Direito Agrário, Dispõe sobre o Sistema de Organização e Funcionamento do Instituto Brasileiro de Reforma Agrária, e dá outras Providências. Art. 22 – [...] § 1º – Sem apresentação do Certificado de Cadastro, não poderão os proprietários, a partir da data a que se refere este artigo, sob pena de nulidade, desmembrar, arrendar, hipotecar, vender ou prometer em venda imóveis rurais.
3 Correspondente ao art. 810, I, do CC de 1916.
4 Correspondente ao art. 810, III, do CC de 1916.
5 Correspondente ao art. 810, IV, do CC de 1916.

Daí que o domínio direto pode ser hipotecado pelo aforador e domínio útil pode ser objeto de hipoteca realizado pelo foreiro.

IV - as estradas de ferro.[6] As *estradas de ferro* também podem ser dadas em hipoteca. A hipoteca das estradas de ferro inclui trilhos, dormentes, composições, vagões, locomotivas e prédios das estações, ou seja, tudo aquilo necessário a sua operação.

Qual o registro de imóvel competente para registrar a hipoteca de uma ferrovia que perpassa diversos municípios e estados? O registro competente para registrar a hipoteca é o da sua estação inicial, ou seja, onde começa a ferrovia.

V - os recursos naturais a que se refere o art. 1.230, independentemente do solo onde se acham.[7] As minas e as jazidas podem ser dadas em hipoteca, independentemente do solo;

VI - os navios;[8]

VII - as aeronaves;[9]

VIII - o direito de uso especial para fins de moradia; (Incluído pela Lei nº 11.481, de 2007)

IX - o direito real de uso; (Incluído pela Lei nº 11.481, de 2007)

X - a propriedade superficiária. (Incluído pela Lei nº 11.481, de 2007)

A hipoteca dos *navios* e das *aeronaves* reger-se-á pelo disposto em lei especial (CCB, art. 1.473, § 1º).[10] [11] O artigo 3º da Lei nº 7.652/88 que dispõe sobre o registro da propriedade marítima diz que "as embarcações brasileiras, exceto as da marinha de guerra, serão inscritas na Capitania dos Portos ou órgão subordinado, em cuja jurisdição for domiciliado o proprietário ou armador ou onde for operar a embarcação". (Redação dada pela Lei nº 9.774, de 1998).

A *hipoteca de aeronaves* é tratada na Lei nº 7.565/86 – Código Brasileiro de Aeronáutica (substitui o Código Brasileiro do Ar).[12]

---

6 Correspondente ao art. 810, V, do CC de 1916.
7 Correspondente ao art. 810, VI, do CC de 1916.
8 Correspondente ao art. 810, VII, do CC de 1916.
9 Sem Correspondência ao CC de 1916.
10 Sem Correspondência ao CC de 1916.
11 Renumerado do parágrafo único pela Lei nº 11.481, de 2007.
12 Lei nº 7.565/86. Código Brasileiro de Aeronáutica. Art. 118. Os projetos de construção, quando por conta do próprio fabricante, ou os contratos de construção quando por conta de quem a tenha contratado serão inscritos no Registro Aeronáutico Brasileiro. § 1º No caso de hipoteca de aeronave em construção mediante contrato, far-se-ão, ao mesmo tempo, a inscrição do respectivo contrato de construção e a da hipoteca. § 2º No caso de hipoteca de aeronave em construção por conta do fabricante faz-se, no mesmo ato, a inscrição do projeto de construção e da respectiva hipoteca. § 3º Quando não houver hipoteca de aeronave em construção, far-se-á a inscrição do projeto construído por ocasião do pedido de matrícula.

Lei nº 7.565/86. Código Brasileiro de Aeronáutica. Da Hipoteca Convencional. Art. 138. Poderão ser objeto de hipoteca as aeronaves, motores, partes e acessórios de aeronaves, inclusive aquelas em construção. § 1° Não pode ser objeto de hipoteca, enquanto não se proceder à matrícula definitiva, a aeronave inscrita e matriculada provisoriamente, salvo se for para garantir o contrato, com base no qual se fez a matrícula provisória. § 2° A referência à aeronave, sem ressalva, compreende todos os equipamentos, motores, instalações e acessórios, constantes dos respectivos certificados de matrícula e aeronavegabilidade. § 3° No caso de incidir sobre motores, deverão eles ser inscritos e individuados no Registro Aeronáutico Brasileiro, no ato da inscrição da hipoteca, produzindo esta os seus efeitos ainda que estejam equipando aeronave hipotecada a distinto credor, exceto no caso de haver nos respectivos contratos cláusula permitindo a rotatividade dos motores. § 4° Concluída a construção, a hipoteca estender-se-á à aeronave se recair sobre todos os componentes; mas continuará a gravar, apenas, os motores e equipamentos individuados, se somente sobre eles incidir a garantia. § 5° Durante o contrato, o credor poderá inspecionar o estado dos bens, objeto da hipoteca.

Lei 7.565/86. Código Brasileiro de Aeronáutica. Art. 139. Só aquele que pode alienar a aeronave poderá hipotecá-la e só a aeronave que pode ser alienada poderá ser dada em hipoteca.

Lei nº 7.565/86. Código Brasileiro de Aeronáutica. Art. 140. A aeronave comum a 2 (dois) ou mais proprietários só poderá ser dada em hipoteca com o consentimento expresso de todos os condôminos.

Lei 7.565/86. Código Brasileiro de Aeronáutica. Art. 141. A hipoteca constituir-se-á pela inscrição do contrato no Registro Aeronáutico Brasileiro e com a averbação no respectivo certificado de matrícula.

Lei nº 7.565/86. Código Brasileiro de Aeronáutica. Art. 142. Do contrato de hipoteca deverão constar: I – o nome e domicílio das partes contratantes; II – a importância da dívida garantida, os respectivos juros e demais consectários legais, o termo e lugar de pagamento; III – as marcas de nacionalidade e matrícula da aeronave, assim como os números de série de suas partes componentes; IV – os seguros que garantem o bem hipotecado. § 1° Quando a aeronave estiver em construção, do instrumento deverá constar a descrição de conformidade com o contrato, assim como a etapa da fabricação, se a hipoteca recair sobre todos os componentes; ou a individuação das partes e acessórios se sobre elas incidir a garantia. § 2° No caso de contrato de hipoteca realizado no exterior, devem ser observadas as indicações previstas no artigo 73, item III.

Lei nº 7.565/86. Código Brasileiro de Aeronáutica. Art. 143. O crédito hipotecário aéreo prefere a qualquer outro, com exceção dos resultantes de: I – despesas judiciais, crédito trabalhista, tributário e proveniente de tarifas aeroportuárias; II – despesas por socorro prestado; gastos efetuados pelo comandante da aeronave, no exercício de suas funções, quando indispensáveis à continuação da viagem; e despesas efetuadas com a conservação da aeronave. Parágrafo único. A preferência será exercida: a) no caso de perda ou avaria da aeronave, sobre o valor do seguro; b) no caso de destruição ou inutilização, sobre o valor dos materiais recuperados ou das indenizações recebidas de terceiros; c) no caso de desapropriação, sobre o valor da indenização.

Lei nº 7.565/86. Código Brasileiro de Aeronáutica. Da Hipoteca Legal. Art. 144. Será dada em favor da União a hipoteca legal das aeronaves, peças e equipamentos adquiridos no exterior com aval, fiança ou qualquer outra garantia do Tesouro Nacional ou de seus agentes financeiros.

Lei nº 7.565/86. Código Brasileiro de Aeronáutica. Art. 145. Os bens mencionados no artigo anterior serão adjudicados à União, se esta o requerer no Juízo Federal, comprovando: I – a falência, insolvência, liquidação judicial ou extrajudicial, antes de concluído o pagamento do débito garantido pelo Tesouro Nacional ou seus agentes financeiros; II – a ocorrência dos fatos previstos no artigo 189, I e II deste Código. Lei nº 7.565/86. Código Brasileiro de Aeronáutica. Art. 146. O débito que tenha de ser pago pela União ou seus agentes financeiros, vencido ou vincendo, será cobrado do adquirente ou da massa falida

Os direitos de garantia instituídos nas hipóteses dos incisos IX e X do *caput* do artigo 1.473 ficam limitados à duração da concessão ou ao direito de superfície, caso tenham sido transferidos por período determinado. (CCB, art. 1.473, § 2º, incluído pela Lei nº 11.481/07).

A hipoteca terá sempre natureza civil e é um direito que recai sobre os bens imóveis, salvo nos casos dos *navios* e *aeronaves*.

Importante diferença entre penhor e hipoteca é que naquele transfere-se a posse ao credor, a não ser nos penhores especiais que recaem sobre imóveis, enquanto na hipoteca a posse continua em poder do devedor.

Vale destacar que o devedor hipotecante continua na posse do imóvel onerado pela hipoteca. De acordo com o artigo 1.428 do CCB, é nula a cláusula que autoriza o credor pignoratício, anticrético ou hipotecário a ficar com o objeto da garantia, se a dívida não for paga no vencimento. Ademais, o ônus real grava o bem hipotecado em sua totalidade.

Os princípios da *especialização* (art. 1.424, CCB) e o da *publicidade* (art. 1.492) informam o instituto jurídico da hipoteca.

São espécies de hipoteca: a) hipoteca convencional (aquela estabelecida através de um acordo entre as partes); b) hipoteca legal (aquela estabelecida pela lei – CC 2002 – Art. 1.489); c) hipoteca judicial (CPC – Art. 466. A sentença que condenar o réu ao pagamento de uma prestação, consistente em dinheiro ou em coisa, valerá como título constitutivo de hipoteca judiciária, cuja inscrição será ordenada pelo juiz na forma prescrita na Lei de Registros Públicos. Parágrafo único. A sentença condenatória produz a hipoteca judiciária: I – embora a condenação seja genérica; II – pendente arresto de bens do devedor; III – ainda quando o credor possa promover a execução provisória da sentença); d) hipoteca cedular (constituída por cédula hipotecária – Decretos-Leis nºs 70/66 e 1.494/76 e Lei nº 5.741/71 e CC 2002 – Art. 1.486).

---

pelos valores despendidos por ocasião do pagamento. § 1º A conversão da moeda estrangeira, se for o caso, será feita pelo câmbio do dia, observada a legislação complementar pertinente. § 2º O valor das aeronaves adjudicadas à União será o da data da referida adjudicação. § 3º Do valor do crédito previsto neste artigo será deduzido o valor das aeronaves adjudicadas à União, cobrando-se o saldo. § 4º Se o valor das aeronaves for maior do que as importâncias despendidas ou a despender, pela União ou seus agentes financeiros, poderá aquela vender em leilão as referidas aeronaves pelo valor da avaliação. § 5º Com o preço alcançado, pagar-se-ão as quantias despendidas ou a despender, e o saldo depositar-se-á, conforme o caso, em favor da massa falida ou liquidante. § 6º Se no primeiro leilão não alcançar lance superior ou igual à avaliação, far-se-á, no mesmo dia, novo leilão condicional pelo maior preço. § 7º Se o preço alcançado no leilão não for superior ao crédito da União, poderá esta optar pela adjudicação a seu favor.

Lei nº 7.565/86. Código Brasileiro de Aeronáutica. Art. 147. Far-se-á ex officio a inscrição no Registro Aeronáutico Brasileiro: I – da hipoteca legal; II – da adjudicação de que tratam os artigos 145, 146, § 7º e 190 deste Código. Parágrafo único. Os atos jurídicos, de que cuida o artigo, produzirão efeitos ainda que não levados a registro no tempo próprio.

A hipoteca pode ser constituída para garantia de dívida futura ou condicionada, desde que determinado o valor máximo do crédito a ser garantido (CCB, art. 1.487).[13]

A execução da hipoteca dependerá de prévia e expressa concordância do devedor quanto à verificação da condição ou ao montante da dívida.[14]

Havendo divergência entre o credor e o devedor, caberá àquele fazer prova de seu crédito. Reconhecido este, o devedor responderá, inclusive, por perdas e danos, em razão da superveniente desvalorização do imóvel (CCB, art. 1.487, §§ 1º e 2º).[15]

A hipoteca abrange todas as acessões, melhoramentos ou construções do imóvel. Subsistem os ônus reais constituídos e registrados, anteriormente à hipoteca, sobre o mesmo imóvel (CCB, art. 1.474).[16]

É possível que o devedor aliene o imóvel hipotecado a terceira pessoa, já que isto não trará nenhum prejuízo ao credor hipotecário. A hipoteca é um direito real que adere ao imóvel, dotado de sequela e oponível *erga omnes*, portanto, se o devedor não pagar a dívida, o credor excutirá o bem mesmo que ele já pertença a terceiro. Dessa maneira, o devedor não fica com o imóvel indisponível.

Diz o artigo 1.475 que é nula a cláusula que proíbe ao proprietário alienar imóvel hipotecado.[17]

O parágrafo único do art. 1.475 do CCB determina que "pode convencionar-se que vencerá o crédito hipotecário, se o imóvel for alienado". Assim, é possível que as partes estabeleçam uma cláusula expressa que informe que a alienação do imóvel hipotecado importará no vencimento antecipado da obrigação.

29.2. Sub-hipoteca

De acordo com o artigo 1.476 do CCB, "o dono do imóvel hipotecado pode constituir outra hipoteca sobre ele, mediante novo título, em favor de si ou de outro credor.[18]

Ora, é possível que o mesmo imóvel seja dado em hipoteca várias vezes, por exemplo, como garantia de vários contratos de mútuo, ou até mesmo como garantia de uma obrigação, desde que o valor do imóvel seja suficiente para garantir todas essas obrigações. Dessa forma, por exemplo, João, proprietário de um imóvel na cidade de Valença, no valor de duzentos mil reais, poderá dá-lo em hipoteca para garantir uma obrigação no valor de cinquenta

---

13 Sem Correspondência ao CC de 1916.
14 Sem Correspondência ao CC de 1916.
15 Sem Correspondência ao CC de 1916.
16 Correspondente ao art. 811 do CC de 1916.
17 Sem Correspondência ao CC de 1916.
18 Correspondente ao art. 812 do CC de 1916.

mil reais; dá-lo em segunda hipoteca para garantir um contrato de mútuo no valor de vinte mil reais; dá-lo em terceira hipoteca para garantir uma prestação de dez mil reais, uma vez que o somatório das obrigações é inferior ao valor do imóvel.

Tais hipotecas que recaem sobre o mesmo imóvel devem ser numeradas na ordem cronológica de sua constituição.

Determina o artigo 1.477 do CCB que "salvo o caso de insolvência do devedor, o credor da segunda hipoteca, embora vencida, não poderá executar o imóvel antes de vencida a primeira".[19]

Não se considera insolvente o devedor por faltar ao pagamento das obrigações garantidas por hipotecas posteriores à primeira (CCB, art. 1.477, parágrafo único).[20]

A *remição da hipoteca pelo credor sub-hipotecário* é tratada pelo artigo 1.478 do CCB. A remição da hipoteca é o direito concedido a certas pessoas, as quais efetuam o pagamento da dívida, liberando o imóvel hipotecado, independentemente do consentimento do credor.

Quais as pessoas que podem resgatar o imóvel hipotecado? São elas: a) credor sub-hipotecário (CC 2002 – Art. 1.478); b) o adquirente do imóvel hipotecado (CC 2002 – Art. 1.481); c) o devedor da hipoteca e os membros de sua família; d) massa falida (CC 2002 – Art. 1.483).

Diz o artigo 1.478 que "se o devedor da obrigação garantida pela primeira hipoteca não se oferecer, no vencimento, para pagá-la, o credor da segunda pode promover-lhe a extinção, consignando a importância e citando o primeiro credor para recebê-la e o devedor para pagá-la; se este não pagar, o segundo credor, efetuando o pagamento, se sub-rogará nos direitos da hipoteca anterior, sem prejuízo dos que lhe competirem contra o devedor comum".[21]

Se o primeiro credor estiver promovendo a execução da hipoteca, o credor da segunda depositará a importância do débito e as despesas judiciais (CCB, art. 1.478, parágrafo único).[22]

Então, vejamos: o credor da segunda hipoteca não poderá promover a execução, uma vez que a primeira hipoteca não foi quitada pelo devedor. Daí que ele deve depositar o valor da obrigação a que se refere a primeira hipoteca (consignando a importância) e intimando o credor da primeira hipoteca para receber o valor devido e o devedor para efetuar o pagamento. Se o devedor pagar, o credor da segunda hipoteca levantará o dinheiro; se o devedor não pagar, o primeiro credor levantará o depósito, ficando o segundo credor sub-rogado em seus direitos.

---

19 Correspondente ao art. 813, *caput*, do CC de 1916.
20 Correspondente ao art. 813, parágrafo único, do CC de 1916.
21 Correspondente ao art. 814, *caput*, do CC de 1916.
22 Correspondente ao art. 814, parágrafo 1º, do CC de 1916.

29.3. Abandono Liberatório do Imóvel Hipotecado

O adquirente do imóvel hipotecado, desde que não se tenha obrigado pessoalmente a pagar as dívidas aos credores hipotecários, poderá exonerar-se da hipoteca, abandonando o imóvel (CCB, art. 1.479).[23]

Considerando que o direito brasileiro veda o pacto comissório, no caso de abandono do imóvel hipotecado, o imóvel não poderá passar diretamente às mãos dos credores hipotecários. O que poderá ocorrer é a venda judicial do imóvel, por meio de execução.

O artigo 1.480 determina que "o adquirente notificará o vendedor e os credores hipotecários, deferindo-lhes, conjuntamente, a posse do imóvel, ou o depositará em juízo".[24]

Poderá o adquirente exercer a faculdade de abandonar o imóvel hipotecado até as vinte e quatro horas subsequentes à citação, com que se inicia o procedimento executivo (CCB, art. 1.480, parágrafo único).[25]

29.4. Remição da Hipoteca pelo Terceiro Adquirente

A remição da hipoteca pelo terceiro adquirente está prevista no artigo 1.481, *verbis*: *Dentro em trinta dias, contados do registro do título aquisitivo, tem o adquirente do imóvel hipotecado o direito de remi-lo, citando os credores hipotecários e propondo importância não inferior ao preço por que o adquiriu.*[26]

§ 1º Se o credor impugnar o preço da aquisição ou a importância oferecida, realizar-se-á licitação, efetuando-se a venda judicial a quem oferecer maior preço, assegurada preferência ao adquirente do imóvel.[27]

§ 2º Não impugnado pelo credor, o preço da aquisição ou o preço proposto pelo adquirente, haver-se-á por definitivamente fixado para a remissão do imóvel, que ficará livre de hipoteca, uma vez pago ou depositado o preço.[28]

§ 3º Se o adquirente deixar de remir o imóvel, sujeitando-o a execução, ficará obrigado a ressarcir os credores hipotecários da desvalorização que, por sua culpa, o mesmo vier a sofrer, além das despesas judiciais da execução.[29]

§ 4º Disporá de ação regressiva contra o vendedor o adquirente que ficar privado do imóvel em consequência de licitação ou penhora, o que pagar a hipoteca, o que, por causa de adjudicação ou licitação, desembolsar com o pagamento da hipoteca importância excedente à da compra e o que suportar custas e despesas judiciais.[30]

---

23 Sem Correspondência ao CC de 1916.
24 Sem Correspondência ao CC de 1916.
25 Sem Correspondência ao CC de 1916.
26 Correspondente ao art. 815, *caput* e § 1º, do CC de 1916.
27 Correspondente ao art. 815, § 2º, do CC de 1916.
28 Sem Correspondência ao CC de 1916.
29 Sem Correspondência ao CC de 1916.
30 Correspondente ao art. 815, *caput* e § 4º, do CC de 1916.

O instituto da *remição da hipoteca* significa o pagamento da hipoteca (verbo remir).[31] A remição tem por objetivo evitar que o imóvel seja alienado.

Vale lembrar que os artigos 1.482 e 1483 do Código Civil foram revogados pelo novo Código de Processo Civil de 2015 (Lei nº 13.105/2015, artigo 1.072).

O credor e o devedor poderão atribuir na escritura da hipoteca o valor do imóvel hipotecado, que servirá de base para a alienação, a remição e a adjudicação. Isto evita a avaliação prévia. Neste sentido, o artigo 1.484 do CCB, *verbis*: "é lícito aos interessados fazer constar das escrituras o valor entre si ajustado dos imóveis hipotecados, o qual, devidamente atualizado, será a base para as arrematações, adjudicações e remições, dispensada a avaliação".[32]

29.5. Prorrogação da Hipoteca

Mediante simples averbação, requerida por ambas as partes, poderá prorrogar-se a hipoteca por até 30 (trinta) anos da data do contrato. Desde que perfaça esse prazo, só poderá subsistir o contrato de hipoteca reconstituindo-se por novo título e novo registro. E, nesse caso, ser-lhe-á mantida a precedência que então lhe competir (CCB, art. 1.485, com redação dada pela Lei nº 10.931/2004).[33]

29.6. Cédula Hipotecária

Podem o credor e o devedor, no ato constitutivo da hipoteca, autorizar a emissão da correspondente cédula hipotecária, na forma e para os fins previstos em lei especial (CCB, art. 1.486).[34]

A cédula hipotecária foi introduzida no direito pátrio pelo Decreto-Lei nº 70/66 que autoriza o funcionamento de associações de poupança e empréstimo, instituindo a cédula hipotecária.[35]

---

31 Diferentemente a remissão (com duplo s) significa perdão, proveniente do verbo remitir.
32 Correspondente ao art. 818 do CC de 1916.
33 Correspondente ao art. 817 do CC de 1916.
34 Sem Correspondência ao CC de 1916.
35 Decreto-Lei nº 70/66. Art 9º Os contratos de empréstimo com garantia hipotecária, com exceção das que consubstanciam operações de crédito rural, poderão prever o reajustamento das respectivas prestações de amortização e juros com a consequente correção monetária da dívida. § 1º Nas hipotecas não vinculadas ao Sistema Financeiro da Habitação, a correção monetária da dívida obedecerá ao que for disposto para o Sistema Financeiro da Habitação. § 2º A menção a Obrigações Reajustáveis do Tesouro Nacional nas operações mencionadas no § 2º do artigo 1º do Decreto-Lei nº 19, de 30 de agosto de 1966, e neste Decreto-Lei entende-se como equivalente a menção de Unidades-padrão de Capital do Banco Nacional da Habitação e o valor destas será sempre corrigido monetariamente durante a vigência do contrato, segundo os critérios do art. 7º, 1º, da Lei nº 4.357-64. § 3º A cláusula de correção monetária utilizável nas operações do Sistema Financeiro da Habitação poderá ser aplicada em todas as operações mencionadas no § 2º do art. 1º do Decreto-Lei nº 19, de 30.8.66, que vierem a ser pactuadas por pessoas não integrantes

29.7. Imóvel Hipotecado. Posterior Loteação ou Constituição de Condomínio

Diz o artigo 1.488 do nosso Código Civil que "se o imóvel, dado em garantia hipotecária, vier a ser loteado, ou se nele se constituir condomínio

daquele Sistema, desde que os atos jurídicos se refiram a operações imobiliárias.
Decreto-Lei nº 70/66. Art. 10. É instituída a cédula hipotecária para hipotecas inscritas no Registro Geral de Imóveis, como instrumento hábil para a representação dos respectivos créditos hipotecários, a qual poderá ser emitida pelo credor hipotecário nos casos de: I – operações compreendidas no Sistema Financeiro da Habitação; II – hipotecas de que sejam credores instituições financeiras em geral, e companhias de seguro; III – hipotecas entre outras partes, desde que a cédula hipotecária seja originariamente emitida em favor das pessoas jurídicas a que se refere o inciso II supra. § 1º A cédula hipotecária poderá ser integral, quando representar a totalidade do crédito hipotecário, ou fracionária, quando representar parte dele, entendido que a soma do principal das cédulas hipotecárias fracionárias emitidas sobre uma determinada hipoteca e ainda em circulação não poderá exceder, em hipótese alguma, o valor total do respectivo crédito hipotecário em nenhum momento. § 2º Para os efeitos do valor total mencionado no parágrafo anterior, admite-se o cômputo das correções efetivamente realizadas, na forma do artigo 9º, do valor Monetário da dívida envolvida. § 3º As cédulas hipotecárias fracionárias poderão ser emitidas em conjunto ou isoladamente a critério do credor, a qualquer momento antes do vencimento da correspondente dívida hipotecária.
Decreto-Lei 70/66. Art. 11. É admitida a emissão de cédula hipotecária sobre segunda hipoteca, desde que tal circunstância seja expressamente declarada com evidência, no seu anverso.
Decreto-Lei nº 70/66. Art. 12. O valor nominal de cada cédula hipotecária vinculada ao Sistema Financeiro da Habitação poderá ser expresso pela sua equivalência em Obrigações Reajustáveis do Tesouro Nacional ou Unidades-padrão de Capital do Banco Nacional da Habitação e representado pelo quociente da divisão do valor inicial da dívida ou da prestação, prestações ou frações de prestações de amortizações e juros da dívida originária pelo valor corrigido de uma Obrigação Reajustável do Tesouro Nacional ou Unidade-padrão de Capital do Banco Nacional da Habitação no trimestre de constituição da dívida. § 1º O valor real ou o valor corrigido de cada cédula hipotecária corresponderá ao produto de seu valor nominal, definido neste artigo, pelo valor corrigido de uma Obrigação Reajustável do Tesouro Nacional ou Unidade-padrão de Capital do Banco Nacional da Habitação no momento da apuração desse valor real. § 2º O valor nominal discriminará, na forma deste artigo, a parcela de amortização de capital e a parcela de juros representados pela cédula hipotecária, bem como o prêmio mensal dos seguros obrigatórios estipulados pelo Banco Nacional da Habitação.
Decreto-Lei nº 70/66. Art. 13. A cédula hipotecária só poderá ser lançada à circulação depois de averbada à margem da inscrição da hipoteca a que disser respeito, no Registro-Geral de Imóveis, observando-se para essa averbação o disposto na legislação e regulamentação dos serviços concernentes aos registros públicos, no que couber. Parágrafo único. Cada cédula hipotecária averbada será autenticada pelo Oficial do Registro-Geral de Imóveis competente, com indicação de seu número, série e data, bem como do livro, folhas e a data da inscrição da hipoteca a que corresponder a emissão e à margem da qual for averbada.
Decreto-Lei 70/66. Art. 14. Não será permitida a averbação de cédula hipotecária, quando haja pré-notação, inscrição ou averbação de qualquer outro ônus real, ação, penhora ou procedimento judicial que afetem o imóvel, direta ou indiretamente, ou de cédula hipotecária anterior, salvo nos casos dos artigos 10, § 1º, e 11.
Decreto-Lei nº 1.494/76. Regula a retenção do imposto de renda na fonte incidente sobre rendimentos obtidos em aplicações financeiras e dá outras providências.
Lei nº 5.741/71. Dispõe sobre a proteção do financiamento de bens imóveis vinculados ao Sistema Financeiro da Habitação.

edilício, poderá o ônus ser dividido, gravando cada lote ou unidade autônoma, se o requererem ao juiz o credor, o devedor ou os donos, obedecida a proporção entre o valor de cada um deles e o crédito".[36]

Ora, em vez de a recair sobre o terreno e todas as acessões, aqui cada unidade responderá por uma parcela da dívida, uma fração correspondente ao valor do empreendimento. Isto quer dizer que cada adquirente responderá por uma parcela da dívida hipotecária, ou seja, uma parcela correspondente à sua unidade em relação ao todo.

O credor só poderá se opor ao pedido de desmembramento do ônus provando que este importa em diminuição de sua garantia (CCB, art. 1.488, § 1º).[37]

Salvo convenção em contrário, todas as despesas judiciais ou extrajudiciais necessárias ao desmembramento do ônus correm por conta de quem o requerer (CCB, art. 1.488, § 2º).[38]

O desmembramento do ônus não exonera o devedor originário da responsabilidade a que se refere o art. 1.430, salvo anuência do credor (CCB, art. 1.488, § 3º).[39]

29.8. Hipoteca Legal

A hipoteca legal é aquela que ocorre em situações que a lei considera a qualidade do credor, com vistas a proteger determinadas pessoas. É uma situação similar à do penhor legal em que o legislador visa proteger determinadas pessoas que, sem a garantia legal, teriam muita dificuldade para receber os seus créditos.

A mesma ideia se aplica à *hipoteca legal*. Neste diapasão, a lei confere hipoteca (CCB, art. 1.489):[40]

> I – *às pessoas de direito público interno (art. 41) sobre os imóveis pertencentes aos encarregados da cobrança, guarda ou administração dos respectivos fundos e rendas.*[41] Aqui se confere a hipoteca às pessoas de direito público interno sobre os imóveis pertencentes aos encarregados da cobrança, guarda e administração dos fundos e das rendas, ou seja, os funcionários que tenham a guarda de fundos ou rendas públicos ficam com os seus imóveis em hipoteca legal à União, ao Estado, ao Município ou à Pessoa Jurídica de Direito Público a quem per-

---

36 Sem Correspondência ao CC de 1916.
37 Sem Correspondência ao CC de 1916.
38 Sem Correspondência ao CC de 1916.
39 Sem Correspondência ao CC de 1916.
40 Correspondente ao art. 827, *caput*, do CC de 1916.
41 Correspondente ao art. 827, V, do CC de 1916.

tençam esses bens que estão administrados por um servidor. Qual a razão de ser desta regra? Ora, se o servidor dilapidar (arruinar) esses fundos ou apropriar-se indevidamente deles, o Estado poderá ressarcir-se, excutindo os imóveis do seu servidor;

II – *aos filhos, sobre os imóveis do pai ou da mãe que passar a outras núpcias antes de fazer o inventário do casal anterior.*[42] O inciso II trata da hipótese de hipoteca legal a que se confere aos filhos sobre os imóveis do pai ou da mãe que se casaram de novo antes de fazer a partilha ou inventário do casal anterior. Aqui se pretende proteger os filhos de um pai (ou mãe) viúvo que pretenda contrair novo casamento antes de fazer o inventário e a partilha do casamento anterior;

III – *ao ofendido, ou aos seus herdeiros, sobre os imóveis do delinquente, para satisfação do dano causado pelo delito e pagamento das despesas judiciais.*[43] Por exemplo, se uma pessoa cometeu homicídio e o homicida for proprietário de imóveis, estes ficarão em hipoteca legal em favor do ofendido; se este não faleceu, ou no caso de falecimento, em favor de seus herdeiros. O objetivo maior é garantir ao ofendido ou aos seus herdeiros o recebimento da indenização. Este inciso refere-se apenas aos ilícitos penais, uma vez que a hipoteca legal somente funciona na prática de crimes.[44] Frise-se:

---

42 Correspondente ao art. 827, III, do CC de 1916.
43 Correspondente ao art. 827, VI, do CC de 1916.
44 RECURSO ORDINÁRIO EM MANDADO DE SEGURANÇA. PROCESSUAL PENAL.APROPRIAÇÃO INDÉBITA. HIPOTECA LEGAL DETERMINADA SOBRE OS BENS DO RÉU E DE SUA EMPRESA, ORA RECORRENTE. DECISÃO FUNDAMENTADA. PRESENÇA DOS REQUISITOS ENSEJADORES DA MEDIDA ASSECURATÓRIA E CONFUSÃO PATRIMONIAL. POSSIBILIDADE. DIREITO LÍQUIDO E CERTO NÃO EVIDENCIADO. INEXISTÊNCIA DE VIOLAÇÃO AO PRINCÍPIO DA PESSOALIDADE. DESCONSIDERAÇÃO DA PESSOA JURÍDICA. TEORIA NÃO APLICADA NA ESPÉCIE. REGULARIDADE DA CONSTRIÇÃO JUDICIAL DOS BENS DA RECORRENTE QUE DEVERÁ SER DISCUTIDA EM EMBARGOS DE TERCEIROS. 1. A decisão que determinou a hipoteca legal sobre os bens do réu e de sua empresa, encontra-se devidamente fundamentada, principalmente, após a decisão prolatada em sede de embargos declaratórios, inexistindo, pois, desrespeito ao previsto no art. 93, inciso IX, da Constituição Federal. 2. Não se afigura demonstrado, de plano, a existência do direito líquido e certo da ora Recorrente, uma vez que presentes na espécie os pressupostos autorizadores da medida assecuratória deferida (hipoteca legal), consubstanciados, além da existência da materialidade delitiva e de indícios da autoria do delito de apropriação indébita, na confusão patrimonial dos bens particulares do suposto autor do delito e da empresa ora Recorrente. 3. No caso em tela, nada mais fez o Juízo do feito do que assegurar o patrimônio do réu – constituído nas suas ações da empresa ora Recorrente –, para satisfazer o ressarcimento dos possíveis danos ocasionados à vítima do crime de apropriação indébita, em ação civil *ex delicto*. 4. Não prospera a alegação de responsabilidade penal atribuída a terceiros da relação jurídica, a ponto de ensejar violação ao princípio da pessoalidade, já que esse "terceiro", nada mais é do que a própria empresa do réu, que, conforme já ressaltado, confunde-se com o seu próprio patrimônio particular. 5. Não restou caracterizada, em sua verdadeira essência, a aplicação da teoria da descon-

não cabe a hipoteca legal nos casos de ilícito civil.

IV – *ao co-herdeiro, para garantia do seu quinhão ou torna da partilha, sobre o imóvel adjudicado ao herdeiro reponente.*[45] Inicialmente, cabe esclarecer que a palavra *torna* significa volta, compensação, reposição. Ademais, *repoente* é aquele que realiza a torna. Por exemplo, João, viúvo, faleceu deixando um único imóvel em Conservatória, no valor de oitenta mil reais, para seus filhos Camilo e Rogério. Considerando que Camilo deseja ficar com o imóvel, este terá que entregar a seu irmão Rogério o equivalente ao seu quinhão hereditário, no valor de quarenta mil reais. Ora, enquanto Camilo não entregar ao co-herdeiro (Rogério) o seu respectivo quinhão hereditário, ou a torna da partilha, o imóvel fica em hipoteca legal ao co-herdeiro Rogério, que terá direito a esta reposição. Daí que se confere *hipoteca legal* ao co-herdeiro, para garantia do seu quinhão ou da torna da reposição, e essa hipoteca legal recai sobre o imóvel do herdeiro reponente, ou seja, aquele que deve fazer a reposição, no exemplo, Camilo;

V – *ao credor sobre o imóvel arrematado, para garantia do pagamento do restante do preço da arrematação.*[46] Aqui o credor terá a hipoteca legal sobre o imóvel arrematado até que se complete o pagamento da arrematação.

O credor da hipoteca legal, ou quem o represente, poderá, provando a insuficiência dos imóveis especializados, exigir do devedor que seja reforçado com outros (CCB, art. 1.490).[47]

29.9. Hipoteca Judicial

A hipoteca judicial, como dito acima, é aquela prevista no artigo 495 do Código de Processo Civil, *verbis*:

Art. 495. A decisão que condenar o réu ao pagamento de prestação consistente em dinheiro e a que determinar a conversão de prestação de fazer,

---

sideração da personalidade jurídica, uma vez que, na presente hipótese, houve apenas a determinação da hipoteca legal dos bens do réu, bem como dos bens de sua própria empresa (que, ressalte-se, confunde-se com o seu patrimônio particular), para a garantia do ressarcimento dos danos ocasionados à vítima do delito, denominado pelo Tribunal *a quo* de "teoria da desconsideração da pessoa jurídica, às avessas" (fl. 488). 6. Sobrevindo condenação em definitivo do réu e recaindo os efeitos de tal condenação sobre a Recorrente, na esfera cível, poderá ela se valer dos embargos de terceiros, onde será possibilitada a ampla discussão da regularidade ou não da constrição judicial procedida sobre seus bens. 7. Recurso desprovido. (RMS 13.675/PR, Rel. Ministra LAURITA VAZ, QUINTA TURMA, julgado em 26.4.2005, DJ 23.5.2005, p. 307).

45 Correspondente ao art. 827, VIII, do CC de 1916.
46 Sem Correspondência ao CC de 1916.
47 Correspondente ao art. 819 do CC de 1916.

de não fazer ou de dar coisa em prestação pecuniária valerão como título constitutivo de hipoteca judiciária.

§ 1º A decisão produz a hipoteca judiciária:

I – embora a condenação seja genérica;
II – ainda que o credor possa promover o cumprimento provisório da sentença ou esteja pendente arresto sobre bem do devedor;
III – mesmo que impugnada por recurso dotado de efeito suspensivo.

§ 2º A hipoteca judiciária poderá ser realizada mediante apresentação de cópia da sentença perante o cartório de registro imobiliário, independentemente de ordem judicial, de declaração expressa do juiz ou de demonstração de urgência.

§ 3º No prazo de até 15 (quinze) dias da data de realização da hipoteca, a parte informá-la-á ao juízo da causa, que determinará a intimação da outra parte para que tome ciência do ato.

§ 4º A hipoteca judiciária, uma vez constituída, implicará, para o credor hipotecário, o direito de preferência, quanto ao pagamento, em relação a outros credores, observada a prioridade no registro.

§ 5º Sobrevindo a reforma ou a invalidação da decisão que impôs o pagamento de quantia, a parte responderá, independentemente de culpa, pelos danos que a outra parte tiver sofrido em razão da constituição da garantia, devendo o valor da indenização ser liquidado e executado nos próprios autos.

29.10. Sub-rogação do Bem Hipotecado

Determina o artigo 1.491 que "a hipoteca legal pode ser substituída por caução de títulos da dívida pública federal ou estadual, recebidos pelo valor de sua cotação mínima no ano corrente; ou por outra garantia, a critério do juiz, a requerimento do devedor".[48]

29.11. Registro da Hipoteca

O registro da hipoteca se faz no Registro de Imóveis, já que se trata de direitos que recaem sobre bens imóveis. Entretanto, quando a hipoteca é de navio ou aeronave, o registro se fará cartório marítimo.

As hipotecas serão registradas no cartório do lugar do imóvel, ou no de cada um deles, se o título se referir a mais de um (CCB, art. 1.492).[49]

Compete aos interessados, exibido o título, requerer o registro da hipoteca (CCB, art. 1.492, parágrafo único).[50]

---

48 Sem Correspondência ao CC de 1916.
49 Correspondente ao art. 831 do CC de 1916.
50 Correspondente ao art. 838 do CC de 1916.

Os registros e as averbações seguirão a ordem em que forem requeridas, verificando-se ela pela da sua numeração sucessiva no protocolo (CCB, art. 1.493).[51]

O número de ordem determina a prioridade e esta, a preferência entre as hipotecas (CCB, art. 1.493, parágrafo único).[52]

Não se registrarão no mesmo dia duas hipotecas, ou uma hipoteca e outro direito real, sobre o mesmo imóvel, em favor de pessoas diversas, salvo se as escrituras, do mesmo dia, indicarem a hora em que foram lavradas (CCB, art. 1.494).[53]

Quando se apresentar ao oficial do registro título de hipoteca que mencione a constituição de anterior, não registrada, sobrestará ele na inscrição da nova, depois de a prenotar, até trinta dias, aguardando que o interessado inscreva a precedente; esgotado o prazo, sem que se requeira a inscrição desta, a hipoteca ulterior será registrada e obterá preferência (CCB, art. 1.495).[54]

Se tiver dúvida sobre a legalidade do registro requerido, o oficial fará, ainda assim, a prenotação do pedido. Se a dúvida, dentro em noventa dias, for julgada improcedente, o registro efetuar-se-á com o mesmo número que teria na data da prenotação; no caso contrário, cancelada esta, receberá o registro o número correspondente à data em que se tornar a requerer (CCB, art. 1.496).[55]

As hipotecas legais, de qualquer natureza, deverão ser registradas e especializadas (CCB, art. 1.497).[56]

O registro e a especialização das hipotecas legais incumbem a quem está obrigado a prestar a garantia, mas os interessados podem promover a inscrição delas, ou solicitar ao Ministério Público que o faça (CCB, art. 1.497, § 1º).[57]

As pessoas, às quais incumbir o registro e a especialização das hipotecas legais, estão sujeitas a perdas e danos pela omissão (CCB, art. 1.497, § 2º).[58]

Vale o registro da hipoteca, enquanto a obrigação perdurar; mas a especialização, em se completando vinte anos, deve ser renovada (CCB, art. 1.498).[59]

---

51 Correspondente ao art. 833, *caput*, do CC de 1916.
52 Correspondente ao art. 833, parágrafo único, do CC de 1916.
53 Correspondente ao art. 836 do CC de 1916.
54 Correspondente ao art. 837 do CC de 1916.
55 Correspondente aos arts. 834 e 835 do CC de 1916.
56 Correspondente ao art. 843 do CC de 1916.
57 Correspondente ao art. 843 do CC de 1916.
58 Correspondente ao art. 845 do CC de 1916.
59 Correspondente ao art. 830 do CC de 1916.

29.12. Extinção da Hipoteca

De acordo com o artigo 1.499 do Código Civil, a hipoteca extingue-se:[60]

I – *pela extinção da obrigação principal*.[61] Qualquer que seja a causa da extinção da obrigação principal (pagamento, prescrição, remissão ou confusão) ficará extinta a hipoteca, devendo ser promovido o seu cancelamento do Registro de Imóveis.[62]

II – *pelo perecimento da coisa*;[63]

III – *pela resolução da propriedade*;[64][65]

IV – *pela renúncia do credor*.[66] Aqui o credor renuncia aà hipoteca, convertendo-se em credor quirografário. Não há que confundir a renúncia da hipoteca com a remissão (perdão) da obrigação.

V – *pela remição*;[67]

VI – *pela arrematação ou adjudicação*.[68]

Extingue-se ainda a hipoteca com a averbação, no Registro de Imóveis, do cancelamento do registro, à vista da respectiva prova (CCB, art. 1.500).[69]

Não extinguirá a hipoteca, devidamente registrada, a arrematação ou adjudicação, sem que tenham sido notificados judicialmente os respectivos credores hipotecários que não forem de qualquer modo partes na execução (CCB, art. 1.501).[70]

A prescrição da pretensão de cobrança da dívida extingue o direito real de hipoteca estipulado para garanti-la. A hipoteca, no sistema brasileiro, é

---

60 Correspondente ao art. 849, *caput*, do CC de 1916.
61 Correspondente ao art. 849, I, do CC de 1916.
62 PROCESSO CIVIL. AÇÃO DECLARATÓRIA DE EXTINÇÃO DE HIPOTECA. POSSIBILIDADE. FALTA DE FUNDAMENTAÇÃO E OMISSÃO DO ACÓRDÃO. INOCORRÊNCIA. RECURSOS DESACOLHIDOS. I – É cabível a ação declaratória, prevista no art. 4º, CPC, que pretendeu a declaração da extinção de hipoteca acessória a uma obrigação principal extinta e não a extinção do ônus real em si. II – Inexiste omissão no acórdão que aprecia todas as questões necessárias ao deslinde da controvérsia, não se podendo exigir do órgão julgador a apreciação de temas não pertinentes à solução da demanda. III – A fundamentação sucinta, que exponha os motivos que ensejaram a conclusão alcançada, não inquina a decisão de nulidade, ao contrário do que sucede com a decisão desmotivada (REsp 19.225/MG, Rel. Ministro SÁLVIO DE FIGUEIREDO TEIXEIRA, QUARTA TURMA, julgado em 3.12.2002, DJ 19.12.2002, p. 364).
63 Correspondente ao art. 849, II, do CC de 1916.
64 Correspondente ao art. 849, II, do CC de 1916.
65 Por exemplo, nos casos da revogação da doação da propriedade por ingratidão do donatário.
66 Correspondente ao art. 849, III, do CC de 1916.
67 Correspondente ao art. 849, IV, do CC de 1916.
68 Correspondente ao art. 849, VII, do CC de 1916.
69 Correspondente ao art. 851 do CC de 1916.
70 Correspondente ao art. 826 do CC de 1916.

uma garantia acessória, seguindo, portanto, a sorte (o destino) da obrigação principal. Assim, prescrita a pretensão derivada da obrigação principal, não persiste a garantia hipotecária (art. 1.499 do CC). STJ. 3ª Turma. REsp 1.408.861-RJ, Rel. Min. Paulo de Tarso Sanseverino, julgado em 20/10/2015.

29.13. Hipoteca de Vias Férreas

As hipotecas sobre as estradas de ferro serão registradas no município da estação inicial da respectiva linha (CCB, art. 1.502).[71] [72]

Como dito acima, as *estradas de ferro* também podem ser dadas em hipoteca. A hipoteca das estradas de ferro inclui trilhos, dormentes, composições, vagões, locomotivas e prédios das estações, ou seja, tudo aquilo necessário à sua operação.

Neste sentido, PONTES DE MIRANDA afirma que "o objeto da hipoteca de estrada de ferro é, precipuamente, a estrada de ferro, grupo de móveis que a função assimila aos *imóveis*. Em verdade, trata-se de bem imóvel, porque não há estrada de ferro sem terreno em que passe e em que tenha as suas estações e depósitos. As máquinas e os vagões são partes integrantes, mas o imóvel é o cerne, imóvel que pode ser da largura indispensável ao movimento dos trens *mais* as estações. O bem cerne não é o vagão nem a locomotiva, é o terreno com as linhas férreas, ainda que esse terreno seja propriedade resolúvel, ou enfiteuse".[73]

Os credores hipotecários não podem embaraçar a exploração da linha nem contrariar as modificações que a administração deliberar, no leito da estrada, em suas dependências ou no seu material (CCB, art. 1.503).[74]

A hipoteca será circunscrita à linha ou às linhas especificadas na escritura e ao respectivo material de exploração, no estado em que ao tempo da execução estiverem, mas os credores hipotecários poderão opor-se à venda da estrada, à de suas linhas, de seus ramais ou de parte considerável do material de exploração, bem como à fusão com outra empresa, sempre que com isso a garantia do débito enfraquecer (CCB, art. 1.504).[75]

Na *execução das hipotecas* será intimado o representante da União ou do Estado para, em quinze dias, remir a estrada de ferro hipotecada, pagando o preço da arrematação ou da adjudicação (CCB, art. 1.505).[76]

---

71 Correspondente ao art. 852 do CC de 1916.
72 LRP – Art. 171. Os atos relativos, a vias férreas serão registrados no cartório correspondente à estação inicial da respectiva linha.
73 PONTES DE MIRANDA. *Tratado de direito privado*. Parte especial. Tomo XX. 2. ed. Rio de Janeiro: Borsoi, 1957, p. 209.
74 Correspondente ao art. 853 do CC de 1916.
75 Correspondente ao art. 854 do CC de 1916.
76 Correspondente ao art. 855 do CC de 1916.

Capítulo 30
DA ANTICRESE

30.1. Conceito e características

O termo *anticrese* é proveniente do grego *antíchresis*, pelo lat. tard. *antichrese*. É o contrato pelo qual o devedor entrega ao credor um imóvel, dando-lhe o direito de receber os frutos e os rendimentos como compensação da dívida, consignação de rendimento.[1] Os sujeitos envolvidos no direito real de garantia denominado anticrese são o *credor anticrético* e o *devedor anticrético*.

Na *anticrese*, a garantia do credor é representada pelos frutos e pelos rendimentos produzidos pela coisa dada em garantia. Daí o que interessa ao credor é a produtividade da coisa.

O credor utilizará o crédito dos frutos civis e dos rendimentos produzidos pela coisa para compensar a dívida até que a obrigação se resolva inteiramente. Dessa maneira, os frutos e rendimentos serão objeto de compensação do crédito. Daí que o credor anticrético não poderá excutir o bem, caso não lhe seja paga a obrigação.

Diz o artigo 1.506 que "pode o devedor ou outrem por ele, com a entrega do imóvel ao credor, ceder-lhe o direito de perceber, em compensação da dívida, os frutos e os rendimentos".[2]

O objeto na anticrese é necessariamente um bem imóvel, conforme resta expresso no artigo acima.

CLÓVIS BEVILÁQUA conceitua a anticrese como "o direito real sobre imóvel alheio, em virtude do qual o credor obtém a posse da coisa, a fim de perceber-lhe os frutos e imputá-los no pagamento da dívida, juros e capital, sendo, porém, permitido estipular que os frutos sejam, na sua totalidade, percebidos à conta de juros".[3]

Para o CONSELHEIRO LAFAYETTE, a anticrese "é a convenção pela qual o devedor, entregando um imóvel ao credor, transfere-lhe o direito de perceber os frutos e os rendimentos do mesmo imóvel em compensação dos juros da quantia devida".[4]

---

1 *Dicionário eletrônico Aurélio século XXI*.
2 Correspondente ao art. 805, *caput*, do CC de 1916.
3 BEVILÁQUA, Clóvis. *Código civil dos Estados Unidos do Brasil comentado por Clóvis Beviláqua*. V. 1. Edição histórica. Rio de Janeiro: Rio, 1976, p. 1.261.
4 PEREIRA, Lafayette Rodrigues. *Direito das coisas*. Edição histórica. Vol. I. Rio de Janeiro:

A *anticrese* reclama escritura pública e registro no RGI, consoante o artigo 167, II, da Lei de Registros Públicos. Com o registro, dá-se a publicidade e a oponibilidade a terceiros, de acordo com a regra do artigo 1.424 do CCB.

É permitido estipular que os frutos e os rendimentos do imóvel sejam percebidos pelo credor à conta de juros, mas se o seu valor ultrapassar a taxa máxima permitida em lei para as operações financeiras, o remanescente será imputado ao capital (CCB, art. 1 § ,1.506º).[5]

Quando a anticrese recair sobre bem imóvel, este poderá ser hipotecado pelo devedor ao credor anticrético, ou a terceiros, assim como o imóvel hipotecado poderá ser dado em anticrese (CCB, art. 1.506, § 2º).[6]

Vale lembrar ainda que um terceiro que não seja o devedor pode dar o seu bem em penhor, em hipoteca ou em anticrese para garantir o pagamento da obrigação do devedor. Isto não se confunde com o instituto jurídico da fiança. O artigo 1.506 do CCB diz que pode o devedor ou *outrem por ele*, com a entrega do imóvel ao credor, ceder-lhe o direito de perceber, em compensação da dívida, os frutos e os rendimentos.

30.2 Direitos e Deveres do Credor Anticrético

O credor anticrético pode administrar os bens dados em anticrese e fruir seus frutos e utilidades, mas deverá apresentar anualmente balanço, exato e fiel, de sua administração (CCB, art. 1.507).[7]

Se o devedor anticrético não concordar com o que contém no balanço, por ser inexato ou ruinosa a administração, poderá impugná-lo e, se o quiser, requerer a transformação em arrendamento, fixando o juiz o valor mensal do aluguel, o qual poderá ser corrigido anualmente (CCB, art. 1.507, § 1º).[8]

O credor anticrético pode, salvo pacto em sentido contrário, arrendar os bens dados em anticrese a terceiro, mantendo, até ser pago, direito de retenção do imóvel, embora o aluguel desse arrendamento não seja vinculativo para o devedor (CCB, art. 1.507, § 2º).[9]

30.3. Responsabilidade do Credor Anticrético

De acordo com o artigo 1.508 do CCB, "o credor anticrético responde pelas deteriorações que, por culpa sua, o imóvel vier a sofrer, e pelos frutos e pelos rendimentos que, por sua negligência, deixar de perceber".[10]

Rio, 1977, p. 31.
5 Correspondente ao art. 805, § 1º, do CC de 1916.
6 Correspondente ao art. 805, § 2º, do CC de 1916.
7 Correspondente ao art. 806 do CC de 1916.
8 Sem Correspondência ao CC de 1916.
9 Correspondente ao art. 806 do CC de 1916.
10 Correspondente ao art. 807 do CC de 1916.

30.4. Direito de Sequela do Credor Anticrético

O credor anticrético pode vindicar os seus direitos contra o adquirente dos bens, os credores quirografários e os hipotecários posteriores ao registro da anticrese (CCB, art. 1.509).[11]

Isto quer dizer que, se o devedor anticrético alienar o imóvel, o adquirente terá que suportar o ônus do gravame do referido imóvel, qual seja: a anticrese legalmente constituída.

O devedor, depois de constituir a anticrese, poderá dar o imóvel em hipoteca? Diz BEVILÁQUA que a anticrese existe no sistema do Código como direito real autônomo, que pode ser constituído sem ligação com os outros. Pode, porém, combinar-se com a hipoteca.[12]

Se executar os bens por falta de pagamento da dívida ou permitir que outro credor o execute, sem opor o seu direito de retenção ao exequente, não terá preferência sobre o preço (CCB, art. 1.509, § 1º).[13]

O credor anticrético não terá preferência sobre a indenização do seguro, quando o prédio seja destruído nem, se forem desapropriados os bens, com relação à desapropriação (CCB, art. 1.509, § 2º).[14]

30.5. Remição da Anticrese pelo Terceiro Adquirente

O adquirente dos bens dados em anticrese poderá remi-los antes do vencimento da dívida, pagando a sua totalidade à data do pedido de remição e imitir-se-á, se for o caso, na sua posse (CCB, art. 1.510).[15]

30.6. Extinção da Anticrese

A *anticrese* poderá ser extinta por meio dos seguintes modos: a) pelo pagamento da dívida; b) pelo término do prazo legal (CC 2002 – Art. 1.423); c) pelo perecimento do bem (CC 2002 – 1.509, § 2º); d) pela desapropriação (CC 2002 – 1.509, § 2º); e) pela renúncia do anticresista; f) pela excussão de outros credores, quando o anticrético não opuser seu direito de retenção (CC 2002 – 1.509, § 1º); g) pelo resgate do bem dado em anticrese (CC 2002 – 1.510).

---

11 Correspondente ao art. 808, *caput*, do CC de 1916.
12 BEVILÁQUA. Op. cit., p. 1.262.
13 Correspondente ao art. 808, § 1º, do CC de 1916.
14 Correspondente ao art. 808, § 2º, do CC de 1916.
15 Sem Correspondência ao CC de 1916.

Capítulo 31
DA ENFITEUSE

31.1. Conceito e Características

Preliminarmente, vale dizer que as *enfiteuses* constituídas anteriormente ao advento do Código Civil de 2002 permanecem produzindo os seus jurídicos e legais efeitos.

Determina o artigo 2.038 do Código Civil de 2002 que "fica proibida a constituição de enfiteuses e subenfiteuses, subordinando-se as existentes, até sua extinção, às disposições do Código Civil anterior, Lei nº 3.071, de 1º de janeiro de 1916, e leis posteriores".

Nos aforamentos a que se refere este artigo é defeso: I – cobrar laudêmio ou prestação análoga nas transmissões de bem aforado, sobre o valor das construções ou plantações; II – constituir subenfiteuse (CCB, art. 2.038, § 1º).

ORLANDO GOMES ensina que a *enfiteuse* "é o direito real limitado que confere a alguém, perpetuamente, os poderes inerentes ao domínio, com a obrigação de pagar ao dono da coisa uma renda anual. Denomina-se também *emprazamento*, *aforamento* ou *prazos*, sendo mais conhecida, entre nós, pela penúltima designação.

Na *enfiteuse*, quem tem o domínio do imóvel aforado se chama *senhorio direto*; quem o possui imediatamente, *enfiteuta* ou *foreiro*. Costuma-se dizer que o senhorio é o titular do *domínio eminente* ou *direto* e o foreiro o *domínio útil*, em alusão ao processo de fragmentação da propriedade realizado no direito medieval".[1]

A enfiteuse dos terrenos de marinha e acrescidos regula-se por lei especial (CCB, art. 2.038, § 2º). Esta enfiteuse está regulada pelo Decreto-Lei nº 9.760/1946.[2][3]

---

1 GOMES, Orlando. *Direitos reais*. 18. ed. Rio de Janeiro: Forense, 2002, p. 263.
2 Art. 2º São terrenos de marinha, em uma profundidade de 33 (trinta e três) metros, medidos horizontalmente, para a parte da terra, da posição da linha do preamar-médio de 1831: a) os situados no continente, na costa marítima e nas margens dos rios e lagoas, até onde se faça sentir a influência das marés; b) os que contornam as ilhas situadas em zona onde se faça sentir a influência das marés. Parágrafo único. Para os efeitos deste artigo a influência das marés é caracterizada pela oscilação periódica de 5 (cinco) centímetros pelo menos, do nível das águas, que ocorra em qualquer época do ano.
Art. 3º São terrenos acrescidos de marinha os que se tiverem formado, natural ou artificialmente, para o lado do mar ou dos rios e lagoas, em seguimento aos terrenos de marinha.
Art. 4º São terrenos marginais os que banhados pelas correntes navegáveis, fora do alcance

das marés, vão até a distância de 15 (quinze) metros, medidos horizontalmente para a parte da terra, contados desde a linha média das enchentes ordinárias
3 Do Aforamento. SEÇÃO I. DISPOSIÇÕES GERAIS. Art. 99. A utilização do terreno da União sob regime de aforamento dependerá de prévia autorização do Presidente da República, salvo se já permitida em expressa disposição legal. Parágrafo único. Em se tratando de terreno beneficiado com construção constituída de unidades autônomas, ou, comprovadamente, para tal fim destinado, o aforamento poderá ter por objeto as partes ideais correspondentes às mesmas unidades.
Art. 100. A aplicação do regime de aforamento a terras da União, quando autorizada na forma deste Decreto-Lei, compete ao SPU, sujeita, porém, a prévia audiência: a) dos Ministérios da Guerra, por intermédio dos Comandos das Regiões Militares; da Marinha, por intermédio das Capitanias dos Portos; da Aeronáutica, por intermédio dos Comandos das Zonas Aéreas, quando se tratar de terrenos situados dentro da faixa de fronteiras, da faixa de 100 (cem) metros ao longo da costa marítima ou de uma circunferência de 1.320 (mil trezentos e vinte) metros de raio em torno das fortificações e estabelecimentos militares; b) do Ministério da Agricultura, por intermédio dos seus órgãos locais interessados, quando se tratar de terras suscetíveis de aproveitamento agrícola ou pastoril; c) do Ministério da Viação e Obras Públicas, por intermédio de seus órgãos próprios locais, quando se tratar de terrenos situados nas proximidades de obras portuárias, ferroviárias, rodoviárias, de saneamento ou de irrigação; d) das Prefeituras Municipais, quando se tratar de terreno situado em zona que esteja sendo urbanizada. § 1º A consulta versará sobre zona determinada, devidamente caracterizada. § 2º Os órgãos consultados deverão se pronunciar dentro de 30 (trinta) dias do recebimento da consulta, prazo que poderá ser prorrogado por outros 30 (trinta) dias, quando solicitado, importando o silêncio em assentimento à aplicação do regime enfitêutico na zona caracterizada na consulta. § 3º As impugnações, que se poderão restringir a parte da zona sobre que haja versado a consulta, deverão ser devidamente fundamentadas. § 4º O aforamento, à vista de ponderações dos órgãos consultados, poderá subordinar-se a condições especiais. § 5º Considerando improcedente à impugnação, o SPU submeterá o fato a decisão do Ministro da Fazenda. § 6º Nos casos de aplicação do regime de aforamento gratuito com vistas na regularização fundiária de interesse social, ficam dispensadas as audiências previstas neste artigo, ressalvados os bens imóveis sob administração do Ministério da Defesa e dos Comandos do Exército, da Marinha e da Aeronáutica. (Incluído pela Lei nº 11.481, de 2007)
Art. 101. Os terrenos aforados pela União ficam sujeitos ao foro de 0,6% (seis décimos por cento) do valor do respectivo domínio pleno, que será anualmente atualizado. (Redação dada pela Lei nº 7.450, de 1985) § 1º (Revogado pelo Decreto-Lei nº 2.398, de 1987) Parágrafo único. O não pagamento do foro durante três anos consecutivos, ou quatro anos intercalados, importará a caducidade do aforamento. (Redação dada pela Lei nº 9.636, de 1998
Art. 102. (Revogado pelo Decreto-Lei nº 2.398, de 1987)
Art. 103. O aforamento extinguir-se-á: (Redação dada pela Lei nº 11.481, de 2007) I – por inadimplemento de cláusula contratual; (Incluído pela Lei nº 11.481, de 2007) II – por acordo entre as partes; (Incluído pela Lei nº 11.481, de 2007) III – pela remissão do foro, nas zonas onde não mais subsistam os motivos determinantes da aplicação do regime enfitêutico; (Incluído pela Lei nº 11.481, de 2007) IV – pelo abandono do imóvel, caracterizado pela ocupação, por mais de 5 (cinco) anos, sem contestação, de assentamentos informais de baixa renda, retornando o domínio útil à União; ou (Incluído pela Lei nº 11.481, de 2007) V – por interesse público, mediante prévia indenização. (Incluído pela Lei nº 11.481, de 2007) § 1º Consistindo o inadimplemento de cláusula contratual no não pagamento do foro durante três anos consecutivos, ou quatro anos intercalados, é facultado ao foreiro, sem prejuízo do disposto no art. 120, revigorar o aforamento mediante as condições que lhe forem impostas. (Redação dada pela Lei nº 9.636, de 1998). § 2º Na consolidação pela União do domínio pleno de terreno que haja concedido em aforamento, deduzir-se-á do valor do mesmo domínio a importância equivalente a 17% (dezessete por cento), correspondente ao valor do domínio direto. (Redação dada pela Lei nº 9.636, de 1998)
SEÇÃO II. DA CONSTITUIÇÃO. Art. 104. Decidida a aplicação do regime enfitêutico a terrenos compreendidos em determinada zona, o SPU notificará os interessados com preferência ao aforamento nos termos dos arts. 105 e 215, para que o requeiram dentro do prazo de

cento e oitenta dias, sob pena de perda dos direitos que porventura lhes assistam. (Redação dada pela Lei nº 9.636, de 1998) Parágrafo único. A notificação será feita por edital afixado na repartição arrecadadora da Fazenda Nacional com jurisdição na localidade do imóvel, e publicado no Diário Oficial da União, mediante aviso publicado três vezes, durante o período de convocação, nos dois jornais de maior veiculação local e, sempre que houver interessados conhecidos, por carta registrada. (Redação dada pela Lei nº 9.636, de 1998)

Art. 105. Tem preferência ao aforamento: 1º – os que tiverem título de propriedade devidamente transcrito no Registo de Imóveis; 2º – os que estejam na posse dos terrenos, com fundamento em título outorgado pelos Estados ou Municípios; 3º – os que, necessariamente, utilizam os terrenos para acesso às suas propriedades; 4º – os ocupantes inscritos até o ano de 1940, e que estejam quites com o pagamento das devidas taxas, quanto aos terrenos de marinha e seus acréscidos; 5º – (Revogado pela Lei nº 9.636, de 1998) 6º – os concessionários de terrenos de marinha, quanto aos seus acréscidos, desde que estes não possam constituir unidades autônomas; 7º – os que no terreno possuam benfeitorias, anteriores ao ano de 1940, de valor apreciável em relação ao daquele; 8º a 10º – (Revogados pela Lei nº 9.636, de 1998) Parágrafo único. As questões sobre propriedades, servidão e posse são da competência dos Tribunais Judiciais.

Art. 106. Os pedidos de aforamento serão dirigidos ao Chefe do órgão local do SPU, acompanhados dos documentos comprobatórios dos direitos alegados pelo interessado e de planta ou croquis que identifique o terreno.

Art. 107. (Revogado pelo Decreto-Lei nº 2.398, de 1987).

Art. 108. Decorrido o prazo mencionado no § 2º do artigo anterior e apreciadas as reclamações que tenham sido apresentadas, o Chefe do órgão local do SPU, calculado o foro devido, concederá o aforamento, *ad referendum* do Diretor do mesmo Serviço, recolhidos os tributos porventura devidos à Fazenda Nacional.

Art. 109. Aprovada a concessão, lavrar-se-á em livro próprio do SPU o contrato enfitêutico de que constarão as condições estabelecidas e as características do terreno aforado.

Art. 110. Expirado o prazo de que trata o art. 104 e não havendo interesse do serviço público na manutenção do imóvel no domínio pleno da União, o SPU promoverá a venda do domínio útil dos terrenos sem posse, ou daqueles que se encontrem na posse de quem não tenha atendido à notificação a que se refere o mesmo artigo ou de quem, tendo requerido, não tenha preenchido as condições necessárias para obter a concessão do aforamento. (Redação dada pela Lei nº 9.636, de 1998)

Art. 111. (Revogado pelo Decreto-Lei nº 2.398, de 1987)

SEÇÃO III. DA TRANSFERÊNCIA. Arts. 112. a 115. (Revogados pelo Decreto-Lei nº 2.398, de 1987)

Art. 116. Efetuada a transação e transcrito o título no Registro de Imóveis, o adquirente, exibindo os documentos comprobatórios, deverá requerer, no prazo de 60 (sessenta) dias, que para o seu nome se transfiram as obrigações enfitêuticas. § 1º A transferência das obrigações será feita mediante averbação, no órgão local do SPU, do título de aquisição devidamente transcrito no Registro de Imóveis, ou, em caso de transmissão parcial do terreno, mediante termo. § 2º O adquirente ficará sujeito à multa 0,05% (cinco centésimos por cento), por mês ou fração, sobre o valor do terreno e benfeitorias nele existentes, se não requerer a transferência dentro do prazo estipulado no presente artigo.

Art. 117. (Revogado pelo Decreto-Lei nº 2.398, de 1987)

SEÇÃO IV. DA CADUCIDADE E REVIGORAÇÃO.

Art. 118. Caduco o aforamento na forma do parágrafo único do art. 101, o órgão local do SPU notificará o foreiro, por edital, ou quando possível por carta registrada, marcando-lhe o prazo de noventa dias para apresentar qualquer reclamação ou solicitar a revigoração do aforamento.(Redação dada pela Lei nº 9.636, de 1998) Parágrafo único. Em caso de apresentação de reclamação, o prazo para o pedido de revigoração será contado da data da notificação ao foreiro da decisão final proferida.

Art. 119. Reconhecido o direito do requerente e pagos os foros em atraso, o chefe do órgão local da Secretaria do Patrimônio da União concederá a revigoração do aforamento. (Redação dada pela Lei nº 11.481, de 2007) Parágrafo único. A Secretaria do Patrimônio da União disciplinará os procedimentos operacionais destinados à revigoração de que trata o *caput* deste artigo. (Incluído pela Lei nº 11.481, de 2007)

Capítulo 31 – Da Enfiteuse

De acordo com o artigo 678 do Código Civil de 1916, ocorrerá a enfiteuse, aforamento ou emprazamento "quando por atos entre vivos, ou de última vontade, o proprietário atribui a outrem o domínio útil do imóvel, pagando a pessoa, que o adquire, e assim se constitui enfiteuta, ao senhorio direto uma pensão, ou foro, anual, certo e invariável".

Art. 120. A revigoração do aforamento poderá ser negada se a União necessitar do terreno para serviço público, ou, quanto às terras de que trata o art. 65, quando não estiverem as mesmas sendo utilizadas apropriadamente, obrigando-se, nesses casos, à indenização das benfeitorias porventura existentes.

Art. 121. Decorrido o prazo de que trata o art. 118, sem que haja sido solicitada a revigoração do aforamento, o Chefe do órgão local do SPU providenciará no sentido de ser cancelado o aforamento no Registro de Imóveis e procederá na forma do disposto no art. 110. Parágrafo único. Nos casos de cancelamento do registro de aforamento, considera-se a certidão da Secretaria do Patrimônio da União de cancelamento de aforamento documento hábil para o cancelamento de registro nos termos do inciso III do *caput* do art. 250 da Lei nº 6.015, de 31 de dezembro de 1973. (Incluído pela Lei nº 11.481, de 2007)

SEÇÃO V. DA REMISSÃO.

Art. 122. Autorizada, na forma do disposto no art. 103, a remissão do aforamento dos terrenos compreendidos em determinada zona, o SPU notificará os foreiros, na forma do parágrafo único do art. 104, da autorização concedida. Parágrafo único. Cabe ao Diretor do SPU decidir sobre os pedidos de remissão, que lhe deverão ser dirigidos por intermédio do órgão local do mesmo Serviço.

Art. 123. A remição do aforamento será feita pela importância correspondente a 17% (dezessete por cento) do valor do domínio pleno do terreno. (Redação dada pela Lei nº 9.636, de 1998)

Art. 124. Efetuado o resgate, o órgão local do SPU expedirá certificado de remissão, para averbação no Registro de Imóveis.

CAPÍTULO V. Da Cessão. Arts. 125. e 126 (Revogados pela Lei nº 9.636, de 1998)

CAPÍTULO VI. Da Ocupação. Art. 127. Os atuais ocupantes de terrenos da União, sem título outorgado por esta, ficam obrigados ao pagamento anual da taxa de ocupação. §§ 1º e 2º (Revogados pelo Decreto-lei nº 2.398, de 1987)

Art. 128. Para cobrança da taxa, a SPU fará a inscrição dos ocupantes, *ex officio*, ou à vista da declaração destes, notificando-os para requererem, dentro do prazo de cento e oitenta dias, o seu cadastramento. (Redação dada pela Lei nº 9.636, de 1998) § 1º A falta de inscrição não isenta o ocupante da obrigação do pagamento da taxa, devida desde o início da ocupação. (Redação dada pela Lei nº 9.636, de 1998) § 2º A notificação de que trata este artigo será feita por edital afixado na repartição arrecadadora da Fazenda Nacional, publicado no Diário Oficial da União, e mediante aviso publicado três vezes, durante o período de convocação, nos dois jornais de maior veiculação local. (Incluído pela Lei nº 9.636, de 1998) § 3º Expirado o prazo da notificação, a União imitir-se-á sumariamente na posse do imóvel cujo ocupante não tenha atendido à notificação, ou cujo posseiro não tenha preenchido as condições para obter a sua inscrição, sem prejuízo da cobrança das taxas, quando for o caso, devidas no valor correspondente a 10% (dez por cento) do valor atualizado do domínio pleno do terreno, por ano ou fração. (Incluído pela Lei nº 9.636, de 1998)

Arts. 129 e 130. (Revogados pelo Decreto-Lei nº 2.398, de 1987)

Art. 131. A inscrição e o pagamento da taxa de ocupação, não importam, em absoluto, no reconhecimento, pela União, de qualquer direito de propriedade do ocupante sobre o terreno ou ao seu aforamento, salvo no caso previsto no item 4 do artigo 105.

Art. 132. A União poderá, em qualquer tempo que necessitar do terreno, imitir-se na posse do mesmo, promovendo sumariamente a sua desocupação, observados os prazos fixados no § 3º, do art. 89. § 1º As benfeitorias existentes no terreno somente serão indenizadas, pela importância arbitrada pelo SPU, se por este for julgada de boa-fé a ocupação. § 2º Do julgamento proferido na forma do parágrafo anterior, cabe recurso para o CTU, no prazo de 30 (trinta) dias da ciência dada ao ocupante. § 3º O preço das benfeitorias será depositado em juízo pelo SPU, desde que a parte interessada não se proponha a recebê-lo.

Art. 133. (Revogado pela Lei nº 9.636, de 1998).

Capítulo 32
DA LAJE

32.1. Considerações Iniciais

O **direito de laje**, criado pela Lei 13.465/17, advinda da medida provisória 759/2016, surge como um instrumento jurídico para enfrentar a questão da verticalização dos espaços habitacionais brasileiros, mormente, em relação a sobreposição de moradias irregulares (conhecidos como "puxadinhos").

CLÁUDIA FRANCO CORRÊA e JULIANA BARCELLOS DA CUNHA E MENEZES afirmam que o "Direito de Laje", "se origina justamente de uma interpretação feita com o objetivo de conceder uma roupagem jurídica aos arranjos praticados pelos moradores de favelas, para viabilizar seu acesso à moradia".[1] As autoras citam o caso da favela Rio das Pedras, localizada entre os bairros da Barra da Tijuca e Jacarepaguá, no Rio de Janeiro. Segundo os dados do Censo dos Aglomerados Subnormais, realizado em 2010 pelo IBGE, a favela possui aproximadamente 80 mil moradores.[2]

---

1 CORRÊA, Cláudia Franco; CUNHA E MENEZES, Juliana Barcellos. A Regularização Fundiária nas Favelas nos Casos de "Direito De Laje": Construindo Pontes Entre o Direito Inoficial e o Direito Vigente. In: Revista de Direito Urbanístico, Cidade e Alteridade, Brasília, v. 2, nº 1, 2016, p. 179-195. Disponível em: <https://www.indexlaw.org/index.php/revistaDireitoUrbanistico/article/view/507/504> Acesso em: 02 maio 2020.

2 FREIRE, Aluizio. Venda de lajes é negócio lucrativo nas favelas do Rio: Estudo revela crescimento na verticalização das comunidades. Em algumas áreas, direito a uso da laje chega a R$ 30 mil. "Os anúncios são discretos, a divulgação é feita no boca a boca ou através das associações de moradores, mas não é difícil alugar ou comprar uma laje em algumas favelas do Rio. A prática, cada vez mais evidente, mostra que a especulação imobiliária nas comunidades carentes é um mercado consistente e, a menos que o 'Choque de Ordem' da prefeitura prove o contrário, irreversível.Embora a verticalização desordenada nessas áreas seja visível, foi um estudo do Instituto de Pesquisa e Planejamento Urbano (Ippur), centro de pós-graduação da Universidade Federal do Rio de Janeiro (UFRJ), que começa a ser atualizado a partir da próxima semana, que reuniu os dados em uma pesquisa e apresentou à prefeitura.As informações constam do sistema de informações sobre Assentamentos de Baixa Renda, o cadastro de favelas do Instituto Pereira Passos (IPP). O exaustivo trabalho foi coordenado pelo professor e economista Pedro Abramo.Conforme o mapa de adensamento populacional do município, a procura por um espaço na laje tem crescido em favelas como Rocinha, em São Conrado, na Zona Sul, Rio das Pedras, em Jacarepaguá, e em áreas de posse no Recreio dos Bandeirantes, ambas na Zona Oeste. Um dos exemplos da expansão é o crescimento da ocupação no Canal do Cortado, no Recreio.A ocupação das lajes funciona como investimento para moradores que decidem vender o andar de cima

Verifica-se, pois, que o direito sobre a laje já era uma realidade fática (fatos sociais) em diversas comunidades em que o sujeito edificava em construção alheia, visando construir uma unidade para sua moradia.

RICARDO-CESAR PEREIRA LIRA já destacou que as "moradias não regularizadas, principalmente nas regiões mais pobres, são o custo da urbanização e da concentração de renda nas capitais e, por isso, não podem ser tratadas com descaso. É a população que trabalha nos grandes centros e ajuda a aquecer a economia que, na maioria das vezes, é obrigada a viver de forma precária. É dever do poder público regularizar essas áreas e fornecer os serviços essenciais".[3]

A Exposição de Motivos da Medida Provisória nº 759, de 22 de dezembro de 2016, posteriormente convertida na Lei 13.465/2017, já sinalizava a necessidade de regularização fundiária urbana de forma a permitir a titulação da propriedade imobiliária, com vistas a realização das funções socioeconômicas da cidade. Vejamos:

> SOBRE O DIREITO REAL DE LAJE. Em reforço ao propósito de adequação do Direito à realidade brasileira, marcada pela profusão de edificações sobrepostas, o texto prevê a criação do direito real de laje.
>
> 114. Por meio deste novo direito real, abre-se a possibilidade de se instituir unidade imobiliária autônoma, inclusive sob perspectiva registral, no espaço aéreo ou no subsolo de terrenos públicos ou privados, desde que esta apresente acesso exclusivo. Tudo para que não se confunda com as situações de condomínio.
>
> 115. O direito de laje não enseja a criação de co-domínio sobre o solo ou sobre as edificações já existentes. Trata-se de mecanismo eficiente para a regularização fundiária de favelas.[4]

32.2. Conceito

O "direito de laje" muito antes de sua positivação no Código Civil, no rol dos direitos reais (artigo 1225, inciso XIII e artigos 1510-A a 1510-E), era desenhado e discutido na doutrina civilística nacional por diversos autores.

---

porque já fizeram melhorias em suas casas ou conseguiram uma outra, para abrigar filhos ou outros parentes, para alugar, e com isso complementar a renda, ou construir um puxadinho para oferecer mais conforto para a família. Tudo isso dentro de critérios imobiliários próprios, sem consulta a engenheiros ou outros órgãos que regulamentam moradias". Disponível em: < http://g1.globo.com/Noticias/Rio/0,,MUL1070485-5606,00-VENDA+DE+LAJES+E+NEGOCIO+LUCRATIVO+NAS+FAVELAS+DO+RIO.html> Acesso em: 02 maio 2020.

3 LIRA, Ricardo-Cesar Pereira. *Mesmo privada, propriedade tem função social.* Disponível em: < https://www.conjur.com.br/2010-out-10/entrevista-ricardo-cesar-pereira-lira-advogado-professor-uerj>. Acesso em: 02 maio 2020.

4 Disponível em: < https://www2.camara.leg.br/legin/fed/medpro/2016/medidaprovisoria-759-22-dezembro-2016-784124-exposicaodemotivos-151740-pe.html> Acesso em: 02 maio 2020.

No artigo científico *Direito real de laje*: evolução histórica e topografia no sistema, GUILHERME CALMON NOGUEIRA DA GAMA e FILIPE JOSÉ MEDON AFFONSO, destacam, desde logo, a importância dos estudos de RICARDO-CESAR PEREIRA LIRA acerca da possibilidade da constituição de um direito de superfície sobre a propriedade separada superficiária: seria o chamado direito de sobrelevação.[5]

Da mesma forma, a jurisprudência já enfrentava a questão da cessão do direito de laje.[6] Vejamos, por exemplo, a Apelação 0011911-14.2009.8.19.0026 decidida pelo Desembargador JOSÉ CARLOS DE FIGUEIREDO, da Décima Primeira Câmara Civil do TJRJ, em 22/08/2012: "Direito informal de superfície – direito de laje. Antigo possuidor ao alienar a sua posse reservou para si a laje a ser construída".

Já o Desembargador CHERUBIN HELCIAS SCHWARTZ JÚNIOR, na Apelação 0003373-04.2010.8.19.0028, da Décima Segunda Câmara Cível do TJRJ, em 12/11/2013, decidiu da seguinte forma:

> "VENDA DE LAJE". DIREITO OBRIGACIONAL. Ilegitimidade configurada diante da natureza do direito. Direito de sobrelevação configurado, ainda que não disciplinado pelo Código Civil de 1916 ou de 2002. Direito de natureza obrigacional. Desnecessidade de outorga uxória. Inexistência de nulidade, eis que não se trata de direito real, dispensando-se a escritura pública. Inexistência de descumprimento contratual, conforme prova pericial. De ofício, procedo a correção para fixar astreintes, nos termos do § 5º, do artigo 461, do CPC. Recurso a que se dá provimento, parcial, nos termos do artigo 557, § 1º - A, do CPC".

Afinal o que é **laje**? Na construção civil, "lajes são estruturas que realizam a interface entre pavimentos de uma edificação, podendo dar suporte a contrapisos ou funcionar como teto. Geralmente, apoiam-se em vigas,

---

[5] LIRA, Ricardo Pereira. Elementos de Direito Urbanístico. Rio de Janeiro: Renovar, 1997, p. 78. Revista Eletrônica de Direito Civil apud GAMA, Guilherme Calmon Nogueira da; AFFONSO, Filipe José Medon. Direito real de laje: evolução histórica e topografia no sistema. In: Civilistica.com Disponível em: < http://civilistica.com/direito-real-de-laje-evolucao/> Acesso em: 02 maio 2020.

[6] TJRJ - 0009382-38.2005.8.19.0066 – APELAÇÃO, Des(a). SIDNEY HARTUNG BUARQUE – Julgamento: 23/02/2010 – QUARTA CÂMARA CÍVEL. APELAÇÃO CÍVEL – REINTEGRAÇÃO DE POSSE – Prova testemunhal e pericial que confirmam a construção de 2º. Pavimento com recursos dos demandados. – Princípio do Livre Convencimento Motivado, art. 131 do CPC. – Possibilidade de o magistrado analisar as provas dos autos de forma livre, desde que se baseie em elementos constantes dos autos, formando o seu convencimento à luz dos fatos, provas e jurisprudência. – Entradas das residências independentes. – Não comprovação de comodato verbal. – Cessão do direito de laje. – Posse exercida pelos réus há mais de 10 anos. – A autora não se desincumbiu do ônus de provar a ocorrência do esbulho possessório, na forma do art. 927, II, do CPC. – Inexistência dos requisitos legais que autorizam a ação possessória. Manutenção do decisum. – NEGADO PROVIMENTO AO RECURSO.

que por sua vez, apoiam-se em pilares e realizam a distribuição adequada da carga da edificação".[7]

A laje é definida no artigo 1.510-A, do Código Civil brasileiro. A laje é um direito real que "consiste na possibilidade de coexistência de unidades imobiliárias autônomas de titularidades distintas situadas em uma mesma área, de maneira a permitir que o proprietário ceda a superfície de sua construção a fim de que terceiro edifique unidade distinta daquela originalmente construída sobre o solo".

Na obra *"Direito de Laje*: do puxadinho à digna moradia", os autores conceituam o direito de laje da seguinte forma: "A laje ou direito sobre a laje (ou, ainda, direito de laje), pode ser conceituada como a nova lâmina de propriedade criada através da cessão, onerosa ou gratuita, da superfície superior ou inferior de uma construção (seja ela sobre o solo ou já em laje) por parte do proprietário (ou lajeário) da mesma, para que o titular do novo direito possa manter unidade autônoma da edificação original".[8]

Uma questão delicada é: o do direito de laje é *direito real sobre coisa alheia* ou *direito real sobre coisa própria*? Não existe uma unicidade doutrinária sobre o tema. Flávio Tartuce após minuciosa pesquisa esclarece que

> a questão, de fato, é tormentosa e divide a doutrina contemporânea. Assim, são adeptos da existência de um direito real sobre coisa própria: Marco Aurélio Bezerra de Melo, Nelson Rosenvald, Fernando Sartori, Fábio Azevedo, Carlos Eduardo Elias de Oliveira, Leonardo Brandelli, Vitor Kümpel e Bruno de Ávila Borgarelli. Por outra via, entendendo existir um direito real sobre coisa alheia: José Fernando Simão, Pablo Stolze Gagliano, Rodolfo Pamplona Filho, Salomão Viana, Cristiano Chaves de Farias, Frederico Viegas de Lima, Maurício Bunazar, Cesar Calo Peghini, Eduardo Busatta, Alexandre Barbosa, Luciano Figueiredo, João Ricardo Brandão Aguirre, Pablo Malheiros da Cunha Frota, Rodrigo Toscano de Brito e Rodrigo Reis Mazzei. Vejamos os argumentos de uma e outra corrente.[9]

---

7 Disponível em: <https://www.escolaengenharia.com.br/laje/> Acesso em: 02 maio 2020.
8 FARIAS, Cristiano Chaves de; DEBS, Martha El; DIAS, Wagner Inácio. Direito de Laje: do puxadinho à digna moradia. Salvador: Juspodivm, 2018.
9 TARTUCE. Flávio. A lei da regularização fundiária (Lei 13.465/2017): análise inicial de suas principais repercussões para o direito de propriedade. In: Pensar, v. 23, n° 3, p. 1-23, jul./set. 2018, p. 16. Disponível em: < https://periodicos.unifor.br/rpen/article/view/7800/pdf> Acesso em: 03 maio 2020. Tartuce explica que "Entre os que entendem tratar-se de direito real sobre coisa própria, Carlos Eduardo Elias de Oliveira (2017, p. 6) argumenta que [...] a natureza jurídica é esclarecida pela leitura dos arts. 1.510-A e seguintes do Código Civil e do novo § 9° que foi acrescido ao art. 176 da Lei de Registros Públicos (conforme art. 56 da nova Lei). Na forma como foi redigido o Código Civil nesse ponto, o Direito Real de Laje é uma espécie de Direito Real de Propriedade sobre um espaço tridimensional que se expande a partir da laje de uma construção-base em direção ascendente ou a partir do solo dessa construção em direção subterrânea. Esse espaço tridimensional

formará um poliedro, geralmente um paralelepípedo ou um cubo. A figura geométrica dependerá da formatação da sua base de partida e também dos limites impostos no ato de instituição desse direito real e das regras urbanísticas. Teoricamente, esse espaço poderá corresponder a um poliedro em forma de pirâmide ou de cone, se isso for imposto no ato de instituição ou em regras urbanísticas. Esse espaço pode ser suspenso no ar quando o direito real for instituído sobre a laje do prédio existente no terreno ou pode ser subterrâneo quando o direito real for instituído no subsolo. Enfim, o Direito de Laje é um Direito Real de Propriedade e faculta ao seu titular todos os poderes inerentes à propriedade (usar, gozar e dispor), conforme art. 1.510-A, § 3º, do Código Civil. Como se nota da leitura do trecho transcrito, o assessor jurídico do Senado Federal traz uma simbologia geométrica interessante para demonstrar a ideia de laje como direito real sobre coisa própria. Como argumento suplementar, pontua o mesmo autor que se trata de um direito real sobre coisa própria pelo fato de existir a abertura de uma matrícula própria, após a sua transmissão, nos termos do art. 1.510-A, § 3º, do CC/2002 e do novo art. 176, § 9º, da Lei de Registros Públicos, também incluído pela Lei 13.465/2017. Conforme o último dispositivo, "a instituição do direito real de laje ocorrerá por meio da abertura de uma matrícula própria no registro de imóveis e por meio da averbação desse fato na matrícula da construção-base e nas matrículas de lajes anteriores, com remissão recíproca". Argumenta que, se o direito de laje fosse um direito real sobre coisa alheia, não poderia gerar matrícula própria. Na doutrina existem vozes que trazem outros argumentos. Em sentido contrário, muitos juristas sustentam que há uma grande proximidade do direito real de laje com a superfície, o que justifica o seu reconhecimento como direito real sobre coisa própria, argumento que, a priori, convence este autor. Ademais, parece-nos, como bem pontuado por José Fernando Simão em debates sobre o tema, que o proprietário da construção-base, ora denominado cedente ou lajeiro, mantém o direito de reaver a estrutura da coisa, da construção-base, o que acaba por englobar também a laje. O cessionário, ou lajeário, tendo um direito real sobre coisa alheia, não tem o direito de reivindicá-la contra terceiro, mas apenas de ingresso de demandas possessórias. Com o devido respeito, a abertura de uma matrícula própria, aspecto formal e acessório, não tem a força de mudar a natureza jurídica da categoria, para direito real sobre coisa própria. Nessa mesma linha posicionam-se Pablo Stolze Gagliano e Rodolfo Pamplona Filho (2017, p. 1.116), para quem [...] diferentemente de outros direitos reais na coisa alheia, o direito de laje tem, em seu conteúdo, um singular animus, equiparável ao de domínio, embora não se caracterize, pela sua estrutura peculiar, como direito real na coisa própria (propriedade), na medida em que, derivando de mera cessão de uso, gratuita ou onerosa, da superfície do imóvel que lhe é inferior, resulta na coexistência de unidades autônomas em uma mesma área. Em síntese, o sujeito a quem a laje se vincula não deve ser considerado 'proprietário' da unidade construída, mas sim titular do direito real de laje sobre ela, o que lhe concederá faculdades amplas, similares àquelas derivadas do domínio. As lições transcritas foram citadas em recente julgado do Superior Tribunal de Justiça, publicado em setembro de 2017, que já aborda o novo tratamento legislativo e conclui pela presença de um direito real sobre coisa alheia (publicado no Informativo nº 610 da Corte).Trata-se de demanda que investiga a presença de vícios redibitórios em área de suposta laje, concluindo que "apesar de realmente ter-se reconhecido um vício oculto inicial, a coisa acabou por não ficar nem imprópria para o consumo, nem teve o seu valor diminuído, justamente em razão do saneamento posterior, que permitiu a construção do gabarito nos termos em que contratado. Ademais, não houve a venda de área em extensão inferior à prometida, já que o direito de uso de dois pavimentos – inferior e cobertura – acabou sendo efetivamente cumprido, perdendo fundamento o pedido estimatório inicial, notadamente por não ter a coisa perdido seu valor, já que recebida em sua totalidade" (BRASIL. STJ, REsp 1.478.254/RJ, Rel. Min. Luis Felipe Salomão, 4ª Turma, j. 08.08.2017, DJe 04.09.2017).12 Advirta-se que, ao final, a decisão afasta a ca-

No referido artigo científico supramencionado, GUILHERME CALMON NOGUEIRA DA GAMA e FILIPE JOSÉ MEDON AFFONSO, esclarecem que a natureza do direito de laje é de direito real, em razão dos comandos de taxatividade, tipicidade, exclusividade, eficácia erga omnes, sequela, dentre outros.

Em relação a sua constituição – direito real sobre coisa própria ou direito real sobre coisa alheia – explicam:

> Afinal, o titular da laje, via de regra, não é o proprietário da construção-base e só recebe a cessão da superfície por parte do proprietário desta. Por essa razão, em princípio, entende-se se tratar de um direito real sobre coisa alheia, mas, teoricamente, não haveria óbice a que se constituísse uma laje em coisa própria, de propriedade do instituidor da laje e depois a locasse. Assim, esta permaneceria em sua propriedade, mas com seu uso e gozo cedidos a terceiro, através de relação eminentemente obrigacional, representada pelo contrato de locação, ou algum outro contrato que pudesse ceder o uso e a fruição da laje.[10]

Filiamo-nos a corrente que entende que o direito de laje é, em regra, um direito real sobre coisa alheia, no mesmo sentido do STJ (REsp 1.478.254/RJ, 4ª Turma, Rel. Min. Luis Felipe Salomão, j. 08.08.2017, DJe 04.09.2017).

32.3. Caracteres

Na mesma obra, CRISTIANO CHAVES DE FARIAS, MARTHA EL DEBS e WAGNER INÁCIO DIAS explicam que a laje pode ser constituída tanto de forma ascendente quanto descendente em relação à construção original, não importando se se trata de construção sobre o solo ou construção que já se fez em laje, de acordo com o seguinte esquema, que vale a reprodução:[11]

---

racterização da situação como direito real de laje, nos termos do tratamento que foi dado pela novel legislação. Conforme o voto do Ministro Relator: No entanto, a presente hipótese, apesar de também ser conhecida como 'laje', não se tipifica ao novel instituto, já que se está, em verdade, diante de uma projeção de parte ideal do mesmo apartamento – o terraço cobertura (espécie de acessão/benfeitoria) – de titularidade única, com o mesmo número de matrícula, sem desdobramento da propriedade, não se tratando de unidade autônoma nem funcionalmente independente. O que merece ser destacado, nesse primeiro pronunciamento do Superior Tribunal de Justiça sobre o tema, é o reconhecimento da laje como direito real sobre coisa alheia, na linha da vertente doutrinária que sigo".

10 GAMA, Guilherme Calmon Nogueira da; AFFONSO, Filipe José Medon. Direito real de laje: evolução histórica e topografia no sistema. In: Civilistica.com Disponível em: < http://civilistica.com/direito-real-de-laje-evolucao/> Acesso em: 02 maio 2020.
11 FARIAS, Cristiano Chaves de; DEBS, Martha El; DIAS, Wagner Inácio. Direito de Laje: do puxadinho à digna moradia. 3. ed. Salvador: Juspodivm, 2019, p. 29.

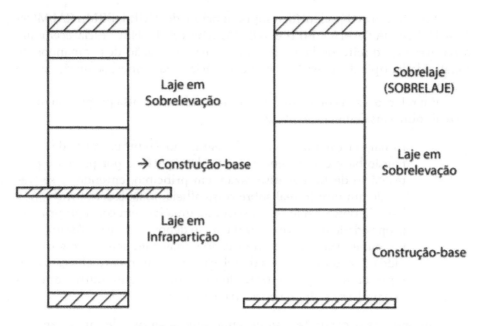

Logo em seguida, didaticamente, apresentam as principais denominações e figura derivadas do direito de laje:[12]

Laje – principais figuras e denominações	
Proprietário	Titulariza o direito de propriedade sobre a construção original (construção-base), em relação à qualquer será criado o primeiro direito de laje.
Lajeário	Titulariza o direito de laje, seja da *laje em sobrelevação* ou *da laje em infrapartição*, derivado tal direito de uma propriedade ou de uma laje.
Sobrelaje	É a laje constituída a partir de uma outra laje. Surge quando o lajeário, devidamente autorizado pelos demais lajeários e proprietários, cede novo direito de laje a terceira pessoa.
Laje em sobrelevação	É o direito de laje constituído *sobre* a construção original, aproveitando-se o espaço aéreo livre e sempre em respeito às regras de postura locais e limites de edificação.
Laje em infrapartição	Trata-se do direito de laje constituído em área abaixo da construção original, com o aproveitamento de garagens ou porões, também com a plena observação das regras de postura e de segurança para edificações.

---

12 Ibid., p. 30.

Da mesma forma, ROBERTO WAGNER MARQUESI, em artigo científico denominado "Desvendando o direito de laje", publicado em civilistica.com, nº 1, em 2018, explica que[13]

> Na verdade, o que o legislador rotula "laje" é a edificação que acima ou abaixo dela se faz. Não se deveria, portanto, chamar à nova figura "direito de laje", mas de direito "sobre a laje" ou direito "sob a laje". Logo, quando a concessão desse direito real tem por objeto construção a ser feita acima do prédio-base, pode-se chamá-la "sobreposição"; se a concessão tem por objeto construção a ser realizada abaixo, lícito é rotulá-la "sotoposição". [...]
> Com isso se têm dois imóveis: a) o imóvel contíguo que serve de base (construção-base) e b) o imóvel contíguo superior (prédio sobrelevado ou superposto, a empregar o espaço aéreo) ou imóvel contíguo inferior (prédio sotoposto, a empregar o subsolo). O primeiro é a construção preexistente, cuja laje serve de sustentação estrutural; os segundos são a construção sobreposta ou sotoposta, objeto do direito real de laje. Doravante tais expressões terão uso corrente no Direito das Coisas.

Dessa maneira, o direito de laje é o direito subjetivo de construir acima ou abaixo do prédio já edificado (construção-base) com titularidades reais distintas, ou seja, o titular da construção-base e o titular da laje. Isto sem contar a possibilidade da cessão da parte inferior (prédio sotoposto) para utilização de estacionamentos ou porões.

No direito real de laje ocorre a constituição (construção) de unidade imobiliária autônoma (prédio sobrelevado/laje em sobrelevação ou prédio sotoposto/laje em infraparticipação), na verticalidade, com função socioeconômica (especialmente o direito à moradia), de forma definitiva, a partir da apresentação da Escritura Pública de Instituição de Direito Real de Laje (devidamente lavrado no Cartório de Notas) no Cartório de Registro de Imóveis para oficializar a abertura de matrícula para cada unidade autônoma. A propriedade será constituída com matrícula própria e poderá ser alienada, alterada ou vendida por seus titulares, conforme o artigo 1510-A, § 3º, do Código Civil brasileiro ao estabelecer que os titulares da laje, unidade imobiliária autônoma constituída em matrícula própria, poderão dela usar, gozar e dispor.

Como dito acima, o direito real de laje implica atribuição de matrícula para a unidade autônoma (Lei 6.015/1973 – Lei dos Registros Públicos).

---

13 MARQUESI, Roberto Wagner. Desvendando o direito de laje. In: civilistica.com nº 1, 2018, p. 3-4. Disponível em: <http://civilistica.com/wp-content/uploads/2018/05/Marquesi-civilistica.com-a.7.n.1.2018.pdf> Acesso em: 02 maio 2020.

Dessa maneira, a lei 13.465/2017, alterou a redação do art. 176 da LRP para nele incluir-se o § 9º, da seguinte forma: "A instituição do direito real de laje ocorrerá por meio da abertura de uma matrícula própria no registro de imóveis e por meio da averbação desse fato na matrícula da construção-base e nas matrículas de lajes anteriores, com remissão recíproca".

O direito real de laje contempla o espaço aéreo ou o subsolo de terrenos públicos ou privados, tomados em projeção vertical, como unidade imobiliária autônoma, não contemplando as demais áreas edificadas ou não pertencentes ao proprietário da construção-base (artigo 1510-A, § 1º, do CC).

O titular do direito real de laje responderá pelos encargos e tributos que incidirem sobre a sua unidade (artigo 1510-A, § 2º, do CC).

Vale ainda destacar que os Municípios e o Distrito Federal poderão dispor sobre posturas edilícias e urbanísticas associadas ao direito real de laje (artigo 1510-A, § 5º, do CC).

Por fim, vale lembrar, ainda que a lei 13.465/2017 alterou o artigo 799 do Código de Processo Civil de 2015, no que concerne a menção à intimação dos titulares das unidades em caso de penhora contra outro na mesma edificação. Vejamos: "Art. 799. Incumbe ainda ao exequente: [...] X - requerer a intimação do titular da construção-base, bem como, se for o caso, do titular de lajes anteriores, quando a penhora recair sobre o direito real de laje; XI - requerer a intimação do titular das lajes, quando a penhora recair sobre a construção-base".

32.4. Aquisição do direito de laje

O direito sobre a laje pode ser adquirido por negócio jurídico (contrato ou testamento) ou pela usucapião que devem ser registrados, seguindo a regra geral dos direitos reais (o registro confere oponibilidade *erga omnes*). A constituição do direito de laje poderá ocorrer também por cisão (da mesma forma que no direito de superfície), uma vez que o dono da construção-base poderá ceder a terceiro a nova unidade.

32.5. Usucapião da laje

O direito de laje pode ser usucapido desde que presentes os pressupostos existenciais para a usucapião.

ROBERTO WAGNER MARQUESI, em artigo científico denominado "Desvendando o direito de laje", publicado em civilistica.com, nº 1, em 2018, explica apontando um exemplo. Vejamos:[14]

---

14 MARQUESI, Roberto Wagner. Desvendando o direito de laje. In: civilistica.com nº 1, 2018, p. 3-4. Disponível em: < http://civilistica.com/wp-content/uploads/2018/05/Marquesi-civilistica.com-a.7.n.1.2018.pdf> Acesso em: 02 maio 2020.

Exemplo em que pode ser usucapido o direito aqui examinado: terceiro põe-se a edificar na laje do prédio-base, sem concessão do proprietário deste, que, mesmo ciente do fato, nada faz, tornando mansa e ostensiva a posse do vizinho. Passado o tempo, e considerando que a posse exibe essa natureza, além de imbuída do *animus domini*, consuma-se a usucapião, que servirá de título para registro na matrícula. À míngua de previsão legal, os prazos serão os mesmos para a propriedade imóvel, nos moldes dos arts. 1.238 e ss. do Código Civil, sem excluir a possibilidade de usucapião especial urbana à luz do art. 183 da CF.

Admite-se a modalidade extrajudicial da usucapião desse direito real, presentes os requisitos do art. 216-A da Lei 6.015/73, com a redação que lhe deu a Lei 13.465/2017, é dizer: ata notarial, planta e memorial descritivo e anuência do dono da laje, além da posse, tempo e coisa hábil. Se confinantes houver (o dono da construção-base é necessariamente confinante), também eles deverão concordar com a aquisição originária.

Nesse sentido, existe, inclusive, o enunciado 627 da VIII Jornada do Direito Civil que diz: **O direito real de laje é passível de usucapião.**

Da mesma forma, já existem decisões judiciais acerca da usucapião da laje.[15]

---

15 PODER JUDICIÁRIO DO ESTADO DE PERNAMBUCO - JUÍZO DE DIREITO DA 26ª VARA CÍVEL DA COMARCA DE RECIFE- SEÇÃO B - Processos nº 0027691-84.2013.8.17.0001 e 0071376-44.2013.8.17.0001SENTENÇA Trata-se de julgamento simultâneo das Ações de Usucapião nº 0027691-84.2013.8.17.0001, e nº 0071376-44.2013.8.17.0001, reunidas por força de conexão.Relatório PROCESSO nº 0027691-84.2013.8.17.0001Vistos etc. JCS e LPS, através de advogado regularmente habilitado, ingressaram perante este juízo com a presente AÇÃO DE USUCAPIÃO de imóvel urbano. Os autores afirmam ser possuidores do imóvel situado na Rua Bomba do Hemetério, 743. Água Fria, Recife-PE, CEP 52.111-070, medindo 461,47 m². Afirmam que adquiriram o bem através de escritura pública de cessão de direitos hereditários, porém não foi possível fazer a transcrição no cartório de imóveis devido ao bem não possuir registro. Aduzem que jamais sofreram qualquer turbação ou contestação acerca da sua posse sobre o imóvel, exercendo posse mansa e pacífica desde o ano de 1998. Juntaram documentos. Requereram a declaração de usucapião do imóvel. Recolheram custas. O Juízo determinou a citação dos réus, confinantes e Fazendas Municipal, Estadual e Federal, além dos possíveis interessados, ausentes, incertos e desconhecidos. As três fazendas informaram que não possuem interesse no feito (fls. 72, 65 e 87). Os confinantes, bem como os eventuais interessados, devidamente citados, nada contestaram. Na audiência de instrução, o Juízo ouviu duas testemunhas (fl. 85). Vieram-me os autos conclusos. Relatório PROCESSO nº 0071376-44.2013.8.17.0001 Vistos etc. LCAS através de advogado regularmente habilitado, ingressou perante este juízo com a presente AÇÃO DE USUCAPIÃO de imóvel urbano. A autora afirma ser possuidora do imóvel situado na Rua Bomba do Hemetério, 743-A. Água Fria, Recife-PE, CEP 52.111-070, medindo 38,18 m². Afirma que adquiriu o bem através de cessão de seu genitor, autor da Ação de Usucapião em apenso, que lhe cedeu parte de seu terreno, por meio de

Escritura Pública de Cessão e Transferência de Direitos de Indenização de Benfeitorias e Posse. Aduz que jamais sofreu qualquer turbação ou contestação acerca da sua posse sobre o imóvel, exercendo posse mansa e pacífica por mais de 10 anos, considerando o tempo somado ao de seu pai. Juntou documentos. Requereu a declaração de usucapião do imóvel. Recolheu custas. O Juízo determinou a citação dos réus, confinantes e Fazendas Municipal, Estadual e Federal, além dos possíveis interessados, ausentes, incertos e desconhecidos. As fazendas Estadual e da União informaram que não possuem interesse no feito (fls. 62 e 66), enquanto a do Município não se manifestou, apesar de ter recebido a intimação (fls. 52). Os confinantes, bem como os eventuais interessados, devidamente citados, nada contestaram. Na audiência de instrução, o Juízo ouviu duas testemunhas (fl. 85). Vieram-me os autos conclusos. Relatados ambos os processos, Passo a decidir. Conforme explicitado no relatório, trata-se de julgamento simultâneo de feitos, reunidos por força da conexão. No tocante à primeira Ação, trata-se de usucapião ordinário, previsto no art. 1.242 do Código Civil, no qual os autores demonstram a presença de justo título e boa-fé, além da posse por lapso temporal superior a 10 anos, com animus- vontade de ser dono. Os requerentes provaram, de modo satisfatório, que a sua posse foi exercida de forma mansa contínua, pacífica, e por lapso temporal suficiente à positivação pela Justiça da aquisição da propriedade pela usucapião. Não apareceu eventual interessado, apesar da regular citação por edital. Os confinantes e as Fazendas Estadual, Municipal e Federal em nada se opuseram. As testemunhas ouvidas na audiência de instrução demonstraram que os autores se encontram na posse do imóvel por período superior a 20 (vinte) anos e que jamais houve reclamação à sua posse, além de cuidar do bem como seus donos. Assim, PROCEDE INTEGRALMENTE o pedido de usucapião. Com relação à segunda Ação, observo que a autora pugnou também pela declaração da Usucapião da parte que lhe foi cedida pelo seu genitor, casa 743-A. tendo a Ação sido instruída como tal, inclusive com a citação das fazendas, confinantes, eventuais interessados, além da audiência de instrução para provar a regularidade da posse e o decurso do tempo.No entanto, observo que não faz jus a autora à declaração da prescrição aquisitiva. É sabido que o instituto da usucapião pressupõe aquisição originária da propriedade, o que não ocorreu no presente caso.Dos fatos narrados e documentados, verifico que a autora adquiriu a posse do imóvel do seu genitor, por meio de cessão, que à época da negociação já era proprietário da casa 743, uma vez que a sentença de usucapião é meramente declaratória. Nesse sentido, a referida posse é derivada, sendo evidente a relação negocial existente entre o cedente e a cessionária, de forma que a usucapião é via inadequada para regularizar a propriedade. Por outro lado, observo que a casa 743-A foi construída na superfície superior da casa 743, de modo que a pretensão de aquisição da propriedade mais se coaduna ao direito de laje, previsto no art. 1.510-A do Código Civil, que assim dispõe: Art. 1.510-A. O proprietário de uma construção-base poderá ceder a superfície superior ou inferior de sua construção a fim de que o titular da laje mantenha unidade distinta daquela originalmente construída sobre o solo. Desta feita, tendo havido a cessão do Sr. José Carlos da Silva da casa 743-A em favor da sua filha, Ladyane, autora da segunda ação, devidamente registrada em cartório, há que ser reconhecido o seu direito de laje, devendo o bem possuir registro próprio e dele podendo a autora usar, gozar e dispor. Ante o exposto, atento ao que mais dos autos consta e aos princípios de Direito aplicáveis à espécie, além de estar em conformidade com o art. 1.242 do Código Civil, julgo procedente o pedido formulado na Ação de Usucapião nº 0027691-84.2013.8.17.0001, para declarar a ocorrência da prescrição aquisitiva e, em decorrência, constituir o domínio da parte autora sobre o imóvel indicado na inicial, devendo esta sentença, juntamente com a sua certidão de trânsito em julgado, servir de título para a averbação ou registro (art. 172 da Lei de Registros Públicos) oportunamente, no Cartório de Registro de Imóveis competente, pagos os emolumentos e respeitadas as formalidades legais. Por outro lado, julgo improcedente o pedido de usucapião de formulado na Ação

32.6. Direitos e deveres do lajeado (proprietário da construção-base)

Como visto acima, as fontes do direito de laje são: a) o negócio jurídico (contrato ou testamento); b) a usucapião.

Nesta relação jurídica é possível a identificação de dois sujeitos, quais sejam: a) o proprietário (**lajeado**), titular do direito de propriedade (construção-base) e b) o **lajeário** (titular do direito de laje). Vejamos, abaixo, os principais direitos e deveres destes atores.

Seguem os principais direitos do lajeado:[16]

- Proteção de outras construções e plantações no terreno. (Art. 1510-A, § 1º, CC).
- Pagar os tributos referentes à construção base e ao terreno. (Art. 1510-A, § 2º, CC).
- Manutenção da integridade da propriedade do terreno sobre a qual edificou a construção base. (Art. 1510-A, § 4º, CC).
- Oposição a novos direitos de laje. Todos os envolvidos devem concordar com a geração de novas unidades. (Art. 1510-A, § 6º, CC).
- Realização de qualquer tipo de reparo considerado urgente e que tenha algum reflexo nas outras lajes construídas. Após, pode cobrar o valor devido proporcionalmente aos demais beneficiados. (Art. 1510-C, § 2º, CC).
- Preferência de venda entre lajeado e lajeários. (Art. 1510-D, parágrafo único, CC).

Já os deveres do lajeado:

- Contribuir com as áreas que sirvam a todo o edifício. (Art. 1510-C, parágrafo único, CC);
- Arcar proporcionalmente com as despesas urgentes realizadas pelo lajeário; e
- Reconstruir a edificação base em caso de destruição desta. (Art. 1510-E, CC).

---

de Usucapião nº 0071376-44.2013.8.17.0001, ao tempo em que reconheço o Direito de Laje da casa 743-A à autora, nos termos do art. 1.510-A do Código Civil, devendo o imóvel referido ser registrado com matrícula própria, pagos os impostos e emolumentos e respeitadas as formalidades legais. Publique-se. Registre-se. Intimem-se. Custas satisfeitas. Sem honorários. Após o trânsito em julgado desta decisão, arquivem-se os autos. Recife, 14 de julho de 2017. Rafael de Menezes Juiz de Direito.

16 Disponível em: <https://masterjuris.com.br/a-cultura-do-puxadinho-e-as-novidades-do-direito-de-laje/> Acesso em: 04 maio 2020.

32.7. Direitos e deveres do lajeário (titular do direito de laje)

Os principais direitos do lajeário podem ser identificados da seguinte forma:

- Acesso independente a sua laje, desde que seja possível. (Art. 1510-A, § 3º, CC);
- Usar, gozar e dispor de sua propriedade. (Art. 1510-A, § 3º, CC);
- Manejar ações possessórias;
- Constituir nova laje, observados os critérios de possibilidade e permissão;
- Preferência na aquisição da construção base ou das demais lajes caso sejam postas à venda. (Art. 1510-D, CC); e
- Reconstruir a construção base. (Art. 1510-E, II, CC).

Já os deveres do lajeário compreendem:

- Pagamento de tributos e encargos legais. (Art. 1510-A, § 2º, CC);
- Arcar com custos de manutenção das áreas comuns a toda construção, cada um na sua proporção;
- Indenizar os demais lajeários ou o lajeado por eventuais reparos urgentes;
- Preferência aos demais lajeários ou ao lajeado na aquisição de sua laje na hipótese de pretender alienar. (Art. 1510-D, CC); e
- Requerer autorização do lajeado e demais lajeários para negociar sua parte.

32.8. Direito de preferência

32.8.1. Cláusula Especial de Preferência no Contrato de Compra e Venda

A preempção ou preferência é um pacto adjeto ao contrato de compra e venda de coisa móvel ou imóvel através do qual o comprador, no caso de querer vender ou dar em pagamento a coisa, se obriga a oferecê-la ao vendedor, para que este tenha a preferência na recuperação da coisa vendida, em detrimento de qualquer outra pessoa, em igualdade de condições com esta. É o denominado direito de prelação, previsto no artigo 513 do CCB, originado no direito romano sob o nome de *pactum de protimeseos*. Melhor dizendo: através da cláusula de preferência, o comprador na hipótese de querer vender ou dar em pagamento a coisa, terá que oferecê-la inicialmente ao vendedor original, para que este possa exercer o seu direito de prelação, nas mesmas condições oferecidas a terceiros.

O parágrafo único do artigo 513 informa que o prazo para exercer o direito de preferência não poderá exceder a cento e oitenta dias, se a coisa for móvel, ou a dois anos, se imóvel. Vale destacar que este é o prazo que o titular do direito de prelação possui para exercitar o seu direito, a partir do momento em que é notificado da intenção do primitivo comprador em querer vender ou dar em pagamento a coisa comprada. Daí que o direito de preferência ou preempção não caduca. É dessa forma que Álvaro Villaça Azevedo afirma que o termo inicial dos prazos estabelecidos no parágrafo único do artigo 513 "é o do conhecimento, pelo primitivo vendedor, da intenção do primitivo comprador de alienar (vender ou dar em pagamento) a coisa comprada".[17]

O prazo estabelecido no parágrafo único do artigo 513 é aquele destinado para a manifestação de vontade do titular do direito de prelação, ou seja, dois anos se a coisa for imóvel ou cento e oitenta dias se a coisas for móvel. Nada obsta que com fulcro no princípio da autonomia da vontade, as partes pactuem a redução de tais prazos. No silêncio das partes, os prazos máximos serão aqueles previstos no artigo 516 do CCB: "Inexistindo prazo estipulado, o direito de preempção caducará, se a coisa for móvel, não se exercendo nos três dias, e, se for imóvel, não se exercendo nos sessenta dias subsequentes à data em que o comprador tiver notificado o vendedor".

De forma contrária, alguns autores, tais como Caio Mário da Silva Pereira,[18] Carlos Roberto Gonçalves[19] e Sílvio de Salvo Venosa[20] entendem que findos os prazos legais do parágrafo único do artigo 513, o adquirente (primitivo comprador) estaria livre para revender o bem sem respeitar o direito de preferência do vendedor.

Data maxima venia, entende-se que o direito de preferência somente não será exercido, caso o titular do direito de prelação não queira recuperar a coisa nos prazos estabelecidos no referido dispositivo legal, a partir do momento do conhecimento da intenção do primitivo comprador em alienar (vender ou dar em pagamento) a coisa comprada.

O artigo 514 do CCB possibilita o direito de preferência ao vendedor, já que este pode antecipar o seu direito, antes de receber a interpelação do primitivo comprador. Vejamos o teor do dispositivo legal: "O vendedor pode também exercer o seu direito de prelação, intimando o comprador, quando lhe constar que este vai vender a coisa".

O pacto de preempção ou preferência é de natureza pessoal e não real.[21] Dessa maneira, se o primitivo comprador vender ou der em pagamento a

---

17 AZEVEDO, Álvaro Villaça. Comentários ao novo código civil. Vol VII. Rio de Janeiro: Forense, 2005, p. 303.
18 PEREIRA, Caio Mário da. Instituições de direito civil. Vol. III. Rio de Janeiro: Forense, 2003, p. 217.
19 GONÇALVES, Carlos Roberto. direito civil brasileiro. Vol. III. São Paulo: Saraiva, 2004, p. 235.
20 VENOSA, Silvio de Salvo. Direito civil. Vol. III. 6. ed. São Paulo: Atlas, 2006, p. 71.
21 Os direitos reais são originados de preceitos legais, em numerus clausus.

coisa a terceiro, o negócio jurídico é válido. Logo, o primitivo vendedor não possui nenhuma ação contra o terceiro adquirente, restando apenas a indenização por perdas e danos em face do primitivo comprador (art. 518, CCB). Neste último caso, o terceiro adquirente responde solidariamente se tiver agido de má-fé.[22] Isso porque os contratantes são obrigados a guardar, assim na conclusão do contrato, como em sua execução, os princípios de probidade e boa-fé (art. 422, CCB).

Ademais, o direito de preferência é um direito personalíssimo ligado ao primitivo vendedor, razão pela qual não se pode ceder ou passar aos herdeiros, conforme resta expresso no artigo 520 do CCB. Todavia, se o primitivo comprador falece, os seus herdeiros devem honrar a cláusula de preferência.

32.8.2. Direito de Preferência do Condômino

O *caput* do artigo 504 do CCB trata da hipótese de compra e venda do quinhão de um dos condôminos. A regra é clara: "Não pode um condômino em coisa indivisível vender a sua parte a estranhos, se outro consorte a quiser, tanto por tanto. O condômino, a quem não se der conhecimento da venda, poderá, depositando o preço, haver para si a parte vendida a estranhos, se o requerer no prazo de cento e oitenta dias, sob pena de decadência".

Dessa maneira, o condômino que desejar vender o seu quinhão, deverá oferecer a preferência aos demais condôminos. Ele deverá notificar todos os condôminos, indicando em que condições ele pretende alienar a sua fração, com o firme propósito de verificar se algum deles está interessado em adquirir a referida fração. Caso não existam interessados, o alienante (retirante) poderá vender a sua fração a terceiro, desde que nas mesmas condições.

Caso seja ferido o direito de preferência, no condomínio voluntário, os demais condôminos poderão anular o contrato de compra e venda realizado com o terceiro e requerer a adjudicação da fração do retirante, depositando o preço pago pelo terceiro.

E se vários condôminos resolverem exercer a preferência?

O parágrafo único do artigo 504 do CCB estabelece o critério: "Sendo muitos os condôminos, preferirá o que tiver benfeitorias de maior valor e, na falta de benfeitorias, o de quinhão maior. Se as partes forem iguais, haverá a parte vendida os comproprietários, que a quiserem, depositando previamente o preço".

E na falta de benfeitorias, sendo os quinhões iguais?

Neste caso, o critério a ser seguido será aquele determinado pelo artigo 1.322 do CCB. Vejamos: "Quando a coisa for indivisível, e os consortes não quiserem adjudicá-la a um só, indenizando os outros, será vendida e repartido o apurado, preferindo-se, na venda, em condições

---

22 CC 2002 – Da Solidariedade Passiva. Arts. 275 a 285.

iguais de oferta, o condômino ao estranho, e entre os condôminos aquele que tiver na coisa benfeitorias mais valiosas, e, não as havendo, o de quinhão maior.

Parágrafo único. Se nenhum dos condôminos tem benfeitorias na coisa comum e participam todos do condomínio em partes iguais, realizar-se-á licitação entre estranhos e, antes de adjudicada a coisa àquele que ofereceu maior lanço, proceder-se-á à licitação entre os condôminos, a fim de que a coisa seja adjudicada a quem afinal oferecer melhor lanço, preferindo, em condições iguais, o condômino ao estranho".

32.8.3. Direito de Preferência no Direito de Laje

Em caso de alienação de qualquer das unidades sobrepostas, terão direito de preferência, em igualdade de condições com terceiros, os titulares da construção-base e da laje, nessa ordem, que serão cientificados por escrito para que se manifestem no prazo de trinta dias, salvo se o contrato dispuser de modo diverso (artigo 1510-D, *caput*, CC).

O titular da construção-base ou da laje a quem não se der conhecimento da alienação poderá, mediante depósito do respectivo preço, haver para si a parte alienada a terceiros, se o requerer no prazo decadencial de cento e oitenta dias, contado da data de alienação (artigo 1510-D, § 1º, CC).

Se houver mais de uma laje, terá preferência, sucessivamente, o titular das lajes ascendentes e o titular das lajes descendentes, assegurada a prioridade para a laje mais próxima à unidade sobreposta a ser alienada (artigo 1510-D, § 2º, CC).

32.9 Extinção do direito de laje

32.9.1. Ruína da construção-base

O artigo 1.510-E do Código Civil dispõe sobre a ruína da construção-base. O texto legal diz que "a ruína da construção-base implica extinção do direito real de laje, salvo:

I - se este tiver sido instituído sobre o subsolo;
II - se a construção-base não for reconstruída no prazo de cinco anos.

Isto não afasta o direito a eventual reparação civil contra o culpado pela ruína (artigo 1510-E, parágrafo único, CC).

32.9.2. Outras formas de extinção do direito de laje

Vejamos as outras formas de extinção do direito de laje: alienação (onerosa ou gratuita, devendo o respectivo título translativo ser devidamente registrado no Cartório de Registro de Imóveis para que produza seus efeitos), a renúncia (aqui, o lajeário abdica do seu direito real) e o abandono.

A *alienação* é o ato jurídico pelo qual o titular do domínio transfere a propriedade a outrem, de forma onerosa ou gratuita. Na *alienação onerosa* se transfere uma coisa ou um direito a outra pessoa mediante uma contraprestação. É o que ocorre na compra e venda. Por outro lado, *na alienação gratuita*, a referida transferência se dá sem a devida contraprestação, tal qual ocorre na doação (o donatário adquire gratuitamente a coisa doada).

Portanto, a alienação é um modo pelo qual se perde a propriedade por ato inter vivos, por meio da realização de negócios jurídicos translativos.

A *renúncia* é um ato jurídico unilateral, pelo qual o titular da propriedade resolve se despojar do seu direito de propriedade comunicando sua vontade a terceiros.

Quando se tratar de imóvel, a renúncia deve ser levada ao conhecimento do Oficial do Registro de Imóveis, conforme preceitua o parágrafo único do artigo 1.275, *verbis*: "Nos casos dos incisos I e II, os efeitos da perda da propriedade imóvel serão subordinados ao registro do título transmissivo ou do ato renunciativo no Registro de Imóveis".

Já no abandono o proprietário deixa a sua propriedade, já que não possui mais a intenção de ser o dono. Este ato jurídico é realizado sem comunicar a terceiros. É um ato puramente material.

Assim, é possível afirmar que o ato renunciativo é participativo (com conhecimento a terceiros), enquanto o ato de abandono não se destina ao conhecimento de terceiros.

O artigo 1.276 diz que "o imóvel urbano que o proprietário abandonar, com a intenção de não mais o conservar em seu patrimônio, e que se não encontrar na posse de outrem, poderá ser arrecadado, como bem vago, e passar, três anos depois, à propriedade do Município ou à do Distrito Federal, se se achar nas respectivas circunscrições".[23]

---

23 VII Jornada de Direto Civil - ENUNCIADO 597 – A posse impeditiva da arrecadação, prevista no art. 1.276 do Código Civil, é efetiva e qualificada por sua função social. Parte da legislação: art. 1276 do Código Civil Justificativa: A arrecadação é uma modalidade de aquisição da propriedade pelo Poder Público em razão de abandono do imóvel por seu titular, portanto, uma atuação em benefício da sociedade, com tom de punição ao proprietário moroso no cumprimento da função social da propriedade imobiliária. Presente, portanto, na arrecadação, o interesse público. No entanto, o legislador, resolveu impedir a deflagração do procedimento de arrecadação na hipótese do imóvel se encontrar na posse de outrem. Evidente que o legislador se refere a alguém que esteja dando efetiva utilização ao imóvel por meio da moradia, cultivo ou desenvolvimento de atividade de interesse social e econômico e que por óbvio não tenha relação jurídica com o proprietário, visto que, se tiver, o imóvel não estará em estado de abandono. Essa posse de outrem não pode ser aquela simples, resultante, por exemplo, da circunstância de ter cercado o imóvel, ter impedido que outros o invadissem, tamanha a importância dada pelo legislador de proteção daquele que a está exercendo. Certamente que se refere à posse-trabalho ou posse-moradia refe-

O imóvel situado na zona rural, abandonado nas mesmas circunstâncias, poderá ser arrecadado, como bem vago, e passar, três anos depois, à propriedade da União, onde quer que ele se localize (CCB, art. 1.276, § 1º).

Presumir-se-á de modo absoluto a intenção a que se refere o art. 1.276, quando, cessados os atos de posse, deixar o proprietário de satisfazer os ônus fiscais (CCB, art. 1.276, § 2º).

Ora, se o proprietário não pratica mais nenhum ato de posse (esta não mais lhe apresenta nenhum proveito econômico) e deixa de satisfazer os ônus fiscais, neste caso, se presume o abandono da coisa.

O direito de laje poderá ser extinto, também, pelo *perecimento do objeto* ou *desapropriação*.

A coisa pode perecer em virtude de sua destruição física, pela inundação definitiva de um terreno etc.

O *fundamento* para a intervenção do Estado na propriedade é a supremacia do interesse público. Ora, na colidência de um interesse público e um interesse privado é aquele que prevalece, já que o sacrifício do direito individual do proprietário está ancorado no interesse coletivo.

---

rida por Miguel Reale lastreada no princípio da socialidade, diversa da posse resultante dos "critérios formalistas da tradição romanista, a qual não distingue a posse simples, ou improdutiva, da posse acompanhada de obras e serviços realizados nos bens possuídos" (O Projeto do Novo Código Civil, 2ª ed., SP, Saraiva, 1999, p. 33).

Anexo I
PRIMEIRO CASO PRÁTICO DE PEDIDO DE USUCAPIÃO DA CIDADE DE ATIBAIA, EM SÃO PAULO

PRIMEIRO TRASLADO

LIVRO 1.052   PÁGINAS 188/196

ATA NOTARIAL. OBJETO:- CONSTITUIÇÃO DE PROVA MATERIAL PARA FINS DE RECONHECIMENTO EXTRAJUDICIAL DE USUCAPIÃO

Aos dezoito (18) dias do mês de março do ano de dois mil e dezesseis (2016), nesta cidade e comarca de Atibaia, Estado de São Paulo, neste Tabelionato, perante mim, Irineu Batista Leite Filho, Substituta da Tabeliã, compareceram como **SOLICITANTES**, o Senhor **JOÃO**, RG -SSP-SP - CPF, brasileiro, carpinteiro, maior, solteiro – certidão de nascimento com assento de número , fls. 066 verso do Livro A-106, do Registro Civil das Pessoas Naturais desta comarca de Atibaia, nascido aos 24 dias do mês de maio do ano de 1981 e Senhorita **VANESSA**, RG -SSP-SP - CPF, brasileira, do lar, maior, solteira – certidão de nascimento com assento de número , fls. 179 verso do Livro A-038, do Registro Civil das Pessoas Naturais do 33º Subdistrito – Mooca da cidade de São Paulo, Capital, nascida aos 19 dias do mês de novembro de 1984, domiciliados e residentes nesta cidade, na Rua , que declaram expressamente que convivem entre si em união estável desde a data de 23 (vinte e três) de dezembro de 2003 (dois mil e três), sendo que tal união não foi formalizada por escritura pública.   Comparecem neste instrumento:- como **ADVOGADA** a Senhora Doutora **MARIA BERNADETE SILVA DELNERO**, brasileira, ... e como **RESPONSÁVEL TÉCNICO** pelo trabalho topográfico, o Senhor Doutor **JOSÉ CARLOS DELNERO**, brasileiro, ...; os presentes, capazes e sob as penas da Lei se declaram conhecidos entre si, os quais foram identificados por mim, em razão dos documentos exigidos e exibidos, do que dou fé. A seguir, sob responsabilidade civil e penal, me foi dito verbalmente pelos **SOLICITANTES** que com fundamento nos termos do artigo 1.071, inciso I, do Código de Processo Civil, que acrescentou o artigo 216-A a Lei 6015/73, desejam a elaboração desta **ATA NOTARIAL**, a fim de constituir prova material com presunção de verdade, nos termos dos artigos 215 e 217, do Código Civil Brasileiro, **PARA FINS DE RECONHECIMENTO EXTRAJUDICIAL DE USUCAPIÃO**, solicitando que se ateste seu tempo de posse e de seus antecessores e que se constate os seguintes fatos:- *PRIMEIRO* – Que desde a data de 05 de abril de 2013, os **SOLICITANTES** com o ânimo de dono, de forma mansa e pacifica, possuem o imóvel urbano situado no **BAIRRO DO PORTÃO**, nesta cidade e comarca de Atibaia, designado em contrato como "**UM TERRENO**, com frente para a Avenida Antônio da Cunha Leite, correspondente ao **SUB LOTE nº 06**, desdobrado do imóvel formado pela Gleba nº 15, do plano de loteamento e arruamento sem denominação, no Bairro do Portão, perímetro urbano desta cidade e comarca de Atibaia, com a área de 336,00 metros quadrados; medindo linearmente 28,00 metros de frente para a Avenida Antônio da Cunha Leite; 12,00 metros nos fundos, onde confronta com propriedade de Julia da Cruz Leite; por 28,00 metros da frente aos fundos do lado direito da Rua A, olha para o imóvel, onde confronta com o Sub lote 07"; conforme prova o INSTRUMENTO PARTICULAR DE CESSÃO DE DIREITOS E OBRIGAÇÕES, firmado na data de 05 de abril de 2013 entre os **SOLICITANTES** e MARIO e sua esposa REGINA . *SEGUNDO* – Que seus antecessores MARIO e sua esposa REGINA, adquiriram os direitos e a posse sobre a área por meio de doação verbal feita por dona JULIA, cuja posse do imóvel foi individualizada e designada como SUB LOTE 06, através de Divisão Amigável de Fato, através da PLANTA DO LEVANTAMENTO PLANIMÉTRICO CADASTRAL E DIVISÃO DA GLEBA nº 15 EM SUB LOTES, realizada e assinada pelos coproprietários na data de 16 de janeiro de 2001, gleba essa que teve origem individualizada na DIVISÃO DE FATO do imóvel maior, anterior, formalizada na data de 1995. *TERCEIRO* – Que essa área está inscrita no cadastrado imobiliário, em área maior, designada pela Prefeitura da Estância de Atibaia como Gleba 15, sob o número 20.001.000.00-0106281 e está transcrita em área maior sob o número 24.166 do Livro 3AG, do Oficial de Registro de Imóveis de Atibaia em nome de Antônio da Cunha Leite. *QUARTO* – Que JULIA e seu esposo ANTONIO, casados pelo regime da comunhão universal de bens desde 06 de março de 1943 (assento de casamento com matricula de numero 122903.01.55.1943. 200023.078.0001491-60 do Registro Civil das Pessoas Naturais desta comarca de Atibaia), adquiriram a totalidade dos direitos de posse e propriedade sobre o imóvel da transcrição sob número 24.166, por meio da certidão do 2º Oficio da Comarca de

Atibaia, extraída dos autos de inventário dos bens de Joaquim, expedida na data de 07 de agosto de 1961 e transcrito na data de 09 de agosto de 1961. **QUINTO** – Que ANTONIO faleceu na data de 04 de novembro de 1984 (assento de óbito com matricula de número 122903.01.55.1984.4. 00055.119.0004204-12 do Registro Civil das Pessoas Naturais desta comarca de Atibaia), na condição de casado com JULIA, deixando dez (10) filhos de nome, cujo inventário se passou no Juízo da Terceira Vara Cível do Foro de Atibaia, Arrolamento de Bens sob o numero de ordem 47/1987 e Processo número 0000137-92.1987.8.26.0048, conforme extrato do sítio do Portal de Serviços do Tribunal de Justiça, transmitindo todos os direitos sobre os seus bens a sua esposa e seus filhos. **SEXTO** – Que o valor venal proporcional da área para o Exercício de 2016 junto a Prefeitura da Estância de Atibaia é o de R$ 19.876,72, que as partes ratificam e consignam para os devidos fins. **SÉTIMO** – Que o Responsável Técnico declara, sob responsabilidade civil, penal e técnica que elaborou o levantamento topográfico e memorial descritivo do imóvel usucapiendo que contém as seguintes características:- **"Terreno designado como sendo o "Sub lote 06" – Gleba 15, ...:-"**, de conformidade com a constatação no local, planta, memorial descritivo e anotação de responsabilidade técnica – ART, apresentados nestas Notas. **OITAVO** – Que segundo informações consignadas na planta e pela documentação que me foi apresentada os confrontantes do imóvel são:- **a)** nos FUNDOS, a Senhora Hilda   – SL 07 - remanescente da Transcrição 24.166; **b)** do lado DIREITO, a VIELA de domínio público sem denominação e **c)** do lado ESQUERDO, a Transportadora   . - remanescente da Transcrição 24.166 – Processo numero 1001901-51.2014.8.26.0048 de Usucapião Extraordinária. **NONO** – Que os **SOLICITANTES** declaram que exercem posse mansa, pacífica e contínua por mais de 15 anos e que possuindo o referido imóvel por tempo suficiente para ensejar a prescrição aquisitiva a seu favor através do usucapião declaram que a hipótese aqui pretendida se insere na modalidade de usucapião extraordinário, nos termos do artigo 1.238, do Código Civil Brasileiro. **DÉCIMO** – Que os **SOLICITANTES** declaram que agem como donos desde que tomaram posse do imóvel, tendo nele realizado benfeitorias tais como construção de muros, de um barracão para uso comercial, o qual se encontra alugado. **DÉCIMO PRIMEIRO** – Pelos **SOLICITANTES** me foi apresentando ainda, para a comprovação da origem, da continuidade, da natureza e do tempo da posse, os seguintes documentos:- **1** -

Planta e Memorial Descritivo atualizados do imóvel com Anotação de Responsabilidade Técnica de nº 92221220160277334 e assinada pelo agrimensor responsável , em data de 16 de março de 2016. **2** - Certidões estaduais de distribuição de ações cíveis do Poder Judiciário do Tribunal de Justiça do Estado de São Paulo emitidos por meio eletrônico em data de 10/03/2016 de números 9480075, 9481275, 9483868, 9483593, 9480076, 9480077. **3** –Instrumento Particular de Cessão de Direitos e Obrigações, firmado na data de 05 de abril de 2013. **4** - Cópia autenticada da Planta do Levantamento Planimétrico Cadastral e Divisão Amigável De Fato da Gleba nº 15 em 11 Sub lotes, realizada e assinada pelos coproprietários na data de 16 de janeiro de 2001. **5** - Cópia da Planta do Levantamento Planimétrico Cadastral de divisão de fato da data de 1995. **6** - Capa do IPTU do Exercício de 2016, onde consta o valor venal total de R$ 479.345,91, para a área de 8.011,80 metros quadrados – Gleba 15, razão pela qual o valor venal retro referido é proporcional a esse maior. **7** - Ficha de Cadastro Imobiliário da Prefeitura da Estância de Atibaia da Gleba 15. **8** - Certidão negativa de débitos de tributos imobiliários número 2925 expedida por meio eletrônico pela Secretaria De Planejamento E Finanças da Prefeitura da Estância de Atibaia, em 17 de março de 2.016. **9** - Certidão referente Transcrição número 24.166 do Livro 3-AG, expedida pelo Oficial do Registro de Imóveis local, na data de 15 de março de 2016. **10** - Assento de casamento ocorrido em 06 de março de 1943, com matricula de numero 122903.01.55.1943.200023.078.0001491-60 de 16 de março de 2016 do Registro Civil das Pessoas Naturais desta comarca de Atibaia. **11** - Assento de óbito ocorrido 04 de novembro de 1984, com matricula de número 122903.01.55.1984.4.00055.119.0004204-12 do Registro Civil das Pessoas Naturais desta comarca de Atibaia. **12** - Consulta de Processo do Poder Judiciário do Tribunal de Justiça do Estado de São Paulo do Processo número 0000137-92.1987.8.26.0048, do Juízo da Terceira Vara Cível do Foro de Atibaia da Ação de Arrolamento de Bens de Antônio da Cunha Leite. **13** - Consulta do Processo do Poder Judiciário do Tribunal de Justiça do Estado de São Paulo do Processo número 1001901-51.2014.8.26.0048 do Juízo da Primeira Vara Cível do Foro de Atibaia da Ação de Usucapião Extraordinária da Transportadora Rápido Canarinho Ltda. **14** - Faturas de consumo de energia da Elektro S/A. **15** - Contrato de Locação do imóvel em firmado pelo **SOLICITANTE**. **DÉCIMO SEGUNDO** – Pela **ADVOGADA** por sua vez me foi dito e declara, por este ato notarial, que prestou assistência jurídica aos **SOLICITANTES** e que acompanhou integralmente a lavratura da presente ATA NOTARIAL. ***DÉCIMO TERCEIRO*** – Os **SOLICITANTES** neste ato declaram, sob as penas da lei:- **a)** que *desconhecem a existência de ação possessória ou reivindicatória em trâmite envolvendo o imóvel usucapiendo*, conforme demonstram as certidões estaduais negativas de distribuição de ações cíveis do Poder Judiciário do Tribunal de Justiça do Estado de São Paulo. **b)** que os **SOLICITANTES** foram instruídos por sua ADVOGADA de todos os termos do Artigo 216-A, inserido no Capítulo III do Título V da Lei no 6.015, de 31 de dezembro de 1973 (Lei de Registros Públicos) e que aceitam esta ATA NOTARIAL em todos os seus termos e conteúdo. **c)** que requerem e autorizam a Senhora Oficial do Registro de Imóveis desta comarca de Atibaia, a prática de todos os atos registrais em sentido amplo, nos termos do artigo 1.071, do Código de Processo Civil e **d)** que todas as declarações prestadas nesta ATA NOTARIAL são verdadeiras, sendo informado sobre as sanções cíveis e criminais em caso de falsa declaração. ***DÉCIMO QUARTO*** – Da análise de toda a documentação e dos fatos trazidos a mim junto a este Tabelionato é possível atestar que os **SOLICITANTES** estão na posse pacífica do imóvel descrito no item SÉTIMO, como donos, há mais de **15 (quinze) anos**, considerando a "Planta do Levantamento Planimétrico Cadastral da Divisão da Gleba nº 15 em Sub lotes", datada de 16 de janeiro de 2001, documento que antecede e dá origem ao "Instrumento Particular de Cessão de Direitos e Obrigações", firmado por eles **SOLICITANTES** na data de 05 de abril de 2013, o último "Contrato de Locação" e o "Levantamento Topográfico" atual do imóvel, ficando, portanto, demonstrada a origem, a natureza, o tempo e a continuidade da posse dos **SOLICITANTES**. ***DÉCIMO QUINTO*** – Finalmente declaram os **SOLICITANTES**:- **a)** que não respondem a quaisquer tipos de procedimentos judiciais, administrativos ou fiscais; que são responsáveis por todas e quaisquer dívidas eventualmente incidentes sobre o imóvel objeto desta Ata Notarial; **b)** conforme determina o artigo 14, do Provimento número 39/2014, do Conselho Nacional de Justiça – Corregedoria Nacional de Justiça, datado de 25 de Julho de 2014, foram realizadas buscas, nesta data, junto à Central Nacional de Indisponibilidade de Bens - CNIB, não sendo encontrado qualquer anotação de Indisponibilidade de Bens em nome dos **SOLICITANTES**, de acordo com Relatório de Consulta de Indisponibilidade com resultados negativos tendo em vista as HASH de números 3438 8570 A6F7 000C 57F9 34CF 9939 A0E5 7F85 F5D4 – 6222 C0EF C875 320F 7DD6 4D54 9AE2 16A5 9473 C56E e **d)** estão sendo apresentadas também as certidões negativas de débitos trabalhistas em nome dos **SOLICITANTES** (Lei 12.440/2011). Nada mais. **OS DOCUMENTOS MENCIONADOS E NECESSÁRIOS À LAVRATURA DESTA ESCRITURA FICARÃO ARQUIVADOS NESTE TABELIONATO, NA PASTA PRÓPRIA.** Assim o disseram e dou fé. E a pedido dos **SOLICITANTES**, lavro a presente ATA NOTARIAL, tendo em vista os efeitos do artigo 364 do Código de Processo Civil e de acordo com a competência que me confere a Lei número 8.935/94, em seus incisos III dos artigos 6º e 7º, que foi achada inteiramente conforme, outorgaram e aceitaram, do que e de tudo dou fé. Eu, Irineu Batista Leite Filho, Substituto da Tabeliã, a conferi e li integralmente em voz alta, para os **SOLICITANTES**, que a assinam comigo e subscrevi. (a a) /// /// /// /// . Os selos devidos serão recolhidos por verba. Nada mais. Data retro. Eu, _____, Substituto da Tabeliã, digitei, conferi, subscrevi, dou fé e assino em publico e raso.

EM TESTº_____**DA VERDADE**

_____
SUBSTITUTO DA TABELIÃ

Anexo II

Ilustríssima Senhora Doutora Oficiala do Registro de Imóveis da Comarca de Atibaia-SP.

João, solteiro, maior, carpinteiro, titular do RG nº -SSP-SP, inscrito no CPF/MF sob o nº 9 e **Vanessa**, solteira, maior, estudante, titular do RG nº -SSP-SP, inscrita no CPF/MF sob o nº 3, ambos brasileiros, domiciliados e residentes nesta cidade, na Rua, que declaram expressamente que convivem entre si em união estável desde a data de 23/12/2003, vem à presença de Vossa Senhoria, pela advogada que esta subscreve, conforme Instrumento Particular de Procuração (doc. 01), consubstanciada nos **Artigos 1.238, 1.243 e 1.207 todos do Código Civil Brasileiro**, e com base no **Artigo 216-A da Lei nº 6.015 de 31 de dezembro de 1973, e no item 408 e seguintes da Seção XII do Capítulo XX do Tomo II das Normas de Serviço dos Cartórios Extrajudiciais da Corregedoria-Geral da Justiça de São Paulo – Provimento 89/58**, pelos motivos de fato e de direito a seguir expostos, para requerer o presente pedido de **Usucapião Extrajudicial.**

I – Da espécie de usucapião e da legislação aplicável

2. A espécie pretendida no presente pedido de reconhecimento extrajudicial de usucapião é a Extraordinária. Assim, no tocante à contagem do lapso temporal do exercício da posse, se aplica o prazo previsto no *caput* do art. 1.238[1] do Código Civil Brasileiro, que é de 15 anos de posse ininterrupta, sem oposição, sem justo título ou boa-fé.

II – Do Imóvel Usucapiendo

3. Os requerentes, desde janeiro de 2001, portanto, há mais de 15 anos, de forma mansa, pacífica e exclusiva, sem nenhum constrangimento, impugnação, contestação, turbação ou moléstia, sem interrupção, são senhores e legítimos possuidores, com *animus domini* de um imóvel designado como sendo o "Sublote 06" – "Gleba 15", localizado no Bairro do Portão, perímetro urbano desta cidade, município e Comarca de Atibaia, Estado de São Paulo, com a área superficial total de 332,22 metros quadrados, certa e delimitada por muros e paredes, com frente para a Rua Antonio da Cunha Leite, lado ímpar, onde recebeu o número 1.363, esquina com uma "viela" de domínio público, sem denominação, ambas do sistema viário do município.

III – Da Aquisição, do Registro e do Cadastro Imobiliário.

5. Os direitos de posse sobre esse imóvel foram adquiridos pelos requerentes por meio do Instrumento Particular de Cessão de Direitos e Obrigações feita por Mario e sua esposa Regina, firmado na data de 5 de abril de 2013, momento em que os requerentes adquiriram, **em continuidade aos seus antecessores**, os direitos de posse sobre o imóvel urbano designado em contrato como sendo:

"Um terreno, com frente para a Avenida Antônio da Cunha Leite, correspondente ao Sublote n° 06, desdobrado do imóvel formado pela Gleba n° 15, do plano de loteamento e arruamento sem denominação, no Bairro do Portão, perímetro urbano desta cidade e comarca de Atibaia, com a área de 336,00 metros quadrados, medindo linearmente 28,00 metros de frente para a Avenida Antônio; 12,00 metros nos fundos, onde confronta com propriedade de Julia e por 28,00 metros da frente aos fundos do lado direito da Rua A, olha para o imóvel, onde confronta com o lote 07".

5.1 – Esse imóvel está inscrito no cadastro imobiliário, em área maior, que é designada pela Prefeitura da Estância de Atibaia como "Gleba 15", sob o número 20.001.000.00-0106281, que é parte de um imóvel maior caracterizado como remanescente da Transcrição n° 24.166 no Livro "3-AG" do Registro de Imóveis desta comarca de Atibaia, em nome de Antonio da Cunha Leite.

IV – Da origem, continuidade, natureza e tempo da posse

6 – Os antecessores dos requerentes, Mario e sua esposa Regina, receberam os direitos e a posse sobre esse imóvel por meio de "doação verbal" feita por sua mãe e sogra Julia, que fora casada, pelo regime da comunhão universal de bens, desde 06 de março de 1943[2], com Antonio.

6.1 – Por sua vez, Antonio adquiriu juntamente com Julia a propriedade e a posse sobre o imóvel do objeto da transcrição de número 24.166, por meio da certidão do 2° Ofício da Comarca de Atibaia, extraída dos autos de inventário dos bens de Joaquim Antônio Bueno, expedida na data de 7 de agosto de 1961 e transcrita na data de 9 de agosto de 1961.

6.2 – Antonio faleceu na data de 4 de novembro de 1984[3], na condição de casado, em primeira e única núpcias, desde 6 de março de 1943, pelo regime da comunhão universal de bens, com Julia e deixou dez filhos de nome...

6.3 – O inventário dos bens de Antonio, sob o rito de Arrolamento de Bens, teve seu trâmite perante Juízo da Terceira Vara Cível do Foro de Atibaia, distribuído na data de em 27/01/1987, tendo como número de ordem 47/1987 e número digital 0000137-92.1987.8.26.0048, tendo como Inventariante a viúva, d. Julia, conforme extrato do Portal de Serviços do Tribunal de Justiça.

6.4 – Apesar de se ter notícia pública de que o Formal de Partilha fora expedido, conforme se verifica da página 1.036 do Diário da Justiça Eletrônico – Caderno Judicial – 1ª Instância – Interior – Parte I São Paulo, Ano I – Edição 311, disponibilização em 8 de setembro de 2008, não consta o registro da partilha na transcrição de número 24.166, do qual o imóvel usucapiendo é parte.

6.5 – Assim, tendo, a partir da morte do titular de domínio e da abertura da sucessão, se transferido a posse do imóvel do qual o usucapiendo é parte, face ao Princípio de *Saisine* e em razão do regime de "universalidade de direito", a que os bens passaram a se submeter, a viúva e os dez herdeiros-filhos resolveram individualizar a posse de seus quinhões sobre o imóvel.

6.6 – Essa "**divisão de fato**" foi materializada pela Planta do Levantamento Planimétrico Cadastral de Divisão de Fato no **ano de 1995**, a qual serviu de base para a Prefeitura da Estância de Atibaia, individualizar os cadastros imobiliários. Sendo que para composição de sua meação à viúva, d. Julia, foram reservadas algumas glebas, dentre as quais a "Gleba 15", da qual o imóvel usucapiendo é parte, conforme se verifica da reprodução da planta a seguir:

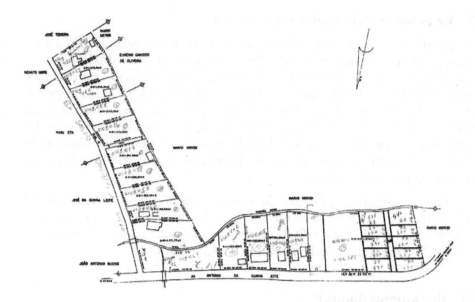

6.7 – A viúva d. Julia, contemplando seus filhos com mais um quinhão cada, subdividiu em especial a "Gleba 15". Essa "espécie de doação de fato" foi materializada em **janeiro de 2001**, por meio da Planta do Levantamento Planimétrico Cadastral e Divisão da Gleba nº 15 em sublotes, onde consta a subdivisão da "Gleba 15", com 8.011,80 metros quadrados, em 11 sublotes, cabendo ao herdeiro Mario, antecessores dos requerentes, o "Sublote 06", com 336,00 m²:

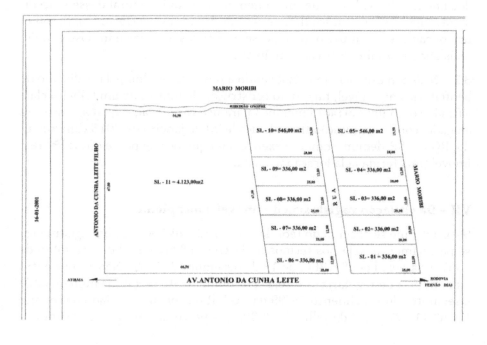

V – Da posse exercida pelos requerentes

7. Apesar de não haver individualização no título de registro da área usucapienda e, assim figurar como parte ideal equivalente a percentual do imóvel, em razão do quinhão hereditário, meação e "doação de fato", na realidade conforme prova a Planta do Levantamento Planimétrico Cadastral de Divisão de Fato no ano de 1995 e da Planta do Levantamento Planimétrico Cadastral e Divisão da Gleba nº 15 em Sublotes realizados entre a titular de domínio e seus filhos, a posse de cada titular inicial foi **individualizada** desde a "abertura da sucessão", posse delimitada, exteriorizada e exclusiva, respeitada por todos até hoje.

7.1. Resta configurada, por essas plantas, a Divisão de Fato e Amigável entre a titular de domínio e seus sucessores, cujas áreas iniciais conferem com as levantadas atualmente, ressalvadas as alterações ocorridas com passar do tempo, dos traçados e da pavimentação da via pública.

VI – Do "animus domini"

8 – Outro requisito qualificativo imprescindível para caracterização da posse *ad usucapionem*, previsto na legislação pátria, é *animus domini*, que se traduz "com ânimo de dono".

8.1 – O exercício da posse pelos requerentes se reveste desse ânimo de dono, pois tem a real intenção de ter a coisa como própria, conforme consta nos documentos firmados e que fundamentaram a ata inaugural desse procedimento, agindo como único dono e senhor da coisa (*rem sibi habendi*), sendo responsável, em seu período de posse, por todas as taxas e impostos, e demais obrigações inerentes ao bem imóvel.

8.2 – Mais um exercício materializando a posse se revelou pela realização de benfeitorias no imóvel, tais como construção de muros, de um telheiro classificado como um barracão metálico para uso comercial, o qual se encontra alugado, conforme locação firmada desde 20 de janeiro de 2015 com Ronaldo, RG nº -SP, demonstrando o exercício inequívoco de posse direta sobre o imóvel transferida pela locação firmada.

VII – Da situação registrária do imóvel usucapiendo

9 – Conforme se observa do teor da transcrição 24.166, não há registro desse parcelamento, seja nos termos do Decreto nº 58, de 10 de dezembro de 1937, seja pela Lei nº 6.766, de 19 de dezembro de 1979. Não há por outro lado, notícia de regularização seja com fundamento nos itens números 273 e seguintes do Provimento 58/89 da CGJSP, ou consubstanciado na recente Lei nº 11.977, de 7 de julho de 2009, que prevê dentre outros assuntos a

regularização fundiária, com as importantes alterações introduzidas pela Lei nº 12.424, de 16 de junho de 2011. Também não há indicação que tenha havido instituição de condomínio, com base na Lei nº 4.561/64 e artigos 1.331 e seguintes do Código Civil brasileiro.

9.1 – É fato incontroverso que o imóvel está inserido em um parcelamento irregular de solo. Mas, segundo análise das plantas topográficas de 1995 e de 2001, de dados do IGC de São Paulo, DataGeo e do próprio Google Earth, está em **situação consolidada** há décadas e se utiliza e faz frente integralmente para o sistema viário do município, ou seja, a Rua Sandro Donizetti da Silva, nominada pela Lei nº 2003/3.346, do município de Atibaia, e Rua Antonio da Cunha Leite, nominada pela Lei nº 2.129, de 22 de novembro de 1985, do município de Atibaia.

9.2 – No entanto, destaque-se, apenas a título de argumentação, que apesar de o imóvel usucapiendo ter sua origem em parcelamento irregular de solo comprovadamente realizado pelos titulares de domínio e sucessores, não há impedimento para o presente pedido e seu respectivo registro, em razão do disposto no art. 288-A, § 4º, I da Lei nº 6.015/73, Lei de Registros Públicos, introduzida pela referida Lei nº 12.424/2011.

9.3 – Além disso, o fracionamento do imóvel remanescente da transcrição nº 24.166 do Livro 3"AG" dessa serventia teve sua "especialização de fato" a partir da abertura da sucessão, com o falecimento do titular de domínio Antonio da Cunha Leite, ocorrido no **ano de 1984**, sendo formalizadas, para fins de cadastros imobiliários perante a prefeitura local, no ano de 1995.

9.4 – Assim, a posse exclusiva das áreas e, portanto, o início do lapso temporal, deu-se antes mesmo da Constituição de Federal de 1988, que deu início à política de desenvolvimento urbano, obrigando os municípios a fixarem normas para ordenar o pleno desenvolvimento das funções sociais da cidade e garantir o bem-estar de seus habitantes, denominando essas normas de plano diretor, regulamentado pelo Estatuto das Cidades, por meio da Lei nº 10.257, de 10 de julho de 2001, **não cabendo aqui se falar em burla da legislação municipal, quanto às restrições urbanísticas, principalmente no tocante à dimensões mínimas da área do imóvel**.

VIII – Da observância dos princípios registrários

10 – Apesar de considerada pela maioria dos doutrinadores e pela jurisprudência, forma de aquisição originária, permitindo-se assim a dispensa da observância de alguns princípios registrários, por exemplo, o da continuidade, o presente pedido atende ao princípio da especialidade, em respeito ao que prevê os arts 176, § 1º II e 225, *caput*, todos da Lei de Registros Públicos.

10.1 – Pelo **princípio da especialidade subjetiva,** os requerentes estão qualificados, visto que por se tratarem de pessoas físicas, foi indicado nome civil completo, nacionalidade, estado civil, profissão, residência e domicílio, número de inscrição no Cadastro de Pessoas Físicas do Ministério da Fazenda (CPF) e o número do Registro Geral (RG) da cédula de identidade de cada um, sendo apresentada a respectiva cópia autêntica desses documentos oficiais, além da certidão de nascimento, tudo em conformidade com o item 63 do Cap. XX das Normas de Serviços.

10.2 – Já o **princípio da especialidade objetiva** foi rigorosamente observado, contendo o trabalho técnico os requisitos elencados nos artigos 176 e 225, da Lei de Registros Públicos, sendo apresentada planta representando o imóvel e respectivo memorial descritivo com a indicação da metragem quadrada, da indicação dos prédios nas confrontações, dos azimutes das linhas perimetrais do polígono, do número de designação e do número da prefeitura, lado da localização, lado ímpar da Rua Antonio da Cunha Leite e que se encontra na esquina ou confluência dessa rua com uma viela de domínio público, sem denominação, sendo por fim apresentada a respectiva ART devidamente recolhida.

10.3 – Importante destacar que a indicação da localização das divisas do imóvel usucapiendo foi feita sob indicação e responsabilidade dos requerentes, confirmada pelos documentos de aquisição de que o imóvel usucapiendo não se sobrepõe a nenhum outro e que é de responsabilidade civil e criminal do técnico a veracidade dos dados apresentados, não sendo o caso de se buscar a opinião, em sede pericial, para confirmação dessas informações.

IX – Do direito

11 – O presente pedido é inaugural na sua forma procedimental, porém o direito material nele inserido é protegido, não somente pela legislação pátria como também pelos nossos tribunais.

11.1 – Ao figurar no fólio real como pendente de regularizações registrárias, não há outro meio aos requerentes senão se socorrerem da presente medida, para formalizar a individualização de sua posse perante o Registro de Imóvel, pois depende da participação voluntária direta dos titulares de domínio, o que não é factível, na prática, patente o desinteresse dos que já se desfizeram de seus direitos, estando, portanto, presente o "interesse der agir" para o presente procedimento.

11.2 A ação declaratória de domínio é a mais indicada para se regularizar o domínio de parte ideal com localização e em condomínio, que é que se figura no caso desses autos. Aliás, a ação dos requerentes não é inaugural, tendo em vista já ter a sua confrontante transportadora, ajuizado ação judicial de usucapião extraordinária – Processo nº 1001901-51.2014.8.26.0048, tendo por objeto o imóvel confrontante, onde essa r. Serventia ao se manifestar foi favorável ao pleito.

X – Da Descrição da Área Usucapienda

12 – Assim, elaborando a respectiva planta e memorial descritivo contendo os elementos e os requisitos elencados nos artigos 176 e 225, da Lei de Registros Públicos, o responsável técnico José Carlos Delnero – agrimensor – CREASP 0646458-3/TD, que realizou levantamento topográfico cadastral do imóvel usucapiendo, apurou conter as seguintes características:-

Memorial Descritivo

I – Da Introdução

Este trabalho tem por objetivo apurar a real superfície quadrada e as divisas com suas medidas lineares, rumos geodésicos e atuais confrontantes, do terreno localizado na Rua Antonio da Cunha Leite nº 1.363 (Lei nº 2.129 de 22 de novembro de 1985), esquina formada com uma "viela" de domínio público, sem denominação, destinada à circulação local (existente há mais de 10 anos – dados do *Google Earth*), terreno esse, designado para os fins de lançamento (Cadastro Imobiliário Municipal), como sendo o "Sublote 06" – Gleba 15, objeto do remanescente da Transcrição nº 24.166 no Livro "3-AG" do Oficial de Registro de Imóveis da comarca de Atibaia.

As divisas desse terreno são bem definidas em todo o seu perímetro, materializadas por muros e paredes e, pelo alinhamento das Vias Públicas denominadas "Rua Antonio da Cunha Leite, nº 1.363" e pela viela sem denominação, destinada a circulação local, ambas, do sistema viário do Bairro do Portão, as quais são respeitadas por todos os confrontantes e também pelo poder público municipal, tudo conforme reproduzido na planta resultante do levantamento topográfico planimétrico, sistema plano topográfico local, que faz parte integrante deste memorial.

Sendo esse o breve relatório, passamos à descrição do imóvel.

II – Da Descrição da Área

Memorial descritivo do terreno designado como sendo o "Sublote 06" – Gleba 15, localizado no Bairro do Portão, perímetro urbano desta cidade, município e comarca de Atibaia, Estado de São Paulo, com a área de 332,22 metros quadrados, com frente para a Rua Antonio da Cunha Leite, lado ímpar, para onde recebe o número 1.363, esquina com uma "viela" de domínio público, sem denominação, ambas do sistema viário do município, consistente em parte de um imóvel maior, objeto do remanescente da Transcrição nº 24.166

no Livro "3-AG" do Oficial de Registro de Imóveis da comarca de Atibaia, de propriedade de **João** e sua companheira **Vanessa,** compreendido pelas seguintes divisas, medidas lineares, rumos geodésicos e confrontações:

"Inicia-se no marco 01, cravado no alinhamento da Rua Antonio da Cunha Leite, lado ímpar, esquina formada com uma "viela" de domínio público, sem denominação; ambos do sistema viário do município; deste ponto segue pelo alinhamento da mencionada Rua Antonio da Cunha Leite, para onde faz frente e confronta com o azimute de 57°33'07"e distância de 28,00 metros, até o marco 02, cravado no canto de um muro, onde faz canto, vértice formado com a divisa da propriedade da transportadora. (Usucapião Extraordinária, Processo nº 1001901-51.2014.8.26.0048, sucessora do espólio de Antonio da Cunha Leite (inventariante: Julia – Autos de Arrolamento, Processo nº 0000137-92.1987.8.26.0048, parte da Transcrição nº 24.166 – Lº 3AG, Inscrição Cadastral "Gleba 15" – 20.001.000.00-0106281); deste ponto, deflete à direita e abandonando a mencionada rua, segue pelo alinhamento do muro, com esta confrontação com o azimute de 137°29'33" e distância de 12,00 metros, até o marco 03, onde faz canto, no vértice formado com a divisa do terreno designado como sendo "Sublote 7" (parte da Transcrição nº 24.166 – Inscr. Cadastral 20.001.000.00-0106281), de Hilda; deste ponto, deflete à direita e segue em reta, pelo alinhamento de divisa, com esta confrontação com o azimute de 237°24'45"e distância de 28,00 metros, até o marco 04, no alinhamento da já mencionada "viela" de domínio público, sem denominação; deste ponto, deflete à direita e segue pelo alinhamento dessa "viela", para onde faz frente e confronta, acompanhando o alinhamento de divisa, em direção à Rua Antonio da Cunha Leite, com o azimute de 317°32'38" e distância de 12,08 metros, até o marco 01, início dessa descrição.

12.1 – Importante consignar que a área de 336,00 metros quadrados, constante do título de aquisição de posse dos requerentes é meramente enunciativa, pois se trata do resultado do cálculo da área de um polígono retangular. No entanto, *in loco*, foi apurado que área usucapienda não é um retângulo, mas sim um paralelogramo, o que consequentemente influiu no resultado de área quadrada.

12.2 – Por fim, de acordo com a constatação no local, e, conforme documentação apresentada, foi apurado que as **confrontantes** do imóvel usucapiendo são as seguintes:

a) do lado esquerdo, a transportadora – Transcr. 24.166

b) nos fundos, a senhora Hilda – SL 07 – Transcr. 24.166;

c) do lado direito, a viela de domínio público sem denominação;

d) na frente, a Avenida Antonio da Cunha Leite (Lei nº 2.129/85);

12.3 – Importante também destacar que **os requerentes mantiveram** no atual levantamento topográfico do imóvel usucapiendo a mesma designação de **Sublote 06 da Gleba 15**, contida nas plantas topográficas das divisões realizadas previamente pela titular de domínio, por entender como sendo, no mínimo, sensato, razoável e prudente, tanto para o caso de futura regularização, como também por ser de fato a identificação pública do seu imóvel.

12.4 – Essa pretensão não traz inovação, pois se baseia em posição adotada em muitos casos semelhantes pelo registrador que precedeu a atual oficial, o Dr. José Roberto Lopes Barreto. Mas, respeitando opiniões divergentes, caso essa Oficiala Registradora entenda que a manutenção dessa designação possa trazer prejuízo ao fólio real ou a essa Serventia, ou contrariar alguma legislação vigente, desde já, para se evitarem polêmicas e discussões desnecessárias, os requerentes declaram não se opor à sua exclusão, invocando o princípio da cindibilidade.

12.5 – O mesmo vale para a numeração indicada na descrição do imóvel, que é identificado pelo **número 1.363**, cuja edificação não será parte da declaração de domínio porquanto depende de regularização, que será feita em momento oportuno, devendo, se for o caso, ser aplicada a cindibilidade do memorial descritivo.

XI – Do Pedido

13. Somando-se aos seus antecessores – pela *"acessio possessionis"*, com o exercício há mais de 15 anos da posse mansa, pacífica, exclusiva e contínua sobre o imóvel usucapiendo, com *"animus domini"*, exteriorizando a intenção de ter o bem para si, constituindo uma posse *"ad usucapionem"*, os requerentes, com fundamento na documentação autêntica apresentada, **preencheram os requisitos legais necessários para a obtenção da declaração de domínio** aqui pretendida.

13. 1 – Diante disso, requerem:

a) a prenotação, a autuação e o processamento do presente pedido de reconhecimento extrajudicial de usucapião;

b) a dispensa da notificação do titular de domínio dos titulares de direitos reais e de outros direitos registrados ou averbados na matrícula do imóvel usucapiendo – representado pela inventariante Julia –, visto ter manifestada expressamente sua concordância, apondo sua assinatura na respectiva planta do imóvel;

c) dispensa da notificação do titular de domínio dos titulares de direitos reais e de outros direitos registrados ou averbados na matrícula do imóvel confinantes, representados: i) nos fundos, pela senhora Hilda e do lado esquerdo, pela transportadora –, visto terem manifestado expressamente sua concordância apondo suas assinaturas na respectiva planta do imóvel;

d) promoção da cientificação, pelo correio, com aviso de recebimento, das fazendas públicas (união, estado e município) para que, no mesmo prazo legal de 15 dias, se manifestem sobre o pedido, devendo constar no teor da notificação de que o silêncio importará em concordância;

e) após a cientificação e eventuais notificações de todos os interessados no pedido, promova essa serventia a publicação de edital em jornal de circulação local, para a ciência de terceiros eventualmente interessados, que poderão se manifestar em 15 (quinze) dias;

f) entendendo serem necessárias para certificação e comprovação dos atos e fatos que fundamentam esse pedido, que se proceda às diligências que julgue necessárias;

g) transcorrido o prazo da publicação do edital, não havendo pendência de notificações ou diligências e achando-se em ordem a documentação, requerem o deferimento do pedido, com o regular reconhecimento da usucapião em favor dos requerentes, reconhecendo-se o domínio sobre o imóvel;

h) por fim, proceda ao **registro da aquisição da propriedade** pela usucapião, abrindo-se matrícula para o imóvel usucapiendo em nome dos requerentes, com a descrição contida no memorial e planta apresentados;

i) para fins de atendimento ao princípio da disponibilidade quantitativa de área, proceda-se à averbação do registro da usucapião na Transcrição nº 24.166 do Livro 3AG, conforme determina o art. 176-A da LRP;

j) no caso de necessidade de eventuais providências, os requerentes deverão ser intimados, de forma inequívoca, na pessoa de sua advogada, na Rua, Centro, Atibaia-SP, CEP 12.940-630, telefones: endereço eletrônico: delnerodelnero@hotmail.com.

XII – Das Provas

14. Para comprovar o preenchimento prévio dos requisitos legais necessários para a declaração de domínio aqui pretendida requerem como produção de prova documental a juntada dos seguintes documentos:

I – ATA NOTARIAL, contendo: i) a qualificação completa; ii) indicação do tempo de posse; iii) declaração de inexistência de ações envolvendo o imóvel usucapiendo; iv) apresentação de planta e memorial descritivo assinado por profissional habilitado, acompanhada de ART; v) as certidões negativas de ações envolvendo o imóvel usucapiendo da Justiça Estadual; e vi) título de aquisição da posse e outros documentos que demonstrem a origem, a continuidade, a natureza e o tempo da posse.

II – PLANTA atualizada e Memorial Descritivo do imóvel com Anotação de Responsabilidade Técnica assinados pelo agrimensor responsável José Carlos Delnero, datados de 16 de março de 2016.

III – CERTIDÕES ESTADUAIS de distribuição de ações cíveis do Poder Judiciário do Tribunal de Justiça do Estado de São Paulo datadas de 10/03/2016, e FEDERAIS de distribuição de ações do Poder Judiciário da Justiça Federal de Primeiro Grau em São Paulo, datadas de 22/03/2016, ambas envolvendo a da comarca da situação do imóvel e do domicílio dos requerentes todos os que tiveram tido posse durante o prazo prescricional. Obs.: A certidão estadual em nome de Antonio da Cunha Leite (aquele em cujo nome está registrado o imóvel) consta a indicação de ações envolvendo, porém somente a esfera fiscal.

IV – OUTROS DOCUMENTOS que demonstram a origem, a continuidade, a natureza e o tempo da posse, a saber:

1. Cópia autêntica do Instrumento Particular de Cessão de Direitos e Obrigações, firmado na data de 5 de abril de 2013.

2. Cópia autêntica da Planta do Levantamento Planimétrico Cadastral e Divisão Amigável de Fato da Gleba nº 15 em 11 Sublotes, de 2001.

3. Cópia da Planta do Levantamento Planimétrico Cadastral da Divisão de Fato, de 1995.

4. Capa do IPTU do Exercício de 2016 – Gleba 15, área de 8.011,80 m2, valor venal total de R$ 479.345,91.

5. Ficha de Cadastro Imobiliário da Prefeitura de Atibaia da Gleba 15.

6. Certidão negativa de débitos de tributos imobiliários número 2.925, expedida por meio eletrônico pela Secretaria de Planejamento e Finanças da Prefeitura da Estância de Atibaia.

7. Certidão de 16 de março de 2016 da transcrição 24.166 do Lº 3 "AG".

8. Cópia autêntica da certidão do assento de casamento, matrícula de número 122903.01.55.1943.200023.078.0001491-60 do RCPN de Atibaia.

9. Cópia autêntica da certidão do assento de óbito, matrícula de número 122903.01.55.1984.4.00055.119.0004204-12 do RCPN de Atibaia.

10. Cópia autêntica do RG, do CPF e de assento de nascimento dos requerentes.

11. Consulta de processo do Poder Judiciário do TJSP do Processo 0000137-92.1987.8.26.0048, da Terceira Vara Cível do Foro de Atibaia da Ação de Arrolamento de Bens de Antônio da Cunha Leite.

12. Consulta de processo do Poder Judiciário do TJSP do Processo 1001901-51.2014.8.26.0048 da Primeira Vara Cível do Foro de Atibaia da Ação de Usucapião Extraordinária da Transportadora Rápido Canarinho Ltda. – contendo peças dos autos – manifestação do ORI.

13. Fatura de consumo de energia da Elektro S.A., em nome do locatário.

14. Contrato de locação do imóvel firmado pelo requerente.

15. Plantas do IGC, Google Earth e DataGeo.

16. Lei nº 3.346/2003, do município de Atibaia e Lei nº 2.129, de 22 de novembro de 1985 do município de Atibaia.

XIII – Do Valor do Imóvel e do Encerramento

15. Para efeitos do depósito das respectivas custas registrárias ao imóvel usucapiendo atribui-se o valor venal proporcional de **R$ 19.876,72**, tendo como base de cálculo o Exercício de 2016 da Prefeitura da Estância de Atibaia.

16. O STJ definiu ser desnecessário o reconhecimento de firma em procuração *ad judicia et extra* outorgada ao advogado, em autos do processo judicial, mesmo com poderes especiais. De outro lado, a Lei de Registros Públicos, em seu art. 221, II, exige o reconhecimento de firmas nos instrumentos particulares, fazendo exceção naqueles do SFH.

17. No entanto, tanto o teor do art. 1.071 do CPC, que alterou a LRP, como a Seção XII, introduzida no Capítulo XX nas Normas de Serviço da Corregedoria-Geral da Justiça, foram omissas nesse sentido.

18. Nosso entendimento é pela inexigibilidade do reconhecimento. Contudo, até que se uniformize o entendimento sobre o assunto, para se evitarem empecilhos no prosseguimento do pedido, apresentaremos o requerimento e todos os documentos assinados com as respectivas firmas reconhecidas, deixando de recolher a taxa de mandato, por se tratar de procedimento administrativo.

Termos em que, autuado esse com os documentos inclusos e referidos em seu texto, pedem e aguardam deferimento.

Atibaia, 18 de março de 2016.

Maria Bernadete Silva Delnero – Advogada – OAB/SP n° 145.506

[1] Art. 1.238. Aquele que, por quinze anos, sem interrupção, nem oposição, possuir como seu um imóvel, adquire-lhe a propriedade, independentemente de título e boa-fé, podendo requerer ao juiz que assim o declare por sentença, a qual servirá de título para o registro no Cartório de Registro de Imóveis.

[2] Assento de casamento com matrícula de número 122903.01.55.1943.200023.078.0001491-60 do Registro Civil da sede da cidade e comarca de Atibaia

[3] Assento de óbito com matrícula de número 122903.01.55.1984.4.00055.119.0004204-12 do Registro Civil da sede da cidade e comarca de Atibaia.

REFERÊNCIAS BIBLIOGRÁFICAS

𝒜

ACQUAVIVA, Marcus Cláudio. *Dicionário jurídico brasileiro Acquaviva*. 11. ed. São Paulo: Jurídica Brasileira, 2000.

ALMEIDA. Larceda de. *Dos efeitos das obrigações*. Rio de Janeiro: Freitas Bastos, 1934.

ALMEIDA COSTA, Mário Júlio de. *Direito das obrigações*. 10. ed. Coimbra: Almedina, 2006.

ALVES, João Luiz. *Código Civil anotado*. 3. ed. 4. Volume. Rio de Janeiro: Borsoi, 1958.

ALVES, José Carlos Moreira. *Direito romano*. 9. ed. V. I. Rio de Janeiro: Forense, 1995

AMARAL, Francisco. *Direito Civil:* introdução. 3. ed. Rio de Janeiro: Renovar, 2000.

_____. *Direito civil:* introdução. 6. ed. Rio de Janeiro: Renovar, 2006.

ANDRADE, Manuel A. de. *Teoria geral da relação jurídica*. Vol. I. Coimbra: Livraria Almedina, 1997.

ANDRADE JR., Attila de Souza Leão. *Comentários ao novo Código Civil.* Direito das obrigações. Volume II. Rio de Janeiro: Forense, 2003.

ASCENSÃO, José de Oliveira. *O direito:* introdução e teoria geral. 2. ed. Rio de Janeiro: Renovar, 2001.

_____. *Direito civil:* Reais. 5. ed. Coimbra: Coimbra Editores, 2000.

AZEVEDO, Antônio Junqueira de. *Negócio jurídico:* existência, validade e eficácia. 4. ed. São Paulo: Saraiva, 2007.

AZEVEDO, Álvaro Villaça. *Comentários ao novo código civil*. Vol VII. Rio de Janeiro: Forense, 2005.

ℬ

BAPTISTA, Bárbara Gomes Lupetti; CORRÊA, Cláudia Franco Corrêa. *A Desjudicialização da Usucapião Imobiliária: entre a Promessa e as Dúvidas*. In: XXIV Encontro Nacional do Conselho Nacional de Pesquisa e Pós-Graduação em Direito – CONPEDI, ocorrido nos dias 3 a 6 de junho de 2015, em Aracaju, Sergipe. Disponível em: <http://www.conpedi.org.br/publicacoes/c178h0tg/aynm5hh3/U5wH56WuBjPcL8J4.pdf>. Acesso em: 2 out. 2016.

Referências Bibliográficas

BARASSI, Lodovico. *Instituciones de derecho civil*. Vol. II. Traducción y notas de Ramón Garcia de Haro y Mario Falcón. Barcelona: José Maria Bosch, 1955.

BARBOZA, Heloísa Helena. Perspectivas do direito civil brasileiro para o próximo século. In *Revista da Faculdade de Direito*, RJ: UERJ/Renovar, 1998-1999.

BARROSO, Luís Roberto. *O direito constitucional e a efetividade de suas normas*. 5. ed. Rio de Janeiro: Renovar, 2001.

BEVILÁQUA, Clóvis. *Código Civil dos Estados Unidos do Brasil comentado por Clóvis Beviláqua*. V. 1. Edição histórica. Rio de Janeiro: Rio, 1976.

_____. *Código civil Comentado*. Vol. IV. Rio de Janeiro: Rio, 1976.

_____. *Direito das obrigações*. Bahia: José Luiz da Fonseca Magalhães, 1896.

_____. *Direito das coisas*. °1 vol., 3. ed. Rio de Janeiro: Freitas Bastos, 1951.

_____. *Direito das coisas*. 2. vol., 3. ed. Rio de Janeiro: Freitas Bastos, 1951.

BITTAR, Carlos Alberto. *Os direitos da personalidade*. 7. ed. Rio de Janeiro: Forense Universitária, 2004.

C

CANELLAS, Alfredo. *Constituição interpretada pelo STF, tribunais superiores e textos legais*. 2. ed. Rio de Janeiro: Freitas Bastos, 2006.

CANOTILHO, José Joaquim Gomes. *Direito constitucional e teoria da constituição*. 7. ed. Coimbra: Almedina, 2003.

CARPENA, Heloisa. Abuso do direito no código de 2002: relativização de direitos na ótica civil-constitucional. In: TEPEDINO, Gustavo. *A parte geral do novo código civil*: estudos na perspectiva civil-constitucional. Rio de Janeiro: Renovar, 2002.

CARPENTER, Luiz Frederico Sauerbronn° Prescrição. In: LACERDA. Paulo de. *Manual do código civil brasileiro*: parte geral. Vol. IV. Rio de Janeiro: Jacintho Ribeiro dos Santos, 1929.

CARVALHO DE MENDONÇA, Manuel Inácio. *Doutrina e prática das obrigações*. 4. ed. Tomo I. Rio de Janeiro: Forense, 1956.

_____. *Contratos no direito civil brasileiro*. Tomo II. 3. ed. Rio de Janeiro: Forense, 1955.

CARVALHO FILHO, José dos Santos. *Manual de direito administrativo*. 15. ed. Rio de Janeiro: Lumen Juris, 2006, p. 373.

CARVALHO SANTOS, J. M. de. *Código Civil brasileiro interpretado*. 5. ed. Vol. III. Rio de Janeiro: Freitas Bastos, 1953.

_____. *Código Civil brasileiro interpretado*. Vol. I. 6. ed. Rio de Janeiro: Freitas Bastos. 1955.

_____. *Código Civil brasileiro interpretado*. Vol. XI. 6. ed. Rio de Janeiro: Freitas Bastos, 1953.

_____. *Código civil brasileiro interpretado*. 6. ed. Vol. XIII. Rio de Janeiro: Freitas Bastos, 1955.

_____. *Código Civil brasileiro interpretado*. 6. ed. Vol. VII. Rio de Janeiro: Freitas Bastos, 1956.

_____. *Código Civil brasileiro interpretado*. 6. ed. Vol. VIII. Rio de Janeiro: Freitas Bastos, 1953.

_____. *Código Civil brasileiro interpretado*. 6. ed. Vol. XVI. Rio de Janeiro: Freitas Bastos, 1955.

_____. *Código Civil brasileiro interpretado*. 6. ed. Vol. X. Rio de Janeiro: Freitas Bastos, 1953.

CAVALCANTI, André Uchoa. Abuso do direito. In: MELLO, Cleyson de Moraes; FRAGA, Thelma Araújo Esteves. *Novos direitos:* os paradigmas da pós-modernidade. Niterói: Impetus, 2004.

CAVALIERI FILHO, Sérgio. *Programa de responsabilidade civil*. 6. ed. São Paulo: Malheiros, 2005.

CHAVES, Antônio. *Tratado de Direito Civil*. Volume II. Direito das obrigações. Tomo I. 3. ed. São Paulo: Revista dos Tribunais, 1984.

CORRÊA, Cláudia Franco Corrêa; BAPTISTA. Bárbara Gomes Lupetti. *A Desjudicialização Da Usucapião Imobiliária: Entre a Promessa e as Dúvidas*. In: XXIV Encontro Nacional do Conselho Nacional de Pesquisa e Pós-Graduação em Direito CONPEDI, ocorrido nos dias 3 a 6 de junho de 2015, em Aracaju, Sergipe. Disponível em: < http://www.conpedi.org.br/publicacoes/c178h0tg/aynm5hh3/U5wH56WuBjPcL8J4.pdf>. Acesso em: 02 out. 2016.

CORRÊA, Cláudia Franco; CUNHA E MENEZES, Juliana Barcellos. A Regularização Fundiária nas Favelas nos Casos de "Direito De Laje": Construindo Pontes Entre o Direito Inoficial e o Direito Vigente. In: *Revista de Direito Urbanístico, Cidade e Alteridade*, Brasília, v. 2, nº 1, 2016, p. 179-195. Disponível em: <https://www.indexlaw.org/index.php/revistaDireitoUrbanistico/article/view/507/504> Acesso em: 02 maio 2020.

CUNHA GONÇALVES, Luiz da. *Tratado de Direito Civil*. Vol. I, Tomo I, 2. ed. São Paulo: Max Limonad, 1955.

_____. Vol. III, Tomo II. São Paulo: Max Limonad, 1956.

_____. Vol. IV. Tomo II. São Paulo: Max Limonad, 1958.

_____. Vol. V. Tomo I. São Paulo: Max Limonad, 1955.

_____. Vol. III. Tomo I. São Paulo: Max Limonad, 1958.

𝒟

DANTAS, San Tiago. *Programa de Direito Civil II*: Aulas proferidas na Faculdade Nacional de Direito, fim de 1943-1945. Rio de Janeiro: Rio, 1978.

_____. *Programa de Direito Civil III*. 3. ed. Rio de Janeiro: Rio, 1984.

DE RUGGIERO, Roberto. *Instituições de Direito Civil*. Vol. I. São Paulo: Saraiva, 1972.

DELGADO, José Augusto. *Comentários ao novo Código Civil*. Volume XI. Tomo II. Rio de Janeiro: Forense, 2004.

DINIZ, Maria Helena. *Norma constitucional e seus efeitos*. 6. ed. São Paulo: Saraiva, 2003.

DIREITO, Carlos Alberto Menezes; CAVALIERI FILHO, Sérgio. *Comentários ao novo Código Civil*. Volume XIII. Rio de Janeiro: Forense, 2004.

E

ESPÍNOLA, Eduardo. *Posse – Propriedade*. Rio de Janeiro: Conquista, 1956.

F

FARIAS, Cristiano Chaves de; ROSENVALD, Nélson. *Direito Civil*: teoria geral. 6. ed. Rio de Janeiro: Lumen Juris, 2007.

_____. *Direito das obrigações*. Rio de Janeiro: Lumen Juris, 2006.

_____. *Direitos reais*. 3. ed. Rio de Janeiro: Lumen Juris, 2006

FARIAS, Cristiano Chaves de; DEBS, Martha El; DIAS, Wagner Inácio. Direito de Laje: do puxadinho à digna moradia. Salvador: Juspodivm, 2018.

FARIAS, Cristiano Chaves de; DEBS, Martha El; DIAS, Wagner Inácio. *Direito de Laje*: do puxadinho à digna moradia. 3. ed. Salvador: Juspodivm, 2019, p. 29.

FLORENCE, Tatiana Magalhães. Aspectos pontuais da cláusula penal. In: TEPEDINO, Gustavo. *Obrigações*: estudos na perspectiva civil-constitucional. Rio de Janeiro: Renovar, 2005.

FONSECA Neto, Ubirajara da. Da usucapião. In: PINTO, Adriano Moura da Fonseca. *Curso de Direito Processual Civil*: procedimentos especiais. Rio de Janeiro: Freitas Bastos, 2007.

FRAGA, Thelma Araújo Esteves; MELLO, Cleyson de Moraes. *Direito Civil*: introdução e parte geral. Niterói: Impetus, 2004.

. *Condomínio*. 2. ed. Rio de Janeiro: Freitas Bastos, 2005.

FULGÊNCIO, Tito. In: LACERDA, Paulo. *Manual do Código Civil brasileiro*: do direito das obrigações. Vol X. Rio de Janeiro: Jacintho Ribeiro dos Santos, 1928, p. 15.

_____. *Da posse e das ações possessórias*. Vol. I. 5. ed. Rio de Janeiro: Forense, 1978.

_____. *Direitos da vizinhança*: limites de prédios (demarcação), 23. ed., Rio de Janeiro: Forense, 1959.

G

GADAMER, Hans-Georg. *Verdade e método*: traços fundamentais de uma hermenêutica filosófica. Tradução: Flávio Paulo Meurer. Petrópolis: Vozes, 1997.

GALUPPO, Marcelo Campos. O que são direitos fundamentais? In: SAMPAIO, José Adércio Leite (Coord.). *Jurisdição constitucional e direitos fundamentais*. Belo Horizonte: Del Rey, 2003.

GAJARDONI, Fernando da Fonseca. *Novo CPC: A ressurreição da ação de depósito*. Disponível em: <http://jota.uol.com.br/novo-cpc-ressurreicao-da--acao-de-deposito>. Acesso em: 26 set. 2016.

GAMA, Guilherme Calmon Nogueira da; AFFONSO, Filipe José Medon. Direito real de laje: evolução histórica e topografia no sistema. In: Civilistica. com Disponível em: < http://civilistica.com/direito-real-de-laje-evolucao/> Acesso em: 02 maio 2020.

GOMES, Orlando. *Introdução ao Direito Civil*. 19. ed. Rio de Janeiro: Forense, 2007.

_____. *Obrigações*. 17. ed. Rio de Janeiro: Forense, 2007.

_____. *Direitos reais*. 18. ed. Rio de Janeiro: Forense, 2002.

GONÇALVES, Carlos Roberto. *Direito Civil brasileiro*: parte geral. Vol. I. São Paulo: Saraiva, 2003.

_____. *Direito Civil brasileiro*. Vol. II: Teoria geral das obrigações. São Paulo: Saraiva, 2004.

_____. *Direito Civil brasileiro*. 3. ed. Volume V: Direito das coisas. São Paulo: Saraiva, 2008

GONÇALVES, Carlos Roberto. *direito civil brasileiro*. Vol. III. São Paulo: Saraiva, 2004.

GOUVEA, Jorge Bacelar. *Manual de Direito Constitucional*, V. II. 3. ed. Coimbra: Almedina, 2010.

GRAU, Eros Roberto. *A ordem econômica na Constituição de 1988*. 5. ed. São Paulo: Malheiros, 2000.

_____; GUERRA FILHO, Willis Santiago. *Direito Constitucional*: estudos em homenagem a Paulo Bonavides. São Paulo: Malheiros, 2001.

GRONDIN, Jean. *Introdução à hermenêutica filosófica*. Tradução: Benno Dischinger. São Leopoldo: Unisinos, 1999.

GROSSI, Paolo. *História da propriedade e outros ensaios*. Tradução: Luiz Ernani Fritoli e Ricardo Marcelo Fonseca. Rio de Janeiro: Renovar, 2006.

GUEDES, Jefferson Carús. Comentários ao artigo 674 do Código de Processo Civil. In: Passo, CABRAL, Antonio d., CRAMER (Org.). *Comentários ao Novo Código de Processo Civil*, 2. ed. Rio de Janeiro: Método, 2016.

_____. Comentários ao artigo 675 do Código de Processo Civil. In: Passo, CABRAL, Antonio d., CRAMER (Org.). *Comentários ao Novo Código de Processo Civil*, 2. ed. Rio de Janeiro: Método, 2016. VitalBook file.

_____. Comentários ao artigo 681 do Código de Processo Civil. In: Passo, CABRAL, Antonio d., CRAMER (Org.). *Comentários ao Novo Código de Processo Civil*, 2. ed. Rio de Janeiro: Método, 2016. VitalBook.

GUSMÃO, Paulo Dourado de. *Introdução ao estudo do direito*. 33. ed. Rio de Janeiro: Forense, 2003.

H

HOFFE, Otfried. *Immanuel Kant*. Tradução Christian Viktor Hamm e Valerio Rohden. São Paulo: Martins Fontes, 2005.

J

JUSTEM FILHO, Marçal. *Curso de Direito Administrativo*. 8. ed. Belo Horizonte: Fórum, 2012.

K

KANT, Immanuel. *Crítica da razão prática*. Tradução Valerio Rohden. São Paulo: Martins Fontes, 2002.

KELSEN, Hans. *Teoria pura do direito*. Tradução: João Baptista Machado. São Paulo: Martins Fontes, 1995.

L

LARENZ, Karl. *Derecho civil:* parte general. Traducción y notas de Miguel Izquierdo y Macías-Picavea. Madrid: Editoriales de Derecho Reunidas, 1978.

_____. *Derecho justo:* fundamentos de ética jurídica. Tradução: Luis Díez-Picazo. Madrid: Civitas, 2001.

LEAL, Câmara. Da prescrição e da decadência, n° 96, p. 146. In: THEODORO JÚNIOR, Humberto. *Comentários ao novo Código Civil*. 2. ed. Vol. III, Tomo II. Rio de Janeiro: Forense, 2003.

LINHARES, Liane Isoldi. Da nunciação de obra nova. In: PINTO, Adriano Moura da Fonseca. *Curso de Direito Processual Civil:* procedimentos especiais. Rio de Janeiro: Freitas Bastos, 2007.

LIRA, Ricardo Pereira. O Moderno Direito de Superfície. In: LIRA, Ricardo Pereira. *Elementos de Direito Urbanístico*. Rio de Janeiro: Renovar, 1997.

LIRA, Ricardo-Cesar Pereira. *Mesmo privada, propriedade tem função social*. Disponível em: < https://www.conjur.com.br/2010-out-10/entrevista-ricardo-cesar-pereira-lira-advogado-professor-uerj>. Acesso em: 02 maio 2020.

LIRA, Ricardo Pereira. Elementos de Direito Urbanístico. Rio de Janeiro: Renovar, 1997, p. 78. Revista Eletrônica de Direito Civil apud GAMA, Guilherme Calmon Nogueira da; AFFONSO, Filipe José Medon. Direito real de laje: evolução histórica e topografia no sistema. In: Civilistica.com Disponível em: < http://civilistica.com/direito-real-de-laje-evolucao/> Acesso em: 02 maio 2020.

LOPES DE OLIVEIRA, J. M. Leoni. *Introdução ao direito*. Rio de Janeiro: Lumen Juris, 2004.

M

MADEIRA, José Maria Pinheiro. *A questão jurídico-social da propriedade e de sua perda pela desapropriação*. Rio de Janeiro: Lumen Juris, Rio de Janeiro, 1998.

_____. *Administração pública*: centralizada e descentralizada. Tomo II. 10. ed. Rio de Janeiro: HP Comunicação, 2009.

MARQUESI, Roberto Wagner. Desvendando o direito de laje. In: civilistica.com nº 1, 2018, p. 3-4. Disponível em: <http://civilistica.com/wp-content/uploads/2018/05/Marquesi-civilistica.com-a.7.n.1.2018.pdf> Acesso em: 02 maio 2020.

MARINONI, Luiz Guilherme. *Técnica processual e tutela de direitos*. São Paulo: Revista dos Tribunais, 2004.

MARTÍNEZ, Gregorio Peces-Barba. *Lecciones de derechos fundamentales*. Madrid: Dykinson, 2004.

_____; FERNÁNDEZ, Eusebio; ASÍS, Rafael de. *Curso de teoría del Derecho*. 2. ed. Madrid: Marcial Pons, 2000.

MARTINS-COSTA. Judith. *Comentários ao novo Código Civil*. Volume V. Tomo I. 2. ed. Rio de Janeiro: Freitas Bastos, 2006.

_____. *A reconstrução do direito privado*. São Paulo: Revista dos Tribunais, 2002.

MAURO, Laerson. *1000 perguntas de direito das coisas*. 5. ed. Rio de Janeiro: Thex, 2001.

MEIRELLES, Hely Lopes. *Direito Administrativo brasileiro*. 26. ed. São Paulo: Malheiros, 2001.

MELO, Marco Aurélio Bezerra de. *Direito das coisas*. Rio de Janeiro: Lumen Juris, 2007.

MELLO, Celso Antônio Bandeira de. *Curso de Direito Administrativo*. 11. ed. São Paulo: Malheiros, 1999.

MELLO, Cleyson de Moraes. *Hermenêutica e direito*. Rio de Janeiro: Freitas Bastos, 2006.

_____. *Introdução ao estudo do direito*. Rio de Janeiro: Freitas Bastos, 2006.

_____. *Código Civil interpretado*. Rio de Janeiro: Freitas Bastos, 2007.

_____; FRAGA, Thelma Araújo Esteves (Org.). *Direitos humanos*: coletânea de legislação. Rio de Janeiro: Freitas Bastos Editora, 2003.

_____. *Direito Civil*: introdução e parte geral. Niterói: Impetus, 2005.

_____. MELLO, Cleyson de Moraes. *Código Civil comentado*. 5. ed. Rio de Janeiro: Freitas Bastos, 2016.

MELLO, Marcos Bernardes de. *Teoria do fato jurídico*: plano da existência. 13. ed. São Paulo: Saraiva, 2007.

MESSINEO, Francesco. *Manual de Derecho Civil y comercial*. Tomo III. Tradução: Santiago Sentis Melendo. Buenos Aires: Ediciones Juridicas Europa-America, 1954.

MIRANDA, Jorge. *Manual de Direito Constitucional*, Tomo IV, 3. ed. Coimbra: Coimbra Editora, 2000.

MONTEIRO, Washington de Barros. *Curso de Direito Civil:* Direito das obrigações. 1 parte. Vol. 4. 32. ed. São Paulo: Saraiva, 2003.

_____. *Curso de Direito Civil:* direito das coisas. Vol. 3. São Paulo: Saraiva, 2003.

MONTEIRO Filho, Carlos Edison do. *Usucapião Imobiliária Urbana Independente de Metragem Mínima: uma concretização da função social da propriedade*. In: Revista de Direito Civil. Revista Brasileira de Direito Civil. Volume 2 – out./dez. 2014, p. 9-27.

MORAES, Maria Celina Bodin de. *Princípios do Direito Civil contemporâneo*. Rio de Janeiro: Renovar, 2006.

_____. Constituição e Direito Civil: tendências. *Revista Direito, Estado e Sociedade,* n° 15, Rio de Janeiro: PUC-Rio. Ago.-dez. 1999.

MORENTE, Manuel García. *Fundamentos de filosofia:* lições preliminares. Tradução Guillermo de la Cruz Coronado. 8. ed. São Paulo: Mestre Jou, 1980.

MOTA, Maurício; TORRES, Marcos Alcino de Azevedo. In: *Revista de Direito da Cidade,* vol. 05, n° 01. UERJ. ISSN 2317-7721, p. 249-324.

MULLER, Friedrich. *Métodos de trabalho do Direito Constitucional*. 3. ed. Rio de Janeiro: Renovar, 2005.

𝒩

NADER, Paulo. *Introdução ao estudo do direito*. 21. ed. Rio de Janeiro: Forense, 2001.

NEQUETE, Lenine. *Da prescrição aquisitiva (Usucapião)*. 3. ed. Porto Alegre: Coleção Ajuris/17, 1981.

NEVES, Castanheira. *O actual problema metodológico da interpretação jurídica* – I. Coimbra: Coimbra Editores, 2003.

NERY JÚNIOR, Nélson; ANDRADE NERY, Rosa Maria de. *Código Civil comentado*. 4. ed. São Paulo: Revista dos Tribunais, 2006.

NOVAIS, Jorge Reis. *Direitos fundamentais:* trunfos contra a maioria. Coimbra: Coimbra Editora, 2006.

NUNES, Pedro. *Dicionário de tecnologia jurídica*. 12. ed., Rio de Janeiro: Freitas Bastos, 1994.

𝒪

OLIVEIRA, J. M. Leoni Lopes de. *Introdução ao direito*. Rio de Janeiro: Lumen Juris, 2004.

_____. *Novo Código Civil anotado*. Vol. I. Rio de Janeiro: Lumen Juris, 2004.

_____. *Novo Código Civil anotado*. 2. ed. Vol. II. Rio de Janeiro: Lumen Juris, 2003.

OLIVEIRA, Carlos Santos de. Da prova dos negócios jurídicos. In: TEPEDINO, Gustavo. *A parte geral do novo Código Civil:* estudos na perspectiva constitucional. Rio de Janeiro: Renovar, 2002.

𝒫

PACIFICI-MAZZONI, Emidio. *Istituzioni di diritto civile italiano*. 3. ed. Vol. III. Firenze: Editori Librai – Piazza della Signoria, 1884.

PÁDUA, Amélia do R. M. de. *Direito obrigacional*. Apontamentos.

_____; BUCZYNSKI, Danielle Riegermann; GUERRA, Érica. *Direito empresarial*. Volume I. Rio de Janeiro: Rio, 2005.

PEREIRA, Caio Mário da Silva. Instituições de Direito Civil: teoria geral das obrigações. V. II, 20. ed. Rio de Janeiro: Forense, 2003.

_____. Instituições de Direito Civil. Vol. IV. Direitos Reais. 19. ed. Rio de Janeiro: Forense, 2007.

PEREIRA, Caio Mário da. *Instituições de direito civil*. Vol. III. Rio de Janeiro: Forense, 2003.

PEREIRA, Lafayette Rodrigues. Direito das coisas. Edição histórica. Vol. I. Rio de Janeiro: Rio, 1977.

PEREZ LUNO, Antonio-Enrique. Los derechos fundamentales. 8. ed. Madrid: Tecnos, 2004.

PERLINGIERI, Pietro. *Perfis do Direito Civil:* introdução ao Direito Civil Constitucional. Tradução: Maria Cristina De Cicco. Rio de Janeiro: Renovar, 1999.

PINTO, Adriano Moura da Fonseca. *Curso de Direito Processual Civil*. Rio de Janeiro: Freitas Bastos, 2006.

PLANIOL; RIPERT, Georges. *Traité élementaire de Droit Civil*. T. 1. Paris: Libraire Générale de Droit et de Jurisprudence, 1950.

PONTES DE MIRANDA. *Tratado de direito privado*. Parte especial. Tomo XXII. 2. ed. Rio de Janeiro: Borsoi, 1958.

_____. *Tratado de direito privado*. Parte especial. Tomo XXIII. 2. ed. Rio de Janeiro: Borsoi, 1958.

_____. *Tratado de direito privado*. Parte especial. Tomo XXIV. 2. ed. Rio de Janeiro: Borsoi, 1959.

_____. *Tratado de direito privado*. Parte especial. Tomo X. 2. ed. Rio de Janeiro: Borsoi, 1958.

_____. *Tratado de direito privado*. Parte especial. Tomo XI. 2. ed. Rio de Janeiro: Borsoi, 1958.

_____. *Tratado de direito privado*. Parte especial. Tomo XV. Rio de Janeiro: Borsoi, 1956.

_____. *Tratado de direito privado*. Parte especial. Tomo XXV. 2. ed. Rio de Janeiro: Borsoi, 1959.

_____. *Tratado de direito privado*. Parte especial. Tomo XVIII. 2. ed. Rio de Janeiro: Borsoi, 1957.

Q

QUEIROZ, Cristina. *Direito Constitucional*: As instituições do Estado Democrático e Constitucional. Coimbra: Coimbra Editora, 2009.

R

RAO, Vicente. *Ato jurídico*. 4. ed. São Paulo: Revista dos Tribunais, 1997.

_____. *O Direito e a vida dos direitos*. 4. ed. V. 2. São Paulo: Revista dos Tribunais, 1997.

REALE, Miguel. *Filosofia do Direito*. 19. ed. São Paulo: Saraiva, 1999.

_____. REALE, Miguel. *Exposição de Motivos do Anteprojeto do Código Civil de 2002*. In: MELLO, Cleyson de Moraes. Código Civil Comentado. 5. ed. Rio de Janeiro: Freitas Bastos, 2016, p. 1691-1692.

_____. *Lições preliminares de Direito*. 27. ed. São Paulo: Saraiva, 2003.

RENNER, Rafael Henrique. *O novo direito contratual*: a tutela do equilíbrio contratual no Código Civil. Rio de Janeiro: Freitas Bastos, 2007.

REZENDE, Astolpho. *A posse e a sua proteção*. 1. Volume. São Paulo: Saraiva, 1937.

RIBEIRO, Antônio Campos. Das ações possessórias. In: PINTO, Adriano Moura da Fonseca. *Curso de Direito Processual Civil*: procedimentos especiais. Rio de Janeiro: Freitas Bastos, 2007.

. *Curso de Direito Processual Civil:* procedimentos especiais. Rio de Janeiro: Freitas Bastos, 2007.

RIBEIRO, Benedito Silvério. *Tratado de usucapião*. Vol. 2. 6. ed. São Paulo: Saraiva, 2008.

RIBEIRO, Joaquim de Souza. *O problema do contrato*: as cláusulas contratuais gerais e o princípio da liberdade contratual. Coimbra: Almedina, 2003.

RIZZARDO, Arnaldo. *Parte geral do código civil*. 4. ed. Rio de Janeiro: Forense, 2006.

. *Direito das obrigações*. 3. ed. Rio de Janeiro: Forense, 2007.

. *Direito das coisas*. 2. ed. Rio de Janeiro: Forense, 2006.

ROPPO, Enzo. *O contrato*. Coimbra: Almedina, 1988.

RODRIGUES, Silvio. *Direito Civil*: direito das coisas. Vol. 5. 23. ed. São Paulo: Saraiva, 1996.

ROSA, Márcia Ignacio da. *Razoável duração do processo*. Rio de Janeiro: Universidade Estácio de Sá, 2007.

RUGGIERO, Roberto de. *Instituições de Direito Civil.* Volume II. São Paulo: Saraiva, 1958.

S

SÁ PEREIRA, Virgílio de. Direito das coisas. In: LACERDA, Paulo. *Manual do Código Civil brasileiro.* Volume VIII. Rio de Janeiro: Jacintho Ribeiros dos Santos, 1929.

SALLES, José Carlos de Moraes. *Usucapião de bens imóveis e móveis.* 6. ed. São Paulo: Revista dos Tribunais, 2006.

SANCHÍS, Luis Pietro. Neoconstitucionalismo y ponderación judicial. In: CARBONELL, Miguel (Org.) *Neoconstitucionalismo(s).* 2. ed. Madrid: Trotta, 2003.

SANTOS, Ernane Fidélis dos. *Comentários ao Novo Código Civil.* Vol. XV. Rio de Janeiro: Forense, 2007.

SARLET, Ingo Wolfgang. *A eficácia dos direitos fundamentais.* 3. ed. Porto Alegre: Livraria do Advogado, 2003.

_____. *O Novo Código Civil e a Constituição.* 2. ed. Porto Alegre: Livraria do Advogado, 2006.

SARMENTO, Daniel. *Direitos fundamentais e relações privadas.* 2. ed. Rio de Janeiro: Lumen Juris, 2006.

SCHREIBER, Anderson; TEPEDINO, Gustavo. *A garantia da propriedade no Direito brasileiro.* Revista da Faculdade de Direito de Campos, nº 7, 2005, p. 104.

SERPA LOPES, Miguel Maria de. *Curso de Direito Civil:* obrigações em geral. Vol. II. 7. ed. Rio de Janeiro: Freitas Bastos, 2000.

_____. *Curso de Direito Civil:* obrigações em geral. Vol. II. 7. ed. Rio de Janeiro: Freitas Bastos, 2000.

SILVA, De Plácido e. *Vocabulário jurídico.* Rio de Janeiro: Forense, 1982.

SILVA, José Afonso da. *Aplicabilidade das normas constitucionais.* 3. ed. São Paulo: Malheiros, 1998.

_____. *Curso de Direito Constitucional Positivo.* 24. ed. São Paulo: Malheiros, 2004.

_____. *Comentário contextual à Constituição.* São Paulo: Malheiros, 2005.

SILVA, Neimar Roberto de Souza e. *Da possibilidade da exclusão do condômino antissocial no condomínio edilício.* Dissertação de Mestrado da Universidade Presidente Antônio Carlos – UNIPAC, Juiz de Fora, 2015.

SILVA, Ovídio A. Baptista da. *Comentários ao Código de Processo Civil.* V. 13. Rio de Janeiro: RT, 2000.

SINGER, Peter. *Libertação Animal.* Tradução Marly Winckler. Porto Alegre: Lugano, 2004.

SOUZA, Sylvio Capanema de. Apresentação. In: SOUZA, Sylvio Capanema de. *Comentários ao Novo Código Civil*. Volume VIII. Rio de Janeiro: Forense, 2004, p. XI.

SOUZA NETO, Cláudio Pereira de; SARMENTO, Daniel. (Org.) *A constitucionalização do Direito:* fundamentos teóricos e aplicações específicas. Rio de Janeiro: Lumen Juris, Renovar. 2007.

T

TARTUCE. Flávio. A lei da regularização fundiária (Lei 13.465/2017): análise inicial de suas principais repercussões para o direito de propriedade. In: Pensar, v. 23, n° 3, p. 1-23, jul./set. 2018, p. 16. Disponível em: < https://periodicos.unifor.br/rpen/article/view/7800/pdf> Acesso em: 03 maio 2020.

TEPEDINO, Gustavo. Direitos humanos e relações jurídicas privadas. In: *Temas de Direito Civil*. Rio de Janeiro: Renovar: 1999.

_____. O Código Civil, os chamados microssistemas e a Constituição: premissas para uma reforma legislativa. In: TEPEDINO, Gustavo (Org.) *Problemas de Direito Civil Constitucional*. Rio de Janeiro. Renovar. 2000.

_____. *Obrigações:* estudos na perspectiva civil-constitucional. Rio de Janeiro: Renovar, 2005.

_____; SCHREIBER, Anderson. A garantia da propriedade no Direito brasileiro. Revista da Faculdade de Direito de Campos, n° 7, p. 101-119, 2005.

_____. *Temas de Direito Civil*. Tomo II. Rio de Janeiro: Renovar, 2006.

TORRES, Marcos Alcino de Azevedo. *A propriedade e a posse: um confronto em torno da função social*. Rio de Janeiro: Lumen Juris, 2007.

_____; MOTA, Maurício; In: *Revista de Direito da Cidade*, vol. 05, n° 01. UERJ. ISSN 2317-7721, p. 249-324.

THEODORO JÚNIOR, Humberto. *Comentários ao Novo Código Civil*. Vol. III. Tomo I. Rio de Janeiro: Forense, 2003, p. 41-42.

_____. *As novas reformas do Código De Processo Civil*. Rio de Janeiro: Forense, 2006.

_____. *Curso de Direito Processual Civil:* procedimentos especiais. Vol. III 38. ed. Rio de Janeiro: Forense, 2007.

V

VARELA, João de Matos Antunes. *Das obrigações em geral*. Vol. I. 10. ed. Coimbra: Almedina, 2006.

VARELA, Laura Beck; LUDWIG, Marcos de Campos. Da propriedade às propriedades: função social e reconstrução de um direito. In: MARTINS-COSTA, Judith (Org.). *A reconstrução do direito privado*. São Paulo: Revista dos Tribunais, 2002.

VASCONCELOS, Pedro Pais de. *Teoria geral do Direito Civil*. Coimbra: Almedina, 2005.

VEIGA, Didimo Agapito da. LACERDA, Paulo de. *Manual do Código Civil brasileiro:* direito das coisas. Vol. IX. Rio de Janeiro: Jornal do Commercio, 1925.

VENOSA, Silvio de Salvo. *Direito civil*. Vol. III. 6. ed. São Paulo: Atlas, 2006.

VESSELIZZA, Juliana de A. França dos Anjos. In: PINTO, Adriano Moura da Fonseca (Coord.). *Curso de Direito Processual Civil:* procedimentos especiais. Rio de Janeiro: Freitas Bastos, 2007.

VIANA, Marco Aurélio da Silva *Curso de Direito Civil:* direito das coisas. Rio de Janeiro: Forense, 2006.

_____. *Comentários ao Novo Código Civil:* dos direitos reais. Vol. XVI. Rio de Janeiro: Forense, 2004.

VOLKART, Erick Navarro. Comentário ao artigo 554 do Código de Processo Civil. In: Passo, CABRAL, Antonio d., CRAMER (Org.). *Comentários ao Novo Código de Processo Civil*, 2. ed. Rio de Janeiro: Método, 2016.

_____. Comentário ao artigo 564 do Código de Processo Civil. In: Passo, CABRAL, Antonio d., CRAMER (Org.). *Comentários ao Novo Código de Processo Civil*, 2. ed. Rio de Janeiro: Método, 2016. VitalBook.

_____. Comentários ao artigo 565 do Código de Processo Civil. In: Passo, CABRAL, Antonio d., CRAMER (Org.). *Comentários ao Novo Código de Processo Civil*, 2. ed. Rio de Janeiro: Método, 2016. VitalBook file.

Von TUHR, Andreas. *Derecho Civil:* teoría general del Derecho Civil alemán. Vol. I. Tradução: Tito Ravà. Buenos Aires: Depalma, 1946.

_____. *Derecho Civil:* teoria general del Derecho Civil alemán. Vol. III. Tradução: Tito Ravà. Buenos Aires: Depalma, 1948.

𝒲

WOLFF, Martin. *Derecho de cosas*. Vol. I. Traducción española con anotaciones de Blas

𝒵

ZAVASCKI, Teori Albino. A tutela da posse na Constituição e no projeto do novo Código Civil. In: *A reconstrução do Direito Privado*. MARTINS-COSTA, Judith (Org.). São Paulo: Revista dos Tribunais, 2002.

ÍNDICE REMISSIVO

A
Abandono *100, 178, 217, 229, 230, 231, 232, 263, 269, 281, 297, 298, 299, 439, 529, 454, 543, 562, 563*
Ação de manutenção de posse *108, 109,111, 122, 129, 130, 135*
Ação de reintegração de posse *64, 98, 100, 108, 119, 120, 122, 125, 126, 127, 232, 145, 246, 249, 271, 396, 406, 407, 438*
Ação reivindicatória *122, 143, 166, 174, 178, 179, 194, 195, 201, 202, 246, 248, 249, 396, 451*
Acessão *36, 89, 145, 147, 160, 209, 210, 224, 226, 246, 261, 262, 263, 266, 267, 268, 269, 274, 275, 276, 278, 281, 282, 297, 551*
Acessio possessionis *246, 247, 579*
Acessões *262, 263, 274, 275, 276, 278, 279, 281, 333, 374, 424, 503, 517, 527, 532*
Acessões no prédio *374*
Ações possessórias *48, 59, 60, 66, 69, 88, 101, 105, 106, 107, 108, 109, 111, 112, 116, 121, 122, 126, 127, 129, 135, 140, 142, 149, 180, 275, 444, 558, 588, 594*
Aderência *171*
Adjunção *36, 210, 267, 292, 294, 295, 296*
Administração do condomínio *36, 229, 353, 375*
Águas artificiais *323*
Águas remanescentes *323, 324*
Alienação fiduciária *216, 255, 288, 395, 401, 402, 403, 404, 405, 406, 407, 408, 409, 410, 411, 412, 415, 416, 417, 418, 490, 499, 511*
Aluvião *262, 263, 265, 266, 267, 268, 269, 281, 282*
Álveo abandonado *36, 262, 268, 269, 270, 271, 272, 273, 274*
Ambulatoriedade *171*
Animus domini *213, 218, 219, 220, 223, 225, 231, 232, 247, 284, 555, 570, 574, 579*
Anticrese *60, 155, 216, 254, 348, 486, 490, 492, 494, 495, 496, 499, 506, 539, 540, 541*
Aqueduto *326, 327, 328, 329, 434*
Aquisição da posse *35, 52, 84, 85, 86, 87, 97, 581*
Árvores limítrofes *36, 310, 311, 313, 346, 355*
Avulsão *36, 262, 263, 267, 268, 281, 282*

B
Benfeitorias *46, 53, 67, 75, 91, 92, 94, 101, 108, 109, 113, 115, 141, 142, 143, 144, 145, 146, 150, 176, 230, 231, 239, 275, 276, 348, 350, 351, 353, 373, 394, 425, 438, 475, 514, 515, 544, 545, 556, 560, 561, 574*
Benfeitorias no Condomínio *373*

C
Cláusula constituti *77, 85, 86, 87, 148, 289*
Comistão *210, 292, 294, 295*
Composse *70, 229, 345*
Concepção objetiva da posse *47, 49*
Concepção Subjetiva da Posse *47*
Condomínio de fato *346, 379, 380, 381*
Condomínio edilício *36, 212, 259, 346, 347, 354, 356, 357, 358, 360, 361, 362, 363, 371, 375, 382, 384, 385, 388, 389, 390, 391, 531, 595*
Condomínio necessário *36, 264, 311, 342, 346, 355*

Condomínio voluntário 36, 346, 347, 348, 351, 354, 356, 360, 378, 560
Confusão 201, 210, 275, 292, 293, 294, 295, 296, 443, 444, 460, 504, 533, 537
Conselho fiscal 376, 377, 378
Conservação da Cobertura 374

D
Deveres condominiais 369
Direito de aqueduto 326, 328
Direito de construir 36, 175, 332, 333, 334, 335, 337, 338, 342, 422, 427
Direito de preferência 46, 255, 317, 352, 373, 386, 418, 424, 425, 428, 492, 508, 535, 558, 559, 560, 561
Direito de represamento 325
Direito de retenção 91, 95, 101, 114, 141, 142, 143, 144, 145, 146, 150, 278, 439, 540, 541, 495
Direito intertemporal 249, 250
Direito potestativo 6, 7, 311, 378, 394
Direitos fundamentais 12, 13
Direitos humanos 9, 13, 15, 16, 17, 19, 32, 412, 413, 414, 591, 595

E
Eirado 335, 336, 337, 338, 339, 340
Elasticidade 170, 172
Enfiteuse 159, 235, 254, 287, 288, 491, 523, 538, 542, 545
Esbulho 64, 68, 70, 71, 72, 86, 94, 96, 100, 101, 103, 105, 107, 108
Especificação 36, 210, 291, 292, 388, 515
Exceção de domínio 107
Exclusividade 173, 217, 229, 232, 329, 345, 347, 383, 551
Exclusividade 173
Exemplo 463
Extensividade 172

F
Faculdade jurídica 7
Fideicomisso 255, 397, 398, 449
Fideicomisso 397
Frutos industriais 137, 200, 457
Frutos naturais 137, 139, 169, 200, 311, 456, 457
Função social da posse 60, 61, 62, 78, 82, 221
Função social da propriedade 10, 38, 39, 62, 78, 133, 156, 167, 168, 174, 175, 176, 177, 178, 182, 186, 189, 190, 191, 106, 219, 298, 334, 371, 372, 373, 562, 591

H
Habitação 37, 46, 60, 61, 67, 145, 155, 182, 184, 254, 255, 326, 382, 431, 455, 460, 467, 466, 468, 469, 470, 471, 472, 486, 530, 531
Hipoteca 37, 46, 60, 75, 145, 155, 172, 216, 254, 255, 348, 397, 442, 477, 486, 488, 489, 490, 491, 492, 493, 494, 495, 496, 497, 498, 499, 500, 506, 508, 510, 514, 515, 523, 524, 525, 526, 527, 528, 529, 530, 533, 534, 535, 536, 537, 538, 540, 541

I
Ilhas 36, 215, 216, 242, 254, 255, 262, 263, 264, 265, 267, 281, 282, 352, 434, 456, 542
Indenização das benfeitorias 141, 143, 145, 394, 545
Interditos possessórios 50, 63, 66, 67, 70, 82, 83, 86, 101, 105, 117, 118, 148, 170, 197, 198, 444, 447, 501

J
Janela 45, 335, 336, 337, 338, 339, 340, 341, 434

O
Objeto da posse 57, 62, 63, 156
Obrigações propter rem 44, 45, 46, 301

Ocupação 23, 36, 55, 65, 66, 70, 75, 78, 80, 81, 87, 91, 92, 93, 95, 96, 114, 115, 116, 117, 118, 143, 157, 172, 179, 182, 184, 197, 202, 204, 206, 208, 210, 239, 242, 275, 278, 283, 286, 325, 389, 390, 424, 449, 451, 485, 543, 545546
Ônus Reais 46, 397, 475, 477, 491, 527

P
Passagem De Cabos 36, 317, 318, 434
Passagem Forçada 36, 314, 315, 316, 328, 433
Penhor 35, 53, 60, 77, 155, 216, 254, 275, 278, 288, 293, 348, 359, 363, 364, 365, 366, 375, 404, 456, 457, 478, 486, 490, 492, 496, 498, 499, 500, 501, 503, 504, 505, 506, 507, 508, 509, 510, 511, 512, 513, 514, 515, 516, 517, 518, 519, 520, 521, 522, 526, 529, 531, 532, 540, 554
Perda Da Posse 35, 99, 100, 103, 125, 126
Perda Da Propriedade 36, 43,204, 297, 298, 497, 562
Permissionário Da Posse 89
Perpetuidade 173, 392
Posse Ad Interdict 82, 101
Posse Ad Usucapionem 49, 82, 83, 101, 138, 146, 212, 220, 453, 574
Posse De Boa-Fé 73, 74, 76, 82, 138, 143, 145, 196, 231, 285
Posse De Má-Fé 73, 74, 76, 138
Posse Derivada 49, 84
Posse Direta 50, 53, 68, 69, 70, 77, 86, 109, 120, 170, 217, 229, 230, 232, 247, 289, 290, 364, 365, 395, 402, 404, 408, 418, 447, 500, 574
Posse Indireta 50, 53, 68, 69, 70, 120, 290, 395, 402, 404, 436, 500, 505
Posse Injusta 72, 73, 74, 89, 135, 201
Posse Justa 45, 72, 73, 74, 77, 82, 135, 231, 235, 332, 333, 451
Posse Mansa E Pacífica 198, 220, 225, 228, 231, 235, 248, 555, 556
Posse Nova 82, 88, 93, 114, 121, 122, 125, 134
Posse Originária 84
Posse Precária 78, 80
Posse Pro Diviso 72
Posse Pro Indiviso 72, 113
Posse Velha 82, 121, 125
Posse Violenta 72, 84, 97
Prenotação 235, 236, 237, 257, 260
Promitente Comprador 37, 53, 60, 155, 364, 365, 366, 473, 474, 480484
Propriedade Fiduciária 36, 401, 402, 403, 404, 405, 406, 408, 410, 411, 414, 416, 417, 418, 490
Propriedade Limitada 169, 170, 382, 422, 447
Propriedade Plena 169, 170, 200, 238, 398, 417, 421, 422, 426, 447, 456
Propriedade Resolúvel 36, 297, 392, 393, 394, 395, 398, 400, 401, 403, 404, 405, 406, 500, 538
Publicidade 46, 108, 173, 183, 234, 252, 257, 260, 419, 435, 484, 492, 526, 540

R
Registro E Averbação 253
Remoção Da Servidão 440
Renúncia 7, 211, 254, 297, 298, 348, 367, 390, 443, 460, 467, 497, 504, 537, 541, 562
Requisição Da Coisa 190
Reserva De Domínio 74, 173, 288, 395
Res Habilis 213
Retrovenda 173, 393, 394, 395

S
Servidão Administrativa 220, 270, 271, 437. 438
Servidão De Passagem 314, 317, 427, 431, 432, 433, 434, 437, 442, 445, 446
Servidões 36, 37, 60, 90, 136, 155, 254, 316, 317, 350, 351, 397, 427, 430, 431, 432, 433, 434, 435, 436, 437, 438, 441, 442, 443, 444, 445, 475, 486, 491
Superfície 33, 36, 37, 60, 154, 158, 159, 172, 255, 268, 276, 277, 311, 343, 421, 422, 423, 424, 425, 426, 427, 428, 429, 486, 491, 526, 548, 549, 550, 551, 554, 556, 577, 590

T
Tapagem *36, 45, 329, 332*
Taxatividade *174, 551*
Taxatividade *174*
Time Sharing *382*
Tradição Ficta *289*
Tradição Real *46, 289, 290*
Travejamento *341*
Tubulações *36, 308, 309, 317, 318, 434*
Turbação *54, 68, 71, 102, 103, 107, 109, 110, 111, 116, 121, 122, 125, 126, 129, 130, 131, 136, 238, 305, 444, 555, 556, 570*
U
Uso Anormal Da Propriedade *36, 302, 303, 346*
Usucapião *36, 43, 53, 61, 65, 67, 78, 79, 80, 88, 97, 98, 99, 101, 116, 117, 118, 146, 156, 158, 160, 167, 178, 194, 197, 198, 203, 209, 219, 220, 221, 222, 223, 224, 225, 226, 227, 228, 229, 230, 231, 232, 233, 234, 235, 246, 247, 250, 251, 281, 284, 285, 297, 316, 338, 357, 427, 428, 434, 435, 436, 437, 438, 445, 448, 449, 450, 452, 453, 554, 555, 556, 557, 564*
Usucapião Especial Rural *198, 217, 222, 223, 224*
Usucapião Especial Urbana *217, 222, 225, 226, 227, 228, 229, 230, 231*
Usucapião Extrajudicial *217, 234, 235, 236, 252, 570*
Usucapião Extraordinária *98, 217, 218, 219, 220, 249, 250, 436, 576, 578, 582*
Usucapião Indígena *217, 237*
Usucapião Ordinária *98, 99, 217, 218, 220, 221, 235, 250, 284, 285*
Usucapião Tabular *217, 221, 222*
Usufruto *37, 46, 50, 53, 60, 64, 77, 86, 155, 170, 171, 173, 177, 239, 242, 244, 245, 397, 430, 431, 447, 448, 449, 456, 457, 458, 459, 460, 461, 462, 464, 466, 467, 471, 472, 486*
Usufruto Vidua *453, 454*